·추·천·사·

우리 목회자에게 부여된 설교의 특권은 어떤 것과도 비교할 수 없는 영광이며 또한 어깨를 누르는 부담이기도 합니다. 어떤 이들은 진리보다도 설교를 멋지게 하려고 하기도 하고 본인의 성숙의 무게보다 더한 말들을 하려고도 합니다.

이런 때에 찰스 스윈돌 목사님의 신약 인사이트 시리즈가 나오게 된 것은 모든 목회자들을 위한 축복이라고 생각합니다. 그는 50년 가까이 사역을 하면서 단 한 번의 소란스러운 소문도 내지 않고 모든 교인에게 존경을 받은 목회자입니다. 탁월한 삶의 안목으로 진리를 발견하고, 가장 풍성한 언어로 본문의 강해를 전하는 목회자입니다. 그런가 하면 그는 가장 말씀을 잘 교육하는 달라스 신학교를 맡아 후학들을 교육하여 미국에서 가장 영향력 있는 신학교로 발전시켜나갔습니다.

이 책은 그의 50년 말씀 강해 사역의 결산입니다. 어렵고 난해한 설명이 아니라 진리에 대한 분명한 이해와 전 생애를 통해 입증한 진리의 말씀을 그만이 할 수 있는 언어의 연금술사적 표현으로 이 강해를 완성했습니다. 이 시리즈는 가볍고 빈약한 말씀으로 얼룩진 한국 교회의 강단에 풍성한 말씀의 은혜를 가져다줄 것입니다. 성경 본문을 다시 보게 만들고, 진리의 깊은 뜻에 목회자 자신이 먼저 은혜를 받게 하며, 전해야 할 메시지를 분명하게 정리해 주는 가이드가 될 것입니다. 한국 강단에 말씀이 흥왕되기를 간절히 바라며 젊은 목회자뿐만 아니라, 말씀 앞에 오늘도 씨름하며 간절히 사모하는 모든 설교자에게 진심으로 이 책을 권합니다.

홍정길 목사_남서울은혜교회 원로 목사

찰스 스윈돌은 우리 시대 하나님의 선물입니다. 그는 가장 신실한 강해 설교의 모본을 보이신 분입니다. 그는 학자는 아니지만 언제나 본문에 성실한 설교자입니다.

그는 주석/ 석의의 기본을 중시하면서 본문을 강해하는 분입니다. 그러면서 탁월한 적용으로 우리를 삶의 마당으로 안내합니다. 이번에 도서출판 디모데가『찰스 스윈돌의 신약 인사이트』시리즈를 펴낸 것에 대해 한국 교회와 더불어 축하하며 기뻐하고 싶습니다.

그만큼 한국 교회 강단이 풍성해질 것을 기대하기 때문입니다. 설교자들은 옷을 팔아서라도 이 시리즈를 비치하고, 모든 성경 연구자는 새로운 재산 목록으로 이 시리즈를 추가하십시오. 이 시리즈가 오늘의 허약한 강단을 부요하게 하고, 위기에 처한 한국 교회를 살리는 보약이 될 것을 예감합니다. 진지하게 말씀을 묵상하는 모든 이에게 이 책은 우리 시대의 동의보감이 될 것입니다. 찰스 스윈돌이 이미 끼친 영향력보다 더 오래, 그리고 더 깊게 이 시리즈는 말씀을 연구하는 모든 사람의 길잡이가 될 것입니다.

함께 귀한 보화를 나누는 기쁨으로 이 책을 추천합니다.

이동원 목사_지구촌교회 원로 목사

찰스 스윈돌 목사님은 저 개인의 판단으로는 현재 생존하고 있는 설교자 가운데 최고의 설교자라고 늘 생각해왔습니다. 제가 미국에 거주했던 오랜 시간 동안 기회가 있을 때마다 스윈돌 목사님의 설교를 들으면서 하나님의 말씀이 얼마나 귀하고 위대한 진리인지를 강하게 느끼곤 했습니다. 특히 설교를 전달하는 그분의 능력은 누구와도 비교가 되지 않습니다. 사실 이러한 판단은 저만의 느낌이 아니고 그분의 설교를 들어본 전 세계 수많은 기독교인들이 같은 판단을 하고 있다고 생각합니다. 스윈돌 목사님의 설교는 거의 강해식 설교인데 성경 말씀의 현실적 가치를 남김없이 드러내줍니다. 설교자들이 본받아야 할 모델임에 틀림없습니다. 달라스 신학대학원 총장을 은퇴한 스윈돌 목사님은 달라스에 교회를 개척하신 후 오늘까지도 설교를 하고 계십니다. 그 설교 시리즈를 〈인사이트 포 리빙(Insight for Living)〉이라 부릅니다. 이번에 디모데에서 출판한『찰스 스윈돌의 신약 인사이트』시리즈는 그분의 설교를 주석 형태로 정리하여 출판한 것으로서, 비록 활자화된 책이 그분의 현장 설교를 그대로 반영할 수는 없겠지만, 그래도 그분의 탁월한 말씀 선포를 최대한 반영한 것이라 할 수 있습니다. 한국의 모든 목회자와 신학생과 한국 교회에 이 시리즈가 소중한 자료로 사용되어지고, 독자들에게 큰 은혜를 끼치게 될 것을 기대해마지 않습니다.

김상복 목사_세계복음주의연맹(WEA) 회장, 할렐루야교회 원로 목사

포스트모던 시대에 살고 있는 현대 크리스천들과 목회자들과 선교사들에게 있어서 가장 큰 취약점은 날이 갈수록 성경 말씀이 그들로부터 멀게 느껴진다는 사실이다. 찰스 스윈돌 목사님의 설교와 성경 강해는 이런 추세를 돌이키고도 남음이 있음을 지난 47여 년 동안 그의 설교를 듣고 하나님의 말씀이 주는 감동을 다시 찾은 미국 교회 회중들에 의해 충분히 입증된 바 있다. 이 『찰스 스윈돌의 신약 인사이트』 시리즈도 현대 한국 크리스천들과 목회자들과 선교사들로 하여금 말씀에 대한 이해와 적용을 할 수 있도록 도움으로써 다시 한 번 성경의 원저자가 의도했던 감동을 주기에 충분할 것이다.

성경 말씀이 처음 선포되었을 때 이를 들은 회중에게 일어났던 임팩트가 재현되기 위해서는 최소한 다음 두 가지 여건이 재조성되지 않으면 안 된다. 첫째, 하나님이 원래 의도하셨던 대로 그 의미(meaning)가 정확하게 전달되어야 한다. 둘째, 듣는 이들의 마음속에 말씀이 들어가서 하나님이 그 말씀을 통해 의도하셨던 일이 선명하게 드러나야 한다. 이럴 때 비로소 우리는 전해진 말씀이 자신들과 연관성(relevance)이 있다는 사실을 피부로 느끼게 될 것이다. 이를 다시 한국 상황에 맞게 정리하면 성경에 대한 이해와 아울러 이 말씀을 듣는 회중, 즉 한국 사람들의 마음에 대한 이해가 깊지 않으면 안 된다는 말이다. 이에 한 가지 중요한 요소를 더 보탠다면 이 둘 사이에 다리를 놓는 것, 즉 커뮤니케이션이 잘 되어야 한다는 것이다.

이 시리즈는 이 세 가지 모두를 탁월하게 이해한 이 시대의 가장 저명한 강해자 가운데 한 사람이 그의 전 생애를 건 결실이기도 하다. 이를 사용하는 한국 크리스천들과 목회자들과 선교사들에게도 다시 한 번 하나님의 말씀이 가슴속 깊이 파고들어가 원저자이신 성령이 의도하신 대로의 메시지에 따라 삶이 변화되며, 급기야 그 가치관과 세계관이 성경적이 되어 더 이상 얄팍한 크리스천이라는 비난을 받지 않게 되기를 간절히 기원하며 이 시리즈를 모든 사람에게 추천한다.

이태웅 목사_한국글로벌리더십연구원 원장

찰스 스윈돌 목사님은 우리 시대 최고의 목회자요 설교자로서 이미 수많은 저서를 통해 우리에게 잘 알려진 존경받는 저술가이기도 하다. 『찰스 스윈돌의 신약 인사이트』 시리즈는 목회자에게 유익을 주는 또 하나의 저서이다. 이 책은 목회자들의 설교나 성경 공부 준비에 아주 요긴한 좋은 지식을 제공하고 있어 대단히 유익하다.

김경원 목사_서현교회

"나는 성경 말씀을 고찰하고 선포하는 일에 중독되었다고 서슴없이 말할 수 있습니다." 이것은 찰스 스윈돌 목사님이 서문에서 고백한 내용이다. 그는 설교자로서 하나님의 말씀을 정확하고, 명료하고, 현실적이고, 통찰력 있게 전달하고자 애썼으며 이 일에 자신의 전 생애를 헌신했다. 이 책은 지난 50여 년 동안 설교하고 가르치면서 하나님의 진리를 이해하고 설명하고 적용한 귀한 책이다.

김병삼 목사_만나교회

찰스 스윈돌 목사님은 본문 주해와 적용에 탁월한 강해 설교자이다. 그에게는 원어로 말씀을 분석하는 지력과 말씀을 삶에 실제적으로 적용하는 통찰력이 있다. 그에게는 하나님의 말씀인 로고스(Logos), 그 말씀을 자신 있게 전하는 설교자의 에토스(Ethos), 그리고 열정과 헌신으로 가득한 설교자의 파토스(Pathos)가 있기에 이 시리즈가 말씀을 사랑하는 평신도와 목회자에게 큰 유익이 되리라 확신한다.

노창수 목사_워싱턴 중앙장로교회

찰스 스윈돌은 모든 사역자에게 존경을 받는 분입니다. 그분의 분명한 성경 강해와 실천적인 적용의 원리는 모든 곳, 모든 사람에게 깊은 영향력을 끼치고 있습니다. 이번에 디모데에서 출간된 『찰스 스윈돌의 신약 인사이트』 시리즈는 설교를 준비하는 신학생으로부터 담임목사에 이르기까지 매 주일 말씀을 선포하는 사역자들의 목마름을 해갈시켜줄 좋은 도움서입니다. 모든 분들의 일독을 적극 추천합니다.

박은조 목사_샘물교회

지난 반세기를 말씀을 전하는 일에 헌신해온 찰스 스윈돌 목사님은 과연 이 시대 가장 탁월한 설교자답게 모든 설교자를 위하여 대단히 귀한 선물을 준비했다. 설교자 치고 자료의 중요성을 모르는 사람이 어디 있을까? 이번에 그가 펴낸 이 새로운 시리즈는 어렵고 난해한 주석들과 너무도 평범한 설교집들 사이에서 방황하던 설교자들에게 마침표를 찍어줄 것이다.

박정근 목사_부산영안침례교회

내가 처음 강해 설교를 배운 후 연습을 위해 참고한 것이 찰스 스윈돌의 성경 공부였다. 그가 말씀을 묵상한 내용은 깊이도 있지만 적용의 포인트가 아주 신선했다. 무엇보다도 의사소통에 천재적인 능력을 보여주었다. 그는 자신이 강조하는 것처럼 성경 신학자는 아니다. 그럼에도 불구하고, 아니 그렇기 때문에 그의 성경 해석은 모든 사람에게 쉽게 전달이 된다. 이 시리즈는 성경을 공부하는 사람들에게 부담을 주지 않으면서도 실제적으로 많은 도움을 줄 것이다.

방선기 목사_직장사역연구소 소장

신약의 성경들과 관련된 주석들을 많이 읽어보았지만 찰스 스윈돌 목사님의 시리즈만큼 insightful한 책은 없었습니다. 방대한 자료를 제시하며 깊이 있게, 여러 가지 관점으로 볼 수 있도록 인도하는『찰스 스윈돌의 신약 인사이트』시리즈는 신기할 정도로 한결같이 친절하고 생생한 언어를 사용해 성경의 원저자들을 만난 것 같은 기분을 느끼게 합니다. 가르치는 사람이라면 꼭 읽고 공부하시기를 권합니다. 다만, 이 책을 펼치시기 전에 조심해야 할 일이 있습니다. 이 책을 읽는 사람이라면 누구나 이 시리즈의 전도사가 될 것이기 때문입니다.

서정인 목사_한국컴패션 대표

명료하면서도 풍성한 표현, 정확하면서도 깊은 이해, 어렵지 않으면서도 부족함이 없는 성경 해석서가 있기를 바라왔는데 주님은 그런 축복을 찰스 스윈돌 목사님을 통해 우리에게 주셨습니다. 훌륭한 목회자로, 탁월한 설교자로서 그의 47년 목회 사역의 귀중한 자료들을 망라한 이 책을 말씀에 대한 갈증을 느끼는 모든 목회자, 특별히 설교를 준비하는 모든 설교자에게 진심으로 권합니다.

이찬수 목사_분당우리교회

오늘날 교계의 가장 빼어난 지도자 가운데 한 분으로 나는 주저 없이 찰스 스윈돌 목사님을 꼽는다. 그는 탁월한 지도력을 갖춘 목회자이고, 건강한 신학적 안목을 지닌 성경 강해자이며, 선명한 복음을 선포하는 설교자이다. 그러나 내가 그를 존경하는 진짜 이유는 말과 행실이 일치하는 그의 성숙한 신앙 인격 때문이다. 평생 스캔들 한 번 없이 수많은 사람들에게 거룩한 영향력을 미친 그의 47년 사역의 결정체가 책자로 출간되었다니 말할 수 없이 기쁘고 감사하다. 전통적 주석과 달리 성경을 통합적으로 꿰어내는 통찰력이 그의 라디오 사역인 〈인사이트 포 리빙(Insight for Living)〉을 연상시킨다. 이 보석 같은 책자를 모든 성도와 신학도와 설교자에게 자신 있게 추천한다.

정민영 선교사_WBT 부총재

찰스 스윈돌 목사님은 우리에게 잘 알려져 있는 목사님이다. 그가 가진 성경 공부와 강해 설교에 대한 탁월한 은사는 우리로 하여금 성경을 전체적으로 그리고 세밀하게 바라볼 수 있도록 도와준다. 그리고 그가 저술한 여러 책들은 누구나 성경을 바로 이해할 수 있도록 도와줄 뿐만 아니라 말씀을 삶에 적용하고 실천하는 데 대단히 훌륭한 가이드가 된다. 이번에 디모데에서 출판한『찰스 스윈돌의 신약 인사이트』시리즈는 목회자들의 설교 사역에 대단히 큰 도움을 줄 것이라고 확신한다.

정주채 목사_향상교회

드디어 기다리던 작품이 나오게 되어 기쁘다. 찰스 스윈돌, 그는 실천적 성경 해석가요 본문을 살아나게 하는 설교자이다. 그는 '그때 거기서' 주어졌던 말씀을 '지금 여기에서도' 적용되도록 실용적 인사이트를 준다. 특히 그는 어느 본문에서도 예수 그리스도가 나타나도록 설교의 절정을 이루는 원리와 비법을 자연스럽게 제시해준다. 그래서 말씀을 듣는 사람들을 부활의 능력으로 소생시켜준다. 이것이 그가 만들어내는 인사이트 주석의 핵심이다.

조봉희 목사_지구촌교회(서울)

본문에 대한 세밀한 통찰력과 시대를 읽어내는 예리한 지성이 청중을 사로잡는 수사학과 버무려진 책이다. 본문을 통하여 하나님의 음성을 읽어내는 영성과 그 음성을 청중의 삶에 적용하기 위한 찰스 스윈들의 열정과 사랑이 집대성되었다. 이 책에는 천상의 소리를 지상의 소리로 만드는 비법이 고스란히 담겨 있다.

최명덕 목사_건국대학교 교수

『찰스 스윈돌의 신약 인사이트』시리즈를 통해 찰스 스윈돌 목사님을 우리 개인의 서재로 초대하고, 그분과 함께 목회 동역자로 일할 수 있는 길이 가능해졌다. 성경에 대한 그분의 애정과 깊은 영성은 모든 목회자에게 엄선된 자료, 탁월한 분석과 요약, 놀라운 통찰력, 감동과 도전을 준다. 우리는 더 이상 성경 본문 속에서 방황할 필요가 없다. 왜냐하면 이제 성경의 핵심으로 바로 뛰어들어갈 수 있기 때문이다.

홍인종 목사_장로회신학대학원 교수

찰스 스윈돌의 신약 인사이트 시리즈

누가복음

Swindoll's New Testament Insights on Luke

Originally published in the U.S.A. under the title: Insights on Luke

Translated by Hisoo Kim
Published by permission of Zondervan, Grand Rapids, Michigan, U.S.A. through arrangement of rMaeng2, Seoul, Republic of Korea.

※본문의 성경은 한글개역개정을 사용하였습니다. 별도의 경우 따로 표기해두었습니다.

찰스 스윈돌
신약 인사이트 시리즈

김희수 옮김

SWINDOLL'S NEW TESTAMENT INSIGHTS

LUKE

누가복음

디모데
Timothy Publishing House

차례

■ 지도·도표·사진 목록

머리말

60여 년 동안 나는 성경을 애독해왔습니다. 성경을 향한 그 사랑에 내가 해병대 복무 중에 받은 복음 사역으로의 부르심이 더해져 나는 달라스 신학교에 입학하게 되었습니다. 그 4년 동안 나는 하나님의 말씀을 사랑하는 훌륭한 하나님의 사람들 밑에서 수학하는 특권을 누렸습니다. 그분들은 무오한 하나님의 말씀을 추앙하고, 신중하게 가르치며, 열정적으로 설교하고, 행동으로 실천하는 모범을 보여주었습니다. 나는 내 것이라고 선포된 위대한 유업에 대해 하나님께 감사하지 않고 보낸 주가 한 주도 없었습니다! 하나님의 진리를 이해하고 설명하고 적용하는 일에 이토록 헌신하도록 나를 키워준 그 훌륭한 신학자들과 멘토들에게 나는 영원한 빚을 지고 있습니다.

45년 이상을 나는 이 일에 정진해왔습니다. 그리고 얼마나 이 일을 사랑하는지 모릅니다! 고백하건대 나는 성경 말씀을 고찰하고 선포하는 일에 중독되었다고 서슴없이 말할 수 있습니다. 그렇기 때문에 이 시리즈 – 특히 하나님이 기록하신 말씀 속에 담겨진 진리를 설명하고 이해를 돕는 – 는 내 삶에서 매우 중요한 의미를 가집니다. 오랜 세월 힘을 다해 성경을 성실하게 연구하면서 발견한 소중한 서적들을 모아 널찍한 서재를 만들었습니다. 생의 마지막 날까지 내 인생의 가장 중요한 목표는 하나님의 말씀을 정확하고, 명료하며, 현실적이고, 통찰력 있게 전달하는 것입니다. 찾아볼 수 있는 많은 자료가 담겨진 신뢰할 만한 서적들이 없었다면 나의 작업은 몇 십 년 전에 '고갈'되어버렸을 것입니다.

내가 가장 많이 그리고 즐겨 사용한 책들은 성경의 본문을 더 잘 이해하는 데 유용한 책들입니다. 대부분의 주석가들이 그렇듯이 나는 끊임없이 나의 재능을 연마하고 더 날카롭게 해줄 문헌들을 찾고 있습니다. 다시 말해서, 복잡한 것을 단순하고 이해하기 쉽게 만들어주고, 내가 살고 있는 21세기 세상의 관점에서 신성한 진리와의 관련성을 볼 수 있게 해주는 통찰력 있는 해설과 눈으로 보는 듯한 생생한 서술을 제공하며, 그 진리들을 내가 쉽게 잊지 못하도록 마음속 깊이 새겨주는 자료들을 찾는다는 뜻입니다. 그런 책을 발견하면 나는 그것을 손에서 놓지 않고 탐독한 후에 나중에 다시 찾아보기 위해 내 서재에 보관합니다. 그리고 정말로, 나는 자주 그 책들을 찾아봅니다. 신선한 통찰이 부족하거나 적합한 이야기나 예화가 필요할 때, 또는 본문 해석이 잘 풀리지 않아 빠져나올 방법을 찾을 수 없을 때 찾아볼 수 있는 자료가 풍부한 저작들이 있다는 게 얼마나 다행인지 모릅니다. 열정적인 주석가들에게 서재는 반드시 있어야 합니다. 나의 멘토 중 한 분이 이런 말을 한 적이 있습니다. "도대체 다른 어디에서 자네 손바닥에 만 명의 교수들을 올려놓을 수 있겠나?"

최근에 나는 내가 방금 설명한 것과 같은 충분한 자료들이 턱없이 부족하다는 사실을 알게 되었습니다. 그리고 문제를 한탄하기보다는 내가 그 해답의 일부가 되자는 생각을 품게 되었습니다. 그러나 그 해답은 큰 임무를 떠맡는 것이 될 터였습니다. 신약의 모든 책과 편지들을 망라하는 저술 작업은 너무나 벅차고 두렵게 느껴졌습니다. 그러나 내가 지난 45년여 동안 신약 성경의 대부분을 가르치고 설교했다는 사실을 깨달았을 때 안도감이 밀려왔습니다. 내 자료 파일들은 이 시대의 필요에 부응하는 새로운 의미가 보태어져 세상에 나가 주님의 신선한 말씀을 갈망하는 사람들의 삶에 적용되기를 기다리며 숨어 있던 메시지들에 대한 주석들로 가득했습니다. 이거면 됐다! 나는 내 꿈을 실현시켜줄 최고의 출판사를 찾기 시작했습니다.

나의 저작권 대리인인 실리(Sealy)와 맷 예이츠(Matt Yates)의 노고에 감사합니다. 나는 이렇게 방대한 프로젝트에 관심이 있는 출판사를 택했습니다. 완간하는 데 10년 이상이 걸릴 전집을 출판하는 모험에 열정적인 지원을 아끼지 않은 존더반 출판사의 훌륭한 직원들에게 감사를 전합니다. 여러 해 동안 나의 다른 저작들을 출판하면서 그들 대부분과 알고 지냈던 나는 그들이 이러한 임무를 해낼 역량이 있으며, 내 자료들을 출판하는 작업에서 선한 청지기가 되어줄 것을 확신했습니다. 확신과 격려를 준 스탠 건드리(Stan Gundry)와 폴 앵글(Paul Engle)에게 감사합니다. 그들은 처음부터 끝까지 충성스럽게 도움을 주었습니다. 베를린 버브룩(Verlyn Verbrugge)과 함께 일하는 것은 또 하나의 기쁨입니다. 그의 경험에서 우러나온 지혜와 예리한 통찰에 진심으로 감사를 드립니다.

나의 오랜 친구이자 이전의 편집자였던 존 슬론(John Sloan)과 또다시 함께 일하게 된 것도 특별한 기쁨이었습니다. 그는 편집장으로서 참으로 소중한 조언을 해주었습니다. 무엇보다도 가장 감사한 것은 그의 열정적인 지원이었습니다. 직접 편집을 해준 마크 게이더(Mark Gaither)와 마이크 스비겔(Mike Svigel)의 지칠 줄 모르는 노고에도 감사의 마음을 전합니다. 그들은 신약 성경 27권의 각 장과 구절들을 모두 섭렵하는 작업을 멋지게 해냈습니다. 그들은 원고를 성경 본문에 충실하고 흥미롭고 독창적이면서도 읽기 편한 문체로 다듬고 자연스럽게 내 목소리가 드러나게 해주었습니다. 그 과정을 지켜보는 것은 또 다른 즐거움이었습니다.

내가 50년 가까이 섬겨온 미국 여러 지역의 교인들에게도 깊은 감사를 드립니다. 매년 하나님의 메시지를 지키고 전달하는 소명을 수행하면서 그분들의 사랑, 지원, 인내 그리고 수많은 격려의 말을 들을 수 있었던 것은 행운이었습니다. 나는 목자로서 그 양 떼들을 이루 말할 수 없이 사랑했습니다. 또한 내가 지금 기쁨으로 섬기고 있는 텍사스 주 프리스코에 있는 스톤브라이어 교회(Stonebriar Community Church)의 양 떼들은 더더욱 그렇습니다.

마지막으로, 공부와 설교와 글쓰기에 중독된 나를 이해해준 아내 신시아(Cynthia)에게 감사합니다. 아내는 내가 이 일을 하는 것을 한 번도 반대한 적이 없습니다. 언제나 내가 최선을 다하도록 격려해주었습니다. 그녀의 애정 어린 지원과 더불어 30여 년간 인사이트 포 리빙(Insight for Living)을 훌륭히 이끌어온 그녀의 헌신에 힘입어 "때를 얻든지 못 얻든지" 나의 소명에 충실할 수 있었습니다. 평생을 함께 사역하면서 형성된 동역자로서의 관계는 그렇다 치더라도, 나에 대한 그녀의 헌신이 없었다면 이 시리즈는 결코 시작되지 못했을 것입니다.

이 책에 당신의 손길이 닿을 수 있어서, 그리고 궁극적으로 당신의 서가에 놓일 수 있게 되어서 정말 기쁩니다. 나의 끊임없는 기도와 바람은 이 책들이 당신이 성경을 공부하고 적용하는 데 유용하게 쓰이는 것입니다. 내가 오랜 세월에 걸쳐 깨달았듯이 당신 또한 하나님의 말씀은 시대를 초월하는 진리라는 사실을 깨닫는 데 이 책이 도움이 되기를 기도합니다.

"풀은 마르고 꽃은 시드나
우리 하나님의 말씀은 영원히 서리라"(사 40:8).

찰스 스윈돌(Charles Swindoll)

텍사스 주 프리스코

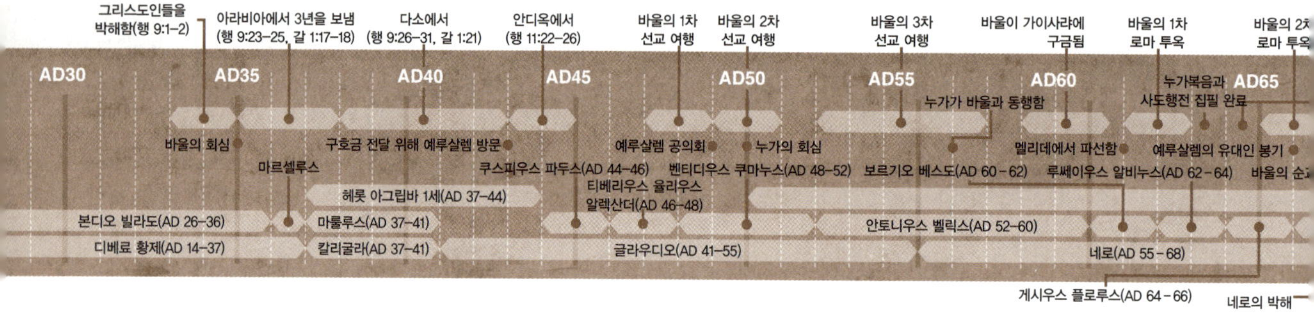

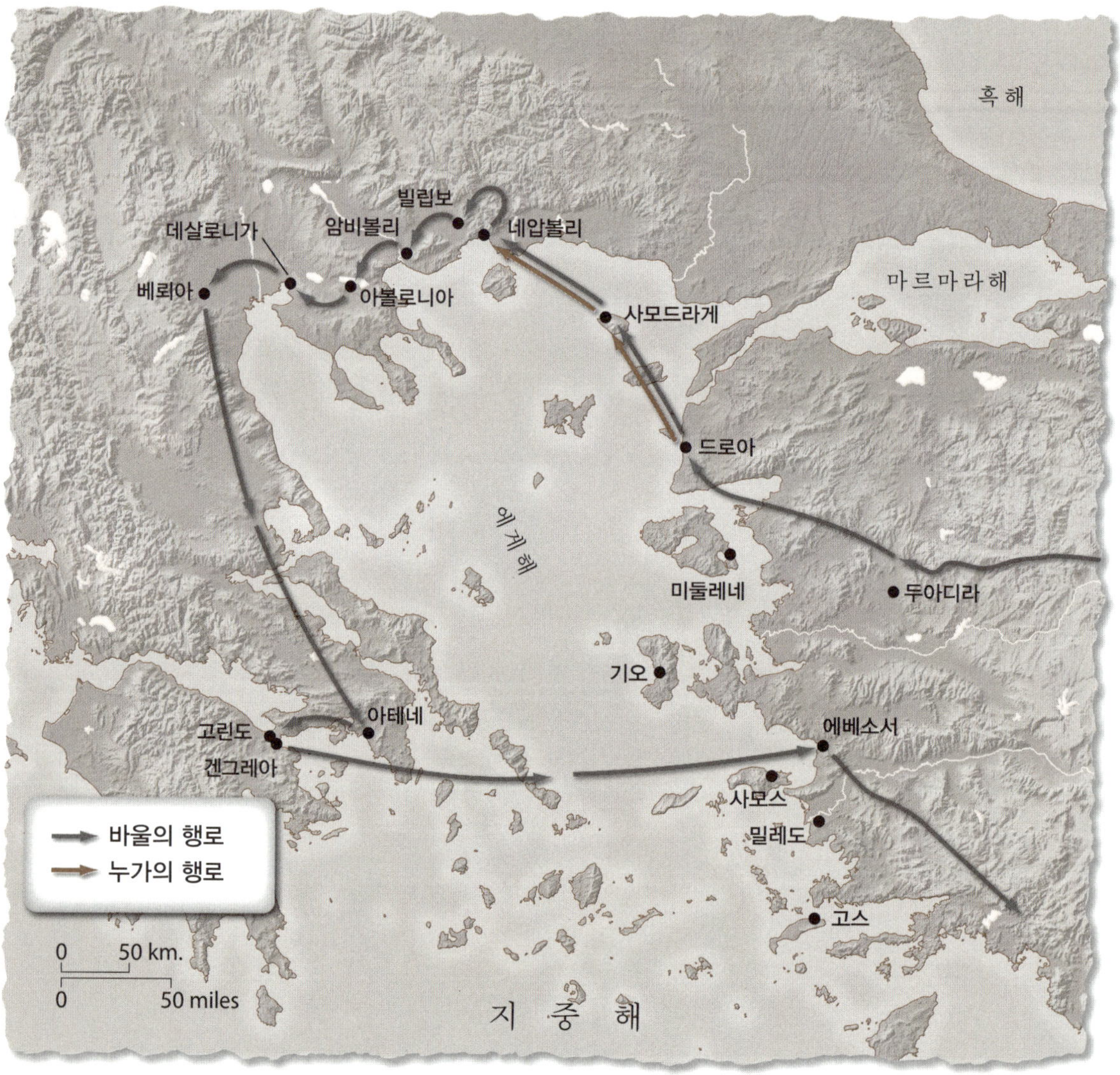

바울의 두 번째 전도 여행지와 누가가 동행한 지역

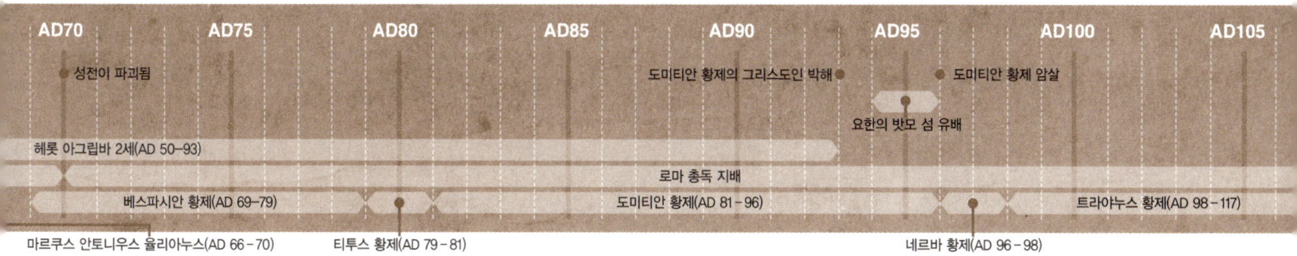

누가복음

서론: 의사가 본 예수

누가는 사교적인 사람이었다. 그것은 그가 자신의 지인들을 어떻게 묘사했는지를 보면 알 수 있다. 또한 그가 쓴 복음서에서 인간 예수를 어떻게 표현했는지를 보아도 알 수 있다. 마태는 예수를 다윗의 정통 왕위 계승자, 유대인의 왕, 오랫동안 기다려온 메시아로 규정했다. 마가는 예수를 간단 명료하게 "섬기려 하고 자기 목숨을 많은 사람의 대속물로 주려"(막 10:45) 하늘에서 내려온 신인(God-man)으로 묘사했다. 요한은 예수님의 신성의 신비를 강조하면서 실제로 성육신하신 하나님의 진리로 소개했다. 그런데 누가는, 과학적 지식의 한계에 부딪혀 좌절감을 느끼고 겸손해진 당대의 모든 의사가 그랬듯이 인간의 곤궁에 절대적으로 공감했고, 하나님이 우리를 향한 사랑에 이끌려 스스로 그렇게 취약한 존재가 되셨다는 사실에 경탄했다.

누가는 인간의 연약한 육신을 입은 전능하신 창조주를 보여준다. 그의 복음서가 묘사하고 있는 분은 한순간도 인간과 멀리 떨어져 있거나 무심한 신의 모습을 보이지 않는다. 누가가 묘사하고 있는 그 사람, 예수는 오히려 이 세상의 혼란과 혼동 속으로 들어와 우리의 결점과 약점, 고통과 격정, 슬픔과 질병에 자신을 내어주기 위해 천상에서 내려오신다.

한눈에 보는 누가복음

단락	도입	예고와 출현	사역과 섬김
주제	누가의 목적 정확성 우수성	신인(God-man)의 인간적 속성 놀란 목격자들 성취된 하나님의 목적 약속된 메시아이신 예수님	악과 타락한 세상에 대한 그리스도 권위 하나님의 나라 제자도의 의미 주님의 놀라운 계획 "인자"
핵심 용어		깜짝 놀람 복음을 전하라 주님 즉시 그리스도/ 메시아	제자 권위 왕국 비유 믿음 따르다
본문	1:1-4	1:5-4:13	4:14-9:50

명령과 복종	승리와 위임
예루살렘에 대항하려는 주님의 의도 현세의 질서와 천국의 차이점 이스라엘(국가로서)을 향한 하나님의 목적을 이루지 못하는 이스라엘 높아가는 주님의 인기 제자도의 대가와 장차 있을 상급	이스라엘과 성전을 다스리는 메시아의 권한 이스라엘이 메시아를 거부함 이스라엘과 세상의 미래 그리스도의 속죄 주님의 부활
파송 세대 회개 군중 구원하다	위임 고통받다 기도하다 받다
9:51-19:27	19:28-24:53

우리는 유일하게 누가의 이야기를 통해 전능자의 입에서 나오는 무력한 아기의 울음소리를 듣는다. 우리는 어린 그리스도가 당대의 쟁쟁한 신학자들과 지혜를 겨루고, 자기의 이중적 본성–그분의 신성, 신성한 목적, 인간의 육신을 입고 사는 신성한 운명–을 분명히 인식하고 계신 모습을 본다. 우리는 목자이신 예수님이 오로지 사랑에 이끌려 구름처럼 몰려든 병자들과 불구자들을 치유하시는 모습을 본다. 때때로, 그분은 다른 목적 없이 다만 친절을 베풀기 위해 기적을 행하신다.

누가가 꼼꼼히 조사해서 세심하게 쓴 예수님의 전기는, 메시아의 예언적 이름인 임마누엘, 즉 "하나님이 우리와 함께 계시다"(사 7:14, 마 1:23)는 점을 더 크게 강조하는 데 이견이 없는 다른 세 복음서와는 달리, 신인(God–man)의 인간적 속성을 더 예리하게 부각시키고 있다.

"나도…써 보내는 것이 좋은 줄 알았노니"

성경에는 누가에 대한 정보가 많지 않다. 분명한 것은 그가 이방인이었다는 사실이다. 바울은 골로새서에 자기와 함께 일하는 사람들의 이름을 나열하면서 누가를 아브라함과 하나님 언약의 외적인 징표를 갖지 않은 자들 속에 포함시켰다(골 4:10–14). 초대 교회 교부인 오리겐(185–254 추정)은 바울이 골로새서를 쓴 시기가 상대적으로 그의 사역 후반기였으리라는 추정 아래 로마서 16장 21절에 언급된 "누기오"와 누가를 동일 인물로 보았다. 후대의 학자들은 바울과 바나바를 첫 번째 선교 여행에 파송한 안디옥의 지도자 가운데 한 사람인 구레네 사람 루기오(행 13:1)가 누가였다는 의견을 제시했다. 교회는 전통적으로 교회사 초기에 누가가 안디옥에 있었다고 밝히면서 이 이론에 어느 정도 동의하지만 증거는 미약하다. 이와는 반대로 사도행전에 등장하는 누가는 그 당시 가장 영향력이 컸던 이방인 교회의 지도자 가운데 한 사람이 아니라 바울의 사역 팀에 속한 신참내기다.

성경에 나오는 내용만을 놓고 보면 누가의 정체에 대한 더 그럴듯한 이론이 나온다. 가장 유력한 증거는 바울의 서신서들에서 세 번 언급된 것과 누가가 "우리"라는 일인칭을 사용하여 기술하고 있는 사도행전에 나오는 세 개의 긴 구절이다. 누가는 "우리"라는 명칭을 사용해서 그 이야기 속에 자신이 직접 참여하고 있다는 사실을 내비친다("신약 성경 속의 누가" 표를 보라). 판단할 수 있는 근거가 많지는 않지만 주님의 삶을 연대기로 기록한 남자와 1세기에 그의 복음서가 미친 영향에 대해 우리가 알아야 할 것에 대한 단서로는 충분하다.

사도행전에서 주어가 "우리"인 첫 번째 구절에 의하면 누가는 두 번째 선교 여행 중인 바울과 드로아에서 처음 만났다. 바울과 실라의 팀은 로마의 속주인 비두니아, 아시아, 무시아에 복음을 전파하려고 했지만 "예수의 영이 허락하지 아니하시는지라"(행 16:7). 그래서 그들은 다음 행선지를 상의하기 위해 드로아라는 항구 도시에 머물렀다. 그곳에서 바울은 밤중에 마게도냐와 그리스로 가는 새로운 경로를 확신시켜주는 환상을 보았다. 누가는 그 팀과 드로아에서 빌립보까지 함께 여행하면서 빌립보에서 바울과 실라가 매를 맞고 감옥에 갇히는 것을 목격했다(행 16:22-40). 의사였던(골 4:14) 그가 분명히 그들의 상처를 치료해주었을 것이다. 그 팀이 데살로니가를 거쳐 그리스로 여행을 계속했을 때 누가는 그들과 동행하지 않았다. 누가는 드로아에서 바울을 만나기 전에 빌립보에서 살고 있었으므로 빌립보에 남았을 가능성이 크다.

신약 성경 속의 누가
사도행전 16:10-17[1]
사도행전 20:5-21:18
사도행전 27:1-28:16
골로새서 4:14
빌레몬서 24절
디모데후서 4:11

누가가 바울을 만나기 전부터 예수님을 믿었는지는 확실치 않다. 복수 대명사 "우리"를 사용한 것 외에는 그리스도의 이야기(누가복음)와 교회의 발흥을 기록한 이야기(사도행전) 속에서 의도적으로 자신의 이야기를 생략한 것으로 보인다. 그는 자기가 언제, 어디서, 어떻게 그리스도인이 되었는지 밝히지 않는데, 두 가지 유력한 가능성이 있다.

첫째, 누가는 오순절(행 2상)에서 돌아온 유대인 개종자로부터 그리스도에 대해 들었을 수 있다. 보통 루디아(행 16:14-15)가 '유럽 최초의 개종자'라고 일컬어지는데, 이는 정확하지 않다. 바울이 디도에게 보낸 편지를 보면 바울이 방문하기 전에 그레데라는 외딴 섬까지 복음이 전파되었음을 알 수 있고, 따라서 로마 제국 전역의 도시들(로마를 포함해서, 롬 1:7-10 참고)에도 복음이 전파되었다고 볼 수 있다. 마게도냐에도 그리스도인들이 있었던 것은 분명하지만 그들은 고립되고 조직화되어 있지 않았는데, 누가도 그들 가운데 하나였을지 모른다. 그는 이렇게 썼다. "바울이 그 환상을 보았을 때 우리가 곧 마게도냐로 떠나기를 힘쓰니"(행 16:10). 이는 드로아에서 바울을 만난 것이 그의 인생과 기독교의 확산에 결정적 역할을 한 '기회'였다는 의미다.

둘째, 드로아에서 바울이 사역한 직접적인 결과로 누가가 신자가 되었을 가능성도 있다. 그는 빌립보와 그 주변에 살고 있던 유대인들로부터 히브리인의 하나님에 대해 들었던 터라 바울에게서 복음을 듣고 예수님을 메시아로 영접할 준비가 되어 있었을지도 모른다. 아니면 밀의종교(密儀宗教)로 부당한 이득을 취하는 자들이 정치인들과 연대했던 빌립보에 살고 있던 많은 이방인 가운데 하나였을 수도 있다(행 16:16, 19-21). 한 전기 작가는 사도행전 16장 9절에 기록된 바울의 환상 속에 등장하는 "마게도냐 사람"이 누가라고 했는데[2], 이는 순전히 억측이다. 여하튼, 누가의 회심은 바울의 환상에 무게를 더했을 것이다.

바울은 누가를 "의사"라고 언급했는데, 이는 어떤 사람에 대해 말할 때 전문지식이나 교육보다는 소명과 성품에 대해 더 많은 것을 말해주는 명칭이었다. 약초 치료법과 전통적인 요법이 고작이었던 1세기의 의학적 지식을 겸비하고 고등 교육을 받은 사람이라면 누구라도 의사 역할을 할 수 있었다. 그들 가운데 병자들을 돕는 일에 헌신한 사람들에게 의사라는 명칭이 붙었다. 어쨌든 누가가 "의사"라는 명칭을 가졌다는 것은 그가 좋은 교육을 받았음을 의미한다. 거기에 더하여 그의 문체는 고대 그리스 역사가들과 비교해도 손색이 없었으며, 연구 자료를 수집하고 사실을 정리해서 읽기 쉬운 역사로 만들어내는 능력까지 겸비하고 있다.

비록 세 번째 전도 여행이 끝날 때까지 그 팀의 영구적인 구성원이었던 것 같지는 않지만, 바울이 자기의 전도 팀에 누가를 포함시킨 것은 그가 의사였기 때문일 수도 있다. 그 마지막 여행에서 바울과 그의 수행원들은 그리스로 가는 길에 빌립보를 지났지만, 그때도 누가를 동행시키지 않았다. 그리스에서 몇 달 간 사역을 한 후에 바울은 겐그레아(고린도 인근의 항구 도시)에서 배를 타고 곧장 고향으로 돌아갈 생각이었지만, 그에 대한 살해 음모로 인해 계획을 변경했다. 그를 암살하려는 자들을 교란하기 위해서 바울은 그의 팀에게 원래 계획대로 겐그레아에서 배를 타되 그들의 집결지가 될 드로아로 가라고 지시했다. 그 사이 그는 다시 빌립보로 돌아가(행 20:2-5) 누가에게 동행을 청했던 것이 확실하다. 두 번째 "우리" 구절에 의하면 누가는 드로아까지 바울과 동행했고, 바울이 세상을 떠날 때까지 그와

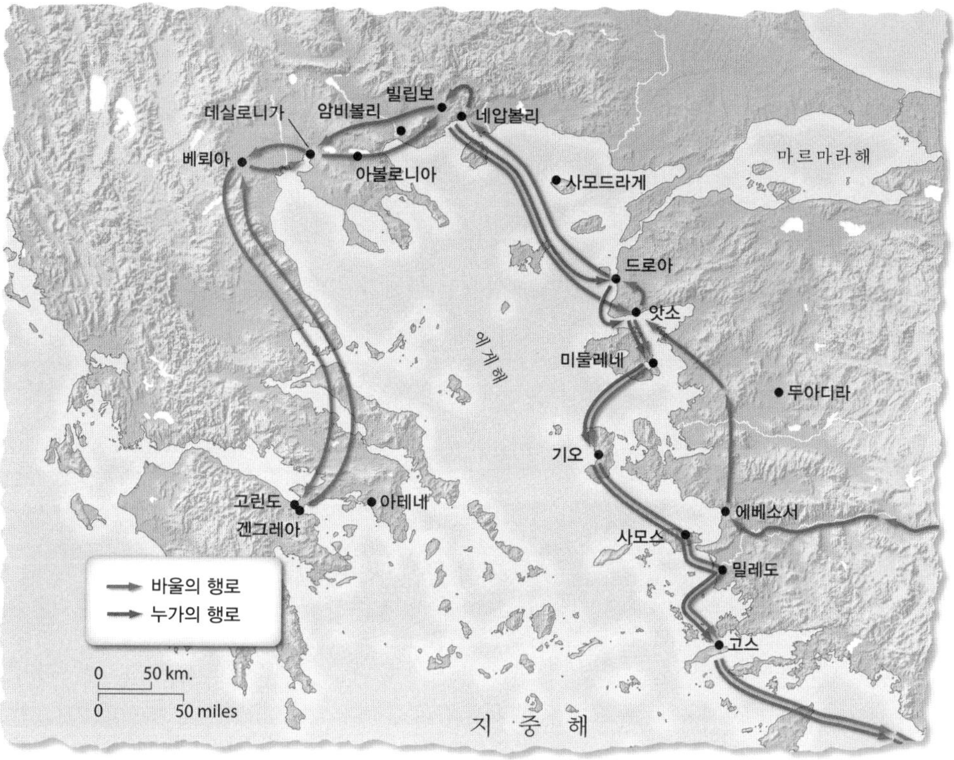

바울의 세 번째 전도 여행지와 누가가 동행한 지역

함께 있었던 것으로 보인다.

세 번째 "우리" 구절은 바울이 예루살렘에서 체포되어 헤롯 아그립바의 궁전에 감금되었다가 로마로 후송되어 2년 동안 가택 연금 상태에서 재판을 기다리기까지의 여정을 따라간다. 바울이 풀려난 후에 어디를 다녔는지 정확히 알려진 바는 없으며, 그는 2-3년 안에 다시 로마에 감금되었다.

바울이 최후를 준비하며 디모데에게 마지막으로 쓴 편지에는 그의 곁에 누가만 남아 있다고 쓰여 있다(딤후 4:11).

"차례대로 써 보내는 것"

누가는 "많은 사람들"이 예수님의 이야기를 쓰기 시작했다는 것을 알고 있었다. 그리고 아마 그런 것들이 대럴 보크(Darrell Bock)가 말한 "누가와 마가가 길어 올린 전승되는 이야기의 샘"[3]이었을 것이다. 마가는 초기의 성도들이 행동에 나설 것을 촉구하기 위해서 글을 썼지만 그것 자체가 '역사'는 아니었다. 결국 주님에 대해 더 많은 것을 알기 원하던 신자들이 부분적으로만 확증된 예수님의 이야기와 말씀들을 수집해서 돌려보기 시작했다. 누가가 마가의 복음서에서 일부 정보를 취했고, 바울과 함께 여행하면서 이런 이야기들이 적힌 파피루스와 양피지 조각들을 수집했다는 명확한 증거가 있다. 이것을 계기로 더 제대로 된 이야기를 쓸 결심을 하게 되었다고 누가 자신이 말한다. 이렇게 그 의사는 자기 나름의 소견을 제시했다. 마태는 마가와 누가로부터 정보를 얻은 다음 자기가 알아낸 정보에 기억을 합해서 예수님이 이스라엘의 소망을 성취하셨음을 입증하는, 명백히 유대인들을 위한 복음서를 썼다.

누가는 예수님의 이야기를 전체적으로 고찰한 후에 사람들과 나눠야겠다고 생각되는–성령이 이끄시고 감독하신–관점을 정했다. 그런 다음 꼼꼼하게 수집하고 사실 확인을 한 자료들을 체계적으로 정리한 그리스도의 이야기를 정성 들여 썼다. 그의 글은 사실을 전달하는 데서만 그치는 것이 아니라 우주적인 천국의 메시지를 전달하기 위한 것이었다. NASB 최신판은 1장 3절에서 "차례대로"라는 표현을 사용했는데, 내 생각에는 ESV와 NIV가 "정리해서"라고 표현한 것이 더 좋은 번역인 것 같다. 헬라어 원어는 '정돈된' 또는 '시간, 공간 또는 논리에 따른 순서로'라는 뜻이다. 고대 문화는 연대순으로 기술하는 것이 역사를 기술하는 가장 확실한 방법이라고 보지 않았고, 실제로 누가는 지리적으로 이야기를 정리했다. 누가는 예수님이 갈릴리와 예루살렘 사이를 누비고 다니시며 사역을 하셨다는 사실을 구태여 숨기지 않았는데, 내러티브는 북쪽에서 남쪽, 즉 나사렛에서 성전으로 이어지는 여정으로 구성했다.

서두와 계보(1:1–4:13)를 쓴 다음 누가는 예수님의 사역이 주로 갈릴리에 근거지를 두고 사마리아와 유대로 자주 다니시는 모습을 묘사했다(4:14–9:50). 그런 다음 주님이 "예루살렘을 향하여 올라가기로 굳게 결심"하신(9:51–19:27) 후 남쪽으로 여행하시는 구조 속에 몇 가지 에피소드를 배치했고, 마지막으로 예루살렘에서 정점을 이룬 예수님의 사명을 기술했다(19:28–24:53).[4]

누가의 내러티브는 이스라엘에서 시작해 예루살렘으로 이동하면서도 이 땅에 오신 유대인 메시아의 사명이 세계에 미칠 영향에 초점을 맞추고 있다.

누가가 쓴 예수님의 이야기는 분량도 방대하고—신약 성경에서 가장 긴 책이다—심혈을 기울여 쓴 작품이다. 완벽주의자들은 누가를 좋아할 것이다. 그는 과학자의 정신, 시인의 펜, 예술가의 심장을 가졌다. 그의 정교한 어휘는 독자들에게 바로 눈앞에서 보는 듯 생생한 느낌을 전달한다. 물론, 누가는 단순히 재미를 위해서 이 글을 쓴 것은 아니다. 그는 두 가지 구체적인 목표를 가지고 글을 썼다. 첫째, 그의 후원자인 데오빌로와 더 크게는 교회의 믿음을 위해 구체적이고 사실에 입각한 근거를 제공하는 것. 둘째, 예수님이 유대인이나 이방인 상관없이 모든 인류를 구원하기 위해 오신 온전한 신인(God-man)이심을 믿지 않는 자들에게 입증해 보이는 것. 바로 이 두 가지였다.

"데오빌로 각하에게"

누가는 그의 글을 "데오빌로 각하에게" 바쳤는데, 그의 정체는 여전히 논란 가운데 있다. 그 이름은 "하나님을 사랑하는 자"라는 뜻이며, 이는 누가가 자신의 독자를 간접적으로 표현한 방법일 수도 있다. 그러나 그것은 개연성이 크지 않다. 이렇게 연대기 작가가 자기의 후원자에게 경의를 표하는 것은 당대에 쓰인 다른 역사서에서도 흔히 볼 수 있는 양식이다. 따라서 데오빌로는 실제 존재했던 인물의 별칭으로, 겸양의 의미에서든 신변의 안전을 위해서든, 익명으로 남기를 원했던 저명한 그리스도인 관료였을 것이다.

데오빌로는 아마 누가가 "하나님을 경외하는 자들"이라고 표현했던, 성경에 나오는 하나님에 대해 더 알고 싶어서 그들이 사는 지역의 회당으로 가르침을 받으러 온 이방인들 가운데 하나였을 것이다. 따라서 누가의 관점은 유대인들이 세운 전통의 문을 통과해 교회로 들어오고 있는 자의 관점으로 보인다. 그는 시종 일반적으로 널리 통용되는 셈어식 표현을 사용해 유대교를 설명하는 한편 세속적인 세계를 언급한다. 그는 이야기가 세세한 것들로 너무 복잡해지지 않게 유의하며 이스라엘의 지리, 역사, 문화를 설명한다. 그는 히브리 성경의 헬라어 번역본인 셉투아긴트를 인용한다. 거기에 더하여 그는 모든 인류를 구세주를 절실히 필요로 하는 연합체로 본다.

고대에는 부유한 후원자가 연대기 작가들에게 의뢰해서 특별한 목적을 위해 역사를 연구하고 쓰게 했는데, 자신의 리더십의 적법성이나 정당성을 확립하거나 거창한 일을 벌이기 전 대중들의 마음을 준비시키기 위해서 그렇게 하기도 했다. 이 경우 누가의 후원자는 마가복음에 나오는 남자와 함께 "내가 믿나이다 나의 믿음 없는 것을 도와 주소서"(막 9:24)라고 외치면서, 모든 믿는 자에게 동일한 확신을 주기 원했을 수도 있다. 결과적으로 우리는 누가의 이야기(사도행전을 포함해) 속에서 신실함, 인류를 향한 하나님의 사랑에 대한 확신, 예수님의 신성의 실제, 역경을 극복하는 믿음의 인내, 악을 이기는 진리, 필연적으로 온 세상에 확산될 복음을 보게 된다.

그리스도인의 입장에서 볼 때 누가의 상세한 이야기가 믿음으로 이끄는 것은 아니다. 그 이야기들은 각 사람의 마음속에 이미 자리잡고 있는 믿음을 공고히 해준다. 그의 역사는 결국 이렇게 말하고 있다. "당신의 믿음은 타당하다. 그 이유를 말해주겠다."

"이는 각하가 알고 있는 바를 더 확실하게 하려 함이로라"

누가는 '기원'에 대한 이야기의 힘을 명확히 이해했다. 요즘에는 유명인들에 대한 이야기와 그들이 미천했던 시절, 명성과 성공을 얻기 이전의 이야기만 전해주는 케이블 텔레비전 채널이 있다. 이런 이야기들은 희망을 버리지 않는 이들에게 언젠가는 승리가 찾아온다는 메시지를 에둘러 전달하면서 고군분투하고 있는 이들에게 위로와 영감을 준다. 또한 보잘것없는 시작에 관한 이런 이야기들은 우리를 이런 성공 스토리를 나누는 자가 되라고, 웅대한 미래의 참여자가 되라고 부른다.

구세주의 이야기를 하기 위해서 누가는 그리스도의 초창기까지 거슬러 올라간다. 얼핏 보기에 누가가 쓴 서문의 주인공은 성전에서 임무를 수행하고 있는 한 무명의 성직자다. 그러나 우리는 이내 그리스도의 이야기는 그분보다 앞선 선구자의 이야기로부터 시작된다는 것을 알게 된다. 그리고 그 선구자의 이야기는 구약의 연장선상에 있다. 사실 신약 성경은 굉장히 오래된 것이다. 누가에게 있어서 예수님의 이야기는 창세기에서 시작된 구원의 이야기로 이어진다. 그가 예수님이 공생애를 시작하실 때 구세주의 족보를 제공한 것도 그런 이유에서다. 그리고 그 가계도는 우리의 공동 조상인 아담으로까지 거슬러 올라간다(3:23–38).

누가복음을 통해서 우리는 한낱 인간에 불과한 한 남자가 우리의 믿음과 소망과 경배의 대상이 되어야 하는 이유를 발견한다. 그분의 기적적이고 신성한 잉태, 천하디천한 미천한 신분, 그분의 의는, 유혹에 대한 승리, 질병에 대한 긍휼, 위선에 대한 불용, 악과의 대결, 죄인들에 대한 환대, 하나님 아버지께 대한 순종, 우리를 위해 기꺼이 고난을 감수하심, 죽음에 대한 승리, 새로운 인류가 되라고 누구든지 그분의 형제자매로 초대하신 것을 위시해 그분의 삶을 통해 드러났다. 누가는 특이한 신성을 가진 한 평범한 인간으로서의 예수님의 면모를 세심하게 보여주었다.

누가는 주님의 신성을 축소하지 않으면서 무력한 인류를 향한 하나님의 관심을 증거하는 체현자(體現者)로 예수님을 소개한다. 누가 덕분에 우리는 돌아온 탕자, 삭개오, 선한 사마리아인, 부자와 나사로, 치유받은 열 명의 문둥병자, 눈을 뜬 장님, 잃어버린 양과 동전, 율법주의보다 우선인 친절, 18년 동안 앓아온 병을 치유받은 여인, 십자가 위에서 회개한 강도, 환멸을 느낀 신자들의 믿음이 회복된 이야기를 알게 되었다. 누가는 한 번의 언급으로 지옥의 실재를 간단히 인정하고(12:5), 대신 천국을 향한 갈망의 눈길을 서른 번 이상 보냈다. 그는 그의 독자들이 이미 죄로 병든 이 세상 삶의 실체를 알고 있다는 전제 아래 하나님의 아들을 위대한 의사로 제시한다.

누가는 또 인자(Son of Man)를, 말하자면 재창조된 인간, 즉 두 번째 버전으로 표현한다. 첫 번째 인간은 풍요로운 가운데 유혹에 넘어갔다. '두 번째 인간'은 광야의 궁핍 속에서 유혹을 이겨냈다(고전 15:47 참고). 첫 번째 인간은 전 인류를 죄, 절망, 죽음, 부패 속에 빠트렸다. 두 번째 인간은 순종을 통해 모든 인류에게 악의 가공할 결과를 능가하는 새 생명, 풍성한 삶, 영생을 제공한다. 첫 번째 인간―첫째 "하나님의 아들"(3:38)―은 하나님의 형상을 지닌 자라는 영광의 자리에서 추락했다. 두 번째 인간은 말 그대로 뼈와 살로 이루어진 하나님의 형상이며, 인류가 이전에 가졌던 영광을 회복하기 위해 보냄을 받았다. 그분의 부활한 육신은 구속된 인간들의 형상을 예시한다.

자신의 글 끝머리에서 누가는 주목할 만한 성취를 이룬다. 목격자들의 이야기와 하나님의 영감을 받은 글솜씨를 성실히 사용한 덕분에 누가복음은 수동적인 독자를 열정적인 증인으로 변화시킨다. 누가는 그 사람, 곧 예수와 그분의 사역을 생생하고 세밀하게 그린다. 당신은 그분이 구원하기 위해 오신 사람들을 만나면서 그분과 함께 시골길을 다니게 될 것이다. 예루살렘 성전 꼭대기에 올라가 은혜를 대적하는 자들을 굽어보게 될 것이다. 그분이 매질을 당하실 때 당신도 가죽 채찍질을 당하고, 그분이 십자가에 달리실 때 당신도 못이 살을 뚫는 고통을 경험하게 될 것이다. 십자가 위에서 그분의 몸이 처질 때 축 늘어진 몸의 무게를 당신도 느끼게 될 것이다. 그분과 함께 당신의 마지막 숨을 헐떡이게 될 것이다. 그분을 따랐던 사람들과 함께 그분이 돌아가신 3일 동안 절망에 빠지고, 첫 번째 부활절의 대혼란 속에서 그들이 느꼈던 혼란을 경험할 것이다. 그리고 당신은 그분이 승천해서 하나님 아버지 우편에 앉으실 때 그들과 함께 찬양할 것이다.

누가가 기록한 역사(History)는 죽은 영웅에 대한 단순한 연대기가 아니다. 이것은 그분의 이야기(His Story)다! 그리스도의 이야기는 오늘도 계속되고 있을 뿐 아니라, 그 이야기에 참여해 결론이 기록되는 것을 도우라고 당신을 초청하고 있다.

주

1. 누가는 사도행전의 세 단락에서 삼인칭 "그들"이 아닌 일인칭 "우리"를 사용해 자기를 포함시켰다.
2. William M. Ramsey, *Luke the Physician and Other Studies in the History of Religion*(London: Hodder & Stoughton, 1908).
3. Darrell L. Bock, *Luke Volume 1: 1:1-9:50*(Baker Exegetical Commentary on the New Testament, Grand Rapids: Baker, 1994), 9.
4. 흥미롭게도, 누가는 그의 두 번째 역사서(사도행전)에서도 복음이 예루살렘에서부터 사마리아와 갈릴리를 거쳐 세상 끝까지 전파되는 것을 보여주는 비슷한 구성을 취했다(행 1:8 참고).

도입

누가복음 1:1-4

가장 뛰어난 것만을(누가복음 1:1-4)

[1]우리 중에 이루어진 사실에 대하여 [2]처음부터 목격자와 말씀의 일꾼 된 자들이 전하여 준 그대로 내력을 저술하려고 붓을 든 사람이 많은지라 [3]그 모든 일을 근원부터 자세히 미루어 살핀 나도 데오빌로 각하에게 차례대로 써 보내는 것이 좋은 줄 알았노니 [4]이는 각하가 알고 있는 바를 더 확실하게 하려 함이로라.

진짜 뛰어난 것은 좀처럼 찾아보기 힘들다. 우리는 갈수록 서두르고 재촉하는 사회에 살고 있어서 더 소수의 사람들이 더 적은 자원으로 더 많은 생산을 해야 한다. 빠른 전환과 즉각적인 만족에 대한 끊임없는 요구는 우리의 감각을 둔화시키고 기대치를 낮추어왔다. 우리는 직장에서, 시장에서, 정부에게서 범상함을 받아들이게–그리고 심지어는 기대하게– 되었다. '최고'는 지난날 우리가 기대하는 최소한의 기준이었다. 그러나 이제 최고를 요구하는 것은 무례하거나 지나친 것으로 간주된다.

탁월성은 재촉해서 될 일이 아니다. 불행히도 우리는 너나 할 것 없이 서두른다. 그러나 느슨한 기준이나 엉성한 작업의 결과는 그다지 중요하지 않아 보이는 일일지라도 재앙을 일으킬 수 있다. 존 가드너(John Gardner)가 『탁월함』(*Excellence*)이라는 그의 저서에서 현명하게 말했듯이, "배관 공사가 하찮은 일이기 때문에 배관 공사에서의 탁월함을 얕보고, 철학이 고귀한 활동이기 때문에 철학에서의 조잡함을 용인하는 사회는 좋은 배관도 좋은 철학도 갖지 못할 것이다. 배관에도 철학 이론에도 구멍이 뚫릴 것이다."[1]

안타깝게도, 그의 말은 정확히 들어맞았다. 평범함이라는 암은 그리스도인들을 잠식했다. 원어를 깊이 있게 가르치는 신학교는 줄어들고, 사역을 위해서 헬라어나 히브리어가 필요 없는 학위를 선택하는 학생들이 늘어나고 있다. 대부분의 목회학 박사 프로그램은 조직 신학을 한두 학기로 압축한 탓에 정통 교리를 이해하지도 못하고, 그것에 관한 쟁점들을 고찰할 수 있는 기량도 갖추게 하지 못한다. 기독교 신학교들이 더 이상 기독교 신학만 가르치지 않는다고 해도 놀랄 일이 아니다. 이 글을 쓰고 있는 몇 주 사이에도 한 유명한 감리교 신학교가 "미국 최초의 진정한 다종교 신학교"[2]가 되기 위해 무슬림과 유대인 성직자들을 위한 교육 과정을 신설했다. 그들은 불교와 힌두교 성직자 교육 과정도 신설할 계획이다.

핵심 용어

ἐκπλήσσω [*ekplēssō*, 에크플레소] *(1605)* '경탄하다, 깜짝 놀라다, 놀라서 어쩔 줄 모르다, 놀라서 말문이 막히다'

이 말은 문자적으로 '주먹을 휘두르다'라는 뜻이다. 신약 성경에서는 수동태로만 쓰였으며, 누가가 '깜짝 놀라다'라는 뜻으로 사용한 세 개의 주 용어 가운데 하나다. *Thaumazō*와 비슷한 뜻이다.

ἐξίστημι [*existēmi*, 엑스테미] *(1839)* '깜짝 놀라다, 무언가로부터 분리하다, 이성을 잃다, 정신을 못 차리다'

이 말은 문자적으로 '추방당하다'라는 뜻이다. 이것은 스스로를 통제하지 못하는 심리 상태를 비유적으로 일컫는 말이다. 예수님 시대에는 어떤 사람이 놀라서 "제정신이 아니다"라고 말할 때와 같이 과장된 표현으로 쓰였었다. 이것 외에 누가가 자주 사용했던 좀 더 약한 표현으로 *thaumazō*가 있다. 이 단어는 단순히 '깜짝 놀라다, 놀라움을 금치 못하다'라는 뜻이다. *Existēmi*는 깜짝 놀란 모습을 실감나게 표현하는 더 생생한 단어다.

θαυμάζω [*thaumazō*, 타우마조] *(2296)* '감탄하다, 놀라다, 경탄하다, 경외하다'

놀라움이나 경탄을 표현하는 데 사용된 세 가지 주된 용어 가운데 셉투아긴트(히브리어 구약 성경의 헬라어 번역본)에서 단연코 가장 많이 볼 수 있는 단어다. 일반적으로 "인간적 가능성을 초월하는 것을 마주 대하는 종교적 체험"을 가리킨다.[3]

εὐαγγελίζω [*euangelizō*, 유앙겔리조] *(2097)* '복음을 전하다, 알리다, 선포하다'

세속적으로 이 단어는 전쟁의 상황, 왕족의 출생, 임박한 왕의 도착 등과 같은 소식–대부분 좋은 소식–을 전하는 공식 전령을 지칭하는 데 쓰였다. 신약 성경은 이 단어를 특별히 예수 그리스도의 구원에 적용해서 해방과 승리의 개념으로 연결한다. 이 동사는 신약 성경에 54번 등장하는데 거의 반 정도가 누가복음과 사도행전에서 나온다(누가복음에 10번, 사도행전에 15번). 다른 경우도 대부분이 누가의 멘토였던 바울의 서신서에서 발견된다(19번).

κύριος [*kyrios*, 큐리오스] *(2962)* '주인, 통치자, 소유자'

이 단어는 일반적으로 권력과 권위를 소유하고 있는 사람을 나타낸다. 하급자가 사회적 지위가 높은 사람에게 간청할 때 경칭으로 *kyrios*를 사용할 수 있다. 셉투아긴트는 이 단어를 하나님의 이름 YHWH(예를 들어 신 6:4)를 번역할 때 사용하며, 신약 성경 저자들은 이 용례를 따랐다.

παραχρῆμα [*parachrēma*, 파라크레마] *(3916)* '갑자기, 즉시, 당장'

눈에 띄는 한 경우(마 21:19–20)를 제외하고, 이 헬라어 부사는 누가복음과 사도행전에만 나온다(누가복음에 9번, 사도행전에 6번). 누가는 이 단어를, 예컨대 예수님이 일으키신 기적에서 한 사건과 다음 사건 사이의 명확한 인과관계를 밝히는 데 사용한다. 이런 경우 예수님이 행하시면 '곧' 결과가 나타났다.

Χριστός [*Christos*, 크리스토스] *(5547)* '메시아, 기름부음 받은 자'

이 단어는 '바르다, 문지르다, (기름을) 바르다'라는 뜻인 *chriō*에서 파생되었다. 신약 성경이 쓰이기 전에는 이 단어가 히브리어 문헌 외에 사람에게 쓰인 적이 한 번도 없었다. 셉튜아긴트는 *christos*를 사용해 *mashiach*(영어로 'messiah'로 번역된)라는 히브리어를 번역했다. *Mashiach*는 왕에게만 사용되는 단어였고, 이스라엘의 통치자를 지명하면서 머리에 올리브유를 바르는 관습과 관련이 있었다. 이스라엘에는 숱한 "christs"(즉, 기름부음 받은 왕들)가 있었지만 이스라엘 백성들은 궁극적 "Christ"인 메시아, 곧 영웅적인 완전한 왕을 기다렸다.

이런 기독교 신학교들은 하루아침에 변질된 것이 아니다. 그들이 "배운 바"(4절, 개역한글)를 버리겠다는 결정을 하게 된 것은 하나님의 진리와 그 원전(原典)을 보는 관점에 대한 작지만 중요한 타협에서 시작되었다. 그리고 두 말할 필요 없이 그 결정에는 성경 해석학과 신학 모두에서 무수히 많은 소소한 타협들이 뒤따랐다. 기독교와 무관한 방향으로 나아가게 된 것은 우수하지 않은 것에 대해서 합격점을 주기로 한 결정에서부터 시작되었다.

아래로 끌어내리는 평범함의 속성은 새로운 현상이 아니다. 바울과 함께 다니면서 누가는 로마 제국 전역에 흩어져 있는 신도들의 무리를 보았다. 그들은 흡사 구전으로 전해지는 이야기를 핵으로 해서 점점 자라나는 수많은 진주들 같았다. 지식인으로서 누가는 서서히 드러나는 특별한 위험의 조짐을 예견했다. 1세대 증인들이 세상을 떠나면서 주님을 직접 만나고 가르침을 들은 사람들의 수가 점점 줄어들기 시작했고, 신화와 꾸며낸 이야기들이 실제 이야기들을 대신하곤 했다. 이러한 침식에서 교회가 살아남으려면 그들을 하나로 이어줄 통일된 포괄적인 그리스도의 이야기가 필요했다. 사실과 허구를 분리하고, 그리스도인의 정체성을 분명히 할 수 있는 능력을 갖추려면 방대한 연구와 철저한 검증을 거친 이야기가 있어야 했다. 그들에게는 훌륭한 복음서가 필요했다.

성령은 누가에게 글을 쓰게 하면서 그의 꼼꼼하고 정확한 성향을 이용하셨다. 훌륭한 복음서를 쓰기 위한 누가의 초자연적 헌신은 네 가지 분명한 형태로 나타났다.

탁월한 연구
탁월한 구성
탁월한 표현
탁월한 훈련

—1:1-2(탁월한 연구)—

누가는 바울과 함께 다니면서 예수님을 개인적으로 알았던 연로한 성도들의 기억과 양피지와 파피루스 조각들에 기록된 것들이 마구 뒤섞여서 구전되는 것을 목도했다. 바울과 여행하면서 글로 전승되는 단편적인 이야기들을 모으고, 증인들을 직접 인터뷰한 내용을 기록하면서 누가는 성령이 "차례대로"(3절) 이야기를 쓰라고 촉구하시는 것을 느꼈다.

그는 단편적인 이야기들을 그냥 이어 붙여서 하나로 합성된 문서를 작성한 것이 아니었다. 누가는 그가 아는 사실들을 면밀하게 검토했다. "목격자"(*autoptai*)로 번역된 헬라어는 영어의 "autopsy"(부검)와 관련이 있으며, 성경의 다른 곳-구약의 헬라어 번역본이나 신약성경-에서는 찾아볼 수 없다. 그러나 요세푸스, 헤로도투스, 폴리비우스 등의 역사가들은 이 말을 자주 사용했다. 고대 문화에서 명망 있는 목격자의 증언은 그 무엇보다도 비중이 컸다.

누가는 예수님을 누구보다도 잘 아는 사람들을 인터뷰한 것이 분명하다. 그는 그분이 식사하시는 모습을 보고, 코고시는 소리를 듣고, 무더운 오후에 그분의 체취를 맡았던 사람들과 함께 시간을 보냈다. 그 사람들은 그분의 사역이 펼쳐지던 현장에 있었다. 그들은 그분의 변모를 경이롭게 바라보았다. 그들은 겟세마네에서 그분이 고뇌하시는 모습을, 참혹한 매질을 당하면서 온몸을 뒤트시는 모습을, 십자가 위에서의 고통을 목격했다. 그리고 그들은 그분이 다시 살아나신 것을 보고 전율했다. 누가는 자료들을 면밀히 조사해서 그럴듯해 보이지만 사실이 아닌 것들을 가려내고, 누락된 상세한 정보들을 채워 넣고, 오류를 수정하고, 그때까지 알려지지 않았던 사건들을 밝히기도 했다. 그는 그렇게 찾아낸 자료들을 모두 모아 조사하고나서야 비로소 펜을 들었다.

—1:3 상(탁월한 구성)—

훌륭한 역사가는 사실을 그냥 뭉뚱그려서 엮어내지 않는다. 훌륭한 역사가는 대부분 특별한 목적을 가지고 이야기를 들려준다. 그는 포함시켜야 할 정보와 제외해야 할 자료를 선별해야 한다. 그런 다음 그것을 분류하고 정리해서 일어났던 일을 정확하고, 흥미진진하며, 인상적이고, 유용한 그림으로 그려야 한다.

"살피다"로 번역된 단어는 문자적으로 '따라가다' 또는 '동행하다'라는 뜻이다. 상세한 자료들을 점검하는 중요한 작업과 더불어 누가는 그리스도의 사명과 사역을 큰 틀에서 보기 위해 예수님의 이야기를 처음부터 끝까지 추적했다. 전체를 봤을 때에야 비로소 모든 사건 속에 담겨 있는 경이를 제대로 이해할 수 있게 되는 법이다.

"차례대로"라고 번역된 구절은 자칫 오해를 불러일으킬 소지가 있다. 누가는 단순히 예수님의 연대기를 쓴 것이 아니었다. "정리된 순서대로"가 더 좋은 번역일 것이다. 고대인들은 현대인들처럼 시간에 집착하지 않았다. 누가는 주님의 삶 속에서 일어났던 각각의 에피소드들을 지리적으로 배열했고, 고대의 독자들은 이런 구성을 이의 없이 받아들였을 것이다.

—1:3 하-4(탁월한 표현과 훈련)—

내러티브 전반에 걸친 누가의 문법과 구문은 당대 최고의 헬라 문학과 비교해도 손색이 없다. 거기에 더하여 그가 이야기를 풀어내는 솜씨는 가히 천재적이다. 그는 놀라울 정도로 정교한 문학적 장치들을 이용해서 독자들(그리고 청중들)에게 정보도 전달하고 간간이 재미도 주었다.

누가는 일어났던 일들-그것도 지루한-을 연대순으로 소개할 수도 있었다. 하지만 그는 죄에서 세상을 구원하기 위해 하나님이 세상에 오신 이야기의 아름다움, 아이러니, 복잡성, 흥분, 페이소스를 전달하는 흥미진진한 이야기를 세심히 공들여 썼다. 그리고 그가 그렇게 한 것이 얼마나 다행인지 모른다. 나의 멘토이신 하워드 헨드릭스 교수님은 그분의 수업을 듣는 예비 교사들에게 이렇게 말하곤 했다. "성경을 지루하게 만드는 건 죄입니다!"

누가는 소소한 부분까지 세심히 살피고 헬라어를 능란하게 구사함과 동시에 그의 가장 중요한 목표를 망각하지 않았다. "이는 각하[데오빌로(그리고 이 역사를 위임받은 자들)]가 알고 있는 바를 더 확실하게 하려 함이로라." 바울과 함께했던 여행을 통해 누가는 주님의 삶, 가르침, 사역에 대한 제대로 된 기록-오류가 없고, 확실하며, 전적으로 신뢰할 수 있는 설명-이 없는 그리스도인들의 미래는 위태로울 수밖에 없다는 사실을 통감했다. 건전한 신학은, 집이 그래야 하듯이, 진리의 반석 위에 서야 한다는 것을 그는 알고 있었다(6:46-49 참고). 예수님의 가르침과 그분이 우리를 위해 행하신 일들에 대한 정확하고 믿을 만한 기록이 없으면 믿는 자들에게는 믿음의 근거가 없는 것이다. 결국 하나님의 진리와 분리된 믿음은 사람들이 좋아하는 생각 쪽으로만 흘러가거나 역경이 닥치면 무너지게 마련이다.

설상가상으로 데오빌로와 모든 "하나님을 사랑하는 자들"이 살고 있던 시기에는 막 태동하기 시작한 이른바 영지주의에 의해 기독교 교리가 왜곡될 위험에 처해 있었다. 그때 이미 영지주의는 유대교, 이방 종교들, 심지어 헬라 철학까지 변질시키기 시작하고 있었다. 그리스도를 개인적으로 알고 그분의 부활을 목격했던 사람들은 곧 세상을 떠날 것이었고, 그들이 직접 체득했던 기독교의 진리도 그들과 함께 사라질 터였다. 또한 그들 사후에 남겨진 정보의 공백은 모두 신화와 꾸며낸 이야기들로 채워질 것이었다.

아니나 다를까, 사복음서가 있음에도 불구하고 예수님에 대한 기이한 이야기를 들려주는 영지주의자들의 글들이 2세기부터 이미 퍼지기 시작했다. 다행히, 누가는 예수님과 예수님이 사명을 위임한 교회에 관한 훌륭한 역사서를 준비했다. 누가는 집을 짓기 전에는 아무 쓸모가 없는 건축 자재들처럼 마구 뒤섞여 있는 예수님에 대한 입증되지 않은 일화들을 검토했다. 그리고 모든 믿는 자, 즉 유대인과 이방인 모두를 다 수용할 수 있을 만큼 크고, 오랜 세월을 견딜 수 있을 만큼 견고한 집을 지었다.

진리는 요즘과 같은 시대에는 다루기 힘든 주제다. 포스트모더니즘은 진리의 존재를 부정하기 때문에 포스트모던 그리스도인들이 의견의 차이와 적대감을 구별하지 못한다고 해도 놀랄 일은 아니다. 결국 그들은, 특히 다른 종교를 가진 사람들과의 불화를 피하기 위해 재빨리 진리를 제쳐놓는다. 나는 이런 태도가 혼란스럽고 섬뜩하게 느껴진다. 내 생각에는 진리의 선물보다 더 소중하고 가치 있는 선물은 없다. 특히나 그 진리를 앎으로써 누군가가 불필요한 역경, 질병, 슬픔, 고뇌, 또 더 심하게는 하나님과의 영원한 분리를 피할 수 있도록 도울 수 있다면 더더욱 그렇지 않은가! 나는 다음과 같은 마르틴 루터(Martin Luther)

의 글에 동의한다.

> 기품과 진실됨은 아리스토텔레스가 그의 윤리학 제1권에서 표현한 정서다(4장). 즉, 친한 친구들이나 친척들을 편파적으로 봐주는 것보다 진리를 지키는 게 더 낫다는 말이다. 그러려면 정말로 철학자가 되어야 한다. 진리도 소중하고 친구들도 소중하지만, 진리가 우선되어야 한다. 이교도(아리스토텔레스처럼)가 민사 분쟁에서 마땅히 그래야 한다고 생각한다면, 성경을 인간의 권위보다 우위에 두기 위해서 성경이 분명한 증언을 하고 있는 사안들에 대해서는 당연히 진리를 앞세워야 하지 않겠는가? 인간은 기만당할 수 있다. 그러나 하나님의 말씀은 그 자체가 하나님의 지혜이며 가장 확실한 진리다. 하나님의 말씀은, 내가 알기로는, 관계를 해칠 위험이 있다고 해도 진리다.[4]

사실적이고 실제적인 것을 추구하면서 탁월성을 도외시하면 단기적으로는 일을 수월하게 할 수 있을지 모른다. 그러나 사람들과의 화목을 위해 진리를 도외시하는 것은 훨씬 더 중요한 것을 희생해야 한다는 뜻이다. 그것은 바로 진리의 주인이신 하나님과의 화목이다. 누가는 탁월성과 함께 진리를 추구했고, 성령이 그가 오류를 범하지 않도록 지키셨다. 근 2천 년의 세월 동안 주님은, 우리가 하나님의 아들을—그분이 우리를 위해서 가르치신 것과 행하신 일들을— 확신을 가지고 신뢰할 수 있도록 잘 정리된 이 뛰어난 기록을 우리를 위해 보존하셨다. 이토록 오랜 탁월성의 내력을 가진 우리가 이제 와서 평범함에 안주해서는 안 될 일이다! 도리어 우리가 사실이고 진리라고 알고 있는 것을 담대하게 사랑을 가지고 선포하자. 결국, 진실되고 오래 지속되는 사람들 사이의 화목은 우리가 함께 진리를 인정하고 받아들이냐의 여부에 달려 있다.

적용

주님께 바치는 탁월성

탁월성은 하나님을 영화롭게 한다.

이 말을 완벽주의를 위한 구호로 변질시키지 않도록 주의하라. 완벽주의는 자기 만족일 뿐이다. 그러나 모든 일에서 탁월함을 추구하라.

누가는 그리스도의 이야기(누가복음)와 그분 교회의 이야기(사도행전)를 정리해서 글로 쓰면서 탁월성의 본보기를 보여주었다. 그는 "데오빌로 각하에게" 헌정하는 서두에서 자신의 동기를 설명하는데, 우리는 그것으로부터 몇 가지 원칙을 얻을 수 있다.

첫째, 탁월성은 세월의 시험을 견딘다. 누가는 다가올 무수한 세대들의 필요를 충족시키고 엄격하고 철저한 조사에도 견딜 수 있는 기록물을 창조하고 싶었다. 다른 사람들이 주님의 삶을 기록하려 했었지만 그때까지 남아 있는 것은 마가복음밖에 없었다(1:1).[5] 2천 년 후에도 누가의 복음서는 원래의 빛을 잃지 않았다.

둘째, 탁월성은 오늘날 물려받은 유업을 존중한다. 누가는 "처음부터 목격자와 말씀의 일꾼 된 자들"(1:2)로부터 그가 물려받은 것을 맡아서 관리해야 할 책임을 인식하고 있었다. 진리를 다루는 그들의 탁월한 솜씨에 의해 그는 하나님의 자녀가 되었고, 그들이 그것을 전달해주었기에 다른 사람들 또한 누가로부터 그것을 기대할 것이었다.

셋째, 탁월성은 가치 있는 것을 알아보고 그것을 보존하는 데 주의를 기울인다. 누가는 "확실한 사실"을 지극히 조심스럽게 다루어야 할 책임이 자신에게 있음을 인정했다(1:4). 그는 그리스도의 이야기를 고귀한 가보처럼 취급했고, 후세들을 위해서 그것을 보존했다.

넷째, 탁월성은 세세한 부분에 주의를 기울인다. 누가는 "그 모든 일을 근원부터 자세히 미루어 살핀" 다음, 사실들을 차례대로 정리했다(1:3). 그는 세부 사항 하나하나에 대해 원출처인 목격자들까지 추적해서 모든 자료를 면밀하고 꼼꼼하게 입증했다. 누가는 바울과 함께 다니면서 기독교 역사 속 인물들에게 접근할 수 있는 유례 없는 기회를 가졌다. 그래도 자료를 분류하고 정리하는 것은 많은 공을 들여야 하는 중요한 작업이었다.

다섯째, 탁월성은 다른 사람의 행복에 대한 의무를 인식한다. 누가는 데오빌로와 교회 전체가 그들의 믿음을 더 공고히 해줄 그의 글을 기대하고 있다는 사실을 충분히 인식했다(1:4). 성령이 하나님 아버지의 사람들을 그리스도께로 이끌고 그들의 믿음을 끝까지 신실하게 지켜주실 테지만, 하나님은 종종 자기 종들의 뛰어난 과업을 수단으로 사용하신다. 하나님이 누가의 작업을 사용하신 것은 특별한 경우이기는 하지만,[6] 그분은 교회를 세우고 강하게 만드시는 일에 당신 종들의 뛰어난 과업을 사용하신다.

날마다 교통 체증에 시달리고, 시간외 근무를 하며, 당신에게 주어진 힘들고 단조로운 일-아무리 하찮고 남이 알아주지 않는 일이라고 해도-을 성실하게 할 때, 탁월성을 당신이 하는 모든 수고의 길잡이로 삼으라. 당신이 배관공이라면 탁월한 배관공이 되라. 당신이 변호사라면 서류만 작성하지 말라. 사건 하나하나를 독창적으로 진실하게 접근하라. 어떤 직업에 종사하든지 당신의 전문가다운 직업 의식을 본 사람들이 그리스도께 매료되도록 하라. 당신이 음악가라면 연주할 음악을 완벽하게 익혔더라도 연습하라. 당신이 주부라면 사람들을 환대하는 일, 경제, 효율성, 친절, 정리 정돈의 전문가가 되라.

탁월성이 당신의 트레이드 마크가 되게 하라.

날마다 창조적인 자극이 되도록 당신의 일터에 붙여 놓으면 좋을 성경 구절들을 몇 가지 소개하겠다.

- 네 손이 일을 얻는 대로 힘을 다하여 할지어다 네가 장차 들어갈 스올에는 일도 없고 계획도 없고 지식도 없고 지혜도 없음이니라(전 9:10).
- 그런즉 너희가 먹든지 마시든지 무엇을 하든지 다 하나님의 영광을 위하여 하라(고전 10:31).
- 이는 우리가 주 앞에서뿐 아니라 사람 앞에서도 선한 일에 조심하려 함이라(고후 8:21).
- 기쁜 마음으로 섬기기를 주께 하듯 하고 사람들에게 하듯 하지 말라 이는 각 사람이 무슨 선을 행하든지 종이나 자유인이나 주께로부터 그대로 받을 줄을 앎이라(엡 6:7-8).
- 모든 일을 원망과 시비가 없이 하라 이는 너희가 흠이 없고 순전하여 어그러지고 거스르는 세대 가운데서 하나님의 흠 없는 자녀로 세상에서 그들 가운데 빛들로 나타내며(빌 2:14-15).
- 또 무엇을 하든지 말에나 일에나 다 주 예수의 이름으로 하고 그를 힘입어 하나님 아버지께 감사하라(골 3:17).
- 무슨 일을 하든지 마음을 다하여 주께 하듯 하고 사람에게 하듯 하지 말라 이는 기업의 상을 주께 받을 줄 아나니 너희는 주 그리스도를 섬기느니라(골 3:23-24).
- 너희가 이방인 중에서 행실을 선하게 가져 너희를 악행한다고 비방하는 자들로 하여

금 너희 선한 일을 보고 오시는 날에 하나님께 영광을 돌리게 하려 함이라(벧전 2:12).

- 만일 누가 말하려면 하나님의 말씀을 하는 것 같이 하고 누가 봉사하려면 하나님이 공급하시는 힘으로 하는 것 같이 하라 이는 범사에 예수 그리스도로 말미암아 하나님이 영광을 받으시게 하려 함이니 그에게 영광과 권능이 세세에 무궁하도록 있느니라 아멘(벧전 4:11).

주

1. John W. Gardner, *Excellence: Can We Be Equal and Excellence Too?*(rev. ed.; New York: Norton, 1995), 102.
2. Mitchell Landsberg, "Claremont Seminary Reaches beyond Christianity," *The Los Angeles Times*(Wednesday, June 9, 2010).
3. Gerhard Kittel and Gerhard Friedrich, eds., *Theological Dictionary of the New Testament: Abridged in One Volume*(trans. Geoffrey W. Bromiley, Grand Rapids: Eerdmans, 1995), 316. (『신약성서 신학사전:킷텔 단권 원어사전』 요단출판사)
4. Martin Luther, *What Luther Says: An Anthology*(ed. Ewald M. Plass, St. Louis: Concordia, 1959), 3:1392 인용.
5. 누가는 마가복음을 참고 자료로 사용했을 가능성이 높다.
6. 성령님이 누가로 하여금 글을 쓰게 하고, 작업을 감독하며, 탁월성을 추구하도록 독려하고, 오류를 범하지 않도록 지켜주셨다. 물론 이런 일이 모든 그리스도인에게 일반적인 것은 아니다.

예고와 출현

누가복음 1:5-4:13

훌륭한 소설들 가운데 어떤 것들은 서론으로 시작한다. 특히 서사 소설이 그렇다. 서론은 커다란 배경막을 그리는 짧은 이야기다. 서론은 배경을 설정하고, 등장인물들이 왜 그런 행동을 하는지, 주인공들이 보통 사람들과 어떻게 다른지를 이해하는 데 필요한 정보를 제공한다. 따라서 지식인이었던 누가는, 이를테면 모든 훌륭한 헬라의 연극이 에우리피데스 이래로 '무대를 준비하는' 인물로 연극을 시작했듯이, 서론의 필요성을 인식하고 있었다.

누가가 전하는 내러티브의 첫 단락(1:5-4:15)은 상당히 긴 서론이다. 이 짤막한 글에서 우리는 예수님의 이야기가 시작된 곳은 나사렛도 아니고 베들레헴도 아님을 알게 된다. 사실, 구속의 이야기는 3막으로 된 연극의 2막에 등장한다. 제1막은 인류의 창조와 타락 이야기가 담긴 창세기에서 시작해 하나님이 구속의 도구로 삼으시기 위해 이스라엘을 부르시는 것으로 이어졌다가, 이스라엘이 그들의 거룩한 목적을 성취하는 데 실패하는 것으로 끝이 났다. 그러나 이 암울한 이야기 속에는 메시아에 대한 약속이 함께 엮여 있다. 그리고 400년의 휴식 시간을 위해 커튼이 내려지기 직전 주님은 세상에 소망을 주셨다. 그분은 한 선구자가 관객들의 주의를 환기시키고 영웅의 도래를 알릴 것이라고 약속하셨다. 누가의 서론은 말라기에서 하신 주님의 약속들과 인생의 유일한 목표가 그리스도의 길을 예비한 후 물러나는 것이었던 걸출한 하나님의 사람의 출생을 연결한다.

"임신? 이 나이에? 말도 안 돼요!"(누가복음 1:5-25)

5유대 왕 헤롯 때에 아비야 반열에 제사장 한 사람이 있었으니 이름은 사가랴요 그의 아내는 아론
의 자손이니 이름은 엘리사벳이라 6이 두 사람이 하나님 앞에 의인이니 주의 모든 계명과 규례대로
흠이 없이 행하더라 7엘리사벳이 잉태를 못하므로 그들에게 자식이 없고 두 사람의 나이가 많더라

8마침 사가랴가 그 반열의 차례대로 하나님 앞에서 제사장의 직무를 행할새 9제사장의 전례를 따
라 제비를 뽑아 주의 성전에 들어가 분향하고 10모든 백성은 그 분향하는 시간에 밖에서 기도하더니
11주의 사자가 그에게 나타나 향단 우편에 선지라 12사가랴가 보고 놀라며 무서워하니 13천사가 그에
게 이르되 사가랴여 무서워하지 말라 너의 간구함이 들린지라 네 아내 엘리사벳이 네게 아들을 낳아
주리니 그 이름을 요한이라 하라 14너도 기뻐하고 즐거워할 것이요 많은 사람도 그의 태어남을 기뻐
하리니 15이는 그가 주 앞에 큰 자가 되며 포도주나 독한 술을 마시지 아니하며 모태로부터 성령의
충만함을 받아 16이스라엘 자손을 주 곧 그들의 하나님께로 많이 돌아오게 하겠음이라 17그가 또 엘
리야의 심령과 능력으로 주 앞에 먼저 와서 아버지의 마음을 자식에게, 거스르는 자를 의인의 슬기
에 돌아오게 하고 주를 위하여 세운 백성을 준비하리라

18사가랴가 천사에게 이르되 내가 이것을 어떻게 알리요 내가 늙고 아내도 나이가 많으니이다 19천
사가 대답하여 이르되 나는 하나님 앞에 서 있는 가브리엘이라 이 좋은 소식을 전하여 네게 말하라
고 보내심을 받았노라 20보라 이 일이 되는 날까지 네가 말 못하는 자가 되어 능히 말을 못하리니 이
는 네가 내 말을 믿지 아니함이거니와 때가 이르면 내 말이 이루어지리라 하더라
21백성들이 사가랴를 기다리며 그가 성전 안에서 지체함을 이상히 여기더라 22그가 나와서 그들에
게 말을 못하니 백성들이 그가 성전 안에서 환상을 본 줄 알았더라 그가 몸짓으로 뜻을 표시하며 그
냥 말 못하는 대로 있더니 23그 직무의 날이 다 되매 집으로 돌아가니라
24이 후에 그의 아내 엘리사벳이 잉태하고 다섯 달 동안 숨어 있으며 이르되 25주께서 나를 돌보
시는 날에 사람들 앞에서 내 부끄러움을 없게 하시려고 이렇게 행하심이라 하더라.

하나님은 참으로 놀라운 분이시다. 그분은 불가능한 상황을 인간들을 향한 변치 않는 사랑을 나타내는 기회로 바꾸신다. 그분은 그분만의 방식으로 그분의 시간표에 따라 그분의 약속을 이루신다. 그것이 때로는 실망스러울 수도 있지만 그분은 절대 약속을 어기지 않으신다. 그분은 언제나 자신이 말한 것을 성실히 이행하신다. 그리고 그분이 약속을 이루실 때는 늘 우리의 기대를 훌쩍 뛰어넘는다.

누가가 쓴 그리스도의 이야기는 실은 천사들의 합창과 양치기들의 도착, 여관 주인과 구유 침대 또는 "사람들 중에 평화로다"보다 앞서 시작한다. 사실, 누가의 이야기는 400년도 더 전에 있었던 거의 잊힌 약속으로 시작한다.

> 보라 여호와의 크고 두려운 날이 이르기 전에 내가 선지자 엘리야를 너희에게 보내리니 그가 아버지의 마음을 자녀에게로 돌이키게 하고 자녀들의 마음을 그들의 아버지에게로 돌이키게 하리라 돌이키지 아니하면 두렵건대 내가 와서 저주로 그 땅을 칠까 하노라 하시니라(말 4:5–6).

이것은 히브리 선지자들의 마지막 예언이다. 이후 400년간 하늘은 침묵했다. 하나님의 공식적인 대변인들은 전할 말이 없어서 펜을 놓고 예언을 중단했다.

그렇다고 주님이 세상에 등을 돌리신 것은 아니었다. 그분은 자기 백성들을 버리지 않으셨다. 그분은 아브라함에게(창 12:1–3), 다윗에게(삼하 7:16), 이스라엘에게(신 30:1, 5) 그

리고 모든 인간에게(창 3:15) 하신 약속을 계속 지키셨다. 그럼에도 불구하고, 이스라엘 백성들이 바벨론 유수에서 약속의 땅으로 돌아온 후로 모든 것이 변했다. 하나님의 임재를 나타내는 불타는 빛은 외국의 침입자들이 예루살렘을 약탈하고 백성들을 끌고 가기 전에 성전을 떠났다(겔 10:18). 그리고 하나님의 백성들은 돌아왔지만 그분의 쉐키나(*shekinah*)는 돌아오지 않았다. 결국 히브리 백성들은 희망이 끊어지고 끝없는 반대에 부딪히면서도 도시를 재건했다. 하나님의 능력을 힘입어 세워진 훌륭한 사람들이 이스라엘 백성들을 이끌어 외국의 침입자들을 쫓아내고 더럽혀진 성전을 다시 봉헌했지만 얼마 못 가서 그들보다 무능한 자들이 그 자리를 차지했다.

이들 타협적인 지도자들은 하나님이 그들을 보호하고 공급해주실 것을 신뢰하지 않고 정치적 책략과 뒷거래로 약속의 땅을 유지했다. 그들은 로마의 도움을 받아 다른 침입자들을 막았다. 불행히도 그들의 정치 공작은 그들에게 자치권에 대한 환상만을 남겼다. 마피아의 도움을 받는 것처럼 로마는 도움을 베풀며 여러 조건들을 달았다. 그리고 그 조건들은 이스라엘 백성들을 옥죄는 사슬이 되었다.

포로 생활 후에 주님은 당신의 백성들을 약속의 땅으로 귀환시키셨고, 그들을 지키시며, 모든 필요를 채워주시겠다는 약속을 재천명하셨다. 그런데 그 후에 그들은 하나님께 등을 돌렸다(말 3:14-15). 잡초가 뒤덮인, 신포도를 맺는 포도밭처럼(사 5:1-6) 이스라엘은 선한 열매를 맺지 못했다. 아기를 낳지 못하는 자궁처럼, 이스라엘에게는 미래에 대한 소망이 없었다(사 54:1-3). 로마는 에서의 후예인 꼭두각시 지도자를 세워서 예루살렘을 통치했다. 그는 하나님이 야곱(이스라엘로도 불린)의 후손들에게 약속하신 왕좌에 앉은 자였다(말 1:2-3). 이 왕위 찬탈자는 부당하게 얻은 "유대인의 왕"이라는 칭호를 지키기에 급급해 그것을 빼앗을 위험이 있는 사람은 자기 피붙이까지 닥치는 대로 죽였다. 그 와중에 사제직은 타락한 범죄 집단이 되었고, 성전은 그들의 돈이 보이는 진열시가 되었다.

하나님을 사랑하고 그분의 율법을 소중히 여겼던 자들은 이스라엘의 미래를 바꿀 힘이 없었다. 부자와 권세가들은 하나님을 의지할 이유가 전혀 없었다. 따라서 메시아의 도래와 이스라엘의 회복을 소망하던 이들은 모든 희망을 잃는 것이 당연했다. 그들의 소망은 불가능한 상황이 되어버렸다.

그러나 다행히, 하나님은 참으로 놀라운 분이시다.

—1:5-7—

누가는 언뜻 보기에 평범한 역사서처럼 보이는 진술로 그리스도의 이야기를 시작한다. 그러나 그의 원독자들은 "유대 왕 헤롯 때에"라는 구절 속에 담긴 무게를 이해했다. 그것은 바로 헤롯 대왕과 그가 이스라엘에 가져온 암울한 시기를 나타내는 말이었다. 만약 현대의 작가가 "아돌프 히틀러의 시대에"라는 말로 시작한다면 우리는 침울한 이야기를 읽을 마음의 준비를 할 것이다.

또 다른 수식어인 "유대 왕"은 여기에 나오는 헤롯과, 그보다 더 작은 지역들을 다스렸고 로마로부터 "왕"이라는 공식적인 칭호를 받은 적이 없는 그의 아들들을 구별한다. 헤롯은 유대인의 복장을 하고 셀 수 없이 많은 유대인의 음식 규정들을 지켰지만, 그에게는 유대인의 피가 한 방울도 섞여 있지 않았다. 그는 자신의 왕권을 정당화하기 위해서 헤스모니아 '왕족'과 결혼한 이두메인이었다. 하지만 아이러니하게도 헤스모니아인들은 유다의 왕통이 아닌 레위인들의 사제직을 물려받은 후손들이었다. 따라서 그 '왕가'의 어느 누구도 자신을 정당하게 '유대인의 왕'이라고 부를 수 없었다.

헤롯 대왕

헤롯 왕은 "유대 왕"이라는 칭호를 얻기 위해서 수단과 방법을 가리지 않았고, 그 자리를 지키기 위해서라면 자기 아들들까지도 희생시킬 수 있었다. 5세기의 역사가 마크로비우스(Macrobius)는 이렇게 썼다. "유대 왕 헤롯이 수리아에 있는 두 살 이하의 사내아이들을 죽이라는 명을 내렸는데, 그 중에는 그의 아들들도 포함되어 있었다는 말을 들은 가이사 아구스도는 이렇게 말했다. '헤롯의 아들이 되느니 차라리 헤롯의 돼지가 되겠다!'"[1]

아이러니한 것은 헤롯도 유대인이 아니었다는 사실이다. 요세푸스와 다른 역사가들에 의하면 그의 부친 안티파터 2세는 부유한 이두메인이었다.[2] 이두메인들은 "장자의 명분을 가볍게" 여겨(창 25:33-34) 간교한 동생 야곱에게 장자권을 잃은 에서의 후손들이었다. 헤롯은 결연히 역사의 테이블을 거꾸로 돌려 그의 조상이 팔아버린 것-이스라엘에 대한 통치권-을 다시 빼앗겠다고 결심했다. 그는 BC 40년경 로마의 정치적 지원과 유대인 왕족과의 전략적 결혼을 등에 업고 왕좌에 올랐다. 그리고 30여 년간 살벌한 음모로 그 자리를 지켰다.

헤롯은 돼지고기를 먹지 않으면서 '진정한 유대인'인 척했지만 피에 굶주려 있었다. 그는 당시로서는 놀라운 건축물인 웅대한 성전을 이스라엘의 하나님께 바쳤지만, 그가 임명한 대제사장들은 하나같이 부패해 있었다. 그는 구약의 율법을 따라 성전을 통해 유대인들에게 세금을 걷어 그 수입금으로 로마의 황제와 신들을 기리는 도시와 성전들을 건립함으로써 첫 번째 계명을 범했다. "유대 왕 헤롯 때"는 권세가들에게는 번영의 시대였지만 다른 모든 이에게는 잔혹한 시대였다.

묵상의 서재

특별했던 그날

나의 책 『베들레헴 크리스마스』(*A Bethlehem Christmas*)에서 나는 사가랴가 성전에서 했을 경험을 상상해보았다. 그는 제사장으로서 그날이 특별한 날이라는 걸 알았지만, 정말로 얼마나 특별한 날이 될지는 상상도 하지 못했다.

성소의 엄숙하고 신비한 분위기는 그를 사로잡았고 그 시간은 영원처럼 느껴졌다. 그는 고개를 뒤로 젖히고 진설병, 향료, 백향목, 속죄제로 바쳐진 동물의 살이 타고 있는 냄새를 들이마셨다. 성소에서 제사장의 임무를 수행하는 것은 평범한 제사장에게는 흔치 않은 기회였기에 앞으로 기억 속에서 그곳을 되살리려는 심산으로 아주 세세한 것 하나까지 빼놓지 않고 다 눈에 담았다.

성소는 생각했던 것보다 어두웠다. 백향목을 댄 벽은 그가 겨우 알아볼 수 있는 천장과 맞닿기 전 머리 위 30미터 정도에서 암흑 속으로 사라졌다. 정교하게 제작된 비품들이 전실(前室)을 장식하고 있었고, 금으로 만들어진 기구들은 그 쓰임새에 맞게 거룩해 보였다. 일곱 개의 커다란 황금 촛대의 불빛이 그의 왼쪽에서 어른거렸다. 오른편 상 위에는 누룩을 넣지 않은 진설병 12개가 6개씩 두 줄로 가지런히 놓여 있었다. 몇 발짝 앞에 90센티미터 높이 위에 순금으로 덧씌워진 편편한 정사각형의 상판이 얹혀진 향단이 있었다. 그리고 제단에서 두 팔을 쭉 펼치면 닿을 수 있는 거리에 두터운 아마포로 된 휘장이 자칫 죽음을 초래할 수도 있는 전능자의 현존과 그 사이를 가로막고 있었다.

그곳이 바로 인간이 하나님을 만나는 장소였다. 그의 임무는 단순했다. 하루에 두 차례, 한 손에는 향단에 놓을 석탄이 담긴 향로를, 다른 손에는 일정량의 향료를 들고 성소로 들어갔다. 몇 분밖에 걸리지 않는 일이었지만 사가랴는 서두르고 싶지 않았다.

그는 앞으로 걸어가 제단에 석탄을 쏟고 미세하게 분쇄된 향료와 유황 가루로 석탄을 덮었다. 몇 분 후, 그의 눈에는 그와 지성소를 가로막고 있는 휘장에 수놓인 파란색, 보라색, 자주색 그룹들(cherubim)이 보였다. 연기와 함께 피어오른 향기가 하나님께 올라가자 미세한 바람이 그 늙은 사제의 목 뒤를 살짝 스치고 지나갔다. 한순간, 그는 혼자가 아님을 분명히 느꼈다.[3]

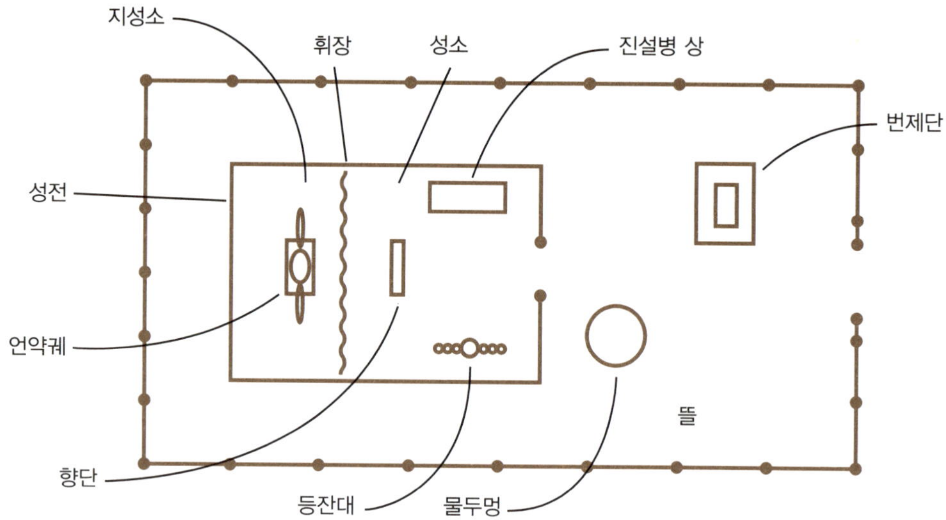

제사장의 뜰

이렇듯 이스라엘은 이런저런 문제들이 도저히 해결의 기미가 보이지 않을 정도로 뒤얽혀 소용돌이 치고 있었던 터라 많은 이들의 눈에는 하나님께 버림받은 것처럼 보였다. 그러나 종종 그러시듯 주님은 영웅과는 멀어도 한참 멀어 보이는(적어도 인간의 관점에서는) 한 사람의 마음속에 역사하기 시작하셨다. 하나님은 늙고, 정치적으로나 사회적으로 보잘것 없는, '여호와께서 기억하는 자'라는 뜻의 "사가랴"라는 이름을 가진 한 제사장에게 400년간의 침묵을 깨고 말씀하셨다.

누가는 사가랴에 대해 몇 가지 정보를 제공한다.

"아비야 반열"– 제사장의 24반열 중 하나. 각각의 반열은 6개월마다 일주일씩 성전에서 제사장으로 섬기면서 일상적인 임무를 수행했다. 아비야 반열은 여덟 번째 순번이었다(대상 24:10).

"그의 아내는 아론의 자손"– 그는 아론의 성직자 가계의 여인과 혼인했는데, 이는 특별히 명예로운 선택이었다.

"이 두 사람이 하나님 앞에 의인이니"– 사가랴와 엘리사벳은 제사장 가계 출신들답게 충심으로 하나님을 예배하고 그분의 계명을 지켰다. "하나님 앞에"라는 구절은 다음에 나오는 이들 부부에 대한 정보와 중요한 의미를 제공한다.

"그들에게 자식이 없고"- 당시 유대교 신학은 자식이 없는 것은 하나님의 노여움을 샀기 때문이라고 가르쳤다. 불임은 아이를 갖지 못하는 슬픔뿐 아니라 문화적으로 이루 말할 수 없는 수치심을 주었다.

"두 사람의 나이가 많더라"- 그들이 몇 살이었는지는 알려져 있지 않지만 누가의 설명은 엘리사벳이 갱년기를 지났고, 임신할 가능성이 전혀 없다는 사실을 강력하게 시사한다.

이 짧은 서론이 제공하는 정보는 희망이라곤 찾아볼 수 없는 절망적인 현실을 보여준다.

—1:8-10—

일부 전문가들은 2만 명 남짓한 제사장들이 활동했을 것으로 추산한다. 24반열(대상 24:7-18)은 넷에서 아홉 "세대"로 세분되어서 각 세대에게 할당된 일주일 동안 하루씩 돌아가며 임무를 수행했다. 평균적으로 각 "세대"는 어림잡아 150명 정도의 제사장으로 구성되었을 것으로 추정되는데, 이는 성소 안에서 임무를 수행하기에 너무 많은 숫자다. 제사장들은

헤롯이 세운 성전에 있는 지성소와 성소를 나누는 휘장

각자 맡을 역할을 결정하기 위해 제비를 뽑았다.[4]

향단

이번에는 사가랴가 성소에서 향을 사르는 영예를 얻었다(출 30:7-8). 매일 두 차례씩 제사장이 성소에 들어가 등잔의 심지를 다듬고 그와 지성소 사이를 가로막는 직물로 짜인 휘장 앞에 설치된 작은 제단에서 향을 살랐다. 이번이 사가랴가 이 임무를 수행하는 유일무이한 기회일 것이 틀림없었기에 이날은 보통날이 아니었다! 물론 그는 하나님이 그를 위해 예비하신 일에 비하면 이 임무가 참으로 하찮은 일이라는 걸 전혀 몰랐다.

다른 두 제사장이 성전 뜰에서 번제단에 있는 석탄을 뒤적여 사가랴의 향로에 담았다. 그는 성소에 들어가 메노라 등잔의 심지를 다듬고, 뜨거운 석탄을 향단에 쏟고, 가루 향료를 석탄 위에 쏟은 후, 바로 바닥에 엎드렸다가 뒷걸음질쳐서 방에서 물러나와야 했다. 그동안 아침 또는 저녁 기도를 드리려고 성전 뜰에 모인 백성들은 제사가 끝났다는 전갈을 기다렸다.

—1:11-12—

사가랴는 아마 처음에 확 타오른 향료의 연기가 걷히면서 제단 오른쪽에 서 있던 하늘에서 내려온 전령을 보았을 것이다. 그 천사가 물리적으로 어떤 형태였는지는 알 길이 없다. 성경은 천사들의 외형을 여러 가지로 묘사했다. 그들은 인간처럼 보이기도 하고(예를 들어 창 18:2, 16, 겔 9:2, 단 9:21), 기이한 상징적 형상을 취하기도 한다(예를 들어 사 6:2, 겔 1:6, 계 4:7-8). 여하튼 천사의 존재를 본 사가랴는 두려움에 휩싸여 부들부들 떨었다.

—1:13–17—

천사는 깜짝 놀랄 소식을 전하며 사가랴를 진정시켰다. 그의 아내가 임신할 수 있는 나이가 한참 지난 시점에 아이를 원했던 그들의 필생의 기도가 응답되는 순간이었다. 아내가 아들을 낳을 것이다! 천사는 사가랴에게 아이의 이름을 "요한"으로 지으라고 지시했다. 그러나 기쁜 소식은 거기서 그치지 않았다. 이 아들은 날 때부터 나실인으로 성별되어서 하나님의 특별한 특사– 주님께서 특별히 사용하시기 위해 거룩하게 성별된–로 지명될 것이었다.

이스라엘 백성들에게 주어진 모세의 율법에 의하면(민 6:1–21) 주님을 위해서 무언가를 성취하겠다는 서약을 이행하는 남자나 여자는 일시적으로 포도주나 건포도 등 포도와 관계된 것을 일절 끊어야 했다. 나실인의 서약을 한 사람은 목표했던 바를 이룰 때까지 머리를 자르지 않았다. 극히 드문 경우지만 삼손이나 선지자 사무엘처럼 주님이 평생 동안 나실인으로 살 것을 지명하시기도 했다.

그뿐만이 아니라 천사는 요한이 잉태되는 순간부터 성령으로 충만할 것이라고 했다. 이는 그 당시 믿는 자들의 상상을 초월하는 놀라운 하나님의 선물이었다. 하나님은 간혹 한시적으로 특별한 목적을 위해 어떤 사람에게 당신의 영을 선물로 주셨다. 또 이스라엘 왕에게 정통성의 증표로 당신의 영을 주셨다. 태어날 때부터 죽을 때까지 성령으로 충만했던 사람은 이제까지 단 한 명도 없었다.

그리고 마치 평생을 나실인으로 지명받고 성령을 선물로 받는 축복이 모자라기라도 한 것처럼, 천사는 요한이 말라기 선지자가 마지막으로 예언한 약속을 성취할 것이라고 말했다. "보라 내가 내 사자를 보내리니 그가 내 앞에서 길을 준비할 것이요…보라 여호와의 크고 두려운 날이 이르기 전에 내가 선지자 엘리야를 너희에게 보내리니 그가 아버지의 마음을 자녀에게로 돌이키게 하고 자녀들의 마음을 그들의 아버지에게로 돌이키게 하리라 돌이키지 아니하면 두렵건대 내가 와서 저주로 그 땅을 칠까 하노라 하시니라"(말 3:1, 4:5–6).

노련한 제사장이었고 히브리 성경에 정통했던 사가랴는 천사의 메시지에 함축된 의미를 완벽히 이해했다. 요한은 그때까지 존재했던 구약 시대의 선지자들 가운데 가장 위대한 선지자(마 11:11), 즉 메시아의 길을 예비하는 훌륭한 선구자가 될 것이었다(사 40:3).

묵상의 서재

한계

우리도 흔히 그렇듯 사가랴의 관점은 수평적 차원에만 머물러 있었다. 그는 타락한, 물리적 세상의 한계만 보았다. 그는 자기 뒤에서 수군대는 소리를 들었다. 그와 엘리사벳은 차라리 귀머거리가 되기를 바랄 정도로 주변 사람들의 비웃음을 견뎌왔다. "지금까지 아이가 없는 걸 보니 영영 자식을 보지 못하고 죽겠군!" 당신은 사람들로부터 끊임없이 당신의 실패, 과거의 실수, 장애, 무능을 상기시키는 말을 듣게 될 것이다. 거기에 귀 기울인다면 당신은 그 한계 속에 자신을 가두고 살게 될 것이다.

- 언제 당신은 하나님의 약속을 믿겠는가?
- 언제 당신은 당신 안에서 그분의 뜻을 이루실 수 있는 그분의 무한한 능력을 요구하겠는가?
- 언제 당신은 "만일 하나님이 우리를 위하시면 누가 우리를 대적하리요"(롬 8:31)라는 그분의 말씀을 믿겠는가?
- 언제 당신은 바울처럼 말할 수 있는가? "내게 능력 주시는 자 안에서 내가 모든 것을 할 수 있느니라"(빌 4:13).

—1:18-20—

사가랴의 불신을 나무라기는 힘들다. 그 소식은 받아들이기에는 너무 벅찼다. 아기를 가질 능력이 없는 늙은 아내가 아들을 잉태할 것이라는 소식도 그렇거니와 그 아들은 또 어떤 아들이란 말인가! 그는 구약 성경에 나오는 전형적인 방식으로, 메신저와 그가 전달하는 메시지의 진위를 확인해줄 초자연적인 징표를 구했다(창 15:8, 삿 6:37, 왕하 20:8, 사 7:11). 하지만 천사는 이 노련한 신자의 불신이 탐탁지 않았다. 누구보다도 사가랴는 하나님이 그에게 말씀하신 것을 믿고, 약속을 성취하시는 하나님의 능력을 믿었어야 했다(창 17:17). 개인적으로 그가 이 놀라운 소식에 대해 보인 반응과 하나님의 메시지를 믿지 못하는 모습은 열방에게 하나님 말씀의 증인이 되지 못한 이스라엘의 모습을 그대로 반영한다.

이 특별한 천사—성경에 이름이 나온 두 천사 가운데 하나인—는 자기 이름을 가브리엘이라고 했는데, 이는 "하나님의 용맹한 자"라는 뜻이며, 달리 표현하자면 "하나님이 보내신 영웅"이라고도 할 수 있다(참고 눅 1:26, 단 9:21).

사가랴의 항변을 번역한 헬라어는 유독 단호하다. "나는 늙었습니다!" 가브리엘은 그 노인의 항변에 어조를 맞춰 응수했다. "나는 가브리엘이라!" 그는 사실 이렇게 말한 것이었다. "네 항변('늙었다')을 이해한다. 그러나 나는 '하나님의 영웅'이다. 나는 하나님을 얼굴을 맞대고 보았고, 그분의 왕좌 앞에서 이 메시지를 가지고 바로 내려오는 길이다. 너는 분명 성경에 나오는 내 이름을 기억할 테니 내가 아주 오랫동안 이 일을 해오고 있다는 사실을 알 것이다."

사가랴에게 주어진 징벌은 역설적이면서 상징적이다. 그는 불신의 대가로 벙어리가 되어 그가 하나님의 성전에서 하나님으로부터 받은 놀라운 소식을 말하지 못하게 되었다. 하나님과 그분의 백성들 사이의 중재자로 하나님이 임명하신 사제인 사가랴는 하나님의 말씀을 믿지 못했고, 그로 인해 목소리를 빼앗겼다. 그가 보낸 9개월의 침묵 기간은 하나님의 약속이 성취되기 전에 있었던 400년 간의 침묵기를 재현했다.

—1:21-23—

사가랴가 하나님의 전령으로부터 오랫동안 기다려왔던 메시아의 도래에 관한 놀라운 소식을 들으면서 대화를 나누는 동안 사람들은 성전 밖에서 기도하며 기다렸다. 『미쉬나』(Mishnah, 유대인들의 고대 전통을 기록한 2세기경의 문헌)에 의하면 그 날의 임무를 수행하는 제사장들은 출입구에 서서 백성들을 앞에 놓고 축도하도록 되어 있었다.[5]

불행히도 사가랴는 하나님이 주시는 환상을 보았거나, 아니면 주님의 성전을 더럽힌 사람에게 나타나는 숨길 수 없는 흔적을 지니고 있었다. 그가 하나님을 만난 것은 분명했으나 말을 하지 못하는 것[또는 듣지 못하는 것(1:62)]은 여러 가지 의미로 해석될 수 있었다. 에스겔과 다니엘도 하나님이 보여주신 환상을 본 후에 일시적으로 말을 할 수 없었다(겔 3:26, 단 10:7-8, 15). 동시대의 신학은 신체적 질병을 죄에 대한 하나님의 형벌로 보기도 했다. 사람들은 저마다 나름대로 제사장의 침묵을 해석해야 했다. 그 침묵은 하나님이 버리셨다는 증거였을까, 아니면 역사하셨다는 징표였을까?

헬라어 동사 형태(불완전 완곡어법)[6]는 제사장직을 수행하던 일주일 내내 사가랴는 "몸짓으로 뜻을 표시하며" 의사를 소통했고 "말 못하는 대로 있"었다(문자 그대로)고 알려준다. 성전에서 섬겨야 할 기간이 끝나자 그는 유대 산골에 있는 그의 집으로 돌아갔다(1:39-40).

—1:24-25—

"이 후에" 사가랴와 엘리사벳은 아이를 가졌다. 누가는 제사장이 돌아오고나서 얼마 후에 아이가 생겼는지는 말하지 않는다. 사가랴가 천사가 전해준 말을 진심으로 믿었다면 그다지 오랜 후는 아니었을 것이다. 또 어째서 엘리사벳이 "다섯 달 동안 숨어" 있었는지는 명확하지 않다. 그러나 누가는 이야기 속에서 두 가지 단서를 제공한다. 첫째, 누가는 사가랴가 자기가 들은 놀라운 소식을 말로 전하지 못하게 되었음을 알게 된 바로 다음에 이 이야기를 들려준다. 둘째, 여자들은 대체로 다섯 달 즈음해서야 확실한 임신의 징표를 보이기 시작한다. 아마도 엘리사벳은 의심하는 사람들의 부정적인 말로 흥을 깨지 않고 첫 몇 달 동안 잉태의 기쁨을 누리고 싶었을 것이다.

남편의 반응과 대조되는 그녀의 반응에 주목하라. 그 놀라운 소식을 들은 그녀는 하나님을 찬양했다. 사가랴는 "내가 이것을 어떻게 알리요?"라고 물었지만, 엘리사벳은 "주께서 나를 돌보시는 날에…내 부끄러움을 없게 하시려고"라고 화답했다(창 30:23 참고).

나는 다소나마 사가랴에게 동질감을 느낀다. 내 인생에서 나를 가장 열광시키는 일은 하나님의 메시지를 선포하는 것이다. 이는 아마도 내 전 존재가 느끼는 가장 큰 기쁨일 것이다. 그것을 말하지 못하게 되는 것-메시지가 없는 제사장…목소리를 잃은 선지자가 되는 것-이야말로 가장 고통스러운 형벌일 것이다.

아무에게도 "친구들이여, 친척들이여, 인내심 많은 사랑하는 이스라엘 백성들이여 들으시오. 우리 선지자들의 예언이 실현되었소. 지난 400년 동안의 이스라엘처럼 석녀였던 내 아내가 잉태해서 그리스도보다 앞서 올 자를 낳을 것입니다!"라고 말하지 못하고 견뎌야 했던 사가랴의 좌절감을 상상해보라.

그러나 그는 아무 말도 할 수 없었다. 그는 아직 백성들의 믿음을 강건하게 하고, 그들이 헤롯 왕의 암울한 시대를 견뎌내도록 돕고, "공의로운 해가 떠올라서 치료하는 광선을 비"출(말 4:2) 날이 올 것을 예고할 수 없었다. 꼬박 아홉 달 하고도 팔 일 동안-어쩌면 더 오래-그는 몸짓과 메모로 의미를 전달했다. 하나님에 의해 강요된 침묵은 제사장으로 살면서 배우지 못했던 것을 그에게 가르쳐주었다. 그것은 하나님이 말씀하실 때 인간에게 주어진 유일한 의무는 그분의 말씀을 신뢰하는 것뿐이라는 사실이다.

적용
불가능한 기회

사가랴와 엘리사벳의 이야기에서 세 가지 변함없는 교훈을 얻을 수 있다.

첫째, 우리에게 불가능한 일은 하나님이 최선을 이루시는 무대가 된다. 제멋대로인데 훈육하기에는 너무 커버린 아들이나 딸이 있는가? 불치병으로 생사의 고투를 벌이고 있는가? 결혼 생활이 이혼을 향해 곤두박질치고 있는가? 재정 상태가 구제 불능일 정도로 형편없는가? 파괴적인 충동이나 중독에 빠져 있는가? 소위 말하는 '불가능한 상황'이 무엇이건 간에 그것들은 하나님이 무한한 능력과 놀라운 은혜를 보여주시고, 악을 물리치시는 무대가 된다.

둘째, 하나님의 응답이 지연된다고 해서 반드시 거부의 뜻은 아니다. “기다리라”는 응답을 “안 된다”로 잘못 해석하지 말라. 당신이 원하는 때에 어떤 일이 이루어지지 않는다고 해서 하나님이 “안 돼”라고 말씀하셨다고 생각하지 말라. 그분의 때와 방법은 언제나 우리의 계산과는 다르다. 충족되지 않은 기대가 의심의 원인이 되게 하지 말고 도리어 성숙의 수단으로 삼으라. 당신이 당연하게 생각했을지도 모르는 원칙들에 대해 다시 생각해보는 시간으로 삼고, 성령이 이 진리들을 상상하지 못했던 방법으로 적용시키시게 하라.

> 그는 반석이시니 그가 하신 일이 완전하고
> 그의 모든 길이 정의롭고 진실하고 거짓이 없으신 하나님이시니
> 공의로우시고 바르시도다(신 32:4).

셋째, 하나님이 개입하실 때 그분이 행하시는 놀라운 일들은 그분께는 즉각적인 영광이 되고 우리에게는 궁극적인 선이 된다. 하나님은 천국에 계시는 산타클로스가 아니다. 그분은 완전한 세상을 창조하셨지만 인간의 죄가 세상을 무질서한 혼란에 빠트렸다. 우리 모두는 세상을 이렇게 만든 책임자이고, 그런 세상에 예속되어 있다. 다시 말해서, 우리는 하나님의 완전한 세상을 엉망진창으로 만들었고, 그분이 우리를 그 안에 그냥 내버려두신다고 해도 우리는 할 말이 없다. 그럼에도 불구하고 주님은 우리를 죄에 빠져 파멸하도록 내버려두지 않으셨다. 그분은 자신이 개입하겠다고 약속하셨다.

누가의 복음서는 하나님이 독생자 예수 그리스도를 통해 우리와 같은 인간이 되심으로써 우리와 함께하셨다고 밝힌다. 예수님의 죽음, 부활, 능력을 통해 하나님 아버지는 자기를 믿는 모든 자에게 “하나님을 사랑하는 자 곧 그의 뜻대로 부르심을 입은 자들에게는 모든 것이 합력하여 선을”(롬 8:28) 이루시겠다고 약속하셨다. “모든 것” 속에는 계획하지 않았던 임신, 예기치 못했던 재난, 뜻밖의 시련, 심지어 간구한 것에 대해 “안 돼”라고 대답하셔야만 하는 경우도 포함된다. 하나님은 자신에게는 영광을, 우리에게는 궁극적인 선을 이루시기 위해 “안 돼”라는 응답을 하신다는 사실을 잊지 말라.

마리아가 가브리엘을 만난 날(누가복음 1:26-56)

26여섯째 달에 천사 가브리엘이 하나님의 보내심을 받아 갈릴리 나사렛이란 동네에 가서 27다윗
의 자손 요셉이라 하는 사람과 약혼한 처녀에게 이르니 그 처녀의 이름은 마리아라 28그에게 들어가
이르되 은혜를 받은 자여 평안할지어다 주께서 너와 함께 하시도다 하니 29처녀가 그 말을 듣고 놀
라 이런 인사가 어찌함인가 생각하매 30천사가 이르되 마리아여 무서워하지 말라 네가 하나님께 은
혜를 입었느니라 31보라 네가 잉태하여 아들을 낳으리니 그 이름을 예수라 하라 32그가 큰 자가 되고
지극히 높으신 이의 아들이라 일컬어질 것이요 주 하나님께서 그 조상 다윗의 왕위를 그에게 주시리
니 33영원히 야곱의 집을 왕으로 다스리실 것이며 그 나라가 무궁하리라 34마리아가 천사에게 말하
되 나는 남자를 알지 못하니 어찌 이 일이 있으리이까 35천사가 대답하여 이르되 성령이 네게 임하
시고 지극히 높으신 이의 능력이 너를 덮으시리니 이러므로 나실 바 거룩한 이는 하나님의 아들이라
일컬어지리라 36보라 네 친족 엘리사벳도 늙어서 아들을 배었느니라 본래 임신하지 못한다고 알려
진 이가 이미 여섯 달이 되었나니 37대저 하나님의 모든 말씀은 능하지 못하심이 없느니라 38마리아
가 이르되 주의 여종이오니 말씀대로 내게 이루어지이다 하매 천사가 떠나가니라

39이 때에 마리아가 일어나 빨리 산골로 가서 유대 한 동네에 이르러 40사가랴의 집에 들어가 엘
리사벳에게 문안하니 41엘리사벳이 마리아가 문안함을 들으매 아이가 복중에서 뛰노는지라 엘리사
벳이 성령의 충만함을 받아 42큰 소리로 불러 이르되 여자 중에 네가 복이 있으며 네 태중의 아이도
복이 있도다 43내 주의 어머니가 내게 나아오니 이 어찌 된 일인가 44보라 네 문안하는 소리가 내 귀
에 들릴 때에 아이가 내 복중에서 기쁨으로 뛰놀았도다 45주께서 하신 말씀이 반드시 이루어지리라
고 믿은 그 여자에게 복이 있도다

46마리아가 이르되

내 영혼이 주를 찬양하며
47내 마음이 하나님 내 구주를 기뻐하였음은
48그의 여종의 비천함을 돌보셨음이라 보라 이제 후로는 만세에 나를 복이 있다 일컬으리로다
49능하신 이가 큰 일을 내게 행하셨으니 그 이름이 거룩하시며
50긍휼하심이 두려워하는 자에게 대대로 이르는도다
51그의 팔로 힘을 보이사 마음의 생각이 교만한 자들을 흩으셨고
52권세 있는 자를 그 위에서 내리치셨으며 비천한 자를 높이셨고
53주리는 자를 좋은 것으로 배불리셨으며 부자는 빈 손으로 보내셨도다
54그 종 이스라엘을 도우사 긍휼히 여기시고 기억하시되
55우리 조상에게 말씀하신 것과 같이 아브라함과 그 자손에게 영원히 하시리로다 하니라

56마리아가 석 달쯤 함께 있다가 집으로 돌아가니라.

예수님의 탄생에 대해 깊이 있는 연구를 하려면 그분을 낳은 분을 정확히 이해할 필요가 있다. 안타깝게도, 아기 그리스도보다 그 어머니를 둘러싼 혼란이 더 많다! 화가들의 붓, 조각가들의 끌과 망치, 작가의 펜 그리고 설교자들의 선의의 상상 덕택에 우리는 성경에 나오는 진짜 마리아보다 교의(Dogma)와 전설 속 마리아에 대해서 더 많이 안다.

교회는 역사적으로 마리아에 대해 몇 가지 비성경적인 교리를 더함으로써 이 상황에 도움이 되지 못했다. 몇 가지 예를 들어보겠다.

- 무염시태: 마리아는 타락한 죄성 없이, 즉 원죄 없이 태어났다.
- 영원한 처녀성: 마리아는 죽을 때까지 처녀로 남았다.
- 승천설: 마리아는 죽지 않고 육신을 입은 채 천국으로 올라갔다.

마리아를 숭배하는 교리를 하나씩 덧붙여온 로마 가톨릭은 이제 마리아를 그녀의 아들 예수 그리스도와 함께 공동의 중재자로 생각한다. 교황 요한 바오로 2세의 말을 빌리자면, "그리스도와 연합하고 그분께 순복함으로써 마리아는 모든 인류를 위한 구원의 은총을 성취하는 데 동역했다."[7]

종교 개혁 때 그리고 그후로 수 세기 동안 개신교도들은 이러한 진동추를 반대편 극단으로 밀어내면서 가톨릭의 오류에 날선 반응을 보였다. 마리아를 지나치게 숭배하는 것에 대한 우려 때문에 그들은 사실상 마리아를 무시했고, 오늘날 많은 그리스도인들이 이 놀라운 하나님의 여인에 대해서 무지하게 되었다. 다행히, 누가는 역사상 가장 위대한 사건 속에서 그녀가 맡았던 역할에 대해 그녀가 가졌던 관점을 보존하는 데 세심한 관심을 기울였다. 아주 특별한 방문에 대한 그녀의 반응과 그후 가까운 친척인 엘리사벳을 만나려고 유대를 여행했던 일을 살펴보면 마리아에 대해서 우리가 알아야 할 것을 모두 알 수 있다.

—1:26-27—

누가가 이 이야기를 한 것은 예수님보다 앞서 온 자와 그리스도와의 관계를 강조하기 위해서였다는 데에는 의심의 여지가 없다. 누가는 세 가지 방법을 사용했다. 첫째, 이 두 번째 단락과 첫 번째 단락은 구조가 비슷하다. 둘째, 누가는 이 일이 있었던 때를 "여섯 째 달"이라고 밝히면서 엘리사벳의 임신을 언급한다. 엘리사벳은 다섯 달 동안 사람들 앞에 나타나지 않았다. 임신 여섯 달 째에 그녀와 가까운 친척인 마리아가 기이한 일을 겪었다. 셋째, 그는 이야기 초입에 천사의 이름을 밝히면서 사가랴에게 나타났던 전령이 마리아에게도 찾아왔다는 사실을 강조한다.

천사는 한 처자를 만나기 위해 나사렛에 왔다. 당시의 문화와 지리에 익숙했던 누가복음의 원독자들은 거기에 담긴 아이러니를 알아차렸을 것이다. 나사렛은 로마인들에게 약탈당한 후 로마 군인들의 주둔지가 된 궁벽한 유대인 마을이었다. 해병대 출신으로서 볼

나사렛

나사렛이라는 명칭은 아마도 두 개의 히브리 단어 가운데 하나에서 파생된 듯하다. *Nester*는 '가지' 또는 '싹'이라는 뜻의 히브리어로, 이사야(사 11:1)와 마태(마 2:23)는 이 단어를 가지고 재치 있는 말장난을 만든다. 나사렛은 해발 350미터에 위치한 대접 모양의 오목한 땅에 자리잡은 덕택에 약 300미터 아래에 위치한 광대한 이스르엘 골짜기(에스드라엘론 평야, 므깃도 골짜기, 아마겟돈이라고도 불린다)를 감시하기에 최적의 장소였다(18장 37절에 언급된 것도 보라).

고고학적 증거를 보면 수 세기 동안 궁벽한 나사렛에서 농사를 짓고 가축을 치면서 살았던 유대인의 수는 200명이 채 되지 않았던 것으로 추정된다. 그런데 로마인들이 이스라엘에 대한 지배를 강화하면서 나사렛은 로마식 목욕탕을 갖춘 군사 주둔지로 탈바꿈했다.

내 군대 경험에 비추어볼 때 작은 마을에 주둔해 있으면서 시간이 남아도는 군인들은 말썽을 일으킬 수밖에 없다. 결과적으로 나사렛에 사는 유대인들은 부도덕하다는 평판이 널리 퍼졌는데, 아마도 이들 이방인들과의 잦은 접촉과 군기가 해이했던 당시 군인들의 타락한 행태 때문일 것이다. 나사렛 사람들에 대한 평판은 맞았을 수도 있고 아니었을 수도 있지만, 이스라엘 사람들의 종교적인 사고방식에서 볼 때 진실은 중요하지 않았다. 겉으로 보이는 게 무엇보다 중요했다. 훗날 나다나엘은 예수님이 나사렛 출신이라는 말을 들었을 때 입을 삐죽이며 불만스럽게 말했다. "나사렛에서 무슨 선한 것이 날 수 있느냐?"(요 1:46)

Todd Bolen/www.BiblePlaces.com

나사렛의 능선

때, 군 기지 근처에 사는 처녀란 생각만으로도 우스운 일로, "한 남자가 처녀를 만나러 라스베이거스 스트립쇼에 갔다"고 말하는 것과 별반 다르지 않았다.

그럼에도 누가는 한 문장 안에 *parthenos*라는 단어를 두 번이나 사용하면서 마리아의 동정을 강조한다. 어떤 이들은 이 단어가 결혼 적령기의 여성을 의미하지 꼭 숫처녀를 의미하는 것은 아니라고 주장한다. 그러나 고대 헬라인들은 처녀성을 소중히 여겼고, 이 단어를 문자 그대로의 의미로 사용했다. 예를 들어, 에베소의 여신 아르테미스의 순결을 사람들은 절대적으로, 열광적으로 믿었다. 헬라인들과 로마인들은 아르테미스가 순결한 젊은 남자와 여자들을 보호해주리라고 기대했다. 거기에 더하여 아르테미스는 "막 피어나는 젊은 생명과 완전한 순결"[8]을 상징하는 처녀성이 가지는 제의적 능력을 상징했다. 그래서 젊고 결혼하지 않은 여자를 *parthenos*라고 했다. 혼례를 하기 전에 처녀성을 잃는 것은 이교도 사회에서조차도 상상할 수 없는 일이었다.

천사가 찾아왔을 때 마리아는 요셉이라는 남자와 '약혼'한 상태였다. 이스라엘 유대인들의 관습은 결혼의 절차를 세 단계로 나누었다. 첫 단계는 배우자를 선택하는 것이었다. 부모나 중매쟁이가 적합한 배필을 추천했다. 그 두 사람과 가족은 서로를 알아가는 시간을 가진 후에 그 혼인이 좋다고 판단되면 공식적인 합의를 시작했다. 보통 이 계약에는 지참금이 포함되었다. 대개 회당에서 계약에 서명을 하고 봉인을 하고나면 그 두 사람은 두 번째 단계인 약혼으로 들어갔다.

약혼 기간은 신부가 임신하지 않았다는 걸 확인할 수 있는 기간만큼 지속되었는데, 그 기간이 1년까지 지속되기도 했다. 이 시기에 신랑과 신부는 남편과 아내로 서로 예속되었고 그 약속을 깰 수 있는 것은 이혼 서류뿐이었다. 만약 약혼 기간 동안 여자가 임신한 사실이 발각되면 그 여자는 간음한 것으로 간주되어 죄를 징치당하고 신랑의 명예를 회복시켜주기 위해서 공개적으로 돌로 맞았다. 신랑은 사람들에게 남부끄러운 소문이 퍼지는 것을 막기 위해 그 문제를 은밀히 처리할 수도 있었다.

기다리는 기간이 끝나고 신부를 맞이할 신랑의 새 거처가 마련되면 세 번째 단계인 결혼식을 올렸다. 결혼식은 두 사람의 연합을 축하했고, 가족은 성대한 잔치를 벌였다.

마리아는 결혼 서약과 요셉과 하나 되는 첫날밤을 기다리고 있던 정혼한 처녀였다.

—1:28-29—

"은혜를 받은 자여 평안할지어다! 주께서 너와 함께 하시도다"라고 한 천사의 인사말은 은총을 베푼다는 의미를 전했다. 고대 사회에서 십대 소녀는 사회적 지위가 낮았기 때문에 지나치게 정중한 이런 식의 인사말은 마리아를 혼란스럽게 했을 것이다.

라틴어 Vulgate는 헬라어로 *gratiae plena*로 표현되는데, 이는 "은혜가 충만한"이라는 뜻이다. 로마 가톨릭 교회는 이 말을 마리아가 다른 사람들에게 베풀 수 있는 은총을 소유하고 있다는 뜻으로 해석했다. 하지만 이 헬라어 단어는 완료 수동태로서 마리아가 다른 누군가에 의해 완성된 행위의 수혜자였다는 뜻을 담고 있다. 여기에 쓰인 동사는 '신적 수동태'로서 마리아에게 은혜를 베푼 분은 하나님이심을 간접적으로 인정하고 있다. 마리아가 '은혜가 충만'했다면 그것은 그녀가 공 없이, 과분한 은혜를 하나님으로부터 받았기 때문이다.

이 부분이 신약 성경에서 *charis*라는 헬라 어군(語群)-누가가 기록한 글의 핵심 개념인-이 나오는 첫 번째 예다.

—1:30-33—

천사는 마리아가 왜 "은혜를 입은 자"인지를 설명했다. 은혜에 은혜를 더하면서 가브리엘은 장차 있을, 앞서 말한 것보다도 더 놀라운 다섯 가지 사건을 말해주었다.

그녀는 잉태하여 아들을 낳을 것이다(사 7:14 참고).

히브리 여인이라면 누구라도 이 소식을 기쁘게 받았을 것이다. 고대의 어떤 문화권보다도 유대인은 자식을 소중하게 여겼다. 그리고 아들을 얻는 축복은 그 가족의 유업이 또 한 세대로 이어질 것이고, 그 가족 안에서 메시아가 나올 수도 있다는 것을 의미했다.

그 소식과 함께 마리아는 사내아이의 이름을 "예수"로 하라는 지시를 받았다. 예수는 히브리 이름 '예수아'(Yeshua)와 같은 이름이며, 'YHWH(여호와)가 구원하신다'라는 뜻이다(마 1:21 참고).

그가 큰 자가 되고 지극히 높으신 이의 아들이라 일컬어질 것이요.

가브리엘이 마리아에게 전한 소식은 그가 사가랴의 아들이 "큰 자"가 될 것이라고 말한 것을 암시한다(1:15). 그러나 그 전령은 예수님을 "지극히 높으신 이의 아들"이라고 선포함으로써 예수님과 요한을 구별 짓는다. 우리는 나중에 그 호칭이 말 그대로의 의미를 가지고 있음을 알게 된다. 그러나 이 표현은 "특별한 하나님의 사람"이라는 의미로도 쓰였다(6:35, 시 82:6, 마 5:9). 마리아는 아마 그런 뜻으로 이 말을 들었다가 나중에서야 그 진정한 의미를 깨달았을 것이다.

그 조상 다윗의 왕위를 그에게 주시리니.

"하나님의 아들"이라는 표현은 왕을 의미하는 것이기도 했다. 이스라엘의 왕은 "기름부음 받은 자", "메시아"(messiah의 'm'이 소문자인)였고, 또한 "하나님의 아들"로 여겨졌다(삼하 7:14, 대상 22:9-10, 시 2:7, 89:27). 가브리엘은 마리아의 아들이 헤롯[비(非) 유대인인]처럼 신의를 저버리고 불법적인 방법을 사용하지 않고 이스라엘의 왕이 될 것이라고 밝혔다. 예수님은 헤스모니안 왕조처럼 비합법적인 왕권을 주장하지 않으실 것이다(레위 족속 태생의 제사장들). 예수님은 다윗과 유다의 진정한 후손(삼하 7:16)으로서 다윗의 왕좌(창 49:10)에 대한 정당한 권리를 주장하실 것이다.

그는 오랫동안 기다려왔던 메시아일 것이다.

가브리엘은 가장 놀라운 소식을 전했다. 예수님은 단순히 특별한 하나님의 사람도, 이스라엘의 왕도 아니다. 그분은 이스라엘의 바로 그 왕(the King), 바로 그 메시아(Messiah)였다. 천사가 사용한 이 구절은 메시아와 관련된 익숙한 구약의 언어에서 끌어온 것이다(삼하 7:13, 16, 시 89:36-37, 사 9:6-7, 렘 23:5-6, 단 2:44, 7:14, 18, 27).

마리아는 가브리엘이 한 말의 의미를 정확하게 이해했다. 그녀는 메시아(Messiah의 'M'이 대문자인)의 어머니가 될 것이다!

그 나라가 무궁할 것이다.

하나님의 나라는 누가복음의 처음부터 끝까지 일관된 주제다. 이스라엘이라는 나라는 하나님이 이 세상을 다스리시는 방법 또는 수단이 되어야 했지만, 그 백성들은 그럴 자격이 없는 것으로 판명되었다. 주님은 다윗을 택해 왕을 삼으셨으나 이 위대한 왕조차도 하나님이 맡기신 역할을 제대로 감당하지 못했다. 그래서 주님은 다윗에게 그의 왕조가 결국에는 한 훌륭한 왕의 통치를 받게 될 것이며, 그 왕국은 영원히 이어질 것임을 약속하셨다

묵상의 서재

가브리엘이 나눈 천상의 대화

죄와 악의 문제는 독특한 난제를 야기한다. 하나님의 율법–하나님의 성품을 반영하는 법령–을 범하면 반드시 벌을 받아야 하며, 그렇지 않으면 율법은 의미가 없다. 따라서 죄를 벌하지 않는 것은 주님께 그분의 성품을 부인하라는 것과 같다. 하지만 죄를 근절하려면 죄인들을 멸절시켜야 한다.

가브리엘과 다른 천사들은 주님이 죄로 가득 찬 인간들을 구원하시려고 그토록 엄청난 노력을 기울이시는 것을 이해하기 힘들었을 것이다. 그러니 그분의 계획 역시 당혹스러웠을 것이다. 만약 주님이 인간을 구속하기 위해서 자신이 직접 인간이 되셔야 하는 이유를 설명하셔야 했다면 다음과 같은 대화가 오가지 않았을까 상상해본다.

딜레마를 해결하지 못한 가브리엘이 물었다. "어떻게 죄는 멸절시키면서 인간은 보존하시려 합니까?"

주님은 당신이 세운 계획의 다음 단계를 자세히 밝힐 기회를 얻었다는 기쁨에 얼굴이 환해지셨다. "그들을 대신해서 죄 값을 치를 대리자를 제공할 생각이다."

"그렇지만 누구를요?" 나는 항변했다. "인간은 자기 죄 때문에 죽어야 하는데, 어떻게 다른 누군가가 다른 사람의 죄 값을 치를 수 있습니까?"

"좋은 질문이다." 그분이 대답하셨다. "그 대리자는 전혀 죄가 없어야 하지."

나는 더 혼란에 빠졌다. "그렇지만 주님, 그 대리자가 인간을 대표하려면 인간이어야 할 텐데, 모든 인간은 죄로 물들어 있잖아요. 게다가 모든 사람의 죄 값을 치르고, 한 죄인이 아니라 모든 사람이 받아야 할 벌을 다 아우르는 죽음이려면 그 자는 초인이어야 할 텐데요! 어떤 대리인이 그런 조건을 충족시킬 수 있습니까?"

잠시 침묵하신 후에 하나님이 말씀하셨다. "신이지."

나는 너무 놀라 어안이 벙벙했다. 그건 가능할 것 같지 않았다. 설령 가능하다 해도, 공평하지 않은 것 같았다. 정말이지, 불공평했다! 그건 은혜였다. 참으로 그분다운 특성이지만 내가 이해할 수 있는 한계를 초월했다.

그분은 이어서 말씀하셨다. "내 영원한 아들을 메시아로 보낼 참이다. 그가 대리자가 될 것이다. 죄에 물든 인간 아버지의 아들이 메시아가 될 수는 없다. 그래서 내 아들은 자신의 정결함을 지키기 위해 동정녀에게서 태어날 것이다. 메시아는 인간일 것이고 하나님일 것이다. 신인(God-man)

이 됨으로써 그는 인간을 대표할 것이다. 그렇지만 죄는 없을 것이다. 그뿐 아니라 그는 모든 인류를 위해 죽은 후 무덤에서 살아나 죽음을 정복할 것이다."

나는 할 말을 잃었다. 그분의 계획, 그토록 기발하고, 그토록 단순하고, 그토록 복잡한 계획의 완전성은 그분이 말씀만으로 우주를 창조하시는 모습을 지켜보던 때보다도 나를 더 경악하게 만들었다.[9]

(삼하 7:13, 16). 가브리엘은 마리아의 아들이 바로 그 왕이 될 것이라고 약속했다!

—1:34-37—

마리아의 질문은 사가랴의 질문과 극적으로 다르다. 사가랴는 물었다. "내가 이것을 어떻게 알리요?"(1:18) 그러고는 가브리엘이 소식을 다 전하지 못하게 육체적인 어려움을 나열한다. 그의 질문은 초자연적인 표적만 있으면 확신할 수 있다는 뜻을 넌지시 비쳤다. 이와는 대조적으로 마리아의 질문은 정말로 혼란스러워하고 있음을 보여준다. 그녀는 물었다. "어찌 이 일이 있으리이까?"(문자 그대로) 그녀는 "나는 남자를 알지 못하니"(문자 그대로)라는 말로 자신의 질문에 단서를 달았다. 마리아가 사용한 "알다"라는 단어는 성관계를 뜻하는 완곡한 표현이다(창 4:1, 19:8, 삿 21:12, 마 1:25). 현재 시제는 그녀가 과거는 물론이고 현재도 처녀임을 나타낸다. 그녀는 타당하고 현실적인 질문을 했다. "남자 없이 어떻게 그렇게 될 수 있나요?" 그녀는 곧 임신을 하게 될 것이라는 뜻으로 그 말을 받아들였다. 그러나 그녀가 요셉과 치르게 될 첫날밤은 아직도 몇 달이 더 있어야 했다. 주님이 그녀가 죄를 범하기를 바라지 않으신다는 것은 분명했다!

가브리엘은 단도직입적으로 대답했다. 그는 보통 인간 남자가 성관계 때 제공하는 것을 하나님이 친히 초자연적인 방법으로 그녀 안에 형성하실 것이라고 단언했다. 그녀의 임신은 남자가 배제된 초자연적인 임신이 될 것이다. 애초에 하나님은 무(無)에서 인간을 창조하셨다. 그리고 그분은 곧 마리아가 아기를 갖는 데 필요한 아무것도 없는 상태에서 창조하실 참이었다.

천사의 선포를 보면 삼위일체의 세 위격이 모두 언급되어 있다. 성령의 역사로 하나님 아버지가 마리아를 통해 아들을 세상에 보내실 것이다. 세상의 기원에 대한 간접적인 언급도 있다. 하나님의 영이 세상의 태고의 물 위를 운행하셨고 그다음에 아무 형태도 없이 텅 빈, 어두운 곳에 빛을 가져오셨듯(창 1:2-3), 그분은 인류에게 세상의 빛을 가져다주시려고 마리아에게 어두운 그림자를 드리우실 참이었다.

가브리엘은 "하나님의 아들"이라는 명칭이 어떻게 어구 이상의 의미를 갖는지 설명했다. 이 아이—아담의 원죄에 물들지 않은 거룩한 아이—는 글자 그대로 "지극히 높으신 이의 아들"이었다(1:32 참고). 마리아가 초자연적인 증표로 확인해줄 것을 요청하지 않았음에도 불구하고 천사는 그녀가 앞으로 닥칠 고난의 때에 신뢰와 소망을 잃지 않게 해줄 것을 제공했다. 그는 더 좋은 소식–하나님이 사가랴와 엘리사벳에게도 기적적인 임신을 허락하셨다–으로 발표를 마무리했다. 그리고 그 소식과 함께 그는 주님이 노쇠한 아브라함과 사라를 찾아와 "여호와께 능하지 못한 일이 없다"(창 18:14)라고 선포하신 것을 언급했는데, 이는 아마도 더 놀라운 일이 곧 벌어질 것을 시사하는 듯하다.

—1:38–40—

마리아는 주저하지 않고 대답했다. "종"이라고 번역된 헬라어 단어는 당시에 흔했던 특별한 종류의 노예 상태를 말한다. 이 단어는 대개 빚을 갚거나 가난에서 벗어나기 위해 자발적으로 스스로를 노예로 판 사람을 나타낸다. 그녀는 이 단어를 사용해 창조주의 뜻에 온전히 복종하겠다는 의지를 표현했다. "주의 여종이오니 말씀대로 내게 이루어지이다." 달리 표현하면 이렇다. 기꺼이 주님을 섬기는 일에 무조건 헌신하겠나이다.

그리스도의 길을 예비하는 자의 탄생과 그리스도의 탄생을 결부시키기 위해서 누가는 마리아가 사가랴와 엘리사벳의 집을 방문한 이야기를 기록하고 있다. 마리아는 즉시 나사렛 남쪽 구릉 지대에 있는 도시를 향해 출발했다. 그곳의 정확한 위치는 모르지만 누가는 전략적으로 지리를 이용하기 때문에 신학적 의미가 있거나 그의 내러티브 구조에 도움이 되지 않으면 지명을 밝히지 않는다. 정확한 위치는 중요하지 않다. 누가의 주요 관심사는 마리아가 엘리사벳과 함께 있기 위해 그녀에게 갔다는 사실을 알려주는 것이었다.

—1:41–45—

이 무렵, 엘리사벳은 아기의 태동을 느끼기 시작했다. 그녀는 은둔에서 벗어나 할머니 같은 몸이 뱃속의 태아로 인해 뚜렷이 부풀어오른 모습으로 사람들에게 나왔다. 그녀는 순식간에 유대 땅의 화제가 되었다. 사가랴는 글과 몸짓으로 요한의 출생에 담긴 중요한 의미를 그녀에게 알려주었을 것이 분명하다. 따라서 그때 이미 그리스도를 잉태하고 있었던 마리아가 집에 들어와 인사했을 때 엘리사벳의 태중에 있던 선구자는 메시아 앞에서 반응했다. 성령이 주신 초자연적 지식으로 충만해진 엘리사벳은 마리아의 상태를 알고 하나님을 찬양했다.

누가는 마리아가 갈릴리를 떠나기 전에 어떤 대화를 나눴는지, 가족이나 요셉에게 아직 아무 말도 하지 않았는지 상세히 밝히지는 않는다. 마태가 기술한 요셉의 반응(마 1:18-19)은 아마 마리아의 가족과 마을 사람들의 반응이기도 했을 것이다. 그녀가 역사 속에서 자기가 얼마나 독특한 위치에 놓이게 될 것인지에 대한 놀라운 소식을 설명하려고 애쓸 때 느꼈을 외로움을 상상해보라. 그녀를 아는 사람들의 반응을 상상해보라. "임신을 해 놓고 처녀라고? 어이가 없군!"

이와는 대조적으로 마리아가 한 마디 언질도 주지 않았는데도 엘리사벳이 그녀가 임신한 사실과 그 중요성까지 알고 있었을 때 어떤 느낌이었을지 상상해보라. 엘리사벳은 메시아를 잉태한 마리아에게 경의를 표함과 동시에 아기에게 초점을 맞췄다. 마리아가 찾아온 덕분에 엘리사벳은 그녀의 "주님"이 친히 임하신 것을 경험했다.

누가복음에서 "주님"이라는 호칭은 특별한 의미가 있다. 헬라어 *kyrios*는 복음서에 166번 나오는데, 주님과 관련해서 제일 많이 나오는 누가복음에 95번 나온다. 이 호칭은 일상적으로 사회적 지위나 권위를 가진 사람을 지칭하기 위해 사용되는데 반하여 누가의 복음서는 셉튜아긴트의 전례를 따른다. 히브리어 구약 성경을 헬라어로 번역한 이 책은 하나님의 가장 신성한 히브리 이름인 YHWH(야훼)를 *kyrios*로 번역하고 있다.

마리아가 여러 해 동안 고심했던 것처럼(2:19) 엘리사벳도 하나님의 성육신의 의미를 온전히 이해하지는 못했을 것이다. 그러나 그녀가 태중의 메시아가 그녀의 집에 오신 것을 알았다는 데에는 의심의 여지가 없다. 하지만 45절에 나오는 *kyrios*는 하나님을 가리킨다는 사실을 간과해서는 안 된다. 어쩌면 엘리사벳은 다른 사람들보다 먼저 성육신의 신비를 이해했을지도 모른다!

—1:46-55—

*Magnificat*은 마리아의 화답에 붙여진 라틴어 명칭이다. *Magnificat*은 "(내 영혼이) 찬양하

다" 또는"찬송하다"라는 뜻을 가진 이 구절의 첫 번째 헬라어 단어를 라틴어로 번역한 것이다. 대부분의 번역은 시처럼 본문을 연으로 배열하는데 거기에는 두 가지 이유가 있다. 첫째, 헬라어 본문의 운율과 형식이 찬송가처럼 보인다. 둘째, 마리아의 노래 대부분은 히브리 성경에서 그대로 가져온 것으로서 메시아에 대한 시편과 구약의 예언에 나오는 암시와 인용이 혼재되어 있다.

내 영혼이 주를 찬양하며	삼상 2:1-2, 시 34:2-3
내 마음이 하나님 내 구주를 기뻐하였음은	시 24:5, 25:5, 35:9, 사 12:2, 미 7:7, 합 3:18
그의 여종의 비천함을 돌보셨음이라 보라 이제 후로는 만세에 나를 복이 있다 일컬으리로다	시 138:6
능하신 이가 큰 일을 내게 행하셨으니 그 이름이 거룩하시며	시 24:8, 습 3:17
긍휼하심이 두려워하는 자에게 대대로 이르는도다	시 103:17
그의 팔로 힘을 보이사 마음의 생각이 교만한 자들을 흩으셨고	시 98:1, 118:15
권세 있는 자를 그 위에서 내리치셨으며 비천한 자를 높이셨고	시 2편, 삼상 2:8
주리는 자를 좋은 것으로 배불리셨으며 부자는 빈 손으로 보내셨도다	시 107:9
그 종 이스라엘을 도우사 긍휼히 여기시고 기억하시되	사 41:8-10
우리 조상에게 말씀하신 것과 같이 아브라함과 그 자손에게 영원히 하시리로다	창 17:19, 시 132:11, 사 41:8-9

마리아의 찬송이 우리에게 시사하는 점이 있다면 그녀는 자신을 고귀한 존재로 여기지 않고 오히려 다른 인간들과 다를 바 없는 한낱 여인이자 구세주를 필요로 하는 죄인으로 생각했다는 점이다. 이는 또한 성경에 정통하고 하나님의 언약이 메시아를 통해 성취될 것을 간절히 기다리고 있는 여인의 모습을 보여준다. 마리아의 송가를 보고 또 알 수 있는 것은 마리아가 성육신의 의미를 온전히 이해하지 못했을지는 몰라도 자신의 태 속에서 하나님의 약속-태초부터 있었던 모든 약속-이 성취되어가고 있음을 인식하고 있었다는 점이다.

—1:56—

마리아는 힘겨운 임신 기간을 엘리사벳과 함께 보냈지만, 누가는 마리아가 요한의 출생을 볼 때까지 머물러 있었는지의 여부는 알려주지 않는다. 그는 이 이야기에서 그 사실은 중요하지 않다고 생각했던 듯하다. 다음 구절의 표현을 보면 마리아는 엘리사벳이 그리스도의 길을 예비하는 자를 출산하기 전에 집으로 돌아온 것을 알 수 있다.

이 여인들이 누가의 이야기 서두에서 하나님이 행하시는 초자연적인 일에 대해 어떻게 반응했는지를 눈여겨보라. 마리아는 어리둥절했고, 놀랐으며, 자신을 낮추었고, 의아해했지만, 단 한 번도 이렇게 말하지 않았다. "그건 말도 안 돼요! 그 말을 믿을 수 없어요." 그녀는 이의를 제기하지도 않았다. "저는 나사렛 사람들 앞에 나설 수 없고, 그들이 내 아들을 사생아라고 부르는 것을 들을 수도 없어요. 저는 남은 평생을 제 명예를 변호하면서 지낼 수는 없어요!" 오히려 그 반대였다! 구체적인 내용을 다 몰랐으면서도 그녀는 즉각적인 믿음과 온전한 복종, 주님에 대한 전폭적인 신뢰를 보였다.

마찬가지로 엘리사벳도 전혀 주저하지 않고 주님이 기적을 성취하실 수 있다는 사실을 믿었다. 이 두 여성은 모두 수평적 차원에서 살았지만 수직적 차원을 잊지 않았다. 그들은 훼손되고 죄로 가득 찬 세계라는 현실에서 살면서도 하나님의 은혜가 개입하시는 일에 마음이 열려 있었다.

마리아는 두 가지 이유에서 칭송받을 만하다. 첫째, 하나님이 아기 그리스도를 세상에 보내시려고 모든 여인 가운데서 그녀를 영화롭게 하기로 하셨다. 비록 죄인이며, 구세주가 필요한 한낱 여인에 불과하긴 해도, 하나님은 당신의 아들을 잉태할 만한 자격이 되는 그릇을 택하셨다.

둘째, 마리아는 순종에 뒤따르는 난처한 상황을 받아들이기 위해 평범한 삶에 대한 꿈을 접기로 했다. 그녀는 하나님의 축복이라 해도 지극히 어려운 사명을 받아들였다. 다른 나사렛 사람들은 천사의 방문을 받지 못했으니, 마리아는 하나님의 구속 계획을 세상에 실현시키는 특권과 함께 잘못된 비난의 화살도 견뎌야 할 터였다. 그녀는 인류 역사상 가장 놀라운 비밀을 잉태한 자가 될 것이었지만 한편으로는 오해를 받을 수밖에 없었다. 존경할 만하지만 그녀도 죄인이었다.

만약 우리가 어떤 이유에서든 마리아를 숭배하려 한다면, 이는 그녀가 보여준 놀라운 믿음과 순종 때문이어야 할 것이다.

적용

그분의 뜻, 그분의 방법, 그분의 때

아마도, 임신보다 더 하나님의 뜻과 밀접한 관련이 있는 사건이나 이슈는 없을 것이다. 대부분의 문제가 그렇듯 우리는 언제, 어떻게 임신을 할 것인지 어느 정도 조절할 수 있다. 의학 기술은 불임 부부들에게 희망을 제공할 뿐 아니라 임신을 방지할 수 있게 해주었다. 그러나 피임도 불임 치료도 백퍼센트 효과가 있는 것은 아니다. 새 생명이 만들어지는 기적은 여전히 하나님 고유의 특권이다.

대부분의 인생 문제에 대해서도 똑같이 말할 수 있다. 우리는 부, 장수(長壽), 직업, 정치, 사회 그리고 생각할 수 있는 모든 분야에 다양한 영향력을 가지고 있지만 모든 것을 지배하지는 못한다. 우리가 아무리 재간이 많고 부지런해도, 재앙 때문이든 하나님의 개입 때문이든, 우리가 선택하지 않은 상황을 경험하기 마련이다. 그렇기 때문에 우리가 통제할 수 없는 상황에 적응하는 노하우를 배워야 한다.

마리아의 경우에는 하나님이 개입하셔서 불가능한 일을 이루셨다. 처녀가 아이를 잉태했다. 마리아의 반응은 두 가지 유용한 원칙을 예시한다.

불쾌한 상황이건 즐거운 상황이건 모든 상황은 하나님이 통제하신다. 마리아는 분명 천사가 처음에 주님의 계획을 알렸을 때 자기가 맞닥뜨려야 할 도전들을 상상했을 것이다. 그러나 그녀는 그것이 얼마나 힘들지에 대해서는 준비되어 있지 않았을 것이다. 아무리 열심히 그 기적을 설명하려고 애를 써도 그 진실을 믿을 사람은 없었다. 수군거림, 비웃음, 농담, 조롱이 그녀의 가장 가깝고 가장 오랜 친구가 될 것이었다. 그리고 그녀는 그 소식을 들은 약혼자가 어떤 반응을 보일지 전혀 알 수 없었다. 그럼에도 불구하고 그녀는 하나님의 뜻에 순종했고, 그분이 구체적인 일들을 처리하실 것을 믿었다.

믿음은 감정이 아니라 결단이다. 마리아는 이렇게 응답하지 않았다. "'내 마음이 평온하니' 내게 이루어지이다." 그녀는 이렇게 대답했다. "말씀대로 내게 이루어지이다." 그녀는 하나님의 성품을 믿었기에 그녀에게 주어진 상황을 받아들이기로 의식적인 결단을 했다. 그녀는 복잡한 심정이 가라앉을 때까지 기다리지 않았다. 주님께 순종하기 전에 그분이 모든 구체적인 사안들을 어떤 식으로 이루실지 묻지 않았다. 생각할 시간을 달라고 하지도 않았다. 그녀는 앞에 피할 수 없는 고난이 있음에도 불구하고 주님의 능력과 선하심을 믿기로 결단했다

우리 힘으로 어쩔 수 없는 상황에 처할 때 수직적인 관점을 갖는 것이 가장 중요하다. 수평면에서 눈을 들어 주님의 성품을 깊이 들여다볼수록 그분의 뜻에 순종하기가 더 수월해진다. 옛 복음성가의 권면대로 행하라.

> 네 눈을 주님께 돌려
> 주님의 놀라운 얼굴을 온전히 바라보라
> 주님의 영광과 은혜의 빛 안에서
> 세상 것들은 신기하게도 희미해지리라.[10]

지극히 높으신 이의 선지자(누가복음 1:57–80)

57엘리사벳이 해산할 기한이 차서 아들을 낳으니 58이웃과 친족이 주께서 그를 크게 긍휼히 여기
심을 듣고 함께 즐거워하더라
59팔 일이 되매 아이를 할례하러 와서 그 아버지의 이름을 따라 사가랴라 하고자 하더니 60그 어
머니가 대답하여 이르되 아니라 요한이라 할 것이라 하매 61그들이 이르되 네 친족 중에 이 이름으로
이름한 이가 없다 하고 62그의 아버지께 몸짓하여 무엇으로 이름을 지으려 하는가 물으니 63그가 서
판을 달라 하여 그 이름을 요한이라 쓰매 다 놀랍게 여기더라 64이에 그 입이 곧 열리고 혀가 풀리며
말을 하여 하나님을 찬송하니 65그 근처에 사는 자가 다 두려워하고 이 모든 말이 온 유대 산골에 두
루 퍼지매 66듣는 사람이 다 이 말을 마음에 두며 이르되 이 아이가 장차 어찌 될까 하니 이는 주의
손이 그와 함께 하심이러라
67그 부친 사가랴가 성령의 충만함을 받아 예언하여 이르되

> 68찬송하리로다 주 이스라엘의 하나님이여 그 백성을 돌보사 속량하시며
> 69우리를 위하여 구원의 뿔을 그 종 다윗의 집에 일으키셨으니
> 70이것은 주께서 예로부터 거룩한 선지자의 입으로 말씀하신 바와 같이

71우리 원수에게서와 우리를 미워하는 모든 자의 손에서 구원하시는 일이라
72우리 조상을 긍휼히 여기시며 그 거룩한 언약을 기억하셨으니
73곧 우리 조상 아브라함에게 하신 맹세라
74우리가 원수의 손에서 건지심을 받고
75종신토록 주의 앞에서 성결과 의로 두려움이 없이 섬기게 하리라 하셨도다
76이 아이여 네가 지극히 높으신 이의 선지자라 일컬음을 받고 주 앞에 앞서 가서 그 길을 준
비하여
77주의 백성에게 그 죄 사함으로 말미암는 구원을 알게 하리니
78이는 우리 하나님의 긍휼로 인함이라 이로써 돋는 해가 위로부터 우리에게 임하여
79어둠과 죽음의 그늘에 앉은 자에게 비치고 우리 발을 평강의 길로 인도하시리로다 하니라

80아이가 자라며 심령이 강하여지며 이스라엘에게 나타나는 날까지 빈 들에 있으니라.

당신은 하나님의 역사를 끈기 있게 기다리고 있을지도 모른다. 사실 속내를 들여다보면, 하나님의 역사를 초조하게 기다리고 있을지도 모른다. 하지만 당신은 기다리고 있다. 아마도 당신은 하나님이 주신 약속, 그분의 말씀 속에서 발견한 희망의 메시지를 계속 붙잡고 있을 것이다. 그리고 이 약속을 붙잡고 있었기에 당신은 어두운 절망의 나락으로 추락하지 않을 수 있었다.

당신이 그 약속을 꼭 붙잡고 있도록 힘을 보태주겠다. 이스라엘의 남은 자들이 400년간의 암울한 침묵기에 말라기의 마지막 신탁의 말에 매달렸듯이 약속을 붙잡으라. 신실한 사람들은 "보라 여호와의 크고 두려운 날이 이르기 전에 내가 선지자 엘리야를 너희에게 보내리니"(말 4:5)라는 주님의 말씀을 붙잡고 그분의 온전한 때를 기다렸다. 그들은 공의로운 해가 떠올라 곧 어둠을 몰아낼 것을 알았기에 메시아의 길을 예비할 자의 출현을 기다렸다(말 4:2 참고).

동트기 전이 가장 어둡다는 말이 있다. "유대 왕 헤롯 때"(눅 1:5)는 더 이상을 상상할 수 없을 정도로 암울했다. 그때 "엘리사벳이 해산할 기한이 차서 아들을 낳"았다(1:57). 얼마나 멋진 소식인가!

—1:57-60—

엘리사벳이 아들을 낳던 날 사가랴는 말을 하지도 듣지도 못했다(1:62). 아이러니하게도, 하나님의 말씀을 신뢰하지 못했기에 그는 주님의 성전에서 들은 놀라운 소식을 전할 수 없는 벙어리가 되었다. 그는 불신함으로써, 이스라엘처럼 하나님과 인간 사이의 중재자로서의 자신의 사명을 완수하지 못하게 되었다. 하나님은 이스라엘을 애굽의 노예 생활에서 불러내어 "제사장 나라"(출 19:6)로 세우시려고 약속의 땅에 두시고, 만방에 하나님의 율법을 가르치고 모든 인류에게 구속의 은혜를 전파하는 도구로 삼으셨다. 그러나 불순종으로 인해 이스라엘은 400년 동안 하나님으로부터 새로운 메시지를 듣지도 못했고 한 마디도 말하지 못했다.

그러고는 사가랴의 징계가 시작된 지 아홉 달 만에 지극히 높으신 이를 예비하는 선지자의 울음소리가 정적을 깼다. 이윽고 그를 통해 하나님의 말씀이 그분의 언약 백성들에게 전해지고, 그들을 향해 회개의 메시지가 선포될 수 있었다.

히브리 율법에 의하면 새로 태어난 사내아이는 태어난 지 8일째 되는 날 특별한 의식과 함께 할례를 받아야 했다(레 12:3). 그리고 바로 그때 공동체에 아기의 이름이 발표되었다. 그날 사가랴와 엘리사벳의 가족과 친구들은 기쁨을 나누고(1:14 참고), 새로 태어난 아기가 하나님이 아브라함에게 명하신 언약에 참여한 것에 대한 증인이 되기 위해 모였다(창 17:10-11). 그들은 아기가 아버지의 이름을 이어받고 가족의 유업을 계승할 것을 기대했다. 그런데 엘리사벳은 사가랴로부터 주님의 명령에 순종하라는 엄격한 지시를 받았다. "그 이름을 요한이라 하라"(1:13).

—1:61-66—

모인 가족과 친구들은 그 행복한 부부의 선택을 이해하려고 애썼다. 그들이 아들을 위해 선택한 "요한"이라는 이름은 '하나님은 자비로우시다'라는 의미를 가진 나무랄 데 없이 멋진 이름이다. 희귀하거나 특이한 이름이 아니었다. 유대와 갈릴리 지역의 남자들 가운데는 요한이라는 이름을 가진 이들이 많았다. 다만 한 가지, 가문의 불꽃이 거의 사그라지고 있던 연로한 가장에게는 사가랴 2세가 더 이치에 맞을 것이기 때문에 그들은 몸짓으로 사가랴에게 확인하려 했다. 그러자 사가랴는 엘리사벳의 발표를 듣고 단호한 태도로 간단명료하게 휘갈겨 썼다. "아이의 이름은 요한."

"당장" 또는 "즉시"로 번역된 헬라어는 *parachrēma*인데, 누가는 특히 기적을 묘사할 때 이 단어를 즐겨 썼다. 사가랴의 징계는 정확히 필요한 시간만큼만 지속되었다. 천사가 예언한 대로 그는 요한이 태어나 이름이 지어질 때까지 말을 못했다. 그가 순종하자 혀가 풀리고 귀가 트였다. 그리고 하나님의 자녀들이 징계에서 벗어날 때 흔히 그러듯, 사가랴의 첫 마디는 하나님을 찬양하는 말이었다.

누가에게 하나님에 대한 두려움은 언제나 외경심에서 나오는 경탄으로 표현된다(참고 5:26, 7:16, 행 5:11, 9:31, 19:17). 한 경우만 제외하고(눅 8:37) 이 "두려움"에 휩싸인 사람들은 하나같이 하나님께 영광을 돌렸고 새로워진 열정에 고무되어 그분을 찬양했다. 바로 그 일이 여기서도 일어났다. 그 부부의 가족과 친구들은 분명 사가랴가 성전에서 경험했던 일과 그리스도의 길을 예비하는 자로서 요한의 역할에 대한 예언의 자초지종을 들었을 테고, 그 결과 유대 전역에 깔려 있는 소문의 통신망에는 크리스마스트리의 전등처럼 반짝 하고 불이 켜졌다!

—1:67-80—

나중에, 사가랴는 구약의 인용과 암시로 가득찬 예언적인 찬양시를 썼다. 이 찬양시는 전통적으로 *Benedictus*라는 제목으로 불렸는데, 이는 이 시의 라틴어 번역본에 나오는 첫 번째 단어에서 따온 것이다. 마리아의 *Magnificat*이 개인적인 감사의 찬양인 반면, 사가랴의 *Benedictus*는 나라를 대표하는 찬양시다. 두 가지 모두 아기 그리스도를 메시아에 대한 하나님 약속의 성취로 보지만 강조점은 다르다. 마리아는 개인적인 구원자에게 감사를 드렸다. 사가랴는 이스라엘에 국가적인 대속자를 보내주신 하나님을 찬양했다. 물론, 두 역할 모두 주목받을 가치가 있다. 예수님은 하나님이 원래 창조하신 질서를 회복하러-악을 뿌리 뽑고 세상을 구속하기 위해-오셨다. 그러나 이것은 각 사람에게 개인적이고 개별적으로 영향을 미친다.

묵상의 서재

절망의 축복

태초에 하나님은 인간이 그분께 순종할 때 최대의 만족감을 누리도록 창조하셨다. 그것은 우리의 DNA 속에 깊이 자리잡고 있다. 그러나 불행히도 에덴 동산에서 아담이 죄를 지으면서 인간의 본성을 위시해 모든 것이 변했다. 우리는 아담의 죄로 인해 뒤틀린 시각을 물려받았다. 그래서 우리는 하나님의 선하심을 의심하고 그분께 순종하면 행복을 빼앗길지도 모른다는 두려움을 가지고 있다. 이런 자기 만족에 대한 강박적인 욕망은 우리가 창조된 목적을 이루는 데 걸림돌이 된다. 우리는 하나님의 뜻을 섬기기는커녕 자신의 안녕을 도모하기 위해서라면 물불을 가리지 않는다. 우리에게는 이기심을 극복할 수 있는 힘이 없다.

우리를 다시 하나님께로 돌이키려면 그분이 개입하셔야 한다. 그분이 우리의 자기애를 제압하시고, 우리를 둘러싸고 있는 타락하고 죄로 물든 세상에서 만족을 찾는 습성을 깨뜨리셔야 한다. 안타깝게도 그 과정은 고통스럽고, 종종 큰 충격을 주기도 한다. 우리는 세상에 대한 소망이 사라져야 주님 안에서의 충족을 추구한다. 봉급이 끊겨야 그분의 공급을 기대한다. 의사들이 포기해야 그분의 치유를 기대한다. 배신으로 인해 홀로 되어야 그분의 우정을 신뢰한다. 반면, 하나님은 차분히 그분의 약속을 다시 말씀하시면서 절망이 우리 안에서 그 소임을 다하기를 차분히 기다리신다.

그러다가, 우리가 세상적인 일에 더 이상 소망을 두지 않게 된 바로 그때, 그분은 자신을 선물로 주신다. 희망의 끝에서, 주님은 세상에서 찾을 수 없는 모든 것을 그분 안에서 찾으라고 초청하신다.

절망의 선물을 주신 하나님께 감사하라. 그것이 없다면 우리는 그분 안에서 우리가 가진 소망을 영영 외면할 테니 말이다.

찬송하리로다 주 이스라엘의 하나님이여	왕상 1:48, 시 41:13, 72:18, 106:48
우리를 위하여 구원의 뿔을	시 18:2, 132:17
우리 원수에게서와 우리를 미워하는 모든 자의 손에서 구원하시는 일이라	시 18:17(삼하 22:18), 106:10
우리 조상을 긍휼히 여기시며 그 거룩한 언약을 기억하셨으니 곧 우리 조상 아브라함에게 하신 맹세라	창 22:16-18, 시 105:8-9, 42, 106:45
주 앞에 앞서 가서 그 길을 준비하여	사 40:3, 말 3:1, 4:5
주의 백성에게 그 죄 사함으로 말미암는 구원을 알게 하리니	렘 31:34
돋는 해가 위로부터 우리에게 임하여	말 4:2
어둠과 죽음의 그늘에 앉은 자에게 비치고	사 9:2
우리 발을 평강의 길로 인도하시리로다	사 59:8

이스라엘 백성들에게 미래를 제시하기 위해 사가랴는 먼저 이스라엘의 과거를 숙지했다. 그는 구약의 표현을 많이 끌어다 썼다. 아브라함과 이삭과 다윗에게 하신 하나님의 약속을 반복하고, 과거에 하나님이 이스라엘의 적을 물리치셨던 일을 축하하며, 메시아에 대한 약속들을 언급했다(1:68-75). 찬송가의 마지막 구절들에서는 메시아의 길을 예비하는 자가 장차 미칠 영향을 고찰했다(1:76-79).

사가랴는 이 예언시의 절정에서 그가 천사에게서 받은 소식을 확인했다. "이 아이여 네가 지극히 높으신 이의 선지자라 일컬음을 받고 주 앞에 앞서 가서 그 길을 준비하여"(1:76). 누가는 요한이 정말로 영적으로 강건하고(사 11:1-2) 두루 존경과 찬양을 받은 성령 충만한(1:15) 선지자가 되었다고 그의 초년기를 요약하면서 이야기를 마무리한다.

주님은 헤롯의 지배 아래 예루살렘의 어두운 그늘 속에 살고 있던 남아 있는 신실한 당신의 백성들을 실망시키지 않으셨다. 지친 백성들이 원하던 것보다는 느렸지만, 그분은 그분의 온전한 때에 맞춰 일을 추진하셨다. 그리고 공의로운 해가 뜨기 전의 암흑기에 그들의 소망이 흐려지지 않도록 선구자의 도착을 주목할 만한 방법으로 알리셨다. 예리한 신자라면 요한의 출생이 의미하는 바를 놓치지 않을 것이다. 그 출중한 선지자가 광야에서 자라는 들꽃처럼 성장하는 것을 지켜보면서 사람들의 소망 또한 피어났을 것이다.

적용
징계의 손길

주님은 이스라엘에게 제사장 나라가 되라고 명하셨다. 주님은 히브리 민족을 다른 모든 백성으로부터 따로 떼어내 그들이 천국과 세상 사이를 중재하고, 성경을 가르치며, 율법에 순종하는 모범을 보이고, 하나님 안에서 믿음으로 사는 삶의 본보기가 되게 하셨다. 그들을 의도적으로 다른 거대 문명들이 무역을 하거나 전쟁을 치를 때 반드시 통과해야 하는 지협에 두어 다른 나라 사람들이 이스라엘의 샬롬(*shalom*)을 보고 하나님에 대해 배울 수 있게 하셨다. 그러나 안타깝게도 이스라엘 백성들의 믿음은 흔들렸고, 그들에게 주어진 제사장의 임무를 경시했다.

누가의 내러티브는 사가랴 또한 제사장의 소명에 응했지만, 믿음이 약해진 탓에 자신의 임무를 수행하지 못했다는 점에서 이스라엘의 전형이 되었음을 보여준다. 그 결과 이스라엘과 사가랴는 비슷한 하나님의 징계를 받았다. 양쪽 다 강요된 침묵을 감내해야 했다.

하나님을 섬기는 일은 지고하고 거룩한 소명이기에 하나님의 종이라면 누구나 주기적으로 훈련을 받아야 한다. 어찌 되었든 우리는 영원한 결과를 낳는 문제를 다루고 있다. 그렇기 때문에 그 상급은 크지만 빚어지는 과정은 종종 혹독할 수 있다. 당신이 가르침이나 설교 또는 영적 리더십에서 어떤 역할로 섬기라는 주님의 부르심에 응했다면 경험을 거듭할수록 분명해지는 다음의 원칙들을 주의 깊게 살펴보라.

첫째, 징계를 받는 고난의 시기에 하나님의 약속은 우리에게 소망을 준다(말 3-4장). 하나님은 이스라엘에게 메시아의 도래를 알릴 선구자를 약속하셨다. 유대인들은 그들이 받는 징계가 종국에는 찬양으로 바뀔 것을 알았다. 마찬가지로 사가랴는 그의 강요된 침묵이 아들의 출생과 함께 끝날 것을 알았기에 안심했다.

징계는 벌이 아니다. 하나님은 당신의 종들을 벌하지 않으신다. 훈련시키신다. 하나님이 주시는 고난은 징벌이 아니라 가르침이다. 그렇기 때문에 그분은 언제나 고난이 우리 안에서 그 소임을 다하면 기쁨을 회복시키시겠다는 약속으로 시련 중에 소망을 주신다.

당신이 하나님의 징계를 받는 중이라면–그리고 하나님의 종이라면 누구나 반드시 받을 것이다–안심하라. 당신의 슬픔은 머지않아 춤으로 바뀔 것이다. 시편 기자의 말처럼, "그의 노염은 잠깐이요 그의 은총은 평생이로다 저녁에는 울음이 깃들일지라도 아침에는 기쁨이"(시 30:5) 올 것이다.

둘째, 징계에서 벗어나면 하나님을 찬양하는 말이 우리에게서 흘러넘친다(눅 1:57-75). 혀가 풀리자마자 사가랴의 입술에서는 주님을 찬미하는 말이 흘러넘쳤다. 하나님의 징계는 기쁨을 낳고, 그 과정을 거치고나면 늘 감사가 우러나온다. 분개하지 말라. 비통해하지 말라. 실제로 나는 나 자신에게 주님의 징계가–힘들긴 하겠지만– 정말로 필요하다는 사실을 담담히, 동경하는 마음으로 수락한다. 나는 과거의 속박에서 벗어났음을 깨닫는다. 그분이 내 영혼의 수술을 마치시면 나는 이전보다 훌쩍 커진 열정과 활기를 가지고 일터로 돌아온다.

하나님의 징계를 통과하고나면 우리는 그분이 우리 안에 이루신 것으로 인해 그분을 찬양하게 될 것이다.

셋째, 우리가 성숙해지면 하나님이 주신 교훈은 우리의 유업이 된다(1:76-80). 사가랴는 이스라엘에 대한 하나님의 신실하심을 찬양하고난 후 곧바로 아들에게로 관심을 돌렸다. 나는 사가랴가 요한이 장차 하게 될 사역을 예언하는 데서 그쳤다고 생각하지 않는다. 그는 그 아이를 위대한 사람으로 키우는 데 전력을 다했을 것이다.

하나님의 징계가 소기의 목적대로 우리를 변화시켰다면 우리는 우리가 인도하는 이들은 물론이고 누구에게나 깨달은 교훈을 전달해야 한다. 내가 깨달은 것은 하나님의 징계는 그 무엇보다도 감동적인 설교를 만들어내고 가르침과 글쓰기에 큰 도움이 된다는 사실이다. 말은 내 입술과 펜을 통해 흘러나올지라도 그 안에 담긴 영감은 나에게서 나오는 게 아니다. 그것은 하나님의 징계를 통해 내가 깨달은 교훈들, 하나님이 쳐내신 가지에 열린 열매다.

다시 돌아본 예수의 탄생(누가복음 2:1-20)

1그 때에 가이사 아구스도가 영을 내려 천하로 다 호적하라 하였으니 2이 호적은 구레뇨가 수리아
총독이 되었을 때에 처음 한 것이라 3모든 사람이 호적하러 각각 고향으로 돌아가매 4요셉도 다윗의
집 족속이므로 갈릴리 나사렛 동네에서 유대를 향하여 베들레헴이라 하는 다윗의 동네로 5그 약혼한
마리아와 함께 호적하러 올라가니 마리아가 이미 잉태하였더라 6거기 있을 그 때에 해산할 날이 차
서 7첫아들을 낳아 강보로 싸서 구유에 뉘었으니 이는 여관에 있을 곳이 없음이러라
8그 지역에 목자들이 밤에 밖에서 자기 양 떼를 지키더니 9주의 사자가 곁에 서고 주의 영광이 그
들을 두루 비추매 크게 무서워하는지라 10천사가 이르되 무서워하지 말라 보라 내가 온 백성에게 미
칠 큰 기쁨의 좋은 소식을 너희에게 전하노라 11오늘 다윗의 동네에 너희를 위하여 구주가 나셨으니
곧 그리스도 주시니라 12너희가 가서 강보에 싸여 구유에 뉘어 있는 아기를 보리니 이것이 너희에게
표적이니라 하더니 13홀연히 수많은 천군이 그 천사들과 함께 하나님을 찬송하여 이르되

14지극히 높은 곳에서는 하나님께 영광이요
땅에서는 하나님이 기뻐하신 사람들 중에 평화로다 하니라

15천사들이 떠나 하늘로 올라가니 목자가 서로 말하되 이제 베들레헴으로 가서 주께서 우리에게
알리신 바 이 이루어진 일을 보자 하고 16빨리 가서 마리아와 요셉과 구유에 누인 아기를 찾아서 17보
고 천사가 자기들에게 이 아기에 대하여 말한 것을 전하니 18듣는 자가 다 목자들이 그들에게 말한
것들을 놀랍게 여기되 19마리아는 이 모든 말을 마음에 새기어 생각하니라 20목자들은 자기들에게
이르던 바와 같이 듣고 본 그 모든 것으로 인하여 하나님께 영광을 돌리고 찬송하며 돌아가니라.

신중히 골라진 선물을 받으면 기분이 좋다. 생일 선물은 아이들에게 기쁨을 준다. 기념일의 선물은 "당신을 사랑해요"라는 메시지를 전달한다. 이별의 선물은 이별의 슬픔을 달래주며, 크리스마스 선물은 춥고 스산한 겨울에 웃음과 즐거움을 선사한다. 하지만 그 중에서도 가장 기분 좋은 선물은 특별한 이유 없이 사랑을 표현하는 예기치 못했던 깜짝 선물이다.

선물을 주는 데 있어서 하나님을 따를 자가 없다. 그분은 깜짝 선물 전문이시다. 내 생각에, 그분은 우리가 가는 길에 선물을 놓아두셨다가 우리가 그것에 걸려 넘어지는 것을 보시면 기뻐서 얼굴이 환해지실 것 같다. 응답 받은 기도의 놀라움. 갑작스러운 치유. 뜻밖의 로맨스. 예기치 못했던 임신(물론, 충격이 가신 후에!). 낡은 청바지 속에서 발견된 지폐 뭉치처럼 생각지도 않게 굴러 들어온 돈. 야고보가 썼듯이, "온갖 좋은 은사와 온전한 선물이

다 위로부터 빛들의 아버지께로부터 내려오나니 그는 변함도 없으시고 회전하는 그림자도 없으시"다(약 1:17). 주님은 '특별한 이유 없이' 소소한 깜짝 선물 외에도 기회가 있을 때마다 우리에게 은총을 쏟아부어주신다.

그러나 그분이 2천 년 전 예루살렘 외곽의 작은 마을에 배달하신 깜짝 선물보다 더 큰 선물은 없을 것이다. 여느 갓난아기들과 똑같이 꼼지락거리는 작은 아기지만 한 가지 범상치 않은 면을 가진 이 사내 아이는, 한 사람 속에 두 개의 본성이 완벽하게 결합되어 있는, 영원한 하나님이자 진정한 인간이었다. 사도 바울은 하나님이 선물로 주신 아들을 "말할 수 없는 그의 은사"(고후 9:15), 다시 말해 말로 하기에는 너무나 놀라운 선물이라고 표현했다.

누가는 성령의 이끄심과 보호 아래 하나님의 말할 수 없는 선물을 심혈을 기울여 다듬은 내러티브를 통해 설명하는 일에 착수했다.

—2:1-2—

누가는 상대적인 시간 프레임을 설정하는데, 이는 역사적인 목적은 물론이고 메시아 탄생의 사회적, 문화적 환경을 확립하기 위해서였다. 누가의 복음서는 습관적으로 예수님의 삶에서 일어난 사건들을 세상 전체와 연결시킨다. 누가는 한 지역의 영웅이나 국가적 인물의 이야기를 한 것이 아니다. 그는 왕 중의 왕이 보내신 삶을 연대기로 기록했다.

지중해 반대편 2,400미터 가량 떨어진 곳에서 스스로를 아구스도, 즉 '최고 통치자'라고 부르던 한 남자는 이른바 '알려진 세계'(known world)의 대부분을 통치하고 있다고 스스로 생각했다. 그러나 누가는 가이사 가이우스 옥타비안에게 하나님의 섭리를 이루는 하수인의 역할을 맡긴다. 이스라엘의 인구를 조사하라는 그의 명령은 미가의 예언을 성취하기 위해 마리아와 요셉을 나사렛에서 베들레헴으로 이동시키는 수단에 불과했다.

베들레헴 에브라다야
너는 유다 족속 중에 작을지라도
이스라엘을 다스릴 자가 네게서 내게로 나올 것이라

그의 근본은 상고에,
영원에 있느니라(미 5:2).

일부 학자들은 수리아의 총독 구레뇨는 AD 6년까지 인구 조사를 실시하지 않았고, 헤롯 왕은 BC 4년 전에 죽었다고 주장하면서 누가복음의 역사적 정확성에 이의를 제기했다. 그런데 역사적 증거를 보면 구레뇨는 아구스도의 명령을 받고 군사적 임무를 수행하기 위해 BC 10-7년 사이에 수리아에 있었고, 헤롯의 광기가 점점 심해지자 황제는 로마가 직접 그 지역을 통치할 준비를 하고 있었다. 아구스도는 14년에 한 번씩 인구 조사를 시행했던 로마의 관습을 유지했을 뿐 아니라 적어도 세 지역(수리아, 골, 서바나)에 대해 인구 조사를 명했다고 알려져 있다. 그뿐 아니라 누가가 사용한 헬라어 형용사 *prōtos*('첫째', '앞의', '일찍'이라는 뜻을 가진)는, 상대적으로 더 많이 알려진 AD 6년의 인구 조사보다 앞서 행해졌던 다른 인구 조사를 가리켰을 가능성이 높다.

가이사 아구스도의 별

BC 44년 3월 15일, 율리우스 카이사르를 신으로 선포했던 바로 그 사람들이 자신들의 지도자에게 반역을 꾀해 그를 칼로 찔러 살해했다. 카이사르가 소유했던 모든 것-그의 재산, 부, 칭호-은 그의 양자이자 유일한 상속자인 19살 풋내기 소년 가이우스 옥타비우스의 것이 되었다.

그 후 20여 년의 세월이 흐르면서 옥타비우스는 로마 제국 역사상 가장 위대한 지도자로 변신했다. 그는 차근차근 자신의 직함에 *Princeps*, '선도하는 시민', *Pontifex Maximus*, '대제사장', 그리고 마침내는 *Augustus*, '최고의 통치자'라는 칭호를 더했다. 그는 이런 명칭들을 얻는 데 적극적이었고, 스스로를 로마가 가진 세계적인 권력의 중심축으로 공공연히 내세우면서도, 마지못해 그 자리에 앉은 겸허한 지도자의 역할을 하는 데 능란했다.

그러고는 BC 12년 가을 헬리 혜성이 밤하늘에 불타는 줄무늬를 그려 넣을 때 카이사르 아우구스투스(성경에는 가이사 아구스도로 나온다-역주)는 그것이 율리우스의 영혼이 천국에 들어가는 것이라고 버젓이 선포했다. 미신을 믿었던 로마인들은 그 주장을 받아들였고, 그 또한 경배받아야 한다는 주장을 지지했다. 결국 그는 신의 아들이 되었다.

© Marie-Lan Nguyen/Wikimedia Commons

아구스도의 흉상

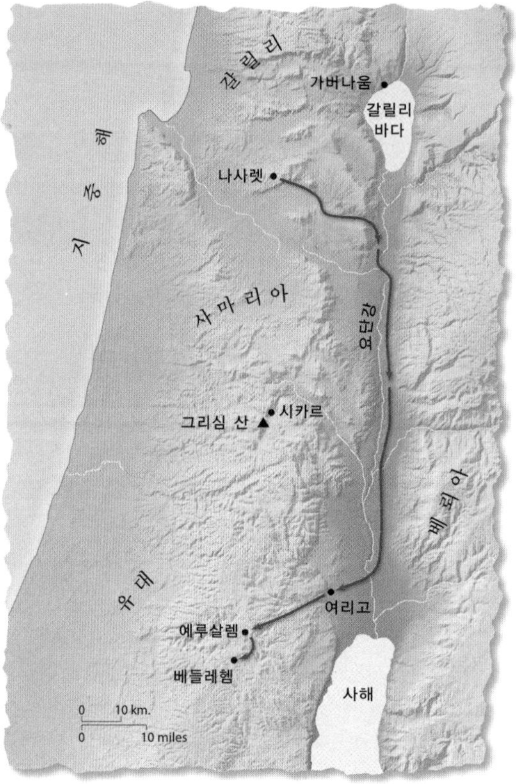

요셉과 마리아가 나사렛에서 베들레헴으로 이동한 행로

—2:3-6—

인구 조사는, 로마가 기원이기는 하지만 아마도 징집된 유대인들의 손으로 시행되었을 것이고 분명 유대인의 관습을 따랐을 것이다(민 1:2-3). 그 때문에 약혼한 두 사람은 나사렛에서 남쪽으로 150킬로미터 거리에 있는 그들의 본향인 다윗의 도시, 베들레헴으로 가야 했다. 누가의 "갈릴리 나사렛 동네에서…올라가니"라는 표현은 '북쪽이 항상 위'인 현대의 지도와 달리 고도가 높은 곳으로 올라간다는 뜻이다.

아마도 '떡집'이라는 뜻일 베들레헴은 해발 716미터에 위치해 있었고, 비옥한 농경지와 풀로 뒤덮인 구릉들에 둘러싸여 있었다. 주민들은 무화과 나무, 올리브 농장, 포도원을 경작했고, 수많은 양 떼와 염소 떼가 주변 골짜기에서 풀을 뜯었다. 8-11킬로미터에 달하는 척박한 지형이 베들레헴과 예루살렘을 가르면서 농촌 마을이 흔히 그렇듯 이 두 지역을 어느 정도 분리시켰다. 그러나 인구 조사로 인해 엄청난 수의 다윗의 후손들이 헤롯의 영토 전역에서 이곳으로 모여들었다.

누가는 마리아가 왜 요셉과 동행했는지, 또 왜 마리아의 해산일이 가까웠는데도 두 사람이 집에서 그렇게 먼 곳까지 가는 위험을 감수했는지 자세히 밝히지 않는다. 나는 두 사람이 친척 집에 머물 계획이었지만, 그들의 본적지인 도시가 예상보다 훨씬 많은 친척들로 넘쳐나는 것을 알게 되지 않았을까 추측한다. 그리고 분명히 등록 절차가 예상보다 더 길어진 탓에 그들이 나사렛으로 돌아오기 전 마리아의 해산일이 다가왔을 것이다. 그러나 확실한 것은 아니다. 누가는 우리의 호기심을 충족시켜주려고 글을 쓴 것이 아니다. 회의론자들의 반론에 대답할 생각도 없었던 것이 분명하다. 그는 이야기를 단순하게 썼다.

아구스도가 인구 조사를 명했고, 그 때문에 두 사람은 예언대로 예수님이 탄생하실 때 베들레헴에 있었던 것이다.

—2:7—

다가오는 크리스마스에는 전국의 교회들에서 어린아이들이 목욕 가운을 입고, 샌들을 신고, 대충 만든 머리 장식을 쓴 채 예수님의 탄생 장면을 재현할 것이다. 이 연극의 많은 부분이 누가가 무심코 한 설명에서 나왔다. "이는 여관에 있을 곳이 없음이러라." 이 구절 때문에 우리는 이 불운한 부부가 베들레헴 거리를 방황하며 부질없이 '방 있음' 표지판을 찾아다니다 허탕 치는 모습을 상상한다.

그 지역 주민들은 고대 근동 지방의 손님 접대 풍습에 따라 방문객들에게 자기 집을 내주었을 테지만, 그렇다고 가난한 베들레헴 사람들이 모든 여행자에게 숙소를 제공해줄 수

© K.M. Westermann/Corbis

아파메아에 있는 여행자 숙소

는 없었다. 그래서 마리아와 요셉은 "여관"을 찾아 나섰을 것이다. 이 멋진 아동극 덕택에 우리는 "여관"을 고대판 모텔 6(미국의 대중적인 모텔-역주)쯤으로 상상한다. 그러나 헬라어 *katalyma*는 '멍에를 벗기다' 또는 '내려놓다'라는 뜻의 동사에서 나온 말이다. 비유적으로 이 말은 휴식을 상징한다. 실제로 셉튜아긴트(구약 성경의 헬라어 번역본)는 이 단어를 단순히 '휴식처'라는 뜻으로 자주 사용한다. 따라서 일반적으로 *katalyma*는 보통 세를 내거나 빌리는 '숙소'를 지칭한다(참고 9:12, 22:11, 막 14:14).

군중을 수용하기 위해서 베들레헴에 대상(隊商)들을 위한 임시 숙소나 여행자 숙소가 들어섰을 가능성이 높다. 이렇게 큰 규모의 벽으로 둘러싸인 안뜰은 길거리나 노지에서 자는 것보다는 강도와 비바람으로부터 약간 나은 보호를 제공하는, 대부분 정체가 의심스러운 작자들에 의해 운영되는 지저분한 시설이었다. 모텔이라기보다는 화물 자동차 휴게소에 가까운 그런 곳이 출산에 적합한 장소는 아니었다.

다시 한 번, 누가는 이런 구체적인 내용을 나중에 생각났다는 듯이 덧붙였다. 그의 요점은 일반적으로 사람들이 묵는 숙소는 빈 곳이 없어서 그 부부는 *phatnē*에 아기를 뉘였다는 것이었다. *Phatnē*를 가장 현대적으로 번역한 것이 여물통을 뜻하는 영어 고어인 'manger'(구유)이다. *Phatnē*에는 '마구간'이나 '외양간'이라는 뜻도 있어서(13:15 참고) 여물통에 아기가 누워 있는 광경은 이목을 끄는 징표였을 것이고, 그곳을 찾아온 목자들의 주의를 끌지 않을 수 없었을 것이다. 누가는 한 가지 아이러니를 강조하기 위해서 이렇게 세세한 부분을 강조했다. 이 왕 중의 왕 되신 분은 아구스도나 헤롯처럼 궁전이나, 심지어 여느 유대인 아이들처럼 안락한 집에서 태어나시지 않았다. 그분은 인간이 되어 인류를 구원하려고 세상에 오셨다. 그리고 그분은 낮은 자가 되어 낮은 자들에게 소망을 가져다주셨다.

배경을 간단히 설명하고 주님의 탄생을 더욱 간단히 스케치한 후 누가는 내러티브의 렌즈를 지리에서 정치로 돌려 그분께 중대한 문제인 정치-구세주의 도착에 대한 반응-에 초점을 맞추었다. 그는 제일 먼저 그분의 탄생을 알리기 위해 보냄받은 천사들의 반응(8-14절), 다음으로 그 복된 소식을 들은 미천한 목자들의 반응(15-18절), 그리고 마지막으로 아기 예수의 어머니가 보인 반응(19-20절)을 보여준다.

—2:8-12—

구세주가 세상에 들어오시자 그 즉시 한 천사가 그분의 도착을 알리기 위해 파견되었다. 하지만 세상 왕자가 탄생했을 때처럼 왕이나 고관들에게 알리기 위해서가 아니었다. 도리어 천사는 포식자와 도둑들로부터 양 떼를 지키기 위해 늘 노지에서 지내는 목자들을 찾아갔다. AD 5세기경의 히브리 문학을 보면 목자들은 괄시를 받는 계층으로서 오늘날의 부랑자나 노숙자들과 별반 다르지 않았다. 후세의 이런 인습은 구약 성경에 나오는 긍정적인 목자상과는 상반되는 터라 예수님 시대의 유대인 문화가 그들을 어떻게 생각했는지는 확실히 알 길이 없다. 복음서에 묘사된 종교 지도자들의 위선적인 태도를 고려해볼 때 성전의 정결 예식을 행하는 자들이 들판에서 동물들과 생활하는 사람들과 어깨를 나란히 하고 싶어하지는 않았을 듯하다.

유대인 문화가 목자들을 괄시했든 그렇지 않든 요점은 분명하다. 하나님이 당신 아들의 탄생 소식을 제일 먼저 알린 사람들은 메시아에 대한 소식을 가장 반길 사람들, 즉 구세주를 원하는 사람들이었다는 것이다. 세계의 많은 부분을 좌지우지하고 있던 아구스도는 자기가 가진 막강한 권력 때문에 자신에게 진정 필요한 것이 무엇인지를 보지 못했다. 헤롯왕은 자기가 성취한 것에 자만해서 로마 양식으로 된 궁전의 대리석 바닥을 거들먹거리며 돌아다녔지만, 주변에 잠재해 있는 적들에 대한 피해 망상에 시달렸다. 마태에 의하면 그는 메시아를 정치적 라이벌로 보고 살해하려 했다(마 2:13). 그러니 그가 메시아의 탄생 소식을 기쁘게 받아들였을 리 만무하다. 헤롯의 꼭두각시로 성전을 다스렸던 종교 지도자 안나스는 자기들의 위선을 옳다고 해주고 그들의 정치적 야심을 추진해줄 메시아를 원했다. 그렇기 때문에 그들은 그분의 초라한 출생을 진짜 메시아의 출생으로 받아들이지 않았을 것이다.

전승에 의하면 예수님이 태어난 *phatnē*(7절을 보라)는 목자들이 가축의 우리로 사용하려고 판 석회암 동굴이었다고 한다.[11] 만약 그렇다면 그 동굴은 바로 그 목자들의 것이었을 수도 있다.

그들에게 나타난 "주의 사자"(<u>an</u> angel of the Lord, 구약 성경에 나오는 주의 천사 <u>the</u> angel of the Lord가 아니다)는 가브리엘이었을 수도 있지만(1:19, 26), 다른 천사였을 수도 있다. 여하튼, 그는 그 들판의 미천한 사람들 앞에 섰다. 그때 그는 보통 인간의 모습이 아닌 하나님의 임재를 상징하는 영광의 빛 쉐키나와 함께 초자연적 환상으로 나타났던 것이 분명하다. 사가랴와 마리아가 그랬듯이 그 천사의 모습은 목자들을 두렵게 했기 때문에 "무서워하지 말라"고 안심을 시켜야 했다(1:13, 30 참고).

그 사자의 선포는 고대 세계에서 친숙한 말로 시작된다. *Euangelizō*라는 동사는 '소식을 선포하다, 정보를 알려주다'라는 뜻이다. 이 동사는 왕의 공식 성명서나 승전보 또는 왕위 계승자의 탄생 소식을 가져온 사자의 행위를 나타낸다. 실제로 "이 선포는 리듬이 있는 산문체이며 아구스도의 출생에 대한 서술과 흥미로운 유사점이 있음을 알 수 있다."[12] 엄밀히 말해서 이 성명서는 나쁜 소식을 담고 있을 수도 있으나 이 용어는 기쁜 소식과 연관되는 경우가 더 많다. 따라서 그 사자는 전달하는 메시지에 "큰 기쁨의"라는 구절로 단서를 달았다. 게다가 이 소식은 "온 백성에게 미칠" 것이다. 이 말은 그들이 지금 듣고 있는 기쁜 소식을 가지고 무언가를 해야 할 책임이 있음을 암시한다.

이 메시지는 메시아의 도착에 대한 상세한 정보와 그분이 계신 곳으로 안내하는 구체적인 정보를 담고 있다.

- "오늘": 기다림은 끝났다. 메시아는 이미 탄생하셨다.
- "다윗의 동네에": 베들레헴은 공식적으로 이렇게 불리지 않았다. 사실 대부분의 사람들은 예루살렘을 다윗의 도시라고 생각했을 것이다. 그러나 목자들은 자기들의 고향이 배출해낸 영웅과 연관된 천사의 언급을 알아챘을 것이다. 게다가 그 선포는 의도적으로 그리스도의 탄생과 다윗의 혈통에 대한 미가의 예언(미 5:2)과 하나님 약속(삼하 7:12-13)의 성취를 결부시켰다. 주님이 다윗에게 하신 언약은 솔로몬의 통치 때 바로 성취되었지만 궁극적으로는 메시아를 통해 성취되었다.
- "너희를 위하여…나셨으니": 예수님이 모든 인류를 구속하시려고 세상에 오셨으므로 헬라어로 "너희"는 복수다. 마태는 예수님을 개개인이 피난처로 삼을 수 있는 전세계적인 군주 국가를 설립할 유대인들의 메시아로 제시하는 반면에, 누가는 세상의 구세주로서 그분의 역할을 강조한다.
- "구주가…곧 그리스도 주시니라": 누가는 "그리스도"라는 명칭을 "구주"와 "주" 사이

> 에 끼워 넣었다. 셉튜아긴트에서 "구세주"라는 단어는 하나같이 하나님과 밀접하게 연결되어 있으며, 하나님을 *theos*("하나님")로도 *kyrios*("주")로도 부른다(참고 신 32:15, 시 23:5, 24:5, 61:3, 7, 78:9, 94:1). "그리스도 주"는 본래 "메시아 하나님"과 같은 의미다.[13]

그날 밤에 다른 아기들도 태어났을 것이므로 사자는 목자들에게 아기 그리스도와 다른 갓난아기들을 구별할 수 있는 정보를 주었다. 이 설명은 평범한 면과 비범한 면 모두를 강조했다. 당시의 여느 갓난아기들처럼 예수님도 천 조각에 싸여 있었다. 하지만 다른 아이들과 달리 이 아기는 *phatnē*에 누워 있었다(7절을 보라).

—2:13-14—

"홀연히" 또는 "돌연히" 몇 명인지 알 수 없는 천사들이 처음의 그 천사와 합세했다. 그 수가 몇 명이었는지는 모르지만 영어의 'plethora'(과다)의 어원인 헬라어 *plethos*는 천사의 수가 많았음을 나타낸다! "천군"은 세속적 헬라어에서는 보통 '군대'를 지칭하지만, 셉튜아긴트를 위시한 유대 문학에서는 천사들로 이루어진 천국의 군대를 나타낸다(왕상 22:19, 대하 33:3, 5, 렘 8:2, 19:13, 습 1:5, 에스드라스 19:6). 그러나 이것은 군사적인 임무가 아니었다. 적어도 아직은. 누가는 운집한 천사들을 열병해 있는 군사들에 비유했다. 그들은 평화로운 목적을 이루려고 이 특별한 때를 위해 모인 엄청난 천국의 군대를 나타냈다. 그리스도의 탄생을 축하하는 모임을 지휘하면서 그들은 이 세상에 오신 아기 왕에게 복종했다.

그들은 하나님께 수직적 찬양을 드리고 그분 은혜의 수평적 영향을 분명히 밝혔다. 주님의 구원 계획이 완결될 때 그분은 각 사람들 사이는 물론이고 하나님과 인간 사이에 평화를 회복하실 것이다(롬 5:1). "하나님이 기뻐하신 사람들"이라는 구절은 하나의 헬라어 단어 *eudokia*에서 나온 것으로, 번역이 힘들기로 유명한 단어다. 이 단어는 '즐기다' 또는 '기뻐하다'라는 뜻의 고전 헬라어 동사에 어느 정도 기반을 두고 있는데, 성경 문학을 제외한 다른 어디에서도 발견되지 않는다. *Eudokia*는 하나님의 은혜를 암시하는 히브리 단어 *ratson*을 번역하기 위해 셉튜아긴트의 번역가들이 만든 구약 성경의 헬라어 표현인 것이 분명하다(시 5:12, 30:5, 7, 51:18, 106:4, 잠 8:35, 12:2, 18:22, 사 60:10).

NASB 번역은 인간에게 있는 무언가가 하나님을 기쁘시게 해서 하나님이 보상으로 은혜를 주셨음을 어렴풋이 시사한다. “하나님의 은총을 받은 사람들”이라고 표현한 NIV(한글성경으로는『현대인의 성경』번역이 이와 같다-역주)의 번역이 더 정확한 표현이다. 우리에게 아무런 특별한 가치가 없는데도 하나님은 은혜로 인류에게 구세주를 주기를 기뻐하셨다.

13-14절에서 천사들은 메시아의 탄생을 알리고나서 그 기쁜 소식을 선포한 것을, 마치 훌륭한 모범을 보이기라도 하듯이 축하한다. 우리는 천국 군대가 기뻐하며 축하하는 모습을 보면서 세상이 어떤 반응을 보였어야 하는지를 깨닫는다.

—2:15-18—

천사들의 군대가 홀연히 나타나 하늘을 가득 채웠던 것만큼이나 빠르게 그들은 눈에 보이지 않는 천국으로 물러나고, 목자들은 밤의 어둠 속에 남겨졌다. 그러나 그들의 마음속은 환하게 타올랐다. 동물들과 함께 살아가는 그들의 신산하고 고독한 삶-악천후에 시달리고, 상류층 사람들에게 무시당하며, 동물 자칼이나 별의별 인간 자칼들을 경계하며 살아가는-은 이 사내들에게 축하할 기회를 좀체 허용하지 않았다. 그런데 그들은 방금 인류가 들을 수 있는 소식 중 가장 놀라운 소식을 들었다. 그들은 구세주에 대한 소식에 바로 반응했다. 그들은 하나님께 양 떼를 맡기고 그들의 메시아를 찾아 나섰다.

—2:19-20—

누가는 그리스도의 어머니를 잠깐 살펴보는 것으로 이 에피소드를 마무리한다. 수많은 천사들의 우레 같은 찬양이 잦아들고, 깜짝 놀란 목자들이 그 놀라운 소식을 전하러 떠나고, 산파와 출산을 축하하러 온 사람들이 집으로 돌아간 후 마리아는 갓난아기를 뚫어져라 바라보았다. 새벽 2시의 고적 속에서 젖을 물리며 세상의 모든 어머니는 자기 품속의 기적을 바라보며 곰곰이 생각에 잠긴다. 그리고 이 조그마한 아기가 어떤 사람이 될지 상상해본다. 그러나 마리아는 생각할 것이 더 많았다.

“간직하다”로 번역된 헬라어는 ‘보호하다, 보존하다, 지키다, 무언가를 지켜보다’라는 뜻이다. 함께 짝을 이룬 "새기다"로 번역된 동사의 문자적인 뜻은 마치 퍼즐 조각을 맞추는 것처럼 '서둘러 만들다, 긁어 모으다'는 뜻이다. 나사렛에서 베들레헴까지 이어진 9개월간의 여정 속에는 천사의 방문, 받아들이기 힘든 선포, 파혼당할 뻔했던 일, 척박한 환경에서 맞이한 출산이 들어 있었다. 그녀는 요셉의 고뇌와 하나님의 뜻에 대한 그의 강직한 순종을 떠올렸다. 마리아는 인구 조사의 시기, 하나님의 아들이 마구간에서 출생한 것, 목자들의 경배에 깜짝 놀랐다. 그녀의 기억은 맞춰 보아야 할 복잡하고 궁금한 퍼즐이 되었다. 앞으로 오랫동안 마리아는 자기가 경험한 이 모든 것을 이해하기 위해 기억의 조각들을 맞춰 보고 또다시 맞춰볼 것이다.

누가 그녀를 탓할 수 있겠는가? 2천 년이 지난 이 시점에서도 우리는 여전히 인간이 된 하나님인 한 남자의 기적 같은, 불가해한 신비를 받아들이려 애쓰고 있다.

주님의 탄생에 대한 누가의 이야기가 나는 다소 실망스럽다. 내가 알고 싶은 많은 상세한 정보가 빠져 있다. 마리아는 왜 해산이 그렇게 임박했을 때 베들레헴에 갔을까? 그 부부가 나사렛으로 돌아가는 일정이 늦어지게 된 무슨 일이 있었을까? 마리아는 산파의 도움을 받았을까, 아니면 요셉이 응급 상황에서 아기를 받았을까? *Phatnē*는 베들레헴 외곽에 있는 목자들의 동굴이었을까, 아니면 일부 학자들의 주장처럼 누군가의 집 아래층이었을까? 천사들은 교대로 노래했을까, 아니면 크게 소리쳤을까?

나는 궁금한 게 열 개도 넘는다. 그리고 당신도 그럴 거라고 생각한다. 그러나 다시 말하지만 주님은 우리의 호기심을 충족시켜주시려고 누가의 펜을 움직이지 않으셨다. 하나님은 누가로 하여금 우리가 그분이 주신 깜짝 선물을 발견하는 데 도움이 될 단순한 글을 쓰게 하셨다. 그분은 초점을 흐리는 시시콜콜한 정보로 이야기가 어수선해지는 것을 방지하면서 우리에게 필요한 정보를 주셨다. 우리는 그 이야기를 통해 예수님이 다윗의 자손이며 이스라엘의 정통 왕위 계승자시라는 길 일게 된다. 그리고 그분은 예언을 성취하기 위해 베들레헴에서 태어나셨지만(미 5:2), 예언대로 나사렛 사람이라고 불릴 수도 있다는 사실을 알 수 있다(마 2:23).[14] 우리는 천사들이 구세주–메시아–로 그분의 신성을 확증했다는 사실을 안다. 그리고 마리아의 반응을 통해 앞으로 전개될 이야기 속에서 이 놀라운 아기에 대해 많은 사실이 드러날 것을 안다.

세상에 주신 하나님의 깜짝 선물 속에는 놀라운 일들이 훨씬 더 많이 준비되어 있었다.

적용
당신의 간증

나는 하나님이 메시아의 탄생에 대한 기쁜 소식을 제사장들이나 선지자나 왕들에게 전달하지 않으셨다는 사실이 흥미롭다. 주님은 성전 계단이나 왕좌에서 공식적으로 선포하지 않고 도리어 이름 없는 목자들에게 천사들을 보내어 "온 백성에게 미칠"(10절) 소식을 전파할 책임을 지우셨다. 그분은 가장 자격 없는–인간적인 관점에서–사람들을 택해서 최초의 전도자들로 삼으셨다.

목자들은 자기들에게 훈련과 경험이 부족하다는 사실을 분명히 알았지만 그 자리에서 바로 화답했다. 나는 그들의 태도 속에서 오늘날 우리에게 필요한 두 가지 중요한 권고를 발견했다.

첫째, 기회가 왔을 때 지체하지 말고 응하라. 천사들이 사라지고 하늘이 닫히자마자 그들은 "가자"고 말했고(15절), 구세주를 찾아서 "빨리" 갔다(16절).

주님에 대해 말할 특별한 기회가 오기를 기다리지 말라. 기회가 있을 때마다 담대히 말하라. 대화를 강요해서 사람들을 불쾌하게 만들 필요는 없지만, 당신과 그리스도와의 관계를 항상 있는 그대로 드러내라. 문이 열릴 때를 노리라. 주저하지 말라. 기탄없이 말하라.

둘째, 경험을 나누라. 하나님은 목자들에게 복음을 가르치거나 설교를 하라고 하지 않으셨다. 그들은 그럴 만한 교육도 기량도 갖추지 못했다. 그보다 주님은 그들이 보고 들은 것을 말하고, 경험한 것을 설명할 책임을 맡기셨다. 이에 부응하여 목자들은 "보고 천사가 자기들에게 이 아기에 대하여 말한 것을 전"했다(17절).

성경적이고 신학적인 훈련은 좋은 것이다. 나는 어떤 소명이나 천직을 가졌든 상관없이 모든 사람에게 이 훈련을 강력히 추천한다. 그러나 친구에게 실력 있는 의사를 소개하기 위해 의학 공부를 할 필요가 없듯이 예수 그리스도에 대해 사람들에게 말하기 위해 공식적인 훈련을 받을 필요는 없다. 신자라면 누구나 예수 그리스도를 알기 '이전과 이후'의 이야기를 가지고 있을 것이다. 그리스도를 믿기 전 당신의 삶은 한 방향으로만 향해 있었다. 그분을 믿은 후에 당신의 삶은 변했다. 당신의 '간증'은 당신이 경험한 이전과 이후의 변화를 설명하는 것이다.

목자들이 할 수 있었다면 당신도 할 수 있다. 기회가 왔을 때 망설이지 말고 당신의 경험을 나누라.

희생, 구세주, 검(누가복음 2:21-38)

21할례할 팔 일이 되매 그 이름을 예수라 하니 곧 잉태하기 전에 천사가 일컬은 바러라
22모세의 법대로 정결예식의 날이 차매 아기를 데리고 예루살렘에 올라가니 23이는 주의 율법에
쓴 바 첫 태에 처음 난 남자마다 주의 거룩한 자라 하리라 한 대로 아기를 주께 드리고 24또 주의 율
법에 말씀하신 대로 산비둘기 한 쌍이나 혹은 어린 집비둘기 둘로 제사하려 함이더라
25예루살렘에 시므온이라 하는 사람이 있으니 이 사람은 의롭고 경건하여 이스라엘의 위로를 기
다리는 자라 성령이 그 위에 계시더라 26그가 주의 그리스도를 보기 전에는 죽지 아니하리라 하는
성령의 지시를 받았더니 27성령의 감동으로 성전에 들어가매 마침 부모가 율법의 관례대로 행하고자
하여 그 아기 예수를 데리고 오는지라 28시므온이 아기를 안고 하나님을 찬송하여 이르되

29주재여 이제는 말씀하신 대로 종을 평안히 놓아 주시는도다
30내 눈이 주의 구원을 보았사오니
31이는 만민 앞에 예비하신 것이요
32이방을 비추는 빛이요 주의 백성 이스라엘의 영광이니이다 하니

33그의 부모가 그에 대한 말들을 놀랍게 여기더라 34시므온이 그들에게 축복하고 그의 어머니 마
리아에게 말하여 이르되 보라 이는 이스라엘 중 많은 사람을 패하거나 흥하게 하며 비방을 받는 표
적이 되기 위하여 세움을 받았고 35또 칼이 네 마음을 찌르듯 하리니 이는 여러 사람의 마음의 생각
을 드러내려 함이니라 하더라
36또 아셀 지파 바누엘의 딸 안나라 하는 선지자가 있어 나이가 매우 많았더라 그가 결혼한 후 일
곱 해 동안 남편과 함께 살다가 37과부가 되고 팔십사 세가 되었더라 이 사람이 성전을 떠나지 아니
하고 주야로 금식하며 기도함으로 섬기더니 38마침 이 때에 나아와서 하나님께 감사하고 예루살렘의
속량을 바라는 모든 사람에게 그에 대하여 말하니라.

나는 성경의 한 권을 정해서 설교할 때 어떤 구절은 뛰어넘곤 했다. 젊었을 때는 이 부분 역시 그랬을 것이다. 얼핏 보면 별 내용이 없어 보인다. 그냥 요셉과 마리아가 어떻게 1세기 유대교의 관습적인 의무를 수행했는지에 대한 평범하고 사소한 이야기들이다. 부모들이 즐겨 말하지만 아무도 듣고 싶어하지 않는 류의 정보다. 존이 처음으로 머리를 깎았

다거나 수지의 이가 처음 빠졌다거나 하는 것들이다. 하지만 누가가 메시아의 탄생에 대해 얼마나 세세히 알려주었는지를 생각해보면 이런 평범하고 사소한 이야기 속에 눈여겨볼 만한 무언가가 있을 것이다. 누가는 예수님의 유년 시절 일화를 딱 세 가지 기술했는데 이것이 그 중 하나다. 별로 중요해 보이지 않는 이 에피소드–예수님의 이야기를 할 때 대부분 건너뛰는–에는 어린 그리스도에 대한 몇 가지 놀라운 진리가 담겨 있다.

—2:21–24—

누가의 독특한 반복에 유의하면서 예수님의 삶에서 있었던 다음의 에피소드들을 검토해 보라.

- "모세의 법대로"(22절).
- "주의 율법에 쓴 바"(23절).
- "주의 율법에 말씀하신 대로"(24절).
- "율법의 관례대로"(27절).

심지어 누가는 "주의 율법을 따라 모든 일을 마치고 갈릴리로 돌아가 본 동네 나사렛에 이르니라"(39절, 밑줄 나의 강조)는 요약문과 함께 이 에피소드에서 다음 에피소드로 옮겨간다.

훗날 예수님은 이렇게 선포하셨다 "내가 율법이나 선지자를 폐하러 온 줄로 생각하지 말라 폐하러 온 것이 아니요 완전하게 하려 함이라"(마 5:17). 그리고 이렇게도 말씀하셨다. "그러나 율법의 한 획이 떨어짐보다 천지가 없어짐이 쉬우리라"(눅 16:17). 지상에서 삶의 첫걸음을 떼어 놓으실 때부터, 말하고 걷고 인간으로서의 의지를 행사하시기도 전에 예수님은 하나님이 유대인들에게 하신 언약의 요건을 충족시키셨다.

태어난 지 8일째 되는 날 갓난 사내아이는 할례를 받아야 했다(창 17:11–12, 레 12:3). 그리고 할례를 받을 때 부모가 아이의 이름을 공표하는 게 관례였다. 이 모세의 율법을 지키고, 하나님이 아브라함에게 하신 약속의 징표를 소유함으로써 예수님은 이스라엘과 일체감을 가지게 되셨다. 누가의 묘사는 요한의 할례 이야기와 비슷하다(1:57–66). 할례를 받을 때 그 부부는 천사가 명한 대로 아기의 이름을 예수라고 지었다.

그 후 33일간 요셉과 마리아는 구약의 율법대로 산모와 아기를 사람들과 일상생활로부터 격리시켰다. 의례적으로 부정한 이 시기가 끝나면 이 아이가 하나님의 아이임을 인정하는 뜻에서 가족들이 첫 아이를 성전에 바치도록 되어 있었다(출 13:2-12, 15, 민 3:13, 8:17,

의례적 부정

유대인의 율법에 의하면 산모는 출산 후 적어도 40일은 격리되어 있어야 했다(레 12:2-4). 이 시기에 산모는 의식적으로 부정하다고 간주되었다. 이 말을 이해하기 위한 가장 중요한 단어는 "의례적"(ritually)이라는 형용사인데, 그 이유는 이 단어가 21세기 서구인들에게 부정적인 의미를 갖지 않기 때문이다.

모세의 율법은 여러 가지 일상적인 행위를 "의례적으로 부정"하다고 단호하게 규정했다. 이 부정함은 시체나 배설물을 만진 경우처럼 말 그대로 불결해진 상태를 의미할 때도 있다(레 5:2). 의식적으로 정결해지려면 충분히 씻고 음식이나 다른 사람들과 접촉하지 않으면서 일정 기간을 기다려야 했다. 그러나 흔히 특정한 음식, 예컨대 토끼고기(레 11:6)나 조개류(레 11:8-9) 또는 특별한 종류의 새고기(11:13-19) 등을 먹는 것도 의례적으로 "부정"하다고 간주되었다. 후에 예수님은 모든 음식이 "정결"하다고 또는 의례적으로 먹어도 무방하다고 선포하셨다(막 7:20). 한 해의 특정한 날들, 즉 명절 기간 동안 누룩은 의례적으로 부정하다고 선포되었다. 유대인들은 집에서 "누룩"을 모조리 없애고 "누룩을 넣지 않은" 빵만을 먹어야 했다(출 12:15-20, 레 23:6).

주님은 누룩에 대해 도덕적인 반감을 갖고 있지 않으셨다. 그분의 성별된 백성들은 언제든지 원하는 만큼 누룩을 사용할 수 있었다. 그분은 유대 백성들에게 성별의 개념을 가르치기 위해 그것을 상징적으로 사용하셨다. 그분은 성전 안에서는 누룩의 사용을 일체 금하셨지만 다른 상황에서 누룩은 맛있는 빵을 만드는 데 일반적으로 유용하게 사용되는 재료였다. 그분은 특별한 명절에는 집 안에서 누룩을 흔적도 없이 치우게 하셨다.[15]

성별(聖別)의 개념을 가르치는 것 외에도 주님은 그렇게 하지 않으면 원시적일 문화를 위생적으로 청결하게 유지하기 위해서도 의례적 규범을 사용하셨다. 이를테면 유월절에 누룩을 말끔히 없앰으로써 의례적으로 정결하게 하기 위해 집 안을 대청소하는 게 그 일례다. 유럽에 살았던 유대인들의 흑사병 사망률이 월등히 낮았던 이유는 의례적인 집 청소로 쥐와 감염된 벼룩들이 유대인의 가정에 들어오지 못했기 때문이라고 한다. 거기에 더하여 의례적으로 부정한 음식을 먹지 않았기 때문에 고대 유대인들은 동시대 사람들보다 더 건강한 음식을 즐겨 먹었다.

생리 중인 여자들을 의례적으로 부정하다고 선언함으로써 주님은 실질적으로 오래전, 여성들이 위생제품을 사용하여 생리 중에도 정상적인 활동이 가능해지기 전부터도, 여성들이 일과에서 벗어나 개인적인 시간과 휴식을 갖게 하는 축복을 베푸셨다. 또한 출산 후 몇 주 동안 산모를 의례적으로 부정하다고 선포함으로써 여자들과 갓난아기들이 사람들과의 접촉으로 걸릴 수도 있는 질병으로부터 보호했다.

이스라엘의 하나님은 언약의 백성들을 잘 돌보셨다. 하나님이 처음 이스라엘 백성을 애굽에서 불러내셨을 때 그들은 글자도 모르고 무지한 노예들이었다. 그러나 그분은 그들을 불과 몇 세대 만에 놀랍도록 발전된 사회로 변화시키셨다. 그들은 읽는 법을 배웠고, 율법을 지켰으며, 이웃 백성들보다 더 건강하고, 질병으로부터도 더 자유로웠으며, 유아 사망률은 더 낮고 평균 수명은 더 높았다. 이 모든 것은 현대 과학이 더 오래, 건강하게 사는 법을 알려주기 수천 년 전에 하나님이 그들을 사랑하셔서 어떤 것들을 의례적으로 또는 의식적으로 "부정"하다고 선포하신 덕택이다.

18:15-16). 물론 부모가 아이를 성전에 둔다는 것이 아니라 아이의 주인이 주님임을 상기시키는 것이다. 또한 부모는 모든 아이에 대해 출생의 순서와 상관없이 속죄제를 드리게 되어 있었다(레 12:6-7). 요셉과 마리아가 제물로 비둘기 한 쌍을 가져온 걸로 보아 그들이 부유하지 않았음을 알 수 있다(레 12:8).

—2:25-26—

누가는 돌연 내러티브를 전환해 메시아의 오심을 간절히 기다리고 있던 독실한 한 유대인에 관한 놀라운 이야기를 들려준다. 우리는 말라기와 그리스도 탄생 사이의 400년을 하나님을 대신해서 글을 쓰거나 말을 한 선지자가 한 사람도 없었다는 뜻에서 침묵기라고 한다. 그렇다고 해서 주님이 당신의 백성들에게 등을 돌리셨다는 말은 아니다. 그분은 외세의 침략으로부터 기적적으로 그들을 지키셨고, 성전이 훼손된 후 그들이 성전을 다시 봉헌하는 것을 초자연적인 방법으로 지원하셨다. 유대인들은 "수전절"("봉헌절" 또는 "하누카"라고 불리기도 한다, 요 10:22 참고)에 주님의 초자연적 개입을 계속 기념한다. 또한 그분은 신실한 사람들에게 친히 초자연적인 방법으로 말씀하신다.

아구스도 가이사가 대리석 바닥이 깔린 궁전을 거들먹거리며 다니면서 권력을 이용해 자신의 정치적 계획을 관철시키고 있을 때, 헤롯은 부당하게 얻은 자신의 왕좌를 빼앗을지도 모르는 정적들을 미친듯이 찾아내서 죽였고, 종교 지도자들은 성전 헌금궤에서 돈을 빼돌리고 뒤틀린 권력욕을 채우기 위해 유대교를 변질시켰지만, 하나님의 백성들은 잠잠히 메시아가 오시기를 기도했다. 이름의 어원이 '듣다'라는 히브리어 동사인 시므온은 이사야서에서 메시아를 지칭할 때 많이 사용한 표현인 "이스라엘의 위로"를 날마다 기대하며 살았다(사 40:1, 49:13, 51:3, 57:18, 61:2). 성령은 이스라엘에 남아 있던 믿는 자들 중 하나인 그가 생전에 메시아를 볼 것이라고 계시하셨다.

—2:27-32—

시므온은 자신이 죽기 전에 그리스도를 볼 것을 알았듯이, 어느 날에 성전 들어갈지, 어떤 부부가 아기 그리스도를 데려올지 알았다. 그가 얼마나 오랫동안 이날을 기대하며 이 시구를 연습했을지 그 누가 알겠는가? 그는 아기를 품에 안고 주님을 찬양했다. 그 축복의 노래는 마리아(1:46–55)와 사가랴(1:68–79)의 노래처럼 뚜렷한 리듬과 운율을 가지고 있다.

그의 짧은 노래는 두 단락으로 나눌 수 있다. 첫 단락(29–30절)은 하나님이 그에게 개인적으로 하신 약속이 이루어진 것을 기뻐한다. 둘째 단락(31–32절)은 유대인과 이방인 모두를 포함한 온 세상에 구세주를 주신 것을 기뻐한다.

시므온이 눈, 보는 것, 빛, 영광을 강조한 것에 유의하라. 진리의 상징으로서 빛의 원형은 성경 곳곳에서 찾아볼 수 있다. 또한 헬라어를 사용하는 유대인들은 히브리어인 *kabod*를 *doxa*("영광")로 번역했는데, *kabod*는 종종 빛(쉐키나)으로 나타나시는 하나님의 찬란한 광채를 나타내는 구약의 용어다. 시므온의 노래는 *doxa*와 하나님의 현현과의 밀접한 관계를 이용해 이 작은 아기가 바로 육신을 입고 나타난 하나님이심을 선포한다.

—2:33–35—

요셉과 마리아는 "놀랐다." 누가는 예수님의 기적을 목격한 사람들의 반응을 묘사하는데 *thaumazō*라는 헬라어를 자주 사용한다. 이 단어는 경이나 놀람의 감정을 표현한다.

그 부부가 놀랐다는 것이 나는 놀랍다. 그 부부는 각자 놀라운 소식을 전하는 천사의 방문을 받았었다. 그들은 동정녀의 임신과 출산을 이미 경험했다. 그들은 자기들이 메시아를 품에 안고 있다는 걸 알았고, 목자들로부터 어떻게 천사들의 군대가 하늘을 가르고, "메시아이신 주님"을 찬양하는 소리가 밤하늘 가득히 울려 퍼졌는지를 들었다. 그런데도 시므온의 찬양은 요셉과 마리아를 놀라게 했다. 정말로 "빛"과 "영광"이라니!

마리아는 무슨 일이 일어난 것인지 제대로 이해하지 못했다. 실제로 예수님을 알았던 사람들은 하나님이 인간이 되셨다는 현실을 제대로 이해하는 데 평생이 걸렸다. 그들을 돌아볼 때 그들이 그 진리를 온전히 이해하는 데 그토록 오래 걸렸다는 것이 우리로서는 의아하다. 그러나 확신하건대 그들이 미래를 볼 수 있었다면 우리가 더 많이 놀라지 않는 것에 그들이 놀랄 것이다!

시므온은 그 부부를 축복한 후에 아기 그리스도의 미래를 예언했다. 사람들이 그분을 어떻게 생각하느냐에 따라서 그분은 각 사람에게 축복이 될 수도 있고 저주가 될 수도 있을 것이다. 그분은 어떤 이들에게는 걸림돌이 되어 넘어트릴 것이고(사 8:14-15), 또 어떤 이들에게는 딛고 일어설 수 있는 주춧돌이 되실 것이다(사 28:16).[16] 하나님의 구원 계획에 반항하는 자들에게는 파멸의 매개체가 되실 것이다. 그분께 순복하는 자들에게는 구원의 근원이 되실 것이다.

시므온은 그 아기가 마리아에게 미칠 개인적 영향과 나라 전체에 미칠 영향을 예언했다. 누가는 양날을 가진 단도를 가리키는 *machaira*라는 헬라어를 택하지 않고, 날이 넓은 칼-마구 자르고 베는 큰 검-인 *rhomphaia*를 사용했다. 메시아의 죽음은 그분의 어머니에게는 찌르는 검과 같을 것이며, 믿지 않는 자들과 약속의 진정한 아들들을 큰 검으로 분리시킴으로써 나라를 둘로 나눌 것이다(마 10:34-39 참고).

—2:36-38—

예루살렘 성전에서 항상 눈에 띄는 또 다른 사람은 안나라는 여자였다. 더 정확한 이름은 히브리어로 '은혜' 또는 '자비'라는 뜻의 한나다. 누가는 그 여자를 "선지자"라고 했는데(참고 출 15:20, 삿 4:4, 왕하 22:14, 느 6:14, 사 8:3) 이는 그녀가 하나님의 계시를 받았다는 뜻이다. 안나는 결혼한 지 7년 만에 남편이 죽는 가혹하지만 흔한 비극을 겪었다. 그녀는, 여자들에게 적극 권면했던 대로, 재혼하지 않고(딤전 5:14) 성전에서 기도하고 금식하고 예배하는 데 여생을 바쳤다. 그녀도 시므온처럼 메시아가 오시기를 학수고대했다.

그녀와 시므온은 분명 서로 알았을 것이고, 예루살렘("예루살렘"은 이스라엘 국가 전체를 가리킨다)을 구원할 그분을 갈망하는 일단의 사람들과 함께 예배를 드렸을 것이다. 그녀가 그 사람들에게 "그분을 봤어요! 오늘 아침 메시아를 내 품에 안았었어요!"라고 말할 때 얼마나 흥분했을지 상상해보라.

누가는 그녀의 말에 사람들이 어떤 반응을 보였는지 밝히지 않는다. 그들이 그녀를 정신이 박약한 노인이라고 비웃었는지, 선지자인 그녀의 말에 귀를 기울였는지 알 수 없다. 이상하게도 누가는 이 에피소드를 예수님의 생애 중 첫 12년을 요약하는 말로 급작스럽게 끝을 맺는다(2:39-40).

누가는 아마 메시아의 오심이 조용하지도 않았고, 예상치 못했던 일도 아니었음을 알려주기 위해서 이 간단한 이야기 한 토막을 마리아의 육아 일기에서 발췌해 집어넣었을 것이다. 그분의 탄생은 아마도 가장 관심이 많았을 사람들에게 알려졌을 것이고, 그들은 그 소식을 산불처럼 퍼트렸다. 많은 사람들이 그분의 오심을 고대했다. 하지만 그들은 권력, 부, 종교적 영향력을 가진 사람들이 아니었다. 그래서 그리스도는 율법의 요구를 충족시키고 동족 유대인들에게 인정받으시기 위해서, 열렬한 환영 없이 성전에 들어가셨다. 소수의 남은 자들만이 그날 일어난 일의 중요성을 이해했다.

어린 그리스도가 하나님 아버지의 집을 방문한 사건은 이스라엘의 통치자들과 제사장들의 큰 주목을 받지 않고 지나갔지만, 우리는 예수님에 대해 몇 가지 사실을 알게 된다. 고작해야 열여덟 구절밖에 안 되는 글 속에서 우리는 메시아와 하나님의 율법 사이에 있는 중요한 관계를 볼 수 있다. 그리스도는 이스라엘을 은혜의 새 시대로 인도하러 오셨지 모세를 통해 이스라엘에게 주어진 하나님의 율법을 폐하러 오시지 않았다. 오히려 메시아는 이스라엘을 대신해 율법을 이루려고 오셨다.

우리는 또 이스라엘의 어두운 과거와 미래의 영광을 개인적으로, 역사적으로 연결해주는 중심축이 되시는 예수님을 볼 수 있다. 이스라엘은 죄를 짓고 하나님의 메시지를 열국에 전할 임무에 실패했기 때문에 주님이 약속하신 축복을 다 받지 못했다. 그리스도 안에서 그분의 순종을 통해 이스라엘은 마침내 하나님이 당신의 백성들에게 늘 주고 싶어하셨던 평화, 번영, 권세를 풍성히 받게 될 것이다.

그리고 우리는 "의롭고 경건한" 예배자들의 예언 속에서 골고다 사건의 기원이 베들레헴까지 거슬러 올라간다는 것을 알게 된다. 하나님의 아들은 죽기 위해 태어나셨고 부활하실 운명이었다.

적용

깨끗하고 투명하게

권력에는 특권이 따른다. 과속 단속에 걸린 판사나 정부의 뒷배가 필요한 사업가들에게 물어보라. 원칙은 권력자들의 발 밑에서 휘어지기 십상이다. 그렇기 때문에 큰 권세를 가졌거나 요직에 있는 사람이 보통 사람들에게 적용되는 원칙을 똑같이 따르는 것을 보면 특히 신선하다. 주차 위반 벌금을 무는 판사는 존경스럽다.

마리아와 요셉은 방금 메시아를 낳았다. 우주의 왕이 그들의 품에 안겨 옹알대고 있었다. 그들은 이미 너무 많은 일을 겪었다. 부정하다는 잘못된 비난. 과중한 세금을 내기 위한 장거리 여행. 결코 이상적이라고 할 수 없는 장소에서의 출산. 그러니 정결 예식과 성전의 관례를 면제받을 수 있는, 아니 면제받아 마땅한 사람이 있다면 다름 아닌 하나님의 어머니와 그 남편일 것이다! 그러나 그들이 율법을 얼마나 철저히 지켰는지 보라.

- 요셉과 마리아는 태어난 지 8일째에 예수님께 할례를 시행했다(21절, 창 17:12, 레 12:3).
- 그들은 천사의 지시대로 그분을 예수라고 이름 지었다(21절, 1:31).
- 마리아는 40일 동안 "정결예식의 날"을 지켰다(22절, 레 12:6-8).
- 요셉과 마리아는 예수님을 주님께 드리기 위해 성전에 데려왔다(22-23절, 출 13:2, 12, 민 3:13, 8:17).
- 요셉과 마리아는 출산 후에 바쳐야 할 희생제물을 가져왔다(24절, 레 5:11, 12:8).
- 그 부부는 "주의 율법을 따라 모든 일을 마"쳤다(39절).

나는 한때 "깨끗하고 투명하게"라는 표현을 자주 사용하는 훌륭한 행정 목사와 함께 사역했다. 깨끗하고 투명한 것은 훌륭한 기준이다. 모든 결정은 어떠한 불법도 없이 깨끗하고, 후환 없이 투명해야 한다. 그러려면 일도 더 많아지고 가욋돈이 들 때도 있다. 하지만 만사가 올바르게 됨으로써 얻는 마음의 평화는 값을 매길 수 없는 것이다. 요셉과 마리아는 "깨끗하고 투명한" 상태로 가정을 꾸리고, 아기 그리스도를 키울 준비가 되어서 나사렛으로 돌아왔다.

당신은 어떤가? 당신 삶의 모든 것이 "깨끗하고 투명"한가? 세무 조사가 두려운가? 당신의 사업적 거래를 일일이 조사당하면 스트레스를 받는가? 사설 탐정이 지난 달 당신의 행적을 낱낱이 기록했다는 걸 알게 되면 불안한가? 당신의 컴퓨터 사용 기록이 드러나면 수치스러울 일이 있는가? 당신은 회사의 방침을 준수하는가? 공금 사용 내역을 정확히 보고하는

가? 직장이나 교회에서, 출장으로 멀리 떠나 있을 때에도 집에서와 똑같이 행동하는가?

당신은 원칙과 규율을 공정하게 적용하는가? 다시 말해서 다른 사람들과 똑같은 기준을 당신 자신에게도 적용하는가, 아니면 어떤 규정이나 규칙들은 특권을 사용해 못 본 체하거나 '편의상' 확대 해석하는가?

모든 결징이 '깨끗하고 두명'하다면 당신의 삶은 어떻게 날라실까?

제자가 스승을 쩔쩔매게 했던 날(누가복음 2:39–52)

39주의 율법을 따라 모든 일을 마치고 갈릴리로 돌아가 본 동네 나사렛에 이르니라 40아기가 자라
며 강하여지고 지혜가 충만하며 하나님의 은혜가 그의 위에 있더라
41그의 부모가 해마다 유월절이 되면 예루살렘으로 가더니 42예수께서 열두 살 되었을 때에 그들
이 이 절기의 관례를 따라 올라갔다가 43그 날들을 마치고 돌아갈 때에 아이 예수는 예루살렘에 머
무셨더라 그 부모는 이를 알지 못하고 44동행 중에 있는 줄로 생각하고 하룻길을 간 후 친족과 아는
자 중에서 찾되 45만나지 못하매 찾으면서 예루살렘에 돌아갔더니 46사흘 후에 성전에서 만난즉 그
가 선생들 중에 앉으사 그들에게 듣기도 하시며 묻기도 하시니 47듣는 자가 다 그 지혜와 대답을 놀
랍게 여기더라 48그의 부모가 보고 놀라며 그의 어머니는 이르되 아이야 어찌하여 우리에게 이렇게
하였느냐 보라 네 아버지와 내가 근심하여 너를 찾았노라 49예수께서 이르시되 어찌하여 나를 찾으
셨나이까 내가 내 아버지 집에 있어야 될 줄을 알지 못하셨나이까 하시니 50그 부모가 그가 하신 말
씀을 깨닫지 못하더라 51예수께서 함께 내려가사 나사렛에 이르러 순종하여 받드시더라 그 어머니는
이 모든 말을 마음에 두니라
52예수는 지혜와 키가 자라가며 하나님과 사람에게 더욱 사랑스러워 가시더라.

자녀 양육에 관한 책을 준비하면서 성경에 나오는 위대한 인물들의 어린 시절에 대해 시 알고 싶있다. 그들이 겪은 어린 시절의 경험이 주님과의 관계에 어떤 영향을 미쳤는지 그리고 성인이 되어서 내린 결정에도 영향을 미쳤는지 보고 싶었다. 그래서 창세기 공부를 시작하면서 유용한 정보를 찾아 구약과 신약을 뒤졌다. 그런데 놀랍게도 찾은 게 많지 않았다.

가인과 아벨이 태어났고, 그다음 우리가 아는 것은, 성인이 되어서 그들이 서로 못 잡아먹어 안달이었다는 것이다. 우리는 "여호와께 은혜를 입"은(창 6:8) 성인으로서 노아를 처

음 만난다. 아브라함은 할아버지가 되고도 남았을 나이에 우리와 마주친다. 에서와 야곱은 쌍둥이었다. 야곱이 집 안에서 편히 지내는 걸 좋아했던 반면 에서는 사냥을 즐겼다. 그들의 이야기는 그들이 청년이었을 때부터 시작된다. 우리가 요셉을 처음 만난 건 그가 17살 때다. 모세, 사무엘, 다윗의 삶에서 몇 가지 간단한 스케치가 제공되지만 삼손, 엘리야, 엘리사, 룻, 에스더, 솔로몬, 욥, 다니엘, 요나 그리고 다른 모든 선지자에 대해서는 그나마도 없다.

어린 시절의 대부분을 광야에서 보낸 것으로 보이는(1:80) 세례 요한의 유년기에 대해 신약 성경에 기록된 것은 달랑 한 문장이다. 바나바는 아무것도 없다. 실라도 없다. 디모데의 어머니와 할머니가 신앙이 돈독했다는 것은 알지만 그의 아버지나 성장 과정에 대해서는 알려진 바가 없다. 다소의 사울의 어린 시절은 베일에 가려 있다. 우리는 유대인 소년으로서 다소에서 보낸 시절과 가말리엘 수하에서 공부했던 시절에 대해서는 아는 게 거의 없다.

나는 이 사람들에 대해서 내가 안다고 생각했던 많은 것들이 성경에서 나온 것이 아니라 내 상상에서 나온 것임을 이내 깨달았다.

복음서들이 우리가 예수님의 어린 시절에 대해서 알고 싶어하는 것을 다 말해주지는 않지만, 사실 우리는 성경에 나오는 어떤 인물보다 그분의 어린 시절에 대해 많은 정보를 가지고 있는 것이다. 그리고 어린아이였던 그분에게서 우리가 배운 것은 참으로 값지다.

누가는 그리스도의 어린 시절에 대한 이야기를 이어가면서 몇 가지 중요한 에피소드들을 건너뛴다. 마리아는 분명 동방 박사들의 방문, 유대인의 정통 왕을 죽이려는 헤롯의 안간힘, 애굽에서의 체류 그리고 이어진 나사렛으로의 귀환에 대해 누가에게 말했을 것이다(마 2:1-23). 그러나 누가는 그 이야기들이 그가 쓰려는 글의 주 목적을 이루는 데 도움이 되지 않았기 때문에 의도적으로 생략했다. 그는 이 부분을 마태에게 맡겼고, 마태는 예수님과 국가로서 이스라엘과의 껄끄러운 관계에 초점을 맞추기 위해 탄생에 관한 이야기를 생략했다(마태복음 1장 25절에서 2장 1절로의 이행을 보라). 누가는 그대신 주님이 범상치 않은 아이였음을 보여주면서 그분의 평범했던 어린 시절에 초점을 맞추는 쪽을 택했다.

—2:39-40—

마태복음 2장 1-23절의 사건들은 누가복음 2장 38-39절 사이에 위치한다. 요셉, 마리아, 예수님은 BC 4년 헤롯 왕이 죽을 때까지 애굽에 머물렀다. 그들은 귀환하면서 유대에서 여생을 보낼 생각이었을 것이다. 그런데 돌아와보니 헤롯의 아들 아켈라오의 잔혹함은 그의 아버지를 무색하게 했다. 유대인 역사가 요세푸스에 의하면 그는 "3천 명의 시민을 죽이는 것으로 통치의 서막을 열었다. 그는 마치 자신의 정권을 위해 그렇게 많은 피의 제물을 바치고 싶어하는 것 같았다."[17] 결국 요셉과 마리아는 광기가 좀 덜한 안디바가 통치하는 그들의 고향 갈릴리 나사렛으로 돌아왔다(마 2:22-23). 나사렛은 유대인 주류 정치로부터 고립되어 있으면서 로마군의 주둔지였기 때문에 안디바의 변덕으로부터 비교적 안전했다(1:26-27 참고).

—2:41-45—

유대인의 율법에 의하면 세 개의 큰 명절-유월절, 오순절, 초막절-때 예루살렘에 가야 하는 의무는 남자들에게만 있었다. 그렇지만 특별히 신앙이 독실한 가족들은 갈릴리에서 사나흘 걸리는 여행을 함께했다. 순례자들이 대규모 대상(隊商)들과 동행하면 여행 중 만날 수 있는 강도로부터 보호도 받았고, 당연히 축하의 기쁨도 배가되었을 것이다.

이 특별한 해에 예수님은 12살, 유대인 관습에 의해 한 번의 생일이 더 지나면 성인 남성이 되는 나이였다. 13살이 되면, 젊은 남성들은 성인의 모든 권리와 책임을 완수하고 모세의 율법대로 준수할 책임을 지는 완전한 자격을 갖춘 "약속의 아들"로 간주되었다.[18] 오늘날 유내인들은 바 미츠바(Bar Mitzvah)라는 의식을 통해 어린 소년들을 성인 남자들 속에 편입시킨다. 『미쉬나』(랍비들의 구전되는 가르침과 실제적인 전통을 보존하기 위해 AD 70년에서 220년 사이에 집대성된 문서)는 약혼이나 결혼 같은 특별한 행사 때 수행되는 이 의식의 가장 기본적인 형식을 설명하고 있다. 이때, 제사장은 젊은 남자 또는 여자가 스스로의 결정에 대해 법적인 책임을 지기 전 율법을 얼마나 이해하고 있는지 점검한다.[19] 이것으로 미루어보아 1세기의 유대인들도 이와 같은 성인식을 했을 수도 있지만 확언할 수는 없다.

헤롯 대왕 사후의 이스라엘

유월절 주일이 지나고 가족이 갈릴리의 집을 향해 길을 나섰을 때 예수님은 당신의 독립성을 드러내셨다. 예수님은 예루살렘에 남아 성전에서 제사장들과 시간을 보내셨다. 그 사이 요셉과 마리아는 수십 명의 친구와 친척들, 수백 명의 순례자들과 북쪽 갈릴리로 가는 여정에 올랐다. 그 부부는 나중에서야 예수님이 친척들과 함께 계시지 않다는 사실을 알게 되었다. 요셉과 마리아는 당장 예루살렘으로 돌아가 예수님을 찾아 헤맨 끝에 성전에서 유대교 율법에 대해 둘째가라면 서러워할 전문가들 사이에 앉아 계신 것을 발견했다.

—2:46-47—

누가는 그 종교 지도자들이 "놀랐다"(*existēmi*)라고 표현하고 있는데, 이 말은 문자적으로 "'물러나다'라는 뜻이며, 비유적으로는 '정신을 잃다', '제정신이 아니다', '혼비백산하다'"라는 뜻이다.[20] 말하자면 "이성을 잃었다"는 말이다. 그러므로 "놀랐다"는 말은 이스라엘의 가장 뛰어난 선생들이 예수님을 만났을 때 경험한 놀라움과 흥분을 제대로 표현했다고 할 수는 없다. 그들은, 다섯 살배기가 양자 중력과 끈 이론을 강의하고나서 오늘날로 치자면 소립자 물리학계의 거장쯤 되는 사람들과 농담을 주고받는 것을 들은 듯한 반응을 보였다. 제사장들은 어린이 석학을 만났던 것이다. 이 헬라어 단어는 그 소년 신학자가 절묘하게 논리를 연결해 열두 살짜리 아이의 사고를 훌쩍 뛰어넘은 분명한 통찰에 도달했음을 보여 준다.

누가가 "놀라다"는 표현을 하기 위해 선택한 *existēmi*라는 헬라어 단어는 셉투아긴트에서 하나님의 현현에 대한 인간의 반응을 표현할 때 흔히 쓰는 것이다. 누가는 이 단어를 거의 초자연적 행위에만 사용했다(부활-8:56, 24:22, 성령의 역사-행 2:7, 12, 10:45, 마술사 시몬의 소행-8:9, 11, 13). 영어 성경 NASB는 자그마치 네 가지 다른 헬라어 단어를 "놀라다"로 번역했다. 누가는 그 중 어떤 것을 선택해도 무방했지만 가장 신학적인 의미를 많이 담고 있는 단어를 택했다.

—2:48-50—

성전에서 예수님을 발견하자 요셉과 마리아는 잃어버렸던 아이를 마침내 찾았을 때 부모들이 당연히 할 말을 했다. 그들의 음성에는 분명 안도감과 노여움이 섞여 있었을 것이다. 누가는 헬라어로 이야기하고 있지만 요셉과 마리아는 가족과 친구들에게 아람어로 말했을 것이다. 아람어는 히브리어와 밀접한 관계에 있는 셈어다. 어쩌면 성전 안에서는 히브리어로 말했을지도 모른다. 여하튼 누가는 그들의 질문을 헬라어로 번역했다. 헬라어 *teknon*('아들'이라는 뜻)은 일반적으로 사제지간, 주종관계, 부모 자식 관계처럼 윗사람이 아랫사람을 부를 때 사용되었다. 구약 성경에서 가장 많이 사용되고 셉투아긴트에 *teknon*으로 번역된 히브리어는 *ben*이다.

이것은 아주 적절한 호칭이었다. 하지만 마리아는 자기가 누구에게 말하고 있는지 깜빡 잊고 두 가지 측면에서 도를 넘었다. 첫째, 그 부부를 대신해 말하자면, 마리아는 예수님의 무신경함이나 심지어 이기적인 태도를 완곡하게 암시하는 질문을 했다. 둘째, 마리아는 요셉을 예수님의 아버지로 언급했다.

일견, 예수님이 보인 반응은 불손해 보일 수 있으나 그분의 어조를 들을 수 있었다면 분명 진심으로 혼란스러워하는 음성이었을 것이다. 만약 요셉과 마리아가 천사의 메시지와 시므온의 예언을 기억했다면 그들은 하나님의 아들을 어디서 찾아야 할지 정확히 알았어야 했다. 뿐만 아니라 그분의 완곡한 책망은 두 가지 중요한 사실을 확증하면서 그분의 인생에서 중요한 전환점을 이룬다. 그분은 마리아, 요셉 그리고 모여 있던 신학자들에게 당신의 아버지는 하나님이심을 분명히 하셨고, 자신의 생명이 자신에게 속하지 않았음을 선포하셨다. 하나님이 앞길을 예정하셨고, 그분은 '필연적으로' 그 길을 순종하며 따라가셔야 했다(요 4:34, 5:30, 36, 6:38, 17:4, 19:28, 30).

"내 아버지 집"이라는 구절은 "내 아버지가 하시는 일에 대해서"(NKJV)라고 해석할 수도 있다. 왜냐하면 헬라어 표현을 문자 그대로 보면 "내 아버지의 (아무 단어가 없음) 에"라고 되어 있기 때문이다. 헬라어는 간혹 바로 다음에 나오는 내용으로 빈 곳을 채운다. 그들이 있는 장소로 보아 "내 아버지 (집)에"는 말이 된다. 그분이 하고 계셨던 일로 보아 "내 아버지의 일" 역시 의미가 통한다. 다시 말해서, 요셉과 마리아가 예수님의 신성과 지상에서의 신성한 목표를 제대로 알았더라면 예수님을 찾을 수 있는 장소를 예측할 수 있었어야 했다.

불행히도, 요셉과 마리아는 그 말을 '이해하지' 못했다. "그 부모가 그가 하신 말씀을 깨닫지 못했다."

—2:51-52—

천사의 선포, 목자와 동방박사의 경배, 예언적 말씀을 직접 목격한 요셉과 마리아는 그들 앞에 펼쳐진 예수님의 신성한 목적을 알지 못했지만, 예수님은 아셨다. 그분은, 아마도 이 세상에서 처음으로, 무엇을 위해 이 땅에 오셨는지 온전히 이해하신 듯하다. 그렇더라도 그분은 기다리셔야 했다. 유대인 사회에서는 아직 남자로 인정받지 못하셨기 때문에[21] 예수님은 당신의 신분을 깨달으셨어도 요셉과 마리아의 권위에 순종하셨다.

마리아가 "이 모든 말을 마음에 두니라"는 구절은 2장 19절을 생각나게 한다. 그리고 그녀가 기억들을 머릿속 스크랩북에 모아 놓는 모습을 보여준다. 이렇게 누가는 마리아를 자신의 중요한 연구 자료로 지목한다. 이 구절은 주님의 전기에서 이 단락을 마무리하는 용도로도 쓰인다.

52절의 요약문은 예수님의 12살에서 30살(3:23 참고) 사이의 세월을 묘사한다. 30살은 제사장이 성전에서 임무를 수행하기 시작하는 나이고(민 4:46–47) 전통적으로 온전한 남자로 인정받는 나이다. 이 구절은 또한 "아기가 자라며 강하여지고 지혜가 충만하며 하나님의 은혜가 그의 위에 있더라"는 40절과 함께 이 특별한 에피소드를 마무리한다.

40절과 52절 모두 '계속 진행되는 발전'을 강조하는 불완전 시제를 사용하여 그리스도의 성장을 묘사한다. 그러나 누가는 그 두 구절 사이에 발전한 모습, 말하자면, '이전–이후'의 모습을 표현하기 위해 서로 다른 동사를 사용했다. 다시 말해 예수님은 그 일을 겪으시면서 그전과는 전혀 다른 모습으로 바뀌셨다.

40절에서 "자라며"로 번역된 헬라어는 육체적 성장을 강조한다. 간단히 번역하자면 그분이 "더 커졌다"라고 말하고 있는 것이다. 이 서두의 구절에서 "강하여지고"와 "지혜가 충만하며"라는 표현에 나오는 동사는 수동태다. 즉, 예수님은 몸이 자라고 강해지고 지혜로워지시는데 스스로 하실 수 있는 게 별로 없었다. 그건 생물학적 작용이었다.

그러나 52절에서 누가가 택한 동사는 '다가가다, 나아가다, 빠르게 나아가다'[22]라는 뜻이나. 예수님의 이 유년기 때 사건 이후로 누가는 그분이 스스로의 성숙에 적극적이신 모습을 그리고 있다. 성전에서 학자들과 함께하신 이 사건 이후로 예수님은 자신의 정체와 목적을 온전히 알고 계신 모습을 보인다.

수동태의 "자라며"와 능동태의 "자라가며" 사이에서 누가의 어휘는 성숙의 진행을 드러낸다. 40절에서 "아기"라는 단어는 *paidion*으로, 갓난아기, 유아 또는 어린이까지 의미할 수 있지만 청소년은 포함하지 않는다. 43절에서 예수님은 아직 사춘기에 접어들지 않은 어린이를 가리키는 일반적인 용어인 *pais*로 불리우신다. 48절에서 예수님의 어머니는 그분을 *teknon*이라고 부르는데, 이것은 누군가의 자손이나 제자를 일컬을 때 쓰이는 말로 지위를 나타내는 용어다. 마지막으로 52절에서 누가는 성인이 된 메시아의 공생애로 내러티브를 전환하는 시점에 적합한 이름으로 예수님을 부른다.

내 생각에 이것은 우연이 아니다. 처음부터 2장까지 예수님의 이름을 조사하면서 다음과 같은 사실을 발견했다.

- 21절: 갓난아기는 예수라고 이름 지어진다.
- 27절: "아기(*paidion*) 예수"는 성전에 오게 된다.
- 43절: "아이(*pais*) 예수"는 성전에 남았다.
- 52절: "예수"(수식어 없음)는 자라가셨다.

아들이 육신이 되어 세상에 오셨을 때 그분은 자발적으로 신성한 권능을 버리셨다. 무소부재를 유한성과 바꾸셨다. 제한된 인간의 육신이라는 한 장소에 존재하셨다. 전능을 연약함과 바꾸셨다. 인간이라면 누구나 겪게 마련인 고통, 연약함, 굶주림, 피로를 겪으셨다. 그분은 전지(全知)를 부족한 이해와 바꾸셨다. 그분은 "지혜가 자라셨다."(전지는 자랄 수 없다!)

여느 사내아이들처럼 그분은 몸무게가 불어나셨다. 그분은 대소변을 가리는 훈련을 받으셔야 했다. 그분은 예의범절을 배우셨다. 읽는 법을 배우셨다. 회당과 집에서 가르침을 받으셨다. 그리고 자라가시던 중 어느 시점에선가 하나님의 아들이신 자신의 신분을 완전히 알게 되셨고, 세상의 구세주로서의 사명을 온전히 인식하게 되셨다.

예수님의 어린 시절에 있었던 이 사건에 대한 누가의 기술은 그 날이 이 모든 것이 함께 어우러졌던 날이었음을 강하게 시사한다.

적용

성장에 대한 현실적 고찰

누가가 선택하여 포함시킨 예수님의 어린 시절 이야기는 세 개밖에 안 되지만, 우리는 그 이야기 속에서 자녀 양육과 유년기에 대한 실제적인 원칙들을 충분히 얻을 수 있다.

부모: 성장 과정은 하나님이 지휘하시므로 자연스러운 것이다. 그냥 맡기라.

성전에서 예수님이 경험하셨던 일은 비범한 성숙을 보여주었지만 그분은 그것을 자연스럽게 터득하셨다. 스티븐 커티스 채프먼(Steven Curtis Chapman)의 노래처럼, "나무에 오르고 무릎이 까졌지, 사내아이가 가지고 태어난 온갖 재미난 일들이 있었지."[23] 그동안 요셉과 마리아는 보호하고 필요를 채워주었다. 그들은 "해마다 유월절이 되면 예루살렘으로" 갔다(41절). 이것으로 미루어 그들은 영적인 가르침에 성실하게 참여했음을 알 수 있다. 하지만 분명한 것은 그 아이의 하나님 아버지가 그의 세속적인 발달을 주관하셨다는 점이다.

진흙 덩어리 같은 아이들을 받아서 우리가 보기에 최고의 형상으로 빚어내야 한다는 생각은 잘못된 것이다. 하나님은 각각의 아이들에 대한 계획을 가지고 계시며 벌써 빚기 시작하셨다. 부모로서 우리의 주된 임무는 하나님이 한 아이 한 아이를 어떤 모습으로 빚으셨는지 발견해서 그것에 맞춰 아이를 교육하는 것이다.

그렇다고 우리의 역할이 수동적이라든지, 아이들의 성장에 적극적으로 참여해서는 안 된다는 말이 아니다. 주님은 그들의 장래에 대해 우리에게 상당한 지분을 할당하셨다. 아이들의 신체, 마음, 영혼을 보살피고 자양분을 공급하라. 해를 당하지 않도록 보호해주라. 적절한 범위의 경계선을 정하고 그 선을 넘어가면 훈육하라. 투명성과 진실성으로 경건의 본을 보이라. 그리고 인생의 첫날부터 시작해서 영원히 집을 떠나는 날까지-신중하게, 점진적으로, 협력하여, 긍정적으로, 일관성 있게-놓아주라. 하지만 하나님이 그들의 운명을 성취하시면서 그들을 끝까지 책임지신다는 사실을 절대 잊지 말라.

자녀: 성장해가면서 자녀들은 독립을 준비한다. 그러나 독립했다고 해서 순종의 의무가 없어지는 것은 아니다.

만약 그분의 가정을 다스릴 만한 성숙도와 도덕적 권리를 가진 한 사람을 꼽으라면 열두 살의 예수님이었을 것이다. 그럼에도 불구하고, "예수께서…(요셉과 마리아를) 순종하여 받드"셨다(51절).

하나님은 부모들에게 자녀들의 독립을 준비시키라고 명령하셨고, 자녀들에게는 집에 사는 동안 권위에 순종하라고 명령하신다. 생각해보라. 예수님은 완전하셨다. 그분의 인간 부모는 완전하지 않았다! 그런데도 그분은 완전히 독립해서 혼자 사실 때까지 그들의 권위에 복종하셨다.

권위를 가진 자들을 우리가 인정할 때는 복종이 어렵지 않다. 하지만 그렇지 못할 때 그것은 믿음의 문제가 된다. 우리가 그분을 본받을 때 그분은 영광을 받으신다.

인류 중 가장 큰 자(누가복음 3:1-38)

1디베료 황제가 통치한 지 열다섯 해 곧 본디오 빌라도가 유대의 총독으로, 헤롯이 갈릴리의 분봉
왕으로, 그 동생 빌립이 이두래와 드라고닛 지방의 분봉 왕으로, 루사니아가 아빌레네의 분봉 왕으
로, 2안나스와 가야바가 대제사장으로 있을 때에 하나님의 말씀이 빈 들에서 사가랴의 아들 요한에
게 임한지라 3요한이 요단 강 부근 각처에 와서 죄 사함을 받게 하는 회개의 세례를 전파하니 4선지
자 이사야의 책에 쓴 바

> 광야에서 외치는 자의 소리가 있어 이르되
> 너희는 주의 길을 준비하라
> 그의 오실 길을 곧게 하라
> 5모든 골짜기가 메워지고
> 모든 산과 작은 산이 낮아지고
> 굽은 것이 곧아지고
> 험한 길이 평탄하여질 것이요
> 6모든 육체가 하나님의 구원하심을 보리라 함과 같으니라

7요한이 세례 받으러 나아오는 무리에게 이르되 독사의 자식들아 누가 너희에게 일러 장차 올 진
노를 피하라 하더냐 8그러므로 회개에 합당한 열매를 맺고 속으로 아브라함이 우리 조상이라 말하지
말라 내가 너희에게 이르노니 하나님이 능히 이 돌들로도 아브라함의 자손이 되게 하시리라 9이미
도끼가 나무 뿌리에 놓였으니 좋은 열매 맺지 아니하는 나무마다 찍혀 불에 던져지리라

10무리가 물어 이르되 그러면 우리가 무엇을 하리이까 11대답하여 이르되 옷 두 벌 있는 자는 옷
없는 자에게 나눠 줄 것이요 먹을 것이 있는 자도 그렇게 할 것이니라 하고 12세리들도 세례를 받고
자 하여 와서 이르되 선생이여 우리는 무엇을 하리이까 하매 13이르되 부과된 것 외에는 거두지 말라
하고 14군인들도 물어 이르되 우리는 무엇을 하리이까 하매 이르되 사람에게서 강탈하지 말며 거짓

으로 고발하지 말고 받는 급료를 족한 줄로 알라 하니라

[15]백성들이 바라고 기다리므로 모든 사람들이 요한을 혹 그리스도신가 심중에 생각하니 [16]요한이
모든 사람에게 대답하여 이르되 나는 물로 너희에게 세례를 베풀거니와 나보다 능력이 많으신 이가
오시나니 나는 그의 신발끈을 풀기도 감당하지 못하겠노라 그는 성령과 불로 너희에게 세례를 베푸
실 것이요 [17]손에 키를 들고 자기의 타작 마당을 정하게 하사 알곡은 모아 곳간에 들이고 쭉정이는
꺼지지 않는 불에 태우시리라

[18]또 그밖에 여러 가지로 권하여 백성에게 좋은 소식을 전하였으나 [19]분봉 왕 헤롯은 그의 동생의
아내 헤로디아의 일과 또 자기가 행한 모든 악한 일로 말미암아 요한에게 책망을 받고 [20]그 위에 한
가지 악을 더하여 요한을 옥에 가두니라

[21]백성이 다 세례를 받을새 예수도 세례를 받으시고 기도하실 때에 하늘이 열리며 [22]성령이 비둘
기 같은 형체로 그의 위에 강림하시더니 하늘로부터 소리가 나기를 너는 내 사랑하는 아들이라 내가
너를 기뻐하노라 하시니라

[23]예수께서 가르치심을 시작하실 때에 삼십 세쯤 되시니라 사람들이 아는 대로는 요셉의 아들이니
요셉의 위는 헬리요 [24]그 위는 맛닷이요 그 위는 레위요 그 위는 멜기요 그 위는 얀나요 그 위는 요셉
이요 [25]그 위는 맛다디아요 그 위는 아모스요 그 위는 나훔이요 그 위는 에슬리요 그 위는 낙개요 [26]그
위는 마앗이요 그 위는 맛다디아요 그 위는 서머인이요 그 위는 요섹이요 그 위는 요다요 [27]그 위는
요아난이요 그 위는 레사요 그 위는 스룹바벨이요 그 위는 스알디엘이요 그 위는 네리요 [28]그 위는 멜
기요 그 위는 앗디요 그 위는 고삼이요 그 위는 엘마담이요 그 위는 에르요 [29]그 위는 예수요 그 위는
엘리에서요 그 위는 요림이요 그 위는 맛닷이요 그 위는 레위요 [30]그 위는 시므온이요 그 위는 유다
요 그 위는 요셉이요 그 위는 요남이요 그 위는 엘리아김이요 [31]그 위는 멜레아요 그 위는 멘나요 그
위는 맛다다요 그 위는 나단이요 그 위는 다윗이요 [32]그 위는 이새요 그 위는 오벳이요 그 위는 보아
스요 그 위는 살몬이요 그 위는 나손이요 [33]그 위는 아미나답이요 그 위는 아니요 그 위는 헤스론이요
그 위는 베레스요 그 위는 유다요 [34]그 위는 야곱이요 그 위는 이삭이요 그 위는 아브라함이요 그 위
는 데라요 그 위는 나홀이요 [35]그 위는 스룩이요 그 위는 르우요 그 위는 벨렉이요 그 위는 헤버요 그
위는 살라요 [36]그 위는 가이난이요 그 위는 아박삿이요 그 위는 셈이요 그 위는 노아요 그 위는 레멕
이요 [37]그 위는 므두셀라요 그 위는 에녹이요 그 위는 야렛이요 그 위는 마할랄렐이요 그 위는 가이난
이요 [38]그 위는 에노스요 그 위는 셋이요 그 위는 아담이요 그 위는 하나님이시니라.

교회는 어려운 때를 만났다. 우리는 성공이 지배하는 시대에 살고 있다. 만사가 형통해야 한다. 늘 작년보다는 올해가 더 나아야 한다. 교회 용어로 말하자면 사역은 '의미가 있어야' 한다. 달리 표현하면 '재정적으로 숫자적으로 성공적인'이라는 뜻이다. 그리고 그런

측면에서의 성공이란 마케팅을 얼마나 잘하느냐에 달려 있다.

당신이 새로운 사역의 운영 위원회 회장이고, '세움과 성장'이라는 사역 홍보 회사에서 나온 사람이 다섯 가지 운영 규칙에 의거한 행동 요강을 다음과 같이 설명했다고 생각해보라.

- 사람들이 있는 곳으로 가지 말고 그들이 오게 하라. 그리고 그들이 왔을 때 앉을 자리를 주지 말고 서 있게 하라. 건물을 세우지 말라. 외부에서 만나라.
- 볼품없는 차림새를 하라. 최신 유행을 피하라. 화장하지 말라. 일부러 이상하게 보이라.
- 공격적으로 말하라. 당신의 말에 귀를 기울이는 사람들을 모욕하고, 반대하는 사람들을 말로 공격하라. 거친 비난조의 언어를 사용하라. 당신을 비난하는 사람들을 "뱀처럼 음흉한 자들", "위선자들"이라고 부르라.
- 인격적이지 못한 고위 임원들을 매도하라. 그들의 거짓말을 지적하고 이중 잣대를 사람들에게 드러내라. 말을 얼버무리지 말라. 그들의 죄를 폭로하고 죄인이라고 부르라.
- 동료들이 더 훌륭한 지도자를 추종하도록 독려하라. 실제로 비교해서 당신이 정말로 자격이 없다는 것을 인정하라.

당신은 이런 전략이 적합하지 않다고 생각하겠지만 다섯 가지 조항으로 된 이 계획은 세례 요한의 지침서에서 나온 것이다. 메시아보다 선발 주자였던 이 사람은 이런 식으로 주님의 길을 예비했다. 그는 모든 사역의 원칙을 어겼지만 놀라운 성공을 거두었다. 당대의 대제사장들과 권세가들이 그를 감옥에 가두고 결국 처형했지만, 예수님은 그를 여자가 낳은 자들 중 가장 위대한 사람이라고 말씀하셨다(마 11:11).

요한은 자신의 사명을 단순하게 두 단계로 접근했다.

1단계: 길을 예비하라(3:3-14).

2단계: 길에서 돌이키라(3:15-20).

—3:1-2—

그 남자와 그가 살았던 시대를 떼어 놓고 생각하면 안 된다. 더구나 그때는 암흑기였다. 고대의 연대기가 대체로 그렇듯이, 누가의 이야기도 가장 중요한 통치자에서 시작해 지휘 계통을 따라 내려가면서 내러티브의 역사적 배경을 설정하고 있다. 이런 구절들은 알려지지 않은 이름들을 포함하고 생경한 정치 상황을 묘사하고 있기 때문에 자칫 지루할 수 있다. 그래서 이런 구절들을 건너뛰고 싶은 유혹을 받을 수 있지만 그러면 우리 손해다. 누가가 이 정보를 집어 넣은 이유는 그것이 요한이라는 남자에 대해 우리에게 시사하는 바가 있기 때문이다.

요한은 이스라엘이 정치적 분열을 겪고 있을 때 사역을 시작했다. 제사장들과 지방 총독들이 권력을 다투는 동안 백성들은 지도자를 갈망했다.

요한이 처음 등장했을 즈음 디베료 황제가 아구스도의 뒤를 이어 로마 제국의 황제로 등극했다. 또 당시는 헤롯 대왕이 세상을 떠난 뒤(BC 4년), 아구스도가 헤롯의 영토를 세 아들, 즉 아켈라오(유대, 사마리아, 이두매), 안디바(갈릴리와 베뢰아), 빌립(골란, 아우라니티스, 바타네아, 드라고닛, 파네아스, 이두래)에게 분할한 때였다.(102페이지의 '헤롯 대왕 사후의 이스라엘' 지도를 보라). 헤롯이 다스렸던 나머지 영토는 로마가 흡수해서 총독이 직접 통치하게 했다.

그런데 불과 2년 후에 아켈라오가 폭정으로 폐위되어 골(Gaul)의 비엔나로 추방당하는 바람에 그의 영토도 로마의 총독들이 직접 다스리게 되었다(2:39-40 참고). 본디오 빌라도는 AD 26년 유대의 다섯 번째 총독이 되었다. 그동안 헤롯 안디바는 갈릴리를 계속 통치했다.

누가는 성전의 대제사장을 언급할 때 안나스와 가야바의 이름을 모두 말한다. 공식적인 대제사장은 가야바였으나 많은 이들이 배후의 진정한 권력자는 그의 장인인 안나스라는 걸 알았다. 안나스는 원래 AD 6년에 구레뇨에 의해 대제사장으로 임명되었으나, AD 15년에 발레리우스 그라투스에 의해 축출되었다. 그래도 그는 여전히 구조적으로 부패한 예루살렘이라는 거대 왕국의 수장으로 인정받았다. 본래 그는 수도에 있는 가장 유력한 범죄 조직에서 마피아의 '대부' 같은 존재였다. "그와 그의 일가는 강탈과 탐욕으로 소문이 자자했다."[24] 자리에서 쫓겨난 후에도 그는 아들 엘르아살과 사위 가야바를 등에 업고 권력을 휘둘렀다. 사실 그의 일가는 가야바 이후로도 네 명의 아들과 손자까지 실질적인 계승권을 가지고 있었다.

400년 동안 하나님의 침묵기를 거친 그때 "하나님의 말씀이…요한에게 임"했다(2절). 예수님이 갈릴리에서 성장하시는 동안 주님은 유대의 거친 광야에서 요한을 준비시키셨다.

—3:3-6—

요한은 이스라엘 백성들에게 회개하고 유대교의 세례를 받으라고 외침으로써 이사야의 예언을 성취했다(사 40:3-5, 누가가 여기에서 인용했다). 보통은 이방인 개종자들이, 말하자면, 약속의 자손으로 입양되었을 때 물속에 몸을 담그는 의식으로 깨끗함을 받았다. 요한이 외친 회개의 세례는 유대인들이 하나님과의 약속을 저버렸음을 인정하고 마치 하나님을 처음 대하듯 그분께 나아갈 것을 요구했다. 요한의 세례를 받는 것은 본질적으로 그들이 이방인보다 나을 것이 없으며 하나님과 새로운 출발을 해야 한다는 사실을 인정하는 것이었다.

—3:7-9—

요한은 이스라엘이 국가적으로 하나님의 말씀을 지키지 못하고 하나님과 맺은 약속을 경시하고 있음을 직시하게 하면서 메시아의 길을 예비했다. 마가복음에 의하면 요한은 그 당시 종교 지도자들과 모습도, 말도, 행동도 완전히 딴판이었다. 요한은 주목을 끌기 위해 옷을 입지 않았다. 최고급 아마포로 치장한 사두개인, 바리새인, 대제사장, 학자, 헤롯 왕가의 일당들과 달리 그는 "낙타털 옷을 입고 허리에 가죽 띠를 띠고 메뚜기와 석청을 먹"었다(막 1:6). 종교 지도자들은 제물 중에서 최상품 고기만 골라서 먹었으나, 요한은 금욕적인 삶으로 인해 몸이 여위었고 햇빛에 그대로 노출된 피부는 가죽 같았다.

요한은 마음속을 꿰뚫어 보는 듯한 질문을 던졌다. "누가 너희에게 일러 장차 올 진노를 피하라 하더냐?" "진노"는 구약의 선지자들이 불에 비유한 바로 그 하나님의 진노다(사 13:9, 26:11, 29:6, 30:27, 렘 4:4, 5:14, 17:4, 겔 21:31, 22:21, 암 5:18-20, 습 2:2, 말 3:2, 4:1-5). 일부 원로 주석가들은 요한이 광야에 살면서 자기에게 친숙한 이미지를 사용했다고 주장한다. 요한은 그에게 세례를 받으러 오는 사람들을 산불이 덮치기 전에 급히 굴에서 나와 강으로 향하는 뱀으로 묘사했다. 많은 유대인들은 생득적으로 천국에 자기들의 자리가 보장되어 있으며, 아브라함의 자손이라는 사실만으로 주님 앞에서 영적 · 도덕적으로 받아들여질 것이라고 믿었었다. 그러나 사람들은 이스라엘의 지도자들이 점점 더 노골적으로 타락해가는 모습을 지켜보면서 최악의 경우가 닥칠 것을 두려워하기 시작했고, 거기에는 그럴 만한 이유도 있었다.

요한은 또 사람들을 열매 맺는 나무와 열매 맺지 못하는 나무에 비유했다. 열매 맺지 못하는 나무는 쓸모없음을 상징하며, 농부는 그런 나무를 그냥 두지 않는다. 열매는 또한 '증거'의 개념을 예시한다. 나무를 잘 아는 사람은 질병의 징후를 찾기 위해 나무의 잎과 껍질을 살피지만 보통 사람들은 그렇게 할 수 없다. 하지만 꼭 전문가가 아니어도 나무가 열매를 맺지 못하면 뭔가 문제가 있다는 것 정도는 알 수 있다. 그리고 나무에 열매가 주렁주렁 열리면 누구나 그 나무가 건강하다는 걸 안다.

회개는 하나님께 굴복한 마음의 열매다. 죄를 짓고 일이 잘못되었을 때 그냥 후회하는 것이 아니다. 죄에 빠진 것에 대해 감정적으로 슬퍼하는 회한만도 아니다. 회개는 죄에서 돌이켜 하나님의 계획을 향해 나아가는 지속적이고 의식적인 결단이다. 그래서 회개는 열매처럼 볼 수 있다. 우리는 열매를 통해 그 나무가 살아 있고, 건강하며, 본연의 목적을 이루고 있음을 안다.

—3:10-14—

세례를 받으려고 찾아온 사람들에게 요한이 질책한 내용을 보면 의문이 생긴다. 세례는 진실한 마음에 대한 외적 상징에 불과하다. 할례는 하나님께 대한 유대인 남자들의 헌신을 상징했다. 할례받은 남자는 자기가 성별되었음을 상징하는 육체적 상징를 가졌다. 하지만 하나님의 말씀에 의하면 외적인 할례는 "마음의 할례"를 떠나서는 무익하다(신 10:16, 30:6, 렘 4:4, 롬 2:29). 마찬가지로 세례는 마음의 죄를 씻어주는 마법 주문도 아니고, 하나님이 요구하시는 의를 이루어주지도 않는다.

실제로 요한도 이렇게 말했다. "하나님의 진노를 피하겠다는 생각으로 나에게 세례를 받으러 오지 말라. 너희는 오직 회개를 통해서만 하나님의 진노를 피할 수 있다. 너희의 마음이 변하지 않으면 세례는 할례와 다를 게 없다." 그러자 당연히 사람들은 알고 싶어했다. "우리가 무엇을 하리이까?"

요한의 대답은 듣는 사람에 따라 달랐다.

모든 사람에게 회개의 열매는 이기심을 버리는 것이다. 인간의 마음이란 이기적이어서 회개하는 마음은 재물을 쌓아두려는 마음을 물리치고, 그 여분을 다른 사람들에게 나눠 주면서, 주님이 내일의 필요를 채워주실 것을 믿는 것이다.

세리들에게 회개의 열매는 정직이다. 세리들은 일의 속성상 생래적으로 부패할 수밖에 없어서 일반적으로 혐오의 대상인 *telōnēs*라는 그 관직을 얻기 위해 거액의 돈을 지불했다. 세리들은 로마 정부의 권력을 등에 없고 생명의 위협을 당하지 않는 한 할 수 있는 대로 많은 돈을 거둬들였다. 그리고 로마 정부에 내야 할 금액을 제외한 나머지는 착복했다. 흥미로운 점은, 요한이 세리들에게 그들의 직책을 포기하라고 요구하지 않았다는 것이다. 그는 회개한 마음은 다른 사람들을 정직하게 대하고, 하나님의 뜻이라면 재물을 주실 것을 믿으라고만 말했다.

군인들에게 회개의 열매는 온유다. 오늘날에는 법치가 당연한 것으로 생각되지만 불과 몇 세기 전만 해도 이방인 세계에는 법이 없었다. 권력을 가진 자들은, 더 큰 권력을 가진 자들이 막지만 않으면 원하는 것을 가졌다. 군인들은 정부로부터 급여를 받았지만 전리품을 취해서 부족한 수입을 보충하도록 장려되었다. 그리고 이런 정책은 평화시에도 적용되었다. 한 가정당 군인 한 명이 배정되어 숙식을 제공해야 하는 경우도 있었다. 만약 거절하면 군인은 권력을 이용해 그 가족의 삶을 궁지에 몰아넣을 수 있었다.

회개하는 마음은 개인의 이득을 위해 권력을 사용하지 않는다. 회개하는 마음은 주님이 필요를 채우시고 보호해주실 것을 믿으며 선한 일에 힘을 쓴다.

요한은 행위를 바탕으로 한 복음을 전파하지 않았다. 그는 구원의 수단으로 세례를 받으라고 사람들을 부르지 않았다. 그리고 하나님의 진노를 피하기 위한 방편으로 더 선한 행위를 하라고 요구하지도 않았다. 요한은 변화된 마음의 외적 증거를 설명하면서 회개의 상징으로 세례를 받으라고 했다.

—3:15-18—

유대인 서민들은 신실한 지도자를 간절히 원했지만 그런 지도자는 왕좌에서도 성전에서도 찾을 수 없었다. 눈에 띄는 지도자는 하나같이 로마에 넘어갔다. 그래서 훌륭한 혈통을 가진, 하나님의 메시지를 외치면서 오점이라고는 찾아볼 수 없는 것으로 명성이 자자한 선지자가 나타나자 사람들은 자연스레 생각하게 되었다. 이분이 메시아일까?

그들이 성경을 찾아보았다면 요한은 메시아의 요건에 맞지 않는다는 사실을 알았을 것이다. 메시아는 레위 족속이 아니라 다윗의 자손이어야 했다. 요한은 아론의 후손이므로(1:5) 레위 족속의 후예였다. 그런데 헤스모니안 왕조(레위 족속인)가 여러 세대에 걸쳐 이스라엘을 통치했던 터라 요한이 물려받은 혈통은 그들에게 중요하지 않았을 것이다. 너무나 간절히 '기대'했던 터라 그들은 이것저것 따지지 않고 그를 왕으로 만들었을 것이다.

요한은 재빨리 사실을 바로잡는다. 그는 손님들의 더러운 신발을 닦아주는 것이 임무인 가장 천한 종의 예를 들어 자기와 그리스도를 비교했다. 거기에 더하여 그는 자신의 사역과 그리스도의 사역을 말라기에 언급된 주님의 말씀을 끌어와 비교했다.

> 만군의 여호와가 이르노라 보라 내가 내 사자를 보내리니 그가 내 앞에서 길을 준비할 것이요 또 너희가 구하는 바 주가 갑자기 그의 성전에 임하시리니 곧 너희가 사모하는 바 언약의 사자가 임하실 것이라 그가 임하시는 날을 누가 능히 당하며 그가 나타나는 때에 누가 능히 서리요 그는 금을 연단하는 자의 불과 표백하는 자의 잿물과 같을 것이라 그가 은을 연단하여 깨끗하게 하는 자 같이 앉아서 레위 자손을 깨끗하게 하되 금, 은 같이 그들을 연단하리니 그들이 공의로운 제물을 나 여호와께 바칠 것이라 그 때에 유다와 예루살렘의 봉헌물이 옛날과 고내와 같이 나 여호와께 기쁨이 되려니와(말 3:1-4).

요한은 한 번 더 불의 이미지를 끌어와 그것의 두 가지 목적을 부각시킨다. 불은 귀중한 것을 정제하면서 무가치한 것을 제거한다. 정제하는 불은 불순물을 태우면서 귀한 금속을 정제한다. 타작 마당에서 일꾼들은 곡식을 까불러 알곡과 쭉정이를 분리한다. 알곡은 모으고 나머지는 불에 태운다. 요한은 이 두 가지 불의 목적을 이용해 메시아의 사역을 예언했다. 그리스도는 성령의 능력으로 이스라엘을 시험하여 나눌 것이다(12:49-53 참고). 불을 통과한 사람들은 더 순결해지거나 아니면 불에 타버릴 것이다.

이것이 요한이 가르친 요지였고, 그는 이것을 여러 방법으로 전했다. 누가가 요한의 이 말을 포함시킨 이유는 부분적으로 그의 두 번째 책인 사도행전 2장 3-4절에 기록된 사건을 예시하기 위해서였다.

—3:19-20—

누가는 예수님께로 초점을 돌리기 전에 헤롯 안디바와 세례 요한의 충돌을 간략히 요약해서 서술한다. 앞에서 언급했듯 안디바는 아버지 헤롯 대왕 사후에 갈릴리와 베뢰아를 물려받았다. 원래 그는 아구스도의 비위를 맞추기 위해 아라비아 왕의 딸과 결혼했었는데 요한이 사역할 즈음 로마로 가던 길에 형제 빌립을 방문했다가 그의 아내와 불륜을 저질렀다. 그런데 설상가상으로 그녀는 그의 조카이기도 했다. 그는 로마로 돌아와 자기 아내를 쫓아내고 빌립의 아내와 결혼했다. 이는 명백히 유대인의 율법을 거스르는 것으로서 수치스러운 짓이었다(레 18:16, 20:21). 공공연히 안디바를 간음한 자라고 비난하던 요한은 체포되어 투옥되었다. 요한의 엄청난 인기만 아니었다면 그는 그 즉시 처형당했을 것이다. 헤롯이 그를 어떻게 처리할지 고민하는 2년 동안-아마도 대중이 요한에 대해 잊어버리거나 더 이상 관심을 갖지 않게 되기를 기다리면서-요한은 감옥에 수감되었다.

요한의 체포는 유대인들과 지도자들의 생각이 달랐음을 극명히 보여준다. 시민들은 의로운 영웅을 보았고 지도층은 국가의 적을 보았다. 오늘날이라면, 사람들은 분열된 이스라엘의 대중을 화해시키고, '합의를 이루고', 하나로 통합시켜줄 사람을 찾을 것이다. 그러나 하나님의 계획은 달랐다. 요한의 사역은 하나님의 백성을 이끄는 타락한 지도자들과 하나님의 말씀을 사랑하는 사람들 사이를 갈라놓았다. 그리고 요한이 벌려 놓은 틈을 예수님은 거대한 협곡으로 만드실 터였다.

—3:21-22—

그러나 안디바가 요한을 체포하기 전에 요한은 그의 궁극적 목적을 성취했다.

화가들은 보통 예수님이 홀로 요한과 요단 강에 계신 모습을 그리는데 누가의 서술을 보면 예수님은 기나긴 사람들의 행렬 뒤에 서 계셨던 것으로 보인다. 물론 "백성이 다"라는 말은 '이스라엘의 모든 사람'이라는 뜻이 아니다. 종교 지도자들은 회개의 세례를 거부했다. 그들은 결코 자기들의 죄를 인정하지 않았다. "백성이 다"는 어느 특정한 날에 있었던 모든 사람을 가리킬 수도 있다. 그러나 그보다는 요한이 엄청나게 많은 사람들에게 사역을 했고, 예수님은 그의 사역이 끝나갈 즈음 공개적으로 그를 방문하셨다는 뜻일 가능성이 더 높다. "(요한이 세례를 주기로 되어 있는) 백성이 다 세례를 받을새…." 세례받기 원하는 사람은 누구나 세례를 받았다. 요한의 사역은 순조롭게 진행되어 소기의 목적을 달성했고, 딱 한 가지 임무–메시아를 소개하는 것–만 남았다.

우리는 예수님이 무슨 이유에서 세례를 받겠다고 하셨는지 궁금하지 않을 수 없다. 예수님께는 회개할 죄가 없었다. 마태는 짤막한 설명을 제공하지만(마 3:14-15), 그래도 여전히 우리가 해석해야 할 부분이 있고, 그 해석 또한 분분하다. 나는 주님의 세례에서 다음과 같은 의미를 발견했다. 그렇지만 누가가 이 점을 염두에 두었다고 단언할 수는 없다.

요한의 세례는 내적 회개의 외적 상징임과 동시에 예수님께 중요한 또 다른 의미도 포함하고 있었다. 속죄일에 지성소에 들어가기 전 대제사장은 의례적으로 몸을 물로 씻어 정결케 했다(레 16:4). 의례적인 목욕은 불결한 것과 접촉한 사람을 정결하게도 해주었다. 성전에서 제사장들이 행하는 정결 예식에 예수님이 참여하시는 것은 몇 가지 이유에서 적합하지 않았을 것이다. 첫째, 종교 지도자들은 하나님의 대리인으로서 그 자격을 잃었다. 둘째, 예수님의 권위는 하나님 아버지께로부터 직접 받으신 것이므로 중재자가 필요 없었다. 셋째, 그 선구자는 공식적으로 그리스도께 바통을 넘겨드림으로써 그의 사명을 완수해야 했는데 요한은 성전에서 환영받지 못했다.

뿐만 아니라, 예수님은 세례식에 나타나심으로써 그것이 상징하는 바에 새로운 의미를 부여하시고 그 의식을 영구적으로 변화시키실 생각이었다. 그날, 예수님은 공식적으로 당신의 궁극적 운명을 향한 여정을 시작하셨다. 예수님이 받으신 의례적인 정화는 그분의 사역이 시작–소명의 추구–되었음을 공표했다. 그분이 제일 먼저 취하신 행동은 세례를 새로운 삶으로 들어가는 상징적인 통로로 만드는 것이었다. 그리고 제일 먼저 그곳을 걸어 들어가는 이는 그분이 되셔야 했다. 이스라엘과 모든 인류를 위해 예수님은 새 언약을 받아들이셨다(겔 36:25–28, 참고 사 44:3, 59:21, 렘 31:31–33, 겔 37:14, 39:29, 욜 2:28–29). 우리는 그리스도와 연합하여 세례를 받음으로써 그 언약 안에 들어가고, 그 모든 축복을 받는다.

그런데 누가의 내러티브는 주님이 받으신 세례의 물리적 측면은 거의 부각시키지 않는다. 그의 헬라어 문장 구조는 예수님이 세례받으신 사건의 초자연적인 면을 우위에 두기 위해 그 사건을 다른 종속절과 나란히 놓는다. 다시 말해, 세례 자체는 더 중요한 내용을 위한 배경 역할을 한다.

"하늘이 열리며." 이 말이 무엇을 뜻하는지 설명하기란 실제로 불가능하다. 나는 그날 구경꾼들이 무엇을 보았는지 상상이 안 된다. 그렇지만 그것은 이사야가 오래전 드린 기도에 대한 응답이었다. "원하건대 주는 하늘을 가르고 강림하시고"(사 64:1). 이 구절은 보통 하늘과 땅이 분리되지 않은 매우 특별한 순간을 나타낸다(겔 1:1, 요 1:51, 행 7:56, 10:11, 계 19:11).

"성령이…강림하시더니." 성령의 현현은 모든 사람들 앞에서 성자의 사역을 승인했다. 그 순간 우리는 삼위일체–세 개의 다른 위격이면서 각각의 위격이 영원히 그리고 온전히 하나님이신–가 서로 교류하시는 것을 본다. 성자가 기도하시고, 성령이 강림하시며, 성부가 그리스도를 확증하셨다.

"비둘기 같은 형체로." "형체"라는 말은 성령이 물리적이고 가시적인 형태를 취하셨다는 뜻이다. 누가의 표현은 성령이 비둘기가 되셨다는 말이 아니다. 누가는 역사상 유일무이한 사건을 설명하기 위해 친숙한 이미지를 사용한 것이다. 여하튼 그가 선택한 비유는 중요하다. 오늘날과 마찬가지로 1세기 때 비둘기는 평화를 상징했다.

"하늘로부터 소리가 나기를." 그 음성은 물론 하나님 아버지의 것이었다. 하나님은 요한을 통해 예언의 말씀을 하심으로써 침묵을 깨시기는 했지만, 다른 한편 구경꾼들은 그분이 예수님께 공개적으로 들리게 하신 말씀의 의미를 놓치지 않았을 것이다. 현장에 있던 사람들 모두가 예수님을 기뻐하신다는 하나님의 말씀을 옆에서 들었고, 그분이 예수님을 "내 사랑하는 아들"이라고 부르시는 소리를 직접 들었다(요 12:28–30 참고).

"내 사랑하는 아들이라 내가 너를 기뻐하노라." 대부분의 학자들은 이 말씀이 시편 2편 7절과 이사야 42장 1절을 노골적으로 암시하고 있음을 본다. 성부는 변화산에서 비슷한 말씀으로 다시 한 번 성자를 확증하실 것이다(눅 9:35).

—3:23-38—

누가는 이 사건을 예수님의 공적인 사역의 시작이자 요한의 사역이 종료되었음을 알리는 지표로 본다. 주님은 전통적으로 성인으로 인정받는 나이- 남자가 "힘이 충만한 시기"인[25]-가 되셨다(창 41:46, 민 4장, 삼하 5:4, 겔 1:1). 주요 인물과 사건을 시초부터 기술하기 좋아하는 누가는 이스라엘의 왕권에 대한 예수님의 법적인 권리를 확증하기 위해 다윗까지 거슬러 올라가는 족보를 집어넣는다. 그는 요셉을 소위 법적인 아버지로 '간주한다.' 그가 양부인지 천부인지는 법적으로는 아무 차이가 없다. 예수님은 요셉의 유업을 물려받을 수 있는 위치에 계셨다. 그러나 마태와 달리 누가는 족보를 아담으로까지 이어가는데, 이는 아마도 예수님이 최초의 남자의 후손으로서 유대인과 이방인을 모두 포함한 전 인류를 구원하기 위해 오셨음을 강조하기 위해서였을 것이다.

누가는 아담을 "하나님의 아들"이라고 부른다("the son of God", 저자가 사용한 영어 성경 NASB의 표현-편주). 그러나 이는 예수님이 하나님의 아들이신 것과는 분명히 다른 측면이다. 아담은 어머니가 없었고 잉태되지 않았다. 그는 흙으로 빚어졌다. 아담을 "하나님의 아들"로 부르는 것은 예수님을 두 번째 아담이라고 지칭한 그의 멘토 바울의 영향을 반영한다(롬 5:14-21, 고전 15:21-22, 45-49).

누가는 예수님의 세례를 그리스도의 공적인 사역의 시작이자 선구자의 사역이 종료되는 시표로 삼는다. 요한은 자기의 사명을 완수했다. 그는 굳이 친구를 얻으려 하지도 않았고, 사람들에게 영향을 끼치려 하지도 않았다. 그는 단 한 가지 목표에만 초점을 맞추었다. 진리로 그리스도의 길을 예비하는 것이었다. 그는 이스라엘의 지도자들에게 그들의 죄를 폭로하고, 이스라엘 민족에게 회개를 촉구하면서 자기의 소명을 완수했다. 그는 이스라엘을 통합하려고 하지 않았다. 도리어 하나님의 말씀을 평등하게 적용함으로써 하나님의 의를 갈망하는 백성들과 여러 세대 전에 그것을 저버린 지도자들 사이를 갈라놓았다.

예수님은 요한을 영웅이라고 칭송하셨다. 그러나 오해하지 말라. 요한은 그 영예에 안주하지 않았다. 왜냐하면 어쨌든 그는 세상에 사는 동안 그 영예를 받은 적이 없기 때문이다. 요한의 신실함에 대한 보상은 갈릴리의 타락한 왕에게 체포되어, 지하 감옥에서 2년 동안 고초를 겪다가 결국 헤롯의 주연에서 젊은 무용수의 일시적 기분에 의해 처형당하는 것이었다. 요한에게는 국장도 없었고 국가적인 애도 기간도 없었다. 가장 위대한 구약의 선지자를 학대하고 살해한 자들에게 정의가 실현되지도 않았다. 요한이 잔혹하고 무의미한 죽음을 당했을 때 그의 사역은 수포로 돌아간 듯했다. 적어도 세상의 관점에서는 그랬다. 그러나 천국의 관점에서 보면 그리스도의 선구자는 여전히 모든 사람 가운데서 가장 위대한 자였다.

적용

요한의 사역이 주는 교훈

세례 요한의 놀라운 사역에서 우리는 세 가지 교훈을 얻을 수 있다.

첫째, 세상에 영향을 미치는 사람들은 남과 다르다는 사실을 두려워해서는 안 된다. 요한은 다른 종교 교사들이 사는 곳에서 살지 않았다. 그는 동료들처럼 옷을 입지도 않았으며 이상한 음식을 먹었다. 게다가 그의 사역 방식은 기존의 틀을 깨는 것이었다.

만약 하나님이 세상이 돌아가는 모습에 만족하셨다면 다른 방향으로 갈 사람을 보내지 않으셨을 것이다. 변화를 원하는 사람은 대중과 다르게 생각해야 한다. 다른 확신을 가지고 다수의 의견에 동의하지 않는다. 다른 사람들이 중요하게 보지 않는 것을 위해 싸운다. 소수의 목소리를 대변한다. 그의 의견은 다르다.

별난 사람이 되는 것을 두려워 말라. 다른 사람들의 이해를 기대하지 말라. 리더십은 사람들의 비위를 맞추는 게 아니다. 지도자들은 오해를 예사로 받아들여야 한다.

둘째, 변화의 주도자는 구체적인 사고를 배워야 한다. 요한은 회개를 외쳤다. 그의 청중들—예컨대 세리나 군인들—은 어떻게 회개해야 하는지 알고 싶어했다. 그래서 요한은 구체적인 예를 주었다.

지도자는 보통 일이 어떻게 되어야 하는지 머릿속에 완성된 그림을 가지고 있는데 그것은 현재의 상황과는 근본적으로 다르다. 변화를 일으키기 위해서 지도자는 마음에 품고 있는 비전을 다른 사람들에게 전달하는 방법을 배워야 한다. 그것은 때때로 아주 세세한 부분들을 힘들게 설명해야 하는 과정도 포함한다.

인내를 가지고 끊임없이 당신의 비전을 최대한 상세히 전달하라. 반복하는 것을 지겨워하지 말라.

셋째, 과감히 다른 사람들과 맞서는 사람들은 그 결과를 개의치 않는다. 사람들, 특히 현 상태에서 이득을 취하는 사람들은 변화를 좋아하지 않는다. 결국, 요한은 권력을 가진 자들에게 도전했기 때문에 감옥에 갇혔고 처형당했다.

수 세기 동안 숱한 사람들이 권력을 가진 사람들에게 맞섰던 결과로 고통을 당했다. 그들은 자유를 빼앗기는 고통을 겪었고, 인기를 잃었으며, 생전에 진전을 보지 못한 경우도 많았다. 때로 그들의 리더십은 순교의 모습으로 나타나기도 했다. 리더십의 대가를 헤아려 보라. 당신이 추구하는 변화가 가능성 있는 투자인지 확인하라. 그리고 당신이 옳다는 확신을 가지라!

당신이 확신하는 바가 사람들을 변하게 만든다면, 고난을 예상하라. 그것은 피할 수 없다.

사탄의 유혹을 물리치시다(누가복음 4:1-13)

[1]예수께서 성령의 충만함을 입어 요단 강에서 돌아오사 광야에서 사십 일 동안 성령에게 이끌리
시며 [2]마귀에게 시험을 받으시더라 이 모든 날에 아무 것도 잡수시지 아니하시니 날 수가 다하매 주
리신지라 [3]마귀가 이르되 네가 만일 하나님의 아들이어든 이 돌들에게 명하여 떡이 되게 하라 [4]예수
께서 대답하시되 기록된 바 사람이 떡으로만 살 것이 아니라 하였느니라

[5]마귀가 또 예수를 이끌고 올라가서 순식간에 천하 만국을 보이며 [6]이르되 이 모든 권위와 그 영
광을 내가 네게 주리라 이것은 내게 넘겨 준 것이므로 내가 원하는 자에게 주노라 [7]그러므로 네가 만
일 내게 절하면 다 네 것이 되리라 [8]예수께서 대답하여 이르시되 기록된 바 주 너의 하나님께 경배
하고 다만 그를 섬기라 하였느니라

[9]또 이끌고 예루살렘으로 가서 성전 꼭대기에 세우고 이르되 네가 만일 하나님의 아들이어든 여
기서 뛰어내리라 [10]기록되었으되 하나님이 너를 위하여 그 사자들을 명하사 너를 지키게 하시리라
하였고 [11]또한 그들이 손으로 너를 받들어 네 발이 돌에 부딪치지 않게 하시리라 하였느니라 [12]예수께

서 대답하여 이르시되 주 너의 하나님을 시험하지 말라 하였느니라
13마귀가 모든 시험을 다 한 후에 얼마 동안 떠나니라.

인간에게 유혹은 보편적인 고통이다. 최초의 남자와 여자가 아무 제약 없이 하나님이 창조하신 멋진 세상을 즐길 때에도 악은 하나님의 가장 소중한 피조물을 타락시킬 기회를 노리면서 낙원의 나무 속에 도사리고 있었다. 최초의 죄 이전에 최초의 유혹이 있었다. 그리고 지금과 마찬가지로 그 최초의 유혹은 네 가지 분명한 단계를 따르고 있었다.

호소: 금지된 무언가가 하나님의 섭리를 떠나서 성취를 약속한다.
갈등: 죄의 호소와 하나님의 선하심에 대한 믿음 사이에 긴장이 고조된다.
반응: 하나님을 기다릴지 불순종할지 결정한다.
여파: 죄의 결과가 절망을 낳는다. 순종은 몇 배의 축복을 맺는다.

이런 시각에서 보면 모든 것이 지극히 객관적이지 않은가? 유혹을 해부하면 죄의 어리석음을 속속들이 볼 수 있고, 하나님의 선하심의 참된 가치를 제대로 알 수 있다. 그런데도 우리는 유혹을 받을 때 얼마나 나약해지는지! 디트리히 본회퍼(Dietrich Bonhoeffer)는 사악한 유혹이 끼치는 영향에 대해 다음과 같은 통찰력 있는 진술을 했다.

> 인간 내면에는 급작스럽고 격렬한 욕망을 향한 잠재된 성향이 있다. 불가항력적인 힘으로 욕망은 육신을 휘어잡는다. 갑작스럽고 은밀하게, 사위어가던 불길이 확 타오른다. 육신은 불길 속에서 타오른다. 그것이 성적 욕망이든 야망이든 허영심이든 복수심이든 명예욕과 권력욕이든 탐욕이든, 또는 세상이나 자연의 아름다움에 대한 이상한 욕망이든 상관없다. 하나님 안에서 누리는 기쁨은 우리 안에서 사그라지고, 우리는 피조물 속에서 모든 기쁨을 찾는다. 그 순간 하나님은 우리에게 다분히 비현실적인 존재가 되고, 사람은 실재를 상실한다. 피조물에 대한 욕망만이 실재다. 유일한 현실은 마귀다. 이때 사탄은 우리 안에 하나님을 미워하는 마음을 채우는 게 아니라 하나님을 잊게 만든다. 그러고는 이 영향력에 사탄의 거짓말이 더해진다. 이렇게 자

극된 정욕은 인간의 마음과 의지를 칠흑 같은 어둠으로 에워싼다. 우리는 명확한 분별력과 결단력을 잃어버리게 된다….

이 단계에 이르면 우리 안의 모든 것이 하나님의 말씀에 맞서 들고 일어난다.[26]

—4:1-2—

누가의 내러티브는 선구자가 그리스도께 공을 넘기는 과정을 따라간다. 세례 요한은 배경 속으로 서서히 사라지고 예수님의 사역은 점점 뚜렷하게 나타났다. 주님은 사람들의 이목을 피하면서 공적인 사역을 시작하셨다.

예수님은 서른 살 남짓의 젊은 나이였다. 그분은 세상 물정에 어두우셨다. 그분은 예루살렘의 혼란에서 멀리 떨어진 작은 외딴 마을에 사셨다. 광야에서 그분은 홀로 계셨다. 애정 어린 견책으로 서로를 붙잡아주는 공동체가 그분에게는 없었다. 그분은 주리셨다. 그분의 육신은 음식을 필요로 했고, 그것은 또 정신적 · 정서적 · 영적으로 영향을 미쳤다. 그래도 예수님은 "성령으로 충만하셨다." 다시 말해, 그분은 늘 하나님의 마음과 뜻에 일치하는 행동을 하셨다는 뜻이다. 성령이 그분 안에 거하셨던 것은 사실이지만, 이 표현의 참 뜻은 하나님께 순종하시겠다는 결단을 나타낸다(엡 5:18 참고)

세례를 받으신 후에 예수님은 "광야에서…성령에게 이끌리"셨다. 누가의 표현은 이스라엘 백성들이 주님의 인도하심을 따라 광야로 갔지만 물이 없어 고생했던 출애굽의 경험을 생각나게 한다(출 17:1-7). 그들은 불순종으로 인해 물이 부족했던 것이 아니다. 주님이 물을 얻을 수 없는 곳으로 그들을 인도하셨다. 그런 다음 주님은 기적적인 방법으로 그들에게 필요한 것을 공급하셨다. 주님의 백성들이 애굽에서 약속의 땅으로 가는 여정 가운데 주님이 몇 번이고 반복해서 가르치려 하셨던 교훈이 이것이었다(예를 들어, 출 15:22-25, 16:1-4, 8-13). 그럼에도 불구하고 그들은 깨우치지 못했다. 그들은 주님의 공급을 신뢰하지 못했기에 계속 가나안으로 들어가지 못했고, 40여 년 동안 광야를 떠돌았다(민 13:25-33, 14:33). 그러므로 그 40년은 이스라엘 백성들을 시험하는 시간이 되었다(신 8:2).

이와 비슷하게 예수님은 하나님의 이끄심을 따라 광야로 가셨고, 그곳에서 육체적 결핍으로 고통당하셨다. 그리고 이렇게 육신이 약해지시자 마귀는 유혹할 기회를 포착했다.

누가가 사용한 "마귀"(the devil)라는 용어는 '분리하다, 저항하다, 미움받다(수동태), 고발하다, 거부하다, 거짓 정보를 주다'라는 뜻을 가진 헬라아 *diaballō*에서 나왔다.[27] 이 단어의 정관사 없는 명사형은 이와 같은 악행하는 자를 가리킨다. 그런데 정관사 "the"는 구체적으로 악의 화신인 사탄을 지칭한다.

마귀는 세 가지 방법으로 예수님을 공격했다.

개인적 유혹(3-4절)

권력의 유혹(5-8절)

교만의 유혹(9-12절)

—4:3-4(개인적 유혹)—

여기에 나오는 "네가 만일 하나님의 아들이어든 이 돌들에게 명하여 떡이 되게 하라"는 단순한 제안은 사탄의 말을 그대로 옮겼다기보다는 오랜 세월 숱하게 반복되었을 사탄이 유혹하는 내용의 골자일 가능성이 높다. 마귀는 아무도 피해볼 사람은 없다는 식의 합리화할 수 있는 행위로 예수님을 유혹했다. 돌을 떡으로 바꾼다고 해서 해를 입을 사람은 없다. 그저 평범한 육체적 필요를 채우라고 했을 뿐이다. 그것이 무슨 문제가 되는 것인가?

사탄의 유용한 제안은 적어도 세 가지 측면에서 교묘하게 사악하다. 첫째, "네가 만일 하나님의 아들이어든"이라는 조건절은 예수님이 아버지가 금하신 것을 할 수 있는 자격이 있음을 넌지시 암시한다. 에덴 동산에서 아담과 하와가 처음 하나님의 선하심에 대해 의구심을 가졌을 때 인류는 타락의 길로 접어들었다. 둘째, 이 유혹은 아들에게 아버지를 떠나 독립적으로 행동하라고 회유한다. 이는 삼위일체를 교란하는 것이다. 셋째, 이 유혹은 하나님을 의지하는 마음을 약화시킨다.

하나님의 영에 이끌려 예수님은 40일 동안 금식하셨다. 인간을 창조하신 하나님은 당연히 인간이 생존하기 위해 무엇이 필요한지 아셨을 것이다. 이런 경우 하나님께 의존하지 않는 것은 에덴 동산에서 행해졌던 죄와 광야에서 이스라엘 백성들이 보인 불신을 되풀이

하는 것이었다.

역사 속에서 자신이 어떤 위치에 있는지 잘 알고 계셨던 예수님은 사탄의 공격에 신명기 8장 3절로 대응하셨다. "너를 낮추시며 너를 주리게 하시며 또 너도 알지 못하며 네 조상들도 알지 못하던 만나를 네게 먹이신 것은 사람이 떡으로만 사는 것이 아니요 여호와의 입에서 나오는 모든 말씀으로 사는 줄을 네가 알게 하려 하심이니라."

—4:5-8(권력의 유혹)—

마귀는 예수님을 데리고 초자연적인 방법으로 바람처럼 휙 세상을 돌면서 그분이 갖지 못한-인간으로서-모든 권세를 보여주었다. 구약의 예언에 따르면 하나님 아버지가 예수님께 모든 권세를 주실 것이다(시 2:7-9, 단 7:13-14, 참고 시 72:11, 슥 9:9-10, 마 28:18). 그러므로 사탄이 제시하는 것은 이미 예수님께 보장되어 있는 것이었다. 단, 사탄의 제안이 다른 점은…

- 권세를 하나님 아버지가 아니라 사탄으로부터 받아야 했다.
- 메시아가 되시기 위해 겪어야 할 잡다한 일들을 겪지 않으시고 메시아의 생득권을 얻을 수 있었다.
- 인류를 위해 고난받지 않고 세상을 다스릴 수 있는 최고의 권력을 얻을 수 있었다.

사탄은 예수님께 권력의 지름길, 겟세마네 없는 영광을 제시했다. 유일한 조건은 "내게 절하면"이었다. 사탄은 한순간의 행위를 제안했지만 그 결과는 영원한 것이었다. 사탄의 뒤틀린 생각으로는 그리스도가 자신을 경배하기만 하면 아버지와 아들의 관계가 끊기고, 십자가 위에서 인류를 대신할 메시아의 능력을 무효로 만들 수 있었다. 물론, 사탄이 꾀했던 계책은 불가능했다. 삼위일체는 갈라질 수 없다. 하나님은 죄를 지으실 수 없다.

많은 사람이 이 점을 의아해했다. "예수님이 죄를 지으실 수 없다면, 이 말의 의도는 무엇인가?" 누가가 이 이야기를 기록한 목적은 구원 계획이 위험에 처한 적이 있었음을 말하기 위해서가 아니었다. 이 에피소드가 독자들을 긴장시키기는 해도 요지는 사탄이 하나님의 계획을 좌절시킬 뻔했다는 것이 아니다. 누가의 의도는 두 가지다. 첫째, 그는 일찌감치 주님이 악과 대면하시고, 이기시고, 결국에는 궤멸시키셨다는 사실을 분명히 밝히기 원했다. 이 서두의 대결이 하나님의 아들과 사탄 사이의 전쟁에 대한 이야기인 누가복음의 색깔을 결정한다.

둘째, 누가는 예수님이 우리와 같으시다는 사실을 보여주기 원했다. 그분은 인간이시다. 죄를 지으실 수 없었는데도 사탄의 유혹에 정면으로 맞서셨다. 결과적으로 우리는 "우리에게 있는 대제사장은 우리의 연약함을 동정하지 못하실 이가 아니요 모든 일에 우리와 똑같이 시험을 받으신 이로되 죄는 없으시"다는(히 4:15) 사실을 확신할 수 있다.

예수님은 또 다른 성경 구절로 사탄의 속임수에 대응하셨다. 이번에는 히브리 민족의 믿음 선언문인 "이스라엘아 들으라 우리 하나님 여호와는 오직 유일한 여호와이시니"(신 6:4)에서 유래한 대계명(신 6:13)을 인용하셨다.

—4:9-12(교만의 유혹)—

사탄은 세 번째 유혹으로 예수님을 예루살렘에 있는 헤롯 성전의 "꼭대기"로 데려갔다. "꼭대기"로 번역된 헬라어는 문자적으로 '작은 날개'라는 뜻으로, 어떤 물체의 뾰족한 끝이나 맨 끝을 나타낸다. 건물에서 이것은 선반 모양으로 돌출된 부분을 말할 수 있다. 누가가 언질을 준 높이로 보아 성전의 상당히 높은 부분인 듯하다. 그곳은 성전 건물들 가운데 전망이 좋기로 유명한 남동쪽 모퉁이였을 수도 있다. 요세푸스는 그곳을 아래로 "까마득한 깊이"의 기드론 골짜기를 굽어보고 있는 "매우 높은 곳"으로 묘사했다.[28] 그러나 사탄이 예수님을 더 외진 벼랑으로 데려가지 않고 성전을 선택한 이유는 그것 때문이 아니다.

그 단서는 사탄이 예수님을 부추기기 위해 왜곡한 성경 구절 속에 들어 있다.

그 구절은 다음과 같다.

> 그가 너를 위하여 그의 천사들을 명령하사 <u>네 모든 길에서 너를 지키게 하심이라</u> 그들이 그들의 손으로 너를 붙들어 발이 돌에 부딪히지 아니하게 하리로다(시 91:11-12, 밑줄 나의 강조).

여기서 사탄이 누락시킨 부분을 눈여겨보라(밑줄 부분). 많은 사람들이 이 누락에 주목했다. 그러나 일각에서는 예수님이 사탄의 잘못된 인용을 무시하고 대답하셨다고 주장하면서 그것을 대단치 않게 여겼다. 사탄이 유혹한 장소가 갖는 공적이고 메시아적인 의미를 생각하면서 이 점을 마음에 담아두라.

사탄은 메시아의 약속을 가지고 예수님을 시험하기 위해 그분을 어디로든, 공공장소이건 은밀한 장소이건 데려갈 수 있었다. 그런데 그는 성전을 택했다. 아마 메시아에게 이보다 더 큰 의미를 갖는 곳은 없을 것이기 때문이다. 다시 한 번, 사탄은 예수님이 메시아시라면 그 도전을 받아들일 수밖에 없음을 노골적으로 시사하는 "네가 만일 하나님의 아들이어든"이라는 조건절로 유혹을 시작했다.

모든 것을 종합해볼 때 "꼭대기"는 제사장의 뜰 위 45미터 높이에 있는 성전의 맨 윗부분으로 추정된다. 말라기 3장 1절은 메시아가 "갑자기 그의 성전에 임하시리니"라고 예언했다. 사람들로 붐비는 안뜰로 뛰어내리라는 사탄의 도전은 분명 메시아에게 걸맞는 등장이었을 것이다. 마귀는 시편 91편 11-12절을 살짝 뒤틀어 유대인들이 단박에 그 기적을 알아보고 예수님을 메시아로 영접할 것이라는 뜻을 교활하게 암시했다. 사탄이 핵심 구절인 "네 모든 길에서 너를 지키게 하심이라"(시 91:11)를 누락시킨 것은 당면한 쟁점을 피하기 위함이었다. 그것은 메시아의 방법이 아니었다. 그분은 성전의 종교 지도자들에게 권능의 과시가 아니라 진리로 맞서실 계획이었다. 그분은 훗날 권능 가운데 오실 것이다.

예수님은 또다시 성경 말씀으로 응수하셨다. 신명기 6장 16절을 인용하셨다. "너희가 맛사에서 시험한 것 같이 너희의 하나님 여호와를 시험하지 말고." 이 구절은 모세가 이스라엘 민족에게 한 작별 연설의 일부로 다음과 같은 구절로 이어진다. "너희의 하나님 여호와께서 너희에게 명하신 명령과 증거와 규례를 삼가 지키며"(신 6:17).

나는 예수님이 사탄에게 단도직입적으로 "사탄아, 너희의 하나님 여호와(나)를 시험하지 말라"고 대답하지 않으셨을까 하는 생각을 떨쳐버릴 수가 없다.

—4:13—

"모든 시험"은 사탄이 예수님을 3번 이상 꾀었음을 시사한다. "다했다"라고 번역된 헬라어는 '완수하다, 끝내다, 성취하다'라는 뜻이다. 주님이 광야에서 보내신 40일 동안 사탄은 갖은 유혹으로 압박하며 총력을 기울였지만 끝내 예수님을 넘어뜨리지 못했다. 인간은 예수님이 감내하셨던 공포를 제대로 이해하지 못할 것이다. 우리는 스트레스가 쌓이면 무너진다. 그러나 예수님은 무너지지 않으시고 지금까지 어떤 인간도 겪지 않았고 앞으로도 겪지 않을 고통스러운 유혹에 시달리셨다.

마침내, 유혹자는 떠났고 이야기는 낙관적인, 그러면서도 불길한 예감이 드리워진 분위기로 이어진다. 이 불길한 헬라어 구절은 우리가 그 유혹자의 최후를 보지 않았다고 말한다. 사탄은 22장 3절까지는 다시 직접 모습을 드러내지 않을 것이다. 그러나 주님은 그 사이에도 악의 심장부인 성전을 향해 가시면서 사탄의 수하들과 맞닥뜨리고 인간 안에 있는 악의 실체를 대면하실 것이다.

누가는 예수님의 개인적인 삶에 대한 장을 마치고 공적인 사역으로 이어지는 다음 장을 시작한다. 예수님은 광야를 떠나 유년기를 보냈던 고향 인근 지역으로 가셨다. 처음에 갈릴리 사람들은 그분을 환대하고 회당에서 그분의 가르침을 긍정적으로 받아들였다. 그러나 그들은 곧 예수님이 세우려 하시는 천국은 그들이 생각하는 나라가 아님을 알게 될 것이다.

누가의 서문은 이스라엘 백성들에게 메시아를 맞을 준비를 시키고 자신은 물러나는 사명을 가진 선구자를 소개하는 것으로 시작했다. 이후로 그가 내러티브에 등장할 때는 헤롯 안디바의 지하 감옥에 투옥되어 있을 때다. 그 사이 누가는 초점을 선구자에서 메시아에게로 옮겨 그분의 공적인 사역을 집중 조명한다.

주

1. Macrobius, *The Saturnalia*(trans. Percival Vaughan Davies, New York: Columbia Univ. Press, 1969), 171.
2. *The Jewish War* 1.6.2 123., *The Works of Josephus: Complete and Unabridged*(trans. William Whitson, Peabody, MA: Hendrickson, repr. 1996)에 나오는 *Antiquities* 14.1.3 9., 참조.
3. 찰스 스윈돌, *A Bethlehem Christmas*(Nashville: Nelson, 2007), 15-19 발췌.
4. Gerhard Kittel and Gerhard Friedrich, eds., *Theological Dictionary of the New Testament*(ed. And trans. Geoffrey W. Bromiley, Grand Rapids: Eerdmans, 1973), 3:262. (『신약성서 신학사전: 킷텔 단권 원어사전』 요단출판사)

5. Mishnah, *Tamid* 7:2, in *The Mishnah: A New Translation*(trans. Jacob Neusner, New Haven, CT: Yale Univ. Press, 1988).
6. Darrell L. Bock, *Luke Volume* 1:1:1-9:50(Baker Exegetical Commentary on the New Testament, Grand Rapids: Baker, 1994), 95.
7. 요한 바오로 2세, *L'Osservatore Romano*(English ed., April 16, 1997), 7.
8. Kittel and Friedrich, eds., *Theological Dictionary of the New Testament*, 5:828. (『신약성서 신학사전: 킷텔 단권 원어사전』 요단출판사)
9. 찰스 스윈돌의 *A Bethlehem Christmas*, 168-70 개작.
10. Helen H. Lemmel, "*Turn Your Eyes upon Jesus*"[Singspiration, 1922(renewal, 1950)].
11. Kittel and Friedrich, eds., *Theological Dictionary of the New Testament*, 6:491. (『신약성서 신학사전: 킷텔 단권 원어사전』 요단출판사)
12. I. Howard Marshall, *The Gospel of Luke: A Commentary on the Greed Text*(New International Greek Testament Commentary, Exeter, Eng.: Paternoster, 1978), 109. 이 책은 W. Dittenberger, *Sylloge inscriptionum Graecarum*(Leipzig, 1915-24)을 참조.
13. Tom Constable, *Tom Constable's Expository Notes on the Bible*(Galaxie Software, 2003), 누가복음 2:10.
14. 위에서 언급했듯이 나사렛이라는 지명은 두 개의 히브리어 단어에서 유래했을 가능성이 높다. 둘 중에서 "가지" 또는 "순"이라는 뜻의 *netser*가 이사야서(사 11:1)와 마태복음(마 2:23)의 말씀에서 다의적으로 해석될 수 있어서 더 나은 선택이다.
15. 문학적인 이미지로서의 누룩은 보통 원치 않는 것을 나타내지만 반드시 그렇지만은 않다. 요지는 누룩이 상징하는 것이 아니라 누룩이 일단 식재료에 들어가면 그 작용이 점진적으로 진행되며 막을 수 없다는 사실이다.
16. 석공과 벽돌공들은 주춧돌 하나만을 기준으로 삼고 건물을 건축한다. 건물의 모든 면은 그 주춧돌과 수직, 수평, 직각을 이루어야 한다.
17. Josephus, *Wars of the Jews* 6.2[89] (『유대전쟁사』 나남)
18. Mishnah, *Pirqe Abot* 5:24.
19. Mishnah, *Nidda* 5:6 D-E.
20. Kittel and Friedrich, eds., *Theological Dictionary of the New Testament: Abridged in One Volume*, 219. (『신약성서 신학사전: 킷텔 단권 원어사전』 요단출판사)
21. Mishnah, *Pirqe Abot* 5:24.
22. Kittel and Friedrich, eds., *Theological Dictionary of the New Testament: Abridged in One Volume*, 939. (『신약성서 신학사전: 킷텔 단권 원어사전』 요단출판사)
23. Steven Curtis Chapman, "This Baby"(Sparrow Records, 1995).
24. *International Standard Bible Encyclopedia*(Grand Rapids: Eerdmans, 1979), 1:128.
25. Mishnah, *Pirqe Abot* 5:21A.
26. Dietrich Bonhoeffer, *Creation and Fall: Temptation*(New York: Touchstone, 1997), 132. (『창조와 타락』 대한기독교서회)
27. Kittel and Friedrich, eds., *Theological Dictionary of the New Testament: Abridged in One Volume*, 150. (『신약성서 신학사전: 킷텔 단권 원어사전』 요단출판사)
28. Josephus, *Antiquities* 15.11.5 [412] (『유대고대사』 생명의 말씀사)

사역과 섬김

누가복음 4:14-9:50

찰스 디킨스(Charles Dickens)의 명구는 예수님이 사역을 시작하신 시기에도 잘 어울리는 표현이다. "그 때는 최고의 시절이자 최악의 시절이었다." 찰스 스펄전과 같이 용감하고 충직한 사역자도 자신이 쓴 『목회자 후보생들에게』(*Lectures to Students*, 생명의 말씀사)라는 책에서 이렇게 시인했다. "내 성공에 나는 간담이 서늘해졌다. 새 일이 펼쳐지는 것 같은 생각이 들면 나는 고무되기는커녕 깊디깊은 나락으로 떨어졌다. 그 심연 속에서 나는 자비를 구하는 기도를 탄식처럼 내뱉을 뿐 영광송은 엄두도 내지 못했다. 내가 뭐길래 저렇게 많은 사람들을 계속 이끌어야 한단 말인가?…바로 그 때 막이 오르면서 내 필생의 업적이 나타났고, 나는 무엇이 드러날지 두려웠다."[1]

스펄전이 두려워한 데에는 충분히 그럴 만한 이유가 있었다. 사탄은 사역자들이 사역의 '허니문'을 오래 누리게 내버려두지 않는다. 사탄은 처음부터 강도 높게 치고 들어온다. 가장 공교로운 때에 전혀 예상치 못했던 방법으로 공격한다. 하지만 어떤 공격도 예수님이 공적인 사역을 준비하실 때 그분을 에워쌌던 어두움에 비할 수는 없다. 세례로 젖은 머리가 채 마르시기도 전에 예수님은 광야로 물러나 40일 동안 금식하시며 하나님 아버지와 깊은 교제를 나누셨다.

세상의 구세주가 갈릴리에서 골고다에 이르는 험난한 여정을 준비하시는 동안 미혹자는 독사처럼 공격했다. 그는 세 번이나 독이 묻은 송곳니로 메시아를 물려고 했다. 예수님이 마귀의 사악한 공격을 모두 물리치셨다고 해서 공격에서 완전히 벗어나셨다고 말할 수는 없다. 예수님은 광야를 떠나 더 혹독한 시련이 기다리고 있는 갈릴리로 가셨다.

불구덩이 속으로(누가복음 4:14-30)

14예수께서 성령의 능력으로 갈릴리에 돌아가시니 그 소문이 사방에 퍼졌고 15친히 그 여러 회당
에서 가르치시매 뭇 사람에게 칭송을 받으시더라
16예수께서 그 자라나신 곳 나사렛에 이르사 안식일에 늘 하시던 대로 회당에 들어가사 성경을 읽
으려고 서시매 17선지자 이사야의 글을 드리거늘 책을 펴서 이렇게 기록된 데를 찾으시니 곧

18주의 성령이 내게 임하셨으니
이는 가난한 자에게 복음을 전하게 하시려고 내게 기름을 부으시고
나를 보내사 포로 된 자에게 자유를,
눈 먼 자에게 다시 보게 함을 전파하며

핵심 용어

ἀκολουθέω [*akoloutheō*, 아콜루쎄오] *(190)* '따르다, 같은 길을 가다, 뒤따르다'

문자적으로 이 동사는 '같은 길을 가다'라는 뜻이다. 비유적으로는 다른 사람의 사상, 믿음, 행동, 생활 양식을 모방한다는 뜻이다. 비근한 예로 아들이 아버지와 같은 직업을 택할 때 "그는 자기 아버지의 뒤를 따르고 있다"고 말할 수 있다. 이 표현이 구약 성경에서 사용된 예는 많지 않다. 하나님께 순종하거나, 주님을 예배하거나, 전능자를 두려워하기는 했지만 눈으로 볼 수도 만질 수도 없는 누군가를 '따라가기'는 힘들다. 그런데 신약에서 하나님이 성육신하시자 "뒤를 따른다"는 표현이 제자들에게 널리 쓰였다.

βασιλεία [*basileia*, 바실레이아] *(932)* '왕국, 정부, 왕정'

군주 국가에서는 삶의 모든 면이 왕의 뜻에 의해 결정된다. 따라서 정부, 정의, 상업, 문화, 영토는 왕의 성품이 반영되어 확장된 것이다. 이런 개념과 관련된 몇 개의 헬라어 단어가 *basileia*에서 파생되었다. 예를 들어, *basileus*는 왕, *basileion*은 궁전, *basileuō*는 '다스리다', *basilikos*는 왕족과 관련된 것을 묘사하는 형용사다.

ἐξουσία [*exousia*, 엑수시아] *(1849)* '권한, 통치권, 사법권, 지배'

이 단어는 문자적으로 '자유하다'라는 뜻의 *exesti*와 밀접하게 관련되어 있다. *Exesti*는 보통 아무 제약도 받지 않는 행위를 나타낸다. *Exousia*를 가진 사람은 아무런 구속도 받지 않고 자기 재량대로 행동할 수 있다. 이런 권한은 거의 예외 없이, 고위 권력층에게 위임받은 것이든 개인이 소유한 권리든, 개인의 뜻을 강요하는 권력을 시사한다.

μαθητής [*mathētēs*, 마데테스] *(3101)* '제자, 학생, 추종자'

이 명사는, 일반적인 의미에서 '무언가로 마음을 이끌다, 무언가에 익숙해지다, 경험하다, 지시를 받다'라는 뜻을 가진 동사에서 의미가 파생되었다. 그러므로 *mathētēs*는 보통 다른 사람의 도움을 받아 이 과정을 밟는 사람이다. 안내자가 없는 학습자란 상상할 수 없었다. 즉, *mathētēs*가 되려면 반드시 스승이 있어야 한다.

παραβολή [*parabolē*, 파라볼레] *(3850)* '우화, 비유, 실증적인 비교'

이 단어는 기본적으로 '견주어보다' 또는 '비견하다'라는 뜻을 가지고 있으며, 두 가지를 비교한 후 비슷하다는 합의에 도달한다는 의미를 내포하고 있다. 실제적으로 우화는 진리를 예시하기 위해 꾸며낸 이야기나 속담이다. 비유적인 인물이나 사물이 상징하는 실제의 대응물이 있는 알레고리와는 다르게 우화는 의도적으로 덜 정밀하다. 우화에서 중요한 것은 세밀한 부분이 아니라 큰 그림이다.

πίστις [*pistis*, 피스티스] *(4102)* '믿음, 확신, 의존, 신뢰'

이 단어의 세속적 용도는 종교와는 거의 무관하다. 따라서 누가의 독자들은 셉튜아긴트(구약 성경의 헬라어 번역본)에서 사용된 것을 보고 이 단어를 알게 되었을 것이다. 헬라인들은 그들의 신들을 예배하고 두려워했지만 관계는 없었다. 유대인들—따라서 그리스도인들도—에게 *pistis*는 하나님과 연결되는 수단이었다. 또한 고대 헬라어 용법에서 이 단어는 지식을 바탕으로 하면서 거기에 순종이 더해진다는 의미였다. 어떤 사람이 특정 진리에 대한 지식을 받아들이고 말로 동의할 수는 있지만, '신뢰'나 '확신'은 그 사람의 행동이 그 진리를 반영해야 한다.

눌린 자를 자유롭게 하고
19주의 은혜의 해를 전파하게 하려 하심이라 하였더라

20책을 덮어 그 맡은 자에게 주시고 앉으시니 회당에 있는 자들이 다 주목하여 보더라 21이에 예수
께서 그들에게 말씀하시되 이 글이 오늘 너희 귀에 응하였느니라 하시니 22그들이 다 그를 증언하고
그 입으로 나오는 바 은혜로운 말을 놀랍게 여겨 이르되 이 사람이 요셉의 아들이 아니냐 23예수께
서 그들에게 이르시되 너희가 반드시 의사야 너 자신을 고치라 하는 속담을 인용하여 내게 말하기를
우리가 들은 바 가버나움에서 행한 일을 네 고향 여기서도 행하라 하리라 24또 이르시되 내가 진실
로 너희에게 이르노니 선지자가 고향에서는 환영을 받는 자가 없느니라 25내가 참으로 너희에게 이
르노니 엘리야 시대에 하늘이 삼 년 육 개월간 닫히어 온 땅에 큰 흉년이 들었을 때에 이스라엘에 많
은 과부가 있었으되 26엘리야가 그 중 한 사람에게도 보내심을 받지 않고 오직 시돈 땅에 있는 사렙
다의 한 과부에게 뿐이었으며 27또 선지자 엘리사 때에 이스라엘에 많은 나병환자가 있었으되 그 중
의 한 사람도 깨끗함을 얻지 못하고 오직 수리아 사람 나아만뿐이었느니라 28회당에 있는 자들이 이
것을 듣고 다 크게 화가 나서 29일어나 동네 밖으로 쫓아내어 그 동네가 건설된 산 낭떠러지까지 끌
고 가서 밀쳐 떨어뜨리고자 하되 30예수께서 그들 가운데로 지나서 가시니라.

새로운 사역을 하기 위해 새로운 지역에 온 사역자라면 누구나 자신이 사역할 사람들이 자신에게 거는 기대를 절감하게 마련이다. 많은 경우 이런 요구는 암묵적이고, 그들 스스로도 미처 의식하지 못한 채 깊이 박혀 있다. 사역자가 이런 기대를 얼마나 잘 감당하느냐에 성공 여부가 달려 있다. 사람들에게 끌려가도 안 되지만 무시해서도 안 된다. 사역을 유지하려고 각 개인의 기대로 잡탕을 만들어서도 안 되지만 기대를 무시해서도 안 된다.

예수님이 본격적으로 공적인 사역을 시작하시려고 갈릴리로 오셨을 때 그곳의 종교 지도자들은 수 세기 동안 이어 내려온 전통과 새 랍비들이 지켜야 할 수백 가지 규율을 가지고 있었다. 그들은 또한 메시아가 어떤 모습이며 무슨 일을 하실지에 대한 분명한 그림을

가지고 있었다. 그런 연유로 예수님이 대중들 앞에, 고향 회당의 연단에 등장하셨을 때 사역에서 첫 번째 난관에 부딪히셨다.

—4:14-15—

누가는 예수님의 공적인 사역을, 처음에는 예수님을 열렬히 환영했던 갈릴리에서의 활동을 요약하는 것으로 소개한다.

갈릴리라는 지명은 히브리어 *galil*에서 나왔는데 '반지', '원통', '원형'이라는 뜻이다. 그리스도가 오시기 수백 년 전에 그 지역은 이방 국가들에게 둘러싸여 있었는데, 그 시기에 *galil haggoyim*, 즉 '이방인들에게 둘러싸인'이라는 경멸적인 뜻의 명칭을 갖게 되었다(사 9:1, 마 8:23). 이 지역에 거주하는 유대인들은 사방에서 이방인들의 영향을 받았고, 결국에는 그들의 생활양식을 많이 받아들였다. 예수님 시대에 대한 요세푸스의 저서를 보면 그는 갈릴리 사람들을, "혁신을 좋아하고, 천성적으로 변화에 개방적이며, 폭동을 좋아했다"[2]고 묘사했다.

세례 요한의 이야기와 그가 메시아를 소개한 이야기는 당연히 예수님의 이야기보다 먼저 일어났다. 어떤 이들은 메시아를 열렬히 기다렸다. 또 어떤 이들은 로마를 전복시킬 지도자를 원했다. 여하튼 갈릴리 사람들은 예수님을 환영했는데, 아마도 그분에게서 그들의 운명을 역전시킬 잠재력을 보았기 때문일 것이다(요 6:15, 26 참고).

—4:16—

갈릴리 지역은 가르치고 사역할 기회가 많았다. 요세푸스에 의하면 "이곳의 도시들은 인구 밀도가 매우 높다. 비옥한 토양 덕택에 도처에 들어선 많은 촌락들은 사람들로 붐빈다. 제일 작은 촌락도 거주민들의 숫자가 15,000명을 웃돈다."[3] 예수님은 아마도 고향 나사렛의 회당에서 가르치기로 결정하시기 전에 길릴리에서 몇 주, 혹은 몇 달 동안 가르치고 병을 치유하는 사역을 하셨을 것이다.

누가는 예수님이 안식일에 빠놓지 않고 회당에 출석하셨다는 것을 강조한다. 그뿐 아니라 예수님은 성경 낭독도 하셨다.

회당의 예배는 몇 부분으로 구성된 정해진 의식에 따랐다. 축복 기도, 쉐마 낭송, 기도, 토라(율법) 낭독, 선지서 낭독과 해설. 유대교 성구집[4]에는 매 안식일마다 모세오경에서 읽어야 할 구절이 명시되어 있었다. 알프레드 에더샤임(Alfred Edersheim)에 의하면, "각 안식일마다 적어도 일곱 사람이 최소한 세 구절로 이루어진 각 부분을 읽도록 지명되었다. 첫 번째 낭독자가 시작하고 마지막 낭독자가 축도와 함께 끝냈다…율법을 낭독한 후에는 선지자들의 강론이 따랐다."[5] 후기 유대교 성구집은 선지서에서 그날 지정된 율법에 맞는 특정한 교훈을 할당했지만, 1세기의 회당들은 그렇게 했을 수도 있고 아닐 수도 있다. 예언을 낭독하는 영예를 얻은 사람이 읽고 설명할 구절을 선택하도록 했을 수도 있다.

—4:17-19—

이사야서가 예수님께 건네졌다는 사실은 낭독에 어느 정도 체계가 있었음을 시사한다. 여하튼 그분은 두루마리에서 우리에게 이사야 61장 1-2절로 알려진 구절-장과 절의 숫자는 당시에는 사용되지 않았지만-을 찾으셨다. 그런데 여기에 나오는 구절은 구약 성경 본문과 약간 다르다.

주 여호와의 영이 내게 내리셨으니 이는 여호와께서 내게 기름을 부으사 가난한 자에게 아름다운 소식을 전하게 하려 하심이라 나를 보내사 **마음이 상한 자를 고치며** 포로된 자에게 자유를, 갇힌 자에게 놓임을 선포하며 여호와의 은혜의 해와 우리 하나님의 보복의 날을 선포하여 모든 슬픈 자를 위로하되. (사 61:1-2)	주의 성령이 내게 임하셨으니 이는 가난한 자에게 복음을 전하게 하시려고 내게 기름을 부으시고 나를 보내사 포로 된 자에게 자유를, **눈 먼 자에게 다시 보게 함을 전파하며** 눌린 자를 자유롭게 하고 주의 은혜의 해를 전파하게 하려 하심이라. (눅 4:18-19)

히브리어로 된 구약 성경의 구절과 누가가 다시 들려준 낭독의 차이는 기술적인 것으로서, 내 동료인 대럴 보크가 그의 훌륭한 주해서에 잘 설명해놓았다.[6] 누가는 예수님의 낭독 전문을 요약했을 가능성이 높으며, 그 전문에는 앞의 구절과 밀접한 관계에 있는 이사야 58장 5절이 포함되어 있었을 수 있다. 어찌 됐든 예수님이 낭독을 그 구절에서 끝내기로 하셨다는 사실에 주목하자. 예수님은 "우리 하나님의 보복의 날"에서 낭독을 멈추셨다.

예수님은 은혜의 주제에서 낭독을 마치셨다. 그분이 초림하신 목적은 메시아에 대한 믿음을 통해 은혜로 주어진 구원의 복음을 선포하시는 것이었다. "보복의 날"은 곧 올 것이다. 분노의 날은 요한계시록의 예언대로 장차 닥칠 것이다. 그러나 주님은 죄에 대한 분노를 우선은 보류하셨다. 지금은 메시아를 구세주로 받아들이는 사람은 누구든지 자비를 얻을 수 있는 은혜의 시대다.

—4:20-22—

회당의 예법에 따라 예수님은 일어서서 성경을 읽으신 후 앉아서 가르치셨다. 갈릴리 일대에 퍼진 그분의 놀라운 기적과 권위 있는 가르침에 대한 이야기를 이미 들은 터라 앉아 있는 고향 사람들의 관심은 온통 그분께 쏠려 있었다. 예수님의 어머니, 형제자매들, 사촌들, 이웃들, 선생들 모두가 예수님이 무슨 말을 하실지 궁금해했다.

그분의 선포는 놀랍지 않았을 수도 있다. 그분은 자신이 이사야서에 예언된 메시아임을 분명하게 밝히셨다. 그러나 이 말은 요셉과 마리아가 자기들의 이야기를 누차 나눴던 터라 나사렛에서는 이미 그분에 대해서 많이 회자된 내용이었을 것이다. 뿐만 아니라 그분이 하신 사역에 대한 이야기는 갈릴리 사람들의 마음을 사로잡았다. 그럼에도 불구하고 거기 모인 군중들은 은혜에 대한 그분의 가르침을 의아해했다. 그들은 하나님의 보복은 잘 이해했다. 하지만 그분의 은혜는, 특히 성전에서 공공연히 부정이 저질러지고 있는 현실에서는 받아들이기 어려웠을 것이다.

누가는 사람들의 반응을 매우 긍정적으로 묘사한다. 그들이 놀란 것은, 작은 마을 사람들이 자기 마을 출신을 세상이 영웅으로 받드는 게 믿기지 않아서 고개를 흔드는 것과 비슷했다. 그들은 어리둥절하기도 하고 자랑스럽기도 한 감정이 교차된 시선으로 예수님을 바라보았다.

—4:23-24—

강사가 전지(全知)해야만 청중의 마음을 읽을 수 있는 것은 아니다. 예수님은 회중이 당혹감과 분노 사이에서 방황하고 있음을 알아채셨다. 예수님이 그들의 태도를 표현하기 위해 인용하신 잠언을 현대식으로 표현하자면 이렇다. "말한 대로 실천해라. 너나 잘해라!" 예수님 자신이 메시아이심을 주장하자 사람들은 그것을 증명해줄 것을 요구했다. 그들은 예수님이 다른 곳에서 행하신 기적에 대해 들었지만 그분의 초자연적인 능력을 직접 보고 싶어 했다.

예수님은 회피하지 않고 기적을 행하셨다. 그분은 두 가지 이유에서 갈릴리 전역에서 기적을 행하셨다. 첫째, 긍휼. 그분은 그들을 사랑하셨기 때문에 그들이 육체적, 정신적, 영적인 짐을 벗을 수 있게 치유해주셨다. 둘째, 입증. 예수님은 사람들이 그분의 말씀을 믿을 수 있는 명확한 이유를 주시려고 기적을 행하셨다. 각각의 기적은 '징표', 즉 그분의 신분에 대한 초자연적인 확인이었다. 무엇보다도 중요한 사실은 모든 기적이 그분이 주권적으로 선택하신 행위였지, 강요나 교묘한 조종으로 인한 것은 하나도 없었다는 점이다.

사람들이 예수님을 믿고 싶어서 찾아오면 그분은 그들의 결단을 확증해주는 '징표'를 주셨다. 사람들이 예수님을 거부할 이유를 찾기 위해 오면 그분은 그들이 찾는 것을 주셨다.

누가복음 2장 51절과 3장 1절 사이에 예수님은 어머니와 형제들과 함께 가버나움으로 거처를 옮기셨다(마 4:13, 막 2:1). 예수님이 새 거처에서 기적을 행하셨기 때문에 나사렛 사람들은—그분의 주장을 믿고 싶어서가 아니라 의심을 물리치기 위해서—나사렛에서도 징표를 보여주시기를 청했다. 그들의 부당한 요구를 예상하셨던 예수님은 그들의 반대를 되받아치셨다. 그분은 하나님의 사자들을 무시하고 학대하기까지 했던 이스라엘의 오랜 역사를 지적하셨다.

—4:25-27—

예수님은 자신의 쟁점을 예증하시기 위해-그리고 회의론자들이 자기들의 믿음이 부족한 것을 한층 더 정당화시킬 수 있도록-이스라엘의 역사 속에 존재하는 특별히 우울한 에피소드 두 개를 떠올리셨다. 예수님은 그분 특유의 "진실로 너희에게 이르노니"라는 구절을 사용하셔서 그다음에 나오는 말이 신빙성 있고 중요한 의미를 담고 있음을 나타내셨다(4:24, 12:37, 18:17, 29, 21:32, 23:43). 그리고 그다음에 온 것은 나사렛 사람들의 기질에 대한 매몰찬 비난이었다.

그분은 먼저 아합과 이세벨이 훗날 갈릴리와 사마리아로 불린 지역을 다스렸던 때를 회상하셨다(왕상 17:1-24). 그들은 잔혹하고 부패했던 것도 모자라 이스라엘 백성들에게 폭풍의 신 바알을 섬기게 했다. 지배층은 암묵적인 지지를 보냈던 데 반하여 하나님을 진심으로 믿는 자들은 침묵했다. 그러던 중 단 한 사람 엘리야만이 아합, 이세벨 그리고 바알의 제사장들에게 저항했다.

그들이 섬기는 폭풍의 신이 무능하다는 사실을 입증하기 위해 하나님은 3년 동안 가뭄이 들게 하셨고, 그 동안 엘리야는 주님을 의지해 필요를 공급받았다. 하나님은 그 선지자를 시돈에 사는 한 이방 여인에게 보내셨다. 그 여인은 식량과 물이 거의 바닥 난 상태였다. 엘리야를 통해 주님은 여인에게 약속하셨다. "나 여호와가 비를 지면에 내리는 날까지 그 통의 가루가 떨어지지 아니하고 그 병의 기름이 없어지지 아니하리라"(왕상 17:14). 그녀는 엘리야의 말을 믿고 그에게 방과 음식을 제공했고, 가뭄에서 살아남았다.

예수님은 또 엘리사의 일화-이스라엘 백성들의 목숨을 앗아갔던 피부병에서 고침을 받은 한 이방인 전사의 이야기-를 생각해내셨다.

예수님의 말씀은 나사렛 사람들의 심기를 매우 불편하게 만들었다. 유대인들은 피부병을 타락한 마음이 겉으로 드러난 것으로 생각했다. "나병"에서 깨끗함을 얻는 것은 죄에서 정결함을 얻는 것이었다. 더구나 예수님은 그 이방인이 믿음으로 유대인들이 얻지 못한 하나님의 총애를 얻었음을 빗대어 말씀하셨다. 1세기의 유대인들은 자신들이 조상 덕택에 편애를 받고 있다고-그래서 구원을 받았다고-믿었기 때문에 예수님의 가르침을 이단이라고 거부했다.

예수님의 말씀은 두 가지 이유에서 회중들을 모욕하셨다. 첫째, 예수님은 그 당시를 이스라엘 역사상 가장 암울했던 때에 비유하셨다. 둘째, 예수님은 유대인들에게 경멸받던 이방인들이 그분의 가르침과 치유 사역을 받을 자격이 더 있다고 말씀하셨다.

—4:28-30—

당연히, 나사렛 사람들은 격분해서 린치를 가하는 폭도들처럼 예수님을 거짓 선지자로 몰아 처형하려 했다(민 15:35, 신 13:5). 예수님이 "그들 가운데로 지나서 가"셨다는 것은 초자연적인 방법으로 도피하셨음을 암시한다. 누가는 그분의 도피에 대해 상세히 설명하지 않는다. 그것은 중요하지 않다. 아직 십자가의 때가 되지 않았기 때문에 예수님은 그들의 손아귀를 빠져나가셨다.

누가는 예수님이 공생애 초기에 겪으신 이 일을 사용해서 주님이 그분을 만난 사람들에게 얼마나 상반되는 영향을 미치셨는지 보여준다. 가난한 자들은 예수님을 열렬히 환영했던 반면 부요하고, 권력 있고, 편안하고, 자족감에 빠져 있는 자들은 그분을 완강히 거부했다. 그분의 고향 지도자들은 특별 대우를 기대했다. 그들은 유대인일 뿐 아니라 예수님을 "옛날부터" 알았기 때문이다. 그러나 예수님은 잘못을 바로잡으셨다. 메시아는 한 민족이나 또 다른 민족을 구원하기 위해 오시지 않았다. 그분은 구세주를 원하는 자들을 구원하기 위해 오셨다. 그리고 메시아가 예루살렘에서 다스리실지라도 전 세계가 그분의 영토이며, 그분을 왕이라고 부르는 사람은 누구라도 그분의 신하가 될 것이다.

적용

여론의 물살을 거스르기

여론이 당신에게 등을 돌릴 때 당신은 어떻게 하는가? 당신은 한쪽 편에 서 있다가 잘못이 아닌데도 사람들이 그다지 좋아하지 않는다는 이유로 다른 편에 섰던 적이 있는가? 친구들이 당신에게 등을 돌린 적이 있는가? 가족은? 동료들은? 당신이 물살을 거스르게 될 때 세

가지를 생각하라.

첫째, 놀라지 말라. 자연스러운 반응은 보통 이렇다. "그가 그렇게 말했다니 믿을 수 없어. 그들이 나를 그런 식으로 대하다니 놀랍군. 내가 그렇게 말했을 거라고 생각했다니 어이가 없군." 사람들이 당신에게 등을 돌리는 이유는 당혹스러울 수 있다. 그러나 그냥 있는 그대로 받아들이라. 인간은 본질적으로 이기적이다. 우리는 모두, 무엇이 중요한지 알려주고 그것을 빼앗을 것 같은 사람들에게 분개하는 변덕스러운 인간의 본성에 지배당하고 있다.

별로 놀랄 일이 아니다. 사실 노련한 지도자는 대중의 반발을 예상하는 방법을 터득하고 미리 대비한다.

둘째, 포기하지 말라. 누가는 예수님이 회당에서 회중이 일으켰던 폭동에 어떻게 대처하셨는지 말해준다. "예수께서 그들 가운데로 지나서 가시니라"(30절). 그분은 자신이 추진하시는 일을 한 집단이 방해하게 놔두지 않으셨다. 그분은 자신의 사명을 추진할 계획을 가지고 그들 사이를 빠져나가셨다. 그리고 이것이 바로 이 내러티브가 균형을 이루려고 하는 요지다.

포기하지 말라. 반대 의견에 귀를 기울이고 신중하게 생각해보라. 그러나 대중이 당신에게 반대한다고 해서 당신이 꼭 틀렸다고 생각하지 말라. 혹 중요한 사람들이 당신을 좋아하지 않더라도 당신이 하나님을 기쁘시게 하지 않고 있다는 뜻은 아니다. 당신이 택한 길이 옳다고 판단되면 그 길을 계속 가라.

셋째, 다른 길로 빗나가지 말라. 이야기는 단순하게 "예수께서…가시니라"(30절)로 끝난다. "가시니라"는 동사는 불완전 시제다. "예수께서 갈 길을 계속 가시니라." 그분은 단 한 번도 자신의 사명—십자가, 인류의 구원, 악의 정복, 아버지를 기쁘시게 하는 것—을 잊지 않으셨다.

에이브러햄 링컨 시절 국무 장관의 아들인 프레드 스워드(Fred Seward)는 링컨이 "인간 본성과 국가의 운명에 대해 따뜻하고 철학적인 관점"을 가지고 있었다고 언급했다. 그런 태도로 인해 링컨 대통령은 사람들에 대한 심판을 하나님께 맡기고, 사소한 다툼이나 무의미한 권력 다툼에 초연할 수 있었다. 훌륭한 지도자들은 필요하다면 분쟁에 참여한다. 그러나 나머지 시간은 그들이 옳다고 생각하는 것을 추구하면서 사람들에게 그들의 비전을 심어주는 일에 매진한다.

보통 사람들의 눈높이에 맞춘 사역(누가복음 4:31-44)

31갈릴리의 가버나움 동네에 내려오사 안식일에 가르치시매 32그들이 그 가르치심에 놀라니 이는
그 말씀이 권위가 있음이러라 33회당에 더러운 귀신 들린 사람이 있어 크게 소리 질러 이르되 34아 나
사렛 예수여 우리가 당신과 무슨 상관이 있나이까 우리를 멸하러 왔나이까 나는 당신이 누구인 줄
아노니 하나님의 거룩한 자니이다 35예수께서 꾸짖어 이르시되 잠잠하고 그 사람에게서 나오라 하시
니 귀신이 그 사람을 무리 중에 넘어뜨리고 나오되 그 사람은 상하지 아니한지라 36다 놀라 서로 말
하여 이르되 이 어떠한 말씀인고 권위와 능력으로 더러운 귀신을 명하매 나가는도다 하더라 37이에
예수의 소문이 그 근처 사방에 퍼지니라

38예수께서 일어나 회당에서 나가사 시몬의 집에 들어가시니 시몬의 장모가 중한 열병을 앓고 있
는지라 사람들이 그를 위하여 예수께 구하니 39예수께서 가까이 서서 열병을 꾸짖으신대 병이 떠나
고 여자가 곧 일어나 그들에게 수종드니라

40해 질 무렵에 사람들이 온갖 병자들을 데리고 나아오매 예수께서 일일이 그 위에 손을 얹으사
고치시니 41여러 사람에게서 귀신들이 나가며 소리 질러 이르되 당신은 하나님의 아들이니이다 예수
께서 꾸짖으사 그들이 말함을 허락하지 아니하시니 이는 자기를 그리스도인 줄 앎이러라

42날이 밝으매 예수께서 나오사 한적한 곳에 가시니 무리가 찾다가 만나서 자기들에게서 떠나시
지 못하게 만류하려 하매 43예수께서 이르시되 내가 다른 동네들에서도 하나님의 나라 복음을 전하
여야 하리니 나는 이 일을 위해 보내심을 받았노라 하시고

44갈릴리 여러 회당에서 전도하시더라.

나는 교실에서 배우는 타입이 아니다. 나는 학교에서 공부를 잘했다. 열심히 공부하고, 집중하고, 과제물도 제때 내고, 좋은 성적을 받고, 시험 성적도 꽤 좋았다. 그런데도 나는 교실에서 보낸 시간이 제일 큰 배움의 시간이었다고 생각하지 않는다. 나는 전문가들을 관찰할 때 제일 많이 배운다. 나는 선생님들을 고맙게 생각하지만, 나에게 필요한 건 시간을 내 노하우를 보여줄 멘토다. 하나님의 은혜로 나는 당대 최고의 멘토들로부터 배울 수 있는 특권을 누렸다.

누가의 내러티브에서 이 부분은 세 단락으로 구성된 그리스도의 공적인 사역의 도입부 가운데 세 번째 단락이다. 첫째 단락(15-16절)은 간략하게 예수님의 활동을 요약한다. 둘째 단락(17-30절)은 그분이 메시아로서 가지신 사명의 범위- 구세주를 원하는 자들을 구원하시는 것-를 명시한다. 셋째 단락(31-44절)은 예수님이 어떻게 사역하셨는지를 구체적인 예

를 들어 보여준다. 얼마나 훌륭한 사역 모델인가! 예수님은 사실상 기독교 사역을 정의하는 네 가지 활동을 친히 보여주셨다. 하나하나 살펴볼 때 반복해서 나타나는 권위의 주제에 주목하라.

그분은 진리를 가르치셨다(31-32절).
그분은 악에게 대항하셨다(33-37, 41절).
그분은 긍휼의 본을 보이셨다(38-40절).
그분은 힘을 회복하셨다(42-44절).

—4:31-32(진리를 가르침)—

예수님께 적대감을 보였던 고향 나사렛을 떠나 가버나움에서 시작하신 사역은 성공적이었다. 가버나움으로 가는 길은 말 그대로 높은 곳에서 낮은 곳으로의 여정이었다. 나사렛은 해발 350미터에 위치했고, 가버나움은 그보다 200미터 아래에 있는 갈릴리 호수 옆에 있었다. 예수님은 지리적으로는 '하강'하셨지만 사역은 상승하셨다. 누가의 어법은 예수님이 가버나움에서 토요일마다 여러 차례 가르치셨고, 사람들은 그분의 가르침에 계속 '놀랐음'을 나타낸다. "가르치심"과 "놀라니"라는 구절은 모두 불완전 시제로서, 어떤 일이 계속 되고 있거나 반복적인 행위를 나타낸다. 다시 말해 그분은 그곳에서 시종일관 가르치기를 멈추지 않으셨다.

사람들은 당시로서는 독특한 예수님의 교수법에 놀랐다. 누가는 예수님의 가르침에 "권위"가 있었다고 썼는데, 여기서 누가가 사용한 헬라어는 '자유롭게 선택한'이라는 뜻이다. 이 단어는 왕이나 재판관의 주권적이고 권위 있는 결정을 나타내는 데 사용된 용어다(참고 눅 12:5, 행 1:7, 롬 9:21, 유 25절). 마가는 이에 상응하는 이야기를 이렇게 기술했다. "그가 가르치시는 것이 권위 있는 자와 같고 서기관들과 같지 아니함일러라"(막 1:22, 밑줄 나의 강조). 월터 리펠드(Walter Liefeld)의 말을 빌리자면, "랍비들은 대부분 전승에 바탕을 두고 전임자들의 생각을 인용하면서 가르쳤다."[7] 안식일마다 사람들은 학자들이 단조로운 목소리로 이렇게 말하는 것을 들었다. "아무개 랍비가 말한 바에 의하면…그런데 여기에 반대하는 아무개 랍비는 말하기를….” 예수님은 인간의 전통에 의거해서 가르치지 않으셨다. 그분은 본문의 저자가 말하듯 직접 하나님의 말씀을 가지고 가르치셨다. 누가는 “그 말씀”(*ho logos autou*)이라는 말로 이 점을 강조한다.

예수님은 하나님이시라는 특이한 이점을 마음껏 누리셨다. 책의 저자만큼 그 책을 잘 설명할 수 있는 사람은 없다. 그러나 누가의 요지는 그것이 아니었을 것이다. 예수님의 가르침이 그렇게 권위가 있었던 이유는 그분이 특정 학파나 다른 명망 있는 선생들의 의견에 의지하지 않고 본문 자체에 의거해서 가르치셨기 때문이다. 주해서, 고전어 사전 같은 성경 해석을 도와주는 자료들은 유용하기는 하지만 성경 자체를 대신해서는 안 된다. 또한 예수님은 단지 성경 말씀의 의미를 이해하고 있는 인간의 입장에서만 성경을 가르치신 것도 아니었다. 그분은 시대를 초월하는 구약의 원칙들을 삶으로 사셨다. 그분은 한 인간으로서 몸소 체험하신 것을 가지고 하나님의 말씀을 설명하셨다. 이렇게 그분은 우리에게 귀감이 되는 교사이시다.

Wikimedia Commons

가버나움 회당

—4:33–37, 41(악을 대적함)—

누가는 주님이 귀신들린 남자를 만나신 이야기 속에서 권위의 주제를 전개시킨다. 마침 이 이야기는 누가의 내러티브에 등장하는 최초의 기적이기도 하다.

한번은 "더러운 귀신 들린 사람"이 예수님과 함께 회당에 있었다. 누가는 예수님과 그 사람이 어떻게 만났는지 설명하지 않지만 그의 기술을 보면 그 귀신들린 사람이 예수님을 보고 놀랐음을 알 수 있다. "우리가 당신과 무슨 상관이 있나이까"라는 구절은 하나의 헬라어 단어 *ea*를 번역한 것인데, 이 단어의 의미에 대해서는 논쟁이 분분하다. "내버려 두라"는 동사의 명령형일 수도 있고, "아!"처럼 일반적으로 분노나 경악의 감정을 분출하는 표현일 수도 있다. 고전 시에서는 후자의 경우가 흔할 뿐 아니라 누가는 정통 교육을 받은 것으로 보이므로 나는 감탄사 쪽의 손을 들어준다.

사람들은 예수님의 정체를 이해하거나 받아들이기 힘들어했지만 마귀는 그렇지 않았

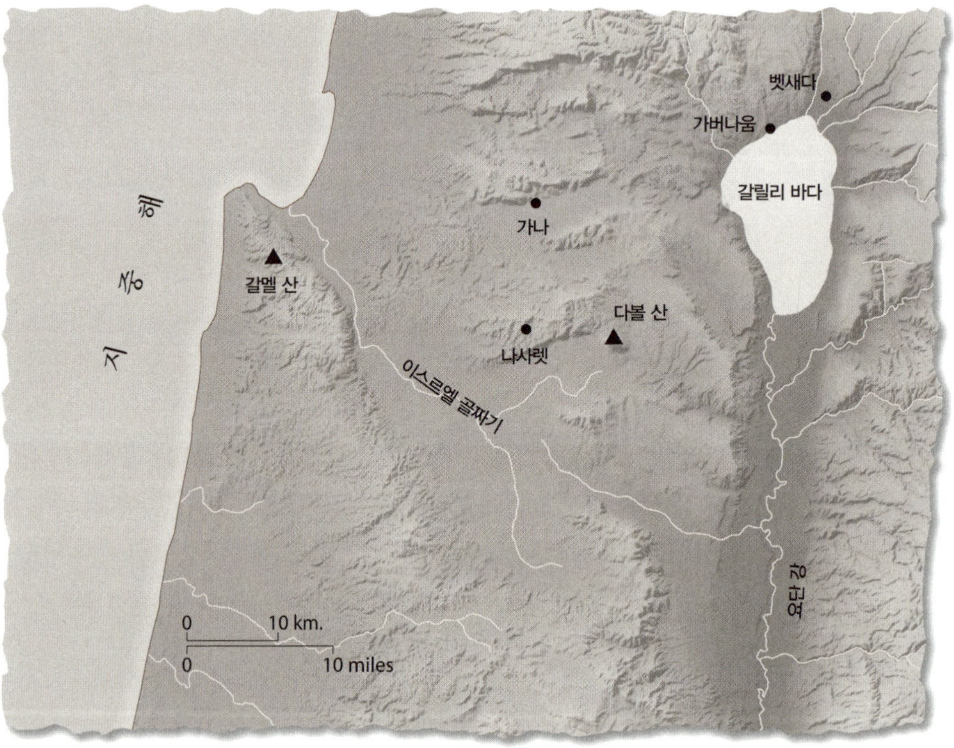

갈릴리 호수와 주변 지역

묵상의 서재

사탄에 대한 현대인의 생각

귀신 숭배는 장난도 아니고 허구도 아니다. 그것은 실제다. 그럼에도, 많은 기독교 신학자들과 선생들은 행여나 자기들이 미신적이거나 비이성적으로 보일 것이 두려워 그 주제에 접근하기를 꺼린다. 우리는 과학의 시대에 살고 있다. 갈릴레오 갈릴레이, 요하네스 케플러, 아이작 뉴턴 같은 사람들–한결같이 창조주에 대한 독실한 신자였던–이 신화와 미신을 자연에 대한 합리적인 관점으로 대체한 덕택이다. 그들은 하나님이 우주를 질서정연하고 역학적으로 창조하셨으므로 우주에 존재하는 거의 모든 만물은 과학적 탐구에 의해 설명될 수 있다고 믿었다. 그러나 때로 그들은 너무 멀리 나갔다. 그 후로 과학계는 그들의 공식에서 하나님을 제거했고, 현재 우리는 영적인 악–사탄과 그의 부하들의 활동–에 대한 개념을 과거의 무지에서 나온 수치스러운 유물로 생각하도록 배운다.

오늘날에는 안타깝게도 지적이고 이성적인 사람들이 악마에 대해 달리 생각할 이유가 전혀 없다. 영화와 텔레비전은 사탄을 소재로 한 영화를 만들거나 사탄을 놓고 우스갯소리를 한다. 반문화적인 반항아들은 사탄을 이상화시킨 후에 그것이 일으키는 분노 뒤에 숨는다. 부족 문화는 지금도 고대 주술로 사탄을 불러내고 자질구레한 장신구로 액막이를 한다. 설상가상으로 선의의 그리스도인들은 악이란 악은 모두 사탄의 직접적이고 초자연적인 활동 탓으로 돌린다.

그러니, 이런 모든 허튼소리를 듣고 어떤 정신이 말짱하고 이성적인 사람이 사탄과 그의 마귀들의 존재를 믿겠는가?

솔직히 나는 사람들이 사탄의 공로를 너무 많이 인정하는 경향이 있다고 생각한다. 저주받고 타락한 세상에 질병, 마약 그리고 모기–확신컨대–가 있는 것이 당연하듯, 환경적인 재앙은 발생할 수밖에 없다. 생각해보면, 인간 고통의 대부분은 다른 인간들로부터 온다. 마귀를 탓할 필요가 없다. 죄로 가득 찬 우리는 어느 누가 영향을 주지 않더라도 능히 악을 행할 수 있다.

그렇다 해도 귀신 숭배는 허구도 아니고 장난도 아니다. 그것은 실제다. 그러나 두려워할 필요는 없다. 악마의 능력은 하나님 앞에서는 시들어버린다. 그리고 그리스도는 곧 다시 오신다!

다. 그의 외침 속에 드러난 예수님의 구체적인 신분에 주목하라. 나사렛 예수, 하나님의 거룩한 자. "하나님의 거룩한 자"라는 명칭은 공식 명칭은 아니지만 사탄의 정체와는 주목할 만한 대조를 이룬다. "거룩한" 것은 성별-하나님을 섬기는 특별한 일에 쓰이기 위해 구별된-된 것인 반면, 마귀는 부정하고 용납할 수 없으며 하나님의 뜻에 맞서는 일에 헌신했다. 누가의 언어는 이 양극단의 만남을 부각시킨다. 말 그대로 하나님의 화신이 악의 화신과 맞닥뜨렸다. 아이러니하게도 그들은 회당에서 마주쳤다. "우리가 당신과 무슨 상관이 있나이까?"라는 질문은 헬라어 관용어에서 나온 말로, "우리에게 무슨 공통점이 있는가?"라는 뜻이다(수 22:24, 삿 11:12, 삼하 16:10, 19:22, 왕상 17:18, 왕하 3:13, 참고 마 27:19, 막 5:7, 눅 8:28, 요 2:4). 마귀는 예수님께 "꺼지라"든지 "간섭 말라"는 말을 이런 식으로 전달했다. 또한 "우리를 멸하러 왔나이까?"라는 질문은 야유와 경멸을 표현하는 수사적인 표현이다.

그렇게 소리를 질러대면서 마귀는 그리스도의 권위 앞에서 무력함을 드러냈다. 주님은 명령하셨고 마귀는 순종했다.

다시 한 번 사람들은 주님의 '권위'에 '놀라움'으로 반응했다. 그분의 메시지(*logos*)와 그분의 능력(*exousia*)은 단순히 회당에서의 가르침에서 끝나지 않고 지옥의 세력을 압도했다. 유한한 인간도 권위를 갖고 가르칠 수는 있을 테지만 이 남자의 권위는 악을 압도했다. 다른 선생들은 악의 발흥을 나무랐지만 이 남자는 악을 제자리로 돌려보냈다.

—4:38-40(긍휼을 나타내심)—

예수님은 또다시 권위를 행사하셨다. 이번 대상은 시몬의 장모가 걸린 병이었다. 누가의 내러티브는 이 일이 회당에서 귀신을 쫓아낸 직후에 있었음을 명시한다. 예수님은 친구들의 요청을 받고 그 여인의 열병을 고쳐주시려고 시몬의 집으로 가셨다. 오늘날 열병은 보통 처방전 없이 살 수 있는 약으로 쉽게 치료되는, 그냥 좀 성가신 병에 불과하다. 그러나 당시에는 열병을 앓는 사람이 금방 낫기도 하고 느닷없이 죽기도 했다. 그 당시 열병은 오늘날로 치면 혼수상태처럼 예측이 불가능한 경우를 상징했다.

예수님이 열병을 "꾸짖으신대"(35절과 같은 단어다) 귀신이 그랬던 것처럼 열병도 떠났다. 시몬의 장모는 회당의 남자처럼 그 즉시 나음을 입었다. 누가의 병렬은 의도적이다. 그는 주님이 의인화된 악(악마)과 악의 문제(인간의 고통)에 대해 권위를 가지셨으며, 둘 다 그분의 말씀에 복종했다는 것을 입증하기 위해 애썼다.

누가는 그 안식일에 예수님이 행하셨던 다른 일들을 요약하면서 두 사건을 부각시킨다. 엑소시즘과 치유는 단발적인 사건이 아니었다. 예수님은 그 기적을 귀신 들린 사람들과 병약자들에게 여러 차례 행하셨다. 손을 얹는 행위는 권위를 나타내는 몸짓으로서 축복을 하거나 권한을 위임할 때 흔히 쓰였다(창 48:13-14, 민 8:10, 27:18, 신 34:9, 행 6:6, 8:17, 딤전 4:14, 딤후 1:6). 더구나 예수님은 신적 권위를 가지고 마귀들을 꾸짖으셨다.

"해 질 무렵"(40절)이라는 구절은 예수님이 안식일이 끝난 후에 병을 치유하셨음을 분명히 밝힌다. 유대인들은 해가 질 때까지는 돌아다니거나 물건(또는 사람)을 나를 수 없었다(막 1:32 참고). 예수님은 그날 밤 내내 악과 싸우시면서 위로와 치유를 받으러 찾아온 사람들을 순전히 사랑 때문에 다 받으셨다.

누가는 악에 대한 주님의 권위를 강조할 의도였지만 그분의 긍휼도 간과해서는 안 된다.

—4:42-44(힘을 회복하심)—

사역자라면 누구나 이 부분에 예시된 주님의 권위에 감사할 것이다. 그리고 사역자라면 모름지기 그분의 본을 따를 수 있는 지혜가 있어야 한다!

긍휼 사역을 하는 틈틈이, 아무리 인기가 치솟아도, 예수님은 사역을 "떠나" 호젓한 곳에 "가셨다." 악의 횡포에서 놓이기를 갈망하는 사람들이 예수님의 주의를 끌기 위해 아우성을 치며 그분을 찾아와 긍휼을 베풀어달라고 졸라대는 와중에도, 그분은 공적인 사역에서 물러나셨다. 인간이 되시면서 그분은 전능함을 위시한 다른 신성을 자발적으로 사용하기를 포기하셨다. 인간의 육신은 지친다. 그러면 휴식을 취해야 한다. 예수님은 당신의 육체적 · 정신적 · 감정적 · 영적 쇄신의 필요를 인지하셨다.

예수님은 인간이 되시면서 무소부재하신 속성도 버리셨다. 예수님이 가버나움의 필요를 다 채우시려면 10년도 모자랄 판이었는데 다른 도시의 사람들도 예수님을 필요로 했다. 누가는 이 부분을 "유대의 회당들"(저자가 사용한 영어 성경 NASB의 경우 "synagogues of Judea"로 표현됨-편주)에서 펼치신 주님의 사역을 요약하면서 끝맺는다. "유대"는 엄밀히 말해 이스라엘의 남부 지역-북쪽으로 갈릴리와 사마리아와 구별되는 그 사이에 위치한-이지만 누가는 나라 전체를 의미했을 가능성이 높다. 다시 말해 이 경우 "유대"는, 다른 곳에서 특정한 지명으로 사용했던 것(1:39, 65, 2:4, 3:1, 5:17, 21:21)과는 달리, "유대인의 땅"으로 생각해야 한다(참고 6:17, 7:17, 23:5).

누가는 그의 내러티브를 연대순이 아니라 지리적으로 구성하고 있지만, 예수님은 공적 사역의 초기부터 이스라엘 전역에서 사역하셨다.

적용

사역의 기본 요소

훌륭한 코치는 기본기의 중요성을 안다. 기본기란, 제대로만 발휘되면 어김없이 승리로 이어지는 경기의 기초다. 미식 축구에서 기본기는 블록킹, 태클, 깔끔한 스내핑, 정확한 핸드오프나 포워드 패스 등이다. 야구에서 공을 칠 때는 공에서 눈을 떼지 않고, 부드럽고 침착하게 배트를 휘두르고, 공을 따라가듯 팔을 끝까지 쭉 돌리는 것이 기본기다. 골프의 핵심은 스윙이다. 어느 쪽을 봐야 할지를 알고 일정한 스윙 실력을 갖추면 골프를 잘 할 수 있다.

예수님은 기독교 사역을 네 개의 기본 요소로 요약하셨다.

- 진리를 가르침(31-32절)
- 악을 대적함(33-37, 41절)
- 긍휼을 나타냄(38-40절)
- 힘을 회복함(42-44절)

진리를 가르침. 오늘날의 사역자들에게 있어서 진리를 가르치는 것은 참으로 큰 도전이며 또한 중대한 일이다. 나는 수많은 교회 성장 지침서들을 보았고, 마음이 약해졌을 때는 거기에 나오는 몇 가지 전략들을 시행해볼 생각도 했다. 원칙적으로 나는 비즈니스 세계에서 조언을 얻는 것에 대해 거부감이 없다. 실제로 일부 교회들은 기업에서 유용한 교훈을 얻을 수 있었다. 그러나 양들은 뛰어난 사업 계획을 가진 목자에게 모이지 않는다. 양들은 목자가 그들을 돌보고 양식이 있는 곳으로 인도하기 때문에 목자를 따른다. 사역에서 '양식'은 하나님의 말씀에서 나온 진리다.

어떤 형태의 사역이든 사역하는 이들은 누구라도 성경을 가르치고, 시대를 초월한 원칙들을 끌어내어 사람들이 배운 것을 적용하도록 이끌어야 할 책임이 있다. 이런 책임은 당연히 목사, 교사, 선교사, 전도사들에게 적용되지만 반드시 그들에게만 해당되는 것은 아니다. 상담자, 예배 인도자, 작가, 군목 등 사람들과 접촉하는 사역을 하는 사람들이라면 누구에게라도 적용된다.

악을 대적함. 예수님은 종종 귀신을 쫓으셨는데, 그것은 악과 맞닥뜨리신 가장 극적인 형태였다. 예수님은 사람들을 악의 손아귀에서 풀어주시면서 여러 형태로 악과 대면하셨다. 그분은 병든 육신을 치유하셨고, 그릇된 가르침을 나무라셨으며, 이기적인 욕심을 채우기 위해 악을 행한 자들에게 대항하여 정의를 위해 싸우셨다. 또한 그분은 무력한 이들을 위해 정의를, 잊혀진 자들을 위해 자비를 구하셨다. 우리는 그분처럼 초자연적인 능력은 없지만 악에게 대항할 수 있는 그분의 권위를 가지고 있다. 그 권위에는 책임이 수반된다. 사역은 모든 형태의 악에 맞서고 악이 패하는 것을 보기 위해 우리의 안위를 내놓아야 한다.

디트리히 본회퍼는 기독교 사역의 이 측면을 진지하게 받아들였다. 그는 몇몇 사안에 대해 아돌프 히틀러를 공개적으로 반대했는데, 가장 유명한 것은 1933년 그 미치광이가 독일의 수상으로 취임한 지 이틀 후 행한 라디오 연설이었다. 1938년까지 그는 신변에 대한 위협과 강제 징병의 가능성 때문에 대서양 건너 안전한 뉴욕에 있는 유니온 신학교의 교수직을 수락했다. 그러나 그의 양심은 침묵하지 않았다. 1939년 7월 그는 친구에게 다음과 같은 글을 썼다.

> 내가 미국에 온 것은 실수였다네. 나는 우리 나라가 역사적으로 어려운 이 시기를 독일의 그리스도인들과 함께 감내해야 하네. 내가 우리 국민과 이 시련의 시대를 함께 하지 않으면 전쟁이 끝난 후 그들의 삶을 재건하는 데 참여할 자격이 없을 거야…. 독일의 그리스도인들은 잔인한 양자택일의 기로에 처할 것이네. 기독교 문명이 살아남기 위해 고국의 패배를 바라든지, 아니면 고국의 승리를 바라고 그로 인해 우리의 문

명이 파괴되든지 둘 중 하나를 택해야 할 거야. 나는 어느 쪽을 택해야 할지 알고 있지. 그러나 그 선택은 내 안전을 담보로 한다네.[8]

그는 마지막 배편으로 독일로 돌아왔다. 그리고 그는 공공연히 아돌프 히틀러를 비난하고 그를 제거하려는 음모에 가담했다는 이유로 결국 교수형을 당했다.

우리 대부분은 악과 맞선다고 해서 생명을 잃게 되지는 않을 것이다. 그렇다 해도 악에게 저항하는 것은 안전하지도 편리하지도 않다. 당신이 지금 앉아 있는 곳과 멀지 않은 곳에서 악은 고통을 야기하고 계속 퍼뜨린다(분명 이 글을 읽으면서 마음속에 떠오르는 무엇 또는 누군가가 있을 것이다). 아마도 당신이 속한 공동체 사람들은 그 악에게 대항하기 위해 힘을 합했을 것이다. 어쩌면 이제 그들과 함께할 때가 됐는지도 모른다. 또는 당신이 사역을 이끌고 있다면 당신이 가진 자원을 끌어모아 다른 사람들을 참여시켜 행동에 나서라.

긍휼을 나타냄. 긍휼이 필요한 사람을 멀리서 찾을 필요가 없다. 가난, 질병, 범죄, 무지 또는 자연재해로 인해 고통당하고 있는 사람들을 구호하는 기관을 찾기 위해 멀리 갈 필요가 없다. 그들은 "도움을 주고 싶은데요, 무엇이 가장 도움이 되는 일인가요?"라는 말을 들으면 기뻐할 것이다.

당신이 사역의 지도자로서 새로운 계획을 시작하는 데 과도하게 주의를 빼앗기고 있다면 인근에 있는 기독교 기관과 관계를 맺고 사람들에게 도우라고 권면하라. 이런 기관들은 교회의 지원과 협력을 환영할 것이다.

힘을 회복함. 사역은 만만치 않은 일이다! 사역은 사랑의 수고다. 당신이 주님을 섬기는 일에 종사하도록 부름받고 훈련받았다면 고무적인 일이다. 하지만 지나치게 많은 사역에 관여하고 있다면 지치는 건 시간 문제다. 정기적으로 즐기고, 휴식을 취하고, 쉬고, 원기를 회복할 시간–휴가, 안식년 등을 위시해서–을 따로 떼어놓지 않으면 머지않아 사역에 큰 도움이 되지 못할 것이다. 비록 몸은 현장에 있을지라도 점점 효율적이지 못하게 될 것이다. 당신은 어느 정도일 때 과부하가 되는지 말할 수 있을 만큼 당신 자신에 대해 잘 알아야 한다. 그리고 이것이 어려운 부분인데, 당신이 한계를 정하도록 도와줄 수 있는 가까운 사람의 관점을 신뢰하라.

대중은 절대 당신이 하는 일이 충분하다고 생각하지 않을 것이다. 당신을 비난하는 자들은 당신의 쉬는 시간을 아까워할 것이다. 당신이 자신을 위한 시간을 가지면 게으르다거나 헌신적이지 않다는 말을 들을 것이다. 대부분의 사람들은 당신이 그들의 필요를 채워주지 못해야 비로소 당신이 얼마나 많은 일을 하고 있는지 깨닫기 때문이다. 그들은 당신이 일주일 내내 쉬지 않고 일한다는 것을 대체로 모르고 있다.

서두르지 마라. 떠나라. 중요한 회의 시간을 예정하듯 휴식 시간도 정해놓고 지키라. 결국에는 당신이 섬기는 사람들이 일주일에 어떤 요일, 어떤 시간에는 당신을 만날 수 없다는 사실을 받아들이게 될 것이다. 실제로, 당신이 스스로를 건사하는 것을 보고 그들도 당신을 보살피는 것을 배울 것이다. 그리고 당신이 빨리 에너지를 다 고갈시키지 않았기 때문에 더 많은 햇수를 섬길 수 있게 된 것을 고마워할 것이다.

예수님과 함께한 고기잡이(누가복음 5:1-11)

1무리가 몰려와서 하나님의 말씀을 들을새 예수는 게네사렛 호숫가에 서서 2호숫가에 배 두 척이
있는 것을 보시니 어부들은 배에서 나와서 그물을 씻는지라 3예수께서 한 배에 오르시니 그 배는 시
몬의 배라 육지에서 조금 떼기를 청하시고 앉으사 배에서 무리를 가르치시더니 4말씀을 마치시고 시
몬에게 이르시되 깊은 데로 가서 그물을 내려 고기를 잡으라 5시몬이 대답하여 이르되 선생님 우리들
이 밤이 새도록 수고하였으되 잡은 것이 없지마는 말씀에 의지하여 내가 그물을 내리리이다 하고 6그
렇게 하니 고기를 잡은 것이 심히 많아 그물이 찢어지는지라 7이에 다른 배에 있는 동무들에게 손짓
하여 와서 도와 달라 하니 그들이 와서 두 배에 채우매 잠기게 되었더라 8시몬 베드로가 이를 보고 예
수의 무릎 아래에 엎드려 이르되 주여 나를 떠나소서 나는 죄인이로소이다 하니 9이는 자기 및 자기
와 함께 있는 모든 사람이 고기 잡힌 것으로 말미암아 놀라고 10세베대의 아들로서 시몬의 동업자인
야고보와 요한도 놀랐음이라 예수께서 시몬에게 이르시되 무서워하지 말라 이제 후로는 네가 사람을
취하리라 하시니 11그들이 배들을 육지에 대고 모든 것을 버려 두고 예수를 따르니라.

이따금 주님은 우리를 놀라게 하시며 즐거워하신다. 그럴 때 그분은 불가능한 상황을 축하의 시간으로 바꾸는 걸 특히 흐뭇해하시는 것 같다. 우리가 두 손을 번쩍 들고 희망을 버렸을 때, 더 이상 아무것도 할 수 없고, 에너지가 소진되고, 아이디어가 고갈되고, 창의력을 상실했을 때, 떠나는 것만이 남아 있는 유일한 선택인 것 같을 때 주님은 기적을 이루신다.

사도 바울은 이런 일을 여러 차례 경험하면서 하나의 패턴을 발견했다. 더 이상 선택의 여지가 없을 때 최선이 일어난다. "나에게 이르시기를 내 은혜가 네게 족하도다 이는 내 능력이 약한 데서 온전하여짐이라 하신지라 그러므로 도리어 크게 기뻐함으로 나의 여러 약한 것들에 대하여 자랑하리니 이는 그리스도의 능력이 내게 머물게 하려 함이라 그러므로 내가 그리스도를 위하여 약한 것들과 능욕과 궁핍과 박해와 곤고를 기뻐하노니 이는 내가 약한 그 때에 강함이라"(고후 12:9-10, 밑줄 나의 강조).

예수님은 이것을 제자 훈련의 첫 번째 원칙으로 삼으신다. 대부분의 경우 멘토는 제자가 독립할 수 있도록 교육시킨다. 제자들은 배우면서 점점 스승에게 덜 의존하게 되다가 마침내 스스로 독립할 수 있는 지식을 습득하게 된다. 그런데 예수님이 제자들을 가르치신 방법은 달랐다. 그분은 제자들이 스승에게 점점 의존하도록 가르치셨다. 주님이 행하신 최초의 의존 교육은 제자들을 부르실 때, 즉 그들의 불가능성이 주님에게는 깜짝 선물을 주실 수 있는 기회가 되었던 때 시작되었다.

—5:1-3—

누가의 헬라어 용법은 4장 44절과 5장 1절 사이에 휴지기가 있었음을 나타낸다. 그 기간은 몇 시간이었을 수도 있고 몇 달이었을 수도 있는데, 확인된 바는 없다. 4장 44절의 요약문이 딱히 오랜 시간이 흘렀음을 의미하지는 않는다. 실은 이 일이 바로 그 다음 날 일어났다고 생각할 만한 이유가 있다. 즉, 예수님은 밤새 병자들을 고치시고나서(4:40-41) 미리 정해놓은 곳으로 쉬러 가셨다가(42절), 군중들에게 발각되셨고(42절), 가버나움 인근에서 사역하시기 위해 돌아오셨다(5:1). 불행히도 점점 늘어나는 군중들 때문에 예수님의 사역의 효율성이 점점 떨어지게 되었다. 그래서 예수님은 주변 환경을 이용하셨다. 호수와 배를 보신 예수님은 즉석에서 원형 강의실을 만들기로 하셨다.

누가의 원독자들은 누가가 묘사한 이 광경에 함축되어 있는 의미를 이해했을 것이다. 어부들이 그렇게 이른 새벽에 그물을 씻고 있었다는 것은 십중팔구 심해 낚시에 쓰이는 저인망으로 밤새 고기를 잡았다는 뜻이다. 그들이 별 소득 없이 밤새 일하는 동안(누가가 밝힐 테지만), 예수님은 밤새워 수많은 사람들을 구원하셨다. 어부들은 아무 소득이 없었지만,

예수님은 끌어모으신 사람들의 수를 헤아리기조차 힘들었다.

예수님이 시몬의 배를 택하신 이유는 아마도 전날 저녁에 그의 집에서 치유 사역을 하셨기 때문인 듯하다(4:38). 예수님은 육지에서 가까운 곳에 닻을 내리고 앉아서–통상적으로 가르칠 때 취하시는 자세–가르치기 시작하셨다. 물가에 수백 명–혹은 수천 명–이 그분의 말씀을 듣기 위해 늘어서 있을 때, 이른 아침 갈릴리 호수의 잔잔한 수면 위로 그분의 목소리가 퍼져나갔다.

주님에게서 멀지 않은 거리에 땀에 흠뻑 젖은 채 기진맥진한 시몬이 앉아서 듣고 있었다.

—5:4–7—

나는 예수님이 시몬의 배에서 사람들에게 무엇을 가르치셨는지 참으로 궁금하다. 제자도를 가르치셨을까? 혹 개인의 운명을 성취하는 기쁨에 대해서였을까? 아니면 필요를 채우시는 하나님을 믿는 것에 대해서였을까? 어쨌거나, 주님은 시몬에게 배를 깊은 곳으로 가져가라고 지시하셨다.

"깊은 데"로 번역된 헬라어는 '깊이'라는 단순한 의미를 가진 *bathos*다. 그런데 고대 헬라어 작가들은 이 단어를 '위대함'이나 '불가사의'라는 뜻을 비유적으로 표현하는 데 자주 사용했고, 누가의 멘토인 바울도 그랬다(참고 롬 8:39, 11:33, 고전 2:10, 엡 3:18). 예수님은 어부들이 헛수고를 했던 바로 그곳으로 돌아가라고 요구하셨다.

예수님은 한술 더 떠 시몬에게 "그물을 내려 고기를 잡으라"고 지시하셨다. 이런 저인망은 배 한 척만으로는 펼치고 끌어올릴 수 없었기 때문에 주님은 전원이 다 함께하라고 하셨다. 우리는 신약 성경의 다른 곳에서 시몬과 그의 형제 안드레의 어업이 번성하고 있었고(마 4:18), 요한과 그의 형제 야고보와 자주 동업을 했나는 것(눅 5:10)을 알고 있다. 고용인으로 일하는 사람들도 도왔겠지만 누가는 무리를 대표해 여러 번 말한 시몬에게 초점을 맞추었다.

어부들은 밤새 빈 그물을 끌어올린 후였기에 주님의 명령이 특히 짜증스러웠을 것이다. 그럼에도 불구하고 시몬은 마치 두 사람이 알고 지낸 사이였던 것처럼 예수님을 "선생님"이라고 부르면서 시키는 대로 했다(눅 4:38, 요 1:41–42). 누가는 이방인 청중들이 의미를 몰랐을 “랍비” 대신 “선생님”이라는 명칭을 사용한다.

시몬의 생각에 이것은 헛수고였다. 고기들은 낮 시간에는 서늘한 심해로 내려간다. 그는 물고기들이 먹이를 찾아 수면으로 올라오는 밤에 고기를 잡아야 한다는 사실을 알고 있었다. 그런데 그물을 던진 지 얼마 되지 않아 시몬은 그물의 맨 위쪽이 찢어질 듯 팽팽해진 것을 보았다. 시몬은 미친듯이 호통을 치며 지휘를 하고, 선원들은 툴툴거리고, 허둥대고, 그러다 끙끙대며 그물을 끌어올렸을 때 그의 태도가 돌변하는 모습은 보기에도 우스웠을 것이다. 물고기 무게 때문에 첫 번째 배가 물에 가라앉으려고 하자 두 번째 배가 구출하러 달려왔다. 마침내 양쪽 배의 선원들은 조심스럽게 뭍으로 배를 저어갔다. 배들은 무게 때문에 물 위로 보일락 말락 할 지경이었다.

이 이야기는 실제 일어난 일을 서술하고 있지만 누가는 예수님의 의도를 따라간다. 예수님이 이 기적을 행하신 것은 호숫가에 있는 사람들을 위해서가 아니라 시몬과 그의 동업자들을 위해서였다. 예수님은 실물 교육을 통해 선의와 열심만으로는 충분하지 않다는 것을 가르치셨다. 오직 주님만이, 그렇지 않으면 헛될 인생을 풍성하게 만들어주실 수 있다.

—5:8—

주님의 실물 교육을 본 시몬은, 아마 처음으로, 예수님이 단순히 능력 있는 선지자나 초자연적인 능력을 가진 치유자가 아니라 인간을 초월하는 존재이심을 깨닫고 무릎을 꿇었다. 시몬은 하나님의 임재를 목격했다. 그는, 하나님을 만났을 때 두려움에 몸이 굳어버린 다른 한 사람이 그랬듯 예수님의 발 앞에 엎드려 경배했다. 구약의 선지자 이사야는 이렇게 말했다. “화로다 나여 망하게 되었도다 나는 입술이 부정한 사람이요 나는 입술이 부정한 백성 중에 거주하면서 만군의 여호와이신 왕을 뵈었음이로다 하였더라”(사 6:5). 두 사람 모두 하나님을 직접 만났을 때 일어날 결과를 알고 있었다. 죄로 가득 찬 인간은 하나님의 거룩한 현존 앞에서 목숨을 부지할 수 없다. 시몬은 자신이 죄로 얼룩진 인간임을 알았기에 예수님을 두려워했다.

—5:9-10—

다시 한 번, 누가는 사람들의 반응을 놀랐다는 말로 표현한다. 우리의 연약함이 드러날 때 하나님이 그 상황을 지배하시면 사람들은 놀란다. 대부분의 경우 그것에 대해 아무런 설명이 없기 때문에 하나님이 행하시는 예기치 못한 일과 개입은 참으로 장엄해 보인다.

자신들의 메시아 앞에서 떨고 있던 어부들은 그들의 삶이 영원히 변화될 말씀을 들었다. "무서워하지 말라 이제 후로는 네가 사람을 취하리라"(10절). "취하다"로 번역된 헬라어는 문자적으로는 '생포하다'라는 뜻이다. 바울은 이 표현을 사탄에게 "사로잡혀" 그의 조종을 받는 사람들을 표현하는 부정적인 의미로 사용한다(딤후 2:24-26). 이와는 반대로 예수님은 시몬을 위시한 다른 사람들에게 하나님 아버지의 뜻을 행하기 위해 사람들을 낚게 될 것이라고 약속하셨다.

—5:11—

그날 제자들은 전례 없이 고기를 많이 잡았지만, 그렇다고 주님께 동업자가 되어달라고 청하지 않았다. 그들은 예수님이 그들에게 엄청나게 많은 고기를 낚게 하면서 가르치신 원칙을 이해했다. **나와 함께라면 너희는 못할 일이 없다. 나와 함께하지 않으면 너희가 하는 모든 일은 허사가 될 것이다.** 이 진리를 받아들일 준비가 되자 그들은 하나님의 부르심에 응답했다. 그들은 그 자리에서 그물을 내던지고, 모든 것을 뒤로하고 떠나서 수제자가 되라는 주님의 초대를 수락했다.

이 대목을 읽는 사람들 가운데는 안전에 대한 두려움 때문에 예상치 못한 하나님의 선물을 받지 못하는 이들도 있으리라는 걸 나는 안다. 그리고 그 생각을 하면 나는 슬퍼진다. 시몬과 그의 동료들은 자기들이 노력해서 얻을 수 있는 것에 만족하며 얕은 곳에 남아 있지 않았다. 얼토당토않게 그들은 이상하고, 이치에 맞지 않는(인간의 관점에서 볼 때) 일, 노련한 어부라면 당연히 거부했을 일을 하라는 주님의 명령에 순종했다. 그들은 하루 중 고기를 잡기에는 부적절한 시간에 부적절한 지점인 호수의 깊은 곳으로 배를 저어 갔다. 그들이 내린 믿음의 결단을 보시고 예수님은 기적을 베푸셨다. 모든 불가능 속에서 호수와 물고기와 어부들의 하나님은 제자들에게 깜짝 선물을 주시려고 피조물에 대한 신적 권위를 행사하셨다.

나는 우리가 주님의 명령에 대해 안전을 추구하고, 자신의 전문 지식에 의지하며, 불가능성만 보느라 얼마나 많은 깜짝 선물을 놓치는지 궁금하다. 시몬, 안드레, 야고보, 요한은, 그날이 이제껏 고기잡이를 해온 이래로 가장 큰 수확을 올린 날이었지만, 그것에 마음이 흔들리지 않았다. 그날, 그들은 예수님이 어디로 인도하시든, 무엇을 하라고 명하시든, 그분을 따르기로 마음먹었다. 그곳이 물이 더 깊은 곳이어도.

적용

물이 깊을 때 기억해야 할 것들

나는 성경의 이 멋진 대목에 기록된 그리스도의 사역에서, 우리가 감당할 수 없는 상황에 처해 있을 때 마음의 안정을 유지하는 데 도움이 되는 교훈을 여섯 가지나 찾아냈다.

예수님은 홀로 사역하지 않으셨다. 예수님은 전능자로서 못할 일이 없으셨지만 의도적으로 다른 사람들을 참여시키셨다. 그분은 배를 깊은 곳으로 저어 가실 수 있었지만 제자들이 배를 젓게 하셨다. 직접 그물을 내리실 수 있었지만 제자들이 그물을 내리게 하셨다. 하나님의 능력으로 물고기들을 한 팔로 끌어올리실 수 있었지만 베드로와 다른 어부들이 물고기를 끌어올리게 하셨다. 예수님은 장차 사역에서 쓰임받을 그들의 모습을 보여주시려고 제자들에게 그런 임무를 위임하신 것이다. "이제 후로는 <u>네가</u> 사람을 취하리라"(10절, 밑줄 나의 강조).

예수님께는 우리의 도움이 필요하지 않다. 그분이 우리를 부르시고 그분의 뜻을 성취하기 위해 힘써 일하라고 하시는 이유는 우리가 필요해서가 아니라 우리와 함께 승리를 누리시기 위해서다. 그리고 그 안에는 큰 위로가 있다. 우리가 그분의 사역에 동참할 때 그분은 기꺼이 우리와 함께 성공의 열매를 나누신다. 지금이 아니라면 훗날에라도.

예수님은 친숙한 것을 사용해 놀라운 일을 행하신다. 예수님은 제자들의 삶의 터전에서 그들을 만나셨다. 그분은 제자들을 천국의 언저리로 데려가지 않으시고, 그들에게 친숙한 고기잡이를 하는 일터로 가서 배를 타셨다. 그리고 그들의 그물과 기술을 사용하게 하셨고, 그들의 일을 하게 하셨다. 하지만 친숙한 것을 사용해 그들이 평범한 일에서 눈을 들어 그분의 능력으로 성취할 수 있는 것을 보게 하셨다.

눈에 보이는 것은 안전하다. 그러나 예수님은 우리가 당신을 신뢰할 수 있도록 눈에 보이지 않는 위험성으로 우리를 옮기신다. 얕은 물에서는 아무 일도 되지 않는다. 예수님은 깊은 물속에서 물고기들을 불러내어 사람들이 물가에서 물고기를 퍼올리게 하실 수 있었지만 그러지 않으셨다. 그분은 어부들에게 깊은 곳으로 배를 저어 가게 하신 후 그물을 내리라고 하셨다. 그곳은 큰 물고기들이 있는 곳이 아니었다. 그들은 이미 그곳에서 고기를 낚았지만 아무것도 잡지 못했었다. 예수님은 어부들이 순종할 이유를 보지 못해도 당신을 신뢰하기 바라셨다.

예수님은 때때로 그물이 찢어지고 배가 가득 찰 정도로 우리의 신실함에 보답하신다. 바다에서 잔뼈가 굵은 그들이었지만 아무도 한 번에 그렇게 많은 고기를 잡는 것은 꿈도 꾸지 못했다. 그들은 배가 거의 가라앉을 정도로 순종에 대한 보상을 받았다. 하나님이 사역에 손을 얹으시면 그 가능성은 상상을 초월한다. 우리는 간혹 그것을 언뜻 보게 되는데 그때 영적 지도자들은 까무러칠 정도로 놀라게 된다. 그들은 묻는다. "하나님이 우리를 무슨 일에 끌어들이고 계시는 걸까?" "우리는 이 상황을 감당할 수 없다. 성장을 멈출 수가 없다. 부흥이 수그러들 기세가 보이지 않는다. 사람들의 삶이 변화되고 있다. 내적 치유가 일어나고 있다."

예수님은 우리가 그분의 인도하심을 따를 때까지 깜짝 놀랄 일들을 숨기신다. 모든 것이 평소와 다름없었다. 베드로는 앉아서, 아마도 간간이 졸기도 하면서 주님의 가르침을 들었다. 그때 예수님이 그에게 그물을 또 던지라는 신호를 보내셨다. 베드로는 기적이 일어날 아무런 낌새도 느끼지 못했다. 물에서 빛이 나지도 않았다. 배 위로 후광 같은 것도 전혀 없었다. 예수님이 만지면 따끔거리는 그물을 하늘에서 가져오신 것도 아니었다. 베드로는 밤새 타고 있던 배를 저어 갔고, 텅 비어 있던 그 그물을 사용했다. 놀라운 일은 어부들이 말씀에 순종해 배를 깊은 곳으로 가져가 그물을 내렸을 때 일어났다. 그제야 비로소 그들은 주님의 기적을 보았다.

예수님은 기꺼이 안전을 포기하는 자들에게 목적을 드러내신다. 베드로와 다른 제자들이 주님의 명령에 순종해 그분의 기적을 체험한 후에야 예수님은 그들을 향해 가지고 계신 더 큰 계획을 보여주셨다. 믿음의 계단을 하나씩 올라갈 때마다 하나님의 계획이 더 많이 보였다. 그러나 그들은 먼저 주님을 신뢰하는 '모험'을 해야 했다.

위대한 행위, 강건한 믿음, 크신 하나님(누가복음 5:12-26)

12예수께서 한 동네에 계실 때에 온 몸에 나병 들린 사람이 있어 예수를 보고 엎드려 구하여 이르되
주여 원하시면 나를 깨끗하게 하실 수 있나이다 하니 13예수께서 손을 내밀어 그에게 대시며 이르시되
내가 원하노니 깨끗함을 받으라 하신대 나병이 곧 떠나니라 14예수께서 그를 경고하시되 아무에게도
이르지 말고 가서 제사장에게 네 몸을 보이고 또 네가 깨끗하게 됨으로 인하여 모세가 명한 대로 예
물을 드려 그들에게 입증하라 하셨더니 15예수의 소문이 더욱 퍼지매 수많은 무리가 말씀도 듣고 자기
병도 고침을 받고자 하여 모여 오되 16예수는 물러가사 한적한 곳에서 기도하시니라

17하루는 가르치실 때에 갈릴리의 각 마을과 유대와 예루살렘에서 온 바리새인과 율법교사들이 앉
았는데 병을 고치는 주의 능력이 예수와 함께 하더라 18한 중풍병자를 사람들이 침상에 메고 와서 예
수 앞에 들여놓고자 하였으나 19무리 때문에 메고 들어갈 길을 얻지 못한지라 지붕에 올라가 기와를
벗기고 병자를 침상째 무리 가운데로 예수 앞에 달아 내리니 20예수께서 그들의 믿음을 보시고 이르시
되 이 사람아 네 죄 사함을 받았느니라 하시니 21서기관과 바리새인들이 생각하여 이르되 이 신성 모
독 하는 자가 누구냐 오직 하나님 외에 누가 능히 죄를 사하겠느냐 22예수께서 그 생각을 아시고 대답
하여 이르시되 너희 마음에 무슨 생각을 하느냐 23네 죄 사함을 받았느니라 하는 말과 일어나 걸어가
라 하는 말이 어느 것이 쉽겠느냐 24그러나 인자가 땅에서 죄를 사하는 권세가 있는 줄을 너희로 알게
하리라 하시고 중풍병자에게 말씀하시되 내가 네게 이르노니 일어나 네 침상을 가지고 집으로 가라
하시매 25그 사람이 그들 앞에서 곧 일어나 그 누웠던 것을 가지고 하나님께 영광을 돌리며 자기 집으
로 돌아가니 26모든 사람이 놀라 하나님께 영광을 돌리며 심히 두려워하여 이르되 오늘 우리가 놀라운
일을 보았다 하니라.

"네 하나님은 너무 작다!"

이 네 마디의 말은 작고한 영국 작가 J. B. 필립스(Phillips)가 쓴 책의 수수한 파란색 표지를 장식하고 있는 말이다. 이 말을 듣는 순간 나는 머리 속에서 벽돌 더미가 와르르 무너져 내리는 것 같았다. 나는 당시 신학생이었는데, 거의 4년 동안 하나님의 말씀을 사람들에게 전하기 위한 준비를 해온 터라 내 세계는 강의 계획표로 축소되어 고작해야 캠퍼스 하나와 방 세 개짜리 아파트를 아우를 정도였다. 내 소망은 아내와 요람의 아기와 곧 세상에

나올 또 다른 아기 안에 머물러 있었다. 내 인생의 유일한 목표는 몇 주 안에 졸업하는 것이었다.

우리의 세계가 그렇게 작아지면 당신이 섬기는 하나님도 커지지 못한다. 그리고 필립스의 책이 내 시야를 넓혀줄 때까지 나는 하나님이 얼마나 작아지셨는지 미처 깨닫지 못했다. 나는 하나님이 품고 계셨던 향후 50년 간의 계획을 상상조차 하지 못했다!

가이사 디베료, 헤롯 안디바, 본디오 빌라도, 안나스 그리고 가야바의 시대에 이스라엘의 하나님은 깐깐하게 선행을 헤아리고 악행에 대해서 점수를 감하는 옹졸하고 한심한 율법주의자로 졸아드셨다. 그분은 사람들도, 그들의 고통도 아랑곳하지 않고 다만 그들이 자기를 기쁘게 할 수 있는 일에만 관심을 가진 분으로 폄하되셨다. 여러 면에서, 전능하신 창조주는 이스라엘의 통치자들과 같아지셨다. 설상가상으로, 백성들에게 하나님에 대해서 가르치도록 교육받고 위임받은 자들이 더 이상 하나님을 그들이 가진 문제들보다 더 크신 분으로 보지 않았다.

그러나 예수님은 이 모든 것을 바꾸기 위해 세상에 오셨다. 그분은 자신의 능력을 살짝 보여주시는 것으로 시작해 점차 자신이 가지신 권위의 전모를 보여주셨다. 이 특별한 날, 어떤 이들에게 하나님은 더 큰 존재가 되셨다. 그러나 안타깝게도 모두에게 그런 것은 아니었다.

—5:12–13—

첫 제자들을 모집하신 예수님은 치유하고 가르치는 사역을 계속하셨다. 예수님이 어디에 계셨는지는 정확하지 않다. 멀리 유대 남부 지역이거나 아니면 시몬이 기적으로 고기를 잡았던 장소에서 도보로 몇 시간 거리에 계셨을 수도 있다(11절). 어찌 됐든 변화가 있었다. 예수님의 사역–적어도 누가에 의하면–은 한 문둥병자와의 조우를 기점으로 완전히 새로운 국면을 맞이했다.

누가는 그를 “온 몸에 나병 들린” 사람이라고 묘사한다. 그 남자는 오늘날 한센병이라고 불리는 병이거나 아니면 헬라인들이 문둥병이라고 불렀던 10여 가지 피부병 가운데 하나에 걸렸을 수도 있다. 무엇이 되었든 피부병은 일종의 풍토병이라는 사실을 우리는 알지만, 고대인들은 문둥병을 내부적인 불결함이 표출된 것이라고 생각했다. 특히 유대인들에게 이런 육체적 부정함은 죄라는 더 심각한 문제를 수반했다. 따라서, 문둥병에서 낫는 것은 치유된 것이 아니라 정결해진 것이었다.

그 남자는 헬라어 문법학자들이 '제3 조건문'이라고 설명하는 조건절로 예수님께 간청했다. 제3 조건문은 화자가 '만약'으로 시작되는 조건문의 내용이 사실인지 아닌지 모른다고 간주한다. 그 문둥병자는 예수님의 능력을 의심하지 않았다. 하지만 사람들로부터 겪은 과거의 경험-특별히 종교 지도자들- 때문에 그는 주님이 그를 깨끗하게 해주실 의향이 있는지 의심했다. 그는 "고쳐주시든 고쳐주시지 않든 원망하지 않습니다"라는 의미로 도움을 요청한 것이었다. 그는 아무것도 바라지 않았다. 그는 하나님과 흥정을 하거나 자신의 상태를 정당화하려고 하지 않았다. 그는 그저 주님께 자신의 필요를 내어놓고 무엇이 됐든 예수님이 주시는 것을 기꺼이 받아들이려고 했다.

예수님은 그 일을 하실 마음이 있는 정도가 아니라 상상할 수 없는 일을 행하셨다. 그분은 손을 내밀어 세상 사람들이 만져서는 안 된다고 내쫓았던 그를, 말 그대로 만지셨다. 다른 경우에는 예수님이 그냥 말씀하시면 기적이 일어났다. 적어도 한 번은 30킬로미터 밖에서 병을 고치신 적도 있다(요 4:46-54). 그런데 이번에는 마치 "네가 걸린 병도 내가 너를 품는 것을 막지 못한다"라고 말씀하시는 듯 그 문둥병자의 병든 피부를 만지셨다.

만지심. 기적. 그리고 그 남자의 삶은 영원히 바뀌었다.

—5:14-16—

예수님의 사역은 기적과 가르침 사이에서 신중하게 균형을 이루어야 했다. 그렇지 않으면 온갖 그릇된 이유를 가진 온갖 그릇된 사람들이 몰려들 것이었다. 예수님은 철저히 비밀을 유지하려 하시지는 않았지만 그 남자가 중요한 것에 초점을 맞추기 바라셨다. 주님이 설명하신 두 구절 속에 그분의 의도가 드러나 있다. "모세가 명한 대로"라는 말은 예수님이 문둥병자였던 그가 성경의 율법을 지킨 후(레 14:1-32) 온전해진 모습으로 사회에 복귀하기 원하셨음을 보여준다. "그들에게 입증하라"는 말은 그 남자가 병을 치유받고 삶이 회복된 것을 사람들에게 말하라는 독려였다. 뿐만 아니라 이 사건은 특별한 일이 벌어지고 있는 성전의 중심부에 직접 한 가지 메시지를 전달할 것이다. 랍비들은 전통적으로 문둥병자를 치유하는 것은 죽은 자를 살리는 것만큼이나 어려운 일로 여겼는데,[9] 이는 아마도 이 병을 육체적으로 나타난 죄의 결과로 보았기 때문일 것이다.

그 사람이 주님의 지시대로 했든 안 했든-나는 어쩐지 그가 했다고 생각된다-예수님에 대한 소식이 "퍼지자"(불완전 시제) 수많은 무리가 "모여 왔다"(역시 불완전 시제). 급기야 예수님은 휴식하고, 생각하고, 기운을 차리고, 재충전하시기 위해 공적인 삶에서 물러나셔야 할 필요를 느끼셨다.

—5:17—

치유된 문둥병자의 증언을 통해 예수님이 성전에 보내신 메시지는 의도한 목표를 이루었다. 이로 인해 예수님이 당신의 가르침과 치유 사역에 중요한 한 차원을 더하실 수 있는 준비가 되었다. 여기까지 오면서 당신은 일정한 패턴이 있다는 사실을 눈치챘을 것이다.

- 가르치는 권위(4:14-32, 40)
- 귀신을 쫓아내는 권위(4:33-37, 41)
- 병을 치유하는 권위(4:38-39, 5:13)
- 자연을 다스리는 권위(5:1-11)

이 특별한 날은 예수님이 사역하셨던 여느 날들과 다르지 않았다. 대중은 그분의 가르침을 듣고 그분이 병자들을 고치시는 것을 보려고 몰려들었다. 그러나 이날 군중 가운데는 이스라엘 전역에서 온 선생들과 성직자들이 섞여 있었다. 심지어 예루살렘의 최고위 종교 지도자, 정치적 · 종교적 엘리트들이 의심의 여지 없이 문둥병자를 깨끗케 한 그 남자를 보기 위해 왔다.

—5:18-19—

예수님이 유대인들이 좋아하는 성경 말씀-모세오경, 선지자들의 예언, 지혜서-을 가르치고 계실 때 일단의 사람들은 반신불수가 된 친구를 위해 치밀한 전략을 세웠다. 그들은 예수님의 치유 능력에 대해 들었지만 죄로 인해 천벌을 받는 사람에게 자리를 양보할 리 없는 바리새인들과 종교 선생들 무리에 둘러싸여 집 한가운데 앉아계신 것을 보고 실망했다.

그때 그들은 약간의 창의력을 발휘했다. 그들은 바깥으로 나 있는 계단을 올라가 예수님 머리 바로 위쪽 지붕으로 가 기와를 들어내기 시작했다. 얼마 지나지 않아 온 몸이 마비된 남자를 실은 들것이 천천히 내려왔다.

—5:20-21—

예수님은 그 전신마비 환자와 친구들의 믿음을 보시고 그를 돕기로 작정하셨다. 그들은 예수님이 모든 병을 다스리는 권세를 가지셨다고 믿었기에 예수님 앞에 친구를 데려오기 위해 상상하기 힘든 일을 했다. 학자들이나 바리새인들과는 달리 그 이름 모를 친구들이 믿는 하나님은 어떤 질병이나 장애도 못 고치실 것이 없는 크신 하나님이었다.

숱한 사람들이 전에도 예수님이 병을 고치시는 것을 목격했다. 요컨대, 손만 대시면 그는 그 자리에서 완쾌되었을 것이다. 그런데 이번에는 예수님이 색다른 말을 하셔서 군중들을 어리둥절하게 만드셨다. 그것은 너무나 놀라운, 너무나 충격적인 말이었다. "이 사람아 네 죄 사함을 받았느니라."

선생들과 종교 관계자들은 예수님의 선포에 담긴 엄청난 의미를 단박에 알아채고는 예수님을 "신성 모독자"라고 불렀다. 헬라어 *blasphēmos*는 누군가를 저주하거나 중상하거나 경멸한다는 뜻이다. 신성 모독이란 말은 타인의 가치를 무시하거나 경멸하려는 의도로 사용되었다. 유대인 지도자들은 하나님을 욕하는 자들에게 이 말을 사용했다. C. S. 루이스는 종교 지도자들이 화가 날 수밖에 없었던 이유를 설명한다.

> 이 말을 한 사람이 하나님이 아니라면, (죄를 용서하는 것)이야말로 어처구니가 없어

웃음이 나올 정도로 황당무계한 말이 아닐 수 없습니다. 우리가 알다시피 용서라는 것은 해를 입은 사람이 해를 끼친 사람에게 베푸는 것입니다. 즉, 여러분이 제 발을 밟았을 때 제가 여러분을 용서하는 것이고, 여러분이 제 돈을 훔쳤을 때 제가 여러분을 용서하는 것입니다. 그런데 자기 발을 밟히지도 않았고 돈을 도난당하지도 않았으면서 다른 사람의 발을 밟고 돈을 훔친 당신의 죄를 용서해주겠노라고 선언하는 사람이 있다면, 과연 어떻게 생각해야 할까요? 그것은 아무리 완곡하게 표현한다 해도 얼간이짓이라고 말할 수밖에 없는 행동입니다. 그런데 예수가 바로 그런 행동을 한 것입니다. 그는 사람들에게 그들의 죄가 용서받았다고 선언했으며, 그들의 죄로 피해를 입은 이들의 의견을 구하지 않았습니다. 그는 일말의 망설임도 없이 스스로 가장 큰 피해를 입은 당사자인 양 행동했습니다. 이것은 그가 정말 하나님일 경우에만 이해될 수 있는 행동입니다. 모든 죄는 하나님의 법을 깨뜨리며 그의 사랑에 상처를 입히는 것이기 때문입니다. 그러나 하나님이 아닌 존재가 이런 말을 했다면, 역사에 등장했던 그 어떤 인물보다 우스꽝스럽고 자만에 찬 짓을 했다고 볼 수밖에 없습니다.[10]

바리새인

'바리새인'이라는 단어의 의미는 '구분된 자'라는 뜻일 가능성이 높다. 많은 사람이 유대교의 이 분파가 다니엘과 세 친구로부터 유래되었다고 본다. 다니엘과 세 친구는 그들을 잡아간 자들의 음식을 먹지 않았고(단 1:8-19), 포로 생활을 하는 동안 왕을 신으로 섬기기를 거부했다(단 3:1-30). 약속의 땅에서 쫓겨나고 성전으로부터도 단절된 그들은 아브라함의 자손 된 정체성을 지키기 위한 수단으로 율법에 집착했다. 그러나 600여 년이 지난 후, 이 존경스러운 애국심과 율법에 대한 헌신은 새로운 양상을 띠게 되었다.

바리새인들은 동료 유대인들에게 존경을 받는 긴밀한 형제애를 가진 정치적·종교적 파당이 되었다. 그들은 꼼꼼한 성경 해설자였고, 일상생활에 율법의 보편적 원칙을 적용하는 데 매진했다. 예를 들어 율법에는 모든 이스라엘 사람은 육신의 휴식과 영혼을 새롭게 하기 위해 일주일의 7일째 되는 날을 따로 떼어놓아야 한다고 명시되어 있다(출 20:10-11). 바리새인 랍비들은 모든 사람이 어떻게 그 율법을 적용해 마땅한 방식으로 '쉬어야' 하는지 알 수 있도록 긴 금지 목록을 첨가했다. 훗날, 바리새인들에게 언어로 전승된 이 금지 목록은 『미쉬나』(Mishnah)라는 문서로 보존되었다. 『미쉬나』에는 안식일 준수 규정만도 무려 24장이 포함되어 있다.

종교적인 것으로 말하자면 바리새인들을 따를 자가 없었다. 아무도 그들처럼 할 수 없었다!

이렇게 예수님은 점점 늘어나는 신적 특권의 목록에 '죄를 사하는 권위'를 더하셨다. 예수님이 성경 전문가들과 종교 지도자들이 집 안을 가득 채울 때까지 기다리셨다 그렇게 하셨다는 것에 주목할 필요가 있다!

—5:22-23—

앞에서 언급했듯이(4:23-24), 노련한 강사는 초자연적 능력이 없어도 청중들을 파악하고 그들의 반대를 예상할 수 있다. 그러나 누가의 언어는 예수님이 초자연적 능력으로 종교 지도자들의 생각을 읽으셨음을 넌지시 내비친다. '알다'로 번역된 헬라어는 일반적으로 지적인 이해를 일컫는다. 그러나 예수님은 짐작컨대 초자연적 지식이 없이는 알 수 없는 '그들 마음속' 생각에 특별히 주목하셨다.

'생각'이라는 헬라어 단어에서 영어의 '대화'라는 단어가 나왔다. 예수님은 방 안에 둘러앉은 종교 전문가들 마음속에서 일어나고 있는 대화를 감지하셨다. 그들의 신학적 반대는 만약 예수님이 하나님이 아니셨다면 설득력이 있었을 것이다. 그래서 예수님은 흥미로운 도전으로 그들이 우려하는 바를 직접 다루셨다. 예수님의 질문은 정교한 논리를 이용하고 있다.

예수님은 물으셨다. "어느 말이 쉽겠느냐?(눈으로 확인하는 것이 필요 조건이 아니라면)" 이 질문에 답하자면, 사기꾼의 경우 "네 죄 사함을 받았느니라"고 말하는 것이 더 쉬울 것이다. 왜냐하면 아무도 그가 틀렸음을 입증하거나 그에게 책임을 지울 수 없기 때문이다. 실제로 죄가 사해졌는지 아닌지 누가 알겠는가? 그 주장은 아무도 입증할 수도 반증할 수도 없다. 치유되지 못하면 그 사람의 무능력이 드러날 것이므로 사기꾼이 중풍병자에게 "일어나 걸으라"고 명령하는 것이 더 어려운 일이다.

그러나 만약 어떤 사람이 만물에 대해 궁극적인 권세를 가지고 있다면 둘 중 어느 말이든 똑같이 쉽게 말할 수 있을 것이다. 따라서 더 하기 어려운 말에 대해 눈에 보이는 증거를 제시하면 죄를 사하는 권세와 중풍병을 치유할 수 있는 권세를 모두 입증하게 되는 것이다.

—5:24-25—

사람들이 예수님의 질문에 대답할 겨를도 없이 그분은 한층 더 난해해 보이는 발언으로 모든 신학적 반박을 일축하셨다. 그리고 그분의 행위에 담긴 의미를 아무도 놓치지 않도록 이렇게 말씀하셨다. "그러나 인자(즉, 너희 앞에 앉아 있는 남자)가 땅에서 죄를 사하는 권세가 있는 줄을 너희(복수, 즉 방 안에 가득 찬 신학자들)로 알게 하리라…내가 네(단수, 즉 중풍병자)게 이르노니 일어나."

누가의 내러티브에서 예수님이 "인자"라는 호칭을 사용하신 것은 이때가 처음이다. 인자라는 호칭은 유대교 신학에서 지극히 메시아적 의미를 담고 있는 것이며, 누가가 특히

"인자"

예수님은 스스로를 "인자"로 자주 일컬으셨는데, 이는 구약 성경의 토양 속에 각별한 의미로 깊이 뿌리내리고 있는 명칭이다. 첫째, 예수님은 연약하고 깨지기 쉬운 당신의 인간성에 주의를 돌리실 때 이 명칭을 사용하셨다(욥 25:6, 시 8:4, 144:3, 146:3, 사 51:12, 참고 마 26:41, 막 14:38). 에스겔은 이 명칭을 무려 90번이나 사용했는데, 대부분이 자신의 인간적 연약함을 표현하는 경우였다(예를 들어 겔 2:1). 예수님은 인간이셨고, 인간의 고통, 그 중에서도 특히 십자가에 달리는 고통을 당하셨다.

더 중요한 것은, 이것이 다니엘이 환상 중에 본 메시아에게 붙인 명칭이라는 점이다. 다니엘 7장 1-14절에 기록된 환상은 인류 역사를, 네 마리의 무시무시한 짐승으로 상징되는 네 개의 거대한 제국으로 약술하고 있다. 그는 하나님, 즉 "옛적부터 항상 계신 이"가 결국 이 세 제국을 쓸어버리고 세상을 직접 통치하실 것을 예언했다. 그때 "인자 같은 이"라고 표현된 초인적인 영웅이 "옛적부터 계신 이"에게 왕으로 세상을 다스릴 권세, 즉 세상에 대한 영원한 통치권을 받으실 것이다.

예수님 당시의 유대인들은 구약의 예언 곳곳에 나타난 메시아의 이중적 이미지를 이해하려고 애썼다. 예를 들어 이사야는 메시아를 정복하는 왕이면서 희생적인 순교자, 즉 자기 백성을 구하기 위해 죽을 자이면서 그들의 왕으로 영원히 다스릴 자로 묘사했다. 어떻게 메시아는 인간이면서 동시에 초인간일 수 있을까? 어떻게 메시아는 죽고서도 영원히 다스릴 수 있을까? 이 불가사의한 수수께끼를 놓고 많은 신학자들은 어쩌면 메시아는 두 사람이어서 한 사람은 '고난받는 종'으로 죽고, 그 첫 번째 메시아가 되살아난 다른 메시아가 왕 중의 왕으로 다스릴 것이라고 추측했다.

실제로 메시아는 '하나님의 아들'이자 '인간의 아들'-한 사람 안에서 섞이거나 혼동되지 않고 온전히 결합된 신성과 인성-이시다. 메시아는 하나님이시므로 초인간이시다. 메시아는 또한 온전한 인간이시다. 누가는 예수님의 탄생 이야기를 통해 그분의 신성을 확립하려고 애썼던 데 반하여 그의 복음서는 주님의 인간으로서의 정체성을 강조한다. 그래서 "인자"라는 명칭이 누가의 기술 속에 26번 나오는데, 그때마다 늘 그분이 가진 메시아로서의 신분이나 그분이 성취하러 오신 사명에 특별히 주목했다.

선호했다. 인자라는 말은 듣는 사람에게 예수님은 우리와 같은 인간이시지만 우리를 위해 위대한 일을 성취하러 오셨다는 사실을 상기시켜준다. 그분은 인간이시지만 인간 이상이시다. 그분의 권세는 하나님에게서 온다.

주님의 명령이 떨어지기 무섭게 그 중풍병자는 일어나 자기가 누워 있던 들것을 들고 "하나님께 영광을 돌리며"-이것이 중요하다-그곳을 떠났다. 그는 위대하고 크신 하나님에 대한 믿음을 가지고 예수님께 나아왔고, 더 크신 하나님에 대한 믿음을 가지고 걸어 나갔다.

—5:26—

누가는 이 에피소드를 학자들과 바리새인들, 신학자들과 종교 지도자들을 위시한 사람들의 반응을 묘사하는 요약문으로 마무리한다. 누가가 기록하지 않은 것은 기록한 것만큼이나 중요하다. 그들은 모두 "열광했고"(문자적 번역) 하나님께 영광을 돌렸다. 예수님이 원하신 것이 이것이었다. 아들이신 그분은 순종함으로써 아버지께 영광을 돌리기 위해 오셨다. 그러나 5장 8-10절에 나오는 시몬과 그의 동료들과 달리 여기서 사람들이 두려워한 구체적인 이유는 분명하지 않다. 시몬은 예수님의 신성을 알아보고 그에 대한 반응으로 예수님의 발 앞에 엎드려 경배했다. 그런데 이 사람들은 예수님께 경배로 반응하지 않고 그냥 이렇게 외쳤다. "오늘 우리가 놀라운 일을 보았다."

정말 그랬다! 누가의 결말은 다음과 같은 질문을 불러일으킨다. "그러면 이 사람들은 어떤 반응을 보일 것인가?"

하나님이 예수 그리스도의 형상으로 인간이 되셨을 때 사람들은 계신 그대로의 하나님을 볼 기회를 얻었다. 예수님의 심성을 살펴보면서 그들은 하나님의 마음을 보았다. 예수님의 기적들을 목격하면서 하나님의 능력을 보았다. 예수님의 말씀을 들으면서 믿음으로 화답한 자들의 삶에 미치는 하나님의 영향을 보았다. 그리고 이 특별한 날, 예수님이 행하시는 사역을 보려고 모였을 때 그들은 자기들이 상상하는 하나님이 너무 작고, 제한되어 있음을 금방 깨달았다. 메시아가 행하신 치유의 기적들은 그분 사역의 딱 한 가지 측면을 나타냈다. 그분은 육신의 병을 치유하기 위해서만이 아니라 영혼의 치명적 질병인 죄를 씻어주기 위해 오셨다.

적용

크신 하나님을 기억하는 두 가지 방법

당신이 믿는 하나님의 크기가 당신 사역의 폭을 결정한다.

내가 "크기"가 아니라 "폭"이라고 말한 것에 유의하라. 크기는 머릿수, 평방미터, 예산의 숫자 같은 것들로 사물을 측정한다. 폭은 지도자가 가진 비전의 크기를 측정한다. 당신이 큰 하나님을 모시고 있다면 당신의 비전에는 한계가 없을 것이다. 당신이 마음속에 품고 있는 하나님이 보잘것없다면 당신은 하찮은 문제들을 놓고 한탄하느라 아무것도 성취하지 못할 것이다.

하나님에 대한 개념이 확장되도록 관점을 변화시키는 몇 가지 중요한 요소를 제시하겠다(약간 특이할 수 있으니 양해를 구한다).

첫째, 천문학을 공부하라. 대학이나 기관에서 이 수업을 가르치는 과정에 등록하라. 아니면 당신을 이 분야의 공부에 입문시켜줄 천문학에 열성인 사람을 찾아도 좋다.

어린 시절 이후로 언제부턴가 우리는 우주를 우리 경험의 크기로 축소시키기 시작했다. 우리는 우리 실존의 범위 주변에 선을 긋고 우리의 인식을 초월하는 광대한 우주가 있다는 사실을 망각한다. 그 결과 하나님은 우리의 알량한, 작은 영지의 옹졸한 통치자가 되신다.

목표는, 꼭 천문학이 아니어도 하나님이 손수 만드신 작품을 공부하는 다른 광대한 분야에서 우주를 보는 시각을 확장하는 것이다. 하지만 이온(지질학에서 연대를 측정하는 단위-역주)과 광년으로 측정되는 우주의 크기를 생각하다보면 하나님께 걸맞는 기준 틀로 그분을 보게 될 것이다.

둘째, 더 멀리 여행하라. 당신의 일상적인 생활 반경을 벗어나라. 멀리 나가라. 세상 저편으로 나가라. 주변 사람들과 다른 사람들을 찾아가라. 당신이 속한 문화와 다른 문화를 탐닉하라. 먼 지역에 사는 사람들의 필요와 고통을 체험하라. 휴가를 내서 실행할 수도 있지만 사역의 일환으로 하면 더 좋다. 실행 절차, 심지어 더 어려운 부분인 기금 모금까지 간소화시켜주는 수십 개의 기관들이 있다. 이 일을 가능하게 하시는 주님을 신뢰하라. 노력하라. 한 걸음 한 걸음 나아가라. 하나님이 세상에서 하시는 일을 보라.

우주에 대한 더 큰 시각을 가지고 그 광대함과 복잡함을 보며, 세상에 대한 더 큰 시각을 가지고 세상의 온갖 고통과 장엄함을 본다면, 장담하건대 하나님을 보는 당신의 시각이 확장될 것이다. 그리고 당신 사역의 폭도 확장될 것이다.

죄인들과 잔치를?(누가복음 5:27-39)

27그 후에 예수께서 나가사 레위라 하는 세리가 세관에 앉아 있는 것을 보시고 나를 따르라 하시니
28그가 모든 것을 버리고 일어나 따르니라

29레위가 예수를 위하여 자기 집에서 큰 잔치를 하니 세리와 다른 사람이 많이 함께 앉아 있는지라
30바리새인과 그들의 서기관들이 그 제자들을 비방하여 이르되 너희가 어찌하여 세리와 죄인과 함께
먹고 마시느냐 31예수께서 대답하여 이르시되 건강한 자에게는 의사가 쓸 데 없고 병든 자에게라야 쓸
데 있나니 32내가 의인을 부르러 온 것이 아니요 죄인을 불러 회개시키러 왔노라

33그들이 예수께 말하되 요한의 제자는 자주 금식하며 기도하고 바리새인의 제자들도 또한 그리하
되 당신의 제자들은 먹고 마시나이다 34예수께서 그들에게 이르시되 혼인 집 손님들이 신랑과 함께 있
을 때에 너희가 그 손님으로 금식하게 할 수 있느냐 35그러나 그 날에 이르러 그들이 신랑을 빼앗기리
니 그 날에는 금식할 것이니라 36또 비유하여 이르시되 새 옷에서 한 조각을 찢어 낡은 옷에 붙이는 자
가 없나니 만일 그렇게 하면 새 옷을 찢을 뿐이요 또 새 옷에서 찢은 조각이 낡은 것에 어울리지 아니
하리라 37새 포도주를 낡은 가죽 부대에 넣는 자가 없나니 만일 그렇게 하면 새 포도주가 부대를 터뜨
려 포도주가 쏟아지고 부대도 못쓰게 되리라 38새 포도주는 새 부대에 넣어야 할 것이니라 39묵은 포
도주를 마시고 새 것을 원하는 자가 없나니 이는 묵은 것이 좋다 함이니라.

마크 트웨인은 다음과 같은 유명한 말을 남겼다. "착한 사람들과 많은 시간을 보내고 보니 어째서 예수님이 세리와 죄인들과 함께하기를 좋아하셨는지 알 것 같다." 슬프게도 나는 "착한 사람들"과 함께하는 시간보다 때때로 믿지 않는 사람들과 함께 있는 시간이 더 즐겁다는 사실을 인정하지 않을 수 없다. 믿지 않는 사람들은 자신들의 죄에 대해 편안하게 느끼기 때문에 내 죄에 그다지 신경을 쓰지 않는다. 그리고 그들이 선택하는 많은 부분에 나는 동의할 수 없지만, 자신의 위선을 부인하며 살아가는 많은 믿는 자들과 달리 적어도 그들은 자기들의 위선을 선천적인 것으로 생각한다. 자, 현실을 직시하자. 비그리스도인들은 재미있는 것에 대해 죄책감을 갖지 않는다. 그들은 즐기기를 좋아하고, 기쁨을 감

추거나 재미를 더 고상한 것으로 치장할 필요가 없다.

내 말을 오해하지 말기 바란다. 나는 죄를 옹호하는 게 아니다. 재미가 인생에서 가장 중요한 것이라고 말하는 것도 아니다. 믿지 않는 자들이 자기들의 죄를 속이지 않는다는 이유만으로 그들이 도덕적으로 더 훌륭하다고 말하는 것도 물론 아니다. 나는 다만 그리스도인들이 좀 더 느긋해지고, 밝아지고, 밖으로 나가야 한다고 주장하고 있는 것이다(나도 포함해서).

나는 많은 그리스도인들에게서 이상한 현상을 관찰했다. 거듭나기 전에 그들은 비그리스도인들과 자주 접촉했었다. 그들은 믿지 않는 자들과 함께 일하고, 함께 놀고, 같은 장소에 가고, 함께 영화를 관람하고, 함께 텔레비전을 보고, 함께 운동하고, 아마 함께 휴가를 보내기도 했을 것이다. 그런데 회심을 하고나면 그들은 서서히 교회 생활에 몰두한다. 그리스도의 일에 몰두하고 싶은 열망에 이 새 그리스도인들은 온통 믿는 친구들만 주변에 둔다. 점점 그들은 교회 친구들과 시간을 보내고, 아이들을 기독교 학교에 보내고, 기독교 서적을 읽고, 기독교 방송을 청취하고, 기독교 텔레비전을 시청하고, 그리스도인들이 하는 업체를 통해 업무를 처리한다. 오래지 않아 그들은 일부러 불신자들의 세계와 관계를 맺고, 그리스도인들이 일반적으로 꺼려하는 장소를 가는 희귀한 그리스도인들을 멸시하게 된다. 다시 말해서, 기독교 서적을 건네주기 위해서 술집에 가는 것은 괜찮지만 그 안에 있는 사람들과 함께 음료를 마시고, 땅콩을 먹고, 어울리는 것은 괜찮지 않은 것이다.

예수님은 죄를 사하는 권세를 증명해 보이신 후 얼마 지나지 않아 특별히 경멸의 대상이었던 죄인을 그분의 제자로 부르셨다. 그때 그분이 하신 일은 율법적이고 엄격한 종교계에 충격을 주었다.

—5:27-28—

마태와 마가에 의하면 중풍병자의 치유는 가버나움 인근에서 일어났으며(마 9:1, 막 2:1), 이는 레위라는 세리가 가버나움이나 아니면 그 인근에 사는 사람이었음을 말해준다. 따라서 레위는 아마도 예수님의 가르침을 한 번 이상 들었을 것이다.

*Telōnēs*라는 헬라어는 특별한 종류의 세리를 지칭한다. 이들은 내재된 부패 때문에 로

마 제국 전역에서 보편적으로 혐오의 대상이었다. *Telōnēs*가 되려면 정부 관료로부터 독점 사업권을 사야 했다. 하지만 투자한 돈은 금새 짭짤한 수익으로 돌아왔다. 로마 정부는 달마다 할당액을 정해놓았지만 *telōnēs*는 정부의 권한을 등에 없고 자신들이 원하는 대로 갈취했다. 세금은 로마 정부로 올라갔지만 나머지는 세리의 주머니 속으로 들어갔다.

독점권에 대한 돈을 지불하기 위해 이 유대인들은 땅을 팔았을 수도 있는데, 이는 이방인들에게는 문제 될 것이 없었지만, 유대인들은 정체성의 많은 부분을 약속의 땅을 소유하는 것에서 찾았기 때문에 아브라함에게 주어진 땅의 분깃을 파는 것은 팥죽 한 그릇에 장자권을 넘기는 것과 다를 바 없었다(창 25:29-34 참고). 유대인들은 땅을 파는 것을 반역보다 더 나쁜 것으로 여겼다. 세리들은 동족을 배반했고, 유산을 버렸으며, 성전을 멸시했고, 그들의 하나님을 버렸다. 세리들은 외국인들에게 자기 자신을 팔았고, 이로써 그들은 파렴치한 매춘부들과 동급으로 전락했다.

레위라는 이름은 이스라엘 레위 족속의 조상이 된 야곱의 셋째 아들의 이름을 딴 것이다. 출애굽 당시 다른 족속들이 금 송아지 앞에서 절할 때 레위 족속은 하나님께 대한 신앙을 지켰다(출 32장). 그 일로 인해 하나님은 레위 족속의 후손들을 제사장으로 지명하셨다. 그러나 아이러니하게도 세리 레위는 하나님과 이스라엘 사이의 관계를 중재하지 않았다. 그 대신 그는 자신의 장자권을 로마의 이익을 대변하기 위해 팔았다. 그러니 예수님이 레위에게 다가가 당신의 수제자가 되라고 하셨을 때 사람들은 충격을 받았을 게 분명하다. 그런데 도리어 세리는 놀라는 것 같지 않았다. 사람들은 그가 그 즉시 사업을 접고 "모든 것을 버리고 일어나 따르"는 것을 보고 깜짝 놀랐을 것이다.

—5:29—

레위는 서둘러 동료들에게 구세주를 만날 기회를 제공했다. 예수님의 부르심에 응한 후 그는 자기 스승에게 경의를 표하는 성대한 잔치를 베풀고, 유일하게 잔치에 참석할 사람들-동료 세리들과 죄에 물든 근방의 부랑자들-에게 초대장을 보냈다.

본문은 예수님이 그날 즐거워하셨는지 분명하게 밝히지 않는다. 예수님이 마지막에 영접을 시키는 성경 공부를 하셨을 수도 있지만 왠지 그러셨을 것 같지는 않다. 그 잔치는 레위가 베푼 것이었고 예수님은 손님이셨다. *Dochē*는 잔치라는 의미를 함축하고 있다. 다시 말해 예수님이 레위의 상에서 식사를 하시고 포도주를 드셨다는 말이다. 그분은 웃으시고, 이야기를 들려주시고, 그 도시에서 악명 높은 죄인들과 함께 노래하셨다. 그게 뭐가 대수냐고? 죄에 굴복하시거나, 시끌벅적 떠들며 저속한 행동을 하는 사람들 사이에서 품위를 잃지 않으시면서도 예수님은 '자신을 낮춰' 죄인들과 함께 즐기셨고 그들을 친구로 품으셨다. 예수님은 그들의 상 앞에 비스듬히 기대 앉아 그들과 교제하셨다.

—5:30-32—

상식적으로 판단해보건대 그 지역 종교 지도자들도 잔치에 참여했을 것이다. 어쨌든 과거에 죄인이었던 사람이 광명을 찾았고 유명한 랍비의 수제자가 되지 않았는가! 그러나 갈릴리 암흑가의 천민들이 친구가 내린 아주 특이한 결정을 축하하러 와 있을 때 문 밖에는 일단의 성직자들이 의심스러운 눈초리로 얼굴을 찌푸리고 선 채 그 집을 힐끗거리며 예수님에 대해 속삭이고 있었다. 그들에게는 지금 눈앞에 펼쳐진 광경이 혐오스러웠다!

결국, 편협하고 율법주의적인 바리새인들은 더 이상 화를 참을 수가 없었다. 그 도시의 부랑자들이 레위의 구원을 축하하고 있을 때 종교인들은 비난의 말을 쏟아냈다. '비방하다'라는 헬라어 *gongyzō*는 불만스럽게 투덜대는 모습을 나타내는 말이다. 화가 나서 진저리를 치며 그들은 이렇게 물었다. "너희가 어찌하여 세리와 죄인과 함께 먹고 마시느냐?"

이 질문은 물론 반어문이다. 그들은 하나님과 그분의 피조물 사이의 관계 따위에는 관심이 없었기 때문에 대답을 기대하지 않았다. 그 바리새인들에게는 유지해야 할 도덕적 카스트 제도와 지켜야 할 정치적 영역이 있었다. 눈앞의 것만 보고 투덜대는 성직자들은 하나님이 바로 그 바리새인들을 기뻐하지 않으실 수도 있다는 생각은 꿈에도 하지 못했다!

예수님은 바리새인들의 관점을 당연한 것으로 받아들이신 후 그에 따른 논리적 귀결을 적용하면서 비웃으셨다. 이와 비슷한 것으로 J. B. 필립스는 그의 저서 『네 하나님은 너무 작다』(*Your God Is Too Small*, 규장)에서 독자들의 쪼그라든 관점을 취해 작고 연약한 하나님 상(像)이 함축하고 있는 의미를 탐색한다. 물론, 하나님은 작으신 분이 아니라는 게 필립스의 요점이다. 그리고 그 바리새인들은 당연히 "건강하지" 않았다. 그게 예수님의 요점이었다.

바리새인들의 편견에 대해 언급하면서 브레넌 매닝(Brennan Manning)은 이런 말을 했다. "하나님과 인간 사이를 방해하는 것은 역설적이게도 우리의 엄격한 도덕성과 거짓된 경건이다. 회개를 제일 힘들어하는 자들은 매춘부나 세리들이 아니라 회개할 게 없다고 생각하는 경건한 사람들이다."[11] 예수님은 레위와 그의 친구들 같은 사람들을 구원하러 오셨다. 정직하게 자신이 죄라는 치명적 질병을 앓고 있다는 사실을 인정하고 치유받기를 원하는 사람들 말이다.

—5:33-35—

대화는 계속 이어졌다. 이 대화는 레위가 잔치를 베풀었던 날 그곳에서 계속되었을 수도 있고, 그 며칠 후에 있었을 수도 있다. 하루 동안 오갔던 대화를 누가가 1세기의 전형적인 내러티브 형식으로 압축했을 수도 있다. 여하튼, 그 바리새인들은 예수님과 제자들을 요한과 요한의 제자들과 비교했다. 요한의 제자들은 금식하며 기도했는데 예수님의 무리는 잔칫집에 가서 흥청망청 즐겼다.

바리새인들은 하나님이 경건과 자기 부인을 더 기뻐하신다고 생각해서 그런 행동을 높이 평가했다. 그러나 그들의 생각은 히브리 신학이 아닌 헬라 철학에서 나온 것이다. 하나님이 이스라엘 민족에게 정해주신 종교 의식들은 대부분 공동체가 벌이는 축하연을 포함하고 있었다. 그런데 바리새인들은 금식하는 요일-월요일과 목요일-을 따로 정해놓았다. 예수님 시대에 이르자 그들은 더 이상 하나님의 율법과 그들 사이에서 구전된 전통을 구분하지 못했다.

예수님은 질문 하나를 던지시고 그 안에 들어 있는 비유로 대답을 대신하셨다(34절). 이 질문의 헬라어 구문은 부정적인 대답을 전제로 하고 있다. 말하자면 이런 식이다. "아프고 싶은 건 아니잖아요, 그렇죠?" 예수님은 잔치를 결혼 축하연에, 당신을 신랑에 비유하셨다. 예수님이 이렇게 비유하신 이유는 하나님이 이스라엘 백성에게 구세주를 약속하실 때 이 비유를 자주 사용하셨기 때문이다. 이스라엘은 약혼 기간 동안 신실하지 못했지만 메시아는 그들의 신랑이 되실 것이다(사 54:5-8, 62:4-5, 렘 2:2, 호 2:14-23, 겔 16장).

금식의 목적은 보통 기도에 집중하기 위해 일정 기간 하나님께 더 깊이 주의를 기울이도록 돕는 것이었다. 기도하는 사람은 배고픔의 고통으로 인해 기도해야 하는 이유-당면한 구체적인 문제-를 끊임없이 인식하게 되고, 잠시나마 세상의 근심을 제쳐놓겠다는 결의를 다지게 된다. 눈으로 보고 만질 수 있는 세상이 눈으로 볼 수도 귀로 들을 수도 없는 하나님보다 더 중요하게, 더 생생하게 느껴질 수 있기에 금식은 필요했다. 예수님의 요점은 제자들이 하나님께 집중하기 위해서 금식을 할 필요가 없다는 것이었다. 그들은 문자 그대로 손을 뻗어 하나님을 만질 수 있었다!

주님은 그때 처음으로 예정된 당신의 죽음을 암시하셨다(이것은 누가의 두 번째 언급이다. 2:35 참고)

5:36

예수님은 요한의 자제들과 당신 제자들의 종교적 관행이 다른 또 다른 이유를 말씀하셨다. 요한은 엄밀히 말하자면 구약 시대의 선지자였다. 그의 예언은 구약(the old covenant) 최후의 공식적인 음성이었고, 그가 온 목적은 신약(the new covenant)의 전달자를 소개하기 위함이었다(렘 31:31-34). 구약 아래서 하나님에 대한 믿음은 외적인 율법에 대한 순종의 형태로 나타난다. 즉, 중재자인 제사장들의 도움을 받아 성전의 의식을 통해 믿음으로 하나님께 나아갔다. 신약에서 하나님에 대한 믿음은 우리를 위한 그리스도의 순종을 신뢰하는 형태로 나타난다. 우리는 우리의 유일한 중재자이신 아들을 통해 믿음으로 하나님 아버지께 나아간다(요 14:6, 행 4:12, 엡 2:18, 히 2:17, 9:11-12).

예수님은 세 가지 그림 언어로 당신의 이론을 예시하셨다. 옷(36절), 가죽 부대(37-38절), 포도주(39절).

옷에 대한 누가의 비유는 마태와 마가와 약간 다르다. 그 두 복음서는 새 옷의 조각을 붙였을 때 더 손상이 되는 헌 옷의 관점에서 이야기를 한다. 이 관점에서 보면 "헌 옷"은 이미 인간들의 손에서 많이 손상되었다. 옛 언약에 새 언약의 관례를 적용하면 율법을 덜 어기게 되기는커녕 그 반대의 결과를 낳게 될 것이다. 새 언약이 주는 자유는 새 언약의 백성들이 순종하려는 마음으로 변화되었기 때문에 효력을 발휘한다.

누가가 새 옷의 관점에서 다시 이야기한 것은 이방인들의 관점에 맞을 뿐더러 그 불합리성을 부각시킨다. 누가 새 옷에 구멍을 내어 옷을 버리고 그 새 옷 조각을 헌 옷을 수선하는 데 쓰겠는가? 덧댄 헝겊 조각은 우스꽝스럽게 보일 뿐이다. 그 새 옷에는 헝겊 조각을 덧대어야 한다.

—5:37-38—

주님이 두 번째로 드신 비유는 포도주를 담그는 과정을 설명한다. 새로 꿰매어 부드럽고 신축성 있는 양가죽 부대에 포도즙을 넣는다. 포도즙이 발효하면 효모 작용으로 설탕이 알코올로 변화되면서 이산화탄소가 발생한다. 다행히 새 가죽 부대는 늘어난 부피를 감당할 만큼 늘어난다. 낡은 가죽 부대는 신축성이 떨어지기 때문에 압력이 증가하면 찢어진다. 낡은 가죽 부대는 발효 작용이 끝난 묵은 포도주를 저장하기에 안성맞춤이다.

구약은 신약의 규례를 담을 수 없다. 다시 말하지만 잘못된 조합은 옛것과 새것 모두를 망친다.

—5:39—

예수님의 세 번째 비유는 바리새인들의 코를 납작하게 만들었다. 예수님은 묵은 포도주와 새 포도주의 이미지를 도전의 의미로 바꾸어 약간의 비꼬는 뉘앙스로 사실상 이렇게 말씀하신 것이었다. "현실에 안주하는 자들은 그저 괜찮은 정도에 만족하면서 새것이라는 이유만으로 더 뛰어난 것을 거부한다."

포도주를 발효시키는 것은 실제적인 이유 때문이다. 발효는 냉장 시설이 없던 시대에 포도즙을 장기간 보존시켜주었고 거의 대부분 물과 섞었다. 물을 섞으면 포도주의 양이 늘어나고, 농도가 낮아지고, 물을 마시기에 더 안전하게 만들어주는 세 가지 이점이 있었다. 따라서 포도주는 고급 음식이 아닌 필수품이었다. 실제로 포도주 양조 기술은 원래 차선에서 최선을 만들려는 시도였다. 오늘날에도 집에서 담근 포도주는 마시기에 안전하다는 점에서 실용적이지만 맛이 뛰어나지는 않다.

1세기에 새 포도주, 즉 신선한 포도즙은 수확 후 며칠 동안만 즐길 수 있는 귀한 음료였다.

이 긴 대화의 말미에서 예수님의 요점은 확실해졌다. 옛 언약은 옛 관례로, 새 언약은 새 관례로. 메시아로서 예수님은 온전히 새로운 패러다임, 인간의 모습을 하신 창조주가 도입하고 시행하신 새로운 세계 질서를 가져오셨다. 종교 엘리트들이 이것을 몰랐을 리가 없다. 선지자들은 오랫동안 옛것을 대신할 새것이 올 것을 예언했었다(렘 31:31-34, 겔 11:19-21, 34:23-31, 36:26-27, 37:24-28, 욜 2:12-32). 그리고 이 새것은 불의한 자들을 회개의 자리로 부르시고, 당신과의 깨어진 관계를 회복시키기 위해 하나님이 직접 그들을 찾게 하실 것이다(사 61:1, 겔 20:33-38, 호 2:14-20, 욜 2:18-19, 슥 8:14-15). 예수님은 불의한 자들을 성전으로 소환하지 않으시고 그들이 있는 곳으로 찾아가 있는 그대로의 그들을 구원하셨다.

불행히도 이 새로운 방법을 보수파들은 썩 달가워하지 않았다. 그러나 혹 그들이 예수님이 죄인들과 잔치를 즐기는 것이 그들의 비위를 건드렸다고 생각했다면 그들은 아직 아무것도 보지 못한 것이다!

적용

지경을 넓히라

50여 년 정도 전임 사역을 한 목사들 가운데는 걸핏하면 이렇게 말하는 이들이 있다. "나는 볼 꼴 못 볼 꼴 다 봤다네." 나는 그러지 않아서 얼마나 다행인지! 지금까지 사역을 하면서 나는 진보적인 사고로 현 상황에 대해 의문을 제기하고 하나님의 나라가 확장될 수 있는 새로운 방안을 모색하도록 도전을 준 사람들과 함께할 수 있는 행운을 누려왔다. 우리는 창의력의 경계를 계속 확장시키고 있는데 나는 그게 정말 좋다! 당신도 두 가지 도전 과제를 수행하면서 이렇게 해보기 바란다.

첫째, 구원받지 못한 자들에게 더 가까이 다가가라. 동창 모임에 나가라. 옛날 졸업 앨범을 들쳐서 그동안 관계가 소원했던 친구를 찾으라. 이웃 사람들과 친해지라. 직장 동료들과 개인적인 친분을 쌓으라. 더 가까이 다가가라. 친구가 되라. 어쩌면 그 사람이 찾고 있는 가장 근사한 해답을 당신이 가지고 있을지도 모른다. 당신이 하나님의 자녀라는 걸 그 사람이 알고 있을 수 있다. 더 가까이 가라. 두려워 말라. 그들은 당신을 물지 않는다!

둘째, 잃어버린 자들에게 다가가 그들을 되찾을 수 있는 새로운 방법들을 시도해보라. 새 포도주는 낡은 가죽 부대를 터트린다. 진심으로 잃어버린 사람들에게 접근하고 싶다면 창조적이고, 융통성 있고, 포용적이고, 적응하려는 의지가 있어야 한다는 걸 이내 깨닫게 될 것이다. 다른 그리스도인 친구와 무언가를 도모하거나 둘이 함께 계획을 세울 수도 있다. 그것은 아무도 생각해본 적이 없는 방법으로 믿지 않는 사람들과 소통하는 방법이거나, 그리스도인들이 보통 가지 않는 장소에 가는 것이거나, 비난받을 수도 있는 비정통적 방법을 시도하는 것일 수도 있다.

그렇다, 이 방법은 극단으로 흐를 수 있다. 그러나 새로운 아이디어를 비판하기 전에 당신이 개인적으로 하는 전도 방법을 잠깐 분석해보라. 당신이 잃어버린 사람들과 만나고 있고 영향을 미칠 수 있는 충분한 기회를 가지고 있다면 칭찬받을 만하다. 그렇지 않다면 무엇이 당신을 가로막고 있는가? 윌리엄 바클레이(William Barclay)는 이렇게 썼다.

> 종교적인 사람들은 옛것에 대한 열정을 가지고 있다. 교회처럼 천천히 움직이는 것도 없다. 바리새인들의 문제는 예수님의 전반적인 종교관이 깜짝 놀랄 정도로 새로워서 그들이 적응할 수 없었다는 점이다.
> 마음은 금새 탄력성을 잃고 새로운 아이디어를 받아들이지 못하게 마련이다 예수님은 말씀하신다. "마음이 낡은 포도주 부대처럼 되어서는 안 된다." 포도주는 "묵은 것일수록 좋다"고 한다. 지금 당장은 그럴 수도 있지만 새 포도주를 경시하는 것이 잘못임을 사람들은 망각하고 있다. 왜냐하면 언젠가는 그 새 포도주가 숙성되어 최고의 포도주가 될 것이기 때문이다.[12]

당신이 잃어버린 사람들과 어떻게 소통하고 있는지 살펴보라. 이제 묻겠다. "새로운 아이디어가 있는가?"

도전적인 메시아(누가복음 6:1-11)

1안식일에 예수께서 밀밭 사이로 지나가실새 제자들이 이삭을 잘라 손으로 비비어 먹으니 2어떤 바
리새인들이 말하되 어찌하여 안식일에 하지 못할 일을 하느냐 3예수께서 대답하여 이르시되 다윗이
자기 및 자기와 함께 한 자들이 시장할 때에 한 일을 읽지 못하였느냐 4그가 하나님의 전에 들어가서
다만 제사장 외에는 먹어서는 안 되는 진설병을 먹고 함께 한 자들에게도 주지 아니하였느냐 5또 이르
시되 인자는 안식일의 주인이니라 하시더라
6또 다른 안식일에 예수께서 회당에 들어가사 가르치실새 거기 오른손 마른 사람이 있는지라 7서
기관과 바리새인들이 예수를 고발할 증거를 찾으려 하여 안식일에 병을 고치시는가 엿보니 8예수께
서 그들의 생각을 아시고 손 마른 사람에게 이르시되 일어나 한가운데 서라 하시니 그가 일어나 서거
늘 9예수께서 그들에게 이르시되 내가 너희에게 묻노니 안식일에 선을 행하는 것과 악을 행하는 것,
생명을 구하는 것과 죽이는 것, 어느 것이 옳으냐 하시며 10무리를 둘러보시고 그 사람에게 이르시되
네 손을 내밀라 하시니 그가 그리하매 그 손이 회복된지라 11그들은 노기가 가득하여 예수를 어떻게
할까 하고 서로 의논하니라.

현장에서 오랜 시간 경험을 쌓은 한 현명한 멘토가 한번은 나에게 이렇게 조언했다. "싸워야 할 전쟁을 신중하게 고르게." 그 말이 내 해병대 지휘관이 한 것이라면 더할 나위 없이 맞는 말이었겠지만, 그것은 사역 현장에서 경험이 풍부한 멘토가 나를 지도하면서 해 준 것이었다.

영적 전쟁을 말하는 건가? 당연히 나는 그럴 거라고 예상했다. 하지만 이 노련한 목사는 교회 장로들과의 회합을 앞둔 상황에서 이 말을 했다. 그는 목회를 하면서 몇 번의 전쟁을 치렀고, 그의 현명한–그리고 어리석은–선택을 보여주는 상흔을 지니고 있었다. 다행히 그에게는 그와 함께 교회를 이끌어가는 훌륭한 사람들이 있었지만, 그는 때때로 교회 회의실의 닫힌 문 뒤에서 영적 싸움에 휘말린 자신의 모습을 발견했다. 경건한 하나님의 사람들도 때로 영적 문제에 있어서 잘못된 고집을 피울 수 있다. 때로 영적 지도자는 원칙을 고수해야 한다. 그것이 힘 있는 사람들의 비위를 거슬러 그 응보로 하나님을 경외하지 않는 사람들의 분노를 사게 된다고 해도 그래야 할 때가 있다.

사역 지도자는 정말로 싸워야 할 싸움을 지혜롭게 선택해야 하는데, 그 선택은 승패의 여부를 바탕으로 해서는 안 된다. 어떤 결과가 예상되든지 지도자는 원칙을 고수해야 한

다. 심지어 그것이 오랜 전통을 거부해야 하는 것일지라도. 정치적 패자 쪽에 서는 것일지라도. 홀로 서야 한다는 뜻일지라도. 이것을 의심하는 사람은 예수님의 사역을 살펴보면 된다.

바리새인들은 토라와 관련된 모든 문제에 대해 자칭 하나님의 심판관, 배심원, 집행관임을 믿어 의심치 않았다. 그 결과 그들은 예수님이 그들에게 동조하기를-그들의 조직에 합류하고, 그들의 관습을 존중하고, 그들의 존경을 받고, 역사상 가장 위대한 바리새인으로서 이스라엘을 이끄는-바랐다. 그런데 예수님과 그 종교 권위자들과의 관계는 긴장감이 감돌기 시작했고, 시간이 갈수록 악화되기만 했다. 예수님은 결코 그들과 어울리지 않으셨다.

자신이 메시아라는 예수님의 주장은 그들의 비위를 거슬렸지만 그분의 기적을 부인할 수는 없었다. 그분은 성경을 해설하실 때는 자신의 권위에 의거해서 랍비들의 가르침을 일축하며 그들을 무시하셨다. 그분은 바리새인들이 천벌을 받아 질병에 걸리고 불구가 되었다고 확신하는 사람들을 고쳐주셨다(출 20:5, 눅 13:2, 요 9:1-2, 9:34, 행 28:4). 그분은 언짢게도 마귀, 질병, 죄 그리고 자연에 대해서도 하나님과 같은 방법으로 권위를 행사하셨다. 그분은 죄를 용서하셨는데, 그들이 보기에 이것은 주제넘은 짓이었다. 그뿐만 아니라 그분은 죄인들과 어울리기를 좋아하셨다. 하지만 이때까지만 해도 그분은 그들의 눈에 뚜렷이 잘못된 행위를 아무것도 하지 않으셨다. 미심쩍기는 했을 테고 범상치 않은 것만은 분명했을 것이다. 그러나 분명하게 경계를 넘어선 것은 없었다.

그러던 어느 날 그분이 상상도 할 수 없는 일을 하셨다. 그분은 하나님의 율법에 대한 그들의 해석과 적용에 도전하시면서 그들의 권위를 거부하시던 그날, 분명한 선을 그으셨다. 그들은 어떤 것들은 수용할 수 있었지만 도전적인 메시아만은 받아들일 수 없었다.

—6:1-2—

예수님과 제자들은 부유하지 않았다. 제자들 중 일부는 중상류층 출신이었고 레위는 세리로서 거액의 돈을 갈취했을 테지만, 그들은 메시아를 따르기 위해 모든 것을 버리고 떠났다. 다행히 유대인의 율법에는 가난한 사람들을 돕는 조항이 있었다. 신명기 23장 24-25절은 어떤 사람이 밭에 들어가 배를 채울 수는 있지만 그 농작물을 가지고 나올 수는 없다고 규정했다. 따라서 율법에 정확히 의거해 예수님과 제자들은 밀과 보리밭에 들어가 점심을 먹었다. 그렇지만 바리새인들은 그들이 안식일에 일을 하고 있다고 생각했다. 왜냐하면 "밀을 뽑는 것은 추수를 하는 것이고, 손바닥으로 밀을 비비는 것은 타작을 하는 것이고, 겉껍질을 입으로 부는 것은 키질이었기" 때문이다![13]

바리새인들의 도전은 흥미로운 사실을 보여준다. 그들은 예수님이 "불법적인" 행위, 즉 모세를 통해 주어진 하나님의 율법에 위배되는 행위를 하고 있다고 비난했다. 그러나 성경에는 예수님과 제자들의 행동을 금지하는 율법이 없었다. 바리새인들은 더 이상 인간이 만든 그들의 전통과 하나님이 주신 율법을 구분하지 못했다. 예수님은 바리새인들의 도전을 두 가지로 해석이 가능한 다음과 같은 말로 물리치셨다.

> "너희는 하나님 율법의 목적을 제대로 이해하지 못했다"(3-4절).
>
> "안식일은 너희가 좌지우지할 수 있는 게 아니다. 안식일은 내 것이다. 나는 하나님이기 때문이다. 그러니 너희에게서 그것을 다시 되찾겠다"(5절).

그러고나서 예수님은 이런 중의적인 선언을 예시하시려고 안식일에 불구자를 고쳐주셨다(6-11절).

—6:3-4—

예수님의 질문은 긍정적인 대답을 전제로 한다. "물론, 다윗이 한 일을 읽었겠지!" 예수님의 질문은 그들이 성경을 읽었으면서도 그 의미는 이해하지 못했음을 에둘러 말한다. 그런 다음 예수님은 마지막으로 사울로부터 독립한 후 다윗의 행동을 설명하는 사무엘상 21장 1-6절로 그들을 데려가셨다. 다윗은 몇 사람을 데리고 광야로 피신하는 길에 한 제사장에게 가서 식량을 구했다. 다윗은 그에게 사울도 없이 그의 신하들을 데리고 여행하는 이유로 절반의 진실만을 말했다. 그는 "왕"이 명령한 비밀 임무를 수행 중이라고 했다. 다윗이 말한 "왕"은 자기를 의미했다. 사울이 왕좌를 차지하고 있기는 했지만 더 이상 이스라엘을 다스릴 적법한 통치자는 아니었다.

먹을 수 있는 음식이라곤 "진설병"이라고 하는 성전의 상 위에서 나온 떡밖에 없었다(레 24:5-8). 진설병은 날마다 새것으로 교체되었고 제사장들은 일용할 양식으로 그것을 먹을 수 있었다(출 25:30, 레 24:9). 보통 그것은 하나님께 헌신한 그들을 위해 하나님이 예비하신 선물이었다.

하나님은 그 봉헌된 떡을 제사장들에게만 주셨지만, 그렇다고 해서 그들이 그 선물을 다른 사람들, 특히 궁핍한 자들과 나누는 것을 금하시지 않았다. 하나님이 제사장들에게만 특별히 허락하신 선물이라고 해서 제사장이 아닌 사람들이 굶어 죽어도 먹을 수 없다는 뜻은 결코 아니었다! 그래서 그 제사장은 왕의 권위에 대한 경의의 뜻에서 다윗에게 진설병을 나누어주었다. 그러면서도 제사장은 다윗의 신하들이 의례적으로 정결한지, 속죄제를 바치지 않은 회개하지 않은 죄가 있는지 확인했다.

예수님은 적어도 두 가지를 강조하기 위해서 이 구약의 이야기를 끌어오셨다. 첫째, 주님은 부담이 아닌 선물로 안식일을 정하셨다. 굶주린 사람들의 배를 채워주지 않고 보내는 것은 매주 돌아오는 이 축일에 대한 그분의 애초 목적을 훼손하는 것이었다(막 2:27). 둘째, 다윗처럼 그분은 신분을 숨기고 있는 이스라엘의 왕, 아직 왕좌를 차지하지 않은 적법한 왕이었다.

—6:5—

어느 누구도 바리새인들이 안식일과 관련된 모든 문제에 대해 경찰, 판사, 배심원 역할을 하며 배타적인 관할권을 행사하는 것에 대해 감히 도전하지 못했다. 정확히 말해, 예수님이 나타나시기 전까지는. "인자는 안식일의 주인이니라"는 그분의 대담한 주장은 바리새인들의 권위-하나님에게서 훔친 것이지만-에 대한 도전이었다. 예수님은 사실상 이렇게 말씀하신 것이다. "율법은 하나님에게서 나온 것이므로 율법이 하나님보다 클 수 없다. '여호와가 안식일을 복되게 하여 그 날을 거룩하게 하였느니라'(출 20:11). 나, 인자가 안식일의 주인이다. 안식일은 너희가 규제할 수 있는 것이 아니다. 안식일은 내 것이다. 내가 하나님이기 때문이다. 그러니 내가 너희에게서 안식일을 되찾겠다."

누가는 바리새인들의 반응을 말해주지 않는데, 아마 별로 중요하지 않았기 때문일 것이다. 대신 그는 예수님이 어떻게 안식일에 대한 그분의 권위를 행사하셨는지 말해주었다.

—6:6-7—

장면은 바뀌어도 이야기는 계속된다. 바로 다음 안식일일 수도 있고, 몇 주 후 안식일일 수도 있다. 누가는 단순히 바리새인의 안식일 규정이 엄격하게 지켜지고 있었음을 말한다. 첫 번째 장면에서 바리새인들은 예수님께 논란거리를 가져왔다. 두 번째 장면에서 예수님은 의도적으로 그들이 전문 분야라고 생각하는 것에 도전하셨다. 그분의 도전은 친절의 모습으로 드러났다.

바리새인들은 예수님의 권위가 그들의 권위를 능가했다는 사실을 마지못해 깨달았다. 예수님께 있는 기적의 능력은 부인할 수 없는 것이었고, 그분의 인기가 그들의 영향력을 무색하게 할 정도로 위협적이라는 사실 역시 명백해지고 있었다. 그래서 그들은 예수님의 명예를 실추시키거나 그분에게 '반대할' 기회를 포착하려고 그분을 뒤쫓았다. "엿보니"라고 번역된 누가가 사용한 단어는 염탐하거나 숨어서 기다린다는 뜻(시 37:12) 외에도 관찰한 것을 면밀하게 기록한다는 의미가 있다(시 130:3). 그들은 예수님이 안식일에 누군가의 병을 고치는 참담하고, 가증스럽고, 천박한 죄를 저지르는지 보려고 그분을 염탐했다.

바리새인의 규율에 따르면 안식일에 의사는 정상이 참작되는 극히 드문 경우를 제외하고 병자에게 도움을 주거나 어떤 형태의 의술도 시행할 수 없었다. 만약 여자가 출산을 하게 되면 산파가 출산을 도울 수 있었다. 만약 누군가가 죽어가고 있다면 의사가 도울 수 있었다. 그 외의 경우에 인간이 만든 그들의 전통은 모든 도움을 금지했다.

예수님이 회당에서 가르치실 때 손이 "마른" 사람을 보게 되셨다. 이 헬라어는 겨울에 바싹 마른 초목이나 나뭇잎을 표현하는 말로서(23:31), 당시에는 신학적으로 죄에 대한 하나님의 돌이킬 수 없는 심판으로 해석되었다. 더구나, 그것은 더 중요하게 여겨졌던 오른손이었다.

—6:8–9—

앞에서(5:22) 나왔듯이, 예수님은 "그들의 생각을 아"셨다. 이 앎은 단순한 직관이 아니라 직접적인 관찰이나 경험에서 나온 것이다. 예수님은 초자연적인 능력으로 적들이 내심 어떤 추론을 하고 있는지 아셨다. 그럼에도 그분은 그 손 마른 사람을 앞으로 부르셨다. 그분은 다른 사람들이 없는 곳에서 그를 고쳐주실 수도 있었다. 조용한 몸짓이나 생각만으로도 고치실 수 있었다. 그러나 예수님은 일부러 담대하게 그를 회당 앞으로 나오게 하셨다.

그런 다음 예수님은 학자와 바리새인들에게 질문을 하나 던지셨다. 그 질문의 헬라어 구문은 두 종류의 양자택일을 제시한다. 영어 성경 NIV가 주님이 도전하신 핵심을 적절히 표현한다. "어느 것이 안식일을 더 잘 지키는 것이냐? 선을 행하는 것이냐 악을 행하는 것이냐, 생명을 구하는 것이냐 죽이는 것이냐?" 이 질문에는 어중간한 대답을 할 여지가 없다. 예수님이 보시기에 치료를 미루는 것은 일부러 해를 입히는 것만큼이나 잔인한 일이었다. 이 질문은 또한 예수님을 비난하는 자들의 반대를 잠재웠다. 그들이 뭐라고 대답할 수 있었겠는가? "악을 행하고 생명을 죽이는 것입니다"라고?

—6:10—

예수님은 무리를 "둘러보시고" 눈을 응시하시며, 그들의 터무니없는 규율을 거부하시고 긍휼 없음을 질책하셨다(막 3:5). 그리고 그들에게 나서볼 것을 도전하셨다. 예수님의 권위적인 접근과 누가가 순종에 강조점을 둔 것에 주목하라. 예수님은 앞에서 그 남자에게 명하셨다. "일어나 한가운데 서라!" 그 남자는 일어나 섰다(8절). 그리고 예수님은 명령하셨다. "네 손을 내밀라!" 그는 그렇게 했다(10절). 바로 그 순종의 행위– 뒤틀려 아무짝에도 쓸모없는 손을 내미는 것–가 주님의 치유하시는 능력을 입증했다. 모든 사람이 그 남자의 손이 "회복된" 것을 보았다. 그런데 예수님은 전통적으로 의사들이 하는 방법으로 하지 않으셨다. 그를 치유하신 것은 분명 그분이었지만 그분은 손가락 하나 까딱하지 않으셨다!

이 일은 그분을 대적하는 자들에게 어떤 비난의 빌미도 주지 않았다. 만약 그들이 유대인 통치 위원회에 고소를 하면 그 사건들을 설명하는 그들이 바보처럼 보일 것이다. 게다가 예수님은 당신이 안식일의 주인이심을—그리고 계속 주인이실 것임을—의심의 여지없이 입증해 보이셨다.

—6:11—

이 사건은 예수님과 바리새인들과의 관계에서 전환점이 되었다. 사실 전환점이라기보다는 임계점에 도달했다는 게 더 정확한 표현일 것이다. 바리새인들은 예수님을 끌어들여 그들 편에 서게 하려고 했지만 예수님은 그들이 소중하게 생각하는 모든 것에 대해 당신의 권위를 확고히 하셨다. 그리고 그분은 그들과 모든 일에서 의견이 달랐다.

누가는 예수님의 적들이 보인 강한 반발을 표현하면서 두 개의 헬라어 단어를 결합했다. 첫 번째 단어는 "가득하여"로 번역되었고, 두 번째 단어는 말 그대로 "노기"라는 뜻이다. 이 말은 일종의 도덕적 편향이 실린 어리석음, 논리보다 충동적인 적개심을 앞세우는 성마른 사람이 표출하는 분노를 나타낸다. 이 말이 표현하는 어리석음이 바리새인들의 무분별한 분노를 대단히 잘 표현하고 있다. 그들은 "노기가 가득하여" 모든 수단과 방법을 동원해 예수님을 해하기로 했다. 그러나 방법은 가닥을 잡지 못했다.

예수님은 일부러 싸울 생각은 없으셨지만 그렇다고 바리새인들이 시비를 걸 때 물러서지도 않으셨다. 바리새인들을 불필요하게 공격하지 않으셨지만 옳은 일을 할 때 그들의 반대로 물러서지도 않으셨다. 그리고 사역에 있어서 그들과 그분의 이해가 도덕적으로 상충될 때는 그들의 선지자(신 18:17-19), 선생, 왕(삼하 7:12-13) 그리고 그들의 하나님이신 그분께 길을 내어줄 것을 요구하셨다.

적용

율법주의에 대한 도전

혹 당신이 율법주의자들의 규율을 무시해서 그들의 비위를 거슬리지 않겠다고 생각한다면 누가복음 6장 11절을 제대로 공부해야 한다. 남이야 어떻든 당신이 옳다고 생각하는 것을 할 수 있다고 생각하면 오산이다. 율법주의자들은 당신을 그냥 놔두지 않을 것이다. 그들은 당신을 배척할 것이다. 당신의 삶을 비참하게 만들고, 손가락질하고, 비난하고, 당신을 그릇되게 표현하고, 당신에게 꼬리표를 붙이고, 최선의 경우 당신이 미쳤거나 최악의 경우 죄로 가득 찬 인간이라고 생각하게 만들려 애를 쓸 것이다. 율법주의자들은 모든 사람이 자기들처럼 불행해지기를 바란다.

당신의 삶이 율법주의자들에게 휘둘리기를 원하지 않는다면, 그들이 스스로에게 부여한 권위에 대항해야 한다. 건설적으로 율법주의에 저항할 수 있는 몇 가지 방법을 알려주겠다.

첫째, 이슈를 분석하라. 싸울 가치가 있는 이슈인가? 자유와 관련된 이슈들은 대부분 지켜야 할 가치가 있지만 그렇지 않은 것들도 있다. 무릇 자유란 고난이라는 대가를 치러야 얻을 수 있는 것임을 인식하고 결단하라. 일단 율법주의자들의 괴롭힘을 당할 가치가 있는 이슈라고 판단이 되면 당당하게 고난을 감수하라.

둘째, 동기를 점검하라. 고집스럽고 반항적인 기질이거나 자율성을 중요하게 생각해서 매사에 도전적인 입장을 취하는 경우도 있다. 그렇지 않고 자기보다 연약한 신자들을 위해 자신의 자유를 제한하는 것은 옳은 일이다. 그런데 우리는 우리 자신의 행복에 더 관심이 많다. 당신의 행동은 타인에 대한 사랑에 의해 이끌리고 있는가? 진실을 알려면 정직해져야 하고 친구의 도움이 필요할 수도 있다.

셋째, 지혜를 달라고 기도하라. 기도는 율법주의자들이 삶을 더 버겁게 만들 때 사물을 명확히 볼 수 있게 해준다. 하나님의 도우심이 보장되어 있기에 기도는 용기를 준다. 기도는 당신의 마음이 하나님의 마음과 하나가 되는 많은 기회를 제공한다. 그리고 기도는 당신이 율법주의자들이 긴장을 조성할 때 순종적이고 사랑하는 마음을 갖도록 힘을 준다.

'열두 사도'와 행군 명령(누가복음 6:12-49)

12이 때에 예수께서 기도하시러 산으로 가사 밤이 새도록 하나님께 기도하시고 13밝으매 그 제자들
을 부르사 그 중에서 열둘을 택하여 사도라 칭하셨으니 14곧 베드로라고도 이름을 주신 시몬과 그의
동생 안드레와 야고보와 요한과 빌립과 바돌로매와 15마태와 도마와 알패오의 아들 야고보와 셀롯이
라는 시몬과 16야고보의 아들 유다와 예수를 파는 자 될 가룟 유다라

17예수께서 그들과 함께 내려오사 평지에 서시니 그 제자의 많은 무리와 예수의 말씀도 듣고 병 고
침을 받으려고 유대 사방과 예루살렘과 두로와 시돈의 해안으로부터 온 많은 백성도 있더라 18더러운

귀신에게 고난 받는 자들도 고침을 받은지라 19온 무리가 예수를 만지려고 힘쓰니 이는 능력이 예수께
로부터 나와서 모든 사람을 낫게 함이러라

20예수께서 눈을 들어 제자들을 보시고 이르시되 너희 가난한 자는 복이 있나니 하나님의 나라가
너희 것임이요 21지금 주린 자는 복이 있나니 너희가 배부름을 얻을 것임이요 지금 우는 자는 복이 있
나니 너희가 웃을 것임이요 22인자로 말미암아 사람들이 너희를 미워하며 멀리하고 욕하고 너희 이름
을 악하다 하여 버릴 때에는 너희에게 복이 있도다 23그 날에 기뻐하고 뛰놀라 하늘에서 너희 상이 큼
이라 그들의 조상들이 선지자들에게 이와 같이 하였느니라 24그러나 화 있을진저 너희 부요한 자여 너
희는 너희의 위로를 이미 받았도다 25화 있을진저 너희 지금 배부른 자여 너희는 주리리로다 화 있을
진저 너희 지금 웃는 자여 너희가 애통하며 울리로다 26모든 사람이 너희를 칭찬하면 화가 있도다 그
들의 조상들이 거짓 선지자들에게 이와 같이 하였느니라

27그러나 너희 듣는 자에게 내가 이르노니 너희 원수를 사랑하며 너희를 미워하는 자를 선대하며
28너희를 저주하는 자를 위하여 축복하며 너희를 모욕하는 자를 위하여 기도하라 29너의 이 뺨을 치는
자에게 저 뺨도 돌려대며 네 겉옷을 빼앗는 자에게 속옷도 거절하지 말라 30네게 구하는 자에게 주며
네 것을 가져가는 자에게 다시 달라 하지 말며 31남에게 대접을 받고자 하는 대로 너희도 남을 대접하
라 32너희가 만일 너희를 사랑하는 자만을 사랑하면 칭찬 받을 것이 무엇이냐 죄인들도 사랑하는 자는
사랑하느니라 33너희가 만일 선대하는 자만을 선대하면 칭찬 받을 것이 무엇이냐 죄인들도 이렇게 하
느니라 34너희가 받기를 바라고 사람들에게 꾸어 주면 칭찬 받을 것이 무엇이냐 죄인들도 그만큼 받고
자 하여 죄인에게 꾸어 주느니라 35오직 너희는 원수를 사랑하고 선대하며 아무 것도 바라지 말고 꾸
어 주라 그리하면 너희 상이 클 것이요 또 지극히 높으신 이의 아들이 되리니 그는 은혜를 모르는 자
와 악한 자에게도 인자하시니라 36너희 아버지의 자비로우심 같이 너희도 자비로운 자가 되라

37비판하지 말라 그리하면 너희가 비판을 받지 않을 것이요 정죄하지 말라 그리하면 너희가 정죄를
받지 않을 것이요 용서하라 그리하면 너희가 용서를 받을 것이요 38주라 그리하면 너희에게 줄 것이니
곧 후히 되어 누르고 흔들어 넘치도록 하여 너희에게 안겨 주리라 너희가 헤아리는 그 헤아림으로 너
희도 헤아림을 도로 받을 것이니라

39또 비유로 말씀하시되 맹인이 맹인을 인도할 수 있느냐 둘이 다 구덩이에 빠지지 아니하겠느냐
40제자가 그 선생보다 높지 못하나 무릇 온전하게 된 자는 그 선생과 같으리라 41어찌하여 형제의 눈
속에 있는 티는 보고 네 눈 속에 있는 들보는 깨닫지 못하느냐 42너는 네 눈 속에 있는 들보를 보지 못
하면서 어찌하여 형제에게 말하기를 형제여 나로 네 눈 속에 있는 티를 빼게 하라 할 수 있느냐 외식
하는 자여 먼저 네 눈 속에서 들보를 빼라 그 후에야 네가 밝히 보고 형제의 눈 속에 있는 티를 빼리라
43못된 열매 맺는 좋은 나무가 없고 또 좋은 열매 맺는 못된 나무가 없느니라 44나무는 각각 그 열매로
아나니 가시나무에서 무화과를, 또는 찔레에서 포도를 따지 못하느니라 45선한 사람은 마음에 쌓은 선
에서 선을 내고 악한 자는 그 쌓은 악에서 악을 내나니 이는 마음에 가득한 것을 입으로 말함이니라

46너희는 나를 불러 주여 주여 하면서도 어찌하여 내가 말하는 것을 행하지 아니하느냐 47내게 나아
와 내 말을 듣고 행하는 자마다 누구와 같은 것을 너희에게 보이리라 48집을 짓되 깊이 파고 주추를 반
석 위에 놓은 사람과 같으니 큰 물이 나서 탁류가 그 집에 부딪치되 잘 지었기 때문에 능히 요동하지
못하게 하였거니와 49듣고 행하지 아니하는 자는 주추 없이 흙 위에 집 지은 사람과 같으니 탁류가 부
딪치매 집이 곧 무너져 파괴됨이 심하니라 하시니라.

'제자도'는 1970년대에 그리스도인들의 유행어가 되었다. 설교들마다 그리스도인들이 '제자를 삼아야' 한다고 강조했다. 집회들마다 제자도를 주제로 다루었고, 제자를 키우는 원칙들을 분석하는 세미나들이 열렸다. 헤아릴 수 없이 많은 서적, 소책자, 논문, 팸플릿들이 교회에서 따라 할 수 있는 숱한 방법들을 도표로 나타내고 설명했다. 선교 단체들은 초신자들을 성숙한 그리스도인으로 훈련시키는 장기적인 사역에 헌신할 영적 지도자들을 준비시키기 시작했다.

오늘날 많은 성숙한 그리스도인들은 영적 성장에 도움을 준 한두 명의 멘토를 가지고 있다. 그들은 그들의 영향력이나 능력을 키우는 데 시간과 에너지를 쏟아부은 그들을 사랑했던 누군가로부터 제자 훈련을 받았다. 어떤 이들은 지극히 조직화된 환경–엄격하기까지 했을–에서 훈련받았고, 또 어떤 이들은 좀 더 자유로운 분위기–격식에 얽매이지 않는–속에 있었기에 그 과정을 인식하지 못했을 수도 있다.

제자도의 개념은 지난 2천 년 동안 간간이 중요성이 감소되거나 주기적으로 잊혀지긴 했어도, 결코 새로운 것은 아니다. 70년대 제자도의 부활은 성경에서 경험 많은 신자로부터 상대적으로 경험이 적은 신자에게 전달되는, 개인적으로 가까이 있으면서 관계를 통해 이루어지는 영적 훈련이 강조되어 있음이 재발견되면서 시작되었다. 예수님은 당신의 추종자들에게 "제자를 삼"으라고 명령하셨다(마 28:19). 그러나 소수–정확히 말하면 12명–를 선택하신 후 약 3년에 걸쳐 당신의 삶을 그들에게 쏟아부으신 다음 그 명령을 하셨다.

—6:12–13—

어떤 사람들은 예수님을 메시아로 받아들이지 않을 온갖 핑계를 찾아냈는가 하면, 반대로

군중은 그분에게서 희망을 보았다. 인간의 육신이 가진 한계를 받아들이신 예수님은 추종자들을 직접 다 지도하실 수 없었다. 사역을 확장시키기 위해서 예수님은 엄선된 일단의 사람들을 가르치신 후 그들이 똑같이 하도록 책임을 위임하셔야 했다. 그러나 이 중대한 선택을 하시기 전에 예수님은 준비를 하셨다.

갈릴리 회당에서 논쟁을 했던 안식일 이후 얼마 지나지 않아 예수님은 한적한 곳으로 기도하러 가셨다. 헬라어 단어는 예수님이 공적인 삶에서 물러나와 "산"으로 가신 것을 강조하는데, 여기서 말하는 산이란 어떤 특정한 장소가 아닌 조용하고 한적한 장소를 뜻하는 것으로 보인다. "밤이 새도록"이라는 구절은 신약 성경에 딱 한 번 사용된 희귀한 헬라어 단어에서 나온 것으로 의사가 환자를 밤새워 간호한다는 뜻으로 사용되었다. 예수님은, 비록 당시에 그 순간의 중요성을 제대로 알았던 사람은 거의 없었지만, 사역 전반에 걸쳐 가장 중요한 결정을 하시기 전에 밤새워 기도하셨다.

그 무렵 예수님의 제자들은 수천 명에 달했고, 그 중에서 가장 가까운 동지가 될 몇 명을 택하셔야 했다. 그들은 예수님의 기적을 돕고, 음식을 나누고, 모든 순간을 목격하기 위해 그분과 함께 어디든 가고, 수백 번씩 반복되는 설교를 듣고, 그분의 사역을 똑같이 할 수 있게 배워서 결국에는 그분이 물리적으로 함께 계시지 않아도 사역을 계속 해나갈 것이다. 이러한 친밀하고 개인적인 훈련은 선별된 제자들을 사도들로 변화시킬 것이다. 제자들은 따라다니면서 배운다. 그리고 사도들은 위임받은 권한을 행사한다(9:10, 17:5, 22:14, 24:10).

예수님은 제자들을 소집하셨고, 얼마 동안 가르치신 후에 열두 명을 사도로 임명하셨다.

—6:14-16—

많은 이들이 예수님이 선택하신 열두 제자를 이상하게 생각했을 것이다. 그분은 예루살렘 성전에서 가장 뛰어나고 명석한 학자들을 찾지 않으셨다. 그분은 율법을 철저히 지키는 데 평생을 헌신한 치밀한 바리새파를 외면하셨다. 대신 그분은 친구들에게 "우레의 아들"(막 3:17, 아마 그들의 허풍 떠는 기질 때문인 듯하다)이라고 알려진 야고보와 요한을 택하셨다. 그분은 소심한 안드레와 성급하고 거침없는 그의 형제 시몬을 택하셨다. 그분은 멸시받는 친

로마파이며, '하나님의 선물'이라는 뜻의 마태라는 이름으로 알려진 레위를 부르셨다. 그분은 냉소적인 바돌로매(나다나엘로도 알려졌다, 요 1:45)와 질문과 의심이 많기로 유명한 도마를 선택하셨다. 그분은 노동자 계급이고 교육받지 못하고 명백한 결함을 가진 자들을 고르셨다. 왜 그러셨을까? 어떻게 그러실 수 있었을까? 예수님은 당신의 사람들을 현재의 모습이 아닌 장차 될 모습으로 보셨다는 사실을 기억하라.

우리가 알기로 12명 중 11명은 갈릴리 출신이었다. 이것은 누가의 주제에 꼭 들어맞을 텐데도 그는 이 점을 강조하지 않았다. 만약 악이 검은 색으로 칠해진다면 예루살렘 성전은 칠흑처럼 새까맸을 것이다. 이른바 '어둠의 심장부'로의 여정을 시작하시기 전에 그분은 부패한 종교 지도자들로부터 100여 킬로미터나 떨어진 갈릴리에 사는 순진한 사람들 가운데서 사도들을 고르셨다. 아이러니하게도, 유다만이 유일하게 당대 사람들에게 합당하게 보였을 선택-유대의 그리욧 출신의 멋지고 용감한 열심당원-이었다. 얼마나 멋졌겠는가…처음에는!

원래 열두 사도의 이름은 신약 성경에 네 개의 명단으로 언급된다. 이 명단들은 4명씩 3개의 그룹으로 나누어지는데, 첫 번째 그룹은 베드로, 두 번째는 빌립, 세 번째는 야고보

유다는 애국자였을까?

"저 사람을 잘 지켜봐." 동네 사람들은 말했다. "언젠가 저이는 하나님의 사람이 될 테니." 아마 유대 남부 도시 그리욧 사람들은 유다가 독립을 위해 싸우면서 그들을 잘 대변해줄 거라고 생각했을 것이다. 그는 위대한 다윗 왕이 이스라엘의 위대한 목자가 되는 방법을 터득했던 험준한 지역에서 나고 자랐다. 그의 부친 가룟 시몬은 전 정권 밑에서 자유의 투사로 명성이 자자했다. 유다라는 이름도 강인한 영웅주의로 가득 차 있다. 한 주석가가 언급한 대로 "유다라는 이름은 구약에 나오는 야곱의 열두 아들 중 하나의 이름이었고, BC 164년에 일어났던 성공적인 반란을 유다라는 이름의 남자가 이끌었다. 이 유다 마카베우스는 유대인들에게 조지 워싱턴 같은 인물로 존경받았다."[14]

가룟 유다는 아버지의 성을 받았고, 이는 그가 자라난 곳을 암시할 수도 있었다. 아람어로 *Ish-keriot*은 '그리욧 사람'을 뜻했다. 그런데 사도행전 21장 38절은 로마인들이나 로마에 부역하는 사람들을 암살하는 것을 예사로 여기는 유대인 종파의 일원으로서 '단검을 품은 자'라고 불리는 급진적인 자유 투사를 *sicarios*라고 부른다. 유다가 그런 극단주의자였든 아니든 그는 태생적으로 이스라엘에게 자유를 가져다줄 메시아를 찾고 있었음을 알 수 있다.

유대의 중심부에서 성장하면서 유다라는 명예로운 이름을 가진 유다 지파의 자손이었으니 온 이스라엘에서 그보다 더 충성스러운 유대인이 있었을까?

열두 사도

마태복음 10:2-4	마가복음 3:16-19	누가복음 6:14-16	사도행전 1:13
시몬(베드로)			
안드레 야고보 요한	야고보 요한 안드레	안드레 야고보 요한	요한 야고보 안드레
빌립			
바돌로매 도마 마태	바돌로매 마태 도마	바돌로매 마태 도마	도마 바돌로매 마태
야고보(알패오의 아들)			
다대오 열심당원 시몬 가룟 유다	다대오 열심당원 시몬 가룟 유다	열심당원 시몬 유다(야고보의 아들) 가룟 유다	열심당원 시몬 유다(야고보의 아들) …

가 그룹을 이끌었다. 그룹의 우두머리 이름 다음에 나오는 이름의 순서는 조금씩 달라도 명단마다 구성원은 동일하다. 네 개의 명단 모두에서 베드로가 맨 앞에 나오는 반면 유다는 제일 뒤에 나온다. 예상할 수 있듯이, 사도행전의 명단에는 유다의 이름이 완전히 빠져 있다.

몇몇 사도들은 한 가지 이름으로만 불리지 않았다는 사실에 유의하라. 당시에는 성(姓)을 사용하는 것이 일반화되어 있지 않았기 때문에 다른 방법으로 비슷한 이름을 가진 사람들을 구별했다. 예를 들어, 도마는 같은 동네에 사는 다른 도마와 구별하기 위해 "쌍둥이"로 불렸다(요 11:16, 20:24, 21:2). "작은" 야고보(막 15:40)는 다른 야고보보다 키가 작거나 어렸을 것이다. 또 다른 예로 이름을 바꾸기도 했다. 예수님은 레위에게 마태라는 새 이름을 주셨다. 그리고 야고보의 아들 유다는 가룟 유다가 배반한 후에 다대오로 불리기를 더 좋아했을 것이다.

—6:17-18—

누가가 예수님이 사도들과 함께 산에서 내려오셨다고 쓴 것으로 보아 그분이 그들을 “제자의 많은 무리”와 이스라엘 전역에서 온 “많은 백성”으로부터 떼어내셨다는 것을 알 수 있다. 군중과 함께하기 위해 제자들을 데리고 하산하심으로써 예수님은 두 가지 중요한 목적을 이루셨다. 첫째, 예수님과 동행한 덕분에 열두 사도는 공개적으로 그분의 보좌관으로 인정받았다. 둘째, 열두 사도는 예수님의 사역 활동을 새로운 관점에서 볼 수 있었다. 청중의 입장에서 메시아를 보던 그들이 이제는 무대 위에서 그분 뒤에 서 있었다.

예수님이 악이 할퀸 상처로 고통받고 있는 사람들 사이를 헤치고 나가실 때 열두 사도는 수 개월 동안 그분이 맞서 오셨던 도전을 목격했다. 사람들의 요구는 감당하기 힘들 정도로 많았지만 주로 세 가지 범주 가운데 하나에 속했다. 가르침, 치유, 마귀로부터 풀려남. 사도들은 이내 예수님이 그들을 ‘보조 사역자’로서 핵심 그룹에 합류하라고 부르신 이유를 알게 되었다. 그들은 그분과 함께 영적 무지와 싸우고, 악이 훼손시킨 것을 원상 복귀시키며, 초자연적인 어둠의 세력과 맞서야 했다.

—6:19—

이 구절은 아마도 사람들이 예수님을 좇는 동기를 설명하고 이스라엘-그리고 세상-에 얼마나 많은 도움의 손길이 필요했는지를 강조하기 위한 일반적인 진술로 보는 게 맞을 것이다. 예수님이 사람들 사이를 다니시며 사역을 하시던 이 시기에 그들은 그분을 만지려고 서로 떠밀고 온갖 방법을 다 동원했다. 예수님이 의식적으로 하지 않으셨을 때에도 치유의 능력은 큰 분수에서 피어오르는 안개처럼 그분에게서 흘러나왔다.

죄와 악을 정복하는 하나님 능력의 근원 되신 예수님의 이런 이미지는 누가복음 가운데 면면히 흐르는 대표적인 이미지다(5:17, 6:18, 7:7, 8:47, 9:11, 42, 14:4, 17:15, 22:51). 이 이미지는 예수님이 나중에 제자들에게 이 능력을 위임하면서 다음과 같은 임무를 부여하셨을 때 그 중요성이 더 부각된다. “오직 성령이 너희에게 임하시면 너희가 권능을 받고 예루살렘과 온 유대와 사마리아와 땅 끝까지 이르러 내 증인이 되리라”(행 1:8).

—6:20 상—

예수님은 산에서 내려오시자마자 열두 제자를 거느리시고 더 많은 무리의 추종자들-누가가 제자들 또는 헌신된 학습자들이라고 부르는 수백 명, 혹은 수천 명의 사람들-에게로 향하셨다.

물론 성경 본문은 장이나 절의 구분도 없고, 표제도 없었다. 이런 것들은 읽는 사람이 특정 구절의 위치를 알기 위해 더해진 것이어서 때로는 원저자가 끊을 의도가 없었던 부분을 분할하기도 한다. 많은 주석가들이 안타깝게도 이 부분에서 이야기를 끊는다. 누가는 아마 사도들을 부르시고 곧이어 제자도에 관한 긴 설교가 이어지는 6장 1-49절이 한 덩어리로 읽혀지길 원했을 것이다. 20-49절에서 예수님은 당신을 따른다는 게 어떤 의미인지 설명하셨다. 다른 말로 하면 이렇다. "너희가 나를 따르기 원한다면 둘 중 하나를 예상할 수 있다. 나를 택하든지 떠나든지."

이 강론(20-49절)은 예수님의 사역 속에 흐르고 있는 가르침의 정수(精髓)를 표현한다. 즉, 그분은 천국의 원칙들을 반복해서, 길게, 이런저런 설명과 예를 들어 가르치셨다. 그리고 그분은 당시의 방식-선생이 앉아서 무심한 듯 자유로운 형식의 강의로 진리를 전달하고, 질문에 대답하고 반론을 논박하면서 언제든지 대화가 가능한-을 따라 가르치셨을 것이다.

누가가 기술한 이 강론은 그날 주님이 실제로 가르치신 내용을 압축한 게 분명하다. 누가는 예수님의 강론을 그대로 옮기지도 않았고 청중들과 주고받은 내용도 싣지 않았다. 대신 그는 이 강의를 농축한 표본을 제공했다. 만약 이것이 원래의 강론 내용 그대로라면 주님의 설교 시간은 5분도 채 되지 않았을 것이다!

예수님은 천국과 세상의 크나큰 차이를 나타내는 축복과 저주로 강론을 시작하셨다(19-26절). 이런 의미에서 예수님의 왕국이 부패하고 악한 현재의 세계 질서를 대체하는 마지막 때에 대해 언급하고 있는 이 설교는 신학자들이 '종말론적'이라고 말하는 설교다. 따라서 그분의 왕국과 세상은, 지금도 여전히 그렇듯이 상반된다. 세상에서 좋은 것이 하나님 나라에서는 나쁜 것이다. 한쪽에서 행운의 축복인 것이 다른 쪽에서는 저주가 된다.

주님은 마지막 때의 약속이 결국 성취될 것임을 설교하시면서 당장 천국 시민이 되라고 제자들을 초청하셨다. 하나님 나라와 그 축복은 아직 완전히 성취되지 않았지만 하나님 나라는 왕이신 예수님의 육신으로 그들 앞에 서 있었다. 하지만 예수님을 왕으로 받아들이면 그분의 제자들은 현재의 세계 질서와 마찰을 피할 수 없을 것이다.

네 가지 축복과 네 가지 저주는 제자도의 대가와 이득을 저울질하고 있다.

—6:20 하-22—

"원래 이 헬라어('복이 있나니')는 세상의 간난신고(艱難辛苦)를 초탈한 신들의 행복한 상태를 표현하는 말이었다. 훗날 이 단어는 사람이 경험하는 긍정적인 상태를 두루 표현하는 말이 되었다."[15] 이 단어는 초월적인 행복, 말하자면 세속적 행운에 좌우되지도 않고 일시적인 시련 앞에서 흔들리지도 않는 행복을 나타낸다. "축복받은" 사람은 이른바 '기쁨'이라고 말하는 것을 소유하고 있다.

첫 번째 축복은 물질적인 것과는 거리가 멀다. 예수님은 "파산한 자는 복이 있다"는 뜻으로 말씀하신 것이 아니다. 천국의 축복은 가난한 자들만을 위해서가 아니라 "영적으로 가난한" 자들—마태의 표현대로—을 위해서 예비되어 있다. 여기서 말하는 가난은 말 그대로의 가난, 즉 아무것도 없는 상태를 말한다. 또는 현세의 부에 대한 태도를 비유적으로 표현할 것일 수도 있다. 예수님이 한 가난한 갈릴리 십대 소녀의 아들이 되기 위해 천국의 무한한 부를 포기하셨을 때 그분은 영적으로 가난하셨다. 광야의 돌을 따끈한 떡으로 바꿀 기회를 저버리시고 부정한 음식이 아닌 하나님의 말씀으로 자양분을 삼으셨을 때 그분의 영혼은 가난하셨다. 예수님은 하나님의 자원에 모두 걸기 위해 현세의 부를 버린 자들을 "복있는 자들"이라고 부르셨다.

두 번째 축복은 보기보다 복잡하다. 표면적으로—그래도 사실이다—예수님은 기다리고 있는 자들에게 지체된 만족을 약속하신다. 말 그대로 부정한 음식으로 스스로를 배 불리지 않기로 결심한 사람들은 단기적으로는 배고픔의 고통에 시달리지만 다가올 왕국에서는 하나님이 예비하신 만찬을 즐길 것이다. 이것은 결국 정치적 반전에 대한 약속이다. '배부름을 얻다'라는 단어는 말 그대로 '충분히 먹다 또는 채워지다'라는 뜻이다. 그러나 그것은 약속의 가장 작은 부분이다. 사람들은 물리적이고 외적인 방법으로 내면의 만족을 추구하지만, 하나님은 제자들에게 영적 만족을 먼저 구하라고 하신다(마 6:33). 비유적 의미에서 의에 목마른 자들은 때가 되면 충족될 것이다. 그들은 하나님 앞에 의인으로 서게 될 것이고, 주님의 의가 세상에 흘러넘치는 것을 목격하게 될 것이다. 불의는 휩쓸려 사라질 것이다.

세 번째 축복은, 두 번째와 마찬가지로 지연된 만족을 약속한다. 추측하건대 우는 자들은 세상이 "탄식"하는 것과 같은 이유로 운다(롬 8:20-23). 왜냐하면 세상은 죄에 대한 심판으로 "허무한 데 굴복했기" 때문이며, 간절히 구원을 기다리고 있기 때문이다. 구약 성경에서는 하나님이 의를 위해 우는 자들의 눈물을 높이 사셨다. 실제로 하나님은 그들의 눈물을 장차 하나님의 선을 풍성히 거둬들일 씨앗으로 보셨다(시 126:5-6). 세상의 모든 그릇된 것에 대해 우는 자들은 그것을 바로잡는 일에 더 매진할 것이다.

네 번째 축복은 앞의 세 가지와 달리 옹호하는 분명한 약속이 없다. 마케팅의 관점에서 보자면 투자 대비 수익에 대한 보장은 전혀 없이 부정적인 요소만 부각시키는 이것은 제자도에 대한 관심을 끄는 데 전혀 도움이 되지 않는 호소다! 단도직입적으로 예수님은 당신과 어울린다는 이유만으로 제자들이 미움받고, 사회에서 배척당하고, 욕을 먹고, 명예를 훼손당할 것이라고 단언하셨다. 명망 높고 영향력 있는 세상의 시민들은 예수님의 제자들을 국가의 적으로 낙인찍고 범법자로 핍박할 것이다. 분명히, 이 말을 들은 열두 사도 가운데 몇 명은 눈살을 찌푸렸을 것이다.

이러한 "축복"은 특히 공동체에서 추방당하는 것을 무엇보다도 두려워하는 유대인들의 마음속에 큰 반항을 불러일으켰을 것이다. 그것은 금전적, 사회적, 문화적, 영적인 형벌이었다. "백성 중에서 끊어진다는 것"은 하나님과의 관계가 단절된 채로 사는 것을 의미했다(참고 창 17:14, 출 12:15, 19, 31:14, 레 7, 17장). 예수님의 약속은 이와는 상반되었다. 세상에서 제명당한 사람은 자유롭게 하나님과 교제할 수 있다.

—6:23—

예수님은 두 가지 명령으로 축복에 관한 설교를 마무리하셨다. "기뻐하라"와 "뛰놀라"(문자적 번역). "기뻐하다"(be glad)는 '기뻐하다'(rejoice)는 헬라어의 수동태를 번역한 것이다. 농담으로 과장해서 예수님은 마치 수십억짜리 복권에 당첨된 것처럼 기뻐서 펄쩍펄쩍 뛰라고 제자들을 부추기셨다. 왜냐하면 세상은 예수님의 제자들에게는 좋은 것이 나쁜 것으로, 악이 선으로 불리는 거꾸로 된 곳이므로 하나님을 두려워하지 않는 사람들에게 욕을 먹는 것은 특권이기 때문이다. 세상에서 부당한 대우를 받는 것은 하나님 나라에서 명예 훈장을 다는 것이기 때문이다. 실제로 핍박을 받는 믿는 자들은 순교당한 구약의 선지자들과 동일한 영웅의 반열에 든다(왕상 19:10, 21:13, 대하 24:21, 36:16, 렘 26:23, 히 11:37).

—6:24-26—

누가는 특별히 강한 대조를 나타내는 접속사를 사용해서 분위기를 급격히 전환시킨다. 이 접속사는 대조를 위해 무언가를 덧붙인다는 뜻이다. "그러나…"(*plēn*).

감탄사 "화 있을진저"는 고뇌를 토로하거나 다른 사람의 고통에 대한 연민에서 나오는 한탄인데, "그게 사실이라면 정말 유감이다"라는 경고의 뜻을 전달하기도 한다.

앞에서 "가난한 자"와 "부자"를 극명하게 대비시켰을 때와 마찬가지로 "가난한 자"라고 해서 딱히 파산한 사람을 지목하는 것도 아니고, "부자"라고 해서 물질이 풍부한 사람들을 비난하는 것도 아니다. 예수님의 추종자들 중에는 그분과 제자들에게 거처와 음식과 의복을 제공했던 부유한 사람들도 분명히 있었다(8:1-3, 23:50-53). "가난한 자"라고 할 때 예수님이 염두에 두신 것은 재물에 대한 태도다. 무엇에 생계를 의존하는가? 자기 급여를 믿는가, 아니면 자기의 필요를 채워주실 의롭고 믿을 만한 하나님께 매달리는가? 직장에서의 위치를 공고히 하기 위해 정의를 희생하는가, 아니면 일을 망치더라도 옳은 일을 행하는가? 하나같이 정곡을 찌르는 질문들이다.

예수님은 모든 것에 우선해서 재물을 좇는 자들은 이미 이생에서 충분한 "위로"를 받았노라고 경고하셨다. 흥미롭게도 "위로"는 헬라어로 *paraklēsis*인데 요한복음에서 성령을 지칭하는 데 쓰인 *paraklētos*와 동일한 어원에서 파생된 단어다(요 14:26, 15:26, 16:7). 누가는 가장 정확한 헬라어를 사용해 예수님이 사용하신 히브리어나 아람어를 번역했다. 그런데도 이 부분은 당혹스럽다. 앞에서 누가는 메시아를 일컬어 이스라엘의 "위로"라고 했다(2:25). 똑같은 단어다. 마치 같은 단어를 사용해 독자들에게 이런 질문을 던지는 듯하다. "당신들은 결국 어떤 '위로'를 더 원하는가? 돈인가, 하나님인가?"

두 번째와 세 번째 "화 있을진저"는 단순히 두 번째와 세 번째 복(21절)을 대조한다. 만약, 광야에서 예수님이 하셨던 것과 달리(4:3-4), 우리가 부정하게 얻은 음식으로 배를 불린다면, '굶주림'은 영원한 세계에서 우리를 기다리고 있는 고통에 비할 바가 못 된다.

네 번째 "화 있을진저"는 하나님을 경외하지 않는 사람들이나 세상 질서에 속한 사람들의 칭찬과 인정을 추구하는 모든 이를 향한다. 다시 한 번, 이 말은 천국의 훌륭한 시민으로서 스스로 비호감이 되어 뒷전에 물러나 있으라는 뜻이 아니다. 불쾌한 그리스도인이 믿지 않는 자들에게 긍정적인 영향을 미치기란 거의 불가능하다. 반대로 조용히 존경받을 만한 삶을 살면서 세상 사람들에게 좋은 평판을 받는 것으로 증거해야 한다(롬 13장, 고후 8:21, 딤전 3:7).

예수님은 사람들의 비위를 맞추는 것에 대해 경고하셨다. 만약 어떤 제자가 가진 하나님에 대한 관점, 도덕성, 영성, 세상이 돌아가는 방식이 비그리스도인의 심기를 불편하게 하지 않는다면 뭔가 단단히 잘못된 것이다. 그런 사람은 정치적 또는 사회적 이익을 얻기 위해 복음의 메시지를 타협하거나 희석시켰을 가능성이 있다. 그 사람에게 화 있을진저!

—6:27—

예수님은 하나님 나라와 현세의 상반된 질서를 설명하시고나서, 관계를 필두로 이 차이점에 함축된 의미를 실제적인 용어로 풀어내셨다. 예수님은 강한 대조의 의미를 가진 접속사 "그러나"(*alla*)로 시작해 앞의 "화 있을진저"에 상반되는 충고를 하신다. 그분은 또 천국에서의 관계는 일반적인 세상에서의 관계와 사뭇 다르다는 것을 보여주려 하셨다.

도널드 트럼프(Donald Trump)는 이렇게 말했다고 한다. "나는 적을 만들기 좋아한다. 나는 적과 맞붙어 때려 눕히는 걸 즐긴다."[16] 적자생존의 비즈니스 세계와 고위 정치계에서는 타당한 말이다. 한 사람의 인생이 화려함과 탐욕에 지배당하면 이런 것을 기대하고 즐기게 된다. 특히 복수나 앙갚음을 할 기회는 물론이고 상대를 능가할 수 있는 기회가 있다면 당신은 멋지게 한판 붙는 것을 무엇보다도 좋아할 것이다. 메인 스트리트(전형적인 미국 중산층-역주)의 인간관계는 월 스트리트나 펜실베이니아 애비뉴(워싱턴 DC의 백악관에 이르는 길)의 세계처럼 대놓고 무자비하지 않을지는 몰라도 덜 노골적일 뿐 생각은 다르지 않다.

예수님은 단호한 어조로 가르침을 시작하셨다. "그러나 너희 듣는 자에게 내가 이르노니." 그런 다음 세상 사람들은 분명히 어리석다고 할 충고를 하셨다. 그분은 무조건적인 사랑을 표현하는 여섯 가지 구체적인 행동을 권면하셨다.

1. **너희 원수를 사랑하며 너희를 미워하는 자를 선대하라.** 예수님이 제자들에게 베풀라고 하신 사랑인 *agapē*는 다른 사람의 최선을 구하는 두말할 나위 없는 그리스도인의 사랑이다. *Agapē*(아가페)는 성경 외의 다른 곳에서는 거의 찾아볼 수 없다. 헬라어는 남녀 간의 황홀하고 충동적인 사랑인 *erōs*(에로스)를 찬양하고, 돈독한 우정에서 나오는 따뜻하고 숭고한 애정인 *philia*(필리아)를 숭상했다. 그러나 전반적으로 *agapē*는 1세기 헬라인들 사이에서 많이 쓰이지 않고 있었다. 신약 성경의 저자들은 그리스도가 본을 보이시고 다락방에서 실천을 명하셨던 그 사랑을 표현할 헬라어 단어가 필요했지만, 일반적으로 쓰이는 헬라어 단어들은 그것을 표현하기에 부족했다. 다행히 *agapē*는 비교적 알려지지 않고 뜻이 정확히 정의되어 있지 않아서 사용하기에 아주 적합했다. 마치 빈 가죽 부대처럼 그것은 기독교적인 의미로 채워지기를 기다리고 있었다.

예수님은 제자들에게 가장 사랑하기 힘든 사람들-"원수"-에게 이 이타적인 사랑을 베풀라고 명하셨다. "원수"라는 헬라어의 문자적 의미는 '적대적인 사람들'이다. 이 사람들은 비우호적인 정도가 아니라 나쁜 의도를 가지고 행동한다. 제자들은 적대감을 사랑으로 응대해야 한다. 그 사랑은 그리스도의 사랑을 행동으로 실천하는 것이다.

—6:28—

2. **너희를 저주하는 자를 위하여 축복하라.** "축복"이라는 단어는 헬라어로 *ehlogeō*이고, 여기서 영어의 eulogy(찬사)가 나왔다. 문자적인 뜻은 '좋은 이야기' 또는 '좋게 말하다'이다. 세속적인 의미로는 어떤 사람에 대해서 좋게 말하고, 그 사람을 폄훼하고 싶은 유혹을 물리친다는 뜻을 담고 있다. 그러나 고대에는 이 단어가 거의 영적인 의미로 쓰였다. 누군가를 '축복'하는 것은 하나님(또는 이방 세계에서는 많은 신들)께 그 사람에 대해 좋게 말하는 것이었다. 반대로 '저주'하는 것은 누군가에게 천벌이 내리기를 비는 것이었다.

예수님은 제자들에게 공공연히 그들을 욕하고 천벌이 내리기를 비는 사람들을 포함해서 모든 이에 대해 "좋게 말하기"를 바라셨다.

3. 너희를 모욕하는 자를 위하여 기도하라. 모욕에 대한 자연스러운 반응은 대체로 보복을 통해 정의를 이루는 것이다. 눈에는 눈, 코에는 코다. 특히나 중동 문화는 지금까지도 그렇다. 나는 이스라엘 여행 중에 그 지역 사람들의 마음속에는 용서라는 단어가 존재하지 않고 오로지 복수만이 존재한다는 말을 들었다. 구약 성경의 선지자와 시인들은 하나님이 그들을 대신해 복수해주실 것이라는 약속을 의지해 복수에 대한 생각을 접을 수 있는 지혜가 있었다. 정말로 그들은 자신들을 위해 적들을 해롭게 해달라고 하나님께 간절히 기도했다.

> 이는 그들의 포도나무는 소돔의 포도나무요 고모라의 밭의 소산이라
> 그들의 포도는 독이 든 포도이니 그 송이는 쓰며
> 그들의 포도주는 뱀의 독이요 독사의 맹독이라
> 이것이 내게 쌓여 있고 내 곳간에 봉하여 있지 아니한가
> 그들이 실족할 그 때에 내가 보복하리라 그들의 환난날이 가까우니
> 그들에게 닥칠 그 일이 속히 오리로다(신 32:32-35).

> 여호와여 복수하시는 하나님이여
> 복수하시는 하나님이여
> 빛을 비추어 주소서(시 94:1).

예수님은 한 발짝 더 나아가셨다. 그분은 제자들이 하나님의 손에 복수를 맡기기를 바라셨을 뿐만 아니라, 자신들에게 해를 가한 사람들을 위해 주님의 자비를 구하라고 명하셨다!

—6:29-30—

4. 적의를 선의로 응대하라. "치다"는 헬라어는 넌지시 비꼬는 것(마 5:39)에서부터 있는 힘을 다해 치는 것(행 23:2)에 이르기까지 모든 종류의 공격을 망라하는 표현이다. 예수님이 염두에 두고 계셨던 것은 얼굴을 마구 때리는 폭력이 아니라 모욕적인 비방이었을 가능성이

높다. 그분은 제자들에게 세상 사람들의 샌드백이 되라고 말씀하신 게 아니었다. 게다가 뺨을 친다는 말 또한 비유적인 뜻으로 자존심을 상하게 한다는 뜻일 수 있다. 그분은 제자들이 생명의 위협이 없는 한 믿지 않는 자들의 공격에 대해서는 자존심을 내려놓기를 바라셨다.

5. **이기적인 사람들에게 관대하라.** 어차피 하나님의 것인 재물에 집착하지 않는 것도 적의에 대해 유순하게 반응하는 것에 포함된다. 주님은 탐욕을 관대하게 대하라고 하셨다. 하나님의 나라에서 재물은 목적을 이루기 위한 수단일 뿐이어서 주님은 그것을 다른 것으로 쉽게 대체하실 수 있다. 요점은 물질보다 사람을 더 중요하게 생각하라는 것이다.

—6:31-35—

6. **남에게 대접 받고자 하는 대로 너희도 남을 대접하라.** 예수님은 이른바 황금률로 가르침을 요약하셨다. 타인에게 친절을 베푸는 이 멋진 기준은 예수님이 처음 만드신 게 아니다. 그분이 언급하셨듯 이방인들도 상호 간의 유익을 위해 친절을 권면했다. 예를 들면

> "네가 당하고 싶지 않은 일을 남에게도 하지 말라." (공자)
> "친구가 우리에게 해주기 바라는 대로 친구에게 해주라." (아리스토텔레스)
> "남들이 내게 마땅히 해야 하는 대로 나도 남들에게 할지니." (플라톤)
> "당신이 싫어하는 일을 아무에게도 하지 말라." (토비트서 4:15)

가는 정이 있어야 오는 정이 있다는 이런 사고방식은 논리에 불과하다. 보답으로 사랑받기를 바라는 마음에서 다른 사람을 사랑하는 것은 희생이 아니다. 합당한 보상을 기대하는 투자다. 예수님은 이와는 대조적으로 아무 보답도 기대하지 말고 자기를 내어주라고 하셨다. 그분의 제자도는 믿음, 즉 모든 선한 것은 하나님에게서 나온다는 확신을 필요로 한다. 주님은 자기 백성들이 은혜를 베푼다고 해서 상을 주시지 않는다. 그것은 행위를 바탕으로 한 의에 지나지 않는다. 그보다, 그분은 제자들에게 당신을 본받으라고 하신다. 그러면 그분이 가진 모든 것을 사용할 수 있게 해주신다.

이것을 은혜의 원칙으로 불러도 좋다. 하나님과 은혜의 관계 안에 있는 자들은 중력의 법칙을 믿듯이 이 원칙을 믿을 수 있다. 그리스도를 본받으라. 그러면 그분의 모든 것에 참여하게 된다. 우리가 은혜를 베풀면 하나님의 더 큰 은혜가 우리에게 임해서 우리를 이롭게 함은 물론이고, 우리 주변 사람들에게 하나님의 선(善)이 비처럼 쏟아질 것이다.

—6:36-38—

예수님은 다섯 가지 구체적인 예를 가지고 이 은혜의 원칙을 상세히 설명하셨다.

1. 자비(36절). 첫 번째 예는 우리가 하나님 아버지께 자비를 받았으니 우리도 자비를 베풀어야 한다는 사실을 일깨운다. 우리가 거저 받았으니 거저 줄 수 있다. 자비를 나타내는 헬라어는 다른 사람들이 겪는 고난에 감정이 깊이 이입된다는 뜻을 담고 있다. 이것은 단지 보복하지 않겠다는 논리적인 결단이 아니다. 동정심에서 나온 자비가 형벌을 억제하는 것이다.

2. 비판하지 말라(37절 상). 예수님의 말씀 가운데 이 말씀처럼 이해가 부족한 것도 드물다. 그리고 내가 생각하기에 가장 남용되는 말씀일 것이다. 죄책감에 짓눌린 사람들은 종종 이 말씀을 핑계 삼아 책임을 회피한다. 헬라어 동사로 *krinō*는 '옳으니 그르니 하다' 또는 '재판관 노릇을 하다'라는 뜻이다. 이 경우에 비판이란 재판관 자리에 앉을 수 있는 자격과 권세를 소유한 사람이 가진 배타적인 특권이다.

주님은 인간에 대한 심판을 그분의 독점적인 영역으로 따로 남겨두셨다. 우리는 옳고 그른 것을 분별하고 하나님이 기뻐하시지 않는 악행을 경고하기를 주저해서는 안 되지만, 그렇다고 사람들을 심판하는 자리에 앉아서도 안 된다. 우리는 죄를 판단할 수는 있지만 인간의 심판사는 오직 하나님 한 분뿐이시다.

3. 정죄하지 말라(37절 중). 만약 예수님의 제자 가운데 한 사람이 감히 죄인들을 심판하려 한다면 그는 분명 자기 죄의 심각성을 제대로 인식하지 못하고 있는 것이다. 사형 선고를 받았다가 면죄받은 살인자가 다른 죄인들에게 사형 선고를 내린다면 위선이다. 하지만 진정한 제자는 자기가 받은 위대한 선물을 제대로 알고 있다. 감사는 긍휼을 불러일으키고 정죄는 생각할 수도 없게 만든다.

4. 용서하라(37절 하). "용서하다"로 번역된 헬라어는 문자적으로 '풀어주다'라는 뜻이다. 이것이야말로 용서의 핵심이다. 그릇된 행위의 결과를 면제시켜주는 것. 빚을 탕감하는 것은 빚진 자에게 빚을 갚을 의무를 면제해주는 것이다. 범죄를 용서하는 것은 범죄자로 하여금 피해를 보상하게 하거나 동일한 고통을 가하는 것을 면제시켜주는 것이다. 그리고 모든 악행에 대한 나쁜 기억을 털어버리는 것도 포함한다.

5. 주라(38절). 예수님은 심판과 비판하지 않는 것과 정죄하지 않는 것에 더하여 제자들에게 다음 단계의 자비를 가지라고 말씀하셨다. 자비는 죄에 대해 심판하지 않는다. 은혜는 범죄한 죄인을 위해 희생한다. 예수님은 베푸는 자들이 희생적 베풂을 통해 느끼는 고통은 일시적일 뿐임을 약속하셨다. 그들의 희생은 몇 배로 보상받을 것이다.

제자들이 기대할 수 있는 풍요를 예시해주시기 위해 예수님은 곡식을 받는 사람의 모습을 묘사하셨다. 이 장면은 그 시대에는 익숙한 광경이었을 것이다. 보통 곡식을 사려는 사람은 그것을 담을 용기를 가지고 갔다. 곡식을 받을 준비가 되어 있지 않은 사람은 긴 겉옷 앞자락을 걷어올려 주머니를 만들었다. 따라서 예수님이 드신 예는 예상치 못한 축복을 암시한다. 더구나 "누르고 흔들어 넘치도록"이라는 표현은 곡식을 나눠주는 사람의 후한 인심을 표현한다. 그는 알곡을 옷을 접어 만든 주머니에 그냥 부어주는 게 아니라 최대한 꾹꾹 눌러 담아준다.

예수님은 제자들에게 그들이 베푸는 은혜가 놀라운 방법으로 차고 넘칠 정도로 풍성히 그들에게 되돌아올 것을 보장하셨다.

예수님의 가르침이 얼마나 급진적이었는지는 그분의 말씀을 들은 사람들의 반응만 보아도 쉽게 알 수 있다. "그 사람이 말하는 것처럼 말한 사람은 이 때까지 없었나이다"(요 7:46).

—6:39 상—

첫 번째 구절 "또 비유로 말씀하시되"는 예수님의 강론에서 논리적인 단절이 있음을 나타낸다. 예수님은 강연의 전반부(20-38절)에서 현세의 질서와 하나님 나라의 차이점을 보여주시고, 하나님 나라의 시민들이 어떻게 행동해야 하는지를 설명하셨다. 그런 다음 제자도에 대해 설명하시고, 주제를 가르침과 영적 리더십으로 전환하셨다.

예수님이 지금 막 특별히 지명받은 열두 사도와 함께 산에서 내려오셨음을 잊지 말라. '사도들'이라는 명칭을 받은 이들은 스승의 권한이 위임된 특사로 훈련받아 교회를 세우고 이끌 책임을 맡아야 했다. 유대인들의 말로 하자면 이들은 왕국을 세우는 일에 착수할 것이다. 하나님 나라의 리더십은 세상의 리더십과는 완전히 다르다. 그 차이를 설명하기 위해 예수님은 세 가지 비유를 말씀하셨다.

- 맹인이 맹인을 인도함(39-42절)
- 나쁜 나무와 좋은 나무의 열매(43-45절)
- 지혜로운 건축가와 어리석은 건축가(46-49절)

첫 번째 두 비유는 천국의 진짜 시민과 가짜 시민의 차이를 보여준다. 세 번째는 불순종의 비참한 결과를 드러낸다.

—6:39 하-40—

누가의 내러티브는 예수님이 상당히 길게 말씀하셨을 두 개의 이미지를 혼합한다. 첫 번째는 맹인이 다른 맹인을 인도하려고 하는 우스꽝스러운 모습을 그린다. 보통 맹인이 낯선 곳을 지날 때 앞이 보이는 사람의 팔꿈치를 잡으면 그가 인도자가 되어 장애물이나 구덩이를 피하도록 도와준다. 그런데 그 인도자가 맹인이라면 무슨 소용이 있겠는가?

마태는 예수님이 이것을 스스로를 영적 전문가로 내세우면서 다른 사람들을 하나님께로 이끌려고 하는 바리새인들에 대한 예화로도 사용하셨다고 말한다. 이렇듯 온갖 종교적인 문제에 대해 권위자라고 자칭하는 자들이 실세로는 영적 장님이었다(마 15:14). 사실은 아무도 자신의 권위를 내세워 다른 사람들의 영적 지도자가 될 수 없다. 하나님 나라에서는 평등이 계급을 대신한다. 제자들은 예외 없이 모두 변화되어야 할 존재로 하나님 앞에 선다. 따라서 영적 리더십은 전혀 다른 형태로 나타난다.

첫 번째 예가 바람직하지 않은 영적 리더십의 모습을 설명하고 있다면, 두 번째는 영적 지도자들은 스스로 정한 독단적인 권위에 의해서가 아니라 모범을 보임으로써 사람들을 이끌어야 한다고 단언한다. 예수님만이 권위자, 유일한 본보기, 진정한 선생이시다. 하나님 나라의 지도자들은 스스로의 제자도를 가지고 다른 사람들을 이끈다. 자신에게 스스로 부여한 권위를 바탕으로 제자들 앞에 서는 세상 선생들과 달리 그리스도 왕국의 지도자들은 대스승을 한결같이 따르며 순종하느라 제자들을 등에 지고 앞서 간다.

—6:41-42—

예수님은 개인의 권위를 바탕으로 영적인 우두머리가 되려는 게 얼마나 터무니없는 짓인지를 더 강조하셨다. 예수님은 소경이 소경을 인도하는 예화에서 한 걸음 더 나아가 자신의 시야를 가로막는 "들보"(문자적으로 '대들보나 대문의 빗장으로 쓰이는 커다란 재목')[17]가 들어 있는데 친구의 눈에서 "티끌"(문자적으로 '지푸라기, 왕겨, 나무의 작은 조각')[18]을 보는 사람을 생각해내셨다!

41절의 요지는 위선이지만 예수님은 거기서 그치지 않으셨다. 그분은 42절에서 모든 사람이 하나님 앞에서 온전치 못한 눈을 가진 채로 선다는 사실을 설명하면서 이 점을 더 강조하신다. 그러므로 다른 사람의 영안을 고쳐주는 안과의사가 될 수 있는 사람은 아무도 없다. 우리가 다른 사람이 보지 못하는 것을 보도록 도와줄 수 있는 최선의 방법은 그 문제를 해결해주실 수 있는 그분께로 인도하는 것이다.

—6:43-45—

예수님의 두 번째 예는 영적인 지도자의 특성과 그의 설교 사이의 직접적인 상관관계를 규명한다. 숙련된 원예사가 아니어도 건강한 나무는 튼실한 열매를 맺고 시들시들하고 썩은 열매를 맺지 않는다는 것쯤은 안다("못된"으로 번역된 헬라어는 '썩은, 퇴락한'이라는 뜻이다). 또 썩고 시들어가는 나무에서 맛있는 열매를 기대하는 사람은 없다(누가는 "좋은"과 "못된"이라는 단어를 대구를 이루는 두 개의 문장에 계속 사용했다). 요지는 분명하다. 사람의 마음속에 무엇이 있느냐에 따라 좋은 것이든 나쁜 것이든 겉으로 드러나는 것이 결정된다(마 12:33). 두 가지 모두 사람의 '마음'의 산물이다.

일반적인 교훈으로서 이 말은 자명한 사실이다. 그런데 예수님은 이 원칙을 단독으로 사용하신 것이 아니다. 그분은 이것을 사용해 다른 두 개념을 연결하셨다. 첫 번째 예(39-42절)는 다른 사람들을 비판하는 것이 얼마나 모순인지를 강조하면서, 모름지기 제자라면 누구라도–지도자의 위치에 있는 자들을 위시해서–자기 비판적이어야 한다고 말한다. 세 번째 예(46-49절)는 순종의 문제에 대해 이야기한다. 그러므로 우리는 순종하기 위해 애쓰고 있는 영적 지도자들의 자기 비판을 들어야 한다. 이것이 바로 선한 사람의 마음속에 있는 '좋은 열매' 또는 '선한 보물'이다.

45절에 "선한"과 "악한"으로 번역된 헬라어는 43절과 다른 단어다. 예수님은 열매를 "좋은/건강한" 또는 "썩은/시들어가는"으로 표현하셨다. 이와는 대조적으로 사람들은 "쓸모 있는/유익한/선한" 또는 "쓸모 없는/타락한/악한"으로 표현하셨다.

—6:46-49—

헬라어로 "주님"이라는 명칭인 *kyrie*(키리에)는 한 가족의 족장, 재판관, 한 지역의 통치자와 같은 권세와 능력을 가진 사람을 높이는 말이다. 이것과 연관이 있는 형용사는 "권능을 받은" 또는 "권한을 부여받은"이라는 뜻을 가지고 있다. 어떤 사람을 부를 때 두 개의 명칭을 사용하는 것은 전적인 헌신을 강하게 암시하면서 충성의 감정을 강조한다.

예수님은 어째서 그토록 깊은 헌신의 감정을 입술로는 토로하면서 순종은 하지 않는 것인지 반어적 질문을 던지셨다. 다른 선생들은 정보를 중히 여기고 학생들을 평가할 때 그들의 지식을 바탕으로 하는데, 예수님은 배움을 다르게 정의하셨다. 진정한 제자는 스승의 말에 귀를 기울이고 그것을 신실하게 행동으로 옮긴다. 그들은 시련의 형태로 오는 시험을 치른다.

예수님은 제자들의 삶을 집에 비유하시면서 요점을 설명하셨다. 지혜로운 제자와 명목상 제자의 유일한 차이점은 신뢰할 수 있는 반석이 있는지의 여부다. 주님의 말씀을 행동으로 옮기는 자들은 흔들리지 않는 반석 위에 인생의 기초를 탄탄하게 세웠고, 그렇지 못한 자들은 "탁류"에 무너졌다.

마태는 집을 제대로 짓지 못한 것에 대해 마지막 때에 받을 응보를 강조하면서 불성실하고 불의한 제자들은 지옥에 가게 될 것이라고 직설적인 언어로 선포했던 반면에(마 7:21-23), 누가는 더 완곡한 태도로 접근했다. 이미지는 마태만큼 극단적이지는 않지만 누가가 묘사한 재난은 일상적으로 볼 수 있는 폭풍이 아니다. "탁류"라고 표현된 단어는 문자적으로 '강'을 뜻한다. 아무리 바보라도 강에다 집을 짓는 사람은 없다. "탁류"란 종말의 참상을 나타내는 흔치 않은 무시무시한 사건을 뜻한다.

이것은 특별히 주님의 말씀을 사람들에게 전하라는 소명을 받은 우리 같은 사람들에게는 참으로 무서운 선고다. 이 말씀이 그대로 다 이루어질 때 우리는 기독교의 핵심은 주일 아침 예배당에서 벌어지는 일이 아님을 깨닫게 될 것이다. 진정으로 그리스도를 따르는 삶은 주중에, 우리가 다니는 교회에서 멀리 떨어진 집이나, 길이나, 사무실이나, 사이버 공간에 있을 때 일어난다. 그런 곳이 바로 제자들이 진심으로 그리스도를 따르고, 시민들이 왕에게 기꺼이 순종하며, 지도자들이 진실되게 인도하는 장소다.

예수님께 제자도란 선생이 제자에게 지식을 전달하거나 시작하신 일을 계승할 후계 집단을 훈련시키는 것 이상을 의미했다. 그분에게 제자들이란 완전히 새로운 왕국의 그리스도를 닮은 시민이 되기 위해 현재의 세상으로부터 부름받은 자들이다. 따라서 그리스도인의 제자도란 예수님을 왕으로 모신 시민들에게 모든 것-통치 방식, 율법의 역할, 경제, 사법 체계-이 다른, 완전히 생소한 문화를 소개하는 과정이다. 세상이 어리석다고 하는 것이 예수님이 제공하시는 새로운 왕국의 삶에서는 지혜로운 것이 된다. 응징 대신 자비가 들어선다. 은혜가 정의를 대신한다. 경제를 이끄는 것은 소득, 대출, 대부, 구매, 축적이 아니라 희생적인 베풂이다(6:20-38).

메시아로서 예수님은 위대한 스승으로서뿐만 아니라 하나님의 말씀을 전하는 선지자로 오셨다. 그분은 이스라엘의 왕-전 세계가 그분의 영토인-으로 오셨다. 그렇다고 모든 사람이 천국 시민이 된다는 뜻은 아니다. 예수님은 모든 곳에 있는 모든 사람의 구세주로 오셨지만, 모든 사람이 다 구원받지는 못할 것이다. 예수님은 모든 피조물의 왕으로 오셨으나 모든 사람이 그분의 주권에 기꺼이 순종하지는 않는다. 참된 제자들, 즉 새 왕국의 진정한 시민들은 왕께 순종함으로써 충성심을 입증한다. 현재의 세상 질서와 하나님의 왕국은 이런 점에서 닮았다. 왕을 거역하는 사람은 그 왕국의 시민이 아니라 범법자다. 범법자는 그에 합당한 대우를 받을 것이다.

적용

제자를 삼는 방법

마태복음 28장 19절은 "제자를 삼다"라는 말을 사용한다. 예수님은 제자를 삼으신 후에 그들도 그렇게 하라고 명령하셨다. 도대체 "제자를 삼는다"는 게 무슨 뜻일까? 제자도란 멘토로서의 자격과 의지를 갖춘 사람과 더 강건한 성품과 더 깊은 그리스인의 삶을 원하는 소수의 사람들 사이의 의미 있고 직접적인 관계다.

제자도의 과정은 똑같이 중요한 두 가지 요소로 이루어져 있다. 한쪽은 멘토다. 경험 많고, 대부분 더 나이가 많은, 자격도 갖추고 한 사람 혹은 그 이상의 사람들에게 자신을 투자할 의향을 갖춘 사람이다. 일반적으로 남자는 남자가, 여자는 여자가 제자 훈련을 하는 게 제일 좋다. 또 다른 쪽은 예비 제자다.

이 점을 더 명확히 하기 위해 효과적인 제자 훈련을 정의하고 설명하는 몇 가지 상반된 생각들을 제시해보겠다.

제자 훈련은 장기적인 관계다. 제자 훈련은 간단한 일련의 수업이 아니다. 제자는 열흘 또는 반년 만에 만들어지지 않는다. 제자는 대부분 여러 해에 걸쳐 성숙한다. 보편적으로 함께하는 시간이 잦을수록 제자는 더 빨리 성장한다. 내가 아는 어떤 관계는 일 년에 딱 두 번, 일주일 동안 만나는데 10년 이상 관계를 유지해왔다.

제자 훈련은 가깝고 개인적이며 거리를 두지 않는다. 멘토링은 친밀감이 깊어지는 환경 속에서 이루어지며, 그 친밀감 속에서 시간이 흐름에 따라 진솔한 소통을 가로막는 장벽이 허물어진다. 제자는 시선을 마주칠 수 있어야 하고, 서로 상대방의 가장 나쁜 점을 볼 수 있는 기회를 많이 가져야 한다.

제자 훈련은 형식이 아니라 관계다. 제자 훈련은 성경 구절을 암송하거나 예정된 커리큘럼을 이수하는 게 아니다. 멘토링은 본을 보여 가르치는 것이다. 따라서 함께 자유롭게 시간을 보내면-일을 함께하고, 놀이를 즐기고, 여가 생활을 함께하는 것-예상치 못했던 중요한 대화의 주제가 떠오르게 된다.

제자 훈련은 이론이 아니라 실제다. 배움은 이론으로 시작하지만 곧 실제적인 적용으로 넘어간다.

제자 훈련은 통제가 아니라 코칭이다. 제자들을 통제하려고 하는 멘토는 사이비 종교 집단 같은 분위기를 조성한다. 멘토들은 제자들이 하나님의 백성임을 절대 잊어서는 안 된다. 멘토링은 주님이 사람을 변화시키시는 종합 프로그램의 일환일 뿐이다. 제자들을 그리스도의 형상으로 빚으시는 것은 그분이지 멘토가 아니다!

지금까지 제자 훈련 프로그램을 졸업한 사람은 아무도 없다. 학교는 교과 과정 중 하나로 제자 훈련을 제공하지만, 강의 요목은 진정한 제자 훈련을 방해한다. 제자 훈련은 지식의 문제가 아니라 성숙의 문제다. 따라서 제자를 만드는 것은 학문적인 훈련이 아니다. 필기할 것도 거의 없고, 성적도 매겨지지 않을 것이며, 시험도 없다.

언제나 희망은 있다(누가복음 7:1-17)

1예수께서 모든 말씀을 백성에게 들려 주시기를 마치신 후에 가버나움으로 들어가시니라

2어떤 백부장의 사랑하는 종이 병들어 죽게 되었더니 3예수의 소문을 듣고 유대인의 장로 몇 사람
을 예수께 보내어 오셔서 그 종을 구해 주시기를 청한지라 4이에 그들이 예수께 나아와 간절히 구하여
이르되 이 일을 하시는 것이 이 사람에게는 합당하니이다 5그가 우리 민족을 사랑하고 또한 우리를 위
하여 회당을 지었나이다 하니 6예수께서 함께 가실새 이에 그 집이 멀지 아니하여 백부장이 벗들을 보
내어 이르되 주여 수고하시지 마옵소서 내 집에 들어오심을 나는 감당하지 못하겠나이다 7그러므로
내가 주께 나아가기도 감당하지 못할 줄을 알았나이다 말씀만 하사 내 하인을 낫게 하소서 8나도 남의
수하에 든 사람이요 내 아래에도 병사가 있으니 이더러 가라 하면 가고 저더러 오라 하면 오고 내 종
더러 이것을 하라 하면 하나이다 9예수께서 들으시고 그를 놀랍게 여겨 돌이키사 따르는 무리에게 이
르시되 내가 너희에게 이르노니 이스라엘 중에서도 이만한 믿음은 만나보지 못하였노라 하시더라 10보
내었던 사람들이 집으로 돌아가 보매 종이 이미 나아 있었더라

11그 후에 예수께서 나인이란 성으로 가실새 제자와 많은 무리가 동행하더니 12성문에 가까이 이르
실 때에 사람들이 한 죽은 자를 메고 나오니 이는 한 어머니의 독자요 그의 어머니는 과부라 그 성의
많은 사람도 그와 함께 나오거늘 13주께서 과부를 보시고 불쌍히 여기사 울지 말라 하시고 14가까이 가
서 그 관에 손을 대시니 멘 자들이 서는지라 예수께서 이르시되 청년아 내가 네게 말하노니 일어나라
하시매 15죽었던 자가 일어나 앉고 말도 하거늘 예수께서 그를 어머니에게 주시니 16모든 사람이 두려
워하며 하나님께 영광을 돌려 이르되 큰 선지자가 우리 가운데 일어나셨다 하고 또 하나님께서 자기
백성을 돌보셨다 하더라 17예수께 대한 이 소문이 온 유대와 사방에 두루 퍼지니라.

생존 전문가들은 황무지에서 혼자 길을 잃었을 때 살아남으려면 최소한 네 가지가 있어야 한다고 말한다. 피난처, 물, 식량 그리고 희망. 식수 없이 며칠을 바다에서 표류하거나 식량 없이 한데서 몇 주 동안 지내고도 살아남은 사람들의 이야기는 숱하게 많다. 그들이 구출될 때까지 버티게 해준 것은 희망이었다. 이와는 반대로 미국에서는 매일 90명의 사람들이 희망을 잃고 삶을 접는다.[19] 잘 들으라. 이러한 절망의 희생자들은 대부분 피난처, 식수 그리고 식량을 쉽게 얻을 수 있는 사람들이다.

'희망'이라고 불리는 눈에 보이지 않는 이 삶의 필수 요소는 두 가지 요소로 이루어져 있다. 무언가에 대한 갈망과 성취에 대한 기대. 전쟁 포로들은 자유에 대한 기대를 포기하지 않았기에 이루 말할 수 없는 고통을 견뎌내고 생존했다. 불임 부부는 아기를 임신할 기대로 어렵고 값비싼 여러 가지 절차를 감내한다. 학생들은 졸업하는 날까지 밤 늦도록 쉬지 않고 몇 달, 몇 년을 열심히 공부한다. 실업자들은-더러는 중년을 훌쩍 넘긴-조만간 채용 제의를 받을 것을 기대하며 열심히 이력서를 보내고 합격 통지서를 기다린다.

절망은 희망의 반대다. 손튼 와일더(Thornton Wilder)가 썼듯이, "희망은 상상의 투영이다. 절망도 마찬가지다. 절망은 예견하는 불행을 너무 쉽게 받아들인다. 희망은 에너지며, 불행을 막을 수 있는 모든 가능성을 모색하는 마음을 불러일으킨다."[20] 희망이 없으면 절망은 고난 속에 침몰해 절망의 희생자를 함께 끌어당기기 십상이다.

누가복음 7장의 두 이야기

7:1-10	7:11-17
가버나움(집)	나인 성(남서쪽으로 하룻길)
이방인 백부장의 종	유대인 과부의 독자
병들어 죽게 됨	죽음
예수님이 도움을 구하는 요청에 응하셨다.	예수님이 긍휼히 여겨 행하셨다.
예수님은 그 백부장이나 종을 보지 못하셨다.	예수님은 그 여인과 관을 보셨다.
백부장은 예수님의 권위를 전적으로 확신했다.	과부는 단지 슬픔과 절망의 감정만을 드러냈다.
예수님은 아무 말도 하지 않으시고 그 종의 병을 낫게 하셨다.	예수님은 시신을 향해 말씀하심으로써 죽은 자를 살리셨다.

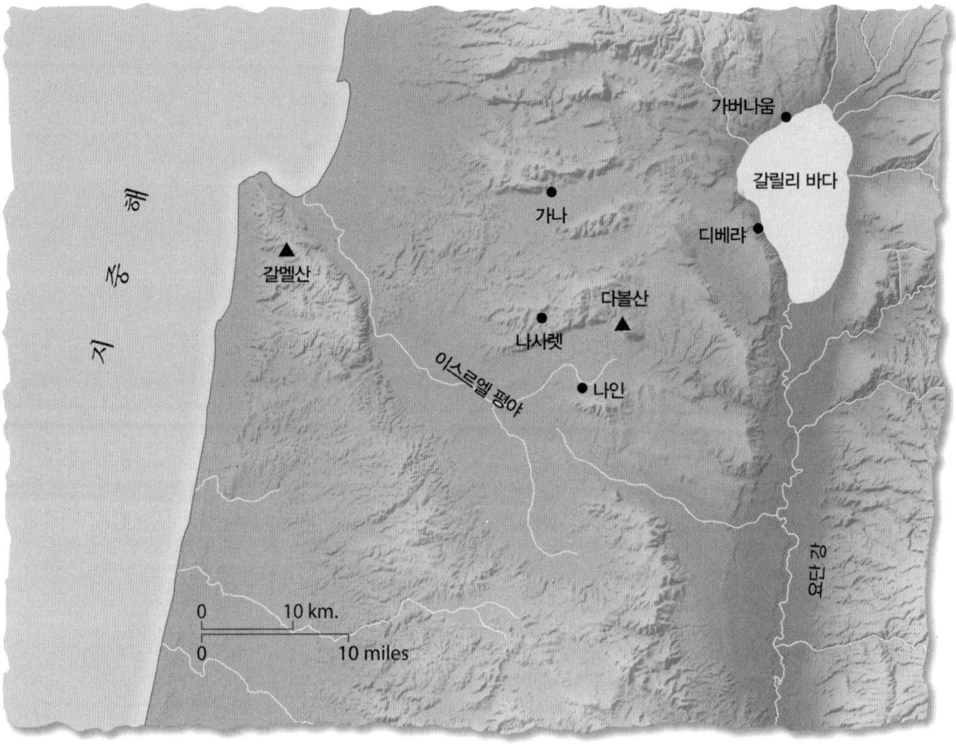

갈릴리

예수님은 열두 사도를 대리자로 임명하시고 당신의 추종자들로 제자를 삼으라고 지시하신 후 제2의 고향인 가버나움으로 돌아오셨다. 곧이어 예수님은 다양한 단계의 절망과 마주치기 시작하셨다. 누가가 간직한 이야기들은 미래에 대한 희망과 예수님의 능력과 선하심에 대한 확신 사이의 긴밀한 관계를 예시한다. 처음에 나오는 두 가지 예화는 지극히 대조적인데, 누가는 특별히 그 점에 주목한다. 이 두 사건은 지리적으로 상당히 멀리 떨어진 곳에서 일어났지만 누가는 이 이야기들을 나란히 배열했다.

—7:1–3—

가버나움으로 돌아오신 지 얼마 되지 않아 예수님은 로마 백부장이 보낸 심부름꾼으로부터 전언을 받으셨다. 그의 종이 중병에 걸렸으니 도와달라는 것이었다. 백부장은 대략 6천여 명으로 이루어진 군인들로서 휘하에 100명의 부하를 거느렸다. 현대의 계급으로 치면

묵상의 서재

희망의 찬송

희망은 하나님의 능력과 선하심에 대한 확신과 밀접한 관련이 있다. 내가 경험한 바로 이 둘은 부침을 함께한다. 내가 절망감에 가장 시달릴 때는 내 문제를 해결하실 수 있는 하나님의 능력에 의구심이 들거나 그분이 나를 아랑곳하시는지 의심이 들 때다. 한 번 이상 절박한 문제를 극복하려고 애쓰면서 나는 생각했다. 그분이 잠깐 찾아와 "이봐 척, 나는 멀쩡하게 살아 있고 네게 관심을 가지고 있어. 그리고 이 일도 내 소관이란다"라고 말씀하시면 얼마나 좋을까. 그러면 내 믿음은 흔들리지 않는다. 하나님이 단단히 붙잡아주신다. 확신에는 이런 식의 격려가 유용할 수 있다.

내가 아직 예수님의 미소 띤 얼굴을 향해 문을 열지 않았을 때, 내 번민을 잠재우시는 그분의 음성을 소리로 듣지 못했을 때, 나는 그분의 말씀을 들었다. 하나님이 우리에게 말씀을 주신 이유 중 하나가 우리의 희망을 지켜주기 위해서라고 나는 진심으로 믿는다. 주님에 대한 내 확신이 흐려질 때 나는 희망을 수혈 받아야 한다. 그분의 기록된 말씀을 펼치면 영감 어린 글들이 몇 번이고 나를 구출하러 온다.

언젠가 나는 상상하기조차 힘든 절망적인 상황 속에서 고통받고 있던 한 목사로부터 용기를 얻었다. 홀로 로마의 지하 감옥에 갇혀 그 안을 떠다니는 오물 속에서 세상의 남은 날들을 헤아리던 바울은 다음의 찬송가로 젊은 조수 디모데에게 용기를 북돋워주었다.

> 미쁘다 이 말이여 우리가 주와 함께 죽었으면 또한 함께 살 것이요
> 참으면 또한 함께 왕 노릇 할 것이요 우리가 주를 부인하면 주도 우리를 부인하실 것이라
> 우리는 미쁨이 없을지라도 주는 항상 미쁘시니 자기를 부인하실 수 없으시리라
> (딤후 2:11-13).

내 확신이 다시 샘솟고 소망이 돌아왔다. 나는 이런 생각을 했던 걸로 기억한다. '척, 세상살이는 고달프지만 못 견딜 정도는 아니야. 모든 것은 하나님의 손 안에 있어.'

대령 아니면 소령일 것이다. 누가는 밝히지 않지만, 이 중간 계급의 노련한 고참은 갈릴리 인근 어딘가에 주둔하고 있었다.

죽어가는 사람은 백부장의 '노예'였다. 로마 제국의 노예 제도는 잔혹할 때도 있었지만, 17 · 18세기 영국과 미국의 노예 제도와는 완전히 달랐다. 1세기에 노예들이 주인에게 예속되는 방법은 여러 가지였고, 오늘날 우리들에게 더 친숙한 혐오스러운 관행인 '납치'는 그중 하나에 불과했다. 노예들 가운데 버려졌다가 입양되어 가정이 생긴 아이들은 기꺼이 주인을 섬겼다. 더러는 자유인으로 태어났지만 궁핍한 삶을 모면하기 위해 스스로 종이 되기도 했다. 그리고 대다수의 노예들은 노예의 자녀들이었다.

일부 로마 주인들은 노예들을 짐승처럼 취급했지만, 오늘날 신임받는 고용인들처럼 동일한 존중과 기회가 주어지는 경우도 많았다. 노예들은 거의 대부분 스스로 자유를 사든, 주인의 유언에 의해서든 30살을 전후로 자유를 얻을 수 있었다.

이 경우, 그 백부장은 자기 노예의 생명을 구하기 위해서 엄청난 노력을 했다. 그는 유대인과 이방인 사이의 예민한 관계를 알고 있었기 때문에 유대인 장로들-그 지역 회당의 유력자들-에게 예수님의 도움을 받게 해달라고 부탁했다.

—7:4-5—

우리는 보통 인종 간의 관계에 대해서 좋지 않은 이야기를 많이 듣는데, 이 로마 백부장의 경우는 그가 사는 지역(어딘지는 모르지만)의 유대인 공동체로부터 호감을 얻었다. 유대인 장로들은 그 백부장에 대해 청을 들어주기 "합당한 사람"이라고 말했다. 누가는 *axios*라는 단어를 사용했는데, 이것은 천칭의 개념을 바탕으로 '가치 있는', '적합한', '마땅한'으로 번역될 수 있다. 그들의 말은 이런 의미였다. "선과 악을 천칭에 달아보았을 때 그는 분명히 선쪽으로 기우는 사람입니다." 장로들은 그를 예수님의 호의를 받기에 도덕적으로 합당한-저울로 쟀을 때-사람이라고 생각했기 때문에 유대인 대 유대인으로서 주님께 찾아가 그가 회당 지을 돈을 기부할 정도로 유대인들에게 애정을 가지고 있다고 말해주었다.

—7:6-8—

누가는 예수님이 그 백부장을 돕기로 결정하신 이유를 말하지 않는다. 마태는 예수님이 그냥 "내가 가서 고쳐 주리라"(마 8:7)고 대답하셨다고 말한다. 그 백부장이 어디 살았는지, 가버나움 외곽인지 다른 갈릴리 지역의 마을인지 알 수 없지만, 예수님이 그의 집 가까이 오시자 그는 사람을 보내어 예수님이 오시는 것을 만류했다. 그 백부장은 유대인들이 보통 의식적으로 부정해질 것을 염려해 이방인들의 집에 들어가지 않는다는 사실을 알고 있었던 게 분명하다. 예수님이 그의 집에 들어오시면 정결 의식을 치르는 데 시간을 써야 하고 성직자의 업무를 잠시 수행할 수 없게 될 터였다. 백부장은 예수님을 번거롭게 하고 싶지 않았다. 게다가 그는 예수님의 호의를 받기에 스스로 부족한 사람이라고 생각했다.

백부장은 4-5절에서 그의 유대인 친구들이 했던 것과는 상반되는 말을 하면서 두 개의 헬라어 단어를 사용했다. 첫 번째는 "감당하다"(6절)는 뜻의 *hikanos*로 충분하다는 뜻을 표현하는 형용사다. "이런 영광을 받기에 나는 충분하지도, 적합하지도, 중요하지도 않은 사람이다." 만약 디베료 황제가 찾아왔더라도 이렇게 말했을 것이다. 그의 계급은 사회적으로 훨씬 신분이 높은 사람의 방문을 받을 정도는 아니었다. 7절에 나오는 두 번째 "감당하다"는 *axios*로서 같은 단어가 4절에서는 "합당하다"로 번역되었다. 사회적으로 감당하기 버거운 것 외에도 그는 스스로를 저울질했을 때 도덕적으로 '선하다'고 생각하지 않았다.

그 백부장은 애초에 예수님을 오시게 할 생각에 없었을 것이다. 군대에서 권세를 가진 사람으로서 그는 권위의 속성을 알고 있었다. 그런 까닭에 그는 모든 질병의 원인을 포함해 만물 위에 군림하시는 예수님의 권위를 제대로 이해할 수 있었던 것이다. 그의 태도를 예수님께 "내려오셔서 (가나에서 가버나움으로) 내 아들의 병을 고쳐 주소서"라고 했던 "왕의 신하"와 비교해보라(요 4:46-54).

분명, 이 백부장은 스스로를 하나님의 은혜를 받기에 합당한 사람이라고 생각하지 않았지만, 주님이 그의 문제를 해결해주실 수 있는 권위를 가지고 계시다는 사실을 믿어 의심치 않았다. 예수님의 능력에 대한 그의 확신은 한치도 흔들리지 않았지만 감히 그분의 은혜를 입으려 하지 않았다. 그는 주님이 사랑하는 종을 치유해주시기를 바라면서도 특권 의식을 가지고 요구하지 않았다. 그는 참으로 멋진 사람이었다!

—7:9-10—

누가는 재미있게 말을 뒤틀어서 이번에는 예수님이 "놀라실" 차례였다고 말한다. 예수님은 백부장의 믿음을 놀라워하시면서 이스라엘에서 가장 큰 믿음이라고 말씀하셨다.

마태는 예수님의 반응을 좀 더 상세하게 설명한 데 반하여 누가는 간단히 처리했다. 주님은 그 남자의 겸손과 확신에 치유의 기적으로 응답하셨다. 백부장의 친구들이 그의 집에 돌아왔을 즈음에 종은 이미 완쾌되어 있었다.

—7:11—

누가는 바로 무대를 가버나움에서 남쪽으로 40킬로미터, 나사렛에서 8킬로미터 거리에 있는 나인 성-현대의 네인이라는 아랍 마을에 있었던 것으로 추정되는-으로 옮긴다. 오늘날의 네인은 주민이 200명 남짓한 소읍으로 과거에 이보다 더 컸었다는 고고학적 증거도 없다. 그렇다면 예수님은 아마 다른 곳으로 가시다가 갈릴리에 있는 별로 중요하지 않은 이곳에 들리신 듯하다. 마을은 작았지만 그곳에는 증인들이 많았다. 열두 사도 외에도 "많은 무리"가 예수님을 따랐다.

—7:12—

누가는 예수님이 도시의 "성문" 가까이 가셨다고 말하는데 오늘날의 나인으로 추정되는 지역에는 성곽의 흔적이 없다. 누가는 아마도 이 말을, 지역 사람들이 모여서 상거래를 하기도 하고 방문객들이 제일 먼저 마주치게 되는 '입구'라는 보편적인 뜻으로 사용한 듯하다. 많은 중동 지역 마을들은 동구 밖에 장식을 한 석조 출입구 같은 것을 세웠다.

마을로 들어가시던 중 예수님과 따르는 무리는 마을 밖으로 나오고 있던 장례 행렬과 맞닥뜨렸다. 유대인들의 장례 관습은 가족들이 33킬로그램에 달하는 향료와 시신이 부패하면서 나는 냄새를 상쇄하기 위해 송진에 담근 긴 세마포로 사랑하는 사람의 몸을 머리부터 발끝까지 감쌌다. 장지에 가는 날 고인의 친구들은 칭칭 감은 시신을 가로장을 댄 들것처럼 생긴 '상여'에 얹고 석회암을 파낸 가족의 묘지로 사용되는 동굴로 운구했다. 가족들은 석회암 벽을 파서 만든 선반 위에 시신을 놓은 후 커다란 바위로 동굴 입구를 막았다. 어느 정도 시간이 흐른 후, 다른 가족이 죽으면 가족들은 고인의 뼈를 모아서 '유골함'에 담고 선조들의 유골함과 나란히 가족 납골당에 안치했다.

누가는 그 상황이 얼마나 절망적이고 참담한지를 전달하기 위해 중요한 사항들을 상세히 기록하고 있다. 고인은 한 "과부"의 외아들이었다. "과부"라는 헬라어의 주된 의미는 '버림받았다'이며, 결핍을 나타내는 단어에서 파생했다. 안타깝게도, 역사적으로 볼 때 남자의 보호와 공급을 잃은 여인들은 대부분 오래 생존하지 못하고 굶주림, 추위, 강간으로 생명을 잃었다. 미개한 문명 사회는 인간의 가치를 공동체에 얼마나 공헌할 수 있는가에 따라서 평가한다. 임신을 할 수 있는 나이가 지난 여성들은 인구를 증가시킬 수도 없고 노동을 하기에도 너무 늙었다. 따라서 여자들은 자녀가 없이 과부가 되는 것을 두려워했다.

유대인들은 문화적으로 고아, 과부, 장애인들처럼 힘없는 자들을 돌보는 일에 고대의 다른 나라들보다 앞서 있었다. 그러나 가난한 자들을 꺼리거나 버리지는 않았지만 극심한 궁핍을 겨우 면할 정도로만 도왔다. 설사 나인 성의 과부가 토지를 소유했다 해도 그것을 경작할 자원이 없었을 것이다. 그 여인이 상당액의 돈을 저금해놓지 않은 한 그녀에게 닥칠 미래는 암울했다.

흥미롭게도 누가는 장례 인파가 "많았다"(*hikanos*, 12절)고 표현했는데, 이 단어는 백부장이 "내 집에 들어오심을 나는 감당하지 못하겠나이다"(6절)라고 말한 것과 같은 단어다. 백부장의 이야기에 담긴 '감당함'에 대한 누가의 주제는 과부와 예수님의 조우로 이어진다.

—7:13-15—

이번에는 아무도 예수님께 도움을 청하러 오지 않았다. 오로지 측은지심에 이끌려 예수님은 장례 행렬을 멈추게 하셨는데 이는 조문객들에게는 비상식적인 요구였다. 헬라어를 말 그대로 해석하면 "그만 울라!"이다. 그분은 이 과부가 슬퍼하거나 절망할 필요가 없다는 사실을 아셨다.

그런데 누가가 화자로서 예수님을 가리켜 "주"(*kyrios*)라는 명칭을 사용한 것은 이때가 처음이다. 마태와 마가는 부활하신 예수님에 대한 호칭으로 남겨두는데 누가는 그의 내러티브에서 자주 예수님을 "주"라고 부른다(7:19, 10:1, 39, 41, 11:39, 12:42 상, 13:15, 17:5, 6, 18:6, 19:8 상, 22:61).

그런 다음 예수님은 슬퍼하고 있는 어머니를 지나쳐 죽은 자의 시신이 있는 곳으로 가셨다. 유대인들은 관에 넣어서 땅에 매장하지 않기 때문에 영어로 "coffin"(관)은 이 경우에 적합하지 않다. 정확한 용어는 "상여"(12절을 보라)다. 예수님은 행렬을 멈추시려고 상여에 손을 대신 후 죽은 사람에게 말씀하셨다.

누가는 냉철한 사실주의적 표현으로 다음에 일어난 일을 묘사한다. "죽었던 자가 일어나 앉고 말을 했다." "일어나 앉다"로 번역된 말은 고전 헬라어에서 의사인 작가들 특유의 표현으로 이전에 병으로 정상적인 생활을 하지 못했던 사람을 일컬었다(행 9:40 참고). 나는 우리 부모님이 비슷한 뜻으로 이 표현을 사용하셨던 걸 기억한다. "그 여자는 이제 병상에서 일어났어"라는 말은 "그 여자는 심하게 앓아 몹시 쇠약했었는데 기력이 회복되고 있어"라는 뜻이다.

"죽은 자는 말이 없다"는 옛말은 분명 이 경우에는 해당되지 않는다. 죽었던 그 남자는 말하기 시작했다. 그가 한 말은 참으로 흥미진진했으리라! 예수님은 엘리야가 시돈에서 과부의 아들을 살렸을 때 했던 것처럼 그 젊은이를 그의 어머니에게 돌려주셨다(참고 왕상 17:23, 눅 4:26).

—7:16-17—

중풍 걸린 남자가 치유된 것을 보았던 관중들처럼(5:26) 이들도 난데없는 경외감-인간이 하나님을 만났을 때 경험하는 경외감(1:12, 65, 5:8, 26)-에 사로잡혔다. 군중들은 예수님의 초자연적인 실체를 인정하면서 일어난 일에 대해 하나님께 영광을 돌렸다. 그러나 그들은 아직 그들 사이에 계신 그분이 누구신지 온전히 알지 못했다. 세례 요한은 이스라엘에게 희망을 주었지만 헤롯의 지하 감옥에서 신음하고 있었다. 최소한 예수님은 영광스러운 희망의 재탄생을 제시하셨다.

군중들의 반응은 안식일에 예수님이 병을 치유하고 죄를 사하신 후 그분의 죽음을 모의

했던 바리새인들의 반응과 완전히 딴판이었다. 군중들은 하나님을 찬양하고 뿔뿔이 흩어져 그들이 목격한 것을 온 유대의 마을과 도시에 퍼트렸다. 전에도 봤지만(4:14-15) 누가는 유대의 백성들 사이에 퍼진 예수님의 명성이 끼친 영향을 희망적으로 묘사한다.

두 개의 비극적인 장면이 고통받는 자들과 함께 슬퍼하고 있는 사람들에게서 희망을 앗아갔다. 그러나 예수님이 개입하시자 그들의 희망이 되살아났다. 백부장의 병든 종은 건강을 완전히 회복했고, 생명이 끊겼던 과부의 외아들은 다시 살아났다. 두 말할 필요도 없이 이 기적의 소식은 유대 전역과 주변으로 퍼져나갔다! 이 두 사건이 지금 우리 나라에서 일어났다면 저녁 뉴스 시간의 헤드라인을 어떻게 장식할지 충분히 상상할 수 있다.

적용
마음속 깊은 곳의 희망

이제까지 7장의 열일곱 구절을 검토한 후 내 마음속에 떠오른 두 가지 생각을 말해보겠다. 먼저 로마서 8장에 나오는 두 구절을 연결시키고자 한다.

> 만일 우리가 보지 못하는 것을 바라면 참음으로 기다릴지니라 이와 같이 성령도 우리의 연약함을 도우시나니 우리는 마땅히 기도할 바를 알지 못하나 오직 성령이 말할 수 없는 탄식으로 우리를 위하여 친히 간구하시느니라 마음을 살피시는 이가 성령의 생각을 아시나니 이는 성령이 하나님의 뜻대로 성도를 위하여 간구하심이니라(롬 8:25-27).

성령은 당신이 요청하는 것을 듣기만 하지 않으신다. 성령은 하나님의 뜻에 따라 중재하신다. 당신은 요청을 하고 특정한 해결책을 바랄지도 모르지만, 그 중 많은 것이 당신에게 가장 유익한 것이 아니거나 하나님의 뜻과 맞지 않는다. 따라서 하나님의 영이 우리를 위해 중재하시는 것이다. 성령은 우리 기도에서 미숙한 말은 제하고 최고의 선에 맞춘 다음, 우리가 당면하고 있는 문제들에 대한 올바른 해결책을 우리에게 돌려보내신다.

주님은 우리를 무능하다고 느끼게 만드는 것들로 방해받으시거나 제약받지 않으신다는 사실을 우리가 기억할 때 희망은 회복된다. 우리는 산이 앞을 가로막으면 넘을 수 없지만, 그분께 그것은 장애가 아니다. 우리가 불치병과 싸울 때 그분은 초조해하지 않으신다. 우리가 승산이 없는 곤경에 처했을 때 그분의 지략은 무한하시다. 그분은 불가능한 문제들에 대해 전문가시다.

그것이야말로 희망의 거대한 자원이다. 나는 그분이 나의 가장 큰 문제보다도 더 크시다는 사실을 안다.

우리가 하나님을 보지 못하고, 듣지 못하고, 만지지 못할 때에도 하나님은 우리를 위해 열심히 일하신다는 사실을 진리로 받아들일 때 희망은 유지된다. 아마도 이것이 믿음의 가장 힘든 부분일 것이다. 보지 못하고, 듣지 못하고, 하나님이 우리의 문제에 관심을 가지고 계시다는 구체적인 증거가 없으면 상상이 들어설 여지가 너무 많다. 불행하게도 우리는 대개 그러한 빈틈을 좋은 생각이나 고무적인 기대로 채우지 않는다. 사탄은 우리로 하여금 창조주가 당신의 피조물을 버려서 우리가 홀로 악에게 고통을 받으며, 잊혀졌다고 믿게 만들 것이다. 우리가 의심의 뻔한 패턴에 빠져들면–"하나님은 나를 사랑하지 않으셔. 하나님은 나에게 관심이 없어"–우리가 가장 두려워하는 것들에 부딪히는 인생의 상황들을 만나게 될 것이다. 결국 하나님이 진정으로 우리를 돌보시고 적극적으로 개입하신다는 진리를 받아들이기로 결단하는 것 자체가 하나의 훈련이 된다. 우리가 그분의 사랑을 믿기로 선택할 때 그것이 차고 넘치는 것을 보게 될 것이다.

의심하는 자를 위한 변론(누가복음 7:18-35)

18요한의 제자들이 이 모든 일을 그에게 알리니 19요한이 그 제자 중 둘을 불러 주께 보내어 이르되
오실 그이가 당신이오니이까 우리가 다른 이를 기다리오리이까 하라 하매 20그들이 예수께 나아가 이
르되 세례 요한이 우리를 보내어 당신께 여쭈어 보라고 하기를 오실 그이가 당신이오니이까 우리가
다른 이를 기다리오리이까 하더이다 하니 21마침 그 때에 예수께서 질병과 고통과 및 악귀 들린 자를
많이 고치시며 또 많은 맹인을 보게 하신지라 22예수께서 대답하여 이르시되 너희가 가서 보고 들은
것을 요한에게 알리되 맹인이 보며 못 걷는 사람이 걸으며 나병환자가 깨끗함을 받으며 귀먹은 사람
이 들으며 죽은 자가 살아나며 가난한 자에게 복음이 전파된다 하라 23누구든지 나로 말미암아 실족하
지 아니하는 자는 복이 있도다 하시니라

24요한이 보낸 자가 떠난 후에 예수께서 무리에게 요한에 대하여 말씀하시되 너희가 무엇을 보려고

광야에 나갔더냐 바람에 흔들리는 갈대냐 25그러면 너희가 무엇을 보려고 나갔더냐 부드러운 옷 입은
사람이냐 보라 화려한 옷을 입고 사치하게 지내는 자는 왕궁에 있느니라 26그러면 너희가 무엇을 보려
고 나갔더냐 선지자냐 옳다 내가 너희에게 이르노니 선지자보다도 훌륭한 자니라 27기록된 바 보라 내
가 내 사자를 네 앞에 보내노니 그가 네 앞에서 네 길을 준비하리라 한 것이 이 사람에 대한 말씀이라
28내가 너희에게 말하노니 여자가 낳은 자 중에 요한보다 큰 자가 없도다 그러나 하나님의 나라에서는
극히 작은 자라도 그보다 크니라 하시니 29모든 백성과 세리들은 이미 요한의 세례를 받은지라 이 말
씀을 듣고 하나님을 의롭다 하되 30바리새인과 율법교사들은 그의 세례를 받지 아니함으로 그들 자신
을 위한 하나님의 뜻을 저버리니라
31또 이르시되 이 세대의 사람을 무엇으로 비유할까 무엇과 같은가 32비유하건대 아이들이 장터에
앉아 서로 불러 이르되 우리가 너희를 향하여 피리를 불어도 너희가 춤추지 않고 우리가 곡하여도 너
희가 울지 아니하였다 함과 같도다 33세례 요한이 와서 떡도 먹지 아니하며 포도주도 마시지 아니하
매 너희 말이 귀신이 들렸다 하더니 34인자는 와서 먹고 마시매 너희 말이 보라 먹기를 탐하고 포도주
를 즐기는 사람이요 세리와 죄인의 친구로다 하니 35지혜는 자기의 모든 자녀로 인하여 옳다 함을 얻
느니라.

일반적인 사람들의 생각과는 반대로 의심을 품는 것은 영적 성장에 있어서 정상적이고, 건강하며, 어쩌면 필요하기까지 하다. 자기가 믿는 하나님, 성경, 복음, 또는 소명에 대한 확신이 흔들리는 고통스러운 시기를 겪어보지 않은 제자들은 필시 안전을 추구하고 그런 것들을 거부하며 살 것이다. 의심은 우리를 진리로 몰아낸다. 의심은 인생에서 가장 골치 아픈 질문들에 대한 진정한 답을 찾으라고 믿는 자들을 부채질한다. 의심은 수영 초보들을 심해 잠수부로 만든다. 의심은 대다수의 사람들이 그 존재조차도 모르는 보화를 찾기 위해 심오한 진리의 미로 속으로 우리를 내려보낸다.

의심하는 사람들은 교회의 상투적인 이야기나 대중 신학 이상의 무언가를 필요로 하는 생각이 깊은 사람들이다. 의심하는 사람늘은 자기들의 거부감을 치장하는 상투적인 말보다 실제로 효력이 있는 영적 진리를 갈망한다. 의심하는 자는, 질문하는 사람이 바보가 아니듯 이단이 아니다. 파스칼(Pascal)이 썼듯이, "우리는 의심해야 할 부분, 확신해야 할 부분, 순종해야 할 부분을 알아야 한다. 그렇게 하지 않는 사람은 이성의 힘을 이해하지 못한 사람이다."[21] 테니슨(Tennyson)은 이것을 시적으로 표현했다.

정직한 의심 속에는 어중간한 신조보다
더 큰 믿음이 생동한다.[22]

우리를 정직한 의심으로 이끄는 것은 숱하게 많다. 아무런 상관이 없어 보이는 상황들이 우리로 하여금 하나님의 신실하심을 의심하게 만든다. 선한 사람들이 고통을 당하고 악한 사람들이 번창할 때 우리는 하나님의 공정성에 의구심을 품기 시작한다. 여론의 무게와 불신자들이 제시하는 과학적 증거는 우리로 하여금 하나님의 존재를 의심하게 만든다. 우리의 악행이 부끄러운 나머지 우리는 하나님의 사랑을 의심하게 된다. 그리고 그 중에서도 가장 당혹스러운 것은 신실한 순종이 말로 다할 수 없는 고통을 초래할 때 한때 진리라고 생각했던 모든 것을 의심하게 되는 것이다.

갈릴리에서 예수님의 사역이 수천 명의 제자들을 끌어들이면서 가속화되는 사이에 세례 요한은 헤롯 안디바의 지하 감옥에서 고초를 겪고 있었다(3:20 참고). 요한이 예수님께 세례를 베푼 지 얼마 지나지 않아—아마도 불과 몇 달 후에—헤롯은 이 선구자를 붙잡아서 감옥에 가두었다. 그 갈릴리의 폭군은 개인적으로 요한의 생활 양식과 인기에 매료되고 재미있어했지만 그의 메시지에는 관심이 없었다. 요한은 공공연히 현재 그의 결혼은 명백히 모세의 율법을 범했기 때문에 불법이라고 선포했다(레 18:16, 20:21). 안디바는 자기 형제인 빌립의 아내였던 헤로디아와 결혼하기 위해서 첫 번째 부인과 이혼했다. 설상가상으로 헤로디아는 이 두 사람의 조카였다!

사가랴와 엘리사벳의 아들은 시작부터 달랐다. 그는 한때 다윗의 피난처였던 동굴을 거처로 삼고 오로지 하나님이 주시는 양식만 먹으면서 안락한 삶과는 동떨어진 광야에서 자랐다. 그는 낙타털로 만든 옷을 입고 허리에는 가죽띠를 둘렀다. 그는 메뚜기와 석청을 먹었다. 그리고 광야에서 고립되어 궁핍하게 사는 동안 그 기이한 황야의 설교가는 구약 성경의 선지자들처럼, 영감으로가 아닌 진짜 소리로 하나님의 음성을 들었다.

그 선구자는 신실하게 하나님의 진리를 선포하면서 의지가 박약한 갈릴리의 통치자들을 힐난했다. 그러면서 그는 앞서 왔던 진짜 선지자들의 전통을 따랐다. 사무엘은 순종하지 않는 사울에게서 왕권을 박탈했다(삼상 13:13-14). 나단은 다윗의 죄를 가지고 다윗과 대면했다(삼하 12:7-12). 엘리야는 아합과 이세벨의 죄를 선포하는 게 그의 평생의 일이었다

(왕상 18:18-19). 예레미야는 온 백성의 죄를 질책하고 그들의 운명을 예언했다. 그리고 그들은 대부분 신실함에 대한 대가로 주님의 보호를 누렸다. 그러나 요한은 그의 타협을 모르는 순종으로 인해 고초를 겪었다.

요한이 자기가 전에 메시아라고 선포한 그 남자에 대해 몇 가지 의문점이 생긴 것은 당연했다.

—7:18-19—

요한의 제자들은 "이 모든 일"-다시 말해 예수님이 세례를 받으신 이후로 가르치고 행하신 모든 일-을 그에게 보고했다.

대부분의 열렬한 유대인들이 그렇듯 요한도 구약의 선지자들이 약속한 이스라엘의 새 황금시대를 고대했다(사 9:1-7, 11장, 35장, 42:1-9, 렘 30-31장, 단 7:14, 슥 9:9-10). 그러나 가장 위대한 선지자였고 한때는 수천 명을 감동시켰던 요한은 지금 모두에게 잊혀진 채 감옥에서 신음하며 생명이 꺼져가고 있었다. 분명, 진리와 권력은 타락한 인간의 영역에 속해 있는 악한 적들에게 있었다. 악은 여전히 갈릴리의 왕좌를 차지하고 있었고, 예루살렘에서는 종교적 권위를 상징하는 화려한 의복을 입고 있었다. 설령 "오실 그이"가 오셨다고 해도 변한 것은 아무것-적어도 기대했던 변화는-도 없어 보였다. 메시아가 오셨는데도 세상이 변하지 않자 요한은 의심을 품기 시작했다. 결국 그는 기어이 당연히 물어봄직한 질문을 하고 말았다. "오실 그이가 당신이오니이까 우리가 다른 이를 기다리오리이까?"

누가는 이것이 주목할 만한 일이어서 이 내용을 포함시켰다. 담대하게 공개적으로 예수님이 그리스도이심을 밝힌 이가 바로 요한이었기 때문이다. 그는 잉태되던 순간부터 이 사실을 알고 있었다(1:41). 하나님은 그에게 메시아의 길을 예비하고 예수님이 "이스라엘의 위로"(2:25), "예루살렘의 속량"(2:38), "오실 그이"(7:19), "하나님의 어린 양"(요 1:36)이심을 밝히는 독특한 역할을 부여하셨다. 그런데 지금 하나님의 선지자들 가운데 가장 위대한 자가 의심에 시달리고 있었다!

—7:20-21—

요한의 제자들이 예수님께 질문을 하러 온 "마침 그 때에" 예수님은 기적적인 치유 사역을 행하고 계셨다. 다시 말해 그들은 예수님이 고통받고 있는 사람들을 치유하고 계시는 현장을 보았다. 누가는 흔한 질병을 의미할 때는 사회적으로 덜 심각한 병을 일컫는 일반적 용어인 *nosos*를 사용했고, 특별히 고통이 심한 상태를 말할 때는 *mastix*를 사용했다. 병을 다스리는 권세를 행사하는 것 외에도, 예수님은 "악귀들"에게 그들의 숙주로부터 떠날 것을 명하셨다.

요한의 제자들은 그 광경을 보고 다소 심기가 불편했을 것이다. 이 사람들이 요한과 비교가 되는가? 이스라엘의 모든 사람 가운데 요한보다 더 고통에서 풀려나야 마땅한 사람이 있을까? 그런데도 예수님은 요한을 지하 감옥에서 풀어주기 위해 그분의 권세-그분의 무한한 능력-를 눈곱만큼도 사용하지 않으셨다. 말 한 마디로 예수님은 요한이 갇힌 감옥의 철문을 녹이고 벽을 무너트리실 수 있었다. 그런데 그분은 그렇게 하지 않으셨다.

—7:22-23—

예수님은 구약의 중요한 예언을 가지고 요한을 안심시키셨다. 이사야는 미래의 세대는 메시아에 대한 복된 소식으로 서로의 힘을 북돋워줄 것이라는 약속으로 당대의 이스라엘 백성을 안심시켰었다.

> 너희는 약한 손을 강하게 하며 떨리는 무릎을 굳게 하며
> 겁내는 자들에게 이르기를 굳세어라, 두려워하지 말라,
> 보라 너희 하나님이 오사 보복하시며 갚아 주실 것이라
> 하나님이 오사 너희를 구하시리라 하라
> 그 때에 맹인의 눈이 밝을 것이며 못 듣는 사람의 귀가 열릴 것이며
> 그 때에 저는 자는 사슴 같이 뛸 것이며 말 못하는 자의 혀는 노래하리니
> 이는 광야에서 물이 솟겠고 사막에서 시내가 흐를 것임이라(사 35:3-6).

예수님은 실은 이렇게 말씀하신 것이다. "요한의 '불안한 마음'을 굳세게 해주어라. 우리가 바로 그 장차 올 세대이기 때문이다! 그에게 메시아에 대한 이사야의 예언이 성취되었다고 말해주라. 눈 먼 자가 보고, 귀머거리가 들으며, 벙어리가 말을 하고, 절름발이가 뛰며, 문둥병자들이 깨끗함을 입고, 죽은 자가 살아난다고"(사 61:1-2도 보라). 그런 다음 예수님은 축도로 권고를 마치셨다. "누구든지 나로 말미암아 실족하지 아니하는 자는 복이 있도다"(밑줄의 경우 6장 20-22절과 같은 단어임). "실족하다"는 '파멸하다'라는 표현이 더 좋은 번역이다.[23] 다시 말해서, "나로 인해 파멸하지 않는 자는 복이 있도다. 세상의 불의를 당하면서도 분노하지 않는 자는 복이 있도다. 옴짝달싹할 수 없는 곤경에 처했을 때, 세상이 그들을 버리고 부당한 대우를 하는 것처럼 보일 때 그들에게 특별한 복이 임할 것이다. 그런 역경 속에서도 믿음이 흔들리지 않는 자들은 복이 있도다."

예수님은 이 축복의 말을 요한에게 하셨지만, 이 축도 속에는 미묘한 무언의 경고가 들어 있다. 이것은 29-30절에서 더 분명하게 드러난다. 요한은 확신이 약해지기는 했지만 실족하지는 않았다. 그가 투옥된 것을 기뻐하고 예수님도 그와 같이 되기를 바라는 자들과 달리 요한은 의심 때문에 믿음이 약해지지 않았다.

예수님은 바리새인들이 바라는 메시아가 아니었다. 그분은 군사력이나 정치적 음모 위에 건설된 왕국이 아닌 다른 종류의 왕국을 세우러 오셨다. 그분은 로마를 전복시키고, 세상을 정복하고, 히브리인들의 제국을 설립하려고 오신 게 아니었다. 적어도, 아직까지는. 수많은 초기의 제자들은 예수님이 그들이 바라는 구세주가 되기를 거부하셨기 때문에 떨어져나갔다(요 6:66). 그들은 그들의 죄 가운데서 죽거나 그분이 자기를 소개하신 그대로의 메시아를 거부함으로써 "파멸했다."

진정한 메시아는 먼저 영혼을 정복하러 오셨다. 언젠가는 분명히 세상의 정복, 물질적 번영, 신권 정치, 악의 근절이 실현될 것이다. 그러나 그 모든 일이 있기 전에 그들의 강퍅한 마음이 부드러워져서 그들의 심장 박동이 하나님의 그것과 일치하도록 마음을 변화시키시려고 메시아가 오셨다(렘 31:31-33). 그러려면 정복자이신 왕이 고난받는 종이 되셔야 했다(사 42:1-9, 49:1-13, 50:1-11, 52:13-53:12).

"요한에게 알리라"고 하신 말씀은 말하자면 이런 것이다. "메시아의 일은 이런 것이다. 악한 자에게 심판이 임할 것이고 의로운 자들의 의가 드러날 것이다. 그러나 지금은 때가 아니다. 그것은 나중 일이다. 나는 목표한 대로 하고 있다고 요한에게 말하라." 주님의 축도는 그분 왕국의 시민이 되려면 그 왕을 닮아가야 한다는 사실을 요한에게 일깨워주셨다.

—7:24-25—

요한의 제자들이 주님의 전언을 가지고 감옥에 있는 요한에게 간 후 예수님은 구경꾼들에게로 돌아서서 요한의 의심에 대한 그들의 생각을 바로잡아주셨다. 그분은 요한에 대해 말씀하시면서 호기심을 자아내는 이미지를 사용하셨다. "바람에 흔들리는 갈대"는 이중적인 뜻을 함축하고 있다. 한편으로 이 질문은 이렇게 해석될 수 있다. "무엇을 보려고 광야에 갔느냐? 갈대잎이냐?" 유대의 구릉지는 바위투성이 볼모지여서 가장 단순하고 생명이 질긴 초목 외에는 살 수 없었기 때문에 이 반어적 질문은 부정적인 대답을 기대하는 것이다. 이렇게 예수님은 군중에게 요한은 어렸을 때부터 그래왔기 때문에 역경에 익숙하다는 사실을 상기시키셨다. 광야만큼 열악한 헤롯의 지하 감옥은 요한을 결코 넘어트릴 수 없을 것이다.

또 다른 의미로, 이 질문은 이렇게 해석될 수 있다. "무엇을 보려고 광야에 갔느냐? 갈대가 흔들리며 간신히 뿌리를 내리고 있는 것을 보러 갔더냐?" 다시 한 번 대답은 아니요다. 그들이 광야로 걸어 들어온 것은 좀처럼 보기 힘든 광경, 성전에 있는 오만 방자한 종교 지도자들과는 완전 딴판인, 어깨에 힘이 잔뜩 들어간 그들의 가짜 권위와는 정반대인 한 남자를 보기 위해서였다. 그들은 부하들에게 생계를 의지했기 때문에 자기들의 호사스러운 생활을 유지하기 위해 부하들의 세력을 키웠다. 그러나 요한은 하나님으로부터 직접 생계에 필요한 것들을 공급받았고, 그분 외에는 아무에게도 반응하지 않았다. 가장 낮아진 순간에도 요한은 자기가 어떤 왕을 섬겨야 할지 알았다. 왕이신 예수를.

—7:26-28—

예수님은 세 번째로 도전을 반복하셨다. "그러면 너희가 무엇을 보려고 나갔더냐?" 예수님은 처음 두 질문에 대해 나올 수 있는 대답을 비웃으셨다. 그런데 이번에는 정확한 답을 주셨다. "선지자." 예수님은 말라기서의 제일 첫 구절을 인용하시면서 요한이 말라기의 예언을 성취했음을 상기시키셨다(말 3:1).

비록 요한의 확신이 흔들리기는 했지만 예수님은 요한을 모든 사람 가운데 가장 위대한 자로 생각하셨다. 왜일까? 그의 영향력 있는 설교 때문일까? 이타적인 생활 양식 때문일까? 하나님의 진리에 대한 용감하고, 결연하고, 열정적인 사랑 때문일까? 이런 면면이 요한을 위대하게 만들었다는 데에는 의심의 여지가 없다. 그러나 그것 때문은 아니었다. 광야를 떠나 예루살렘의 종교 엘리트들이 누리는 물질적인 안락에 참여하고 싶은 유혹에도 불구하고 자기의 소명에 대해 그리고 하나님에 대해 끝까지 신실했기 때문일까? 사실, 예수님은 요한이 의심의 시기를 거쳐 믿음의 사람으로 태어날 것을 확신하셨다.

—7:29–30—

누가는 예수님의 강연을 계속 이어가기 전에 삽입구를 하나 끼워 넣는다. 누가는 주님의 청중들이 크게 둘로 나뉘는 것에 주목한다. 어떤 이들은 "들었다." 여기서 '듣다'라는 동사의 목적어가 누락되어 있는 것은 이 사람들이 예수님의 가르침을 진리로 받아들이고 믿음으로 화답했음을 시사한다. "하나님을 의롭다 하되"로 번역된 구절은 "하나님이 의로우시다는 걸 입증하다"로 해석하는 게 더 낫다. 그들은 말로만 확인하지 않고 믿는 자들인 그들의 존재 자체로 하나님의 의를 입증했다(35절 참고).

예수님의 청중 가운데 바리새인들과 "율법교사들"(모세의 율법이 전문인 서기관들)은 그들에 대한 하나님의 주권을 "저버렸다." "저버렸다"는 말은 '효력이 없다고 선포하다, 무효로 하다, 제쳐놓다'라는 뜻의 헬라어에서 나왔다. 스스로 하나님의 의의 본보기가 되어서 그 의를 입증하기는커녕 그들은 그들을 향한 하나님의 '계획'을 무효화시켰다.

이 두 집단을 가른 것은 요한의 세례에 대한 반응이었다. 메시아가 오시기도 전에 각 집단은 이미 선택을 끝냈다.

—7:31–32—

예수님은 세례 요한이 의심에 직면해서도 놀라운 믿음을 잃지 않은 것에 대해 칭찬하시고 바리새인들에게로 시선을 돌려 그들의 가식적인 경건을 질책하셨다. 예수님이 비판의 화살을 돌린 "이 세대"는 바리새인들을 존경하고 맹목적으로 그들을 따르는 이스라엘의 대중을 의미했다. 예수님은 이스라엘의 종교 지도자들을 장터에서 노는 아이들 무리-전국 어디에서나 그리고 어느 시대에나 친숙한 광경인-에 비유하셨다. 어린아이들은 역할놀이를 좋아한다.

내가 어렸을 때 여자 아이들은 '소꿉놀이'를 좋아했다. 내 친구와 나는 '전쟁놀이'가 더 좋았다. 여자아이가 아주 예쁘면 우리는 나무로 만든 무기를 내려놓고 소꿉놀이에서 남편 역할을 하기도 했다. 그렇지 않으면 우리는 덤불 뒤에 매복했다가 적을 공격할 계획을 세웠다. "빵! 빵! 내가 맞혔다!" 한 명이 소리치곤 했다. "아니야, 안 맞았어! 빗나갔어!" 다른 아이가 항변하며 소리쳤다. 그렇게 전쟁놀이는 끝이 나고 진짜 싸움이 이어졌다. 결국 더 나이 많은 아이들이 말싸움에서 이겼는데, 그들이 옳아서가 아니라 나이 많은 아이들이 어린아이들을 봐주는 경우가 거의 없었고, 어린아이들은 더 놀고 싶어 했기 때문이다.

예수님은 바리새인 모두를 자기들과 함께 역할놀이를 하지 않는다고 불평하며 다투는 어린아이들에 비유하셨다. 나이가 많은 아이들은 피리를 불며 잔치하는 시늉을 하는데, 어떤 아이들은 춤추기를 싫어했다. 그러자 나이 많은 아이들이 장례식놀이를 하려고 했지만, 다른 아이들이 울려고 하지 않았다. 짓궂은 꼬마 녀석들처럼 바리새인들은 놀이 자체를 재미있어하는 게 아니라 자기들의 규칙대로 다른 사람들을 놀게 하는 데서 재미를 찾았다. 우리 동네에 살았던 한 남자는 자기가 어떤 상표의 배트를 가졌다는 이유로 우리에게 그 상표의 야구공을 쓰라고 강요했는데, 나는 이 바리새인들을 보면 그 남자가 생각난다!

—7:33-35—

예수님은 그들의 모순된 항의를 인용하시면서 바리새인들에게 비유를 적용하셨다. 한편으로 그들은 요한이 성전보다 광야를 더 좋아하고 죄인들에게 회개의 세례를 받으라고 했다는 이유로 그를 비난했다. 그는 하나님이 공급하신 메뚜기와 석청을 먹었고, 예루살렘의 부패한 경제 체제에 의존하지 않았다. 요한은 그들의 통제권 밖에서 살았기 때문에 그가 그들보다 더 큰 영향력을 발휘해도 그를 사탄의 사자라고 공공연히 비난하는 것 외에 달리

묵상의 서재

절대 만족하지 않는 사람들

'악동들의 비유'를 읽다보면 지난 몇 년 동안 만났던 불신자들이 떠오른다. 어떤 말을 해도 그들은 결점을 찾아낸다. "아, 내가 교회에서 함께 일했던 작자를 안다면 당신도 이런 예수 나부랭이에 대해 그렇게 열을 내지 않을 텐데. 그 작자는 정말로 위선자거든요." 그게 먹히지 않으면 그들은 이렇게 말할 것이다. "아, 글쎄, 들어보세요. 내가 가입한 친목회에 친구가 있는데 그 친구를 당신이 봤어야 해요. 글쎄 그 친구는 늘 성경구절을 인용하곤 했는데, 결국에 가서 보면 말과 행동이 딴판이었죠."

어떤 사람들은 마음이 일그러져 그리스도와 관련된 것이라면 무엇이건 결점을 찾아내려고 한다. 그들은 믿고 싶지 않아서 핑계를 대느라 늘 여기저기서 흠을 들춰낸다. "요한? 너무 극단적이야. 예수? 너무 사교적이지."

죽을 때 그들은 뭐라고 말할까? 영원한 미래라고 불리는 시간의 깊은 공동으로 들어갈 때 그들은 어떤 애원을 할까? 예수님은 말씀하셨다. "지혜는 자기의 모든 자녀로 인하여 옳다 함을 얻느니라." 지혜의 자녀들은 예수님과 요한의 메시지를 받아들이는 지혜로운 자들이다. 결국 진리는, 지혜로운 자들의 변치 않는 기쁨에 대해서든 어리석은 자의 영원한 슬픔에 대해서든, 스스로의 정당성을 입증한다.

당신이 하나님의 자녀들 가운데 완전한 사람을 찾지 못하리라는 사실을 나는 인정한다. 그러나 당신은 우리 모두가 변화되는 모습을 보게 될 것이다. 실제로 어떤 사람이 점점 변해가는 모습을 보지 못한다면 당신이 보고 있는 사람은 진정한 하나님의 자녀가 아니다. 하나님은 그 자녀들의 마음을 바르게 고치신다. 영원한 세계에 들어갔을 때 우리는 완전해진다. 그러나 그때까지 우리는 그분께 변론을 맡겨야 한다.

대응할 방법이 없었다. 다른 한편으로는 예수님이 죄인들과 만찬을 즐기고 잔치를 벌이시면서—요한의 방식과는 정반대지만 바리새인들과는 또 다른—인간 지향적인 사역을 하시자 그 비판적인 종교 지도자들은 기다렸다는 듯이 그분을 주정뱅이에 먹보라고 불렀다.

예수님의 요지는 단순했다. 바리새인들은 하나님의 규율에 신경을 쓰는 척만 할 뿐, 실제로는 그들 자신들에게만 관심이 있다는 것이었다. 이스라엘의 종교인들이 유일하게 원하는 순종이란 자기들의 권위에 대한 순종이었다. 행여 당신이 복종하지 않는다면 그들은 자기 놀잇감을 챙겨 집으로 가버리거나, 아니면 더 못되게 굴었다.

예수님은 금언으로 강연을 마무리하셨다. "지혜는 자기의 모든 자녀로 인하여 옳다 함을 얻느니라." 오늘날 우리 관점에서 보면 바리새인들은 자기들의 정당성을 입증하지 못했다. 우리는 몇 세기가 지난 유리한 입장에서 그들이 선택한 결과를 본다. 우리는 바리새인들이 요한을 악령이 들린 이단으로 비난하고 예수님을 주정뱅이에다 탐식가로 치부한 지 채 3년도 지나지 않아 어떤 일이 일어났는지 알고 있다. 예수님은 죽음에서 살아나사 모든 인류를 위한 당신의 무고한 죽음을 입증하셨다. 그분은 성육신한 하나님이신 당신의 정체성을 증명하신 후에 승천하셔서 그분이 마땅히 앉으셔야 할 권좌에 앉으셨다. 그 일이 있은 지 40년도 안 되어 티투스 황제의 군사들이 유대인들의 성전을 벽돌 하나 남김 없이 허물고 있을 때 메시아의 교회는 그 지역 주요 도시들에서 태동하고 있었다. 그리고 수천 년이 지난 오늘날에는 거의 전 세계 사람들이 예수 그리스도의 이름을 알고 있다. 1세기에 살았던 한 바리새인의 이름을 기억할 수 있는 사람은 거의 없지만.

권력을 가진 사람들은 많은 경우 그들이 진리를 소유하고 있다고 생각해서 감히 그것에 동의하지 않는 사람은 누구라도 억압하는 게 옳다고 생각한다. 그러나 "지혜는 자기의 모든 자녀로 인하여 옳다 함을 얻"는다. 누구의 신념이 옳았는지는, 자신을 향한 하나님의 계획을 거부한 자들과는 달리 시간이 흐르면 드러난다.

누가는 예수님이 재차 확인시켜주신 말에 요한이 어떤 반응을 보였는지 밝히지 않는다. 갈릴리의 통치자인 헤롯 안디바가 그를 참수시킬 때까지 몇 달을 더 감옥에서 보냈다는 것이 우리가 아는 전부다(9:9, 마 14:1-12). 세상의 관점에서 본다면 잔혹하고 무의미한 죽음을 당함으로써 요한의 사역은 허사가 되었다. 그러나 천국의 관점에서 보면 그 세례자는 여전히 모든 사람 가운데 가장 위대한 자였다. 그리스도를 신뢰했기 때문에 요한은 고독한 말년에도 자신의 확신에서 흔들리지 않았다. 한낱 갈대 같은 남자–우리와 모습이나 본성이 다를 바 없는–는 돌투성이 땅에 그의 삶과 사역의 뿌리를 깊이 내렸다. 그는 주님으로부터 직접 자양분을 공급받았고 그걸로 충분했다. 의심에 흔들리기는 했어도 결코 날아가지는 않았다.

적용
의심을 통해 배우는 것

일반적인 생각과는 달리 어떤 의심은 건전하다. 정작 귀가 얇거나 남의 말을 의심 없이 그대로 믿으면 진리를 알 수 없는데 반하여, 의심은 때로 우리로 하여금 진리를 추구하게 만든다. 의심은 이따금 우리의 호기심을 자극해 하나님의 진리의 신비를 더 깊이 파고들게 만든다. 질문한다고 해서 바보가 아니듯, 의심한다고 해서 이단이 아니다.

나는 요한이 확신을 얻기 위해 애쓰던 모습에서 세 가지 교훈을 얻었다.

첫째, 의심은 일시적으로는 괴로울지라도 그리스도와의 관계를 영원히 파괴하지는 않는다. 세례 요한이 확신을 잃었다고 해서 그에게 믿음이 없었다고 할 수 없다. 블레이즈 파스칼의 말을 기억하는가? "우리는 의심해야 할 곳, 확신해야 할 곳, 순종해야 할 곳을 알아야 한다."[24] 나는 그 세례자의 제자들이 주님의 전언을 가지고 돌아왔을 때 그가 수긍했으리라고 확신한다. 누가는 분명, 말할 필요도 없다고 생각했기 때문에 기록하지 않았을 것이다.

당신도 의심의 시기를 통과하고 있을 수 있다. 당신 인생에서 어쩌면 가장 버겁고 우울한 시기일 수도 있다. 만약 그렇다면 바라건대 하나님의 은혜와 자비가 당신을 지켜주시기를. 친구들이 머리를 실레설레 저으면서 떠나가고, 사람들이 당신에 대해 이러쿵저러쿵 말할 때(혹은 당신에게 설교할 때) 주님이 이 의심의 시기를 통과하는 동안 부디 당신을 붙잡아주시기를. 당신의 의심은 여하튼 성장하는 과정이다. 주님이 당신을 강한 손으로 붙잡아주실 것을 믿으라. 어떻든 진리를 찾으라. 장담하건대, 진리를 좇으면 하나님께 다다르게 된다.

둘째, 하나님의 계획이 있음을 알고 세상의 불공평을 감수할 수 있는 사람들에게는 특별한 축복이 임한다. 뉴스에서 비극적인 소식을 들을 때 크게 동요할 수밖에 없음을 나는 부인하지 않겠다. 나는 때때로 주님께 묻는다. "당신은 어디 계십니까?" 어떤 교인이 자녀를 잃었을 때, 암으로 쓰러졌을 때, 배우자의 외도로 마음이 찢어질 때, 혹은 파산을 선언해야 할 때, 감당하기 버거운 고뇌를 느낄 때도 있다. 그런 때에 하나님이 보시는 것을 나는 보지 못한다는 사실을 받아들여야 한다. 나는 우물 안 개구리의 시각으로 삶을 바라볼 수밖에 없다. 헤아릴 수 없이 많은 세상의 불공평을 보고도 하나님의 주권과 선하심에 대한 믿음을 저버리지 않으면 예기치 못했던 특별한 복을 받을 준비가 된 것이다(부디 내 말을 믿고 한번 해보라. 내 말이 무슨 뜻인지 알게 될 것이다).

셋째, 어린아이처럼 되는 것은 좋은 일이다. 유치해지는 것은 용인될 수 없다. 우리 주님은 순진하게 주님을 신뢰한다는 점에서 어린아이처럼 되라고 말씀하신다. 깜짝 놀랐을 때 아이들은 안전한 부모의 품으로 달려간다. 아이들은 위험을 분석하고 합리적으로 해석하거나, 스스로 공포에서 헤어나지 못한다. 적어도 엄마나 아빠 품에 안길 때까지는!

세례 요한은 의심으로 마음이 어지러워지자 예수님께 제자들을 보내어 물었다. 그는 경쟁 상대인 선생들, 사이비 종교, 이방 철학자들, 다른 의심하는 자들에게로 의심을 가져가지 않았고 혼자 묻어두지도 않았다. 그는 착한 아이가 당연히 그러듯 하나님의 품으로 달려갔다.

전성기의 예수님(누가복음 7:36-50)

36한 바리새인이 예수께 자기와 함께 잡수시기를 청하니 이에 바리새인의 집에 들어가 앉으셨을
때에 37그 동네에 죄를 지은 한 여자가 있어 예수께서 바리새인의 집에 앉아 계심을 알고 향유 담은
옥합을 가지고 와서 38예수의 뒤로 그 발 곁에 서서 울며 눈물로 그 발을 적시고 자기 머리털로 닦고
그 발에 입맞추고 향유를 부으니 39예수를 청한 바리새인이 그것을 보고 마음에 이르되 이 사람이
만일 선지자라면 자기를 만지는 이 여자가 누구며 어떠한 자 곧 죄인인 줄을 알았으리라 하거늘

40예수께서 대답하여 이르시되 시몬아 내가 네게 이를 말이 있다 하시니 그가 이르되 선생님 말
씀하소서 41이르시되 빚 주는 사람에게 빚진 자가 둘이 있어 하나는 오백 데나리온을 졌고 하나는 오
십 데나리온을 졌는데 42갚을 것이 없으므로 둘 다 탕감하여 주었으니 둘 중에 누가 그를 더 사랑하
겠느냐 43시몬이 대답하여 이르되 내 생각에는 많이 탕감함을 받은 자니이다 이르시되 네 판단이 옳
다 하시고 44그 여자를 돌아보시며 시몬에게 이르시되 이 여자를 보느냐 내가 네 집에 들어올 때 너는
내게 발 씻을 물도 주지 아니하였으되 이 여자는 눈물로 내 발을 적시고 그 머리털로 닦았으며 45너는

내게 입맞추지 아니하였으되 그는 내가 들어올 때로부터 내 발에 입맞추기를 그치지 아니하였으며
46너는 내 머리에 감람유도 붓지 아니하였으되 그는 향유를 내 발에 부었느니라 47이러므로 내가 네
게 말하노니 그의 많은 죄가 사하여졌도다 이는 그의 사랑함이 많음이라 사함을 받은 일이 적은 자
는 적게 사랑하느니라 48이에 여자에게 이르시되 네 죄 사함을 받았느니라 하시니 49함께 앉아 있는
자들이 속으로 말하되 이가 누구이기에 죄도 사하는가 하더라 50예수께서 여자에게 이르시되 네 믿
음이 너를 구원하였으니 평안히 가라 하시니라.

사랑과 은혜는 공통된 특성이 많다. 내게는 진정한 충족감을 주는 관계를 이루는 데 가장 중요한 한 가지 특성이 나머지 다른 특성들보다 한층 소중하다. 그것은 바로 수용이다. 은혜는 다른 사람들을 있는 그대로의 모습으로 받아들인다. 사랑–깊은 충족감을 주고, 궁극적인 만족을 주는 사랑–은 다른 사람들을 조건이나 규제 없이 받아들인다. 진정한 사랑은 다른 사람들을 자기의 틀에 맞추려 하지 않고, 남의 허물을 들추지 않으며, 사람의 가치를 따져 함께하거나 멀리하지 않는다. 수용은 어떠한 편견도 갖지 않으며, 결점이 보여도 오히려 그 사람의 잠재력에 가능성을 열어놓는 것을 의미한다. 수용은 다른 사람들이 '결점을 감추지 않고 있는 그대로'의 모습일 수 있게 하는 은혜다.

여러 해 전, 나는 내 마음에 묵직한 울림을 일으킨 수용에 대한 멋진 글을 글씨가 닳아 읽을 수 없을 때까지 내 책상에 보관했다. 나는 강대상에서 그것을 교인들과 여러 차례 나누었고, 지금도 그것을 읽으면 가슴이 벅차오른다.

> 수용. 이것은 지금 모습 그대로의 당신이 소중하다는 뜻이다. 이것은 당신이 당신 본연의 모습이 되게 해준다. 당신이 진정 어떤 사람인지에 대해 다른 누군가의 생각을 강요받지 않는 것이다. 당신의 생각이 당신을 나타내므로 그것이 진지하게 받아들여진다는 뜻이다. 당신은 마음속에서 무엇을 느끼는지, 왜 그렇게 느끼는지에 대해 이야기할 수 있다. 그리고 그것에 진심 어린 관심을 보이는 누군가가 있다.
>
> 수용은 공격받지 않고 당신 생각대로 해볼 수 있는 것을 의미한다. 이단적인 생각까지도 표현할 수 있고, 지적인 질문을 가지고 그것을 논할 수 있다. 수용은 안정감을 준다. 어느 누구도, 그들이 당신 생각에 동의하지 않아도, 당신을 판단하지 않을 것

이다. 당신이 일체 교정받지도 않고 잘못된 것이 드러나지도 않으리라는 뜻이 아니다. 있는 그대로의 당신이 되어도 괜찮고, 아무도 편견 때문에 당신을 파괴하지 않으리라는 뜻이다.[25]

수용은, 그것이 정작 많이 보여야 할 가정과 교회에서조차도 좀처럼 보기 드문 특성이다. 오히려 우리는 낯선 사람들 사이에 있을 때 더 자유롭게 느낀다. 아마 우리가-우리는 누구나 이 점에 대해 책임이 있다-다른 사람들을 무조건 포용하지 못하는 것은 그들이 상황을 이용하고, 나쁜 짓이나 파괴적인 행동을 할 것이 두렵기 때문일 것이다. 잘못된 생각이기는 하지만, 우리는 서로의 죄를 감시하고 잘못된 행동에 대해 서로를 견책하고 붙잡아주면 사랑하는 사람들을 더 나은 사람들로 만들 수 있다는 이성적인 생각의 지배를 받고 있다. 그러나 수용은 방임이 아니다. 예수님이 그것을 입증하셨다. 실제로 그분은 죄인들을 수용하심으로써 그들이 스스로 잘못을 깨닫고, 그분에게서 죄에 대한 해결책을 찾을 수 있는 더 큰 자유를 주셨다. 그분은 수용하심으로 회개의 문을 열어주셨다.

지상에서 사역하시는 내내 예수님은 하나님의 의를 한 번도 타협하지 않으시면서 심각한 결함이 있는 사람들을 한결같이 전적으로 수용하셨다. 한 창녀가 바리새파 사람들과 충돌했던 날의 사건이 이것을 가장 잘 보여준다.

—7:36—

예수님의 가르침과 치유의 사역이 계속 수많은 추종자들을 끌어모으면서 갈릴리를 뜨겁게 달구고 있는 사이 바리새인들은 점점 밀리는 느낌을 받았다. 예수님이 신적 권위를 행사하실 때마다 그들에 대한 사람들의 신뢰는 퇴색되어갔다. 예수님이 죄인을 용서하실 때마다 종교 지도자들은 정죄할 권세를 잃었다. 그분은 그들의 가르침을 반박하시고, 그들의 교만과 위선을 드러내시며, 그들의 성경 해석을 거부하시고, 그들의 전통에서 잘못된 부분을 폭로하시며, 심통 사나운 애녀석들이라고 조롱하셨다. 그럼에도 불구하고, 한 바리새인이 예수님을 만찬에 초대했다.

그는 예수님의 팬이었을 수도 있지만, 이야기가 전개되는 것을 보면 의심스러운 부분이 있다. 그는 예수님을 함정에 빠트려 적들에게 넘겨줄 심산이었을 수도 있지만 그 또한 확실하지는 않다. 엄청난 인기를 한 몸에 받고 있는 랍비를 체포하기에 만찬석상은 보는 눈이 너무 많았을 것이다. 그보다 그 바리새인은 순전히 호기심에서, 아니면 정치적 혹은 종교적 라이벌을 초대함으로써 도량이 넓은 사람이라는 걸 과시하고 싶었던 것 같다. 여하튼 예수님은 기꺼이 그 초대를 받아들이셨다. 어찌 되었든 그분은 죄인들과 어울리기를 좋아하셨다!

"기대어 앉으셨다"(한글 성경에는 그냥 "앉으셨다"라고 번역되었으나 원래는 기대어 앉다가 맞으며, 영어 성경에는 그렇게 번역되어 있다-역주)라는 말은 고대 근동 지역의 전통적인 식사 자세를 나타낸다. 근동 지역 사람들은 높은 식탁의 의자에 앉지 않고 낮은 상 주변에 왼쪽 팔꿈치로 방석을 받치고 누워 발을 음식에서 멀리 두었다. 그리고 포크나 나이프를 사용하지 않고 손으로 먹었다.

—7:37-38—

누가는 배경을 설명한 후 특히 방 안을 가득 메운 바리새인들에게 놀라운 이야기를 소개한다. 예수님이 드시고 계실 때 "죄를 지은 한 여자"가 슬쩍 다가와 그분의 발 앞에 엎드려 눈물로 발을 적시고, 과장된 경배의 표현으로 값비싼 향유 한 그릇을 그분의 발에 모두 부었다. 그 장면을 머리 속에 그려보라.

누가는 무엇 때문에 그녀를 대놓고 죄지은 여인이라고 불렀는지 밝히지 않는다. 후대의 유대 문헌들이 이 단어를 습관적으로 반복되는 죄, 대개 성적인 죄를 나타내는 데 사용한 것으로 보아 그녀는 과거에 창녀였을 것으로 짐작된다. 그 죄가 무엇이었든, 바리새인들은 그녀를 날가워하지 않았을 것이므로 그녀는 초대받은 손님이 아니었을 것이다. 나중에 예수님의 반응을 보면 그녀는 죄악 된 삶에서 구원받고 용서를 받은 것 같다.

마르틴 루터는 그 여인의 눈물을 "마음의 물"이라고 했다. 그녀가 경이감, 사랑, 찬양에 깊이 빠져 걷잡을 수 없이 흐느낄 때 주님의 발은 감사의 눈물로 젖었다. 누가는 그녀가 하염없이 울면서 발을 닦고 입을 맞추고 기름을 붓는 행위를 불완전 시제로 표현하는데, 이는 그녀가 거북할 정도로 긴 시간 동안 계속 그렇게 했음을 시사한다. 더구나 그녀의 행동은 자기 비하라고 할 수 있을 정도로 극진하고 거리낌 없는 흠모의 마음을 나타낸다. 고대 근동에서는 가장 서열이 낮은 노예만이 다른 사람의 발을 만졌는데, 거의 언제나 발을 씻기기 위해서였다. 여인의 머리카락은 품위를 상징했고(고전 11:6, 15), 기혼자는 절대 공공장소에서 머리를 풀어헤치지 않았다. 그러므로 그 여인의 머리카락이 예수님의 발에 닿았다는 것은 가장 극단적인 겸손의 행위였다.

그 여인은 예수님의 발에 눈물과 머리카락, 입맞춤을 퍼붓는 것도 모자라 "향유"를 부었다. 마가복음과 요한복음은 그 향유가 비싼 가격으로 수입된 귀하디 귀한 인도산 감송 추출물인 순전한 나드였다고 덧붙인다. 보통, 향유는 머리에 붓는 용도로 쓰였고, 그녀의 벅찬 감정이 더 커지기 전까지는 그녀도 그럴 생각이었을 것이다. 그녀의 행위는 자연스럽게 마음에서 우러나온 진솔하고 놀랍고 친밀한 예배였다.

—7:39—

확실하게 밝히지는 않지만 내러티브의 정황으로 볼 때 예수님이 한동안 그 여인의 경배를 허용하셨다는 걸 충분히 짐작할 수 있다. 그녀가 경배할 때 바리새인은 비난했다. "만일-으리라"로 시작되는 이 가정문은 "-으리라" 부분이 거짓임을 보여줌으로써 "만일"이라는 조건이 사실이 아님을 증명한다. 예컨대, "만일 존스 씨가 부자라면 싸구려 차를 몰지 않을 텐데." 이 말이 암시하는 것은 존스 씨는 사실 싸구려 차를 몰기 때문에 부자가 아니라는 뜻이다.

이 경우, 그 바리새인은 예수님이 죄인이 그 자리에 있는 것을 허용했을 뿐 아니라 그녀의 경배를 기꺼이 받아들였기 때문에 예수님은 진정한 하나님의 사자일 리 없다고 단정했던 것이다. 한낱 인간이 다른 인간의 경배를 받아서는 안 된다는 생각에서 성직자들이 못마땅해했던 게 아니라는 점에 유의하라. 나는 그 바리새인이 이렇게 생각했을 것 같다. "이 하찮은 사람은 자기가 뭔 줄 알고 감히 이 여자가 자기를 마치 하나님이기라도 하듯이 경배하는 걸 그냥 놔둔단 말인가?"

—7:40-43—

"예수님께서 대답하셨다." 바리새인이 "마음으로 말했다"(39절 참고)는 사실에 유의하라. 다른 복음서의 진술을 다 통합하면 그 방 안의 사람들은 저마다 다른 이유에서 그 여자가 부끄러운 줄도 모르고 감사와 경배를 표현하는 것을 탐탁지 않게 여겼다. 마태복음과 마가복음에는 제자들이 "분개해서" "무슨 의도로 이것을 허비하느냐"라고 소리쳤다(마 26:8)고 기록되어 있다. 마가복음은 다른 이들도 제자들과 함께 불쾌해했다고 말한다(막 14:4). 요한은 유다가 앞장서서 비난했다고 밝힌다(요 12:4-5). 누가에 의하면 바리새인은 속으로만 언짢아했다. 그는 속으로는 혐오하면서도 태연하고 품위 있는 표정을 유지했을 게 뻔하다(바리새인들은 오늘날까지도 이 기술을 매일 연마한다).

예수님은 유다와 제자들과 다른 사람들이 대놓고 이의를 제기한 것과 집주인의 암묵적 반대에 대해서 대답하셨다. 예수님은 그의 이름을 부르셨는데, 시몬은 흔한 이름이어서 주님의 제자들 중에도 같은 이름이 있었다.

노련한 선생이신 예수님은 500일 치의 임금에 해당하는 돈을 빚진 사람과 50일 치의 임금을 빚진 사람의 예화로 항변하셨다(보통 노동자들의 하루 품삯이 1데나리온이었다). 둘 다 큰 액수-한 사람이 한 달 보름을 일하고 벌 수 있는 돈과 일 년 반을 일하고 벌 수 있는 돈-지만 차이는 엄청났다.

예수님의 예화에 나오는 두 사람은 모두 빚을 갚을 능력이 없었고, 모두 빚을 탕감받았다. 그러나 그 관대한 채권자에 대한 그들의 반응은 그들이 진 빚의 액수에 비례했다. 사실 그는 두 사람 다 감옥에 보낼 수 있었다. 당시에는 대출금을 상환하지 못한 사람을 그의 가족이 돈을 가지고 나타날 때까지 감옥에 가뒀다. 그러므로 이론적으로는 두 채무자 모두 같은 벌을 받을 수 있었다. 그런데도 한 사람은 자기 빚이 더 적다고 생각했기 때문에 그다지 고마워하지 않았다.

이 예화의 숨은 뜻은 간단명료하다. 빚은 죄이고 채무자는 죄인들이다. 하나님은 사실상 빚을 갚을 능력이 없는 그들의 빚을 탕감해준 자비로운 채무자시다.

예수님은 누가 누구를 나타내는지 드러내어 말씀하시지 않고 듣는 사람이 자기가 비유 속에서 누구에 해당하는지 알아채게 하셨다. 만약 듣는 자가 더 많은 빚을 진 사람이라고 생각하면 그는 그 여인을 동정심을 가지고 볼 것이고, 자기가 빚이 적은 자라고 생각하는 사람은 하다못해 뜨끔하기라도 했을 것이다. 이런 방식으로 예수님은 방 안에 있던 모든 사람에게 교훈을 주신 것은 물론이고, 그 주인이 내심 품고 있던 편견을 굳이 들춰내지 않으면서 질책하셨다. 예수님 외에 그 바리새인이 속으로 한 말을 아는 사람이 없었다는 사실을 잊지 말라. 사실, 겉으로 보기에는 시몬이 '옳게 판단한 것'을 확인해주시는 것처럼 보였다.

—7:44-47—

시몬의 집에 도착하셨을 때 예수님은 손님에 대한 통상적인 환영 인사로 발의 먼지를 씻을 물 한 대야를 받으셨어야 했다. 꼭 그래야 하는 것은 아니지만 예의 바르고 친절한 주인이라면 손님 모두에게 그렇게 했을 것이다. 특별히 귀한 손님은 일반적으로 종이나 식솔들 가운데 한 사람이 시중을 들면서 신발을 벗기고 발을 씻긴 후 수건으로 닦고 향유를 발라주었다. 요구 사항은 아니었지만 상류층 주인들은 통례적으로 이렇게 세심한 접대를 했다.

오늘날까지도 내려오는 전형적인 중동 지역의 인사법은 양쪽 뺨에 입을 맞추는 것으로, 서양에서 친구들끼리의 악수나 가벼운 포옹에 해당되는 것이다. 거기에다 더 특별히 예의를 갖추려면 비교적 저렴한 감람유를 조금 머리에 부었다.

예수님은 시몬에게 말씀하시면서 여인에게로 시선을 돌리셨다. 예수님이 그다음 하실 말씀에 담긴 아이러니가 그분의 몸짓으로 더 부각되었다. 예수님은 그 천한 여인이 당신을 귀빈 대접한 것을 칭찬하시면서 집주인인 바리새인의 홀대를 책망하셨다. 표면적으로 볼 때 이것은 사회적으로 소외당한 여인이 특권층인 시몬보다 사회적으로 더 합당한 행동을 하는 것을 보여주심으로써 공평한 기회를 주신 것이다. 좀 더 깊이 들여다보면, 예수님은 그 여인의 더 뛰어난 영적 의식을 보여주신 것이다. 시몬이 거짓 선지자라고 생각했던 바로 그 면에서 그 여인은 인간의 몸을 입으신 하나님을 보았다.

시몬에게 말씀하시면서 주님은 그 여인을 바라보셨다. 지지의 눈빛이었다. 수용의 눈빛이었다. 고마움의 눈빛이었다. 그런 다음 그분은 그녀가 한 일과 시몬이 하지 않은 일을 비교하셨다. 누가는 주님이 사용하신 히브리어나 아람어를 헬라어로 번역하면서 "물도, 입맞춤도, 감람유도 주지 않았다"는 말을 문법적으로 강조했다.

시몬은 기본적인 의례로 예수님께 발 씻을 물도 주지 않았지만, 그 여인은 자기를 낮춰 그분의 발을 씻었다. 시몬은 예수님을 맞이하면서 안면이 있는 사람에게 하는 형식적인 입맞춤도 하지 않았지만, 그 여인은 그분의 발에 입맞춤의 세례를 퍼부었다. 시몬은 예수님의 발에 향유도 바르지 않고 가벼운 인사치레로 감람유도 붓지 않았지만, 그 여인은 전 재산을 털어 예수님의 발에 값비싼 향유를 부었다.

다른 복음서는 그 여인의 선물이 얼마나 귀한 것인지–중산층 노동자의 일 년 치 임금과 맞먹는(막 14:5, 요 12:5)–를 강조한 반면, 누가는 그녀의 겸손에 초점을 맞추었다. 그녀는 예수님의 머리에도 기름을 부었다(마 26:7, 막 14:3). 그러나 누가가 주님의 발을 강조한 이유는 그 여인의 가장 값진 헌물(머리카락, 입맞춤, 값비싼 향유)과 신체 중에서 가장 낮은 데 위치한 주님의 발을 대조적으로 부각시키기 위함이었다. 다시 말해 그녀는 주님의 가장 하찮은 곳에 자신의 가장 귀한 것을 드렸다.

여전히 시몬을 향해 말씀하시면서("내가 네게 말하노니"), 예수님은 그 여인의 죄가 용서받았다("그의 많은 죄가 사하여졌도다")고 선포하셨다. 예수님은 여자의 죄를 변명하거나 진리를 축소시키지 않으셨다. 그분은 그녀의 비행을 부인하거나, 그것이 하나님의 마음을 상하게 했고 용서받아야 할 죄라는 것을 부인하지 않으셨다. 예수님은 그럼에도 불구하고 그 여인을, 그녀가 죄인임에도 불구하고가 아니라, 그녀의 죄와 함께 받아들이셨다.

비록 대부분의 사람들이 주님의 의중을 짐작할 수 있었지만, 예수님은 이번에도 그 남자의 속마음은 드러내지 않으시고 말씀하신 예화를 그 상황과 연결시키셨다. 그 여인을 "사랑함이 많은" 사람이라고 하시면서 예수님은 그녀를 예화에 나오는 더 많은 빚을 진 사람과 동일시하셨다. 그러나 그분은 "사함을 받은 일이 적은 자"는 분명하게 밝히지 않고 지나가셨다.

아이러니하게도 "사함을 받은 일이 적은 자"는 교만한 자의 관점을 그대로 가지고 있다. 겸손하지 못한 사람들은 자기들이 하나님께 빚을 적게 진 자라고 생각한다. 용서받을 게 별로 없으니(교만한 자들의 생각에) 하나님께 드릴 사랑도 적다. 그러니 이 논리대로라면 하나님이 사랑하시는 자라고 자처하는 자들이 하나님께 제일 헌신을 하지 않는다는 결론이 나온다.

예수님은 바리새인의 우월 의식을 살짝 뒤집으셨다. 전문적인 종교인으로 자처하는 자들은 자기들의 지극한 헌신으로 인해 하나님의 총애를 받는다고 으스댔다. 그들은 죄를 통해 헌신이 부족함을 여실히 드러낸 다른 사람들보다 헌신하는 자기들이 종교적으로 우월하다고 생각했다. 그러나 시몬은 자기 입으로 하나님께 대한 그 여인의 헌신이 자기를 훨씬 능가한다는 사실을 시인했다.

—7:48-50—

주님과 시몬을 위시해 그 여인을 비난하는 방 안에 가득 찬 사람들과의 담론은 끝이 났다. 주님은 한 죄인과 하나님 사이의 사적인 시간을 위해 세상의 시선을 묵살하셨다. 종교계는 그 "죄 많은 여인"을 거부했지만 예수님은 받아들이셨다. 종교적으로 순결한 사람들이 그녀에게 준 것이라곤 눈살을 찌푸리며 비난하는 게 다였지만, 예수님의 무조건적인 수용은 그녀에게 회개하는 마음을 불러일으켰을 뿐 아니라 그녀가 가장 필요로 하는 것을 주었다. 그녀가 어찌할 수 없는 죄의 빚을 하나님으로부터 탕감받는 것. 그 차고 넘치는 은혜였다!

누가는 또 다른 상반되는 차이점을 부각시킨다. 그 여인이 자기의 죄를 용서해주신 하나님께 감사해서 목놓아 울 때 다른 손님들은 이런 질문을 던졌다. "이 작자가 도대체 누구길래 마치 자기가 하나님인 양 죄를 용서한다고 주제넘게 구는가?" 누가는 사람들이 서로에게 암묵적으로 이 질문을 했는지, 목소리를 낮춰 말했는지 밝히지 않는다. 이와 비슷한 5장 21절의 사건에서는 사람들이 큰 소리로 불만을 토로했다. 그들은 예수님이 죄를 사하시는 권위가 신성 모독이 아니냐고 분개했지만 예수님은 "네 믿음이 너를 구원하였"다고 분명하게 선포하셨다. 이는 분명히 천벌로부터의 구원을 의미했다. 일반적으로 '구원받았다'라는 용어는 맥락에 따라서 '병에서 나았다', '죽음에서 구원받았다' 또는 '고통에서 벗어났다'라는 의미를 가질 수 있다. 이 경우 그 여인은 현세적인 의미에서 특별한 위험에 처해 있던 게 아니라 영원한, 우주적인 의미에서 위험에 처해 있었다.

"평안히 가라"는 주님의 마지막 축복의 말씀은 히브리어에서 아주 중요한 샬롬이라는 단어를 사용하셨을 것이다.

아이러니하게도, 그 여인은 하나님의 말씀을 선포하는 게 공식적인 임무인 학자들과 바리새인들에게 용서를 구하지 않았다. 주님은 잃어버린 죄인들을 돌이키실 방편으로 성전을 세우셨지만 그녀는 그 근처에도 가지 않았다. 그녀는 제사장들에게서 환영받지 못했을 것이다. 종교의 부담과 규제는 그녀의 구세주, 메시아가 그녀를 있는 그대로 받아주실 때까지 그 "죄 많은 여인"을 유대인의 삶의 언저리로 몰아냈다. 주님이 그 방종한 여인을 회복시키시는 동안 이스라엘에서 가장 경건한 대다수의 사람들은 하나님의 아들로부터 멀어지기 시작했다.

적용

어떤 삶을 살 것인가?

이 이야기 속에서 당신과 가장 닮은 사람은 누구인가? 당신의 대답은 당신이 친구들에게 말한 것이나 성경 공부 모임에서 공개적으로 시인한 것과 다를지도 모른다. 그러나 이 조용한 순간에 홀로 이 대목을 읽으면서 그 질문에 대해 생각해보라. 그에 대한 대답은 당신 미래의 행복, 건강한 관계 그리고 가장 중요하게는, 당신의 영원한 운명을 결정짓는 열쇠가 될 것이다.

나는 바리새인과 창녀를 비교, 대조하다가 왜 당신이 둘 중 한 인물에게 더 동질감을 느끼는지 설명해줄 두 가지 원칙을 찾아냈다.

교만은 우리를 죄의 포로로 만든다. 교만은, 일면, 다른 사람의 죄에 초점을 맞추면서 우리의 죄를 못 본 척하려는 헛된 시도다. 그렇기 때문에 교만은 영혼의 눈을 가려서 주님이 우리에게 간절히 주고 싶어하시는 은혜의 선물을 보지 못한다. 보지 못하면 받지 못한다. 우리에게 자유가 필요하다는 것을 인식하지 못하기 때문에 우리는 계속 죄의 사슬에 묶인 채 살아간다. 교민이 미치는 영원한 영향 외에도 교만은 불필요한 나툼을 일으킨다. 악행을 인정하지 않으면 계속 진리를 회피하게 되고, 우리와 가장 가까워야 할 사람들과 불화가 그치지 않으며, 늘 여론의 법정에서 스스로를 해명해야 한다. 얼마나 불행한 삶인가!

겸손은 우리를 자유롭게 한다. 겸손은 우리 본연의 모습을 받아들인다. 그리고 그 수용은 우리에게 필요한 것을 받을 수 있는 기회를 마련해준다. 영생을 위한 하나님의 은혜와 세상에서는 가족, 친구, 동료, 심지어 일면식도 없는 낯선 사람들의 용서가 그것이다.

죄는 많은데 정말로 겸손한 사람들과 함께 일할 때 놀라운 일 하나는 그들이 용서받았다는 사실을 깨달았을 때의 모습을 지켜보는 기쁨이다. 예수님은 그 여인에게 말씀하셨다. "네 믿음이 너를 구원했다. 샬롬, 평안히 가라." 그녀의 반응은 상상을 초월했을 것이다. 그녀는 아마도 그 도시에서 가장 행복한 여인이 되어 평안히 그 자리를 떠났다. 용서받고, 죄의 속박에서 풀려나고, 부끄러움 없는 자유로운 삶을 살기 위해서.

자, 그것이 나를 위해 예비된 삶이다!

당신은 이 그림 속 어디에 있는가?(누가복음 8:1-21)

1그 후에 예수께서 각 성과 마을에 두루 다니시며 하나님의 나라를 선포하시며 그 복음을 전하실
새 열두 제자가 함께 하였고 2또한 악귀를 쫓아내심과 병 고침을 받은 어떤 여자들 곧 일곱 귀신이
나간 자 막달라인이라 하는 마리아와 3헤롯의 청지기 구사의 아내 요안나와 수산나와 다른 여러 여
자가 함께 하여 자기들의 소유로 그들을 섬기더라

4각 동네 사람들이 예수께로 나아와 큰 무리를 이루니 예수께서 비유로 말씀하시되 5씨를 뿌리는
자가 그 씨를 뿌리러 나가서 뿌릴새 더러는 길 가에 떨어지매 밟히며 공중의 새들이 먹어버렸고 6더
러는 바위 위에 떨어지매 싹이 났다가 습기가 없으므로 말랐고 7더러는 가시떨기 속에 떨어지매 가
시가 함께 자라서 기운을 막았고 8더러는 좋은 땅에 떨어지매 나서 백 배의 결실을 하였느니라 이
말씀을 하시고 외치시되 들을 귀 있는 자는 들을지어다

9제자들이 이 비유의 뜻을 물으니 10이르시되 하나님 나라의 비밀을 아는 것이 너희에게는 허락되
었으나 다른 사람에게는 비유로 하나니 이는 그들로 보아도 보지 못하고 들어도 깨닫지 못하게 하려
함이라

11이 비유는 이러하니라 씨는 하나님의 말씀이요 12길 가에 있다는 것은 말씀을 들은 자니 이에 마
귀가 가서 그들이 믿어 구원을 얻지 못하게 하려고 말씀을 그 마음에서 빼앗는 것이요 13바위 위에
있다는 것은 말씀을 들을 때에 기쁨으로 받으나 뿌리가 없어 잠깐 믿다가 시련을 당할 때에 배반하
는 자요 14가시떨기에 떨어졌다는 것은 말씀을 들은 자이나 지내는 중 이생의 염려와 재물과 향락에
기운이 막혀 온전히 결실하지 못하는 자요 15좋은 땅에 있다는 것은 착하고 좋은 마음으로 말씀을 듣
고 지키어 인내로 결실하는 자니라

16누구든지 등불을 켜서 그릇으로 덮거나 평상 아래에 두지 아니하고 등경 위에 두나니 이는 들어
가는 자들로 그 빛을 보게 하려 함이라 17숨은 것이 장차 드러나지 아니할 것이 없고 감추인 것이 장
차 알려지고 나타나지 않을 것이 없느니라 18그러므로 너희가 어떻게 들을까 스스로 삼가라 누구든
지 있는 자는 받겠고 없는 자는 그 있는 줄로 아는 것까지도 빼앗기리라 하시니라

19예수의 어머니와 그 동생들이 왔으나 무리로 인하여 가까이 하지 못하니 20어떤 이가 알리되 당
신의 어머니와 동생들이 당신을 보려고 밖에 서 있나이다 21예수께서 대답하여 이르시되 내 어머니
와 내 동생들은 곧 하나님의 말씀을 듣고 행하는 이 사람들이라 하시니라.

오늘날은 크기와 성공이 동의어다. 비즈니스 세계에서는 확실한 진리다. 당신이 규모가 큰, 수익성이 있는 기업에서 승진을 하면 경쟁자들은 당신을 부러워하고 흠모할 것이다. 당신이 큰 수익을 내면 잡지사들은 표지에 당신 얼굴을 싣고 당신을 재계의 메시아라고 부를 것이다. 크기는 성공을 의미한다. 전문직에서 당신의 전문 지식을 요청하는 고객이 많으면 당신은 성공한 것이다. 당신 고객의 크기가 성공을 좌우한다.

공식은 간단하다. 크기=성공=수입.

슬프게도, 기독교 사역에도 이와 같은 사고방식이 존재한다. 작은 교회의 목사들은 종종 큰 교회 목사들을 선망한다. 작은 선교 단체의 지도자들은 천만 단위의 예산을 운용하는 사역들에 주눅이 든다. 사역자들은 우선순위를 고수하기 위해 노력해야 하며, 종종 자만심과 수치심을 대단치 않게 생각하려고 애써야 한다. 그들은 성숙이라는 관점에서 성공을 정의하려 하지만 세상의 패러다임을 떨쳐버리기가 쉽지 않다.

예수님이 이 마을에서 저 마을로 좁고 길다란 띠 모양의 이스라엘 땅을 위아래로 다니시며 사역을 계속 하시는 동안 수많은 추종자들이 기하급수적으로 불어났다. 하지만 예수님은 이것을 성공의 증표로 생각하지 않으셨다. 오히려 반대로, 따르는 사람들의 수가 불어날수록 얄팍한 믿음과 불경한 동기가 드러나지 않은 채 곪게 될 것을 더 염려하셨다. 더러는 배를 채우기 위해 그분을 따랐다. 더러는 그분이 놀라운 일을 행하시는 것을 보기 위해 쫓아다녔다. 많은 이들이 유명 인사를 따라다니는 무리에 속하기 위해 그분에게 들러붙었다. 오늘날의 사역자들은 으쓱해하면서 곧바로 교회 성장 컨퍼런스에 참여할 테지만, 예수님은 사역의 규모가 커지는 것을 성취의 확증이 아니라 성공의 위험 요소로 보기 시작하셨다. 그래서 예수님은 사역의 규모를 축소시킬 때가 됐다고 판단하셨다. 그분은 직설적인 강연과 대화로 가르치던 방식을 바꿔 비유로 말씀하시기 시작했다.

마태는 예수님이 군중들에게 비유로만 말씀하시기로 한 이유를 사람들이 묻자 이렇게 대답하셨다고 기록하고 있다. "천국의 비밀을 아는 것이 너희에게는 허락되었으나 그들에

게는 아니되었나니 무릇 있는 자는 받아 넉넉하게 되되 없는 자는 그 있는 것도 빼앗기리라 그러므로 내가 그들에게 비유로 말하는 것은 그들이 보아도 보지 못하며 들어도 듣지 못하며 깨닫지 못함이니라"(마 13:11-13).

—8:1-3—

여기서 누가는 진실한 제자들이 고백한 실제적인 믿음에 대한 단평을 끼워 넣는다. 예수님이 한창 바쁘게 사역하시는 동안 열두 사도는 예수님과 함께 사역했다. 그런 그들을 예수님이 병을 고쳐주셨거나, 악귀를 쫓아주셨거나, 죄와 수치심에서 구원해주신 한 무리의 여인들이 따라다녔다. 제자들은 사도로서의 특별한 훈련을 받기 위해 생계를 팽개치고 헌신했기 때문에 그 여인들이 사재를 털어 예수님과 열두 사도의 실제적인 필요를 채웠다. 앞에서 나온 "죄 많은 여인"처럼 이들은 메시아에 대한 믿음을 실제적인 물질로 표현했다.

이름이 알려진 이들은 많지 않지만 누가가 특별히 주시한 세 여인이 있다. 누가는 나중에 그들이 주님의 부활을 목격했거나(23:49, 55-56, 24:6, 10, 행 1:14), 아니면 초대 교회에서 특별히 중요한 인물이었기 때문에 두 여인의 신원을 밝히려 했던 것 같다.

막달라 마리아는 악령에 사로잡혔다가 풀려났다. 막달라라는 이름은 디베랴에서 북쪽으로 약 5킬로미터 떨어져 있는 갈릴리 호수 서안에 위치한 그녀의 고향을 가리키는 지명인 듯하다. 교회 전통은 종종 그녀가 한때 창녀였다고 하지만 성경 어디에도 그것을 뒷받침하는 내용은 나오지 않는다. "마리아"는 1세기 유대인 여성들 사이에 흔한 이름이어서, 복음서를 보면 중요한 역할을 했던 마리아가 무려 4명이나 나온다. 예수님의 어머니, 나사로의 누이, 막달라 마리아, 야고보와 요세의 어머니. 그 결과 막달라 마리아를 예수님의 발을 씻긴 여인(마 26:1-5, 막 14:3, 눅 7:36-50, 요 12:1-8)과 혼동하는 사람들도 있었다. 여하튼, 성경 어디에도 막달라 마리아가 예수님이 악령을 쫓아주신 많은 사람들과 특별히 달랐다고 말하는 곳은 없다. 유일하게 다른 점이라면 그녀는 이기적인 이유에서가 아니라 믿음으로 예수님을 따랐다는 것이다.

요안나의 남편은 헤롯 안디바 정권의 고위 관리, 아마도 안디바 영지의 수석 행정관이었을 것이다. 수산나는 오늘날까지도 정체가 알려지지 않았다. 초대 교회는 그녀를 잘 알았겠지만 그녀가 예수님을 따라다니면서 사재를 털어 예수님의 사역을 실질적으로 지원했다는 것, 그리고 예수님의 시신을 염했던 여인들 가운데 하나였으리라는 사실 외에 우리에게 알려진 바가 없다.

—8:4–8—

예수님을 진심으로 믿는 자들에 대한 짤막한 찬사는 행동하는 믿음에 대한 누가의 강조로 마무리되고, 뒤이어 예수님을 따르는 다른 종류의 사람들과 그들이 어떻게 될 것인지에 대한 예수님의 비유가 나온다. 예수님은 이전에도 은유와 예를 사용하셨지만 이것이 누가의

비유

선생들이 사용할 수 있는 학습 도구 가운데 비유만큼 심오한 영적 진리를 잘 전달할 수 있는 것은 없다. 그리고 그것만큼 혼동하기 쉬운 것도 없다. 예수님이 제자들과 비난자들이 섞여 있는 청중을 가르치실 때 이야기를 즐겨 사용하셨던 것도 그런 이유에서였다. 예수님은 이야기를 정말 좋아하셨다! 믿을 만한 조사에 의하면 기록된 예수님의 말씀 중 3분의 1 이상이 비유로 이루어져 있다고 한다.

헬라어로 *parabolē*인 '비유'라는 단어는 '함께 던져진 것'이라는 뜻이다. 비유는 반드시 비교를 목적으로 한다. 비유는 해석의 단서를 주기 위해 생소한 것과 친숙한 것을 나란히 배치하면서 이야기를 통해 가르치는 기술이다. 강사는 생소한 것, 심지어 초자연적인 것을 전달하기 위해 일상적으로 흔히 있는 상황을 이용한다. 그런 비유는 얼핏 보면 단순하고 분명한 듯하나 그것이 전달하는 진리는 단순하지도 분명하지도 않다. 듣는 사람이 그 뜻을 해석할 수 있으려면 두 가지 요소를 갖추어야 한다.

첫째, 이해하려는 마음. 가르침을 받지 않으려는 마음은 걸핏 하면 비유를 터무니없는 소리라고 왜곡하면서 오히려 그것을 가지고 선생이 바보임을 입증하려 할 것이다. 결국, 예수님을 거부하고 싶었던 자들은 그분의 비유에서 그럴 만한 이유를 찾아냈다. 예수님께 배우고 싶어 했던 사람들은 비유 뒤에 숨어 있는 예수님의 의도를 이해하려는 의지를 분명히 보여주었다.

둘째, 영적 분별력. 예수님의 비유는 자연계 너머에 존재하는 진리를 계시한다. 그분의 교훈은 과학적 연구를 통해 접근할 수 없다. 그것은 초자연적인 세계를 이해하기 위해 자연 세계를 초월할 수 있는 인물에 의해서만 드러날 수 있다. 그러므로 듣는 사람은 성령의 도움 없이는 예수님의 비유를 이해할 수 없다. 다행히, 주님은 알고자 하는 자는 누구에게라도 가르쳐주겠다고 약속하셨다.

예수님이 가지각색의 청중들에게 비유로 말씀하신 것은 이 독특한 이야기 형식이 두 가지 중요한 목적을 이루기 때문이었다. 비유는 진실한 제자들을 교육시키면서 적대감을 가진 회의론자들을 쫓아버렸다.

"귀 있는 자는 들을지어다"(8:8, 14:35).

이야기 속에 처음으로 등장하는 진짜 비유다.

이즈음 예수님의 사역은 그 어느 때보다도 분주했다. 예수님은 원래 가버나움에 기반을 두고 활동하셨는데 이제는 끊임없이 마을과 마을을 누비고 다니셨다. 해당 지역 사람들은 예수님이 계신 곳을 알게 되면 그분의 기적을 보고 가르침을 들으려고 그분이 계신 곳으로 모여들었다. 그러나 그들은 직설적인 강연 대신 이야기를 들었다.

주님은 갈릴리에서 흔히 볼 수 있는 광경을 묘사하셨다. 한 농부가 밭에 씨를 뿌리면서 농사 준비를 했다. 고대 근동 지역 농부들은 우기 직전에 밭을 갈아 농사지을 준비를 했다. 그들은 오늘날처럼 줄을 맞춰 고랑을 파지 않고 굳은 땅을 부드럽게 하고 덩어리진 흙을 골랐다. 나무 쟁기로 10-13센티미터 정도 깊이로 땅을 판 다음 지표면을 써레(빗 모양의 기구)로 고르게 만들었다. 파종은 밭을 걸어다니며 어깨에 걸친 자루에서 씨앗을 한 줌씩 꺼내 넓은 호를 그리며 흩뿌렸다. 그런 다음 손이나 관목 가지로 땅을 반반하게 하면서 씨앗을 흙으로 덮었다.

씨 뿌리는 사람이 씨를 뿌릴 때 일부는 밭 가운데 나 있는 길에 떨어졌다. 행인들에게 용케 밟히지 않은 씨앗들은 새들의 먹이가 되었다. 처음부터 보장된 것은 없었다.

다른 씨앗은 지표면 바로 밑에 있는 커다랗고 평평한 석회암을 덮고 있는 얕은 땅에 떨어졌다. 이 얇은 흙 위에서 일찍 싹이 튼 것들은 뿌리를 땅속 깊이 내려 고정시키지 못하고 영양분을 흡수하지 못한 탓에 곧 시들어버렸다. 처음의 약속은 이른 실망으로 무너졌다.

다른 씨앗은 밭을 벗어나 최대 2미터까지 자라는 나무딸기나 지면에 빽빽하게 깔리는 잡초 같은 지피 식물들 사이에 떨어졌다. 곡물의 줄기는 이런 가시덤불과 잡초 사이에서 살아남지 못하고 열매를 맺기 전에 시들어버린다.

그러나 어떤 씨앗은 곡물이 자랄 수 있는 좋은 환경을 제공하는 비옥한 땅에 떨어졌다. 농부가 다른 많은 씨앗을 잃는다고 해도 이 씨앗은 농부가 처음에 뿌린 것보다 몇 배의 결실을 돌려줌으로써 수고한 보람을 맛보게 해준다.

"이 말씀을 하시고 외치시되"라는 구절은 문법적으로 습관적인 행동을 나타낸다. 여기에 나와 있는 비유는 일정 기간 여러 장소에서 예수님이 가르치신 내용의 표본이다. 예수님은 이런 형태의 가르침을 활용해 일반적인 청중들에게는 비유를 설명하지 않으시고 그냥 "들을 귀 있는 자는 들을지어다"라는 권고로 이야기를 마치셨다. 이것은 달리 말하자면 이런 뜻이다. "요점을 알았다면 그대로 행하라!" 이 말로 강연은 끝났다.

핵심은 요점을 이해하는 사람들이 많지 않았다는 사실이다. 그리고 물론 그게 의도한 바였다. 비유에 쓰인 말들은 마치 씨앗처럼 군중에게 퍼져나가 이런저런 토양에 떨어졌다. 언젠가 수확할 때가 되면 그 씨앗이 어떤 토양에 떨어졌는지 드러나게 될 것이다.

—8:9—

여기서 "제자들"은 열두 사도만이 아니라 더 큰 무리의 진실한 추종자들을 가리킨다. 누가의 문법, 특히 "물으니"처럼 불완전 시제의 사용은 계속되거나 습관적인 행동을 가리킨다. 예수님이 여러 상황 속에서 비유를 반복하시다보니 사람들은 계속 그 의미를 물었다. 결국, 예수님은 그들에게 의미를 해석해주셨다.

중요한 건 이것이다. 예수님은 일부러 뜻을 이해하기 어렵게 하려고 비유로 말씀하시지 않았다. 그분은 듣고 싶어하는 귀를 좌절시키려 하신 게 아니었다. 그분이 비유를 사용하신 이유는 그분의 가르침에 진심 어린 관심을 갖지 않은 사람들은 흥미를 느끼지 못하게 하기 위해서였다. 호기심 때문에 쫓아다니는 사람들에게는 전혀 흥미로울 게 없었다. 실제로 곧 예수님은 예수님이 좋아하는 사람들에게만 가르침을 주신다고 주장하는 비판자들에게 답하실 것이다(16-18절). 그리고 누가는 예수님이 아무도 편애하지 않으신다는 것을 증명하는 한 사건을 전해줄 것이다(19-21절).

—8:10—

제자들은 비유를 이해하지 못했지만 예수님의 말씀을 곧이곧대로 받아들였다. 그들이 비유에 나오는 상징의 의미를 진심으로 알고 싶어 하는 것을 보시고 예수님은 해석해주셨다. 누가는 독자들을 위해서 주님의 설명을 실었다. 그 설명은 나중에 나오는 비유의 의미를 이해할 수 있는 표본이 되었다.

하나님의 말씀이 검이라면 예수님의 비유는 검의 예리한 날이다. 예수님은 제자들에게 비유는 호기심에 따라다니는 자들, 척하는 사람들, 시류에 편승하는 사람들, 위선자들과 진정한 제자들을 구분 지어줄 것이라고 확실히 말씀하셨다. 예수님은 또 그들이 하나님이 주신 깨달음의 선물, '들을 귀', 계시된 진리를 이해할 수 있는 능력을 받았다는 것도 단언하셨다. 비유는 하나님의 말씀을 받기도, 또 순종하기도 원하지 않는 자들을 혼란에 빠트렸다. 그러나 똑같은 이야기들이 하나님의 아들을 믿기로 작정한 자들에게는 가르침이 되었다.

"그들로 보아도 보지 못하고 들어도 깨닫지 못하게 하려 함이라"는 관용구는 이사야 6장 9절을 암시하고 있는데, 이것은 이제 막 선지자의 사명을 위임받은 자에게 하나님이 하신 최초의 말씀이다. 하나님은 이사야에게 냉소적인 반심리학(reverse psychology)으로 이스라엘의 지도자들을 질책할 것을 요구하셨다.

> 여호와께서 이르시되 가서 이 백성에게 이르기를 너희가 듣기는 들어도 깨닫지 못할 것이요 보기는 보아도 알지 못하리라 하여 이 백성의 마음을 둔하게 하며 그들의 귀가 막히고 그들의 눈이 감기게 하라 염려하건대 그들이 눈으로 보고 귀로 듣고 마음으로 깨닫고 다시 돌아와 고침을 받을까 하노라 하시기로(사 6:9-10).

주님은 청중들이 이해할 수 있는 능력이 있으면서도 그럴 마음이 없다는 것을 입증하시기 위해 이스라엘의 이 암흑기를 에둘러 언급하셨다. 그것은 머리가 아닌 마음의 문제였다. 비유는 원하는 마음에는 비교적 이해하기 쉽지만 반항적인 사람들에게는 이해가 불가능했다. 하지만, 평범하고 정상적인 지력으로는 하나님이 자기 백성들을 위해 계획하신 것을 모두 이해하지는 못한다. 그분은 자기 백성들-그분이 이끄신 사람들(요 6:44, 65, 12:32)-이 보통의 지력으로는 파악할 수 없는 것들을 이해할 수 있는 장치를 마련하셨다.

—8:11-12—

예수님은 단순한 용어로 비유의 의미를 설명하셨다. 씨앗은 하나님의 말씀을 나타낸다. 씨 뿌리는 자는 시종일관 똑같고 씨앗도 그렇다. 땅만 변하는데, 이것이 모든 것에 영향을 미친다. 흥미로운 점은, 예수님은 씨 뿌리는 자가 누군인지 밝히지 않으셨는데, 아마 이것이 비유가 의미하는 바에 그다지 중요하지 않기 때문인 듯하다. 농부는 누구나 될 수 있다. 목사, 전도자, 작가, 직장 내의 그리스도인, 선생 등 하나님의 진리를 전달하는 사람이라면 누구나 해당된다. 성공을 좌우하는 것은 씨를 뿌리는 자가 아니라 땅이다.

길 위의 아스팔트처럼 단단한 토양은 씨앗이 표면을 뚫고 들어오지 못하게 하는 사람들을 가리킨다. 그 사람은 사탄이 씨앗을 낚아채게 허용하면서 끝까지 씨앗을 거부하는 바람에 하나님의 말씀이 싹을 틔우고 뿌리를 내릴 기회를 얻지 못한다. 결국, 이 '길가 토양 사람들'은 아무리 해도 믿으려 하지 않고, 그러므로 구원받지 못한다.

—8:13—

두 번째로, 석회석을 덮고 있는 얕은 흙은 하나님의 말씀을 받고 처음에는 진정한 제자의 징표를 보여주지만 유혹에 넘어가고, 성숙하지 못하고, 전혀 열매를 맺지 못하는 자들을 가리킨다. 피상적인 열정은 첫 역경의 조짐이 나타나자마자 온데간데없이 사라져버린다. "배반"이라는 헬라어는 이탈, 철수, 그만둠, 떠남이라는 뜻이다. 누가는 여기서 중간태를 뜻하는 것 같은데, 이는 동사의 주어가 행동을 완수하기 위해 스스로 행동하는 것을 암시한다.[26] 이것은 "그리고 시련을 당할 때에 스스로 발을 뺀다"로 번역할 수 있다.

—8:14—

세 번째로 '가시덤불로 덮인 땅'은 삶이 불안감(무언가를 잃을지도 모른다는), 재물(더 정확히 말하자면, 끊임없이 그것을 추구하는 것), 육신적 쾌락(짧은 시간 내에 다양하게) 같은 속세의 경쟁적인 관심사로 가득 차 있는 사람들을 가리킨다. 이러한 관심사는 우리 마음을 휘어잡고, 에너지를 고갈시키며, 기쁨을 앗아간다. 현재의 관심사는 그것이 순수한 의도라 할지라도, 하나님의 말씀에서 관심을 다른 데로 돌리게 하고, 그렇게 되면 다른 우선순위들이 영적인 것들에 대한 갈망을 압도한다. 정치, 범죄 통계, 학교 논쟁, 끝없이 계속되는 것 같은 시민 투쟁, 시시콜콜한 일로 다투는 주민회, 충동, 습관, 활동들 등이 끝없이 이어지면서 결국에는 당신도 모르는 사이에 "이생의 염려들"이 마치 칡덩굴처럼 우리의 영적 생활을 뒤덮어서 질식시키게 된다.

그 일은 점진적이고 지속적으로 진행된다. 잡초가 천천히 자라듯, 가시덤불이 천천히 다른 식물을 칭칭 감듯, 그렇게 이 가시들은 서서히 한 사람의 삶을 집어삼킨다. 이런 잡초와 가시덤불들은 하나님의 말씀이 정상적으로 자라서 열매 맺는 것을 방해한다.

—8:15—

좋은 흙은 정직하고, 열려 있고, 기꺼운 마음으로 하나님의 말씀을 받아들일 준비가 되어 있어서 그것을 행동에 옮기는 자들이다. 방어하거나 저항하지 않는 이런 '좋은 흙'인 사람들은 열심히 진리를 찾고, 고통스러워도 기꺼이 책망을 받아들인다. 그들은 '하나님의 말씀을 단단히 붙잡고' 용기, 인내, 오래 참음, 굳건함의 열매를 맺는다.

이 마지막 예가 믿음으로 죄에서 구원받은 진실한 제자들을 가리킨다는 데에는 의심의 여지가 없다. 이와 마찬가지로 첫 번째 예-'길가 흙'-는 하나님의 말씀에 반감을 품고 받아들이지 않은 탓에 구원받지 못한 사람들을 묘사한다. 그런데 그다음 두 개의 예는 도저히 간단하게 설명이 안 된다. 훌륭한 신학자들이 '자갈밭 사람들'과 '가시떨기에 기운이 막힌 사람들'의 영원한 운명에 대해 여러 세대에 걸쳐 논의해왔지만 여전히 만족할 만한 답을 얻지 못했다.

이 문제가 규명되지 않은 이유는 예수님이 그것을 분명하게 밝히지 않으셨기 때문이다. 그리고 그분이 그렇게 하셨다는 것은 아마 중요하지 않기 때문일 것이다. 이 비유의 요지는 영원한 구원의 신비를 풀거나 예정설과 자유 의지에 대한 논쟁을 단번에 종식시키려는 게 아니었다. 예수님은 마지막 땅만 칭찬하시고 그 앞의 세 가지 땅은 책망하셨다. 타락하고 이기적인 인간은 천국에 들어갈 수 있는 최소한의 기준을 알고 싶어한다. 어느 정도면 될까? 그러나 예수님의 비유가 목표하는 것은 성숙과 결실이다. 예수님은 말씀의 잠재력이 최대한 발휘되는 것을 방해하는 요소들에 주안점을 두신 게 분명하다.

—8:16-18—

땅, 씨앗, 씨 뿌리는 자의 비유를 들으면 어떤 사람은 혹 예수님이 일부러 이미 '잘 알고 있는' 사람들에게만 제한해서 가르치신 게 아닌가 하는 의구심을 가질 수 있다. 결론적으로 말하자면 그분은 제자들에게 그들이 천국의 비밀을 살짝 엿보는 특권을 받았음을 넌지시 언급하시면서(10절) 일종의 편애를 암시하셨다. 그러나 예수님은 비유의 의미를 설명하신 후 바로 복음이 특권을 받은 소수만을 위한 것이라는 생각을 불식시키셨다.

누가는 15절과 16절 사이를 끊지 않았는데 아마도 예수님이 말씀을 연이어 하셨기 때문일 것이다. 설교와 성경의 교훈들은 종종 밭의 비유로 결론을 내리지만 예수님은 짧게 한 호흡 정도로만 숨을 돌리시고는 계속 말씀하셨다. 그런 다음 모든 사람이 복음에 대해 좋은 땅이 되기를 바라는 마음을 표현하시려고 당시에 흔히 쓰였을 표현을 인용하셨다. 등불을 켠 다음에 그 빛을 가리는 이미지는 모순된다. 빛의 목적은 어둠을 몰아내어 사물을 볼 수 있게 해주는 것이다. 등불을 덮는 것은 그 목적에 위배된다.

마태는 "이같이 너희 빛이 사람 앞에 비치게 하여 그들로 너희 착한 행실을 보고 하늘에 계신 너희 아버지께 영광을 돌리게 하라"(마 5:16)고 하면서 이 이미지의 실제적 적용을 강조한 반면에, 누가는 예수님의 진리가 가르쳐주시는 효과를 강조했다. 성경을 통틀어 빛의 이미지는 진리를 나타낸다. 예수님은 반대하는 자들을 혼동시키시려고 비유로 가르치시면서도 씨 뿌리는 자가 씨를 흩뿌리듯 복음의 진리를 널리 전파하셨다. 그분은 등불이시다. 그분의 목표는 빛을 발하는 것이다. 그리고 빛은 이전에는 암흑 속에 감춰져 있던 것들을 고스란히 드러낸다.

"그러므로 너희가 어떻게 들을까 스스로 삼가라"(18절)는 구절은 말 그대로 "그러므로 너희가 어떻게 듣는지 보라"는 뜻이다. 이것은 3-15절의 핵심인 '듣는 것'과 16-18절에 나오는 진리를 '보는' 행위를 재치 있게 연결시킨다. 밭의 비유와 등불을 켜는 예, 두 이미지를 종합해보면 한 사람이 하나님의 말씀을 받고나서 그 진리에 반응하는 모습을 보면 하나님에 대해 그 사람이 선택한 성향을 알 수 있다. 복음은 선택받은 소수에게만 주어지지 않았다. 복음은 모든 사람에게 주어졌다. 선택받은, 좋은 땅인 소수는 복음에 대한 반응으로 드러난다.

복음의 진리는 결국 옳다고 인정받을 것이지만 결국 중요한 것은 올바르게 반응해야 할 책임은 듣는 자들에게 있다는 것이다. 예수님은 선택의 중대한 책임을 강조하는 엄중한 경고로 가르침을 마무리하셨다. 주어진 빛에 반응하는 사람들은 더 많은 빛을 받을 것이다. 주어진 빛을 거부하고, 그 대신 어둠을 택한 사람들은 그들이 소유하고 있다고 생각하는 것도 빼앗길 것이다.

18절에 나오는 구체적인 조건 "그 있는 줄로 아는 것"은 어리석은 사람들-하나님의 말씀을 거부한 자들-이 소유하고 있다고 생각하는 영적인 통찰력을 가리킨다. 어떤 사람이 캄캄한 방 안에 앉아서 액면가가 10,000달러인 국채 더미라고 생각하는 것을 자랑스럽게 움켜잡고 있는 모습을 상상해보라. 그리고 누군가가 천장의 전등을 켜서 그 종이 위에 아무것도 인쇄되어 있지 않은 사실이 드러났다고 상상해보라. 그 어리석은 자가 가지고 있던 부에 대한 환상이 사라졌다. 진리의 빛이 그가 소유했다고 생각한 것을 그에게서 앗아간 것이다.

—8:19-21—

누가는 18절과 19절 사이를 거의 쉬지 않는다. 실제로 "그러므로"로 번역된 헬라어는 절이나 구를 논리적 구성 단위로 연결하기 위해 흔히 사용되는 접속사다. 누가는 다른 때나 장소로 배경을 옮기지 않았기 때문에 우리는 예수님의 가족이 도착한 것을 동일한 에피소드의 연속으로 보아야 한다. 빛과 듣는 것, 하나님의 말씀을 받는 것과 그것에 귀를 기울이는 것에 대한 예수님의 예화가 끝나기 무섭게 주님의 가족이 내러티브에 등장했다.

이 대목에서 예수님의 어머니와 형제들의 영적인 상태가 어땠는지는 누가나 다른 복음서 저자들 모두 언급하지 않고 있다(참고 마 12:46-50, 막 3:31-35). 다른 자료를 통해서 예수님의 형제들(요셉과 마리아의 자녀들)은 예수님의 부활(행 1:14, 고전 9:5, 갈 1:19) 전까지는 그분을 믿지 않았음을(요 7:5) 우리는 알고 있다. 마가는 "예수의 친족들"이 그분이 "미쳤다"고 생각해서 붙잡아두려 했다고 말했다(막 3:21). 짐작하건대 "예수의 친족들"은 마리아를 위시한 피붙이들을 가리켰을 것이다. 요셉은 예수님이 공적인 사역을 시작하시기 전에 세상을 떠난 것으로 보인다.

여하튼, 누가, 마태, 마가는 그 상황을 이용해 예수님이 말씀하실 수 있는 장을 마련한다. 군중이 예수님을 둘러싸고 있어서 예수님의 가족들은 그분께 다가갈 수 없었다. 이 상황은 예수님이 사역하시던 이 시기에 그분의 인기가 얼마나 엄청났는지를 보여주는 예다. 오늘날 공개 행사에서 유명 인사를 보기 힘든 것처럼 주님의 가족도 수많은 인파로 인해 그분과 떨어지게 되었다. 예수님의 어머니와 동생들이 만나고 싶어 한다는 말을 들으신 예수님은 그 만남을 사역의 목적을 분명하게 밝히는 기회로 삼으셨다. 육신의 가족에게 굴욕감을 주지 않으면서 예수님은 복음을 받아들여 실천에 옮긴 사람들, 즉 "하나님의 말씀을 듣고 행하는" 사람들의 위상을 높이셨다. 그분은 어머니와 동생들을 거절하신 게 아니라 그 상황을 이용해 누구든지 그분께 다가갈 수 있는 방법을 알리신 것이다.

21절은 배경이 바뀌기 전에 한 가지 에피소드가 끝났음을 나타낸다. 이 대목은 연결성이 없어 보이는 제자들의 헌신과 헌신적인 여인들의 물질적인 도움에 대한 언급으로 시작한다(1-3절). 예수님은 수용적인 마음은 복음의 열매를 맺는 반면, 그렇지 않은 사람들은 아무 결실도 맺지 못한다고 가르치셨다(4-15절). 예수님은 복음은 모든 사람을 위한 것이며, 그들은 언젠가 책임을 추궁받을 것이기 때문에 받은 빛에 대해 책임을 지게 될 것이라고 가르치셨다(16-18절). 예수님은 하나님 말씀의 열매인 순종을 강조하는 것으로 강론을 마무리하셨다.

예수님이 정의하신 사역의 성공 기준은 오늘날 크기에 집착하는 교회 문화와 달랐다. 그분은 말씀을 받아 성숙해서 열매를 맺을 사람들이 많지 않을 것-어쩌면 대부분-을 아시면서 복음을 전파하셨다. 그렇지만 농부가 씨를 뿌리듯 그분은 좋은 땅을 위해 씨앗을 뿌리셨다. 그리고 좋은 땅에서 얻은 결실은 그분의 사명을 헌신할 만한 가치가 있는 것으로 입증해주었다. 예수님께 성공이란 상대적으로 적은 수이기는 해도 좋은 땅이 열매를 맺게 하는 것이었다.

예수님은 우리의 사역 모델이시다. 그분은 다수를 위해 일하시지 않고 성숙을 위해 일하셨다.

적용
당신은 어떤 밭인가?

하나님은 언어의 그림을 그리셨다. 그리고 당신의 얼굴은 평범한 풍경 속에 숨겨져 있다. 당신은 그 이야기 속 어디에 있는가?

당신은 생산적이고 인내하는 그리스도인인가? 공연히 겸손하게 대답하지 말라. 당신은 그런 그리스도인일 수도 있다. 당신이 완벽하다는 것이 아니라 진리를 꼭 붙잡고 그것을 적용하기 위해 부단히 노력한다는 말이다. 당신은 허심탄회하고, 성경의 권고에 기민하게 반응하며, 은혜에 감사하고, 의에 굶주려 있다. 당신은 성숙하고 있으며 그것은 바람직한 일이다.

당신은 분주하고 다른 무언가에 정신이 팔려 있는 신자인가? 이 질문으로 스스로를 점검해보라. 삶의 우선순위를 살펴보았을 때 선한 말씀을 가로막고 그것이 최선이자 최우선순위가 되지 못하게 방해하는 가시떨기가 있는가? 일시적인 행복을 추구하는 데 너무 몰두한 나머지 불안감이 당신의 에너지를 고갈시키지 않는가? 당신은 '걱정의 은사'를 가지고 있는가? 만족하지 못하는 마음이 내면의 평화를 체험하는 데 걸림돌이 되는가?

하나님은 당신의 기도를 들을 준비가 되어 있으시다. 하나님은 당신이 세상 염려의 가시덤불과 엉겅퀴를 걷어내는 것을 도울 준비가 되어 있으시다.

당신은 피상적으로 진리를 추구하는 얕은 땅인가? 혹 그렇다면 당신은 뿌리가 없고 불안정할 것이다. 감정적인 호소에 반응하고, 대세를 따르며, 친구의 비위를 맞추는 일을 할 것이다. 아니면 아마 지금 곁에 있는 친구를 좋아하지만 오래지 않아 마음이 바뀔 것이다. 당신은 듣기만 하고 행동하지 않는다. 당신은 진정한 신자가 아니다.

당신은 영적인 것에는 도통 관심이 없는 강퍅하고, 완고한 사람인가? 만약 그렇다면, 당신의 교만하고, 독단적인 태도를 후회할 날이 올 것이다. 안타깝게도 그때는 너무 늦을 것이다.

하나님의 진리에 대한 반응은 당신의 마음 상태에 따라 달라진다.

속박에서의 해방(누가복음 8:22-39)

[22]하루는 제자들과 함께 배에 오르사 그들에게 이르시되 호수 저편으로 건너가자 하시매 이에 떠
나 [23]행선할 때에 예수께서 잠이 드셨더니 마침 광풍이 호수로 내리치매 배에 물이 가득하게 되어
위태한지라 [24]제자들이 나아와 깨워 이르되 주여 주여 우리가 죽겠나이다 한대 예수께서 잠을 깨사
바람과 물결을 꾸짖으시니 이에 그쳐 잔잔하여지더라 [25]제자들에게 이르시되 너희 믿음이 어디 있
느냐 하시니 그들이 두려워하고 놀랍게 여겨 서로 말하되 그가 누구이기에 바람과 물을 명하매 순종
하는가 하더라

[26]그들이 갈릴리 맞은편 거라사인의 땅에 이르러 [27]예수께서 육지에 내리시매 그 도시 사람으로
서 귀신 들린 자 하나가 예수를 만나니 그 사람은 오래 옷을 입지 아니하며 집에 거하지도 아니하고
무덤 사이에 거하는 자라 [28]예수를 보고 부르짖으며 그 앞에 엎드려 큰 소리로 불러 이르되 지극히
높으신 하나님의 아들 예수여 당신이 나와 무슨 상관이 있나이까 당신께 구하노니 나를 괴롭게 하지
마옵소서 하니 [29]이는 예수께서 이미 더러운 귀신을 명하사 그 사람에게서 나오라 하셨음이라 (귀신
이 가끔 그 사람을 붙잡으므로 그를 쇠사슬과 고랑에 매어 지켰으되 그 맨 것을 끊고 귀신에게 몰려
광야로 나갔더라) [30]예수께서 네 이름이 무엇이냐 물으신즉 이르되 군대라 하니 이는 많은 귀신이
들렸음이라 [31]무저갱으로 들어가라 하지 마시기를 간구하더니

[32]마침 그 곳에 많은 돼지 떼가 산에서 먹고 있는지라 귀신들이 그 돼지에게로 들어가게 허락하
심을 간구하니 이에 허락하시니 [33]귀신들이 그 사람에게서 나와 돼지에게로 들어가니 그 떼가 비탈
로 내리달아 호수에 들어가 몰사하거늘

[34]치던 자들이 그 이루어진 일을 보고 도망하여 성내와 마을에 알리니 [35]사람들이 그 이루어진 일
을 보러 나와서 예수께 이르러 귀신 나간 사람이 옷을 입고 정신이 온전하여 예수의 발치에 앉아 있
는 것을 보고 두려워하거늘 [36]귀신 들렸던 자가 어떻게 구원 받았는지를 본 자들이 그들에게 이르매
[37]거라사인의 땅 근방 모든 백성이 크게 두려워하여 예수께 떠나가시기를 구하더라 예수께서 배에
올라 돌아가실새 [38]귀신 나간 사람이 함께 있기를 구하였으나 예수께서 그를 보내시며 이르시되 [39]집
으로 돌아가 하나님이 네게 어떻게 큰 일을 행하셨는지를 말하라 하시니 그가 가서 예수께서 자기에
게 어떻게 큰 일을 행하셨는지를 온 성내에 전파하니라.

이 세상은 폭력이 난무하고, 혼란스러우며, 예측하기 어려운 위험한 곳이다. 그러나 세상이 애초부터 그랬던 것은 아니다. 하나님이 창조하신 세상은 사람들이 살기에 아주 좋은 곳이었다. 태초의 질서 속에서는 물질적으로 풍요로웠고, 서로 사랑했으며, 창조주와의 교제를 마음껏 누렸다. 그런데 태초의 질서를 사람이 괴상망측하게 일그러뜨렸다. 우리의 개

인적인 불순종으로 인한 대가를 치르는 것 외에도 우리를 포함한 전 우주가 아담의 죄로 인한 악영향에 시달리고 있다(창 3장). 타락으로 인해 우리는 악의 지배 아래 살게 되었고, 악은 인류를 질병, 재해, 불화, 죽음, 쇠퇴(특정한 한 사람에 의해 초래된 것이 아니고 모든 사람이 그 책임을 공유하는)로 신음하게 했다.

하나님은 우리가 만든 혼란 속에 우리를 버려두실 수 있었다. 그분은 우리에게 등을 돌리시거나, 더 나쁘게는 반항에 대한 형벌로 우리를 모조리 영원한 지옥에 던져버리실 수도 있었다. 그러나 그분은 그렇게 하지 않으셨다. 그분은 성자 예수 그리스도의 성육신을 통해 '악의 문제'를 친히 담당하셨다. 예수 그리스도는 우리와 함께 세상에 만연한 악으로 인한 고초를 당하시고, 그분의 통치권을 회복하기 위해 이 땅에 오셨다.

세상을 되찾기 위해 예수님이 세우신 작전의 첫 단계는 나사렛에서의 공개적인 선포로 시작되었다. 나사렛은 그분이 메시아의 시대가 시작되었다고 선포하셨던 곳이다(4:14-30). 메시아로서 예수님은 회당(4:14-37), 질병(4:38-41, 5:12-26, 7:1-10), 사망(7:11-17) 그리고 사탄(4:31-37)을 다스리는 권세를 주장하셨다. 누가는 지금까지의 이야기에서는 개인적인 차원에서 예수님의 사역의 영향을 강조했다. 그분은 수천 명을 고통에서 해방시키셨지만, 더 심각한 악의 문제는 여전히 남아 있었다. 많은 사람이 이런저런 고통에서 벗어나고 싶을 때 예수님께 나아오며 현 상태를 유지하고 싶었을 테지만, 예수님은 더 큰 계획을 마음에 품고 계셨다. 수천 명을 치유하신 것은 시작에 불과했다. 예수님은 한 번에 한 사람씩, 또는 한 문제씩, 악이 훼손한 것을 원상태로 회복시키기 위해서만이 아니라 악의 통치를 종식하고 악을 통째로 뿌리 뽑으려고 오셨다.

8장 22절은 예수님의 공적인 사역에서 일어난 미묘한 변화를 보여준다. 그분이 지금까지 보이신 기적은 그분과 악의 세력이 벌인 소규모 접전에 불과했다. 그러나 이제 그분은 악의 본거지에서 싸움을 벌이실 것이다(9:51). 그 사이 그분의 기적은 의미가 강화되었다. 예수님은 사람들이 일시적인 악의 영향에서 벗어나게 하는 대신, 그들에게 자신의 영지 안에 영원한 피난처를 제공하셨다. 예수님의 제자들은 그분의 통치 아래서 그분과 함께 결국 승리할 것이다.

—8:22—

어느 시점에 예수님은 지금 계신 곳(누가가 구체적으로 밝히지 않은)에서 "호수 저편"으로 가기로 하셨다. 호수는 다름 아닌 갈릴리 호수였고, 예수님의 목적지는 호수 남동쪽에 위치한 지역이었다. 예수님은 제2의 고향이라 할 수 있는 가버나움의 항구에서 출발하셨을 가능성이 가장 높지만, 그렇다고 단정할 수는 없다. 예수님은 순회 사역을 하셨기 때문에 갈릴리 상류 어디에나 계실 수 있었다. 어쨌든, 풍랑이 심하기로 소문난 이 호수를 건너려면 배가 필요했다.

오늘날에는 바다와 같은 거대한 수역을 지구에 반드시 필요한 부분으로 보지만, 고대 사람들에게 바다는 느닷없이 생명을 빼앗아가는 힘을 지닌, 혼란스럽고 알 수 없는 위험이 도사린 장소였다. 바다에 휘말려 물고기 밥이 되는 것보다 더 비참한 운명은 없었다. 일부 성경 저자들에게 바다는 일종의 상징, 즉 '무질서, 폭력, 또는 창조 이전의 혼돈의 법칙'(시 107:25-28, 사 57:20, 겔 28:8)이었다.[27] 아무리 노련한 어부라도 갈릴리 바다 한가운데로 항해하는 것은 미지의 세계를 향해 나아가는 것이었다.

—8:23—

해수면에서 200미터 아래, 아라비아 사막과 지중해 사이의 열곡에 자리 잡은 갈릴리 바다에 느닷없는 돌풍이 휘몰아쳐 거친 파도가 일어났는데, 이는 특히 1세기의 허술한 범선에게는 악몽과도 같은 일이었다. 오늘날에도 동력선의 선장들은 기상 예보를 신중히 살핀다.

예수님과 제자들이 가지고 나간 배(이들 외에도 많은 사람이 타고 있었을)는 당시로서는 상당히 크고 튼튼했을 것이다. 어쩌면 로마의 상선이었을 수도 있다. 누가는 예수님이 거센 바람과 거친 바다를 아랑곳하지 않고 주무셨다고 전하는데, 그렇다면 갑판 밑 선창으로 내려가셨다는 뜻이다. 마가는 더 상세하게 예수님이 "고물에서 베개를 베고 주무"(막 4:38)셨다고 덧붙인다. 항해를 하는 동안 배에 물이 차기 시작했다("가득하게 되어"로 번역된 헬라어는 '채우다'라는 동사에서 파생되었다).

그 광경을 상상해보라. 많은 사람이 탄 그 배는 이미 물속으로 잠기고 있었다. 바람 때문에 한쪽으로 심하게 기울어진 선채 위로 파도가 덮쳤다. 갑판에서는 다들 미친 듯이 손으로 물을 퍼냈지만, 퍼내는 것보다 쏟아져 들어오는 게 더 많았다. 침몰하는 배만큼이나 속수무책인 게 또 있을까? 제자들은 두려움에 휩싸여 어쩔 줄 몰랐다.

—8:24—

"주여"라는 명칭을 연달아 사용한 것은 긴박함을 강조하는데, 이는 제자들이 아람어로 외친 말을 누가가 번역하며 선택한 헬라어 단어에서도 나타난다. '소멸되다'(perish)로 번역된 이 단어는 극단적인 표현으로, '죽다'(die)보다도 한층 더 암울하고 겁에 질린 느낌을 전달한다(영어의 뜻은 '소멸되다'이나, 개역개정에는 '죽다'로 번역되었다-역주). 이 단어는 누가복음에서 천벌에 대해 말할 때 몇 차례 등장한다(참고 4:34, 9:25, 13:3, 5, 15:24, 32, 17:33, 19:10).

예수님은 일어나셔서(아래에 계셨다면 갑판으로 올라와) 폭풍을 "꾸짖으"셨다. 이 헬라어에는 '악행을 일깨우고 책임을 묻다'라는 의미가 있다. '질책하다'(딤후 4:2 참고)와 동의어인데, 원하는 반응이 죄의 자각이 아닌 겸손이라는 점만 다르다. '꾸짖다'라는 말은 그 뒤에 이어질 보응까지 내포하고 있어서, 꾸짖을 수 있는 권한을 가진 자가 아랫사람을 정신 차리게 하는 것을 표현하기에 가장 적합하다. 실제로, 예수님은 잠에서 깨어 몰아치는 바람과 부딪치는 파도를 향해 강한 어조로 말씀하셨다. "닥치지 못할까!"

말이 떨어지기 무섭게 바람과 파도는 멈추고 "잔잔하여"졌다. 그 순간의 정적은 마치 귀가 먹은 것 같은 느낌이었으리라. 윙윙거리는 바람도, 사정없이 덮치던 파도도 일순간에 사라지고 요동치던 배가 점점 조용해지며 수면은 기괴할 정도로 잔잔해졌다.

—8:25—

주님은 제자들의 얼굴을 살피시며 반어적으로 부드럽게 꾸짖으셨다. "너희 믿음이 어디 있느냐?" 여기서 예수님의 이 말씀은 이제 제자들은 태풍이 해칠 수 없는 존재이므로 무서워할 필요가 없다는 의미였다. 그들은 폭풍을 일으키는 자보다 더 강력한 새 왕의 통치 아래 있었다.

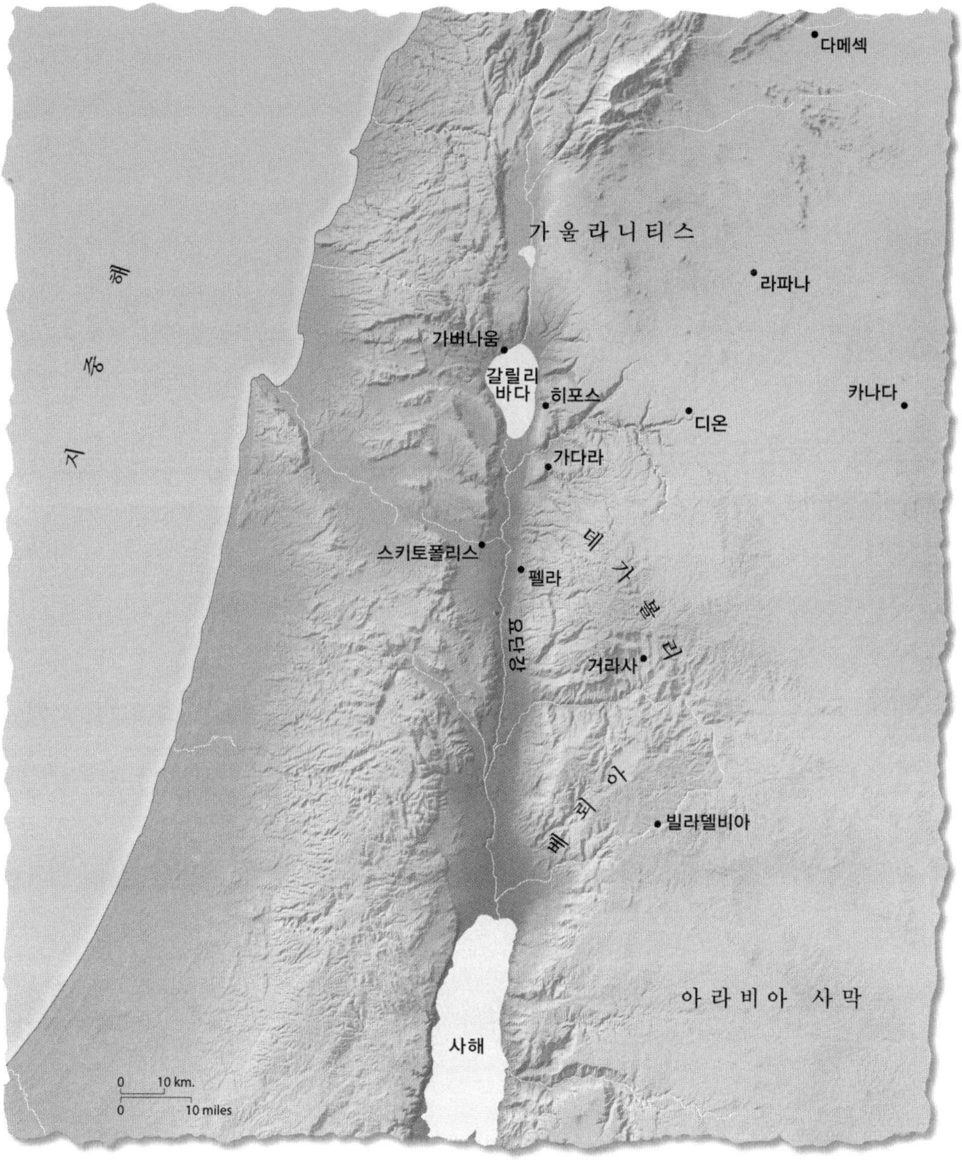

데가볼리의 도시들

그들은 "두려워"하며(5:8-10, 26, 7:16) "놀랍게"(*thaumazō*) 여겼다(1부에 실린 핵심 용어를 보라). 그들이 서로에게 물었다는 것은 그들이 예수님의 정체를 제대로 알지 못했음을 나타낸다. 그들은 그분을 선지자—아마도 하나님의 권위를 행사하는 그 선지자(신 18:15-19)—로 받아들였지만 주님의 사명을 온전히 알지는 못했다. 즉, 그들은 전모를 파악하지 못했다.

—8:26-27—

"거라사인의 땅"은 데가볼리(막 5:20 참고)로도 알려진 지역을 의미한다. 데가볼리는 알렉산더 대왕이 그곳을 정복한 후 처음으로 정착한 헬라의 도시 국가 10개를 통칭하는 명칭이다. 1세기의 역사가 플리니(Pliny)는 카나다, 다메섹, 디온, 가다라, 거라사, 히포스, 펠라, 빌라델비아, 라파나, 스키토폴리스에 대해 기록했다.[28] 예수님은 아마 오늘날 엔게브로 알려진 아름다운 항구 도시 인근에 도착하셨을 것이다. 히포스는 해발 525미터에 위치한 고원에서 불과 3킬로미터 떨어진 곳에 있었다.

도착하자마자 예수님은 '귀신이 있는' 한 남자와 맞닥뜨리셨다. 신약의 헬라어에서 '들리다', '홀리다', '사로잡히다'와 같은 단어들은 사탄의 활동을 표현하는 데 단 한 번도 쓰이지 않았다. 일부 번역가들이 이와 같은 단어들을 사용했지만, 원어의 의미는 그저 '귀신이 있는'이다. 악령이 인간에게 또는 인간 안에서 어떻게 역사하는지 정확히 알기에는 성경의 자료가 충분하지 않다.

악령은 남자로 하여금 자해를 하고, 일반적이고 정상적인 모든 행동을 거부하게 만들었던 듯하다. 그는 옷도 입지 않고, 산 사람들이 사는 집에서 살지 않고 시체가 매장된 곳에서 살았다. 마태는 그 남자와 그와 비슷한 또 다른 남자가 매우 난폭했다고 덧붙인다(마 8:24). 마가는 그 남자를 쇠사슬에 묶으려 했지만, 끊어버렸다고 했던 누가의 말을 그대로 되풀이하면서(29절) 마을 사람들이 그가 자기 살을 돌로 찌르면서 밤낮으로 고통스러운 비명을 질러대는 것을 들었다고 덧붙인다(막 5:3-6). 또한 그 악령은 마치 꼭두각시를 부리듯이 그 남자의 목소리로 말했다.

—8:28-29—

역설적이게도 귀신들은 예수님을 "지극히 높으신 하나님의 아들"로 대번에 알아봤던 반면, 주님의 제자들은 공포와 경이감에 사로잡혀 이렇게 물었다. "그는 누구인가?"(8:25 참고) 그러나 귀신들의 두려움은 전능자에 대한 경외감이 아니라, 자신들의 파멸에 대한 두려움이었다. 가버나움에서처럼 귀신들은 예수님을 위협하다가 나중에는 아첨을 하려고 했다(참고

4:34, 41). 귀신들은 예수님이 그들의 활동을 간섭할 권세도 특권도 없다고 주장하려고 하다가, 이내 전략을 바꾸어 거짓으로 경배하는 척하며 그분 앞에 엎드렸다. 앞의 악령들과 달리 이 귀신들은 자비를 구걸하며 자기들을 "괴롭게 하지" 말아달라고 요청했는데, 이 헬라어 단어는 요한계시록 20장 10절에도 사용되었다. 이것으로 미루어볼 때 귀신들은 요한계시록 20장 10절에 기록된 형벌을 두려워한 듯하다. "또 그들을 미혹하는 마귀가 불과 유황 못에 던져지니 거기는 그 짐승과 거짓 선지자도 있어 세세토록 밤낮 괴로움을 받으리라"(밑줄 나의 강조).

—8:30-31—

이름을 묻자 귀신들은 "군대"라고 대답했다. 가이사 아구스도 시대에 로마 군단 하나는 보조 인력을 포함해 6,826명의 군사들로 이루어져 있었다. 누가는 그 남자 안에 귀신들이 얼마나 있었는지 정확하게 말하지 않지만, 매우 많았다는 것은 분명하다. 그 남자는 어둠의 세력에게 사로잡혀 속수무책으로 그들에게 지배당하고 있었다. 그러나 예수님이 오시자 모든 게 변했다. 귀신들이 그 젊은이와 마을 사람들에게 불러일으킨 공포심은 순식간에 역전되었다. 예수님이 오시자 귀신들은 떨었다. 그들은 예수님께 자기들을 "무저갱"으로 보내지 말아달라고 애걸했다.

"무저갱"은 말 그대로 '바닥이 안 보일 정도로 깊은'이라는 뜻이다. 구약에서 무저갱은 죽은 자들이 가는 곳으로 언급되어 있는데, 이곳이 어디에 있는지, 어떤 모습인지 정확히 알려진 바는 없다. 신약에서 요한계시록을 제외한 다른 곳에서 이 단어가 나오는 경우는 딱 두 번이다(이 구절과 로마서 10장 7절). 요한계시록은 "무저갱"을 불의한 죽은 자들이 최후의 심판을 기다리는 곳으로 묘사한다(계 9:1-2, 11, 11:7, 17:8). 사탄과 마귀들의 활동은 대환란 때에 절정을 이룰 것이고, 그 후로 그들은 천 년 동안 심연에 던져질 것이다. 그동안 그리스도는 의의 왕으로 세상을 다스리실 것이다. 이 "천년 왕국" 후에 사탄과 그의 타락한 천사들은 처음부터 그들을 위해 예비된 장소인 "불못"에서 영원한 고통을 당하는 최후를 맞기 전에 잠시 풀려날 것이다(계 20:10).

"간구하다"로 번역된 동사는 불완전 시제로, 귀신들은 수차례 간청했고 예수님은 그들에게 누차 명령을 반복하셔야 했음을 암시한다. 아마도 주님은 순종하지 않으려는 아이에게 분명한 기준을 가지고 명령하는 부모처럼 확고하게 자리 잡은 악령들이 말을 들을 때까지 몇 번이고 명령을 반복하셨을 것이다.

—8:32-33—

어째서 예수님이 귀신들을 무저갱이 아니라 돼지 떼(마가복음 5장 13절에 따르면 2천 마리였다)에게 들어가도록 허락하셨는지는 짐작할 수밖에 없다. 아마 예수님은 그분과 그분의 제자들에게 대항하는 것의 실체를 보여주시려고 그들의 타협안을 이용하신 듯하다. 질병, 재난, 불화, 죽음, 쇠퇴라는 악의 이면에는 어둠의 세력이 도사리고 있다. 악은 인격체다. 그것의 이름은 사탄이다(4:1-13). 그에게는 그들의 지도자 못지않게 하나님을 파멸시키는 일에 필사적인 추종자들이 있다.

귀신 떼가 그 사람에게서 나와 돼지 떼에게 들어가자, 돼지들은 그 파괴적인 힘을 감당하지 못했다. 겁에 질린 수천 마리의 돼지가 비명을 지르며 맹렬한 기세로 제방으로 내달리며(이 말은 사도행전 7장 57절과 19장 29절에서 폭도들을 묘사할 때도 쓰였다) 깊은 물속에 빠져 몰살되는 광경은 보기에도 섬뜩했고, 짐승들이 물속으로 하나씩 사라지면서 점점 잦아드는 비명 역시 그들을 불안하게 했을 것이다. 그 광경을 지켜본 제자들의 마음은 분명 그것이 상징하는 의미로 벅차올랐을 것이다. 부정한 영들은 부정한 짐승들에게 들어가 부지불식간에 깊은 바다 속으로 뛰어들었다. 예수님은 악에게 스스로 초래한 혼란 속에 빠져 죽으라고 선고하신 것이다.

—8:34-36—

돼지를 치던 자들은 가축들이 몰살당하는 광경을 본 후, 가축 주인들과 성 안의 지역 관리들에게 손실을 보고하고, 마을에 소문을 퍼뜨리려고 달려갔을 것이다. 그들의 이야기는 분명 앞뒤가 맞지 않게 들렸기 때문에 가축 주인과 관리들, 그리고 그 외의 사람들이 자기 눈으로 직접 확인하려고 찾아왔다. 예수님은 마귀들을 끝이 안 보이는 혼란한 고통 속에 몰아넣으셨고, 그들이 한때 괴롭히던 그 사람은 마침내 속박에서 풀려났다. 그는 이제 벌거벗지 않고 옷을 입었다. 마구 날뛰지 않고 자리에 앉았다. 묘지에서 살지 않고 제정신을 찾았다. 그뿐 아니라 예수님의 발치에 앉은 모습은 제자를 떠오르게 한다. 그는 그 자리에서 그분의 추종자가 되었다.

—8:37-39—

그 남자가 악령에게서 벗어났다는 데에는 의심의 여지가 없다. 지켜보던 사람들 중에 그 사실을 부인할 사람은 아무도 없었다. 마을 사람들은 잡신들의 능력과는 다른 예수님이 보여주신 권능을 두려워했다(5:8-10, 26, 7:16, 8:25). 누가는 사람들이 두려워한 이유를 설명하지 않고 그저 그들의 요청을 기술한다. 게다가 요청한 사람들은 더 이상 재산을 잃고 싶지 않은 가축 주인들만이 아니었다. 인근 마을과 지역의 "모든 백성"이 주님께 그곳을 떠나달라고 했다. 예수님은 그들의 마음을 돌이키려 하지 않으셨다. 그분은 그냥 떠나셨다.

그러나 그 남자는 마을 사람들과는 반대로 자기를 예수님의 제자로 삼아달라고 간청했다. 불완전 시제는 그 남자가 계속해서 끈덕지게 애원했음을 시사한다. 예수님은 그 남자를 거절하신 게 아니다. 그분은 그를 위한 다른 계획이 있으셨을 뿐이다. 더구나 그 남자는 이방인이었기에, 그 시점에서는 주님의 사명을 쓸데없이 복잡하게 만들었을 것이다.

주님이 강조하신 순종을 낳는 믿음으로 그 남자는 예수님의 지시를 따랐다. 예수님은 그에게 "집으로 돌아가라"고 하셨고, 그 남자는 "갔다." 예수님은 "하나님이 네게 어떻게 큰일을 행하셨는지를 말하라"고 하셨고, 그 남자는 예수님이 자기에게 하신 일을 뭇사람들에게 "전파했다"(즉, 설교했다).

지금까지 두 개의 기적이 나왔고, 세 개가 더 남았다. 이 기적들은 구세계의 질서(사탄에게 굴복하고 악에게 속박당한)가 무한하신 하나님의 능력 앞에서 무력해지는 모습을 보여준다. 그리고 예수님은 이 능력을 온전히 소유하고 계셨다. 그분은 비바람을 다스리고 악한 세력에게 궁극적인 권위를 행사하셨다. 누가는 그다음으로 질병과 죽음에 대한 주님의 권세를 보여준다.

적용

영적 전쟁에 대비한 무장

영적 전쟁은 중요한 문제다. 나는 적의 위협을 축소하거나 과소평가하는 죄를 절대 범하고 싶지 않다. 그러나 계속 영적 전쟁에만 집중하다보면, 초점이 흐려질 수 있다. 일부 신학자들, 목사들, 선생들은 어둠의 세력과의 싸움을 선한 의도에서 사역의 중심축으로 삼았다. 그들의 가르침에는 자못 훌륭한 내용도 있다. 나도 그중에서 유용한 방법을 배워 내 삶과 사역에 사용하고 있다. 그러나 안타깝게도 귀신론과 영적 전쟁에 대한 가르침은 대부분 두 가지 면에서 다음과 같은 오류를 범한다.

첫째, 성경적인 증거가 충분하지 않은 것을 지나치게 부풀린다. 성경은 사탄과 마귀에 대해 많은 정보를 제공하지 않는다. 그렇지만 우리가 가진 것으로 충분하다. 성경은 그들이 실재하며, 사악하고, 공포와 기만을 밀거래하며, 하나님이 원하시는 것은 무조건 가차 없이 반대한다고 말한다. 우리는 그들을 두려워할 필요가 없으며 하나님의 능력과 진리 안에서 담대하게 그들을 이길 수 있다.

둘째, 이런 가르침은 대부분 사악한 영적 능력에 지나치게 초점을 맞춘다. 예수님은 마귀의 행사를 찾아다니지 않으셨지만, 그들이 찾아왔을 때에는 그 자리에서 주저하지 않고 대응하셨다. 우리도 그분의 본을 따라야 한다. 우리 주변에서 벌어지는 마귀의 행사를 찾아다녀서는 안 된다. 특별한 문제의 배후에 눈에 보이지 않는 악령이 있는 것은 아닌지 궁금해할 필요가 없다. 성경은 악의 문제에 집착하기보다 그 무엇과도 비길 수 없는 예수 그리스도의 능력만을 바라보라고 권면한다(히 12:1-2).

그렇다면 인격화된 악의 위협에 우리는 어떻게 대응해야 할까?

첫째, 어둠의 세력과의 싸움을 예상하라. 이 세상은 하나님의 통치 아래 있지 않다. 세상에는 악이 실재한다. 사탄과 그의 천사들은 그리스도가 다시 오셔서 그들을 무저갱으로 쫓아내실 때까지 파괴적인 책략을 멈추지 않을 것이다. 그날이 올 때까지, 우리 그리스도인들은 적진에서 싸우는 것이다.

둘째, 능동적으로 신앙생활을 하며 굳게 서라. 아무것도 두려워하지 말라. 사탄과 그의 하수인들은 하나님의 놀라운 능력 앞에서 벌벌 떤다. 예수 그리스도를 믿는다면 당신 안에 인격으로 계시는 성령의 능력이 있다. 진리를 따르며 옳은 일을 행하고, 구원 안에서 담대하고, 반드시 승리하실 하나님을 신뢰하고, 진리와 거짓을 잘 분별할 수 있도록 말씀을 공부하라.

셋째, 성령의 능력으로 어둠의 세력을 물리치라. 만약 주술을 해본 적이 있거나 사탄의 능력을 구한 적이 있다면 내 경고를 귀담아 들으라. 당신은 우리가 지적으로 도저히 이해할 수 없는 세력에게 우롱당한 것이다. 주술은 전기 에너지처럼 우리가 연구해서 이용할 수 있는 게 아니다. 사탄은 물리적인 자연현상이 아니다. 사탄에게도 생각이 있고, 그는 수천 년 동안 생명을 파괴하는 일을 해왔다. 우리 같은 인간들은 도저히 그의 기지를 이길 수 없다. 그러나 그는 전능하지도 무소부재하지도 않다. 우리의 유일한 무기는 하나님의 약속을 선포하는 것이다. "마귀를 대적하라 그리하면 너희를 피하리라"(약 4:7). 우리는 모든 일에 기도로 주님께 나아감으로써 악을 대적할 수 있다.

만약 주술을 시행해본 적이 있거나 당신의 삶 속에 사탄의 개입을 자발적으로 받아들인 적이 있다면 지금 바로 단호한 태도를 취해야 한다. 여기 당신에게 올바른 방향을 제시해줄 기도를 적어놓았다. 이것은 어떤 주문이나 마법의 공식이 아니라 기도다. 언어 자체만으로는 아무런 능력이 없다. 기도란 하나님과의 소통인데, 이것은 그분의 도움을 청하는 기도다. 몇 분 동안 기도할 수 있는 조용한 곳을 찾으라.

> 하나님 아버지,
>
> 저는 지금 이 자리에서 제가 어떤 식으로든 사탄과 그의 마귀들에게 바쳤던 모든 충성을 끊겠습니다. 그리고 그들에게서 온 것은 아무것도 받아들이지 않을 것이며, 그들의 영향도 받지 않을 것이고, 무엇이 됐든, 어떤 식으로든 그들에게 이용당하지 않을 것입니다. 제 마음과 육체에 대한 그들의 모든 공격을 물리치겠습니다.
>
> 저는 당신의 능력 아래 있으며, 그리스도가 십자가에서 죽으심으로 제 죄의 대가를 치르셨다는 진리 위에 서 있습니다. 저는 예수님의 죽음과 부활로 인해 사탄과 그의 천사들이 패배했다는 것을 압니다. 저는 당신의 것이기에 사탄과 그의 천사들은 저를 이길 수 없다는 것을 압니다.
>
> 예수 그리스도의 이름으로 어둠의 세력으로부터 저를 보호해주시기를, 당신의 능력

으로 그들을 제압해주시기를, 그들이 제게 미쳤을 영향을 모두 제거해주시기를 간구합니다. 저는 당신의 말씀 안에 있는 약속을 의지합니다. 겸허한 믿음으로, 저에게 마귀를 대적할 수 있는 강한 영과 지혜로운 마음을 주시기를 간구합니다.

예수님의 이름으로 기도합니다. 아멘.

두렵거나 억눌리는 느낌을 받을 때 당신이 처음 이 기도를 드렸던 때와 장소를 떠올리라. 죄로부터 구원해달라는 간구는 반복해서 할 필요는 없지만 악에게 대항하겠다는 결단을 새롭게 하시고 보호해달라는 간구는 정기적으로 할 수 있다.

마지막으로, 예수 그리스도 안에 있는 믿는 자들은 선악 간의 싸움에서 승자 편에 서 있다는 사실을 잊지 말라. 부상을 입을 때도 있고 시련을 당할 때도 있겠지만, 우리는 반드시 영적 속박에서 벗어날 것이다. 이러한 확신을 가질 수 있는 이유는 우리가 그 결말을 알기 때문이다.

소중하지 않거나, 구원받지 못할 사람은 없다(누가복음 8:40-56)

40예수께서 돌아오시매 무리가 환영하니 이는 다 기다렸음이러라 41이에 회당장인 야이로라 하는
사람이 와서 예수의 발 아래에 엎드려 자기 집에 오시기를 간구하니 42이는 자기에게 열두 살 된 외
딸이 있어 죽어감이러라 예수께서 가실 때에 무리가 밀려들더라

43이에 열두 해를 혈루증으로 앓는 중에 아무에게도 고침을 받지 못하던 여자가 44예수의 뒤로 와
서 그의 옷 가에 손을 대니 혈루증이 즉시 그쳤더라 45예수께서 이르시되 내게 손을 댄 자가 누구냐
하시니 다 아니라 할 때에 베드로가 이르되 주여 무리가 밀려들어 미나이다 46예수께서 이르시되 내
게 손을 댄 자가 있도다 이는 내게서 능력이 나간 줄 앎이로다 하신대 47여자가 스스로 숨기지 못할
줄 알고 떨며 나아와 엎드리어 그 손 댄 이유와 곧 나은 것을 모든 사람 앞에서 말하니 48예수께서
이르시되 딸아 네 믿음이 너를 구원하였으니 평안히 가라 하시더라

49아직 말씀하실 때에 회당장의 집에서 사람이 와서 말하되 당신의 딸이 죽었나이다 선생님을 더
괴롭게 하지 마소서 하거늘 50예수께서 들으시고 이르시되 두려워하지 말고 믿기만 하라 그리하면
딸이 구원을 얻으리라 하시고 51그 집에 이르러 베드로와 요한과 야고보와 아이의 부모 외에는 함께
들어가기를 허락하지 아니하시니라 52모든 사람이 아이를 위하여 울며 통곡하매 예수께서 이르시되
울지 말라 죽은 것이 아니라 잔다 하시니 53그들이 그 죽은 것을 아는 고로 비웃더라 54예수께서 아
이의 손을 잡고 불러 이르시되 아이야 일어나라 하시니 55그 영이 돌아와 아이가 곧 일어나거늘 예

수께서 먹을 것을 주라 명하시니 [56]그 부모가 놀라는지라 예수께서 경고하사 이 일을 아무에게도 말하지 말라 하시니라.

테일러 대학 총장이었던 내 친구 제이 케슬러(Jay Kasler)가 한번은 한쪽 눈을 찡긋하며 자랑스럽게 말했다. "내 사무실에는 사람들이 고위 인사와 악수를 하며 눈은 다른 사람을 보는 사진들이 많다네." 진정 위대한 지도자들은 군중들을 기쁘게 해줘야 한다는 끊임없는 압박감에 시달리면서도 시간을 들여 한 사람 한 사람에게 집중한다. 사람은 누구나 다 소중하기에 예수님은 누군가를 맞이하실 때 그 사람의 눈을 통해 그 영혼을 들여다보셨다. 우리 주님의 눈에는 너무 하찮은 사람도, 너무 타락한 사람도 없었다.

예수님이 데가볼리 지역 여행을 마치고 다시 해안가로 돌아오셨을 때, 도움을 필요로 하는 처지가 판이하게 다른 두 사람이 예수님의 관심을 끌었다. 한 사람은 유대 공동체의 유명 지도자의 딸이었고, 다른 한 사람은 사회적으로 소외된 익명의 여인이었다. 예수님이 그들의 경쟁적인 필요를 어떻게 해결하시는지 살펴보자. 그것은 여러 면에서 그분의 사역의 성격을 규정할 것이다. 그분은 정치적으로 큰 이득을 줄 수 있는 사람을 편애하실까? 권세 있는 친구들과 소원해질 수 있는 위험을 감수하면서까지 의지가지없는 여인을 도우실까? 계급을 전혀 아랑곳하지 않으실까? 더 긴급한 필요를 해결하시고 그렇지 않은 것은 나중으로 미루실까? 아니면 모든 사람에게는 자신의 필요가 제일 중요하다는 사실을 인정하실까?

위대한 지도자들은 예외 없이 권세를 얻으면 이 딜레마에 직면하게 된다. 그들은 한 사람 한 사람에게 집중함으로써 세력을 확장한다. 그러다 선택의 때가 온다. 추종자들을 한 집단의 일부로 대할 것인가, 아니면 저마다 자기만의 절실한 필요를 가진 각각의 인격체로 볼 것인가?

실망스러운 거부와 고달픈 항해를 마치고 육지에 오르신 예수님 앞에 이러한 딜레마가 기다리고 있었다.

—8:40-42—

예수님은 데가볼리의 이방인 지역을 떠나달라는 요청을 받았지만 돌아오셨을 때는 그분의 귀환을 간절히 기다리며 지켜보는 군중의 열렬한 환영을 받으셨다. 누가는 예수님이 구체적으로 어디에 도착하셨는지 밝히지 않고 그저 "예수께서 돌아오시매"라고 기술한다. 예수님이 도착하신 곳은 아마 갈릴리에 있는 그분의 작전 기지인 가버나움이었을 것이다.

예수님의 사역 기간에서 이때쯤이면 사람들은 예수님을 한번 만지기만 해도 모든 게 바뀔 수 있다는 걸 알았다. 수백, 혹은 수천 명이 하나님의 능력이 흘러넘쳐 그들의 몸을 통과하며 모든 질병이 사라지는 체험을 했다. 군중 속에 한 "회당장"(랍비가 아니라 예배 준비, 교사 선정, 건물 관리, 마을의 대소사를 포함해서 회당의 행정을 책임지는 평신도 장로였을 것이다)이 있었다.

야이로라는 그 남자는 지역에서 잘 알려진 인물이었던 것으로 추정된다. 부유한 사람이라고 해서 믿음이 독실하지 않았다고 여길 만한 이유는 없다. 근심으로 가득 찬 그 아버지는 한낱 인간은 해결할 수 없는, 부모라면 누구나 두려워하는 문제를 가지고 예수님을 찾아왔다. 그의 외동딸이 죽어가고 있었다. 누가는 그 소녀가 전통적으로 성인으로 인정받는 나이인 열두 살이라는 사실을 강조한다.[29] 불행하게도 가장 실력 있는 의사들도 그 소녀를 도울 수 없었다. 그래서 그는 자기의 위신을 보고 갈릴리의 그 유명한 치유자가 호의를 베풀어주기 바랐다. 지역 유지인 그가 예수님의 발아래 엎드려 걸어서 하루나 이틀 정도 거리에 있는 자신의 집으로 와주시기를 간청했다. 그 즉시 예수님은 주변에 잔뜩 몰려든 사람들을 헤치고 나가셨다.

—8:43-44—

예수님이 회당장 야이로의 집으로 가실 때 군중 속에 있던 한 여인이 야이로와는 다른 방법으로 접근했다. 그녀는 예수님께 치유를 간청하지 않고 그분의 능력을 은밀히 빼내려고 했다. 자궁에서 피가 계속 흘러내려 그 여인은 늘 부정하게 여겨졌다(레 15:25-30). 이토록 비참한 병 때문에 그 여인은 유대인들의 종교 생활에 참여하지 못했을 뿐 아니라, 정상적인 사회 활동에도 참여하지 못했다. 사람들은 자기들도 의식적으로 부정해지는 걸 피하려고 그녀와의 접촉을 꺼렸다. 사회의 변방에서 뭇사람들에게(아마 남편에게도) 소외당하며 산 지난 12년의 세월로 인해 그녀는 주님의 친절을 받는 것에 대해서도 회의적이었을 것이다. 그래서 미신과 혼재된 믿음을 가진 그녀는 군중들 사이로 들어가 남몰래 예수님을 만졌다.

흥미롭게도 그 회당장의 딸이 살아온 세월만큼 그 병에 시달렸다. 그 12년의 세월 동안 소녀는 야이로 가정의 기쁨이었고, 한 의지가지없는 병든 여인은 치욕과 실의에 빠져 지냈다. 그 관리의 외동딸(아마도 무남독녀였을 것이다)은 유대인 사회에서 특별한 지위를 누렸다. 부유한 아버지 덕택에 그녀는 갈릴리의 예비 구혼자들에게 잠재된 신붓감으로 여겨졌다. 이와는 대조적으로 그 이름 모를 여인은 공동체의 변방에 살면서 어떤 남자도 가까이 해서는 안 되었다(레 15:24).

그 여인은 필사적으로 사람들을 헤치고 나아가 손가락으로 예수님의 옷 "가장자리"(아마도 술을 지칭하는 듯하다)를 만졌다. 당시의 독실한 유대인들은 옷단에 4개의 술이 달린 긴 겉옷을 입었다. 전통적으로 그 술들은 주님의 명령을 상징했다(민 15:37-40, 신 22:12). 급하게 서두를 때는 네 개의 귀퉁이 중 하나를 어깨에 걸쳐 걸려 넘어지는 걸 방지했다. 그 여인은 아마도 예수님의 어깨에 걸쳐진 술을 만졌을 것이다.

"만지다"라는 단어는 누가복음에서 주님의 치유의 손길을 표현할 때 사용된 것과 같은 단어다. 여인이 필사적으로 손을 뻗어 예수님의 겉옷에 달린 술을 만지는 순간 홀연히 찌릿한 생명력이 엄습해 팔다리에 흐르고, 명치가 따뜻해지며, 출혈이 멈추는 게 느껴졌다. 상상해보라! 그 순간, 십여 년 동안 이어졌던 만성적인 출혈과 당혹스러워하던 의사들, 그녀를 피하던 이웃 사람…이 모든 것이 끝났다.

—8:45-48—

예수님도 치유의 능력이 솟구치는 것을 느끼셨다. 그분은 그 자리에서 가던 길을 멈추고 물으셨다. "내게 손을 댄 자가 누구냐?" 그분의 질문은 처음에는 힐난조로 들렸을 것이다. 구름 떼처럼 몰려든 군중들이 사방에서 밀쳐대고 있었으면서도 그들은 모두 부인했다. 베드로도 그 점을 지적했다. 그는 사실상 이렇게 말한 것이다. "이 사람들이 모두 밀고 당기고 있는데 누군들 주님을 안 만졌겠습니까?" 그러나 예수님은 몸에서 능력이 흘러나가는 것을 감지하셨기에 군중 속에서 계속 자기를 만진 이를 찾으셨다.

여인은 그 북새통 속에서도 예수님이 자기가 손을 댄 것을 모르고 지나치지 않으셨다는 것을 깨달을 때까지 아무 말도 하지 않고 있었다. 그러다가 고개를 푹 숙이고 두려움에 떨며 자초지종을 설명했다. 얼마나 오랫동안 고생했는지, 군중들 사이로 그분께 다가가려고 애를 썼지만 어떻게 허사가 됐는지, 어떻게 온갖 두려움을 물리치고 그분을 한 번 만지기만 해도 자기가 나을 것임을 알게 되었는지를. 그 여인은 예수님과 제자들로부터 비난이 빗발칠 것을 예상했을지도 모른다. 그러나 그녀가 들은 것은 비난의 말이 아니라 긍휼한 마음에서 나온 따뜻한 말이었다.

예수님은 그 여인을 관습대로 "여자"라고 부르지 않고 "딸"이라고 부르셨다. 그 여인보다 더 젊으셨을 그분이 가족끼리 사용하는 애칭으로 그녀를 부르셨다. 그분은 하나님의 능력이 아니라 그녀의 믿음이 변화를 일으켰다고 분명히 밝히셨다. 예수님이 그 여인을 칭찬하신 까닭은 사람들이 그분께 나아올 때 가장 쉽게 잊는 요소인 믿음이 그 여인에게 있었기 때문이었다.

'낫다'(개역개정에서는 "구원했다"라고 번역되었지만, 현대인의 성경에서는 "낫다"라고 번역되었다-역주)라는 말은 *sōzō*로, 보통 '구원하다'로 번역되지만, 영적인 구원 외에도 폭넓게 쓰인다. 아마 이 경우에는 중의적인 의미로 쓰였을 것이다. 그 여인은 육신의 질병으로부터 구원받은 그 중대한 순간에 죄로부터도 구원받았다. 주님은 "평안히 가라"는 마지막 축복의 말(히브리어로 샬롬이었을)로 그 여인을 보내셨다(눅 7:50 참고).

—8:49—

"딸"이라는 말이 예수님의 입에서 떨어지기 무섭게 한 사람이 회당장의 집에서 비극적인 소식을 가지고 도착했다. 그 심부름꾼은 가족이었을 수도 있지만, 아마도 하인이었을 것이다. 그는 모든 부모가 두려워하는 소식을 가지고 왔다. 야이로의 딸이 죽었다. 소녀는 이미 세상을 떠났으므로 주님이 굳이 오실 필요가 없다고 그 하인은 생각했다.

그때에는 예수님이 주요 인사의 딸은 죽게 내버려두시고 이름도 알 수 없는 보잘것없는 사람에게 시간을 낭비하신 것처럼 보였을 것이다. 그분은 십여 년 동안 지속되어왔던 문제를 해결하시느라 긴급한 상황으로 서둘러 가지 않으신 것처럼 보였다. 그녀의 문제는 기다릴 수 있는 것이었다. 게다가 그 여인에게 말을 거시려고 굳이 멈춰 서실 필요가 없었다. 그분은 걸음을 멈추시지 않고 그녀의 병은 병대로 낫게 하시고 서둘러 야이로의 집으로 가서 소녀가 죽기 전에 낫게 하실 수 있었다.

그 심부름꾼의 믿음 없음을 눈여겨보라. 누가는 소녀의 아버지의 생각을 말하지 않았지만, 그 심부름꾼의 말은 모든 사람의 생각을 대변했을 것이다. 소녀를 살리는 건 너무 늦었다. 병과 죽음은 다르다. 그러나 그 여인은 주님이 자기를 고칠 수 있는 능력을 가지고 계심을 추호도 의심하지 않았다. 앞에 나온 백부장도 병의 중함이나 거리나 다른 어떤 문제도 주님의 치유의 능력을 제한할 수 없다는 것을 믿었기에 예수님께 굳이 와달라고 청하지 않았다(7:6-9).

—8:50-51—

예수님은 "그"에게 대답하셨다. 누구에게 말씀하셨는지는 분명치 않다. 심부름꾼이건 야이로건 그건 중요하지 않다. 주님이 심부름꾼에게 다짐하신 말씀은 모두를 염두에 두고 하신 것이었다. 누가는 예수님의 대답을 6개의 헬라어 단어를 사용해서 간단명료하게 번역했다.

Mē phobou, monon pisteuson, kai sōthēsetai

두려워하지 말고 믿기만 하라. 그리하면 딸이 구원을 얻으리라.

50절에서 "나았다"라고 번역된 단어는 48절에 나오는 것과 동일한 단어다. 다시 말해, 그 여인을 구원했던 바로 그 믿음이 그 소녀를 구원할 것이라는 말이다. 병이든 죽음이든 그것은 중요하지 않다. 결과는 동일하다.

예수님은 회당장의 집에 도착해서 군중들을 데리고 들어가지 않으셨다. 예수님은 수많은 제자를 밖에 남겨두시고 베드로, 요한, 야고보만 들어오게 하셨다. 예수님이 사역을 하시면서 그들에게만 특별한 사건을 보여주신 것이 이때가 처음이었는데, 그 후로 그런 일이 몇 번 더 있었다(참고 9:28, 마 17:1, 26:37, 막 9:2, 14:33). 누가복음을 비롯한 다른 복음서들도 예수님이 그렇게 하신 이유나 특별히 왜 이 세 사람을 택하셨는지 이유를 밝히지 않는다. 그렇지만 이 경우에는 그 가족들을 배려해서 그렇게 하셨을 것이다. 그분은 따라온 시끄러운 군중으로 인해 그 가족들이 과중한 부담을 떠안는 것을 방지하기 원하셨다.

—8:52-53—

군중들이 밖에 있었어도 집 안은 소녀의 병상을 지키면서 밤을 세운 문상객들로 북적거렸다. 고대 근동 지방의 관례에 따라 문상객들은 울며 통곡했다. 여기서 헬라어 "울다"는 "예수님이 눈물을 흘리시더라"(요 11:35)는 말씀에서 쓰인 단어와 다르다. 후자는 눈물을 흘리는 것을 강조하는 반면, 전자는 소리 내어 우는 것을 나타낸다. "통곡하다"라는 단어는 극한 슬픔의 표현으로 가슴을 친다는 의미에서 '치다'라는 뜻이다.

그러나 예수님은 다음과 같은 깜짝 놀랄 말로 시끄러운 울음소리를 잠재우셨다. "죽은 것이 아니라 잔다."

일부 학자들은 예수님이 그 소녀가 혼수상태임을 알려주심으로써 주님의 전지하심을 보여주는 예라고 생각한다. 그러나 누가가 그 소녀의 소생을 묘사한 것을 보면 오히려 그 반대다. "그 영이 돌아"왔다는 것(55절)은 죽으면서 소녀의 영이 떠났었다는 뜻이다. 실제로 누가는 그리스도를 믿는 모든 자들의 경험을 예시하기 위해서(고전 15:20, 살전 4:13-14) 죽음을 완곡하게 표현할 때 흔히 쓰는 표현(요 11:13 참고)을 사용하는 기지를 발휘했다. '그리스도 안에서' 죽은 사람들은 새 생명으로 깨어날 것이다.

조문객들은 웃기 시작했다. 기쁨이 아닌, 냉소와 조소였다. 당대의 사람들에게 죽음은 탄생만큼이나 흔했다. 그들은 시신을 보면 그게 시신인지 아닌지 알았다. 그들은 그 소녀가 죽었고, 여느 시신처럼 생명이 돌아오지 않을 것을 확신했다.

—8:54-55—

이 모든 것을 아랑곳하지 않고 예수님은 생명이 빠져나간 소녀의 손을 잡으셨다. 보통의 경우라면 그 행위로 인해 그분은 의식적으로 부정하다고 간주되었을 것이다. 그러나 부정한 병든 여인이 만졌을 때와 마찬가지로 하나님의 능력은 매번 전통을 압도한다! 그분은 소녀에게 이르셨다. "아이야, 일어나라!"

누가는 다시 한 번 예수님의 말에 대한 반응으로 "곧"이라는 표현을 사용한다(참고 4:39, 5:25, 8:44, 47). 마치 부름을 받은 듯 소녀의 영혼이 돌아와, 깜박깜박하며 눈을 뜨더니 곧 벌떡 일어났다. 예수님은 소녀와 소녀의 친척들을 정상으로 돌아오게 하려고 소녀에게 음식을 주라고 지시하셨다. 의사였던 누가는 식욕이 되살아났다는 것은 건강이 회복됐다는 징표임을 알고 있었다.

—8:56—

누가는 부모들이 "놀란" 모습을 묘사하면서 매우 희귀한 헬라어 단어(*existēmi*)를 사용한다(참고 2:47, 24:22, 32페이지의 핵심 용어를 보라). 이 단어의 비유적 의미는 '제정신을 잃다' 또는 '미치다'이다.[30] 우리는 보통 '멍해졌다'라고 한다. 이에 대해 예수님은 아무에게도 말하지 말라고 그들에게 당부하셨다.

누가는 예수님이 그 부부에게 무슨 일이 일어났는지 말하지 말라고 하신 이유를 밝히지 않는다. 이야기 속에 약간의 단서가 있긴 하지만, 단정 지을 수는 없다. 예수님의 당부는 데가볼리에서 귀신 들린 사람을 깨끗하게 하셨을 때와 매우 대조적이다. 그때는 이방인들이 예수님의 능력을 두려워하며 그분을 내쫓았다. 그러나 갈릴리에서는 인기가 너무 많아서 마음대로 다니기 어려우실 정도였다(비유로 말씀하시는 것 때문에 인기가 줄고 있었음에도). 아마 사람들에게 소녀가 소생한 이야기를 하는 것은 그분의 사명을 완수하는 데 도움이 되지 않았을 것이다.

또 다른 이유는 많은 사람이 이기적인 동기로 예수님을 따랐기 때문에, 그분의 기적들을 보고 격앙되어 있었다는 점이다. 주님은 앞서 제자도란 큰 대가가 따르는 것이라고 설명하셨다. 하나님 나라의 시민권은 근본적으로 반체제적인 사고와 행위를 요구한다(6:20-49). 사실 주님은 곧 메시지의 주제를 바꾸실 예정이었다. 주님은 메시아를 따름으로 얻는 이득에 흥분한 사람들을 보시고 책임과 어려움을 강조하기 시작하셨다(9:22-27, 57-62,

12:11, 14:27). 예수님은 제자도의 엄중한 측면을 부각시키기 위해 선동적인 면을 강조하고 싶지 않으셨던 듯하다.

예수님은 이 리더십 테스트를 멋지게 통과하셨다. 물론, 초자연적인 능력이 이런 결정들을 더 수월하게 하는데 도움이 되었다. 죽음에 이르는 질병의 절박한 필요는 죽은 자를 일으키는 능력을 가졌다면 대단치 않은 것이 된다. 우리의 왕이 바로 그런 능력을 지니셨다! 그분은 무한한 능력이 있으시다. 거기에서 자신의 사명을 희생하지 않으면서 각 사람의 필요를 개인적으로 다룰 수 있는 신적 능력이 나온다. 구세주는 악의 손아귀에서 자기의 창조물을 되찾으러 오셨다. 그렇지만 그분은 개개인의 필요를 결코 잊지 않으셨다. 그분의 사역은 전 우주를 다 포괄하지만, 그분의 왕국에서는 한 사람 한 사람이 다 소중하다.

적용

생존이 아닌 생명력 있는 삶

우리는 바쁘다. 분주하게 돌아다니고, 너무 많은 요구에 응하며, 너무 많은 활동에 참여하고, 너무 많은 의무를 진다. 우리는 거절하는 방법을 잊어버렸거나 시간을 적절히 제한하는 것이 무례하게 비칠까봐 노심초사한다. 그 결과 해야 할 일의 목록은 줄어들지 않고 정말로 중요한 일이 우선순위에 올라오는 일은 거의 없다. 당신은 아닐 거라고 생각하는가? 당신의 할 일 목록을 한번 보라.

우리는 분명 이런저런 요구에 휘둘리지 않고 자기 삶을 관리하신 분께 배울 게 많다(어디에도 예수님이 '서두르셨다'는 말은 없다). 다음에 당신이 '너무 바쁠 때' 다음과 같은 면을 생각해볼 것을 권유한다.

첫째, 당신 삶에서 일어나는 모든 일은 당신의 계획이 아닌 주님이 주장하신다는 사실을 알아야 한다. 어떤 부부는 아기를 하나만 가질 예정이었지만, 둘을 얻는다. 어떤 남자는 직장에서 한 가지 직무만 맡기를 원했지만 직무가 하나 더 생긴다. 어떤 여자는 한 곳에서 살기를 원하지만 세 번이나 이사를 해야 한다! 어떤 휴가는 자동차 수리로 종친다. 비상금이 안전망이 된다. MRI 조사 결과가 종양으로 판명된다. 직업이 새로운 시작이 된다. 하나님은 당신이 원하는 부분만이 아니라 삶의 모든 면(계획하지 않았던, 예상 밖의, 심지어 원치 않는 상황까지 포함해서)을 주장하신다. 당신이 경험하는 모든 것을 당신의 삶을 향해 그분이 계획하신 일부로 받아들이라.

둘째, 예기치 못한 장애를 무시하지 말라. 실제로 살면서 서두르다가 방해를 받으면 그것을 장애물로 보기가 얼마나 쉬운가! 혹시 당신이 방해받을 시간이 아예 없는 효율적인 삶을 살고 있다면 당신은 하나님이 주시는 최고의 기회를 놓치는 것이다. 인정하고 싶지는 않지만 방해란 불가피한 것이므로 어느 정도 방해받을 여지를 남겨 두고 일정을 짜는 게 현명할 것이다.

이제 싸우라(누가복음 9:1–11)

1예수께서 열두 제자를 불러 모으사 모든 귀신을 제어하며 병을 고치는 능력과 권위를 주시고 2하
나님의 나라를 전파하며 앓는 자를 고치게 하려고 내보내시며 3이르시되 여행을 위하여 아무 것도
가지지 말라 지팡이나 배낭이나 양식이나 돈이나 두 벌 옷을 가지지 말며 4어느 집에 들어가든지 거
기서 머물다가 거기서 떠나라 5누구든지 너희를 영접하지 아니하거든 그 성에서 떠날 때에 너희 발
에서 먼지를 떨어 버려 그들에게 증거를 삼으라 하시니 6제자들이 나가 각 마을에 두루 다니며 곳곳
에 복음을 전하며 병을 고치더라 7분봉 왕 헤롯이 이 모든 일을 듣고 심히 당황하니 이는 어떤 사람
은 요한이 죽은 자 가운데서 살아났다고도 하며 8어떤 사람은 엘리야가 나타났다고도 하며 어떤 사
람은 옛 선지자 한 사람이 다시 살아났다고도 함이라 9헤롯이 이르되 요한은 내가 목을 베었거늘 이
제 이런 일이 들리니 이 사람이 누군가 하며 그를 보고자 하더라

10사도들이 돌아와 자기들이 행한 모든 것을 예수께 여쭈니 데리시고 따로 벳새다라는 고을로 떠
나 가셨으나 11무리가 알고 따라왔거늘 예수께서 그들을 영접하사 하나님 나라의 일을 이야기하시며
병 고칠 자들은 고치시더라.

예수님은 악의 시배를 뒤엎고 하나님 나라를 재건하기 위해 이 땅에 오셨다. 그분은 사역하시는 내내 그 목적을 위해 권위를 행사하셨지만, 늘 자신의 사역을 본받게 하려는 의도를 품고 계셨다. 그분은 열두 명을 부르셔서 그들을 악과의 전쟁을 위한 훈련병으로 삼으시고 그들이 보고 배울 수 있는 충분한 기회를 제공하셨다. 훈련받는 사도들이 예수님의 사역을 돕긴 했지만 지금까지는 전적으로 주님이 모든 사역을 하셨다. 열두 사도가 고침받아야 할 사람들을 데려오면 예수님이 그들의 병들거나 뒤틀린 몸을 만지셨다. 열두 사도는

예수님이 가르치는 일에만 전념하시도록 그분의 물리적 필요를 보살피고 여행의 세세한 사항들을 처리했다. 열두 사도는 관찰하고 경청했으며, 질문하고 배웠다. 그리고 예수님은 가르치셨다. 사도들은 귀신들린 사람들을 제어하는 것을 도왔고, 예수님은 악령들을 쫓아내셨다. 그러나 이제 모든 것이 변할 것이다. 주님의 훈련병들이 배운 것을 실습할 때가 되었다. 열두 사도가 직접 전투에 임할 때가 되었다.

—9:1-2—

예수님은 열두 사도를 부르시고 그들에게 한 가지 임무를 부여하셨다. 그들은 하나님 나라를 선포하는 주님의 사역을 그대로 따라 해야 했다. 더 나아가 예수님이 하셨던 대로 마귀들을 쫓고 병을 치유함으로써 지상에 하나님 나라의 실제를 분명히 보여주어야 했다.

사도들에게 사역을 준비시키시려고 예수님은 그분의 신성한 '능력'과 신적 '권위'를 위임하셨다. 이 두 단어는 똑같은 말처럼 들리지만, 이 둘은 다르다. 전자는 불가능을 가능케 하는 하나님의 능력인 '힘'을 나타내는 *dynamis*다. 예수님은 사도들에게 그들이 갖지 못한 능력을 불어넣으셨다(참고 4:14, 36, 5:17, 6:19, 8:46). 주님의 사명을 성취하기 위한 신적 권한인 '권위'는 *exousia*다.

이 차이를 설명하는 좋은 방법은 교통 정리를 하는 경찰관을 머리에 그려보는 것이다. 그는 총을 차고 있고, 그것은 그에게 범죄자들을 물리적으로 제압할 수 있는 힘이나 능력을 부여해준다. 무기의 힘을 빌리지 않는다면 그는 난동을 피우는 폭력배들을 제압하기 어려울 것이다. 그렇지만 그 외에도 그는 시(市)가 자기에게 위임한 권한을 행사한다. 그는 자동차를 물리적으로 멈추게 할 수는 없지만(시속 80킬로미터로 달리는 900킬로그램의 쇳덩어리는 그를 즉사시킬 것이다), 손을 내미는 것으로, 즉 명령으로 차를 멈추게 할 수 있다. 운전자들은 그의 권위적인 지시에 순종하거나 아니면 그에게 권한을 부여한 정부가 부과한 대가를 받아들여야 한다.

예수님은 사람에게 불가능한 일을 행할 수 있는 능력을 열두 사도에게 주셨다. 그리고 그들이 질병과 마귀에게 떠나라고 명령할 수 있도록 그들에게 신적 권위를 위임하셨다. 그분은 그들이 특별한 임무(하나님 나라를 선포하고 하나님이 베푸시는 기적적인 호의로 그들의 설교를 뒷받침하는 것)를 수행하도록 그들을 훈련하셨다. 그들은 말씀을 선포하고 선을 행해야 했다. 이것은 넓게는 제자 훈련, 좁게는 전문 사역의 기본적인 임무다.

헬라어로 '선포'는 *kēryssō*인데, 선포는 '전령'(*kēryx*)이 수행한다. 오늘날에는 대중매체가 이를 수행한다. 우리는 텔레비전이나 라디오 또는 인터넷을 통해 대통령, 수상, 또는 군주의 말을 듣는다. 고대에는 전령이 도시의 광장에서 정부를 대신해 연설했다. 권위를 위임받은 전령의 말은 법과 동등한 비중을 차지했다.

예수님은 하나님 나라를 선포하실 때, 그 나라 왕으로서의 권위로 선포하셨다. 이제 그분은 열두 사도를 파송하시며 하나님 나라를 선포할 권위와 그분의 능력을 주심으로, 그들의 선포를 뒷받침하셨다.

—9:3–4—

열두 사도의 임무를 규명하고 훈련하신 후에 예수님은 구체적인 지침을 주셨다. 먼저, 행장을 가볍게 해야 했다. 주님은 보통 여행할 때 준비하는 것들 중에서 가장 기본적인 다섯 가지, 즉 지팡이, 배낭, 양식, 돈, 여벌의 옷을 가지지 말라고 하셨다. 이 물건들은 제각기 다른 필요를 상징했고, 주님은 그들이 이 필요를 채우시는 하나님을 신뢰하기를 바라셨다.

'지팡이'는 길을 걸을 때 도움이 되기도 하지만 방어 무기로도 쓰였다. 여행자들은, 특히 외진 곳에서 강도를 당할 위험이 있었다. 사람들은 무법자들을 막을 수 있을 거라는 생각에 무리를 지어 여행했다. 또한 그들은 유사시에 공격을 막아내기 위해서 긴 막대기를 가지고 다녔다.

헬라어로 '배낭'은 *pēra*인데, 한 고어사전은 "오른쪽 어깨에 끈으로 걸쳐서 왼쪽 엉덩이까지 내려뜨린 열린 자루로, 농부, 목사, 거지, 방랑하는 철학자들이 주로 사용했다"고 정의한다.[31] 예수님은 사도들이 거지나 방랑 철학자들을 연상시키는 어떤 상징물도 소지하지 않는 것은 물론이고 많은 것을 준비하지 않기를 바라셨다. 오늘날이라면 이렇게 말씀하셨을 것이다. "휴대용 가방 외에는 챙기지 말라."

고대의 연설가들과 작가들은 흔히 '빵'이라는 말로 보편적인 양식을 표현했다. 그리고 '돈'은 따로 설명이 필요 없을 것이다. 주님은 사도들에게 다음 끼니를 공급할 어떤 수단도

취하지 말고 떠나라고 말씀하셨다.

여기에서 말하는 '옷'은 겉옷 안에 입는 속옷이다. 여벌의 옷을 가져가지 말라는 말은 실질적으로 "갈아입을 속옷도 꾸리지 말라"는 뜻이다.

결론적으로 예수님은 효과를 극대화하기 위해 과장해서 말씀하셨던 게 분명하다. 오늘날이라면 이렇게 말씀하셨을 것이다. "바로 떠나라. 안전에 대해서는 염려하지 말라. 행장을 꾸리지 말고, 음식이나 돈 걱정도 하지 마라. 갈아입을 속옷도 필요 없다. 그냥 떠나라." 그분의 말씀에는 이중적인 의미가 있다. 첫째, 그 임무는 지체해서는 안 된다. 사람들은 당장 복음의 선포를 들어야 한다. 둘째, 하나님이 당신을 섬기는 자들의 필요를 공급하실 것이다. 그분을 믿으라.

예수님은 사도들이 가진 것에 의지하지 말고 고대 근동 지역의 모든 가정이 나그네를 후히 대접하는 것을 신성한 의무로 여겼던 관습을 십분 활용하기를 바라셨다. 뿐만 아니라 사도들은 불필요하게 돌아다니는 것을 삼가야 했다. 일단 한 도시에 도착하면 거처에 신경 쓰지 말고 사명에 집중해야 했다. 그 외에도 주님은 사도들이 지역 주민들에게 신세를 지거나 더 후히 대접하는 집을 찾아다니는 것을 원치 않으셨다.

한 마디로, 그분은 사도들에게 이렇게 조언하셨다. 간편한 차림으로 여행하고 하나님을 신뢰하라.

—9:5—

예수님은 불가피한 상황에 대한 준비도 시키셨다. 그들은 예수님이 거라사인들의 땅에서 환대받지 못하는 것을 보았다(8:37). 사람들이 하나님의 아들을 거부했다면 그분의 특사를 거부할 것은 불 보듯 뻔했다. 그들이 도시의 회당에서 복음을 선포할 때 지도자들이 그들의 메시지를 거부하거나 그들에게 떠나라고 하면 떠나야 했다.

그곳의 먼지를 털어내는 행위는 관계를 완전히 끊어버리는 것을 상징했다. 이방인들의 땅을 떠나는 유대인들은 이방인들의 부정함을 거부하는 상징으로 발의 먼지를 털어냈다. 예수님은 이 이미지를 사용해서 거부당한 기억을 떨쳐내고 기회가 주어지는 곳이라면 어디서든 그들의 목적을 이루라고 격려하셨다.

그분은 열두 사도에게 이렇게 조언하셨다. 마음을 강하게 먹고 집중하라. 솔직히 말해 이것이야말로 오늘날 모든 사역자가 새겨들어야 할 참으로 멋진 조언이다. 나는 여러 해 동안 하나님의 종이 갖춰야 할 최고의 조합은 온유한 마음과 두둑한 배포라고 말해왔다.

—9:6–9—

사도들은 들은 그대로 했다. 마가복음을 보면 그들은 둘씩 짝을 지어 사역했다(막 6:7). 두 명씩 여섯 조가 갈릴리 전역을 다녔다. 그들이 유대까지 갔을 것으로 추정되지만, 공관복음은 모두 예수님 사역의 이 단계에서는 갈릴리 지역에 초점을 맞추고 있다. 누가의 설명은 몇 주 혹은 몇 달에 달하는 장기간의 여행을 암시한다.

사도들이 행한 주님의 사역에 대한 소문은 급기야 갈릴리의 왕궁에까지 들어갔다. "분봉 왕 헤롯"은 헤롯 안디바다. 분봉 왕이라는 명칭을 통해 우리는 헤롯 왕 사후에 세 아들이 각자 영토를 분할받아 통치했음을 알 수 있다. 군주제(한 사람에 의한 통치) 대신 이스라엘은 사분통치(네 사람에 의한 통치)를 채택했다. 네 번째 통치자 로마는 헤롯 대왕의 아들에게 주지 않은 영토를 직접 통치했다.

헤롯 안디바는 이런 보고를 받고, 그의 숙적이었던 세례 요한이 살아난 게 아닌가 하는 생각에 점점 초조해졌다. 안디바는 과거에 자기 동생의 아내이자, 조카인 헤로디아와의 불륜을 성사시키려고 아내를 귀양 보냈다. 그는 결국 헤로디아를 유혹해서 그녀와 다시 결혼을 했는데, 이러한 그의 행위는 유대교의 율법에 위배된 것은 물론이고(레 18:16, 20:21), 세례 요한의 공공연한 조롱거리가 되었다. 세례 요한의 엄청난 인기만 아니었다면 안디바는 그를 당장 처형했겠지만, 헤롯의 욕정이 두려움을 압도할 때까지 요한은 2년 동안 감옥에서 고초를 겪어야 했다. 마침 헤롯이 베푼 한 연회에서 "헤로디아의 딸이 연석 가운데서 춤을 추어 헤롯을 기쁘게 하니 헤롯이 맹세로 그에게 무엇이든지 달라는 대로 주겠다고 약속"했다(마 14:6-7, 막 6:17-28). 어머니의 귀띔을 들은 딸이 세례 요한의 머리를 접시에 담아달라고 요청하자, 헤롯은 즉시 명령을 내렸다. 불현듯 그 사건이 다시 그를 괴롭혔다.

엘리야가 다시 나타났다는 보고도 있었다. 엘리야는 아합의 적이었는데, 아합은 구약에 나오는 우상숭배와 방탕함을 일삼았던 이스라엘의 왕으로, 공교롭게도 안디바가 다스리던 영토를 통치하던 왕이었다. 그 보고를 믿었든 안 믿었든 헤롯은 여론을 간과할 수 없었다. 그래서 그는 "그를 보고자" 했다. 이 말은 그가 예수님을 개인적으로 만나려고 여러 차례 시도했다는 뜻이다. 이는 그가 예수님께 방문을 요청했거나 아니면 만남을 제의하는 메시지를 누차 보냈다는 뜻이다.

그러나 예수님은 왕의 요청을 무시하셨던 것 같다.

—9:10-11—

몇 주 혹은 몇 달 후에 사도들은 가버나움으로 돌아왔다. 예수님은 군중을 피해 개인적으로 제자들의 보고를 받으시려고 가버나움에서 북동쪽으로 6킬로미터 정도 떨어진 벳새다로 제자들을 데려가셨다. 벳새다는 안드레, 베드로, 빌립의 고향이었고(요 1:44, 12:21), 안디바의 동생 분봉 왕 빌립이 자기의 거처를 확장하기 전까지 이 작은 마을은 '사냥터'라는 뜻의 지명을 갖고 있었다. 요세푸스에 의하면 그 분봉 왕은 AD 34년에 그곳에 매장되었고, 마을은 훗날 아구스도의 딸을 기리는 의미에서 벳새다 율리아스로 이름이 바뀌었다. 이곳은 요단 강 기슭 인근에 있어서 가버나움의 혼잡함에서 벗어날 수 있는 조용한 도피처가 되었다.

예수님은 열두 사도가 피로도 풀고, 그들에게 그동안의 일들을 '이야기할' 기회를 주시려고 벳새다로 물러나셨다. 주님은 당연히 그들의 사역을 평가하시며 건설적인 비판을 하셨고, 그들이 거둔 숱한 성공을 확인하셨으며, 질문에 답하셨고, 그들의 임무를 더 넓은 맥락에서 설명하셨으며, 미래를 위해 그들을 차분히 준비시키셨다.

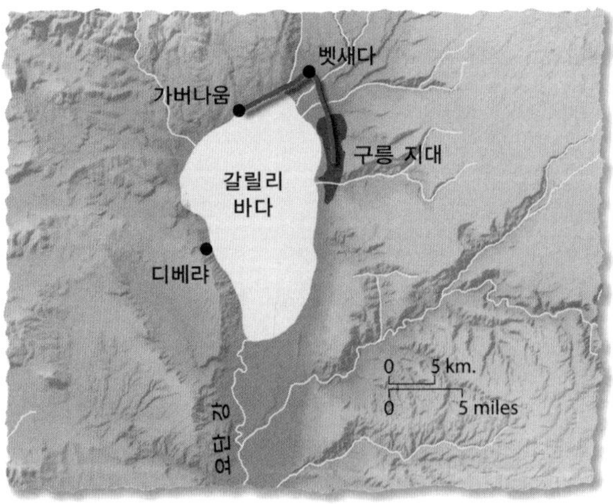

가버나움에서 벳새다로 물러나시다

예수님은 보고를 들으시면

서 사도들을 데리고 벳새다를 떠나 더 깊은 산지로 들어가신 듯하다(9:12 참고). 그때 군중이 예수님이 가신 곳을 알아내 따라왔다. 그들이 예수님과 사도들을 따라잡았을 때 그들은 갈릴리 바다 동편의 외딴 구릉 지대에 있었다.

예수님은 무리들을 나무라시거나 "너희는 왜 우리를 가만두지 않는가? 우리에게 쉴 틈을 달라. 잠시 우리만의 시간을 가졌으면 한다!"라고 말씀하지 않으셨다. 언제라도 만날 수 있고 인내심이 많은 구세주였던 그분은 그들을 기꺼이 받아들여 그들에게 하나님 나라를 선포하시고, 악의 영향을 무산시키는 사역을 계속하셨다.

적용
지속적인 사역의 비결

예수님이 제자들을 파송하시기 전에 주신 지침은 특별히 그들의 시간, 사명, 환경, 훈련 과정에서 필요한 사항들처럼 그들을 위해 정해진 것이었다. 그렇지만 나는 주님의 말씀에서 오늘날의 사역(또는 모든 직업)에 유용한 몇 가지 지침을 찾아냈다.

첫째, 준비는 철저히 하되 여행은 가볍게 하라. 이 균형을 유지하기는 쉽지 않다. 우리는 준비가 여행을 위해 더 많이 짐을 꾸리는 것이라고 여기는 경향이 있다. 그러나 예수님은 거의 아무것도 없이 제자들을 보내셨다. 나는 주님이 제자들에게 새로운 사역의 모델을 가르치시려고 "계획하지 말라. 그냥 가라, 떠나라"고 말씀하셨다고 생각하지 않는다. 실제로 이후에 세상을 떠나실 것에 대해 알리실 때에는 제자들에게 다른 지침을 주셨다(22:35-36). 오히려 주님은 이 훈련을 통해 그들이 적절한 균형을 이루도록 도움을 주려 하셨다. 그분은 제자들에게 가볍게 여행하고 임무에만 집중하라고 하시며 그들을 아무런 준비도 없이 보내셨다.

주의하지 않으면 우리는 모든 돌발 상황에 대처할 계획을 세우는 데 지나치게 몰두한 나머지 임무 자체를 망각할 수 있다. 이를테면 가볍게 여행함으로써 우리는 목표를 이룰 방법에 대해 생각하는 시간을 줄이고 실제로 목표를 성취하는 것에 더 초점을 맞추게 된다.

둘째, 용기를 내고 단호하라. 예수님은 제자들이 떠나기 전부터 여러 마을에서 그들을 거부할 것을 아셨다. 주님은 반대를 극복하는 데 시간을 허비하지 말고 수용하는 마음을 찾는 데 시간을 더 할애하라고 권면하셨다.

모든 사람이 진리를 원하는 것은 아니다. 모든 사람이 당신이 할 말이나 일하는 방식을 좋아하지는 않을 것이다. 반대의 말에 귀를 기울이고 건설적인 비판은 받아들이되, 사람들이 그것에 대해 어떤 생각을 하고 무슨 말을 하는지에 대해 노심초사하지 말라. 그러면 당신은 그리스도가 어떻게 생각하시느냐보다 비판하는 사람들이 어떻게 생각하느냐를 신경 쓰느라 더 많은 시간을 소비하게 될 것이다. 다른 사람들의 반응에 동요하지 않고 자조할 수 있게 해달라고 하나님께 간구하라.

셋째, 당신이 신뢰하고 존경하는 사람들에게 평가를 부탁하라. 제자들은 돌아와서 예수님께 자신들이 수행한 임무를 보고했다. 사실 주님은 제자들이 휴식을 취하고 생각할 시간을 갖게 하시려고 그들을 이끌고 가신 것이었다. 당신이 신뢰하고 존경하는 사람들의 유익한 비판과 건설적인 칭찬은 더 좋은 계획을 세우고 걱정은 덜할 수 있도록 도울 것이다. 또한 공연한 트집을 잡는 비판은 당신에게 그다지 중요하지 않을 것이다.

충격적인 계획(누가복음 9:12-27)

12날이 저물어 가매 열두 사도가 나아와 여짜오되 무리를 보내어 두루 마을과 촌으로 가서 유하
며 먹을 것을 얻게 하소서 우리가 있는 여기는 빈 들이니이다 13예수께서 이르시되 너희가 먹을 것
을 주라 하시니 여짜오되 우리에게 떡 다섯 개와 물고기 두 마리밖에 없으니 이 모든 사람을 위하여
먹을 것을 사지 아니하고서는 할 수 없사옵나이다 하니 14이는 남자가 한 오천 명 됨이러라 제자들
에게 이르시되 떼를 지어 한 오십 명씩 앉히라 하시니 15제자들이 이렇게 하여 다 앉힌 후 16예수께
서 떡 다섯 개와 물고기 두 마리를 가지사 하늘을 우러러 축사하시고 떼어 제자들에게 주어 무리에
게 나누어 주게 하시니 17먹고 다 배불렀더라 그 남은 조각을 열두 바구니에 거두니라

18예수께서 따로 기도하실 때에 제자들이 주와 함께 있더니 물어 이르시되 무리가 나를 누구라고
하느냐 19대답하여 이르되 세례 요한이라 하고 더러는 엘리야라, 더러는 옛 선지자 중의 한 사람이
살아났다 하나이다 20예수께서 이르시되 너희는 나를 누구라 하느냐 베드로가 대답하여 이르되 하
나님의 그리스도시니이다 하니 21경고하사 이 말을 아무에게도 이르지 말라 명하시고 22이르시되 인
자가 많은 고난을 받고 장로들과 대제사장들과 서기관들에게 버린 바 되어 죽임을 당하고 제삼일에
살아나야 하리라 하시고

23또 무리에게 이르시되 아무든지 나를 따라오려거든 자기를 부인하고 날마다 제 십자가를 지고
나를 따를 것이니라 24누구든지 제 목숨을 구원하고자 하면 잃을 것이요 누구든지 나를 위하여 제

목숨을 잃으면 구원하리라 [25]사람이 만일 온 천하를 얻고도 자기를 잃든지 빼앗기든지 하면 무엇이 유익하리요 [26]누구든지 나와 내 말을 부끄러워하면 인자도 자기 아버지와 거룩한 천사들의 영광으로 올 때에 그 사람을 부끄러워하리라 [27]내가 참으로 너희에게 이르노니 여기 서 있는 사람 중에 죽기 전에 하나님의 나라를 볼 자들도 있느니라.

열두 사도는 그동안 경험한 것을 보고하고, 무엇보다도 절실한 휴식 시간을 누리고 싶어서 스승을 따라 벳새다를 거쳐 더 깊은 산지로 들어왔다. 그들은 복합적인 감정(오랜 사역 후의 고단함과 체험에서 얻은 활력)을 갖고 돌아왔다. 예수님이 악의 지배에 대해 하나님의 권위를 행사하시고, 병든 자를 고치시며, 귀신들린 사람에게서 악령을 쫓아내시는 것을 지켜본 후에도 그들은 자기들이 그런 능력을 가지게 될 것이라고는 상상도 하지 못했다. 그들은 언젠가 메시아가 권력을 잡으셨을 때 그분을 보좌하는 특권을 누리는 것으로 만족했다. 그런데 그들이 예수님의 능력과 권위를 받은 것이다. 몇 주 동안 사도들은 갈릴리 전역에 뿔뿔이 흩어져서 하나님 나라의 도래를 선포하고 메시아가 행한 것과 같은 기적을 행함으로 그들이 전하는 메시지를 입증했다. 이들은 길 위에서 보낸 몇 주 동안 육신은 고단했을지 몰라도 마음만은 기쁨에 들떠 있었을 것이다!

그들은 하나의 패턴, 하나의 사건이 시작되는 것을 보기 시작했고 그것은 이치에 완벽히 맞았다. 예수님은 하나님 나라를 재건하고 악을 뿌리 뽑기 위해 이 땅에 오셨다. 그분은 열두 명의 대리인을 훈련시켜서 스승이 했던 것처럼 싸울 수 있도록 능력과 권위를 그들에게 위임하셨다. 이제는 그들이 제자들을 훈련시켜서 준비가 되었을 때 하나님의 능력을 그들에게 전해줄 것이다. 여러 세대에 걸쳐서 계속 늘어나는 제자들이 선포하고, 치유하고, 귀신을 쫓아내고, 더 많은 제자를 모집할 것이다. 참으로 멋진 계획표였다! 그들은 순진하게도 악이 한두 세대 이상 버티지 못할 거라는 몽상에 빠졌다.

그러나 그들이 체험했던 모든 일을 정리하기도 전에, 기력을 회복할 기회를 갖기도 전에 사람들이 인간적인 필요를 채움받기 위해 물밀듯이 밀려들었다. 그 순간 그들은 신령한 능력을 가졌으면서도 인간들의 가장 기본적인 필요(음식을 먹이는)를 채우기에 무력한 자신들의 모습을 보게 되었다. 이내 그들은 자기들이 주님의 계획을 이해했다고 생각했던 게 오산이었음을 깨달았다.

—9:12—

열두 사도가 여행에서 돌아왔을 때 주님은 그들과 함께 가버나움에서 북동쪽으로 6.5킬로미터 거리에 있는 작은 마을 벳새다로 쉬러 가셨다(10절). 그곳에서 그들은 갈릴리 북동쪽 기슭에 있는 구릉 지대로 들어갔다(12절). 외딴 곳이지만 황무지치고는 제법 비옥한 그곳에서 예수님과 제자들은 별빛 아래에 누워 야영을 하며 상념에 잠기기도 하고 담소를 나누기도 하면서 시간을 보냈다. 그런데 그들이 그곳에 있다는 소문이 퍼지면서 수천 명의 추종자들이 광야로 그들을 따라왔다(11절).

예수님은 이들을 따뜻하게 맞으셨다. 사역은 편할 때가 거의 없는 법이다. 가르침과 치유의 긴 하루를 보낸 군중에게는 먹을 것이 필요했다. 물론 이때가 예수님께는 가르치실 수 있는 절호의 기회였다.

날이 저물기 시작하자 사도들은 예수님께 무리를 돌려보내자고 제안했다. 사도들은 육체뿐 아니라 감정적으로도 한계에 도달해 있었다. 그때 그들에게는 사람들의 필요보다 자신들의 필요가 절실했다. 물론 사람들은 누구나(제자, 설교자, 전도자, 음악 목사, 어린이 사역자 그리고 두 말할 필요 없이 상담자들 모두) 한계를 갖고 있다. 현실을 직시하자. 하나님의 아들도 지상에서 사역하시는 동안 육체적인 한계가 있으셨다. 예수님은 이 가르침의 순간을 이용하셔서 열두 사도를 거룩한 일 중독자로 만들지 않으셨다. 그분은 사역자들이 사역에서 물러나 있어야 할 때가 있다는 것을 아셨다. 그분은 정기적으로 군중에게서 벗어나 한적한 곳에서 기도하셨고, 매주 하나님이 의도하셨던 그대로 안식일의 안식을 누리셨다. 그렇지만 사역이라는 짐은 한시도 내려놓을 수 없는 것이다. 그렇다면 사역자는 어떻게 해야 할까? 이 글을 읽는 사역자들 중에서 이 질문을 해보지 않은 사람은 아마 단 한 명도 없을 것이다!

—9:13-14—

제자들은 몇 주 동안 복음을 선포하고, 병을 치유하며, 귀신을 쫓아냈지만 자신들의 한계를 잘 알고 있었다. 예수님이 그들에게 군중을 먹이라는 임무를 부여하시자 그들은 깜짝 놀랐다. 그분은 그 과제가 그들 능력 밖의 일이라는 걸 아셨다. 요한복음 6장 6절은 "이렇게 말씀하심은 친히 어떻게 하실지를 아시고 빌립을 시험하고자 하심이라"고 말한다.

열두 사도는 먹을 것을 찾았지만 물고기 두 마리와 떡 다섯 개 외에는 아무것도 찾지 못했다. 요한복음은 그 음식이 한 소년의 점심 도시락에서 나온 것이라고 말한다. 그러니 떡과 고기 모두 넉넉하지 않았을 것이다. 사도들은 식량을 살 생각도 해보았지만 군중의 수를 헤아려볼 때 현실적으로 불가능했다. 누가는 그곳에 여자들과 아이들을 제외하고(마 14:21) 오천 명의 남자가 있었다고 덧붙인다. 이러한 사실들을 바탕으로 군중이 만 이천 명에서 만 오천 명에 달했을 것이라 짐작할 수 있다. 안타깝게도 제자들 중에서 예수님께 먹을 것을 달라고 요청할 생각을 한 사람은 누구도 없었다.

주님은 제자들에게 음식을 나눠줄 수 있게 사람들을 정리하라고 말씀하셨다.

—9:15-16—

제자들은 군중들을 무리를 지어 나누고 효율적인 배급 계획을 세웠다. 예수님은 어린 소년의 점심을 주신 것을 감사하는 기도를 하시고 떡을 떼며 물고기를 쪼개셨다…한 번, 두 번, 세 번, 그리고 또 한 번. 몇 시간 동안 주님은 음식을 증식시켜서 제자들에게 풍성한 음식을 전달하셨고, 제자들은 "먹을 것을 주"었다(13절)!

음식 바구니를 들고 예수님과 사람들 사이를 수십 차례 오가면서 분명 제자들의 사역에 대한 패러다임이 변했을 것이다. 그들이 메시아의 사역을 실행하기 위해서 그분으로부터 능력과 권위를 받은 것은 사실이지만, 그것을 공급받기 위해서는 그분께 계속 나아와야 했다. 복음을 선포하고, 치유하며, 귀신을 쫓는 그들의 능력은 스승을 떠나서는 불가능했다. 이 공식은 아직도 유효하다. 그분은 공급자이시고 제자들은 전달자다.

—9:17—

사람들이 더 이상 음식을 요구하지 않자 예수님은 마지막 과제로 사역 수업을 마치셨다. 사도들은 주님이 쪼개신 떡과 물고기의 남은 부스러기(모든 사람이 배불리 먹고 남은 것이었을)

를 모았다. 그 부스러기는 *kophinos*–여행자들이 이삼 일 동안 충분히 먹을 수 있는 식량을 나르는 데 사용했던 고리 바구니(삿 6:19, 시 80:7)–를 채우고도 남았다.

한번 계산해보라. 열두 명의 남자들과 여행을 위한 열두 개의 식량 바구니. 이것은 예수님이 처음에 그들을 짝지어 사역을 위해 파송하셨을 때 각 사람이 가졌던 것보다 훨씬 많은 양이었다(3절).

예수님은 제자들에게 그들의 약점을 하나님의 능력이 흘러나오는 통로로 이용해 불가능을 가능하게 하라고 가르치셨다. 주님은 사역 견습생들이자 장차 하나님 나라의 지도자들에게 하늘을 향해 빈손을 펴고 사람들을 인도하도록 가르치셨다. 그분은 사도들이 주님의 차고 넘치는 공급을 받기 위해 자신의 부족함을 인정함으로써 머지않아 맞닥뜨릴 불가능한 과업에 용감하게 맞서도록 가르치셨다.

사복음서 모두 광야에서 일어난 오병이어의 기적을 기록한다. 네 사람은 저마다 다른 관점에서 저마다 다른 측면을 강조한다. 물론 전부 다 사실이지만 강조점과 세부 사항의 선택에는 차이가 있다. 요한이 14구절로 기록한 내용을 누가는 딱 6구절로 간단하게 구성했다. 누가는 사건 자체에 초점을 맞추지 않고 제자들이 악을 이긴 것과 주님의 진짜 계획을 드러내신 것을 잇는 가교로 이 사건을 사용했다.

- 제자들은 갈릴리 전역에서 권능을 가지고 사역했다(5-11절).
- 예수님은 제자들을 통해 무리를 먹이셨다(12-17절).
- 예수님은 메시아가 고난받고 죽으신 후에 다시 살아나셔야 하는 이유를 설명하셨다(18-22절).
- 예수님은 제자도를 메시아의 고난에 참여하는 것으로 정의하셨다(23-27절).

—9:18—

누가 특유의 표현법인 "그리고…일이 있었다"("And it happened", 한글 성경에는 이렇게 번역되어 있지 않다-역주)는 이야기를 이어가며 배경과 장면을 전환하는 그의 방식이다. 이는 다시 말해 며칠 혹은 몇 주 동안 활동의 휴지기가 있었음을 나타낸다. 그러나 다른 복음서를 보면 예수님이 군중을 먹이신 직후에 다른 사건들이 있었음을 알 수 있다.

예수님은 열두 사도는 늘 곁에 두셨지만 자주 사람들에게서 벗어나 홀로 기도하셨다 (3:21, 5:16, 6:12, 9:28). 주님은 조용히 그들만의 시간을 가질 때 유도 질문을 하셨다. 아직 "너희는 나를 누구라고 생각하느냐?"라고는 묻지 않으셨다. 이 질문은 나중에 하실 것이다. 하지만 "무리가 나를 누구라고 하느냐?"라고는 물으셨다. 여기서 사용된 '무리'라는 단어는 '개인들로 이루어진 집단'이라는 보편적 단어가 아니라 집단적인 군중을 의미한다. 예수님은 공통적으로 합의된 소문이 무엇인지 물으신 것이다.

—9:19-20—

누가가 오병이어의 기적 사건 바로 뒤에 이 질문을 배치한 것은 중요한 쟁점을 이해하는 데 매우 중요하다. 요한복음은 오병이어 기적의 현장에 있던 군중이 정말로 그분을 "그 선지자"(신 18:15-18 참고)로 불렀고, "그들이 와서…억지로 붙들어 임금으로 삼으려"(요 6:14-15) 했다고 기록한다. 예수님을 가까이서 따르지 않았던 사람들을 포함한 더 많은 사람들도 예수님이 뭔가 특별한 사람이라는 사실에는 이견이 없었지만, 어떻게 또는 왜 특별한지에 대해서는 저마다 다른 근거를 갖고 있었다. 세례 요한이 살아난 것이라거나(눅 9:7), 이스라엘의 회복을 선포하러 돌아온 고대의 선지자라고 말이다(말 4:5-6).

분분한 의견 속에서 극소수만이 예수님을 메시아로 생각했다. 소문에 대한 대답은 안타까운 현실을 보여주었다. 그들과 함께 있으면서 여러 해 동안 사역을 했는데도 무지와 미신이 갈릴리 사람들의 집단의식을 지배했다. 사도들은 아마 머리를 흔들며 말했을 것이다. "아직 멀었어." 그러나 예수님은 제자들의 생각에 관심이 더 많으셨다. 그분은 같은 질문을 그들에게 하셨다. "너희는 나를 누구라 하느냐?"

베드로가 정답을 말했다. 실제로 "하나님의 아들 그리스도"는 완벽한 답이다. 그러나 시간이 흐르면 그 성급한 제자의 고백은 내가 $E=mc^2$이라는 공식을 이해하고 있는 것과 다를 바 없었다는 게 밝혀질 것이다. 나는 이 공식을 인용할 수 있다. 나는 이것이 아인슈타인의 질량 에너지 방정식이라는 걸 안다. 나는 이것이 원자력의 원리며 이것이 이 세상을 완전히 바꿔놓았다는 것을 안다. 하지만 나에게 이 공식을 설명해달라고 하지는 말라!

"그리스도"는 *christos*라는 헬라어에서 나온 말이고, 이는 히브리어의 *mashiach*를 번역한 것이다. 그리고 우리는 이 단어를 "메시아"로 음역했다. 두 단어 모두 '기름 부음을 받은 자'라는 뜻이다. 고대 근동 지역에는 특별한 인정을 받은 사람의 머리에 소량의 감람유를 붓는 의식이 있었다. 전쟁 영웅이나 적군을 물리친 데 대한 보상으로 이런 영예가 주어졌다. 히브리인들은 나중에 그들의 나라를 이끌 지도자를 임명할 때만 이 의식을 행했다. 이스라엘에서 기름 부음을 받은 자는 통치하는 왕을 의미했다.

수 세기 동안 희망을 잃지 않은 유대인들은 특별한 왕, 옛 선지자들이 약속한, 과거 이스라엘의 모든 기름 부음 받은 자들을 능가하는 궁극적인 메시아를 기다렸다. 그 사람은 단순히 한 그리스도가 아니라 '그' 그리스도일 것이다. 이사야와 다른 선지자들이 이 이스라엘의 궁극적인 왕이 하나님의 백성들을 영광스러운 미래로 인도할 것이라고 예언했다. 그들은 그의 통치가 유례없이 풍부하고 유복한 시절을 불러올 것이라고 생각했다. 그분은 외세의 폭정으로부터 나라를 구하고, 전 세계가 그분의 주권 아래 들어오도록 통치권을 확장할 것이다. 결론적으로 메시아, 즉 그 그리스도를 기다리는 사람들은 군사를 일으켜 다윗과 솔로몬 시대의 영화를 되찾고 로마를 정복해서 전 세계로 뻗어가는 유대인 제국을 설립할 정치적인 인물을 기대했다.

—9:21-22—

예수님이 그 메시아라는 주장을 대중들에게 말하는 것은 예수님의 목적에 도움이 되지 않았을 것이다. 유대인들은 이미 로마의 통치 아래서 우롱당하고 있었다. 많은 열심당원들은 반란을 일으키지 못해 안달이 나 있었다. 메시아를 자처해 몇몇 불행한 폭도들을 비참한 죽음으로 몰아넣은 자들이 몇 명 있었다. 예수님은 군중들을 자극하고 싶지 않으셨다. 게다가 그분은 근본적으로 다른 계획, 유대인들의 정계 최고의 자리로 나가지 않는다는 충격적인 계획이 있으셨다. 오히려 주님은 예루살렘의 정치적 통합체 아래 짓밟힐 계획을 세우셨다. 그분의 길은 십자가에 이르는 길이었다.

예수님은 제자들에게 그들이 알아야 할 것을 모두 알게 될 때까지 그분이 메시아임을 말하지 말라고 당부하셨다. 그 전에 메시아에 대한 선포를 한다면 정확하지도 생산적이지도 않았을 것이다. 그러고서 주님은 가장 가까운 제자들에게 지금까지 말씀하지 않았던 이해하기 어려운 소식, 중대한 정보를 알려주셨다. 그 메시지는 다음과 같은 네 가지 의미를 담고 있다.

22절의 복음은 4개의 부정사를 강조한다. 주님은 인자가 다음과 같이 되어야 한다고 말씀하셨다.

- 고난받다: 이것은 그분의 가까운 장래만을 예언한 것이 아니다. 이 이미지는 이사야의 '고난받는 종의 노래'를 암시한다(사 52:13-53:12).
- 버린 바 되다: 이것은 유대인 통치자들이 메시아를 거부할 것이라는 구약의 많은 예언을 상기시킨다. 이스라엘의 건축자들에게 버림받은 돌이 모퉁이 돌이 될 것이다(시 118:22, 눅 20:17). "장로들과 대제사장들과 서기관들"은 이스라엘의 통치 협의회인 산헤드린의 구성원들이었다.
- 죽임을 당하고: 잘못된 메시아에 대한 기대에 비추어보건대 제자들은 이 점이 가장 혼란스러웠을 것이다. 어떻게 죽은 사람이 이스라엘의 적을 제압하고 세상을 다스릴 수 있단 말인가?
- 살아나야 하리라: 예리한 주석가들은 이런 종류의 수동태(영어 성경은 이 말씀을 수동태로 표현했다-역주)를 '신적 수동태'라고 부른다. 구체적인 목적어와 전후 관계를 생략함으로 하나님이 이 동사의 행위를 완성하실 것임을 암시한다. 즉, 하나님이 살리실 것이다.

이것은 사도들이 내심 예수님에 대해 품었던 기대가 아니었다. 그들의 경험에 비친 미래는 밝아 보였다. 예수님은 고비마다 승리하셨다. 그분은 빈틈없는 논리로 그분을 비판하는 사람들이 입을 닫게 하셨다. 그분은 수천 명을 치유하셨다. 그분이 가시는 곳마다 귀신들은 달아났다. 그분은 마음을 완전히 사로잡는 교훈을 가르치셨다. 그 결과 날이 갈수록 그분을 따르는 사람들의 수가 늘었다. 이 모든 것 외에도 제자들은 이제 막 스승의 본을 따르기 시작했다.

바야흐로 모든 일이 희망적으로 보이기 시작했을 때 예수님은 자신(그들의 유일한 지도자인)이 곧 죽을 것을 알리셨다!

—9:23—

현실을 직시하자. 대부분의 사람들은 메시아가 세우실 세계적인 유대인 제국에서 그분과 함께 다스릴 기회를 얻기 위해 기꺼이 과거의 삶을 버릴 것이다. 그것은 감수할 가치가 있는 위험이다. 누군들 지루하기 짝이 없는 중산층의 무미건조한 삶을 왕의 통치 안에서 얻을 수 있는 막강한 권력, 엄청난 인기, 막대한 부와 맞바꾸지 않겠는가? 놀라운 일이 그들을 기다리고 있었다!

예수님은 자기 왕국의 백성이 되려면 무엇이 필요한지 분명하게 밝히셨다. 그분은 간단하고 명료하게 말씀하셨다. 수도를 향해 가시는 그분의 위풍당당한 행진은 이 땅에서 승리로 끝나지 않을 것이다. 적어도 단기적으로는. 주님의 군대에 참여하는 것은 그분의 고난에 참여하는 것이다. 그러려면 세 가지 단호한 명령에 순종해야 한다.

첫째, 제자는 자기를 부인해야 한다. 부인이란 세속적인 즐거움을 아예 빼앗는 게 아니다. 그리스도를 따르기 위해서 지켜야 할 수도 있고 지키지 않아도 될 수 있다. '자기를 부인하는 것'의 중점은 그분의 뜻에 순복하는 것, 우리가 원하는 것을 거절하고 그분이 원하시는 것을 받아들이는 데 있다. 기독교란 일련의 규율을 준수하거나 특정 철학을 채택하는 것이 아니다. 기독교는 인격이신 예수 그리스도께 전적으로 순종하는 것이다.

둘째, 제자는 자기 십자가를 져야 한다. 사형 집행인들은 사형수들의 처형 도구를 처형이 집행될 장소까지 직접 나르게 했다. 따라서 자기 십자가를 진다는 것은 자기의 욕구를 무시한다는 뜻이다. 제자는 매일 그렇게 해야 한다.

셋째, 제자는 그리스도를 따라야 한다. 따른다는 헬라어의 문자적 의미는 '어떤 사람의 뒤에서 같은 방향으로 가는 것, 뒤쫓는 것'이다.[32] 요컨대 그분의 발자취를 따라 그분이 하신 대로 하는 것이다. 그분은 세속적인 것을 다 내려놓고 하나님 나라를 위해 모든 것을 내어주셨다. 그분에게 그 길은 죽음에 이르는 길이었다. 그분 제자들의 길은 죽음으로 이어질 수도 있고, 그렇지 않을 수도 있지만 참된 제자라면 이유를 불문하고 기꺼이 스승의 뒤를 따라야 한다.

—9:24—

예수님은 이 세 가지 도전을 받아들여야 하는 세 가지 이유를 제시하셨다. 누가는 세 가지를 모두 원인 또는 목적을 나타내는 헬라어의 설명적 조사 *gar*로 시작하는데, 이것은 '왜냐하면'으로 번역할 수 있다.

첫 번째 이유는 생명의 개념에 대한 역설을 포함한다. 예수님에게 있어 악의 지배를 받고 있는 육신의 생명은 생명이 아니다. 한 사람의 육체적 생명은 그것이 하나님 나라에서의 영원한 영적인 삶을 보장해주는 수단으로 쓰일 때에만 의미가 있다. 헬라어로 '생명'은 *psychē*로서, '생명' 또는 '영혼'을 의미한다. 따라서 이 역설은 두 가지로 풀어볼 수 있으며, 두 가지 모두 맞다.

> "자기 육신의 생명을 구하려는 사람은 영적 생명을 잃을 것이나, 자기 육신의 생명을 내 계획에 내어놓는 사람은 영적인 생명을 보존할 것이다."

그리고(또는)

> "자기 영혼을 구하려는 사람은 도리어 영혼을 잃을 것이나, 자기 영혼을 내 계획에 내어놓는 사람은 영혼을 보존할 것이다."

전자는 이기심을 버리는 것이며, 후자는 자기 의를 버리는 것이다.

—9:25—

두 번째 이유는 한 사람의 영원한 생명과 세상에서의 부의 가치를 비교하면서 첫 번째 이유를 심화시킨다("온 천하"는 막대한 부의 환유어고,[33] "자기"의 환유어다). 이 반어적 질문은 막대한 재물을 얻기 위해서 자신(자기의 실존)을 잃어버리는 것이 현명한 투자인가라는 질문을 던진다. 존재하지 않는 사람은 재물이나 다른 어떤 것도 누릴 수 없으므로 이것은 터무니없는 질문이다! 요즘 말로 하자면 정말 어리석기 짝이 없지 않은가?

—9:26—

세 번째 이유에는 엄숙한 경고가 들어 있다. 여기서 부끄러워한다는 개념은, 1세기에 가장 수치스러운 죽음인 십자가 처형을 나타내는 25절로 소급된다. 로마인들은 사형 방법을 소름끼치는 예술로 발전시켰다. 그들은 처음부터 끝까지 모든 과정에서 고통과 수치심을 극대화시키는 방법을 고안해냈다. 사형수들은 매질을 당하고 잔인하게 조롱당하고, 발가벗겨진 채, 자신이 달릴 십자가를 직접 운반하고, 지나가는 행인들이 볼 수 있을 만큼 높이 매달리고, 머리 위에 죄목이 적힌 표지판이 매달리고, 십자가 위에서 비웃음을 당하고, 죽은 후에는 부패한 상태로 시신이 방치되었다.

그리스도의 고난과 희생에 참여하기를 거부하는 것은 그분을 주님으로 인정하지 않는 것이다. 언젠가 주님이 명예를 회복하고 능력 가운데 다시 오시면, 그분은 자기를 거부한 자들을 내치실 것이다.

—9:27—

예수님은 깜짝 놀랄 말로 안심시키시면서 강연을 끝맺으셨다. 열두 사도 가운데 일부(전부는 아니다!)는 생전에 하나님 나라가 시작되는 것을 볼 것이다. 완성은 아닐지라도 시작은 될 것이다. 여기에는 큰 차이가 있다.

일부 훌륭한 주석가들은 주님의 이 약속이 여드레 후에 있을 그분의 변화를 말하는 것이라고 주장한다. 즉, 그분의 몸이 변하고 모세와 엘리야를 만나신 것이 일시적으로 지상에 하나님 나라가 현현한 것이라는 말이다. 그렇다면, 세 명의 제자는 정말로 하나님 나라의 도래를 "보았다." 그들은 죽음을 경험하기 전에 천국을 살짝 맛보았다. 하지만 나는 몇 가지 이유에서 이 이론이 만족스럽지 않다.

첫째, 이것은 마치 거창한 약속에 대한 시시한 성취처럼 보인다. 이를테면 아이에게 곧 디즈니 월드를 '보게' 될 것이라고 약속해놓고는 생일 선물로 디즈니 월드에 대한 다큐멘터리 비디오를 주는 것과 별반 다르지 않아 보인다. 누가의 기술은 모든 신실한 유대인이 하나님 나라의 도래, 메시아의 의로운 통치를 애타게 기다리고 있음을 강조한다(1:68, 2:25, 38, 23:51). 이것은 진실한 믿음을 지닌 자들에게 각별히 중요한 문제였다. 그리스도의 변화는 영광스럽기는 하지만 예수님이 제자들의 마음속에 심으신 기대감을 채워주지는 못했을 것이다.

둘째, 주님이 고르신 단어를 보면 더 이후의 사건을 염두에 두고 계셨음을 알 수 있다. 그분은 "사람 중에"를 "여기 서 있는"과 "죽기 전에"라는 두 개의 구절로 수식하셨다. 만약 주님이 불과 여드레 후에 있을 변화를 염두에 두셨다면 "죽기 전에"라는 구절은 이상해 보인다. 하지만 만약 주님이 당신의 부활, 승천 그리고 성령의 임재 전에 죽은 유다를 배제시키실 생각이었다면, 이 두 가지 조건을 이해하기가 한결 쉬워진다.

하나님 나라에 대한 누가의 이해는 천국의 현현으로서의 성령의 임재, 천국의 영적 성장으로서의 교회 시대(13:18-21 참고), 물리적 천국의 완성으로서 마지막 때에 일어날 일들을 지지하는 쪽이다. 예수님이 승천하시기 바로 전에 제자들이 이렇게 물으셨다. "주께서 이스라엘 나라를 회복하심이 이때니이까?"(행 1:6) 주님의 대답은 하나님의 나라는 세상에 이미 임했지만 아직 완성되지 않았다는 사실을 분명히 보여준다(행 1:7-8). 왕은 왕위에 올랐지만 아직 왕좌를 차지하지는 않았다. 왕위를 찬탈한 자가 마치 우리의 적법한 통치자인 양 세상을 계속 지배하고 있다. 예수님은 지금 이스라엘을 다스리지 않으신다. 아브라함, 이삭, 야곱의 후손들은 아직 약속된 땅을 모두 소유하지 못했다. 그리고 악이 여전히 세상을 지배하고 있다. 메시아의 승리와 통치에 관한 숱한 예언들은 아직 성취되지 않았다. 그럼에도 불구하고, 어떤 의미에서 제자들 중 몇몇은 오늘날 우리가 천국을 '보듯이' 그들의 세대에 하나님의 나라를 '보았다'는 뜻이다.

천국의 약속들은 그리스도가 "자기와 아버지와 거룩한 천사들의 영광으로 올 때에"(9:26) 온전히 문자적으로 성취될 터이나 그분의 제자들은 지금 그분의 왕국 시민이 될 수 있다. 예수님은 장차 암흑의 심장부를 향한 여정을 시작하시며 그 방법을 설명하실 것이다.

적용

제자도에 관한 중요한 쟁점들

교회를 다니거나 스스로를 그리스도인이라고 부른다고 다 제자는 아니다. 하지만 그런 사람들이 다 제자여야 하는 것은 맞다. 우리는 제자로 부름받고, 가르침을 받으며, 격려받고, 훈련받았지만 많은 이들이 주저앉아서 천국이 임하기만을 기다린다. 구원은 오직 그리스도를 통해 오직 믿음과 은혜로만 주어지지만 예수님이 설명하신 제자의 요건은 일종의 경고 역할을 한다.

- "아무든지 나를 따라오려거든 자기를 부인하고 날마다 제 십자가를 지고 나를 따를 것이니라"(23절).
- "누구든지 제 목숨을 구원하고자 하면 잃을 것이요 누구든지 나를 위하여 제 목숨을 잃으면 구원하리라"(24절).
- "누구든지 나와 내 말을 부끄러워하면 인자도 자기와 아버지와 거룩한 천사들의 영광으로 올 때에 그 사람을 부끄러워하리라"(26절).

이 진술들을 보면 제자도는 구원의 증거이지, 요건이 아니다. 다음의 두 가지 원칙을 통해 당신과 그리스도의 관계에 대해 생각해보라.

첫째, 그리스도를 따르는 것은 그분을 믿는 것 이상을 의미한다. 거기에는 그분에 대한 순종이 따른다. 회심은 그리스도를 믿음으로써 이루어지지만 그것은 시작에 불과하다. 탄생이 반드시 생존으로 이어지는 것은 아니다! 믿으면 배우게 되고, 배우면 변화되며, 변화되면 순종하게 된다. 이것이 바로 그리스도인의 성장 과정이며, 이것이 없다면 참된 믿음이 있는 사람이라고 할 수 없다.

둘째, 순종하는 삶이란 진리를 받아들이는 것 이상을 의미한다. 거기에는 헌신이 따른다. 사람들은 자기가 진심으로 믿는 진리를 따라 산다. 어떤 사람이 예수님의 가르침을 진심으로 믿는다면 일상에서 그 사람의 삶이 그 증거를 보여줄 것이다. 제자들이 완벽하게 순종한다는 말이 아니다. 오히려 제자들은 하나님의 말씀을 배우고 적용하는 데 매진해야 한다.

믿는 자들로서 우리는 완벽한 순종이나 전적 헌신에 도달할 수 없으며, 주님은 우리에게 그것을 요구하지도 않으셨다. 하지만 우리는 발전해야 한다. 만약 그렇지 못하다면 그리스도를 믿기로 한 결단을 다시 돌아보아야 한다.

눈앞에 나타난 천국(누가복음 9:28–36)

28이 말씀을 하신 후 팔 일쯤 되어 예수께서 베드로와 요한과 야고보를 데리고 기도하시러 산에
올라가사 29기도하실 때에 용모가 변화되고 그 옷이 희어져 광채가 나더라 30문득 두 사람이 예수와
함께 말하니 이는 모세와 엘리야라 31영광중에 나타나서 장차 예수께서 예루살렘에서 별세하실 것
을 말할새 32베드로와 및 함께 있는 자들이 깊이 졸다가 온전히 깨어나 예수의 영광과 및 함께 선 두
사람을 보더니 33두 사람이 떠날 때에 베드로가 예수께 여짜오되 주여 우리가 여기 있는 것이 좋사
오니 우리가 초막 셋을 짓되 하나는 주를 위하여, 하나는 모세를 위하여, 하나는 엘리야를 위하여 하
사이다 하되 자기가 하는 말을 자기도 알지 못하더라 34이 말 할 즈음에 구름이 와서 그들을 덮는지
라 구름 속으로 들어갈 때에 그들이 무서워하더니 35구름 속에서 소리가 나서 이르되 이는 나의 아
들 곧 택함을 받은 자니 너희는 그의 말을 들으라 하고 36소리가 그치매 오직 예수만 보이더라 제자
들이 잠잠하여 그 본 것을 무엇이든지 그 때에는 아무에게도 이르지 아니하니라.

회의론이 확산되고 급진적인 무신론이 점점 더 어떠한 거리낌도 없이 목소리를 높일수록, 초자연적인 것에 대한 관심도 커진다. 일각에서는 한사코 물질적인 우주 너머에는 아무것도 존재하지 않는다고 주장하지만, 또 다른 일각에서는 그렇다면 무의미할 수밖에 없는 우리의 실존을 초월하는 무언가가 있기를 바라며 간절히 의미를 찾는다. UFO를 목격한 미스터리를 파헤치거나, 영혼의 존재를 입증할 만한 증거를 찾는 텔레비전 프로그램들이 그 어느 때보다도 많이 쏟아져 나온다. 책과 영화는 초자연적인 영역을 체험할 수 있는 가능성에 대한 상상을 자극한다. 이것은 우리 마음 깊은 곳의 갈망을 건드리는 큰 사업거리다. 그것은 우리가 혼자가 아님을, 우리의 실존에는 목적이 있으며, 우리보다 더 큰 어떤 존재에게 우리가 중요한 의미가 있음을 알고자 하는 욕구다.

초자연적 영역과 접촉하고 싶어 하는 우리의 욕망은 아득히 먼 옛날로 거슬러 올라간다. 유사 이래 동서고금의 모든 사람은 하늘에서 인류의 문제보다 더 큰 무언가 또는 누군

가를 찾고 있다는 증거를 볼 수 있다. 인류가 보편적으로 가지고 있는 이러한 직관이 우리로 하여금 초자연적인 것을 찾게 만든다. 그 직관으로 인해 우리는 이 물질 세계에서 우리 눈에 보이는 것 외에 다른 무언가가 더 있음을 알기 때문이다. 희망이 필요할 때 초자연적인 것을 찾는 것은 인간의 본성이다.

받아들이기 힘든 예수님의 충격적인 계획을 들은 제자들은 앞으로 일어날 일을 궁금해 했다. 그들은 한때 메시아가 수많은 추종자를 규합해서 썩을 대로 썩은 예루살렘을 습격하고, 잔악한 로마를 전복시켜 이스라엘의 전성기를 회복하실 것을 기대했다. 그러나 예수님은 영광에 이르는 전혀 다른 길을 예언하셨다. 그분이 가실 그 길은 고통을 통과해 죽음에 이르는 내리막길이었다. 사도들의 힘을 북돋워주시려고 예수님은 그들 대부분이 죽기 전에 "하나님의 나라를 볼" 것이라고 약속하셨다(27절). 그러고서 그분은 제자들 중 세 명에게 그 왕국을 미리 조금 맛보고 초자연적인 세계를 직접 접하게 해주심으로, 그들이 참여한 천국 계획의 이면을 살짝 엿보게 해주기로 작정하셨다. 그들은 자신들이 위대한 무언가의 중요한 일부가 되었음을 알았지만 그것이 얼마나 중요한지는 꿈에도 몰랐다.

—9:28-29—

그들의 메시아가 고난받고 죽을 것이라는 사실을 제자들이 알게 된 지 일주일쯤 후에 예수님은 가장 신뢰하는 세 명의 제자인 베드로, 요한 그리고 그의 형제 야고보를 데리고 기도하러 산에 오르셨다. 이상한 일이 벌어졌을 때 이 세 제자는 "깊이 졸"았던 것으로 보아(32절) 예수님이 꽤 오랜 시간 기도하셨던 것 같다. 마가와 마태 모두 예수님의 육체의 변화를 묘사하는데 *metamorphoō*라는 단어를 사용했다(마 17:2, 막 9:2). 많은 번역본이 이 동사를 '변모하다'로 번역했다. 물론 '변형'을 뜻하는 영어 단어 metamorphosis는 이 헬라어 단어를 음역한 것이다. 그분의 몸은 기본적인 형태는 유지하면서 다른 물질로 변화되었다. 누가는 무슨 일이 일어났는지 설명하려 하지 않고 그저 제자들이 본 것을 묘사했다. 그분의 용모가 "변화되고." 누가는 구체적으로 어떻게 변했는지 말하지 않지만 마태는 "그 얼굴이 해 같이 빛나며"(마 17:2)라고 기록했다. 더욱이 헬라어를 문자 그대로 직역해서 그분의 "옷이 빛과 같이 희어졌"다고 기록했다.

묵상의 서재

하나님의 존재를 입증하는 방법

나는 러시아의 우주 비행사 유리 가가린이 우주선을 타고 지구의 대기권을 벗어나 우주에 간 최초의 인간이 된 순간을 기억한다. 훗날 그는 이렇게 말했다. "눈을 씻고 찾아도 하나님은 없었다."[34]

수많은 사람이 초자연적인 영역, 즉 시간, 공간, 오감을 초월하는 존재를 부인하기 때문에 하나님을 받아들이기 어려워한다. 그들은 세 가지 대표적인 이유 때문에 물질적 영역만을 믿는다.

첫째, 초자연적인 영역은 경험적인 증명을 허용하지 않는다. 정의에 의하면 초자연적인 것은 자연적인 힘을 초월한다. 그것은 측정하거나 무게를 잴 수도 없고, 기록하거나 분석할 수도 없으며, 잡거나 마음대로 조종할 수도 없다. 아주 드물게 초자연적인 영역이 잠깐 자연 세계에 접촉할 때 그것을 경험한 사람들은 기이한 현상을 보고한다. 결론적으로 그들의 보고는 믿기 어렵다.

둘째, 초자연적 세계는 모태에서의 삶이 세상에서의 삶과 다르듯 우리가 사는 세상과 다르다. 우주의 시공간을 초월하는 존재는 우리의 상상을 압도한다. 우리의 제한된 능력으로는 도저히 그것을 이해할 수 없다. 길이, 넓이, 높이, 시간, 감각의 지배를 받는 우리가 세상 밖의 존재에 대해서 논하려는 것은 불가능한 시도다. 경험도, 이해도 없는데 어떻게 말로 표현할 수 있겠는가?

셋째, 초자연적 세계는 그 존재를 뒷받침하는 증거가 하나다. 바로 상대적으로 극소수인 증인들의 체험이다. 그러나 안타깝게도 그런 증인들은 일반적으로 가장 신뢰하기 힘든 증거이기 쉽다. 감각적 세계에서 하나님의 활동을 보여주는 성경에 기록된 이야기 이외에, 많은 사람이 유체이탈, 사자와의 접촉, 천국에 간 이야기, 유령, 괴물, 외계인에 대해 말했다. 이런 증언의 신뢰성은 순전히 그 사람의 인격에 의지하며, 그들 중에는 정신이 온전하지 못한 사람도 있다. 그래서 초자연적인 것을 받아들일 수도 있는 사람들의 마음이 이로 인해 닫혀버린다.

나는 회의론자들에게 공감한다. 그렇지만 초자연적인 존재는 우리가 그 존재를 믿느냐 믿지 않느냐와 상관이 없다. 믿기 힘든 것들은 많다. 그럼에도 현실은 우리의 믿음에 대해 책임을 물을 것이다. 유리 가기린이 우주에서 하나님을 보지 못했다고 빈정댄 이후에 맞이한 첫 주일날 W. A. 크리스웰(Criswell)은 댈러스 제일침례교회에서 이렇게 말했다. "그가 우주복을 벗고 밖으로 나갔다면 하나님을 봤을 텐데!"

유리 가가린은 1968년에 세상을 떠났다. 이제 그는 더 이상 초자연적 세계가 존재하는지 의심할 필요가 없다. 하나님의 존재는 우주선을 타보지 못하고 세상을 떠나는 모든 이에게 그렇듯 그에게 입증되었다. 우리가 인간의 육신에 거하는 한, 하나님에 대한 절대적 증거는 찾기 힘들 것이다. 하지만 우리가 시간을 벗어나 영원 속으로 들어가면, 모든 경험적인 증거를 갖게 될 것이다.

이 시대의 의복은 쉽게 더러워졌다. 포장도로가 아니었기 때문에 옷단은 금방 지저분해졌다. 사람들은 옆으로 비스듬히 누워 식사를 하고, 실외에 있을 때는 으레 땅바닥에 앉았다. 노숙을 할 때는 보통 겉옷을 베개로 사용했다. 그런데 갑자기 예수님의 옷은 "그 옷이 광채가 나며 세상에서 빨래하는 자가 그렇게 희게 할 수 없을 만큼 매우 희어졌"(막 9:3)다.

분명 이것은 일반적으로 경험할 수 있는 일이 아니었다. 사람은 기도하다가 갑자기 외모가 변하지 않는다. 의복이 저절로 하얘지거나 광채가 날 리도 없다. 어떠한 사실도 이것을 설명할 수는 없다. 세 사람은 미신적이지도 않았고 자연적인 사건을 신비한 일로 오인하지도 않았다. 그들은 진짜로 초자연적인 사건을 목도했다.

—9:30-31—

그 이상한 현상으로도 모자라 누가는 예수님과 함께 대화한 다른 두 인물, 모세와 엘리야의 모습을 기록했다. 그는 그들이 "영광중에 나타나서"(*doxa*)라고 표현했다. 1세기의 유대인들은 구약에서 보통 빛(*shekinah*)으로 나타나신 하나님의 찬란한 광채를 뜻하는 히브리어 *kabod*를 헬라어로 번역할 때 *doxa*라는 단어를 사용했다. 따라서 신약에서 *doxa*는 눈에 보이는 하나님의 임재와 밀접한 관련이 있다. 그 사람들이 비슷한 영광의 광채를 가졌다고 해서 그들이 하나님과 같은 반열에 오른 것은 아니고, 그들이 세상에 있었을 때보다 지금은 더 그분을 닮게 되었음을 암시한다.

왜 모세와 엘리야였을까? 왜 아브라함이나 이사야가 아니었을까? 예레미야와 다니엘은? 야곱, 요셉, 다윗, 또는 다른 선지자와 함께한 족장들 가운데 한 사람은 왜 아니었을까? 세례 요한은? 왜 특별히 이 두 사람이었을까? 성경에 답이 없기 때문에 어떤 설명도 추측을 피할 수 없다. 내가 관찰해보니 모세는 율법의 아버지로 여겨졌고, 엘리야는 전형적인 구약 선지자였다. 두 사람은 함께 율법과 구약 예언자들의 정신을 상징했다. 모세는 이스라엘 백성들을 약속의 땅에 정착시킴으로써 하나의 국가로서 이스라엘의 새 출발을 상징했고, 엘리야는 "여호와의 크고 두려운 날"(말 4:5-6)이 이르기 전에 이스라엘을 돌이킴으로써 이스라엘의 완성을 상징했다. 그 외에도 두 사람은 특이한 방법으로 세상을 떠났다. 하나님은 비밀 장소에 모세의 시신을 묻으셨고(신 34:5-6), 엘리야는 죽음을 거치지 않고 바로 하늘로 올라갔다(삼하 2:11-12, 15-18).

모세와 엘리야가 나타난 이유를 하나님이 성경에 포함시키지 않으셨다는 것은 그 답이 중요하지 않다는 의미다. 중요한 것은 세상을 떠난 구약의 두 성도가 살아서 누군지 알아볼 수 있는 모습을 가졌지만 본질적으로는 이 세상 사람이 아닌 존재로 예수님과 함께 서 있었다는 사실이다. 모세는 1480여 년 전에 세상을 떠났고, 엘리야는 900년 전에 세상을 떠났다. 지금 두 사람은 눈에 보이는 형상으로 땅에 발을 딛고 서 있지만 보통 사람들처럼 이 세계의 제약 속에 있지는 않았다.

누가는 모세와 엘리야가 예수님의 임박한 '죽음'에 대해 그분과 이야기를 나눴다고 밝힌다. 여기서 흥미로운 점은 '별세'라는 헬라어가 *exodos*라는 사실이다. 예수님은 예루살렘에서 이 일을 '성취하실' 터였다(*doxa*). 누가가 사용한 단어를 보면 주님이 앞으로 하실 행동을 계획의 성취나 임무의 완수로 보고 있음을 알 수 있다. 예수님의 운명은 그분이 세상을 떠나실 장소인 예루살렘에 달려 있었다.

나는 구약에서 신실함의 상징인 이 충직한 영웅들이 예수님을 격려하고, 그분의 부르심을 확인해주러 왔다고 생각하고 싶다. 이 대화 후에 예수님은 예루살렘에 집중하기 시작하셨고, 누가는 이 시점부터 이 점을 몇 차례 언급한다(9:51, 53, 13:33, 17:11, 18:31). 그러나 실제로 그들이 구체적으로 어떤 대화를 나누었는지는 알 수 없다. 다시 말하지만 그것이 중요했다면 주님이 누가나 다른 성경 기자들에게 밝히셨을 것이다. 더 중요한 사실은 살아 있는 예수님이 모세와 엘리야와 동일한 영광의 광채를 발하고, 동일한 초자연적인 특성을 나타내셨다는 것이다. 그분은 말하자면 양쪽 세계에 한 발씩을 딛고 이 세상에 서 계셨다. 비교적 짧은 시간이었지만 산 위에서 천국이 그 온전한 영광 가운데 모습을 드러냈고, 그 세 사람이 그 자리에 함께했다.

—9:32-33—

베드로, 요한, 야고보는 그 초자연적인 조우가 일어나는 동안 자고 있었지만(혹은 심하게 졸고 있었지만) 곧 깨어나 그 장면을 목격했다. 베드로가 막 떠나려는 모세와 엘리야를 보고 각 사람을 위해 "초막"을 짓겠다고 불쑥 말했다. 초막이란 자그마한 임시 숙소나 오두막으로 유대인들이 매년 초막절 기간에 세우는 것과 비슷했다. 이 절기는 광야 생활을 기념하고, 메시아의 왕국을 고대하기 위해 지키는 절기였다(레 23:42-43, 느 8:14-17, 슥 14:16-21).

베드로는 그들이 떠나려 하자, 마치 시계를 보는 손님들에게 주인이 "서두르지 마세요! 저녁 식사를 하고 가시지요. 음식은 넉넉하니까요"라고 말하듯이, 직관적으로 환대의 뜻을 표했다. 그러나 누가는 여기에 다음과 같은 설명을 덧붙인다. "자기가 하는 말을 자기도 알지 못하더라." 왜냐하면 베드로의 제안은 정겹고 친절했던 만큼이나 난데없었기 때문이다! 모세와 엘리야는 초자연적인 존재여서 지상에 좀 더 머문다고 해도 주거지가 필요하지는 않았다. 누가는 익살스러운 요소를 가미하려고 이 말을 덧붙였지만(아마 베드로는 사역하는 내내 그것을 용인하고 재미있어했을 것이다), 이 말은 두 가지 흥미로운 생각으로 인도한다.

첫째, 고대 헬라 작가들은 우리가 세상에 머무는 동안 임시로 거주하는 몸을 텐트에 비유했다. 바울도 이 이미지를 사용했다(고후 4:1, 4). 모세와 엘리야는 살과 뼈로 이루어진 육신이 필요 없듯 오두막도 필요 없었다. 그들은 천국의 몸을 가지고 있었다(고전 15:51-51, 빌 3:21, 요일 3:2-3). 훨씬 발전된 최신형을 가지고 있는데 무엇 때문에 구형 모델로 돌아가겠는가?

둘째, 모세와 엘리야를 더 머무르게 하려는 베드로의 제안은 우리 모두가 공유하고 있는 정직한 욕망이다. 우리는 천국이 지금 온전히 임해서 영원히 지속되기를 바란다(계 22:20). 천국은 정말로 도래해서 지속될 것이지만 큰 고통을 대가로 치르고 때가 차야만 한다. 예수님은 예루살렘으로 가서 그분의 왕국을 위해 고난을 당하시게 될 것이다(사 52:13-53:12).

—9:34-35—

베드로의 목소리가 잦아들 즈음 구름이 그 현장을 뒤덮었다. 그 구름은 구약의 몇몇 장면, 특히 이스라엘이 애굽에서 탈출하던 장면들을 떠오르게 한다(출 13:21-22, 16:10, 19:16, 24:15-18, 40:34-38, 사 4:5, 단 7:13). 본능적으로 그들은 인간이 하나님의 현현을 접했을 때 공통적으로 보이는 반응인 두려움을 느꼈다(사 6:4, 단 8:17, 10:7-10, 눅 1:12, 5:8, 계 17:1).

구름이 내려왔을 때 성부 하나님의 음성이 두 번째로 들렸다(3:22 참고). "이는 나의 아들 곧 택함을 받은 자니 너희는 그의 말을 들으라." 누가는 '제한적 용법의 형용사'라는 흥미로운 문법 구조를 사용하는데, 이것은 "택함을 받은"이라는 형용사를 특별히 강조한다. 이는 마치 하나님이 이렇게 말씀하신 것과 같다. "분명히 들으라, 내 아들이 내가 택한 자다!" 하나님 아버지의 보증은 사람들이 들어야만 했던 한 선지자의 약속을 생각나게 한다(신 18:15).

예루살렘에 입성해 그곳을 정복하는 대신 자기 백성들을 위해 고난받으실 것이라는 주님의 계획을 들은 후 제자들은 겁먹기 시작했을 것이다. 그들은 하나님의 음성을 직접 듣고 확신을 얻을 필요가 있었다. 하나님 아버지께서 예수님이 아닌 제자들에게 말씀하셨다는 사실을 기억하라. 하나님은 그 사건을 의도적으로 연출하셨다. 초자연적인 세계와의 밀접한 조우는 전에는 갖지 못했던 확신을 주었다. 하나님 아버지의 보증 덕택에 그들이 마음속에 품고 있었을지도 모르는 모든 의심이 새벽안개처럼 사라졌다.

—9:36—

하나님 음성이 메아리치며 흩어졌고, 구름이 사라지면서 초자연적인 세계의 흔적도 사라졌다.

그 제자들이 목격한 것을 다른 제자들에게 알리기 위해 서둘러 하산하지 않았다는 사실에 유의하라. 마태복음과 마가복음을 보면 주님은 주님이 부활하실 때까지 그 일을 함구하라고 지시하셨다(마 17:8-9, 막 9:8-10). 누가의 기록에 따르면 그들은 그들의 경험을 그다지 나누고 싶어하지 않았던 것 같다. 오늘날 초자연적인 존재를 만났다고 주장하는 사람들은 가까운 매스컴으로 부리나케 달려가고, 홍보 전문가를 고용하며, 에이전트를 만난다. 그들은 모든 아침 뉴스에 출연하고 돈을 지불할 의사가 있으면 누구에게라도 이야기를 판다. 그러나 베드로, 요한, 야고보는(성경에 나오는 다른 사람들처럼) 그들 스스로 교화되고 교육되기 위해서 그 환상을 마음속에 담아두었다. 이후에 때가 이르렀을 때 그들은 우리 같은 사람들이 그들의 경험을 통해 유익을 얻을 수 있도록 하나님 나라를 가까이서 접했던 경험을 설명했다.

예수님은 왜 이 세 사람에게 초자연적인 세계를 만나게 하셨을까? 하나님 나라를 미리 맛보는 특권을 주신 이유는 무엇일까? 왜 성부 하나님은 지상 사역을 하시다가 느닷없이 성자와 그분의 가장 친밀한 세 명의 동료를 따로 불러내어 예수님의 지상 사역이 끝날 때까지 말할 수 없는 것을 경험하게 하셨을까? 이 주제에 대해 감히 추측을 하거나 의견을 제시하는 주석가들은 거의 없다.

변화의 목적은 무엇이었을까? 내 생각에는 성부 하나님이 두 가지 목적(하나는 그리스도에 대해, 다른 하나는 제자들에 대해)을 염두에 두셨던 것 같다. 첫째, 하나님 아버지는 그분의 아들에게 고난의 길이 구원에 이르는 최선이자 유일한 계획이라는 것을 재확인해주셨다. 인간의 연약함 가운데 계셨던 예수님은 아버지의 지원과 격려에 의지하셨다(22:43 참고).

성부 하나님은 예수님이 진짜 그리스도이며 그분이 '택하신 자'임을 제자들에게 상기시키시려 하셨던 것 같다. 환상이 깨어지며 제자들의 믿음은 분명히 약해졌을 것이다. 하나님은 교회를 이끌 지도자가 될 사도들의 믿음을 더 견고하게 다지고, 다가올 시련의 때를 대비해 마음을 굳게 먹게 하려고 장차 도래할 하나님 나라를 직접 목도하게 하셨다.

주님은 아신다. 그것이 그들에게 필요할 것을.

적용

그분의 뜻, 그분의 길, 반드시 가야 할 길

주님이 세 제자에게 주신 메시지는 오늘날 우리에게 필요한 메시지다. 변화산 사건은 그리스도를 따르는 사람이라면 누구나 마음 깊이 간직해야 할 의미를 적어도 세 가지 내포하고 있다.

하나님 나라에서 죽음은 아무 권세가 없다. 아주 잠깐, 하나님 나라는 세상에 그 영광을 드러냈다. 완전한 왕국은 산 자와 죽은 자가 특별한 상태로 공존하고, 아무런 장애 없이 교감하며, 더는 이 세상과 영적 세계가 장막으로 분리되지 않은 채 모습을 드러냈다. 1세기의 많은(대부분이 아니라면) 유대인들은 부활을 믿고 사후의 삶을 기대했지만 교리는 확고하지 못했다. 이들 세 명의 제자는 사후 세계를 직접 경험할 수 있었다.

하나님 나라에서 우리의 육신은 악의 지배를 받지 않을 것이다. 예수님의 살아 있는 육신과 오래전에 세상을 떠난 모세와 엘리야의 육신은 동일하게 초자연적인 속성을 가지고 있었다. 장차 도래할 하나님의 나라를 잠깐 들여다보았을 때 분명히 알 수 있는 것은 우리는 육신을 가질 것이나 그 육신은 고통, 고난, 굶주림, 목마름, 궁핍, 상처, 질병, 죽음을 당하지 않으리라는 사실이다. 우리에게는 집, 식량, 약품이 필요 없을 것이다.

비록 우리 앞에 고난의 길이 있다 해도 승리가 보장되어 있다. 아무리 많은 믿음의 시련이 닥친다 해도 하나님의 계획은, 비록 그것이 고난과 고통 그리고 죽음에 이르는 길이라고 해도, 항상 가장 좋은 것임을 확신할 수 있다. 비록 지금은 악의 지배 아래 있지만 영광스러운 미래가 신실한 자들을 기다리고 있다. 어떤 이들은 그리스도를 따르겠다는 결단으로 인해 큰 대가를 치른다. 어떤 이들은 가족에게서 절연을 당하고, 어떤 이들은 사회적, 문화적으로 배척당하며, 어떤 이들은 생명의 위협을 무릅쓰고 그리스도를 믿는다. 또 어떤 이들은 이처럼 극한 고난은 아니더라도 예수 그리스도의 제자가 되겠다는 결단과 함께 영적 공격의 대상이 된다. 이런 어려움이 아니라도 인생에는 고난이 따르기 마련이다. 사실, 그리스도를 버리는 게 더 쉬워 보이기도 한다. 변화는 오늘날 우리를 일깨워주는 경종이다. 하나님의 계획을 꼭 붙들라! 비록 그것이 고난과 고통, 결국에는 죽음을 의미할지라도 그것이 우리를 위한 최선이다. 포기하지 말라. 여정의 끝에서 우리를 기다리는 하나님의 영광을 만날 것이다.

앨범 속 사진들(누가복음 9:37-50)

37이튿날 산에서 내려오시니 큰 무리가 맞을새 38무리 중의 한 사람이 소리 질러 이르되 선생님
청컨대 내 아들을 돌보아 주옵소서 이는 내 외아들이니이다 39귀신이 그를 잡아 갑자기 부르짖게 하
고 경련을 일으켜 거품을 흘리게 하며 몹시 상하게 하고야 겨우 떠나 가나이다 40당신의 제자들에게
내쫓아 주기를 구하였으나 그들이 능히 못하더이다 41예수께서 대답하여 이르시되 믿음이 없고 패역
한 세대여 내가 얼마나 너희와 함께 있으며 너희에게 참으리요 네 아들을 이리로 데리고 오라 하시
니 42올 때에 귀신이 그를 거꾸러뜨리고 심한 경련을 일으키게 하는지라 예수께서 더러운 귀신을 꾸
짖으시고 아이를 낫게 하사 그 아버지에게 도로 주시니 43사람들이 다 하나님의 위엄에 놀라니라
그들이 다 그 행하시는 모든 일을 놀랍게 여길새 예수께서 제자들에게 이르시되 44이 말을 너희
귀에 담아 두라 인자가 장차 사람들의 손에 넘겨지리라 하시되 45그들이 이 말씀을 알지 못하니 이
는 그들로 깨닫지 못하게 숨긴 바 되었음이라 또 그들은 이 말씀을 묻기도 두려워하더라
46제자 중에서 누가 크냐 하는 변론이 일어나니 47예수께서 그 마음에 변론하는 것을 아시고 어린

아이 하나를 데려다가 자기 곁에 세우시고 [48]그들에게 이르시되 누구든지 내 이름으로 이런 어린 아이를 영접하면 곧 나를 영접함이요 또 누구든지 나를 영접하면 곧 나를 보내신 이를 영접함이라 너희 모든 사람 중에 가장 작은 그가 큰 자니라

[49]요한이 여짜오되 주여 어떤 사람이 주의 이름으로 귀신을 내쫓는 것을 우리가 보고 우리와 함께 따르지 아니하므로 금하였나이다 [50]예수께서 이르시되 금하지 말라 너희를 반대하지 않는 자는 너희를 위하는 자니라 하시니라.

역사상 가장 위대한 이야기는 역사상 가장 위대한 인물에 관한 이야기다. 그럼에도 우리는 예수님의 생애를 제대로 알지 못한다. 요한의 승인 아래 요한과 다른 복음서 저자들은 방대한 자료 중에서 전해야 할 정보를 골라야 했다. 그래서 우리가 그분의 생애에 대해 아는 내용은 주님의 지상 사역에 대한 보고서나 편집되지 않은 몇 시간짜리 영상이 아닌 앨범 속 사진들처럼 단편적이다. 마태, 마가, 누가, 요한은 때로 같은 장면을 고르기도 하고, 때로 다른 장면을 택하기도 하면서, 네 편의 사진으로 이야기를 엮어냈다. 이들은 저마다 다른 사람들이 누락시킨 특정 정보를 강조하기 위해 사진의 불필요한 부분을 잘라내기도 하고 사진을 중앙에 배치하기도 하면서 고유의 관점을 전달하려고 했다. 각각의 복음서는 오류 없는 진리를 제공하지만 한 작가가 모든 사실을 기록하지는 않았다.

베드로, 요한, 야고보의 경험과 그들이 직접 목도한 하나님 나라를 설명한 누가는 뒤이어 예루살렘으로 향하시는 예수님의 여정에 대해 독자들의 마음을 준비시키기 위해 예수님의 사역 중에서 네 가지 사진을 골랐다.

- 제자들이 실패한 후에 예수님은 귀신 들린 소년에게서 악령을 쫓아내셨다(37-43절).
- 예수님은 배신당하고 고난받으실 것을 알리셨다(43-45절).
- 예수님은 위대함에 대한 제자들의 정의를 바로잡아주셨다(46-48절).
- 예수님은 리더십에 대한 제자들의 이해를 바로잡아주셨다(49-50절).

이 장면들은 몇 개월에 걸쳐 일어났을 것으로 추정되지만, 본문에는 시간과 장소에 대한 정보가 없다. 그렇지만 이것은 새로운 주님의 세계라는 질서 속에서 리더십의 특성을 설

명하는 것뿐만 아니라 새로운 하나님 나라에서 열두 사도의 역할을 명확히 규명해준다.

—9:37–40—

첫 번째 사진은 필사적으로 악의 손아귀에서 외아들을 구해내려는 한 아버지의 애절함이 가득 찬 비극적인 장면을 포착하고 있다. 이 일은 베드로, 요한, 야고보가 주님의 변모를 목격하고 예수님이 메시아임을 확증해주시는 하나님의 음성을 들은 후에 일어났다. 그들은 확신을 회복했고, 다시 사역에 임하며, 군말 없이 예수님을 따르고, 그분의 계획에 순종할 준비가 되어 있었다.

주님과 세 명의 수제자가 산에서 내려왔을 때 큰 무리의 군중이 그분을 기다리는 모습은 주님이 새로 지명한 열두 사도를 뒤에 거느리고 산을 내려오시던 날을 떠오르게 한다(6:12–19). 그중 한 사람이 악령에게 괴롭힘을 당하고 있는 외아들을 직접 봐달라고 예수님께 간청했다.

이 청년의 증상을 현대 과학으로 분석하면 간질과 연관된 '긴장성 발작'이라고 불리는 질병임을 알 수 있다. 사실 일부 현대의 주석가들은 누가와 예수님을 비롯한 1세기의 증인들이 미신을 믿었다고 비난했다. 그러나 그들이 내린 결론은 고대인들은 으레 지식의 빈틈을 악령으로 채웠다는 보편적인 가정을 토대로 한 것이다.

누가는 의사였다. 의학이 아직 미개했다고 해서 그가 미신에 빠졌다고 단정할 수는 없다. 게다가 간질은 제대로 이해되지 않은 병으로 알려져 있었지만, 귀신 들린 것과는 구별되었다(마 4:24). 고대 사람들은 간질의 원인으로 악령을 의심하기보다 오히려 광증(狂症)으로 보는 경우가 더 많았다.

이 경우 소년의 발작은 간질처럼 보이지만 실은 악령의 징후였다. 마태는 그 아버지가 소년의 증상을 간질로 오진해서 병을 치유해달라고 제자들을 청했다고 기술한다. 제자들은 아이가 당하는 고통의 진정한 원인을 정확히 규명했지만 악령을 쫓아내지는 못했다.

누가의 이야기는 이 시점에서부터 산 정상에서 드러났던 예수님의 권세와 지상에서 드러난 제자들의 무능함을 극명하게 대조한다.

—9:41-43 상—

예수님은 제자들에게 위임한 능력을 그들이 제대로 발휘하지 못하는 것을 보고 노하셔서 그들을 "믿음이 없고 패역한" 사람들이라고 하셨다. 이 말은 둘 다 아담이 타락한 결과, 즉 죄의 저주를 나타낸다. 내가 보기에 이는 이스라엘 백성들이 애굽에서 탈출하던 때 주님이 그들에게 격노하셨던 일을 넌지시 언급하신 게 분명하다(출 32:7-10, 민 14:27, 신 32:5). 주님은 실망하고 낙담하셨지만 연민의 마음을 가지시고 그 남자에게 고통받는 아들을 데려오라고 말씀하셨다.

누가는 소년의 발작이 그 안에 있는 악령이 저항하는 것이며, 예수님이 그 악령을 꾸짖으셨다고 설명한다(4:35, 39, 41, 8:24). 주님은 너무 쉽게 악령이 상하게 한 소년의 상처를 다 치유하신 후에 소년의 아버지에게 돌려보내셨다. 제자들이 얼마나 오랫동안 한 사람씩 번갈아가며 그 소년을 악령에게서 풀어주려고 끙끙댔는지 누가 알겠는가? 군중은 주님이 악령을 대번에 제압하시는 것을 보고 하나님의 위엄에 놀랐다(참고 2:48, 4:32).

"위엄"이라는 헬라어는 '영광, 장엄함으로 가득 찬'이라는 뜻이다. 성자는 성부께 능력을 얻고 끊임없이 성부께 영광을 돌린다. 제자들은 바로 이 부분에서 실수를 저질렀다. 그들은 마치 권세가 자기들의 것인 양 하나님께 의지하지 않고 권세를 행사하려고 했다(막 9:29 참고). 군중들은 그 차이를 보았다.

—9:43 하-45—

누가는 기회를 놓치지 않고 예수님과 모든 사람(즉, 예수님의 제자들과 그분의 사역을 지켜보는 일반 대중) 사이에 있는 중대한 관점의 차이를 끌어낸다. 누가가 "놀랍게 여길새"라는 구절에서 불완전 시제를 사용한 것은 예수님이 악에 대한 권세를 행사하실 때마다 이런 반응이 반복되었음을 나타낸다(마 17:22-23, 막 9:29). 일반 대중이 계속 놀라고 있을 때 예수님은 제자들(열두 사도와 더 많은 추종자들)에게 예루살렘으로의 여정을 준비시키셨다(막 9:30-31). 지금까지 악과의 대결 끝에 얻은 결과는 모두 예수님의 거뜬한 승리였다. 조만간 예수님은 죽음(자신의 죽음)과의 싸움에서 악과 한판 치르시기 위해 암흑의 심연 속으로 내려가실 것이다.

예수님은 당신 자신을 "인자"라는 호칭으로 즐겨 부르셨는데, 인자는 메시아를 일컫는 호칭 중에서 인간성을 강조하는 말이다. 예수님은 당신이 사람들의 손에 "넘겨질" 것이라고 밝히셨다. '넘겨지다'라는 동사는 말 그대로 '건네주다'라는 뜻이며, 이 문맥에서는 두 가지 중요한 용도['책임을 넘겨주다'(참고 1:2, 10:22, 12:58, 23:25)와 '배신하다'(21:16, 22:4, 6, 22:21, 22, 48)]를 가지고 있다. 예수님은 이 말에 담긴 두 가지 의미에서 넘겨지실 것이다. 하나님은 주님을 왕으로 받아들이지 않고 불의하게 그분을 사형에 처할 사람들에게 넘겨주실 것이다. 주님은 그 과정에서 유다에게 배신당해 산헤드린에게 넘겨지고, 산헤드린은 그분을 로마에게 넘기고, 로마는 이제 다른 사람에게 책임을 떠넘기려 할 테지만 결국에는 그분을 처형할 것이다. 이러한 미래의 사건들은 예수님이 갈릴리에서 행하고 계시던 일들을 예루살렘에서 완수하시기를 기대하던 사람들의 헛된 꿈을 깨뜨렸다.

주님을 따르던 자들은 그분이 경고하신 의미나 의도를 파악하지 못했다. 누가는 그 말씀, 특히 그 의미와 의도가 "그들로 깨닫지 못하게 숨긴 바 되었"다고 설명한다. 그러나 이 번역은 헬라어가 표현하는 두 가지 의미 중 하나만을 반영한 것이다. '숨겨졌다'라는 동사는 수동태다. 어떤 의미에서 이것은 동사의 행위가 하나님에 의해 완성되는 것을 의미하는 '신적 수동태'일 수 있다. 마찬가지로 유효한 또 다른 의미로 이 수동태는 단순히 제자들의 무능력을 표현하는 것일 수도 있다. 그들이 이해할 수 없기 때문에 그 말이 숨겨졌다.

"이는…되었음이라"로 번역된 헬라어 접속사 *hina*는 문맥에 따라서 원인이나 결과를 나타날 수 있다. 다시 말해 이 문장은 이렇게 해석될 수 있다.

> "이는 그들로 깨닫지 못하게 숨긴 바 되었음이라"(대부분 이렇게 번역되었다).

또는

> "그들이 깨닫지 못한 고로 이 말씀이 그들에게 숨긴 바 되었음이라."

헬라어의 구문은 첫 번째 번역 쪽에 힘을 실어준다. 다시 말해 주님 말씀의 의미나 의도가 일부러 제자들에게 숨겨져 그들이 그 내포된 의미를 다 이해하지 못하게 했다는 말이다. 그들이 온전히 이해하지 못할 것을 아시면서도 주님은 어째서 그 말씀을 하신 것일까?

거기에는 두 가지 이유가 있다. 첫째, 주님은 미래가 제자들이 기대하거나 바라는 대로 이루어지지 않을 것이므로 그것에 대해 제자들이 대비하기 바라셨다. 주님은 예루살렘 원정을 장밋빛으로 물들이지 않으셨다. 갈릴리에서 악과 대결하신 것, 죄의 물리적 결과와 악령을 쫓아내신 것은 그분이 유대에서 맞이하시게 될 어두움에 비하면 소규모 교전에 불과했다.

둘째, 주님은 그들의 기억 속에 한 가지 중요한 씨앗을 심고자 하셨다. 종교 지도자들의 부패한 법정이 예수님에게 유죄를 선고하고 도덕적으로 타락한 시민 지도자들이 정의를 외면할 때, 주님이 가장 죄질이 나쁜 범죄자들과 함께 수치스러운 사형 선고를 받으실 때, 주님이 무덤에 차가운 시신으로 누워 계실 때, 구세주는 제자들에게 이 모든 일이 실수가 아님을 보여주기 원하셨다. 그분은 우연찮게 승리를 거두신 게 아니었다. 그분은 죽음에서 부활하셨을 때 자기 백성이 그분의 말을 기억하기 바라셨다. 모든 일이 계획에 따라 정확히 진행되었다.

아마 하나님께서 제자들이 예수님의 발언을 이해하지 못하게 막으셨을 것이다. 그러나 현실을 직시하자. 그들은 그분의 말씀 안에 있는 함축된 의미를 생각하려 하지 않았다. 그들이 예수님께 설명을 요청하기를 주저한 까닭은 주님이 화를 내실까봐 두려워서가 아니라 그 의미를 알고 싶지 않았기 때문이다. 한마디로 '모르는 게 약'이라는 생각을 했을 것이다.

—9:46—

누가는 이 장면을 앞 장면과 매끄럽게 연결하고 있지만, 우리는 다른 복음서의 내용을 통해 어느 정도 시간이 흘렀음을 알고 있다. 누가는 대개 한 사건을 해석하기 위해 다른 사건을 알아야 할 경우 이렇게 한다. 예수님은 메시아가 고난받고 죽으셔야 함을 설명하셨다. '크게 되는 것'의 의미를 새롭게 정의하신 것이다.

제자들은(아마도 열두 사도) 새 왕국의 서열에 대해 논쟁하고 있었다. '변론'으로 번역된 동사는 *dialogismos*다. 그들은 예수님이 새 왕국을 세우셨을 때 누가 어떤 일을 맡아야 할지를 결정하기 위해 각자의 장점에 대해 대화하고 토론했다. 누가 수상이 될 것인가? 누가

내무부 또는 국방부 또는 국무장관을 맡을 것인가? 교만과 자만이 대화를 뜨겁게 달구었고, 논쟁은 새 정부의 지위, 특권을 중심으로 전개되었다. 갈릴리 사람들은 지금도 논쟁을 좋아한다!

—9:47–48—

이에 대한 예수님의 대답은 주옥같다. 그분은 때로는 이처럼 어리석은 대화를 하는 제자들을 신랄하게 책망하셨고, 때로는 그들의 어리석음에 대해 아무 말도 하지 않으셨다. 주님은 이번에는 크다고 하기에는 너무 작고, 연약하며, 무력한 존재인 한 아이를 안으시며 제자들을 꾸짖으셨다. 어린 사내아이를 곁에 세우시고 예수님은 이른바 위계질서를 재배열하셨다. 그분은 리더십의 보편적인 서열을 뒤엎으셨다. 다음과 같이 짧은 문장으로 이루어진 그분의 연설은 단순했다.

"누구든지 내 이름으로 이런 어린 아이를 영접하면 곧 나를 영접함이요." 누군가를 영접하는 행위는 고대 근동 지역에서 접대하는 관습의 맥락 속에서 이해해야 한다. 영접한다는 것은 가족으로 환영하고 보살펴준다는 뜻이다. 고위 관료나 유명 인사들을 영접하기는 쉽다. 누군가가 당신 집 문을 두드린다고 생각해보자. 그 사람은 강도를 당해서 돈도 빼앗기고 도움을 받을 데가 없으니 집에 들어오게 해달라고 간청한다. 솔직히 대답하라. 만약 그가 세상에서 가장 부유한 사업가라면 당신은 어떻게 반응할까? 반대로, 그가 정신이 이상한 부랑자라면 어떻게 할 것인가?

우리는 권력을 가진 사람을 돕는 데는 열심이지만 오갈 데 없는 사람은 좀체 도우려 하지 않는다. 권세가들에게 호의를 베풀면 후한 보상을 받거나 자기의 목적을 이룰지도 모른다. 반면 아무것도 없는 사람을 돕는 것은 어떤가?

"내 이름으로"라는 구절은 우리의 동기와 그분의 동기를 연결시킨다. 누군가의 이름으로 어떤 일을 한다는 것은 그 사람을 대신해서 한다는 뜻이었다. 의지할 데 없는 사람들을 영접하는 것은 새 국가의 국민으로서 우리가 감당해야 할 의무다. 우리의 지도자가 그것을 명하셨기 때문에 우리는 그렇게 한다. 게다가 하나님 나라에서는 힘 있는 자들을 돕는 것으로 권력을 얻지 못한다. 아무 보상도 기대하지 않고서 가장 약하고 섬김을 받을 가치가 없는 사람들을 섬겨야 한다.

"누구든지 나를 영접하면 (가장 약한 자들을 영접함으로써) 곧 나를 보내신 이를 영접함이라." 하나님이 예수님을 보내신 것은 두 말할 필요 없이 약한 자들을 돕는 본을 보여주시기 위해서였다. 예수님은 죄를 지은 죄인들을 따뜻하게 맞이하시고, 가장 보잘것없는 사람들의 마음속 깊은 갈망을 채워주시며, 그들을 영접하신다. 이렇게 새 나라에서는 어떤 것에 대해서도 가치를 근본적인 판단 기준으로 삼지 않는다. 사람들은 지위, 권력, 자기들을 대우하는 사람들에게 혜택을 베풀 수 있는 능력 때문이 아니라, 왕과의 관계 때문에 환영받고 섬김을 받는다.

"너희 모든 사람 중에 가장 작은 그가 큰 자니라." 여기서 "가장 작은 자"는 두 가지 방법으로 식별할 수 있다. 첫째, 하나님 나라의 서열은 반대이기 때문에 가장 약한 자가 가장 큰 영광과 특권을 얻는다. 현재의 세상 질서 속에서는 모든 사람이 절대적 지배자를 섬기고 그는 무엇이건 가장 좋은 것을 갖는다. 하나님 나라에서는 가장 작은 자가 최고 권력자 대우를 받는다. 이렇게 가장 작은 자가 가장 큰 자가 된다.

그런데 두 번째가 더 중요하다. 계급이 뒤집어진 새 나라에서는, 진정한 지도자라면 종처럼 섬긴다. 실제로 하나님 나라의 뭇 지도자들 중에서 가장 위대한 왕은 스스로 사람들의 종이 되어서 사람들이 지은 죄의 형벌을 받으시고, 그분을 믿는 모든 사람을 영접하시며 영생을 주셨다. 그 왕을 본받는 자들은 그분의 왕위를 공유한다. 하나님 나라에 가는 길은 다른 사람들을 왕처럼 섬기는 것이다.

—9:49-50—

요한은 얼핏 우둔하게 들리는 말을 했다. 그는 어떤 사람이 악과 대결해서 물리치는 것을 제자들이 보았다고 보고했다. 그는 그 사람이 귀신을 쫓아내려 애쓰고 있다고 말하지 않았다. 그는 실제로 귀신을 쫓아내고 있었다. 제자들은 그 사람이 그들에게 속하지 않았다는 이유로 그를 저지하려고 했다. 요한은 실은 이렇게 여쭈었던 것이다. "우리 조직에 속하지 않은 사람들은 어떻게 되나요? 정부 조직에서 그 사람들은 어디에 속하게 되나요?"

예수님은 이 기회를 이용해 제자들의 조직도를 재편성하셨다. 시민들은 시험을 치거나 회원증을 받거나 다른 시민에게 보고를 하거나 시민의 직무를 받아서 왕국의 일원이 되는 게 아니라, 왕의 권위를 인정하고 그분의 호의를 받아들임으로써 시민이 된다. 그들은 왕의 지시를 따라 수행함으로써 자신이 시민임을 입증한다. 게다가 그들은 왕 아래에 있는 계층이 아니라, 직접 왕의 명령을 받는다. 그 이름 모를 사람도 열두 사도에 속하지는 않았지만 주님의 일을 주님의 이름으로, 주님의 권능으로 수행했다.

이런 사진들은 위임된 권위에 대한 일반적인 개념을 바꾼다. 현재의 세계 질서는 가장 뛰어나고 우수한 사람이 맨 위에서 명령하는 것을 좋아하지만, 하나님 나라는 가장 겸손하고 복종하는 자를 불러 가장 낮은 곳에서 섬기게 한다. 현재의 세상 질서 속에서 지도자들은 아랫사람들이 자기들의 행동에 책임을 지며 독립적으로 일하기를 바라면서 권위를 위임하고 지시를 내린다. 그러나 하나님 나라에서는 섬기기 위해 권위가 위임된다. 권위와 지도자에 대한 의존은 분리될 수 없다. 권위와 주님의 계획에 대한 헌신은 동의어다. 또한 보통 사람들은 지도자들에게 아무 의무도 없다. 하나님 나라의 시민들은 왕의 명령을 직접 받는다.

새 왕국의 지도자들은 섬기며 진리를 증거하라고 부름받았다.

주

1. C. H. Spurgeon, *Lecture to My Students*, Vol. 1: *A Selection from Address Delivered to the Students of the Pastors' College Metropolitan Tabernacle*(London: Passmore and Alabaster, 1875), 173. (『목회자 후보생들에게』 생명의 말씀사)
2. Josephus, *The Life of Flavius Josephus*, in *The Works of Josephus: Complete and Unabridged*(trans. William Whiston; Peabody, MA: Hendrickson, repr, 1996), 17[87].
3. Josephus, *Wars of the Jews* 3.2[43]. (『유대전쟁사』 나남)
4. '성구집'은 특정 날짜에 읽을 성경을 구분해놓았다.
5. Alfred Edersheim, *Sketches of Jewish Social Life in the Days of Christ*(Bellingham, WA: Logos Research Systems, 2003), 277–78; Mishnah, *Megillah* 4:1–2 in *The Mishnah: A New Translation*(trans. Jacob Neusner; New Haven, CT: Yale Univ. Press, 1988)을 보라.
6. Darrell L. Bock, *Luke Volume 1:1:1-9:50*(Baker Exegetical Commentary on the New Testament; Grand Rapids: Baker, 1994), 404.
7. Walter Liefeld, "Luke," in *The Expositor's Bible Commentary*(ed. Frank. E. Gaebelein; Grand Rapids: Zondervan, 1984), 8:871.
8. Dietrich Bonhoeffer, Eric Metaxas, *Bonhoeffer: Pastor, Martyr, Prophet, Spy: A Righteous Gentile vs. the Third Reich*(Nashville: Nelson, 2010), 321에 인용.
9. I. Howard Marshall, *The Gospel of Luke: A Commentary on the Greek Text*(The New International Greek Testament Commentary; Exeter, Eng.: Paternoster, 1978), 208.
10. C. S. Lewis, *Mere Christianity*(rev. ed.; New York: Macmillan, 1965), 40. (『순전한 기독교』 홍성사)
11. Brennan Manning, *Abba's Child: The Cry of the Heart for Intimate Belonging*(Colorado Springs, CO: NavPress, 2002), 80. (『아바의 자녀』 복 있는 사람)
12. William Barclay, *The Gospel of Luke*(Louisville, KY: Westminster, 2001), 81.
13. John F. Walvoord, Roy B. Zuck, and Dallas Theological Seminary, *The Bible Knowledge Commentary: An Exposition of the Scriptures*(Wheaton, IL: victor, 1983), 2:45.
14. William P. Barker, *Twelve Who Were chosen: The Disciples of Jesus*(New York: Revel, 1957), 121.
15. Walvoord, Zuck, and Dallas Seminary, *Bible Knowledge Commentary*, 2:220.
16. Donald Trump, "Flashy Symbol of an Acquisitive Age: DONALD TRUMP," *Time*(Jan. 16, 1989)에 인용됨.
17. Walter Bauer and Frederick W. Danker, *A Greek-English Lexicon of the New Testament and Other Early Christian Literature*(3rd ed.; Chicago: Univ. of Chicago Press, 2000), 256.
18. 같은 책, 510.
19. "Twenty Leading Causes of Death Highlighting Suicide among Persons Ages 10 Years and Older, united States, 2006," *Centers for Disease Control Statistics*(2006).
20. Thornton Wilder, *Theophilus North*(New York: HarperCollins, 2003), 291–92.
21. Blaise Pascal, *Pensees*, 78. (『팡세』 민음사)
22. Alfred Tennyson, *In Memoriam*(Charleston, SC: BiblioBazaar, 2008), 143.

23. "take offense"(화내다)로 번역된 헬라어 동사는 *skandalizō*이다. 이 단어의 주개념은 스프링이 달린 쥐덫처럼 "무엇이 닫히다"라는 뜻을 담고 있는데, 나중에 다른 사람이 가는 길에 일부러 위험한 덫을 놓아 다치거나 죽게까지 만드는 것을 나타내는 데 사용되었다.

24. Pascal, *Pensees*, 78. (『팡세』 민음사)

25. Gladys M. Hunt, "That's No Generation Gap!" *Eternity*(October 1969), 15.

26. 이 동사의 중간태(수동태도 될 수 있다)는 신약에서 거의 찾기 힘들다. 이외에 누가복음 2장 37절과 디모데전서 4장 1절에서만 쓰였다. 두 경우 모두 문맥상으로 어떤 것으로부터 물러나기로 한 선택을 명시한다.

27. Robert L. Thomas, *Revelation 8-22: An Exegetical Commentary*(Chicago: Moody Press, 1995), 440.

28. Pliny, *Natural History* 16.74.

29. Mishnah, *Nidda* 5:6; 6:11.

30. Gerhard Kittel and Gerhard Friedrich, eds., *Theological Dictionary of the New Testament: Abridged in One Volume*(trans. Geoffrey W. Bromiley; Grand Rapids: Eerdmans, 1995), 219.(『신약성서 신학사전: 킷텔 단권 원어사전』 요단출판사)

31. 같은 책, 838.

32. Bauer and Danker, *A Greek-English Lexicon of the New Testament*, 36.

33. 환유란 어떤 것과 밀접하게 연관된 것으로 그것을 상징하는 표현법이다. 예를 들어, "백악관은 대국민 연설에서 경제에 대한 우려를 표명했다"라는 표현에서 '백악관'은 흔히 미국 대통령에 대한 환유로 사용된다.

34. 2006년에 가가린의 막역한 친구인 콜로넬 발렌틴 페트로브와 인터뷰를 했는데, 이 말은 실은 가가린이 하지 않았고, CPSU 중앙위원회의 니키타 크루쵸프가 말한 것인데 나중에 그가 한 것으로 알려졌다고 한다. 페트로브에 의하면 국가의 공식적인 무신론 정책을 추진하면서 그 수상은 이렇게 말했다고 한다. "왜 하나님에게 매달려야 합니까? 여기 있는 가가린은 우주까지 날아갔지만 거기서 하나님을 보지 못했습니다"(인테르팍스 통신을 보라. "나는 유리 가가린을 러시아 정교회에 소개했다는 비난을 달게 받겠다."(4월 12일, 2006) 당시에 중앙위원회는 그 인용 어구를 가가린이 말한 것으로 하기 원했고, 그는 그것을 거부할 수 없는 입장이었다!

명령과 복종

누가복음 9:51–19:27

알래스카의 수어드 반도에서 시작해 캐나다의 로키 산맥을 따라 내려오다가 미국 남서부의 사막과 멕시코의 시에라마드레 산맥을 지나 남미의 안데스 산맥 능선을 따라 내려와 혼곶의 대서양에서 끝나는 가상의 선이 있다. 이 북미 대륙 분수령에는 실용적인 목적이 있다. 이것은 빗물이 어떤 바다로 흘러들어갈지, 강들이 어느 방향으로 흐를지, 서쪽의 태평양인지 동쪽의 대서양인지를 알려준다. 대다수의 사람들은 이 대분수계에 대해서 알려고 하지도 않고 알 필요도 없다. 사실, 경계선을 알려주는 표시가 없다면 누구도 그 중요성을 전혀 알지 못할 것이다. 그럼에도 이 분수령을 잇는 선은 지질학자들에게 매우 중요하다.

나는 성경에 누가복음 9장 50절과 9장 51절 사이에 선을 긋고 여백에 자그마한 빨간색 십자가를 그려놓았다. 이른바 '누가복음의 대분수계'다. 대부분 영어 성경에서는 "금하지 말라 너희를 반대하지 않는 자는 너희를 위하는 자니라"(50절)는 예수님의 말씀 바로 뒤에 그분이 계획하신 예루살렘으로의 여정에 대한 이야기가 이어지기 때문에, 많은 독자가 이 선을 보지 못한다. 이 선은 파악하기 어렵지만 이야기 속에서 매우 중요한 의미를 지닌다.

예수님은 율법에 규정된 절기를 지키기 위해서, 그리고 순회 사역의 일환으로도 예루살렘을 여러 차례 방문하셨다. 그러나 이번 여행은 달랐다. 이번 예루살렘 원정은 악의 지배로부터 세상을 되찾고, 왕위를 찬탈한 폭군 사탄을 세상의 왕좌에서 몰아내며, 이 땅 위에 하나님 나라를 재건하려는 작전의 다음 단계였다. 예수님은 일개 유대인으로서가 아니라, 거룩하고 영적인 침략군의 지도자로서 이 여정에 오르실 것이다.

누가의 이야기에서 바로 이때가 수도를 향한 그리스도의 행군이 시작된 시점이다. 하지만 당신이 읽게 되는 이야기는 적개심에 가득 차 분노로 격앙된 폭력적인 혁명가들의 이야기가 아니다. 예수님은 그런 식의 반란을 선동하지 않으셨다. 예수님에게는 세상의 불을 세상의 불로, 악을 악으로 대적할 생각이 없으셨다. 그분의 혁명은 하나님 나라가 악의 지배와 다른 것만큼이나 다른 모습이었다. 그래서 적들은 그분을 어떻게 처리해야 할지 몰랐다.

굳은 결심(누가복음 9:51–62)

51예수께서 승천하실 기약이 차가매 예루살렘을 향하여 올라가기로 굳게 결심하시고 52사자들을 앞
서 보내시매 그들이 가서 예수를 위하여 준비하려고 사마리아인의 한 마을에 들어갔더니 53예수께서
예루살렘을 향하여 가시기 때문에 그들이 받아들이지 아니 하는지라 54제자 야고보와 요한이 이를 보

핵심 용어

ἀποστέλλω [*apostellō*, 아포스텔로] *(649)* '보내다, 위임하여 보내다, 권한을 주어 보내다'

이 용어는 헬라 문화에서 차용한 것으로, 전 국민에게 공적인 소식을 전달하거나 선언문을 낭독시키려고 정부에서 권한을 부여한 사람들의 임무와 공식 자격을 모두 나타낸다. 헬라의 종교와 철학도 이 단어를 하늘이 보낸 선생을 지칭하는 용어로 사용했다. 그리스도를 하나님 나라의 왕으로 나타내는 누가에게 이 동사와 파생 명사인 *apostolos*(apostle)는 공식적인 정부와 관련된 의미를 함축한다. 이렇게 "파송된" 자들은 왕의 특사였고, 누가복음의 말미에서 예수님은 재림에 앞서 하나님 나라의 능력이 되시는 성령을 "보내시겠다고" 약속하셨다(24:49).

γενεά [*genea*, 제네아] *(1074)* '인종, 종류, 세대, 특정한 종류의 사람들'

이 단어는 광범위하게 구체적으로 명시할 수 있는 '어떤 특성을 공유한 사람들'이라는 뜻으로 사용된다. 누가복음에서 이 단어는 점차 하나님 나라의 윤리와 가치에 상반되는 '현재의 세계 시스템에 맞춰 생각하고 행동하는 사람들'이라는 구체적이고 기술적인 의미를 갖게 된다. 따라서 '이 세대'는 마침내 하나님 나라가 과거의 타락하고 죄에 물든 세상을 대체할 때 모두 죽을 것이다.

μετανοέω [*metanoeō*, 메타노에오] *(3340)* '마음을 바꾸다, 후회하다, 개종하다'

이 단어는 넓은 의미에서 일반적으로 쓰이지만, 특정한 공동체 안에서는 구체적이고 기술적인 의미를 갖는다. 이 단어에는 '생각을 바꾼다'는 의미가 있으며, 이는 회개나 회한을 의미한다. 그러나 복음서에서는 거의 대부분, 죄에서 돌이킨 후에 하나님과 화해한다는 의미로만 쓰인다. 따라서 이 이야기 속에서는 한 사람이 회개하면 구원받고, 개종하여 참된 믿는 사람의 대열에 합류하게 된다.

ὄχλος [*ochlos*, 오클로스] *(3793)* '군중, 대중, 인파'

이 단어는 요한계시록에서 네 차례 사용된 경우를 제외하고는 오직 복음서와 사도행전에서만 사용된다. 이 단어는 그저 '군중'이라는 뜻으로, 한 곳에 무리를 이룬 다수의 사람을 지칭한다. 일반 헬라 작가들이 이따금 이 단어를 '평민들' 또는 '폭도'라는 뜻으로도 사용하면서 복음서 속에 나오는 이 단어의 의미에 영향을 끼쳤을 가능성이 있다. 공관복음에서 말하는 '군중' 속에는 헌신적인 추종자, 호기심으로 따르는 자, 잠재적 신자, 비판하는 사람, 노골적인 적 등이 혼재되어 있다. 누가는 대체로 추종자들을 포함한 '군중'과 헌신된 다수의 추종자인 '제자'를 구분한다.

σῴζω [*sōzō*, 소조] *(4982)* '구원하다, 구출하다, 회복하다, 행복을 지키다'

이 단어에 대한 일반적인 의미는 누군가를 '구원하다'인데, 이것은 그 사람의 행복을 위해서 무언가를 한다는 뜻이며, 병의 치유도 여기에 해당될 수 있다. 물론, '영원한 심판을 면하게 하다'라는 기술적인 의미도 있다. 복음서에서는 이 단어를 종종 두 가지 의미로 사용하는데, 두 번째 의미로 쓰일 때는 죄 사함과 영적 구원의 외적인 증거로 병이 치유되는 경우다.

고 이르되 주여 우리가 불을 명하여 하늘로부터 내려 저들을 멸하라 하기를 원하시나이까 55예수께서
돌아보시며 꾸짖으시고 56함께 다른 마을로 가시니라

57길 가실 때에 어떤 사람이 여짜오되 어디로 가시든지 나는 따르리이다 58예수께서 이르시되 여우
도 굴이 있고 공중의 새도 집이 있으되 인자는 머리 둘 곳이 없도다 하시고 59또 다른 사람에게 나를
따르라 하시니 그가 이르되 나로 먼저 가서 내 아버지를 장사하게 허락하옵소서 60이르시되 죽은 자들
로 자기의 죽은 자들을 장사하게 하고 너는 가서 하나님의 나라를 전파하라 하시고 61또 다른 사람이
이르되 주여 내가 주를 따르겠나이다마는 나로 먼저 내 가족을 작별하게 허락하소서 62예수께서 이르
시되 손에 쟁기를 잡고 뒤를 돌아보는 자는 하나님의 나라에 합당하지 아니하니라 하시니라.

로스앤젤레스에서 열렸던 1984년 하계 올림픽을 내가 영원히 잊지 못하는 이유는 가브리엘라 앤더슨–시스(Gabriela Andersen–Schiess)라는 마라톤 선수 때문이다. 마라톤 경주는 별다른 문제가 없어도 기진맥진하기에 충분하지만, 그 선수가 마지막 400미터를 완주하기 위해 경기장에 들어섰을 때, 열사병과 탈수 증세로 쓰러지기 일보 직전이었다. 그녀는 완주에 대한 일념으로 거의 6분 남짓을 고통스럽게 한 발자국씩 내디디며 앞으로 나아가려고 애를 썼다. 의사들이 도와주려고 했지만, 손을 저으며 거절했다. 실격으로 경기를 마치기에는 너무 멀리 왔다. 42킬로미터를 달려와서 결승선까지 이제 겨우 몇 백 미터만을 남겨놓고 있었다.

마침내 그녀는 비틀거리며 결승선을 넘어 의사들 앞에서 무너지듯 쓰러졌다. 육체적으로는 도저히 할 수 없었지만 투지가 그녀를 계속 나아가게 했다. 코스를 완주할 때까지 결승선은 그녀의 유일한 목표가 되었고 그 무엇도 그녀가 목표점에 도달하는 것을 막거나 방해할 수 없었다.

누가의 이야기가 '대분수계'의 정상에 도달했을 때 그는 잠시 이야기를 멈추고 주님의 여정의 주제를 설정한다. 이 복음서의 모든 '여행 내목'(9:51–19:27)은 이 말을 바탕으로 이해해야 한다. "예수께서 승천하실 기약이 차가매 예루살렘을 향하여 올라가기로 굳게 결심하시고"(9:51). 영적 타락이 가득한 예루살렘에서 십자가가 예수님을 기다리고 있었고, 그 무엇도 인자가 목적을 성취하는 것을 막을 수 없었다.

—9:51—

누가는 이 새 단락을 누가 특유의 용어인 *egeneto*, "기약이 차가매"(It came about)라는 말로 시작한다. 이 말은 바야흐로 예수님의 운명이 실현될 때가 다가오고 있다는 의미다. 누가는 '함께'와 '성취하다'의 복합어인 *symplēroō*라는 동사를 사용해서 주님 승천의 때를 설명한다. 이 단어에는 일반적으로 배가 침수되었다는 뜻이 있는데, 긍정적인 뜻으로는 화물과 승무원들로 만선인 배를 나타냈다. 누가는 주님의 운명을 출항 준비를 마친 배에, 예수님을 그 배를 타려고 부두로 가는 긴 여정을 시작한 사람에 비유했다. 다시 말해, 예수님은 출항일에 맞추려는 사람처럼 예루살렘을 향해 떠나셨다.

"굳게 결심하시고"라는 구절은 특별히 구약 이사야서의 종의 노래에 나온 구어적 표현을 사용하고 있다. 종의 노래는 이스라엘 백성을 구속하기 위해서 말로 다할 수 없는 박해를 감내하시는 종 되신 주님의 모습을 표현한다.

> 주 여호와께서 나의 귀를 여셨으므로 내가 거역하지도 아니하며 뒤로 물러가지도 아니하며 나를 때리는 자들에게 내 등을 맡기며 나의 수염을 뽑는 자들에게 나의 뺨을 맡기며 모욕과 침 뱉음을 당하여도 내 얼굴을 가리지 아니하였느니라 주 여호와께서 나를 도우시므로 내가 부끄러워하지 아니하고 내 얼굴을 부싯돌 같이 굳게 하였으므로 내가 수치를 당하지 아니할 줄 아노라 나를 의롭다 하시는 이가 가까이 계시니 나와 다툴 자가 누구냐 나와 함께 설지어다 나의 대적이 누구냐 내게 가까이 나아올지어다(사 50:5-8, 밑줄 나의 강조).

예수님은 예루살렘을 "향하여" 가셨다. 그분은 그 여정에 나서기로 결단하셨을 뿐만 아니라 입을 굳게 다물고, 이를 악물고, 십자가와 부활에 시선을 고정하셨다. 그분이 말씀하신 이야기, 행하신 기적, 이 시점에서부터 그분이 하신 모든 말씀 속에는 그분 마음 깊은 곳에서 고동치는 십자가가 있었다.

—9:52-53—

바리새인과 대부분의 다른 유대인에게 사마리아인은 우상을 숭배하는 혼혈인들로, 혈통은 오염되고, 종교는 혼합되었으며, 윤리적으로도 타락한 사람들 취급을 받았다. 이스라엘 역사상 가장 암울했던 시기에 이 지역에 거주했던 히브리인들은 이방인들과 결혼하고 예루살렘 성전에 맞서는 그들만의 성전을 건립했다. 그 결과 대부분의 유대인(특히 바리새인)은 사마리아인의 땅에 발을 들여놓으려 하지 않았다. 갈릴리와 유대를 오가는 유대인들은 의식적으로 부정해지는 것을 모면하려고 사마리아를 통과하는 직선 행로를 피해 요단 강을 건너 동쪽으로 우회하는 길을 택했다. 바리새인들과 달리 예수님은 사마리아인들 역시 그들의 유대인 사촌들과 마찬가지로 구원받아야 할 백성으로 품으셨다.

불행히도, 사마리아인들에게는 적개심만 들끓었다. 그들은 유대인들을 종교적 속물이라고 깔봤고, 하나님이 수백 년 동안 그리심 산에서 예배를 받아오셨는데 예루살렘에 성전

그리심 산의 성전 터

을 건축한 것을 걸고 넘어졌다. 그런 연유로 사마리아의 어느 마을 사람들은 예수님이 그리심 산이 아니라 예루살렘을 향해 가고 있다는 소식을 들었을 때 상상할 수 없는 태도를 보였다. 그들은 접대(가장 천하고, 비열한 사람들만이 태만히 여겼던 신성한 의무)를 거부했다(신 23:3-4, 삿 8:5-17, 삼상 25:2-38).

—9:54-56—

요한과 야고보가 보인 반응을 보면 그들이 "우레의 아들"이라는 별명을 가지게 된 이유를 알 수 있다(막 3:17). 하늘에서 불을 내리게 하자는 그들의 제안은 아하시야 왕이 엘리야 선지자를 잡으려고 사람들을 보내는 내용이 나오는 열왕기하 1장 9-14절을 암시한다. 사람들이 잡으러 오자 선지자는 하늘에서 불을 내려 50명의 군사와 지휘관으로 이루어진 두 개의 특무대를 모두 삼켜버리게 했다. 아하시야 왕은 사마리아의 왕이었다.

요한과 야고보는 아마도 주님이 그들의 열정을 기뻐하실 거라고 생각했겠지만 주님은 그들을 꾸짖으셨다. "돌아보시고"(55절)라는 동사에는 대부분 교정의 말이 뒤따른다(7:9, 14:25, 22:61, 23:28). 요한과 야고보가 보인 '태도'는 인자의 태도와 지극히 대조적이다. 그분의 정복에는 으레 뒤따르는 약탈이 자행되지 않을 것이다. 사실상 그분은 이렇게 말씀하신 것이다. "다른 사람들의 반응 때문에 옆길로 빠지지 말고 계속 나아가라."

그들은 아마 이전에 그분이 갈릴리에서 사역하면서 가르치셨던 것을 기억해냈을 것이다(9:5). 발에서 먼지를 털어내는 행위는 경멸의 표현임과 동시에 장차 일어날 심판에 대한 경고였다. 예수님은 사람들을 멸망시키려고 오신 게 아니라 구원하러 오셨다. 심판은 마지막 때 그분이 재림하신 이후의 계획일 것이다(10:13-16, 17:20-36).

—9:57-58—

누가는 제각기 강도 높은 문학적인 풍자를 담고 있는 짤막한 세 가지의 글로 제자도에 대한 주님의 생각을 보여준다. 독자는 이야기의 결말을 안다. 우리는 주님이 걸으실 여정의 끝(그분이 감내하신 고난의 깊이와 성취하실 영광의 승리)이 어디인지 안다. 그리고 그것을 알기에 우리는 이 말씀들을 다르게 이해한다. 아마 예수님이 사람들에게 실제로 보이신 반응은 이처럼 수수께끼같지는 않았을 것이다. 그런데 누가는 주장하는 바를 강조하기 위해 예수님의 말씀을 압축한다.

주님의 제자들과 제자 지망생들은 주님의 생각과는 사뭇 다른 기대를 가지고 메시아를 찾아왔다. 그들은 하나님 나라를 재건하고, 로마의 학정에서 그들을 해방시키고, 하나님의 율법을 회복해서 경건한 정의를 지키고, 다시 한 번 경제적 부흥을 일으킬(모두 자신들을 위한) 메시아를 기대했다. 다시 말해, 그들은 자기가 투자한 것에 대한 보상을 기대하며 예수님을 따라 기꺼이 싸울 참이었다. 그런데 세상의 왕이나 정복자들과는 다르게 예수님은 충성의 대가로 특혜를 베풀지 않으셨다. 그분은 농노를 찾는 영주로 오신 게 아니었다. 이 메시아는 제자들에게 세속적인 혜택을 전혀 보장해주지는 않으면서 몸을 아끼지 않는 희생(57-58절), 전적 헌신(59-60절), 한결같은 충성(61-62절)이라는 세 가지 자질을 요구하셨다.

첫 번째 짤막한 에피소드에는 어디든지 예수님을 따라가겠다는 결의로 가득 찬 사람이 나오는데, 여기에는 불 보듯 뻔한 위험을 감수하고 충성을 다하겠다는 의미가 함축되어 있다. 예수님은 그분의 처지를 동물보다 못한 것으로 묘사하셨다. 당대에 군사 작전을 하는 지휘관들은 꽤 잘살았고, 많은 군인들이 전리품을 수집해서 부를 쌓았다. 무력을 행사하지 않고 왕권을 주장하는 정치 운동도 부와 권력이라는 넘쳐흐르는 물이 바닥을 적시는 것과 같은 효과를 낳았을 것이다.

예수님은 세속적인 의미에서는 최소한의 어떤 혜택도 약속하지 않으시고, 그저 그분의 목적을 추구하는 데 전적으로 희생할 것을 요구하셨다. 그분은 가난하셨기 때문에 그들에게 보장해줄 수 있는 세속적인 부나 권력이 없으셨다.

—9:59-60—

또 다른 짤막한 이야기에서 예수님은 어떤 사람을 제자의 무리에 들어와 예루살렘의 악과 대결하고, 하나님 나라의 시민이 되라고 부르셨다. 그 사람은 먼저 자기 아버지의 장사를 치르고 오게 해달라고 요청했다. "내 아버지를 장사하게"라는 구절은 두 가지로 해석될 수 있다. 아버지가 최근에 세상을 떠나서 아들이 시신을 수습했기 때문에, 정상적인 사회생활로 돌아가기 전 이레 동안의 의식적으로 부정한 상태였을 수 있다(민 19:11). 그러나 유대인들은 일정 기간 시신을 수습하고나서 무덤에 안치했기 때문에 아버지의 죽음과 매장 사이에 예수님을 만났을 가능성은 희박하다.

좀 더 개연성 있는 설명은 병이든 연로함 때문이든 아버지의 임종이 임박한 상황이었다는 것이다. "내 아버지를 장사하게"라는 구절은 "내 아버지가 돌아가실 때까지 돌보고, 격식을 갖춘 장례를 치르고, 그분이 원하는 대로 재산을 분배하게"(창 49:29 참고)라는 뜻의 구어적 표현이었다. 이 경우 그 제자 지망생은 그 자리에서 생업을 뒤로하고 떠난 레위, 베드로, 안드레, 야고보, 요한과는 다르게 무기한의 지연을 요구한 것이다.

이에 대한 예수님의 응답은 냉정하게 들린다. 주님은 그의 요청에 두 가지 의미가 담긴 대답을 하셨다. 여기서 "죽은 자들"이란, 그의 말 속에 담긴 뜻이면서 제자가 아닌 자들을 지칭하는 용어로도 이해할 수 있다. 이 말대로라면 주님을 따르지 않고, 하나님 나라에서 요구하는 것보다 세상사에 관심을 더 두는 자들은 걸어다니는 죽은 자들과 다를 바 없었

사마리아의 역사

처음에 히브리 민족이 약속의 땅에 정착했을 때는, 그리심 산에서 16킬로미터 떨어진 실로에 있는 성전에서 열두 부족이 마음을 합해 예배드리며 수백 년 동안 번영을 누렸다. 그러다 마침내 이스라엘의 세 번째 왕인 솔로몬이 예루살렘에 영구적인 성전을 건립했다.

솔로몬 왕이 세상을 떠나고 얼마 못 되어 북쪽의 열 부족이 적법한 왕위 계승자인 르호보암을 거부하고, 우상을 숭배하는 반역자 여로보암 장군을 지도자로 택하여 분리된 국가를 세우고 자기들이 '이스라엘'이라고 주장했다. 남쪽의 벤야민과 유다 부족은 솔로몬의 아들에게 충성을 지켰고 '유다'라는 이름을 갖게 되었다. 북쪽과 남쪽은 그후 2백여 년 동안 간헐적인 전쟁을 거듭하다가 결국에는 앗수르 왕 디글랏빌레셀(일명 불이라고 불렸다, 왕하 15:19-20, 대상 526, 사 9:1)의 끊임없는 공격으로 혼란에 빠졌다. 결국, 살만에셀(왕하 17:3-6)과 그의 후계자 사르곤은 이 열 부족을 추방하고 다른 정복 민족과 결혼하게 함으로써 실질적으로 종족을 말살시켰다. BC 721년 이후 북쪽 지역에는 열 부족 가운데 소수의 사람들만 남아 있었고, 그나마도 대부분 이방인들과 결혼하기 시작했다.

'유대인'으로 알려진 유대 백성들은 바벨론으로 잡혀갔다가(BC 606-587) 스룹바벨, 에스라, 느헤미야의 인도 아래 고향으로 돌아왔고, 그때 북쪽 지역에는 이스라엘과 이방인의 유산을 모두 갖고 있는 '사마리아인들'이 거주하고 있음을 알게 되었다. 사마리아인들이 예루살렘과 성전의 재건을 반대하고 나서자 그들 사이에는 긴장이 고조되었고, 급기야 사마리아인들이 그리심 산에 그들만의 성전을 짓고 진정한 예배 장소는 예루살렘이 아닌 그리심이라고 주장하자, 관계가 단절되었다.

다. 예수님은 두 가지 의무를 나란히 놓고 그 남자에게 선택(헛된 세상사를 추구하는 죽은 자들과 함께하거나 온전히 살아 있는 시민으로 하나님 나라를 선포하거나)을 요구하셨다. 이것은 무의미한 일상과 영원한 생명 사이의 선택이었다.

예수님은 전적인 헌신을 요구하셨다. 물론 그분의 제자들은 절대적인 확신과 헌신으로 그분을 따를 수 있다. 예수님은 본질적으로 선하시므로 제자들에게 항상 옳은 일을 행하게 하실 것을 아는 까닭이다. 만약 그 남자가 온전한 헌신을 보여주었다면 예수님은 그에게 뒤에 남아 세상일들을 처리하며 그 지역에서 예수님을 증거하게 하셨을지도 모른다(8:39 참고).

—9:60-62—

세 번째 짧은 이야기에는 고향에 있는 가족과 친구들에게 작별 인사를 하고 예수님을 따르겠다고 말한 제자 지망생이 나온다. 언뜻 보면 이것은 합당한 양해를 구하는 것 같다. 아마도 그는 자기 집에서 좀 떨어진 곳에서 주님을 만나 그분을 따라 갑작스럽게 사라지는 게 아니라, 가족에게 작별 인사를 하기 원했던 듯하다. 그런데 주님의 대답은 지나칠 정도로 가혹하게 들린다. 그러나 늘 그렇듯 여기에는 더 많은 의미가 내포되어 있다.

주님의 대답은 누가의 이야기에서 반복적으로 등장하는 인물인 엘리야의 유명한 일화를 암시한다(1:17, 4:25, 9:8, 19, 30). 열왕기상 19장 19-21절에서 엘리야는 자기의 후계자가 될 엘리사를 찾아갔다. 엘리사는 대규모 농사(열두 명의 농부가 제각기 두 필의 황소에 쟁기를 매어 밭을 가는)를 감독하고 있었다. 엘리야는 자기의 겉옷—선지자의 지위를 나타내는 상징인—을 엘리사의 어깨 위로 던졌다. 이러한 엘리야의 무언의 위임에 대해 엘리사는, 아마도 여전히 쟁기를 잡은 채로, "청하건대 나를 내 부모와 입맞추게 하소서 그리한 후에 내가 당신을 따르리이다"라고 요청했다(왕상 19:20).

엘리사의 속내를 보자. 그는 자기 쟁기에 불을 붙여 스물네 마리의 소를 불살라 마을 사람들에게 큰 잔치를 베푼 후에 "엘리야를 따르며 수종 들었"다(21절). 그는 자기가 두고 떠나는 것들을 아쉬워하거나 뒤돌아보지 않았다. 오히려 기대하는 마음으로 고향 사람들에게 작별 인사를 했다. 예수님이 여기서 말씀하신 바는 바로 이것이었다. "나는 네가 고향 사람들에게 작별 인사를 하게 해달라고 하는 마음의 중심이 엘리사와 같기를 바란다." 그분은 절대적인 충성이 아니라면 제자로서 적합하지 않다고 못 박으시며 제자들이 결연히 헌신하기를 원하셨다. 천국의 이상에 전적으로 헌신하지 않은 사람은 그 안에서 처소를 찾지 못할 것이다. 시민이 되기 위한 요건은 몸에 맞지 않는 멍에처럼 헌신되지 않은 어깨를 쓰라리게 할 것이다.

메시아가 영적 암흑 속에 떨어지는 운명을 받아들이시며 진정한 제자와 그냥 따르는 자, 단호히 결단한 자와 의심하는 자들을 나눌 때가 되었다. 왕국 건설은 쉽지 않은 일이다. 왕국의 시민들은 훗날 받을 지지를 바라보며 폭력을 휘두르는 적들 속에서 다른 기준(대부분 반대되는)에 따라 이국땅에서 살아야 한다. 그리고 그동안 왕의 추종자들은 모름지기 그분을 닮아가야 한다. 다시 말해 지상에 하나님 나라를 세우는 일에 헌신하면서 악에게 대항하겠다는 결단과 함께 악의 반발과 지옥의 맹위에도 눈 하나 깜짝하지 않을 대비를 해야 한다.

적용

계속 나아가라!

어느 시점에선가 주님은 예루살렘으로 향해야 할 때가 왔음을 아셨다. 주님은 전에도 그곳에 수없이 가셨지만 이번에는 달랐다. 그분은 그저 신실한 예배자가 아닌 왕으로 그곳에 입성하실 참이었다. 누가는 이사야 50장 7절의 이미지를 끌어와 "예수께서 예루살렘을 향하여"라고 말했다.

예수님은 말없이 이를 악물고, 자기의 운명에 시선을 고정시키셨다. 누가복음을 연구하는 사람들이라면 누구나 9장 51절이 누가복음의 중심축이라고 말할 것이다. 이 시점에서부터 마지막까지 예수님은 마음속에 십자가를 품으셨다. 그분이 들려주신 이야기, 행하신 기적, 나누신 대화, 내리신 결정이 모두 그분을 점점 더 목표로 이끌었다.

한 사마리아 마을이 접대를 거절하자 제자들은 앙갚음을 하고 싶어했다. 그러나 예수님은 다른 사람들의 반응을 무시하고 계속 나아갈 것을 촉구하시며 눈앞의 사명에 다시 집중하게 하셨다.

이것은 위대한 일을 이루겠다고 결심한 사람에게 유용한 충고가 된다.

- 다른 사람들이 당신을 받아들이지 않는다고 해서 곁길로 새지 말라. 계속 나아가라!
- 다른 사람들이 당신을 지지하지 않을 때 주의를 딴 데로 돌리지 말라. 계속 나아가라!
- 비난하는 자들과 과거의 적들이 당신의 삶을 비참하게 만들지 못하게 하라. 계속 나아가라!

조금 후에 새로운 제자 한 명이 "어디로 가시든지 나는 따르리이다"(9:57)라고 하며 신실한 자들의 대열에 합류했다. 믿기 어렵겠지만 이런 사람들은 위험할 수 있다. 이들은 사뭇 열정적이고 헌신적인 모습을 보인다. 예수님은 헌신에 따르는 어려움을 현실적으로 평가해서 응답하셨다. 그 사람이 제자로 합류했는지 여부는 알 길이 없다. 그것은 중요하지 않다. 예수님은 계속 나아가셨다.

- 다른 사람들의 열정에 위협을 느끼지 말라. 계속 나아가라!
- 다른 사람들이 당신보다 더 헌신된 것처럼 보여도 비교하지 말라. 계속 나아가라!
- 다른 사람들이 이목을 끌려는 것처럼 보일지라도, 당신이 그들의 진실성을 책임질 수 없다. 당신 자신의 태도에만 신경 쓰라. 계속 나아가라!

예수님은 또 다른 사람에게 "나를 따르라"고 말씀하셨다. 그 사람은 어설프지만 그럴듯한 핑계를 댔다. "나로 먼저 가서 내 아버지를 장사하게 허락하옵소서"(9:59). 이 말은 "내 아버지가 돌아가실 때까지 아버지를 돌보게 해주십시오"라는 뜻을 나타내는 관용구였다. 주님은 적절한 우선순위를 설정해서 시키라는 명령으로 응답하셨다. 그런 다음 주님은 계속 나아가셨다.

- 충성심이 약해져 마음이 흔들리지 말라. 계속 나아가라!
- 당신 주변에는 당신과 같은 우선순위와 목표를 위해 일하는 듯하지만 막상 그들의 선택을 보면 그렇지 않음을 알 수 있는 사람들이 많을 것이다. 그래도 그들의 애매하

고, 미온적이며, 모순된 우선순위가 당신의 우선순위를 어지럽히지 않게 하라. 계속 나아가라!

20세기가 지나갔고 역사상 가장 위대한 이야기는 계속 전해지고 있다. 이는 예수님이 제자들을 잘 가르치셨기 때문에 가능한 일이다. 제자들은 모두(물론 유다를 제외한) 주님의 죽음, 매장, 부활, 승천 후에도 계속 나아갔다. 그들은 순교하기까지 왕국의 사명을 위해 자신을 바쳤다.

오늘날, 우리는 1세기에 그리스도를 따르던 자들과 동일한 명령을 받았다. 그러니 계속 나아가라!

사역자들을 위한 실제적 지침(누가복음 10:1-16)

1그 후에 주께서 따로 칠십 인을 세우사 친히 가시려는 각 동네와 각 지역으로 둘씩 앞서 보내시며
2이르시되 추수할 것은 많되 일꾼이 적으니 그러므로 추수하는 주인에게 청하여 추수할 일꾼들을 보
내 주소서 하라 3갈지어다 내가 너희를 보냄이 어린 양을 이리 가운데로 보냄과 같도다 4전대나 배낭
이나 신발을 가지지 말며 길에서 아무에게도 문안하지 말며 5어느 집에 들어가든지 먼저 말하되 이 집
이 평안할지어다 하라 6만일 평안을 받을 사람이 거기 있으면 너희의 평안이 그에게 머물 것이요 그렇
지 않으면 너희에게로 돌아오리라 7그 집에 유하며 주는 것을 먹고 마시라 일꾼이 그 삯을 받는 것이
마땅하니라 이 집에서 저 집으로 옮기지 말라 8어느 동네에 들어가든지 너희를 영접하거든 너희 앞에
차려놓는 것을 먹고 9거기 있는 병자들을 고치고 또 말하기를 하나님의 나라가 너희에게 가까이 왔다
하라 10어느 동네에 들어가든지 너희를 영접하지 아니하거든 그 거리로 나와서 말하되 11너희 동네에
서 우리 발에 묻은 먼지도 너희에게 떨어버리노라 그러나 하나님의 나라가 가까이 온 줄을 알라 하라
12내가 너희에게 말하노니 그 날에 소돔이 그 동네보다 견디기 쉬우리라

13화 있을진저 고라신아, 화 있을진저 벳새다야, 너희에게 행한 모든 권능을 두로와 시돈에서 행하
였더라면 그들이 벌써 베옷을 입고 재에 앉아 회개하였으리라 14심판 때에 두로와 시돈이 너희보다 견
디기 쉬우리라 15가버나움아 네가 하늘에까지 높아지겠느냐 음부에까지 낮아지리라

16너희 말을 듣는 자는 곧 내 말을 듣는 것이요 너희를 저버리는 자는 곧 나를 저버리는 것이요 나
를 저버리는 자는 나 보내신 이를 저버리는 것이라 하시니라.

나는 종종 왜 하나님은 스스로 못할 일이 없으신데 왜 그분의 일에 사람들을 참여시키시는지 의아해했다. 더구나 그분은 어떤 일이라도 완전무결하게, 더 잘 하실 수 있는데 말이다. 어떤 일이 잘 되기 원할 때 나는 가장 유능하고 똑똑한 사람을 찾는다. 기대에 못 미칠 것이 분명한 사람들에게 중요하고 복잡한 일을 맡기지 않는다. 그런데 왜 주님은 그분의 왕국 건설과 같은 중대한 일을 실수투성이에다, 변덕스럽고, 믿음이 약한 사람들에게 맡기신 걸까? 이 질문에 대한 답은 아마도 우리가 예수님을 직접 뵙게 될 그때까지 얻을 수 없을 것이다. 그 이유는 여전히 미스터리지만 그분이 하시는 방법은 부정할 수 없다. 지상 사역을 시작하실 때부터 예수님은 왕국의 방식이 될 하나의 패턴을 정하셨다. 그분은 갈릴리에서 적은 무리의 마음을 얻으신 것을 시작으로, 열두 명에게 그분과 동일한 방식으로 사역하는 방법을 실습시키셨다(9:1-11).

그 방법은 어느 정도 성공했지만 예수님의 의도는 열두 제자만으로 세상을 정복하려는 게 결코 아니었다. "예루살렘을 향하여" 올라가기로 결심하신 직후에 예수님은 추가로 칠십 명의 제자를 임명해서 왕국의 계획을 확장하기로 하시고 세상을 구원하는 그분의 사업에 참여하라고 도전하셨다.

—10:1-2—

예수님은 서른다섯 개의 조(열두 사도를 제외한)를 편성해서 당신이 방문할 도시들을 준비시키시려고 그들을 앞서 보내셨다. 특히 주목할 만한 것은 예수님이 제자들을 둘씩 짝지어 보내셨다는 점이다. 해병대에서는 전투 전에 참호를 팔 때 언제나 두 사람이 들어갈 수 있는 크기로 파라고 가르친다. 참호 속에서 두 사람이 함께 싸우면 서로 힘과 용기를 줄 수 있고, 분별력을 유지할 수 있으며, 더 효율적으로 싸울 수 있고, 생존 가능성도 한결 높아진다. 하지만 전투에서 혼자 싸우면 용기를 잃고 후퇴하기 십상이다. 둘이 함께 일하면 우정, 보호, 확인, 격려의 혜택을 누릴 수 있다.

사역은 쉬운 일이 아니다. 칠십 명에게 사명의 개요를 설명하시며 예수님은 이 점에 대해 명확히 하셨다. 일꾼은 적다(2절). 싸워야 할 상대는 이리 떼처럼 사납다(3절). 짐을 많이 꾸리는 것은 바람직하지 않다(4절 상). 시간은 제한되어 있다(4절 하). 삯은 사람들이 주는 대로 받는다(7절). 전하는 메시지가 거부당할 수 있다(10절). 주님께 순종함으로 사람들과 멀어질 수 있다(11절). 그분은 〈포춘〉(*fortune*) 지에 선정된 500대 기업의 사원들을 모집하신 게 아니다! 예수님은 먼저 칠십 인의 사명을 현실적으로 가늠하게 하신 후에 그들을 두 번이나 "일꾼들"이라고 부르며 격려하셨다.

9장 말미에서 예수님은 지극히 솔직하셨고 여기서도 그에 못지않게 솔직하셨다. 하나님 나라의 일은 고되다. 그렇지만 주님은 그 칠십 인을 성공의 부담에서 자유롭게 하셨다. 자신을 "추수하는 주인"이라고 하시며 추수(또는 추수할 것이 없는 것)는 일꾼이 아닌 주인의 소관임을 상기시키셨다. 그렇기 때문에 일꾼들은 건강한 관점을 유지할 수 있었다. 그 칠십 인은 수고의 결실에 대해 걱정하며 밤잠을 설칠 필요가 없었다. 추수는 하나님의 소관이었다. 그분의 일꾼들은 그저 성실하게 일하기만 하면 되는 것이었다.

일꾼들의 수에 비해 해야 할 일이 너무 많았기 때문에, 그분은 그들에게 기도의 임무를 할당하셨다. 그들은 추수할 주인에게 더 많은 일꾼을 보내달라고 기도해야 했다.

—10:3–4—

예수님은 그 후에 이 칠십 인의 제자에게 구체적인 사역 지침을 주셨다. 실질적으로 열두 사도에게 말씀하셨던 것과 동일한 방법이었다(9:1–5). 그분이 공식적으로 제자를 임명할 때 말씀하시는 "갈지어다 내가 너희를 보냄이…"라는 어구에는 '사도'(apostle)라는 단어와 연관된 *apostellō*라는 헬라어 동사가 쓰인다. 세속적 헬라 문화와 70인역(구약의 헬라어 번역본)에서 사도는 다른 사람을 대신해 임무를 수행하기 위해 권한을 위임받고 파송된 사람을 의미했다. 예를 들어 왕은 어떤 지역에 자신의 뜻을 전달하기 위해 특사를 파견할 수 있었다. 그 공식 특사의 권위는 보낸 자의 권위와 동일했다. 따라서 사람들은 그 특사를 왕처럼 대우해야 했으며, 그렇게 하지 않으면 왕의 분노를 샀다.

그러나 권세를 위임받았다 해도 이 특사들은 피에 굶주린 늑대들 속에 던져진 순한 양 같았다. 한 사마리아 마을 사람들이 그 왕을 거부했듯이(9:51–56), 다른 사람들도 그분의 특사들을 거부할 게 뻔했다. 따라서 아무도 그들을 환대하지 않을 경우(9:3 참고)를 대비해 생존할 수 있는 돈과 식량을 넉넉히 주어야 했는데도, 최소한으로, 또는 아무것도 준비하지 않은 채, 그들을 보내시려 했던 것은 이해하기 어렵다. 그러나 비록 그 칠십 인이 아무 준비도 없이 늑대들 사이의 어린 양처럼 나갔을지라도 그들은 무기력하지도 가난하지도 않았다. 예수님 자신이 그러셨던 것처럼 안전과 생계를 하나님께 의지하며 살라고 도전하셨다. 그분은 자기처럼 그들이 부요하고 안전하기를 바라셨다.

예수님은 또 그 칠십 인에게 긴박감을 심어주셨다. 고대 근동 지역에서 사람을 맞이하는 관습은 실제로 접대를 주거니 받거니 하면서 몇 시간 혹은 며칠까지도 걸릴 수 있었다(삿 19:4-9, 왕하 4:29). 예수님은 그들에게 질질 끄는 환대에 붙잡히지 말라고 말씀하셨다. 정중하되, 긴박감을 가지고 임무에 임하라는 의미셨다.

—10:5-6—

그 칠십 인이 생계와 보호를 하나님께 의지해야 했듯 그들이 올바른 청중을 만나는 것도 하나님을 의지해야 했다. 예수님은 그들에게 어디로 갈지, 누구에게 말할지를 까다롭게 선별하지 말라고 완곡하게 다시 상기시키셨다. 주님은 이렇게 명하셨다. "어느 집에 들어가든지…." 지역, 집의 크기, 마을의 문화에 상관없이 그들은 평화를 기원하고 천국의 메시지를 선포해야 했다. 그 칠십 인은 그들이 어떤 집에 들어가게 될지 몰랐고, 예수님은 그들이 그런 일에 신경 쓰지 않기를 바라셨다. 그건 중요하지 않았다. 하나님 나라는 선택받은 특별한 청중을 위한 것이 아니다. 천국은 누구에게나 활짝 열려 있다.

여기에 기록된 "이 집이 평안할지어다"라는 축언은 *eirēnē*라는 헬라어를 사용하는데, 이 단어는 70인역에서 매우 의미가 깊은 히브리어 *shalom*을 번역하는 데 사용되었다. 이 표현에는 단순히 전쟁이나 전투, 또는 논쟁이 없는 상태보다 한층 더 깊은 의미가 있다. 이것은 삶이 전반적으로 온선하며 번영한다는 뜻이다. 유대인들에게 *shalom*은 하나님 나라에 약속된 삶의 특성을 표현했다.

사도들의 축복에는 다른 목적도 있었다. 그 메시지를 어떻게 받아들이느냐는 듣는 사람의 마음 상태를 보여주었다. "평안을 받을 사람"이라는 말은 문자적으로 '평화의 아들'이라는 뜻이다. 자식이라는 개념 속에는 비슷하거나 닮았다는 의미가 함축되어 있다. 마찬가지로 아들은 아버지의 특성을 가지므로 평화의 아들은 평화와 유사한 특성을 가지고 있을 것이다. 또한 *shalom*이라는 왕국의 메시지는 왕국을 추구하는 사람의 마음속에서 안식처를 찾아야 한다.

그래서 예수님은 이렇게 말씀하신 것이다. "사람들에게 평안의 왕국의 메시지를 전파하라. 그 왕국에 관심이 없는 자들은 그 메시지를 다시 튕겨낼 것인데, 그때 너희는 그들이 어떤 사람들인지 알게 될 것이다."

—10:7-9—

예수님은 여기에 좀 더 상세하고 구체적인 설명을 덧붙이시기는 했지만 열두 사도에게 주셨던 조언을 되풀이하셨다(9:4). 그분은 칠십 인이 그들을 환대하는 첫 번째 집에 머물고 무엇이건 그들의 환대를 감사히 받아들이라고 하셨다. 이는 사도들이 개인적인 소득을 얻기 위해 다닌다는 비난을 피함과 동시에 떠돌이 철학자들을 구별하기 위해서였다.

예수님은 그들이 주어야 하는 것보다 얻을 수 있는 것에 집중하지 않기를 바라셨지만 물질적 필요가 채워질 것을 예상하셨다. "일꾼이 그 삯을 받는 것이 마땅하니라." 그분은 그들이 필수품을 공급받을 수 있을 만큼은 노고에 대한 보상을 받기 바라셨다. "너희 앞에 차려놓는 것을 먹고"라는 충고는 만족하라는 의미다. 그분은 그들이 하나님 나라를 선포하는 사명에 계속 매진하며 탐욕이나 불안의 본보기가 아닌, 만족할 줄 아는 사람의 귀감이 되기를 바라셨다. 사역적인 면에서 볼 때 사역자가 만족해하면 메시지를 듣는 사람들은 그를 존경하게 된다.

그 특사들은 들어간 마을마다 악의 물리적 영향력을 깨뜨리기 위해 위임받은 권세를 사용할 것이었다. 치유의 기적이 일어날 때마다 그들은 그 기적이 메시아의 통치를 그저 조금 맛보는 것에 불과하다고 선언할 예정이었다. "하나님의 나라가 가까이 온 줄을 알라"는 구절은 완전 시제로 지속적인 영향을 나타낸다. 메시아의 신성한 통치는 시작되었지만 아직 왕국이 온전히 임하지는 않았다. 그분의 통치는 그분이 권세를 가지고 다시 오실 때 온전히 이루어질 것이다.

—10:10-12—

타락한 세상의 불행한 현실 중 하나는 하나님의 평안이 거부당하는 것이다. 그래서 예수님은 칠십 인을 불가피한 저항에 대비시키셨다. 거부당할 때 칠십 인은 확신을 갖고 진리에 굳게 서야 했다. 더 나아가 그들은 신발에서 먼지를 털고 하나님 나라가 가까이 왔음을 공표함으로써 그 마을에 대한 심판을 선포해야 했다. 유대인들은 이방인 지역을 떠날 때 그들이 이방인의 풍습을 거부했음을 상징하는 의미로 발에서 먼지를 털어냈다.

왕의 특사를 거부하는 것은 왕을 거부하는 것이고, 왕을 거부하는 것은 왕의 분노를 초래하는 일이다. 예수님은 그분을 왕으로 받아들이기를 거부하고, 그분의 왕국을 멸시한 것에 대한 보응을 밝히셨다. 그 마을은 소돔을 삼켰던 불보다 더 무서운 심판을 받을 것이다(창 19:24-25). 왜냐하면 그 마을은 소돔보다 더 온전한 하나님의 진리를 계시로 받았기 때문이다. 얼마나 무서운 말인가!

—10:13-15—

예수님은 사람들의 거부를 생각하시면서 "화 있을진저"라는 한탄을 그분의 대리인들을 제대로 영접하지 않은 마을들을 향해 연달아 쏟아내셨다. 반복적으로 사용된 헬라어 단어 *ouai*는 보통 장례식에서 들을 수 있는, 애절한 아픔이나 이루 말할 수 없는 슬픔을 표현하는 감탄사다. 이 단어는 마치 "너희가 지금 가는 길은 너희를 사망으로 이끌 것이다. 그래서 나는 지금 너희의 멸망을 애통해한다"라는 경고의 의미로도 쓰인다.

고라신의 정확한 위치는 역사 속으로 사라졌지만, 예수님은 가버나움과 인근의 두 마을을 생각하며 애통해하셨다. 주님은 그들이 내비친 완고한 거부의 모습을 하나님을 거부하고 이스라엘에서 가장 존경받는 선지자들의 비난을 받았던 악명 높은 두로와 시돈에 비유하셨다(사 23:1-18, 렘 25:22, 47:4, 겔 26:1-28: 23, 욜 3:4-8, 암 1:9-10). 예수님은 만약 두로와 시돈이 가버나움 인근 마을들에게 주어진 것과 동일한 계시를 받았다면, 그곳 주민들은 애곡과 참회의 상징으로 익히 알려진 "베옷과 재"를 뒤집어쓰고 엎드려 회개했을 것이라고 덧붙이셨다(수 7:6, 왕상 20:31-32, 욥 2:8, 42:6, 에 4:2-3, 사 58:5, 욘 3:6-8).

“화있을진저”라는 표현은 경고이긴 하지만, 그렇다고 분노에 찬 비난은 아니다. 우리가 주님의 어조를 들었다면 그 안에 담긴 슬픔을 느꼈을 것이다. 왕국의 메시지를 거부한 마을들은 스스로 파멸할 수밖에 없는 운명을 선택한 것이다. 그분은 반항적인 마을들을 깨닫게 하시려고 이처럼 비애에 가득 찬 신탁을 선포하신 게 아니었다. 예수님은 칠십 인의 용기를 북돋워줄 수 있는 기회를 잃은 것을 애통해하셨다. 사도들의 메시지를 거부한 자들은 심판을 자초한 것이다. 그러므로 사도들은 이들의 거부를 개인적으로 받아들여서는 안 된다.

—10:16—

예수님은 칠십 인의 신성한 지명(指名)을 강조하는 것으로 위임 연설을 마치셨다. 왕의 특사로서 그들은 예수님이 받으셔야 할 존경을 받을 자격이 있었다. 그러나 더 중요한 것은 그 칠십 인은 그들이 전하는 메시지에 대한 사람들의 반응에 대해 칭찬도 비난도 받을 필요가 없다는 점이었다. 사람들이 하나님을 경배하고 그분의 말씀을 받아들이는 것은 그분을 사랑하기 때문이며, 그것을 전하는 전령이 유독 유능하다거나 매력적이어서가 아니다. 주님이 온전히 선하신 분임에도 불구하고 많은 사람이 주님을 거부하는 이유는 전령이 어떤 식으로든 자신의 소임을 제대로 하지 못했기 때문이 아니다. 전령이 신실하게 메시지를 전달하기만 했다면 그는 소임을 다한 것이다.

예수님이 이스라엘 시민들과 교류하신 것은 정치적인 이유와는 맞지 않았다. 그분은 친구들을 사귀고 사람들에게 영향력을 행사하기 위해 길을 떠나신 게 아니었다. 그보다 그분은 묶인 영혼들을 속박에서 풀어주신 후에 그들에게 권한을 주어 다른 사람들에게 영향을 끼치게 하려고 하셨다. 그분은

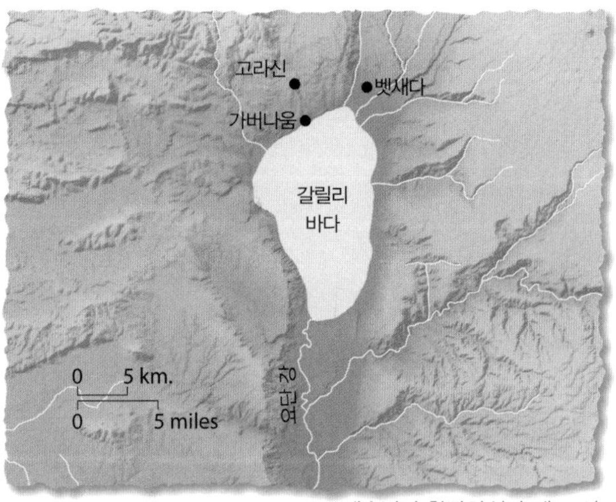

예수님이 한탄하셨던 세 도시

포위해서 세상을 정복하려 하시지 않았다. 그분은 사람들의 마음을 사로잡기로 하셨다.

그러나 예수님은 혼자서 이 모든 일을 하실 생각이 아니셨다. 실제로 우리는 그분이 보여주신 본을 통해 사역이 하나님 나라의 선택된 극소수가 책임질 일이 아님을 배웠다. 그분은 전도, 목양, 가르침 그리고 무수히 많은 다른 사역을 수행하게 하시려고 성직자들을 따로 떼어놓지 않으셨다. 다른 이들을 인도하는 일을 직업으로 삼아 헌신하라고 부르신 사람들도 있지만, 메시아는 그분 나라의 모든 시민이 지상에 악의 지배 대신 하나님이 창조하신 태초의 질서를 회복시키는 부담을 지기 바라신다. 그분은 우리의 도움 없이도 그 일을 성취하실 수 있지만, 당신의 모든 백성에게 그 계획에 대한 지분을 나누어주셨다.

적용
사역에 대한 성찰

앞에서 예수님은 열두 사도를 보내어 천국을 선포하고, 병을 치유하며, 귀신을 쫓는 그분의 사역을 그대로 따라하게 하셨다. 여기서 그분은 수십 명을 더 보내어 같은 일을 하게 하신다. 그들의 일을 생각할 때 두 가지 생각이 떠오른다.

첫째는 사역하는 모든 이를 향한 생각이다. 당신을 부르신 그분께 신실하라. 이 말은 이제 진부한 표현이 되었다. 그러나 나는 우리에게 이런 단순한 일깨움이 필요하다는 사실을 깨달았다. 하나님은 당신을 부르셨다. 그리고 그분은 부르신 자들을 준비시키신다. 그분은 실패하라고 당신을 부르지 않으셨다. '성공'(그게 무엇을 의미하든)하라고 부르지도 않으셨다. 그분은 신실하라고 당신을 부르셨다. 굴복하지 말라. 포기하지 말라. 지치지 말라. 떠나지 말라. 거기 있으라.

둘째는 사역의 대상이 되는 이들을 향한 생각이다. 당신을 섬기는 사역자들이 당신의 삶을 함께 책임지고 감독하게 하라. 당신의 삶이 그리스도를 부끄럽게 하거나 다른 사람들을 위험에 빠뜨리게 할 정도로 선을 벗어나지 않은 한, 올바른 종들은 결코 당신에게 책임을 요구하지 않을 것이다. 그러나 그런 일이 있을 때 그리스도의 훌륭한 종은 어쩔 수 없이 겸허하게 당신을 대면할 것이다(갈 6:1-2).

종교 개혁가 마르틴 루터는 사역에 대해 다음과 같은 성찰을 했다. 문화적으로는 많은 것이 변했지만, 400여 년이 지난 지금까지 사역은 크게 달라지지 않았다.

> 양들을 지도하고 돕기 위해 그들이 어떻게 사는지를 총괄하는 것은 누구에게나 지루한 일이다. 늑대들이 침입하지 못하게 몸과 생명을 바쳐 밤낮으로 감독하고 경계해야 한다. 그래서 베드로는 "억지로 하지 말"라고 말한다. 자신이 사역에 부름받지 않았다고 우길 수 있는 사람은 아무도 없다. 만약 그가 사역에 부르심을 받고 필요한 존재라면, 그 사람은 기꺼이 사역에 참여해서 자기의 맡은 바 소임을 다해야 한다. 억지로 사역을 하거나 사역에 대한 열정과 애정이 없는 사람은 사역이 요구하는 소임을 적절히 수행하지 못할 것이기 때문이다.[1]

주님, 마르틴 루터로 인해 감사드립니다.

기쁜 귀환, 통찰력 있는 가르침(누가복음 10:17-24)

17칠십 인이 기뻐하며 돌아와 이르되 주여 주의 이름이면 귀신들도 우리에게 항복하더이다
18예수께서 이르시되 사탄이 하늘로부터 번개 같이 떨어지는 것을 내가 보았노라 19내가 너희에게
뱀과 전갈을 밟으며 원수의 모든 능력을 제어할 권능을 주었으니 너희를 해칠 자가 결코 없으리라
20그러나 귀신들이 너희에게 항복하는 것으로 기뻐하지 말고 너희 이름이 하늘에 기록된 것으로 기뻐
하라 하시니라
21그 때에 예수께서 성령으로 기뻐하시며 이르시되 천지의 주재이신 아버지여 이것을 지혜롭고 슬
기 있는 자들에게는 숨기시고 어린 아이들에게는 나타내심을 감사하나이다 옳소이다 이렇게 된 것이
아버지의 뜻이니이다 22내 아버지께서 모든 것을 내게 주셨으니 아버지 외에는 아들이 누구인지 아는
자가 없고 아들과 또 아들의 소원대로 계시를 받는 자 외에는 아버지가 누구인지 아는 자가 없나이다
하시고
23제자들을 돌아 보시며 조용히 이르시되 너희가 보는 것을 보는 눈은 복이 있도다 24내가 너희에
게 말하노니 많은 선지자와 임금이 너희가 보는 바를 보고자 하였으되 보지 못하였으며 너희가 듣는
바를 듣고자 하였으되 듣지 못하였느니라.

페르시아 만 전쟁(걸프전)이 끝난 몇 년 후인 1990년대 초에 노먼 슈워츠코프(Norman

묵상의 서재

판매와 마케팅

나는 어떤 사람이 전도를 마케팅 용어로 논의하는 것을 들은 적이 있다. 인구통계 실태, 감지된 욕구, 포지셔닝, 브랜딩, 고객 끌기, 관심을 끄는 구호. 대부분 말장난에 불과해 한 귀로 듣고 한 귀로 흘렸지만 그의 요지는 간과할 수 없었다. 마케팅 담당자들은 고객들의 필요를 끊임없이 세심하게 살피고 상품을 돋보이게 하려고 수고를 아끼지 않는다. 판매와 마케팅은 설교자, 교사, 전도자의 일은 아니지만 그래도 우리는 하나님의 말씀을 적절하고 멋지게 선포할 책임이 있다.

권위 있는 설교자는 생각을 독창적으로 전달한다. 그들이 진리를 제시하는 방법에는 흥미를 끄는 무언가가 있다. 단순히 유창하거나 재미있는 것을 말하는 게 아니다. 사람들을 즐겁게 하는 것도 아니다. 나는 독창적인 사고와 창조적인 전달에 대해 말하는 것이다. 좋은 먹이가 있으면 양들은 온다. 그것이 멋지게 제공되는 곳에는 더 많이 온다.

나는 매주 주일 오후만 되면 배가 고프다. 1시까지 굶는다. 아내 역시 바쁘기는 마찬가지다. 그렇지만 아내가 집에서 준비하는 음식에 관해 말하자면, 나는 아내가 모든 재료를 커다란 분쇄기에 갈아서 한 덩어리의 파이로 구워 식탁 위에 올려놓지 않아서 정말 기쁘다. 양상추, 토마토, 아이스티, 얼음, 고기, 야채, 롤빵, 아이스크림, 디저트를 몽땅 갈아서 한꺼번에 구워내지 않아서 기쁘다. 영양적으로는 같은 식재료를 사용한 다른 음식과 다를 바 없겠지만, 아내는 시간을 들여 각각의 음식을 요리해서 보기 좋게 담아낸다. 나는 그 음식만을 고맙게 생각하는 게 아니다. 나는 아내가 요리를 잘하려는 마음에 더 고마움을 느낀다. 이처럼 모든 목사, 교사, 전도자는 청중에게 진리를 훌륭하게 전달해야 할 책임이 있다. 청교도 목사인 리처드 백스터(Richard Baxter)가 17세기에 쓴 다음과 같은 글을 발견했다.

> 형제여, 하나님의 이름으로 강대상에 오를 때, 죄인의 마음을 깨울 수 있게 먼저 그대의 마음을 각성시키려고 애쓰십시오. 그들은 깨달음을 얻거나 또는 지옥에 떨어질 수밖에 없으며, 지루한 설교자는 꾸벅꾸벅 조는 죄인들을 깨울 수 없음을 기억하십시오. 그대가 하나님의 거룩하신 행사를 아무리 찬양한다해도 태도가 냉정하다면, 그것은 자신이 내뱉은 말을 철회하는 것처럼 보일 것입니다….
> 천국이나 지옥 같은 중대한 문제에 대해 냉정하거나 경솔하게 말하지 마십시오. 농담을 하거나 듣기 좋은 해석을 해주거나 미사여구로 가득 찬 연설은 사람의 마음을 쪼갤 수 없습니다…그저 말뿐인 설교는 제아무리 잘 다듬어져 있어도, 증거의 빛과 열정적인 삶이 없다면 잘 꾸민 시체에 불과할 뿐입니다.[2]

이 글이 매주 토요일 저녁마다 내 머리 속을 맴돈다. 특히 "지루한 설교가는 꾸벅꾸벅 조는 죄인을 깨울 수 없다"라는 이 말은 내가 다음날 아침, 내 인생 최고의 설교를 하도록 나를 자극한다.

Schwarzkopf) 장군은 『영웅이 아니어도』(*It Doesn't Take a Hero*)라는 제목의 자서전을 집필했다. 그 책은 군 생활을 해본 사람이라면 누구나 흥미진진하게 읽을 만했다. 책 중간쯤에서 그는 베트남에서 난생처음 전투지휘관의 자리를 맡게 되었을 때 했던 생각들을 상세히 들려준다. 미 육군 사관학교를 졸업하고 희망에 부풀어 열정과 에너지로 충만했던 슈워츠코프는 눈을 반짝이며 베트남으로 향했다. 그는 (그의 말에 의하면) '하나님과 조국과 어머니의 음식 솜씨'를 위해 베트남에 갔다.

그런데 책의 후반부를 보면 그림이 달라진다. 두 번째 임무 수행 후에 그는 전쟁의 상흔으로 일그러진 동남아시아, 자신의 지휘 아래 있던 젊은이들이 죽거나, 지뢰에 신체의 일부를 잃고나서야 고국으로 돌아가게 되는 그곳을 떠났다. 그의 글은 사실주의적이다. "그때 나는 내가 사령관이 되기 위해 발버둥치고 있다는 걸 깨달았다…나는 생각했다. '감사합니다. 하나님, 이제 다 끝났습니다.' 나는 할 수 있는 한 많은 생명을 구했다…나는 가족이 있는 집에 가고 싶었다."[3] 같은 지역, 같은 상황, 같은 사람이었지만 전쟁에 나가는 것과 귀향하는 것은 얼마나 다른가!

몇 주, 혹은 몇 달 동안의 사역을 마친 후 예수님이 위임하고 파송하신 칠십 인은 각자의 무용담을 갖고 돌아왔다. 주님은 이 메시아의 특사들에게 평화의 왕국을 선포하고, 영적으로나 육체적으로 병든 자를 치유하는 임무를 맡기셨다. 주님은 직접 예루살렘에 가시기에 앞서 그분을 대신해서 사역할 수 있는 권능과 권한을 그들에게 부여하셨다. 그리고 그분은 그들에게 몇 가지 진리를 상기시키셨다. 메시지는 하나님의 것이다. 추수는 하나님이 하신다. 그들을 보호하고 필요를 공급하시는 것은 하나님의 일이다.

임무를 완수한 역전의 천국 사역자들이 여기저기에서 돌아왔다. 그들은 노먼 슈워츠코프와는 달리 들려줄 기쁜 소식을 가지고 돌아왔다.

—10:17—

누가는 이 칠십 인이 얼마 동안 나가 있었는지, 어디에 갔는지, 누구에게 사역했는지, 얼마나 자주 신발의 먼지를 털어냈는지, 얼마나 많은 사람이 그들이 전하는 평안의 메시지를 받아들였는지 밝히지 않는다. 우리가 아는 것은 다만 그들이 마치 새로 발견한 신기한 것을 부모에게 알려주고 싶어 안달이 난 아이들처럼 기뻐하며 돌아왔다는 것이다. 누가는 "주여 주의 이름이면 귀신들도 우리에게 항복하더이다"라는 그들의 말 속에 담긴 흥분을 잘 전달해준다.

예수님은 열두 사도를 보내시며 "모든 귀신을 제어하며 병을 고치는 능력과 권위"를 주셨다(9:1). 주님이 리더십 팀의 핵심 멤버들에게 이렇게 하신 것은 타당성이 있다. 놀라운 일이지만 이치에 맞는다. 그런데 예수님이 칠십 인을 파송하실 때에는 악령을 다스리는 권능에 대한 언급이 없었다. 그들은 병든 자를 고치고 하나님 나라가 가까이 왔음을 선포하라는 말씀을 들었다(10:9). 그래서 그들이 잔뜩 신이 나서 돌아왔을 때, 우리는 그들이 그리스도의 이름으로 귀신들에게 절하라는 명령까지 할 수 있었음을 알게 된다. 그들의 권위는 그들의 스승(4:41)과 스승의 핵심 리더십이 가진 권위에 필적했다(9:6).

—10:18-20—

사탄이 그의 권좌에서 떨어지는 것을 주님이 생생하게 묘사하신 것은 의심할 여지없이 예수님과 그분의 제자들이 세상에 미친 영향을 상징한다. 그분이 사용하신 이미지는 이사야 14장 12절에서 나온 것인데, 이는 많은 사람이 창세기 1장 1절 이전에 일어난 사건인, 사탄이 반역에 대한 벌로 천국에서 떨어지는 것을 의미한다고 해석한다. 마지막 때에 사탄은 세상 권좌에서 떨어져 최종적인 패배의 결과로 영원한 고통(계 8:10, 9:1)을 당할 것이다. 예수님은 칠십 인의 사역을 그 패배의 시작으로 보셨다.

예수님은 이사야 14장의 이미지를 가지고 제자들의 패기를 확인하시고 당신의 사명의 범위를 분명히 밝히셨다. 그분은 단순히 유대인의 구세주나 세상의 통치자로서가 아니라 우주적인 범위에서 천지 만물을 변화시키려고 오셨다.

예수님은 앞으로도 담대할 수 있도록 힘을 북돋워주시려고 칠십 인이 행했던 사역을 계속 지지하셨다. "내가…주었으니"라는 구절의 완전 시제는 이전 행위의 결과가 현재까지 이어짐을 나타낸다. 그분은 이미 그들이 벌써 목격한 바 있는 증거인 악을 다스릴 권세를 그들에게 주셨고, 앞으로의 사역을 위해 이 권세를 계속 갖고 있었다. 뱀과 전갈을 밟는 이미지는 구약에서 사람들이 위험한 짐승들을 발로 밟는 것으로 하나님의 보호를 나타내는

루시퍼의 전설

사탄, 악마, 루시퍼, 벨리알, 바알세불, 거짓의 아비, 고발자, 공중 권세 잡은 자.

사탄은 구약에서 좀처럼 모습을 드러내지 않는다. 창세기에서 현혹하는 뱀으로 소개된 뒤로 분명하게 언급된 것은 딱 네 번밖에 없어서, 그나마 그것을 통해 악의 화신의 모습을 언뜻 볼 수 있다. "사탄"이라는 이름이 언급된 것은 딱 세 번이다.

창세기 3장에 나오는 뱀은 일반적으로 동물이나 서식하는 생물의 형태를 취한 사탄이라고 생각되며, 그 경우만 제외하고는 에덴 동산에 사는 온순한 동물이다. 흥미롭게도 본문은 그 뱀의 정체를 구체적으로 밝히지 않지만, 나중에 계시록에서 요한은 사탄을 "용…옛 뱀"(참고 계 20:2, 12:9, 15)으로 일컬으면서 에덴동산의 뱀을 암시한다.

욥기에서는 사탄으로 알려진 인물이 천사들로 추정되는 "하나님의 아들들"과 함께 하나님 앞에 나타났다. 하나님이 사탄을 대하시는 모습을 보면, 사탄은 천사와 같은 존재로 그들 중에서 이탈했음을 알 수 있다(욥 1:6-12). 하나님이 욥을 "온전하고 정직하여 하나님을 경외하며 악에서 떠난 자"(욥 1:1)로 인정하시는 것을 보고 사탄은 '고발자' 또는 '원수'라는 이름에 걸맞은 반응을 보였다. 사탄은 욥이 죄를 짓게 하려고 그를 괴롭혔다.

사탄은 다윗을 꼬드겨 그가 주님의 보호하심을 불신하며 자기의 군사력을 평가하기 위한 인구조사를 실시하게 했다(대상 21:1-2).

마지막으로 스가랴 선지자는 사탄을 "여호와의 천사" 앞에 서서 대제사장 여호수아가 과거의 죄 때문에 주님을 섬기기에 부적합하다고 비난하는 천사 같은 존재로 묘사했다(슥 3:1-7).

구약에서 악한 존재에 대해 언급한 상황은, 이사야와 에스겔의 신탁 속에 간접적으로 언급된 논란의 여지가 있는 내용을 제외하고, 이것이 전부다. 이사야의 시에서 주님은 이스라엘이 바벨론에 의해 멸망당한 후에 다시 일어설 것을 재확인해주셨다. 바벨론의 왕이 그 행악에 대한 형벌을 받게 될 날을 축하할 수 있도록 하나님은 자기 백성들에게 조롱의 노래를 써주셨다. 이 시는 죽음 너머에 있는 고통의 장소에서 왕이 겪을 참혹한 일을 묘사한 후에 이렇게 노래한다.

흔한 구어적 표현을 생각나게 한다(참고 시 91:13, 사 11:8). 또한 뱀과 전갈에 대한 구체적인 언급은 하나님의 왕국으로서 이스라엘을 약속의 땅에 정착시키실 때 이스라엘에 대한 하나님의 보호하심을 나타낸다(신 8:15).

예수님이 사용하신 이미지는 에덴 동산에서 사탄에게 내려진 저주 또한 생각나게 한다.

> 내가 너로 여자와 원수가 되게 하고 네 후손도 여자의 후손과 원수가 되게 하리니 여자의 후손은 네 머리를 상하게 할 것이요 너는 그의 발꿈치를 상하게 할 것이니라 하시고(창 3:15).

예수님이 여인의 "후손", 즉 사탄을 능히 이길 분이라는 데는 의심의 여지가 없다. 그럼에도 그분은 제자들을 불러 함께 악을 짓밟게 하신다(롬 16:20 참고).

예수님은 제자들과 함께 악을 이긴 것을 축하하고 기뻐하는 순간에도 그들이 눈을 들어 영원의 관점에서 사물을 보게 하셨다. 악령을 쫓아내는 그들의 능력은 일시적인 승리에 불과하다. 영원한 승리의 결과는 하나님 나라에서 누리는 영생이다.

더구나 왕국에서 그들의 가치는 사역의 성과에 의해서가 아니라 하나님이 그들을 당신의 백성이라고 주장하셨다는 사실에 입각해 결정된다.

—10:21—

예수님은 제자들이 사역을 잘 해낸 것을 칭찬하시고 성령에 이끌려 하나님 아버지를 찬양하셨다. 누가는 하나님 아버지의 역설적인 계획의 승리를 찬양하며 삼위일체의 삼위가 모두 친밀하게 교류하시는 모습을 묘사한다. 주님은 지적이거나 문화적으로 지혜가 있는 사람들만을 위해 진리를 따로 두지 않으셨다. 주님은 부유하고 지적이며 지위가 높고 특권을 누리는 사람들을 편애하지 않으셨다. 사람들은 해답을 주고 앞서서 이끌어줄 고등교육의 중심지에서 지혜를 찾고, 세상 지도자들은 아주 똑똑하고 뛰어난 사람들만을 모집하지만, 예수님은 초자연적인 승리를 성취하기에는 터무니없이 부족하고 변변찮은 사람들을 택하셨다.

하나님이 교육을 경시하신다거나, 더 많이 배우는 게 잘못이라는 말을 하려는 게 아니다. 평범한 지성이나 최소한의 교육을 받은 사람들을 통해 위대한 일을 이

> 너 아침의 아들 계명성이여
> 어찌 그리 하늘에서 떨어졌으며
> 너 열국을 엎은 자여 어찌 그리 땅에 찍혔는고
> 네가 네 마음에 이르기를
> 내가 하늘에 올라
> 하나님의 뭇 별 위에 내 자리를 높이리라
> 내가 북극 집회의 산 위에 앉으리라
> 가장 높은 구름에 올라가
> 지극히 높은 이와 같아지리라 하는도다
> 그러나 이제 네가 스올 곧 구덩이 맨 밑에
> 떨어짐을 당하리로다(사 14:12-15).

이 노래는 분명 사탄이 아닌 인간 왕을 지칭하고 있지만, 훗날 유대 문학은 이것을 창세기 1장 1절 이전의 사탄의 기원에 대한 암시로 본다. 에스겔 28장 11-19절에 나오는 두로의 왕에 대한 에스겔의 비난에 대해서도 똑같이 말할 수 있다. 이 구절은 본질적으로 인간 왕을 악의 화신으로 지칭하면서 에덴 동산의 거짓말하는 뱀의 이미지를 끌어온다. 에스겔은 두로의 인간 통치자에게 직접 한 말이지만, 대부분의 신학자들은(과거와 현재를 통틀어) 그 선지자가 사용한 이미지 속에서 사탄에 대해 전에는 밝혀지지 않았던 사실을 알게 된다고 말한다.

구약과 신약 사이에서 유대인 작가들은 성경의 단서와 유대인의 신화를 불온하게 혼합해 사탄을 뱀파이어나 부기맨 같은 동화에 나오는 괴물로 변질시켰다. 예를 들어 위경인 에녹 2권의 한 구절을 보자.

> 천사들로부터 이탈해 자기 수하들과 함께 등을 돌린 자가 자기의 왕좌를 땅 위의 구름보다 높은 곳에 두어 나와 동등한 권세를 누리겠다는 참람한 생각을 품었다. 그래서 나는 그를 그의 천사들과 함께 하늘에서 추방했고, 그는 무저갱 위의 공중을 끊임없이 날아다녔다.[4]

그것 말고도 솔로몬의 글이라고 전해지는 가공의 이야기를 담은 또 다른 책은 인터뷰를 곁들여 사탄과 악마에 대해 상세히 묘사한다. 여기에 나오는 이미지를 눈여겨보라.

> 나는 마귀에게 물었다. "마귀인 그대가 어떻게 하늘에 올

라가 별들과 거룩한 천사들 사이에 섞일 수 있는가?" 그러자 그가 대답했다. "하늘에서 일이 이루어지듯이 땅에서도 온갖 일이 이루어진다. 그곳에는 주권, 권위, 세상 통치자들이 있을 뿐 아니라 우리 마귀들도 공중을 날아다니고 있다. 우리는 천상의 존재들의 음성을 듣고 모든 열강을 살핀다. 내려 앉아 쉴 기반이 없는 우리는 힘을 잃고 낙엽처럼 떨어진다. 그러면 사람들은 우리를 보고 하늘에서 별이 떨어진다고 상상한다. 그러나 오, 왕이여, 그건 사실 별이 아니다. 우리는 힘이 없어서, 그리고 잡을 게 아무것도 없어서 추락하는 것이다. 그래서 우리는 한밤중에 홀연히 번개처럼 떨어진다. 그리고 우리는 마을들을 불사르고 들판을 불붙게 한다. 별들은 해와 달처럼 하늘에 견고한 기초를 가지고 있다."[5]

주류 랍비들은 이런 글들을 민간전승으로 치부했다. 그들은 이사야 14장에 나오는 바벨론의 왕을 사탄이 장차 받을 심판의 실례로 보았다. 그리고 실제로 그렇다. 예수님은 사탄을 동화처럼 묘사한 것을 인정하거나 지지하지는 않으셨지만, 마귀의 종말을 설명하시기 위해 풍성한 이미지로 짜인 문학적 태피스트리를 이용하셨다.

루신다고 해서 천재들의 공헌을 폄하하거나, 지식의 혜택에 대해 간과하시는 것은 아니다. 주님은 평범한 사람들을 택하심으로써 악을 압도하는 그분의 능력을 부각시키신다. 또한 주님은 지능지수에 상관없이 어린아이들처럼 열린 마음과 겸손한 심성을 지닌 사람들을 높이신다.

그러나 자신의 뛰어난 지성을 지나치게 인식하고, 마음속에 하나님이 들어설 자리가 없으며, 믿음을 지혜에 대한 모욕이라고 거부하는 사람들은 하나님 나라에서 처소를 찾을 수 없다. 세상의 지혜로 십자가를 이해할 수 없는 것도 이 때문이다(고전 1:18-23). 따라서 예수님은 그분의 제자들을 "어린아이들"이라고 부르심으로써 하나님 나라에서 할 수 있는 최고의 찬사를 하신 것이다. 그분의 셈법으로는 가장 작은 자가 가장 큰 자다.

—10:22—

이전에 예수님의 정체를 의심하는 사람이 있었다면 그것은 그분이 지금까지 당신의 신성을 과감히 주장하시면서도, 약간 오해의 소지를 남겨놓으셨기 때문이다. "모든 것"이라는 말은 특정한 영역에 대한 구체적인 언급 없이 사용되었을 때(예를 들어 '바다 속 만물들' 이나 '글로 쓰인 모든 것'처럼)에는 거의 대부분이 '우주 만물'을 의미한다(참고 요 1:3, 행 17:24, 엡 3:9, 골 1:16). 예수님은 제자들이 듣는 데서 다니엘 7장 13-14절 말씀처럼 모든 것(전 우주에 대한 권세)이 그분께 주어졌다고 분명하게 말씀하신다. 그리스도의 통치는 마지막 때에 궁극적으로 온전히 이루어질 것이다(계 19:11-21). 그때까지 세상에 대한 메시아의 소유권과 실제로 그분이 그것을 소유하시게 되는 것 사이에 긴장이 존재한다. 오늘날도 그렇지만, 예수님이 기도하실 때 사탄은 권력의 찬탈자, 불법적인 통치자로 세상의 왕좌에 앉아 있었다(요 12:31, 엡 2:2, 6:12).

예수님이 모든 피조물의 진정한 왕이시며, 하나님 아버지에 대한 순전한 지식을 지니신 유일한 분이시기 때문에 사람은 그분을 통해서만 하나님 아버지를 알 수 있다. 누가가 선택한 어구는 하나님과 사람 사이의 유일한 중재자이신 예수님의 주권을 부각시킨다. 마치 계시가 우리의 소관인 것처럼 예수님을 봄으로써 하나님을 볼 수 있는 게 아니다. 우리는 아들이 아버지를 나타내셔야만 그분을 볼 수 있다. 그리고 아들에게는 무언가를 드러내셔야 할 도덕적 의무가 없으시다. 아들의 주권적 선택에 의해서, 오직 그분을 통해서만 우리는 하나님에 대한 지식을 얻는다.

—10:23-24—

칠십 인에게 강론을 마치신 예수님은 사적인 이야기를 하시려고 열두 사도에게 돌아서셨다. 그들은 분명 예수님이 칠십 인에게 하신 말씀을 들었고, 그 말은 그들에게도 적용되었을 테지만, 그분은 장차 세상의 지도자들이 될 핵심 집단에게 특별히 하실 말씀이 있으셨다. 나는 이것을 '영광스러운 축복'이라고 부른다.

구약의 역사에서는 왕이 가장 중요했다. 왕들은 모든 영광을 받을 권리가 있었고 무엇이건 가장 좋은 것을 받았다. 그들의 권위는 의심을 받거나 도전받을 수 없었고, 왕국의 모든 것은 그들의 개인 소유물로 여겨졌다. 그렇더라도 그들의 재산과 특권은 육신을 입으신 하나님 아들의 임재를 체험하고, 그분의 왕국이 지상에 재건되는 것을 보는 혜택에 비교조차 할 수 없다.

구약을 보면 선지자만큼 위대한 인물은 없다. 그들이 부여받은 초자연적 지식으로 사람들 사이에서 엄청난 영향력을 미쳤기 때문이다. 선지자들은 하나님과 직접, 또는 꿈이나 환상을 통해 대화를 나누었다. 선지자들은 장차 일어날 일들에 대한 비밀을 알았고, 초자연적인 능력을 발휘했다. 그런데도 그들의 지식은 열두 사도가 직접 보고 들은 것에 비하면 보잘것없었다. 열두 사도는 예수님이 행하신 기적을 목도했다. 그들은 천상의 신비에 대한 계시를 들었다. 열두 사도는 다른 어떤 사람도 갖지 못한 예수님과 하나님의 부자(父子) 관계를 보았다.

적용

제자들이 하는 일

칠십 인의 제자는 여행 중에 배운 교훈들에 대해 이야깃거리를 가지고 돌아왔다. 만약 우리가 그 이야기들로 꽃을 피우는 모닥불 주변에 둘러앉아 있었다면, 그들에게서 무엇을 배울 수 있었을까?

만화가 월트 켈리(Walt Kelly)는 〈포고〉(*Pogo*)라는 신문 연재만화를 그렸다. 한번은 포고가 습지에서 낚시를 하고 있다. 이윽고 자그마한 오리 한 마리가 물가로 헤엄쳐 와서는 뒤뚱거리며 육지로 올라와 그 옆에 앉는다.

"내 사촌 봤어요?" 그 오리가 묻는다.

"네 사촌?"

"네. 그 애는 꼬마 자동차를 타고 북쪽으로 가고 있어요." 오리가 말한다.

"꼬마 자동차로?" 포고가 묻는다. "왜 날아가지 않고?"

"아, 걔는 나는 걸 무서워하거든요. 떨어질까봐요."

포고는 오리를 쳐다본다. "그럼 수영하면 되잖아?"

"아, 걔는 수영 안 해요. 수영하면 멀미를 하거든요."

포고는 수상쩍은 표정으로 오리를 보며 이렇게 말한다. "네 사촌이 오리가 되기로 작정한 거 자체가 큰 실수였군."

얼마 전에 내 친구 해돈 로빈슨(Haddon Robinson)이 그 짤막한 만화에 팔복의 어구를 붙였다. "오리가 되기로 작정했을 때 오리가 해야 할 일을 하는 오리는 복이 있나니!" 그리고 나는 내 친구의 이 표현을 빌려서 이렇게 말하고 싶다. "제자가 되기로 작정했을 때 제자가 하고, 듣고, 보고, 믿어야 하는 것을 하는 자는 복이 있나니."

당신은 아마도 예수 그리스도와의 여정을 순탄하게 시작했을 것이다. 갈보리의 십자가 앞에 왔을 때 이루 말할 수 없는 흥분과 함께 심리적 부담감이 사라지고 어깨를 짓누르던 죄의 무게가 가벼워지는 것을 느꼈을 것이다. 당신의 죄가 그리스도의 붉은 피로 씻겨나가 다시는 당신에게 책임을 묻지 않는 것을 보았을 것이다. 그분의 부활을 통해 당신은 꿈에도 상상하지 못했던 차원의 삶을 살 수 있는 능력을 받았다. 그리고 당신은 그 여정에서 제자의 도리를 하고, 사람들에게 구세주에 대해 전하며, 새 생명을 받은 사실에 흥분하고, 죄를 용서받은 것에 가슴 설레며, 그분을 섬기고, 그분을 대변할 힘을 다시 얻었다.

오늘, 당신은 긴 여행에서 돌아와 평가를 한다. 혹시 곁길로 새지 않았는가? 본질적인 것보다 비본질적인 것에 더 비중을 두지 않았는가? 제자가 되겠다고 마음먹은 게 실수였다고 생각하지는 않는가? 아니다. 결코 실수가 아니었다. 당신은 올바른 선택을 했다. 그러나 지금은 제자의 도리를 다하기로 결단할 때다. 그것은 스승의 말에 순종하는 것, 지도자를 따르는 것이다. 그것이 제자의 도리다.

내 이웃의 이웃은?(누가복음 10:25-37)

---

[25]어떤 율법교사가 일어나 예수를 시험하여 이르되 선생님 내가 무엇을 하여야 영생을 얻으리이
까 [26]예수께서 이르시되 율법에 무엇이라 기록되었으며 네가 어떻게 읽느냐 [27]대답하여 이르되 네
마음을 다하며 목숨을 다하며 힘을 다하며 뜻을 다하여 주 너의 하나님을 사랑하고 또한 네 이웃을
네 자신 같이 사랑하라 하였나이다 [28]예수께서 이르시되 네 대답이 옳도다 이를 행하라 그러면 살리
라 하시니 [29]그 사람이 자기를 옳게 보이려고 예수께 여짜오되 그러면 내 이웃이 누구니이까
[30]예수께서 대답하여 이르시되 어떤 사람이 예루살렘에서 여리고로 내려가다가 강도를 만나매
강도들이 그 옷을 벗기고 때려 거의 죽은 것을 버리고 갔더라 [31]마침 한 제사장이 그 길로 내려가다
가 그를 보고 피하여 지나가고 [32]또 이와 같이 한 레위인도 그 곳에 이르러 그를 보고 피하여 지나가
되 [33]어떤 사마리아 사람은 여행하는 중 거기 이르러 그를 보고 불쌍히 여겨 [34]가까이 가서 기름과
포도주를 그 상처에 붓고 싸매고 자기 짐승에 태워 주막으로 데리고 가서 돌보아 주니라 [35]그 이튿
날 그가 주막 주인에게 데나리온 둘을 내어 주며 이르되 이 사람을 돌보아 주라 비용이 더 들면 내
가 돌아올 때에 갚으리라 하였으니 [36]네 생각에는 이 세 사람 중에 누가 강도 만난 자의 이웃이 되겠
느냐 [37]이르되 자비를 베푼 자니이다 예수께서 이르시되 가서 너도 이와 같이 하라 하시니라.

빈스 롬바르디(Vince Lombardi)는 1959년 프로풋볼 팀 그린베이 패커스가 바닥을 치고 있을 때 팀을 물려받았다. 전 시즌 12경기 중 10경기를 패한 후에 팀은 더 이상 내려갈 데

가 없어서 올라갈 일만 남은 상태였다. 그러던 중 팀이 다섯 경기를 연달아 패하는 것을 본 롬바르디는 생각 끝에 모든 선수를 모아놓고 기초부터 다시 시작하겠다는 생각을 밝혔다. 그런 다음 그는 공을 하나 집어 들고 말했다. "여러분, 이것은 풋볼입니다!"

때를 놓칠세라, 짓궂기로 유명한 맥스 맥기(Max McGee)가 선수들 뒤에서 대답했다. "코치님, 좀 천천히 해주시겠어요. 진도가 너무 빠른데요."[6]

롬바르디는 웃었지만, 이내 다시 팀에 집중했다. 풋볼을 아무리 많이 해봤다 해도 과거의 실수를 잊고 처음부터 다시 시작해야 할 때가 되었다. 아무리 기발한 작전을 짜도 선수들이 막고, 공격하고, 패스하고, 잡고, 달리는 법을 잊는다면 팀을 승리로 이끌 수 없을 것이다.

예수님이 이스라엘의 종교계에 발을 들여놓으실 무렵 유대교의 가시적 표본은 너무나 복잡해서 누구도 전부 지킬 수 없는 규율과 의식의 목록으로 축소된 경건이었다. 설상가상으로 규율과 의식들로 인해 종교인들은 하나님 율법의 가장 기본적인 원칙들을 비롯해서 근본을 망각했다. 예수님이 제자들이 임무를 잘 수행한 것을 칭찬하시고 하나님 나라가 공식적으로 시작되었다고 선포하셨을 때, 종교인들 중 한 사람이 제자가 되기 위해 필요한 조건이 무엇인지 물었다. 두말할 필요 없이 그것은 예수님이 그냥 지나치실 수 없는 절호의 기회였다.

—10:25-26—

누가의 이야기는 어느새 열두 사도와의 개인적인 대화에서 예수님이 대중과 함께하시는 공개적인 자리로 바뀌었다. 누가는 중요한 연결을 위해 이 이야기를 칠십 인의 보고 바로 뒤에 배치했다. 아니, 어쩌면 이것은 연결이 아니라 단절이라고 하는 게 더 맞을지도 모르겠다. 지난 몇 주 또는 몇 달 동안 제자들은 지상에 하나님 나라가 도래했음을 선포했다. 그것을 들은 유대인의 율법과 전통에 정통한 한 "율법교사"가 한 가지 유도 질문을 했다.

이 질문은 두 가지 이유에서 유도 질문이다. 첫째, 이것은 '행한다'(doing)는 개념(즉, 혜택을 얻기 위해 하는 것)과 '얻다'(inheriting)라는 개념을 부적절하게 결합했다. 그 율법교사는 영생을 얻기 위해 무엇을 해야 하는지 물었는데, 유대인들은 영생을 하나님 나라에서 사는 것으로 제대로 이해했다. 유산은 노력으로 얻는 게 아니다. 재산은 이미 상속인에게 속했고 때가 되면 그의 소유가 될 것이 보장되어 있다. 1세기 유대인들은 하나님의 조건 없는 언약을 받은 아브라함의 후손으로 하나님 나라(영생)를 자동으로 물려받을 거라고 믿었다.

둘째, 이 질문은 예수님이 사역을 통해 전하신 중심 메시지에 대한 도전이었다. 예수님은 죄를 사하시고, 악령을 내쫓으시며, 그들의 믿음이 그들을 구원했다고 선포하시고 악의 물리적 영향에서 사람들을 구하셨다(5:20, 7:9, 50, 8:48). 즉, 악의 일시적 결과와 죄에 대한 영원한 형벌에서 사람들을 구원하셨다. 다시 말해 그들은 죄로 물든 삶을 살았음에도 믿음으로 영생을 받았다.

그 율법교사는 답을 얻기 위해 질문을 한 게 아니었다. 그는 결투를 신청하기 위해 장갑을 던지듯, 말하자면 예수님께 신학적 결투를 신청하기 위해 그 질문을 던졌다. 이는 그 유대교를 공식적으로 대표하는 자들이 오래전에 하나님 나라의 기본적인 진리에서 끊어져나간 까닭이다. 누가는 바리새인들과 함께 율법교사들을 "그 (요한)의 세례를 받지 아니함으로 그들 자신을 위한 하나님의 뜻을 저버"린(7:30) 사람들로 묘사했다.

성구함을 이마에 맨 예배자

예수님은 통찰력 있는 교사들이 으레 그렇듯이 그 질문을 다시 율법교사에게로 돌리셨다. 그분은 율법교사의 잘못된 주장을 논박하지 않으시고 그가 율법과 왕국의 참된 시민의 삶에서 율법의 역할을 어떻게 이해하는지 물으셨다. 영생은 믿음을 통해 은혜로 받는 게 사실이지만, 그렇다고 해서 율법의 효력이 없어지거나 무용지물이 되는 것은 아니다.

—10:27-29—

유달리 경건한 유대인들은 팔목이나 머리에 토라에서 발췌한 글이 담긴 작은 가죽 주머니나 상자를 맸다. 그들은 하나님이 "너는 또 그것을 네 손목에 매어 기호를 삼으며 네 미간에 붙여 표로 삼고"(신 6:8)라고 하신 명령에 글자 그대로 순종하기 위해서, 그리고 율법을 무엇보다도 마음에 소중히 간직하기 위한 실제적인 방법으로 그렇게 했다. 그러나 예수님 시대에 이 관습은 사람들의 이목을 끄는 영성의 상징이었다. 그래서 예수님께 질문을 던졌을 때 그 율법교사는 성구함을 착용하고 있었을 가능성이 높다.

예수님은 그에게 하나님 나라에서 율법이 어떤 역할을 한다고 생각하는지 물으셨다. 예수님의 질문에 대한 답으로 그 율법교사는 어쩌면 그의 머리나 손목에 매고 있었을지도 모르는 구약의 두 구절을 인용했다. "너는 마음을 다하고 뜻을 다하고 힘을 다하여 네 하나님 여호와를 사랑하라"(신 6:5). "네 이웃 사랑하기를 네 자신과 같이 사랑하라"(레 19:18). 그는 율법의 핵심을 정확히 이해하고 있었다.

이에 대한 예수님의 대답은 이런 뜻이었다. "너는 이미 답을 알고 있으니 이제부터 그렇게 하라!"

이론적으로는 하나님의 율법을 지켜서 영생을 얻는 것이 가능하다. 다시 말해, 도덕적으로 완벽한 사람은 정말로 하나님 나라에서 영생을 얻을 자격이 있다. 도덕적으로 완전한 사람은 은혜가 필요 없다. 예수님은 구약의 선례(예를 들어 레 18:5, 겔 20:11)를 넌지시 언급하시며 그 율법교사에게 그가 설교한 대로 살고, 그의 선행으로 천국에서 영생을 얻을 수 있다는 것을 믿으라고 종용하셨다.

그러자 그 율법교사(그들이 으레 그렇듯)는 허점을 찾기 시작했다. 그는 자기가 율법을 완벽하게 지키지도 못했고 그럴 수도 없다는 사실을 알았다. 그는 오래전에 도덕적으로 완벽해지려는 싸움에서 졌다는 사실을 알고 있었다. 그래서 그는 모든 바리새인이 했던 것을 하려고 했다. 천국의 기준이 너무 높다는 사실을 알았기에 그는 기준을 낮추기 위한 방안을 모색했다. 그는 "자기를 옳게 보이려고" 최대한 편리한 쪽으로 "이웃"이라는 말을 정의하려고 했다.

구약에서 추방 전 그리고 약속의 땅을 침략자들과 나누기 전에 이스라엘의 이웃은 거의 예외 없이 또 다른 이스라엘 사람이었다. 그는 아마도 이렇게 생각했을 것이다. 만약 "이웃"이 자신이 좋아하는 사람과 가장 편하게 생각하는 사람을 의미하는 것이라면 자신은 충분히 잘하고 있다고 말이다. 그러나 예수님은 기준을 낮추려고 오신 게 아니다. 그분은 의의 기준을 높이려고 오셨다(마 5:17 참고).

그의 질문에 대한 답으로 예수님은 이야기 하나를 들려주셨다.

—10:30—

예수님은 이야기를 듣는 사람들이 금새 알아차릴 수 있는 배경을 설정하셨다. 유대인들이 남쪽 유대에서 북쪽 갈릴리로 갈 때는 으레 동쪽으로 가서 산 아래 요단 강 분지 쪽으로 가는 경로를 택했다. 그들이 이 길을 택한 것은 유대와 갈릴리 사이에 있는 사마리아를 우회하기 위해서였다. 그들은 굳이 이렇게 더 길고 험난한 길을 택할 정도로 사마리아인들을 싫어했다. 예루살렘은 해발 640미터에 위치한다. 요단 강 계곡에 있는 여리고는 해수면에서 260미터 아래에 있다. 32킬로미터가 채 안 되는 거리에서 900미터를 내려가려면 길이 험난할 수밖에 없다. 그 길은 노상강도들이 매복했다가 방심한 여행객들을 공격하기 딱 좋은 지대를 관통하는 구불구불한 길이었다. 수백 년 동안 그 길은 '피의 길'로 불렸다.

예수님은 상노들에게 의식을 잃을 정도로 두들겨 맞고 벌거벗겨져서, 돈도 다 빼앗기고 방치되어 죽어가던 한 남자의 이야기를 들려주셨다. 주목할 만한 점은 그 남자의 이름이 나타나 있지 않았다는 점이다. 그 뜻은 누구라도 그 남자의 상황에 처할 수 있다는 것이다. 그 율법교사는 신심이 깊은 그의 고상한 친구들과 마찬가지로, 여리고로 가는 길을 여러 차례 다녔지만 한 번도 혼자서 간 적은 없었다. 누구나 이 이야기 속 남자의 처지가 될 것을 두려워했다. 예수님은 이야기 속 남자에 대한 동정심을 고조시켜서 마치 그 율법교사

자신이 그 광야에 쓰러져 있는 듯이 느끼게 하셨다.

—10:31-32—

"마침"(역설적이게도), 하나님과 사람의 관계를 중재하라는 소명을 받은 율법에 정통한 제사장이 지나가면서 그 남자에게 한 줄기 희망이 생겼다. 분명 그 제사장은 "네 이웃 사랑하기를 네 자신과 같이 사랑하라"는 레위기 19장 18절을 암송했을 것이다. 아, 그러나 그 죽어가는 남자의 희망은 길 저편으로 지나쳐버렸다. 아마도 그 제사장은 레위기 21장 1-3절을 지키려고 했으리라.

> 여호와께서 모세에게 이르시되 아론의 자손 제사장들에게 말하여 이르라 그의 백성 중에서 죽은 자를 만짐으로 말미암아 스스로를 더럽히지 말려니와 그의 살붙이인 그의 어머니나 그의 아버지나 그의 아들이나 그의 딸이나 그의 형제나 출가하지 아니한 처녀인 그의 자매로 말미암아서는 몸을 더럽힐 수 있느니라.

만약 그렇다면 그 제사장은 '더 큰' 계명을 무시하고 작은 계명을 순종함으로써 양심의 가책을 무마시키는 쪽을 택한 것이다.

"또 이와 같이"(즉, '마침') 한 레위인이 지나가면서 다시 한 줄기 희망의 빛이 비쳤다. 레위인들은 성전에서 상대적으로 덜 중요한 임무를 담당하는 '부목사' 같은 존재였기 때문에 의식적인 정결에 대해 제사장만큼 걱정할 필요가 없었다. 그러나 그 역시 길을 "피하여" 지나갔다.

—10:33-35—

이야기 속의 영웅은 뜻밖의 인물이다. 누가는 "사마리아 사람"이라는 말이 부각되도록 단어를 배열했다. 그 미움받는 사마리아 사람(모든 사람들에게서!)은 제사장과 레위인이 본 광경을 "보고 불쌍히 여"겼다. 다른 두 나그네는 길을 피해 지나갔지만 그 사마리아인은 가까이 갔다. 게다가 주님은 그 사마리아인이 친절하고 세심하게, 또한 성의 있고, 희생적으로 그를 보살폈다고 묘사하셨다. 그는 자신이 그날 할 수 있는 최선을 다했다. 감염을 방지하기 위해 포도주로 상처를 씻기고, 감람유를 부어 통증을 완화시키며, 다친 곳을 싸매주었다. 그는 부상당한 사람을 안전한 곳으로 데려가 아침이 될 때까지 보살펴주었다. 게다가 여관 주인에게 이틀 치의 비용을 주면서 그 사람을 보살펴달라고 부탁하고 돌아와서 추가 비용을 내겠다고 약속했다.

알지도 못하는 희생자에게 그가 베푼 은혜는 참으로 놀라웠다!

—10:36-37—

세 번째로 예수님은 그 율법교사에게로 논쟁을 돌리면서 그에게 결정권을 주셨다. 예수님의 질문은 율법을 간결하고 다루기 쉽게 압축시키는 능력보다는, 그가 율법을 어떻게 적용하는가에 더 많은 비중이 있다. 그뿐 아니라 예수님의 질문은 그가 의의 기준을 자기 편리대로, 자기를 정당화시키는 쪽으로 낮추기 어렵게 만들었다.

예수님은 황금률["남에게 대접을 받고자 하는 대로 너희도 남을 대접하라"(6:31)]을 상기시키시려고 기지를 발휘해 누가 "강도 만난 자의 이웃"인지를 물으신 게 분명하다. 그 율법교사는 자기가 이야기 속 가련한 남자라면 어떤 대접을 받고 싶을지 알았다. 결국, 그는 궁지에 몰렸다. 그는 뻔한 정답을 말할 수밖에 없었다. 그는 그 혐오스러운 혼혈인을 자기의 이웃으로 여기지 않았을 것이다. 그러나 곤경에 처한 남자를 불쌍히 여긴 그 사마리아인은 도덕적으로 더 훌륭했다.

예수님은 "가서 너도 이와 같이 하라"는 도전과 함께 만남을 끝내셨지만, 그 율법교사가 그렇게 높은 선의 기준을 계속(적어도 매일 한 사람 한 사람에게) 실천하지 못할 것을 아셨다. 예수님의 도전은 행위에 의한 구원의 소망은 결코 도달할 수 없는 기준임을 보여주셨다.

결국, 예수님은 그 율법 전문가를 다시 기본으로 데려가신 것이다. 그분은 모든 의심과 반대를 뛰어넘어 그 사람이 도덕적으로 실패했음을 보여주셨다. 그는 지식도 많았을 뿐 아니라 꼼꼼하고 엄격하게 율법을 준수했음에도, 미움받는 사마리아인들보다도 의롭지 못했다. 예수님은 행위로 하나님 나라에 들어갈 수 있는 방법은 이론적으로는 가능하지만 실제로는 불가능하다는 것을 입증하셨다. 아무도 기준에 도달하지 못했다. 아무도 율법의 기본적인 원칙도 지키지 못했다. 그렇기에 은혜가 필요하지 않은 사람은 없다. 하나님의 아들이 베푸신 분에 넘치는 은혜를 믿는 자들은 하나님 나라의 시민이 될 수 있다.

적용

중요한 사역 원칙

이 구절에서 계속 맴도는 생각이 사역에 대한 중요한 원칙으로 인도한다. 당신의 인격이 당신이 보는 것을 결정하고, 당신이 보는 것이 당신의 행동을 결정한다.

세 명의 행인 모두 그 사람을 보았지만 한 사람만 측은한 마음을 가졌다. 그 한 사람, 사마리아 사람은 내밀한 무언가에 의해 감정이 이입되어 그의 필요를 보았고, 다른 사람들이 하지 않은 일을 했다. 당신의 인격이 당신이 보는 것을 결정하고, 당신이 보는 것이 당신의 행동을 결정한다.

이것은 모든 그리스도인을 위한 중요한 원칙으로 연결되지만, 사역을 하는 사람들에게는 특히 더 중요하다. 이것이 기독교의 가장 중요한 기초다. 그리고 우리는 모두 다른 사람들에게 복음을 전하려고 할 때 이것을 기억해야 한다. 사람들은 우리가 그들에게 얼마나 관심이 있는지 알기 전에는 우리가 얼마나 지식이 많든 상관하지 않을 것이다.

나의 개인적인 예로 이것을 설명해보려고 한다.

4년 간의 달라스 신학교에서의 학업을 거의 마칠 무렵, 나와 신시아는 태중의 아이가 바깥세상을 보지 못할 것을 거의 확신했다. 아이를 잃을 수도 있다는 슬픔을 비롯해 그동안 겪었던 재정적 압박과 개인적인 중압감이 너무 버거웠다.

나에게는 나를 진심으로 염려해줄 친구가 필요했다. 그러던 어느 늦은 밤, 도서실 문이 닫힐 때까지 공부를 하다가 나를 가르치셨던 교수님들 가운데 내 어깨를 다독여줄 분(내가 4년 동안 따랐던 분들 중 누군가)을 찾아야겠다고 생각했다. 한 연구실 문을 두드렸는데, 아무 대답이 없었다. 좀 더 걸어가서 노크를 했는데 역시 아무 응답이 없었다. 그러다가 다른 연구실의 문 아래에서 새어 나오는 불빛을 보고 그 문을 두드렸다.

잠시 후에 한 낯익은 교수님이 문을 열었다. “무슨 일인가?” 그는 나를 빤히 쳐다보았다. 그 교수님인 줄 알았다면 나는 문을 두드리지 않았을 것이다. 나는 그가 남을 이해하는 마음이 부족하다는 것을 진작부터 알고 있었다. 그는 탁월한 능력과 뛰어난 지성의 소유자였다. 나는 그 교수님의 헬라어 강의를 몇 과목 수강했었기 때문에 교실에서는 서로 잘 아는 사이였다.

"척, 무슨 일인가?"

그 앞에 서 있는데 갑자기 눈물이 흘러내렸다. 그때 나는 그의 음성에서 그가 나와 이야기하고 싶어하지 않는다는 걸 느꼈다. "제가 방해가 됐나요?"

"그렇긴 하네만… 무슨 일인가?"

나는 말했다. "괜찮습니다. 아무 일도 아니에요."

"알겠네." 그는 곧 문을 닫았다.

나는 누군가가 필요했다. 내가 겪고 있는 일을 그저 이해해줄 사람이 있었으면 했다.

다음날 아침, 어쩌면 우리 아기와 아내까지도 잃을 수 있다(나는 아무것도 몰랐다)는 복잡하게 얽힌 두려움과 좌절감을 떨치려고 발버둥칠 때, 하워드 헨드릭스 박사님이 내게 다가와 어깨에 손을 얹으며 내 마음을 다독여주셨다. 그분과의 관계는 지금까지도 이어지고 있다. 그분은 내 이야기를 들어주고, 공감해주었다. 그들이 겪었던 유산의 아픔을 이야기해주고, 그들 부부가 어떻게 그 슬픔을 극복했는지 말해주었다. 그날 이후로 나는 그분이 아는 걸 알고 싶었다. 왜냐하면 그분이 나를 진심으로 염려하고 걱정하는 것을 알았기 때문에.

선을 최선으로 바꾸라(누가복음 10:38-42)

38그들이 길 갈 때에 예수께서 한 마을에 들어가시매 마르다라 이름하는 한 여자가 자기 집으로
영접하더라 39그에게 마리아라 하는 동생이 있어 주의 발치에 앉아 그의 말씀을 듣더니 40마르다는
준비하는 일이 많아 마음이 분주한지라 예수께 나아가 이르되 주여 내 동생이 나 혼자 일하게 두는
것을 생각하지 아니하시나이까 그를 명하사 나를 도와 주라 하소서 41주께서 대답하여 이르시되 마
르다야 마르다야 네가 많은 일로 염려하고 근심하나 42몇 가지만 하든지 혹은 한 가지만이라도 족하
니라 마리아는 이 좋은 편을 택하였으니 빼앗기지 아니하리라 하시니라.

성경이 사랑받는 이유 중 하나는 현실적인 관점에서 삶에 접근하고 있기 때문이다. 성경에 나오는 인물들은 성인군자나 감히 근접할 수 없는 왕족들로 표현되지 않는다. 그보다는 누구라도 동일시할 수 있는 현실에 있을 법한 사람들이 등장한다. 나는 이따금 성경에 나오는 사람들이 자기들의 삶을 뭇사람들이 보게 되리라는 걸 알았을지 궁금하다. 수 세기 동안 전 세계의 독자들이 그들의 내밀하고 중대한 가족사를 면밀히 살펴보게 되리라는 걸 알았다면 진땀을 흘렸을 게 분명하다.

누가는 사소한 가족 간의 다툼에 말려든 두 자매의 집안 모습을 살짝 보여주는데, 이는 그들을 망신시키려는 게 아니라 요점을 분명히 전달하기 위해서다. 사실 나는 누가가 주님이 떠나시고 오랜 세월이 흐른 후에 연로한 마르다와 마리아에게 이 이야기를 직접 듣고 글로 써도 된다는 허락을 받았는지 좀 의심스럽다. 이 이야기는 예수님이 제자들을 가르치시면서 선을 행하기에 힘쓰라고 하신 핵심 주제와 완벽한 조화를 이룬다. 주님은 천국의 시민권은 메시아를 믿음으로써 은혜로 받는다는 사실을 분명히 밝히셨다. 그런데 혼동을 일으킬 수 있는 여지가 있었다. 결국 예수님이 그 율법교사에게 던지신 마지막 도전은 혹 그가 행위로 영생을 얻기 바란다면 더 많은 일을 해야 한다는 걸 암시했다(10:36-37). 그래서 누가는 독자들이 주님의 부드러운 풍자를 알아채지 못할 경우에 대비해 자매들 사이의 사소한 언쟁을 모든 그리스도인이 가르침을 얻을 수 있는 기회로 삼았다.

—10:38-39—

누가가 마르다와 마리아가 어디에 살았는지 말하지 않은 이유는 그것이 이야기 전개에 그리 중요하지 않기 때문이다. 그럼에도 우리는 요한복음을 통해 그 자매들이 예루살렘 북동쪽으로 3킬로미터 떨어진 베다니라는 마을에서 남자 형제 나사로와 함께 살았거나, 아니면 그 인근에서 살았다는 사실을 알고 있다. 감람산 동쪽 기슭에 위치한 베다니는 예수님이 예루살렘의 북적이는 인파를 피하면서 매일 성전에서 가르치실 수 있는 최적의 장소였다. 주님은 이 일이 일어났을 때, 자주 그러셨던 것으로 추정되듯 이들 삼남매의 집에 머물고 계셨다. 주님은 그들을 가족처럼 여기셨던 게 분명하다. 베다니에 있는 이 작은 집은 그분의 집과 다를 바 없었다.

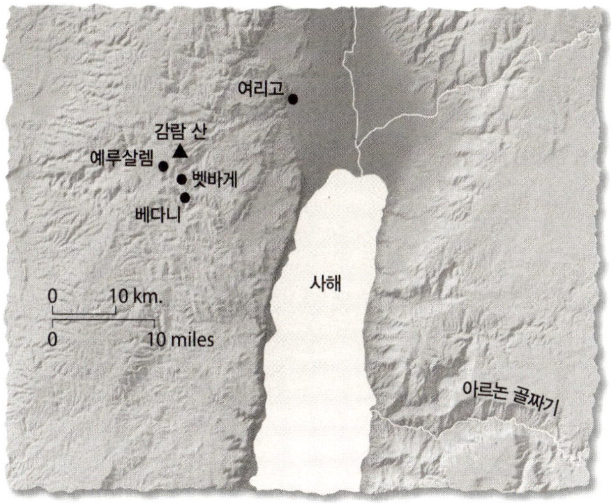

예루살렘 인근에 위치한 베다니

"그들이 길 갈 때에"라는 구절은 예수님과 제자들이 예고하지 않은 방문을 했음을 말해준다. 누가는 예수님이 홀로 오셨는지, 아니면 제자들 몇 명을 데리고 오셨는지 밝히지 않지만 그다음에 이어지는 광경을 보면 마르다가 많은 손님을 맞이하여 허둥댄 것이라고 짐작할 수 있다. "마르다라 이름하는 한 여자가 자기 집으로 영접하더라." 이 말씀을 통해 그녀의 이름이 '안주인'이라는 말에서처럼 '부인' 또는 '여주인'이라는 뜻을 가진 아람어 단어에서 나온 것을 알 수 있다. 이 이름은 책임감 있고, 진지하며, 어쩌면 다소 강할 수도 있는 그녀의 성품에 대한 약간의 단서도 제공한다.

그녀의 여동생 마리아는 정반대였던 것 같다. 예수님이 도착하셨을 때 마리아는 대개 선생의 정식 제자들을 위해 남겨놓는 자리이며, 여자들은 절대 앉을 수 없는 자리인 예수님의 발치에 앉아서 그분의 가르침을 들었다.

그들의 차이점에 주목하라. 열정적이고 목록 만들기를 좋아하는 책임감 있는 마르다와 귀를 기울여 열심히 듣는 마리아. 사람들로 북적대는 가운데 해야 할 일들을 앞에 두고 성격이 판이하게 다른 두 사람, 이 상황에서 갈등이 일어날 것은 불 보듯 뻔했다.

—10:40—

마리아가 주님의 가르침에 홀딱 빠져 있을 때 마르다는 손님들을 접대하기 위해 "준비하는 일이 많이 마음이 분주"해 정신이 없었다. 여기서 핵심 단어인 '분주하다'라는 말은 *perispaō*라는 헬라어에서 나왔는데, 문자적으로는 '끌려가다'라는 뜻이 있다. 물론 누가는 마르다가 너무 분주한 나머지 있고 싶은 곳에서 끌려나온 것을 비유적으로 표현하기 위해

이 단어를 사용했다.

어떤 사람들은 천성적으로 사람들과의 관계에서 해야 할 일에 초점을 맞춘다. 섬기는 데 열정적인 그들은 거의 초인적인 능력으로 묻지 않고 필요를 찾아내며, 자기 자신을 돌아보지 않고 부족한 것을 채운다. 일 중심적인 기질은 전혀 문제될 게 없다. 그런 사람들이 없다면 세상은 돌아가지 않을 것이다. 마르다의 문제는 중요하지 않은 일에 지나치게 신경을 많이 쓰고, 그 일을 하는 사람에게는 그다지 신경을 쓰지 않은 데 있었다.

마르다는 손님을 접대해야 한다는 부담감(아마도 완벽주의적인 성향 때문에 더욱 조바심이 났을 것이다)과 동생에게 무시당했다는 생각에 그 자리에 있는 사람들 가운데 가장 비난받을 일이 없는 두 사람을 몰아세웠다. 마르다는 마리아가 팔을 걷고 도와야 할 때 야속하게 자기를 무시한 것에 대해 마리아와 주님을 모두 비난했다. 마르다는 주님이 마리아의 게으름이나 이기적인 태도를 꾸짖어주시기를 바랐으나 주님은 깜짝 놀랄 대답을 하셨다.

—10:41-42—

마르다는 예수님이 자기편을 들어주시기 바랐지만 결과는 엉뚱했다. 마르다는 자신을 돌보지 않고 집에 있는 모든 사람을 섬긴 것에 대해 예수님의 칭찬을 듣기는커녕 "마르다야 마르다야"로 시작되는 가벼운 질책을 들었다. 말머리에 마르다의 이름을 두 번 부르신 것에서 예수님의 깊은 마음을 알 수 있다. 그것은 실망이나 경멸의 감정이 아니었다. 비난도 아니었다. 마르다를 향한 긍휼의 표현이었다. 주님은 마르다의 환경과 그것이 그녀의 심성에 어떤 영향을 미쳤는지 알고 계셨다. 그분은 또 모든 이를 대접하고 싶어하는 마르다의 진심을 귀하게 여기시고 그녀의 노고를 치하하기까지 하셨다. 그러나 주님이 한 가지 주목하신 점은 그녀가 "염려"한다는 사실이었다. 여기서 사용된 이 단어는 특정한 상황을 변화시키지 못해서(12:22, 25-26), 안달하거나 속상해하는 감정을 표현한다. 주님이 말씀하신 참 뜻은 이런 것이다. "마르다야, 네가 애를 쓰는 것은 알겠다만 너무 지나치게 애를 쓰는구나!"

주님은 마르다의 어리석은 염려에 대해 설교를 하시지도, 그녀의 비난을 꾸짖지도 않으시고 마르다의 부담감을 덜어주셨다. 누가가 기록한 주님의 말씀은 해석이 어렵기로 유명

묵상의 서재

빨리 듣기?

저녁 식사 내내 나는 격앙되어 있었다. 실은 집에 온 이후로 계속 격앙된 상태였다. 빼곡한 일정에 쫓겨 하루 종일 로켓이 장착된 롤러스케이트를 탄 듯한 느낌이 저녁때까지 이어지면서 나는 계속 조급한 상태였다. 빠른 속도로 말하고, 단답형으로 내뱉듯 대답을 하며, 호통을 치고, 이 일 저 일 하기 바빴다. 한참 아내를 달달 볶아대고 있을 때 딸 콜린이 따라와서 그날 있었던 일을 들려주고 싶어 했다. 내 조급증을 알아챈 딸아이가 말했다. “아빠, 학교에서 있었던 일을 아주 빨리 말할게요. 아주 빨리요. 잠깐이면 돼요. 진짜 빨리 말할게요.”

나는 한숨을 쉬면서 말했다. “아, 잠깐만. 천천히 말해도 된단다.”

딸아이는 어린 소녀다운 심각한 표정으로 나를 쳐다보며 이렇게 말했다. “좋아요, 아빠. 그럼 천천히 들어주세요.”

하다. 실제로 고대의 많은 사본들이 의미를 명확하게 하려고 이런저런 단어들을 삽입하기도 하고 누락시키기도 했다. 영어 성경 NASB는 헬라어의 의미를 명확히 하려고 '일'과 '만이라도'라는 단어를 삽입했다.

원래의 말씀은 문자적으로 "마르다야 마르다야 네가 많은 염려를 하고 근심하나 부족한 것(또는 필요한 것)은 하나다"이다. 여기에는 몇 가지 가능성이 있다.

네가 많은 일로 염려하고 근심하나 한 가지가 부족하다.
네가 많은 음식 준비에 염려하고 근심하나 한 가지 음식이면 족하다.
네가 많은 사람에 대해 염려하고 근심하나 한 사람이 빠져 있다.

예수님은 필시 이 세 가지 의미를 다 담기 위해서 공백을 남겨두셨을 것이다. 마르다는 많은 일을 두고 조바심을 내며 한 가지 중요한 것(예수님의 말씀을 듣는 것)을 놓치고 있었다. 마르다는 예수님과 시간을 보낼 수 있게 간단한 요깃거리를 준비하면 충분했을 텐데 많은 음식을 준비하느라 허둥대고 있었다. 방 안에 있는 모든 이는 예수님과 함께 있었다. 단 한 사람, 마르다를 제외하고.

예수님은 마리아를 꾸짖으시기는커녕, 도리어 본보기로 칭찬하셨다. 그녀는 예상치 못했던 주님의 방문에서 좋은 부분, 빼앗길 수 없는 부분을 선택했다. 그녀는 영원한 것에 집중하기 위해 세속적인 일을 제쳐두었다. 그녀는 하나님의 나라에 대한 그리스도의 가르침에 몰두하기 위해 사소한 문제들은 무시했다.

이 유명한 일화를 앞에 나오는 율법교사와 나누었던 대화와 연결시키면 중요한 깨달음을 얻게 된다. 예수님은 사역하시는 내내 제자들에게 하나님 나라의 일을 도모하고, 하나님의 세상 구원 사업에 참여해서 책임 있는 시민이 되라고 권고하셨다. 그리고 율법을 준수하라고 말씀하셨다. 자신의 의를 내세우거나 영생을 얻기 위해서가 아니라 훌륭한 시민이 해야 할 일인 까닭이다. 훌륭한 시민들은 왕의 말을 따른다. 그러나 그렇다고 해서 주님은 "좋은 편"(왕과의 개인적인 관계)을 선행이나 순종과 대체할 생각은 조금도 없으셨다.

우리는 그분의 시민이 되기 위해 율법에 순종하는 것이 아니라, 그분의 시민이기 때문에 율법에 순종한다.

적용
우선순위의 원칙

먼 옛날 마르다와 마리아의 집에서 현재 우리의 가정으로 시선을 돌려보면 변한 게 거의 없는 것 같다! 똑같이 시간에 쫓기고, 똑같이 해야 할 일과 관계 사이에 긴장감이 있고, 똑같이 성격 차이에서 오는 갈등이 있고, 똑같이 우선순위에 대한 가족 간의 충돌이 있다. 성령께서 2천 년 넘게 이 짧은 일화를 보존하신 이유는 그 이야기 속에 시간을 초월해서 적용할 수 있는 유용한 원칙들이 담겨 있기 때문이다. 여기 두 가지 주목해볼 것이 있다.

첫째, 시험을 당할 때 우리는 자신의 기질대로 기준을 정하기 쉽다. 나로 말하자면, 마감 시간은 넘어서는 안 될 사선(死線)이고, 시간 엄수는 미덕이며, 규칙은 지키기 위해 있는 것이다. 해야 할 일을 다 하지 못하면 쉬지도 못한다. 그게 내 기질이다. 이것은 나를 이루는 소중한 기질 중 일부다. 다른 사람들이 실패한 분야에서 내가 성공하는 데 이 기질이 도움이 되었다. 하지만 그 장점이 내 실패의 원인이 될 수도 있다.

당신의 기질은 나와는 다를 것이다. 삶의 무게에 짓눌릴 때 당신은 천성적으로 관계에 더 초점을 맞출 수도 있고, 삶의 요구 앞에서 관조적인 태도를 취하거나 차분해질 수도 있다. 하지만 나처럼 기질 때문에 종종 골머리를 앓는 사람도 있을 것이다.

시험당하는 상황에 처해 있을 때 당신의 천성대로 반응하는 게 최선이 아닐 수도 있다. 당신의 천성적인 장점이 골칫거리가 되지 않으려면, 믿을 만한 친구들의 도움을 받아 당신의 기질을 객관적으로 관찰하고 언제 당신의 성향이 도움이 되고, 언제 문제를 일으키는지 평가하라. 당신과 가까운 사람들은 반드시 당신이 들어야 할 중요한 이야기를 해주려고 했을 것이다. 그러나 당신이 일하는 방식으로 대개 좋은 결과를 거두었거나, 어쩌면 당신이 다른 사람들의 의견을 들으려고 하지 않았기 때문에 입을 다물고 있었는지도 모른다. 어쩌면 지금이 그들의 말을 들어야 할 때일 수도 있다.

둘째, 삶이 복잡해질 때 단순성이야말로 최고의 방법이라는 것을 기억하는 게 도움이 된다. 목사인 나에게도 홀로 하나님과 머무는 시간을 떼어두는 게 때로는 쉽지 않은 결정이다. 영적 지도자들이라고 해서 이 선택이 더 쉬운 것은 아니다. 정말이다. 다른 곳에서와 마찬가지로 사역에서도 바쁘게 일해야 한다는 중압감은 크다. 주님의 일을 한다는 명목 아래 그분의 발치를 떠나는 이유는 수없이 많다. 적어도 스스로에게는 그렇게 말한다. 이 문제를 단순화시키기 위해서 내가 일상적으로 사용하는 놀랍고 강력한 한 마디의 말이 있는데 그 단어는 바로 '아니요'다.

믿기 어렵겠지만, 친절하고 예의 바르며 정중한 거절은 영적 훈련의 능력을 여는 열쇠가 될 수 있다. 어쩌면 지금이 몇 가지 책무에서 손을 떼야 할 때일지도 모른다. 다른 사람들에게 '아니요'라고 말함으로써 하나님께 '네'라고 말할 수 있는 자유를 얻으라.

주님, 기도를 가르쳐주소서(누가복음 11:1-13)

[1]예수께서 한 곳에서 기도하시고 마치시매 제자 중 하나가 여짜오되 주여 요한이 자기 제자들에
게 기도를 가르친 것과 같이 우리에게도 가르쳐 주옵소서 [2]예수께서 이르시되 너희는 기도할 때에
이렇게 하라

아버지여 이름이 거룩히 여김을 받으시오며 나라가 임하시오며
[3]우리에게 날마다 일용할 양식을 주시옵고
[4]우리가 우리에게 죄 지은 모든 사람을 용서하오니 우리 죄도 사하여 주시옵고 우리를 시험에
들게 하지 마시옵소서 하라

[5]또 이르시되 너희 중에 누가 벗이 있는데 밤중에 그에게 가서 말하기를 벗이여 떡 세 덩이를 내
게 꾸어 달라 [6]내 벗이 여행 중에 내게 왔으나 내가 먹일 것이 없노라 하면 [7]그가 안에서 대답하여
이르되 나를 괴롭게 하지 말라 문이 이미 닫혔고 아이들이 나와 함께 침실에 누웠으니 일어나 네게
줄 수가 없노라 하겠느냐 [8]내가 너희에게 말하노니 비록 벗됨으로 인하여서는 일어나서 주지 아니할
지라도 그 간청함을 인하여 일어나 그 요구대로 주리라
[9]내가 또 너희에게 이르노니 구하라 그러면 너희에게 주실 것이요 찾으라 그러면 찾아낼 것이요
문을 두드리라 그러면 너희에게 열릴 것이니 [10]구하는 이마다 받을 것이요 찾는 이는 찾아낼 것이요
두드리는 이에게는 열릴 것이니라 [11]너희 중에 아버지 된 자로서 누가 아들이 생선을 달라 하는데 생
선 대신에 뱀을 주며 [12]알을 달라 하는데 전갈을 주겠느냐 [13]너희가 악할지라도 좋은 것을 자식에게
줄 줄 알거든 하물며 너희 하늘 아버지께서 구하는 자에게 성령을 주시지 않겠느냐 하시니라.

다른 방법이 다 실패했을 때 설명서를 읽으라.

나는 인생의 대부분을 이 짧은 원리에 의거해 살았다. 더 솔직히 말하자면, 이것은 언제

나 내게 효과가 있다. 나는 '조립해야 함'라고 적힌 상자들을 봐도 겁먹지 않는다. 나는 혼자 힘으로 문제를 해결하는 데 별로 어려움을 느끼지 않는다. 하지만 간혹 감당하기 힘든 일을 맡으면 도움이 필요하다.

어느 해 성탄 전날 저녁에 아이들이 잠자리에 들자, 나는 숨겨두었던 상자를 꺼내 포장을 풀어 부품들을 늘어놓고 외과 의사처럼 차분하고 능숙한 솜씨로 조립을 시작했다. 완성된 제품이 형태를 갖추기 시작하면서(어쨌든 머릿속에 그려본 모습대로) 부품들은 순조롭게 조립되었다. 그런데 이윽고 내가 만든 것이 완성품의 모습이 아니라는 사실을 깨닫게 되었다. 날이 밝을 무렵, 나는 실패를 인정하고 쓰레기통에서 설명서를 찾았다. 배우는 자세로 겸손하게 나는 첫 줄부터 읽기 시작했다. 거기에는 놀랍게도 어떤 냉소적인 현자가 눈에 거슬리지 않는 작은 활자체로 이렇게 써놓았다. "망쳤으면 이제 설명서대로 다시 하시오."

지난 50년간의 목회 경험을 통해 나는 사람은 누구나 동일한 방법으로 삶에 접근한다고 자신 있게 말할 수 있다. "다른 모든 방법이 실패했을 때 기도하라." 이것이 자기 방식대로 일하는 인간의 타락하고, 이기적이며, 교만한 기질의 일면이다. 실패의 결과가 우리를 옴짝달싹 못하게 할 때에야 우리는 비로소 도움의 손길을 찾는다.

제자들은 예수님이 전혀 다른 기도 양식을 취하셨음을 알아챘다. 그분은 다른 이유로, 다른 때에, 다른 언어로, 다른 자세로 기도하셨다. 어느 날 주님의 기도를 들은 제자들 중 하나가 하나님의 아들처럼 기도하는 방법을 가르쳐달라고 요청했다.

—11:1—

누가는 다시 한 번 '무엇에 관해' 또는 '무슨 일이 일어났다'라는 뜻의 *ageneto*(한국어의 특성상 현대인의 성경에만 "하루는"이라고 번역되어 있다-역주)라는 말로 장면을 전환한다. 이 일이 있었던 장소를 우리로서는 알 길이 없다. 예수님은 갈릴리 인근의 몇 지역들을 특히 좋아하셨던 듯하다(5:16, 6:12, 9:28). 그리고 예수님은 종종 예루살렘이 잘 보이는 감람산 서쪽 기슭에 자리한 동산에 은거하셨다(21:37, 22:39). 따라서 예수님은 겟세마네 동산에서 기도하셨을 수도 있다.

제자들은 예수님이 기도를 마치시기를 끈기 있게 기다렸다가 다가가서 흥미로운 요청을 했다. "주님, 요한이 자기 제자들에게 기도를 가르친 것처럼 저희에게도 가르쳐주십시오." 1세기 이스라엘에서 종교 집단이 자신들의 정체성을 나타내고 화합을 독려하기 위해 한 가지 기도문을 채택해서 암송하는 것은 드물지 않은 일이었다. 세례 요한도 그런 기도문을 만들었을 테고, 그 때문에 제자들도 그들만의 기도문을 요구했을 것이다. "우리에게도 가르쳐주옵소서"라고 번역된 헬라어 동사형은 "지금 우리에게도 가르쳐주옵소서"라고 말하는 것처럼 긴급하다는 의미를 내포하고 있다. 이는 그들의 요청을 촉발시킨 무언가가 있었음을 의미한다.

제자들이 주님의 기도가 그들의 기도와는 많이 다르다는 것을 알아챘다는 데에는 의심의 여지가 없다. 그분의 언어, 동기, 자세, 기대 속에 들어 있는 무언가가 제자들로 하여금 그들의 기도 방식에 불만을 느끼게 하고, 하나님과 소통하는 다른 방법을 찾게 만들었다.

—11:2-4—

예수님은 제자들의 요청에 선뜻 응하셨다. 여기에 나온 기도는 마태복음 6장 9-13절에 나온 것보다 짧은데, 예수님이 그 질문에 한 번만 대답하신 게 아니었기 때문인 듯하다. 주님은 그 기도가 말씀하신 그대로 전해지게 하실 생각이 없었다. 이것은 우리가 하나님께 어떻게 다가가야 하는지에 대한 보편적인 예로써 주어진 표본이다. 더 간략하긴 해도 누가의 번역은 마태복음에 나오는 전문을 최대한으로 축소시킨 핵심만 담았다. 기본적인 개요는 이것이다.

하나님 아버지를 경외하라.

이 표본 기도에서 예수님은 마치 우리가 하나님과 동등한 것처럼 하나님을 '친구'라고 부르면서 시작하지 않으셨다. 그렇다고 그분의 종인 것처럼 하나님을 '주님'으로 부르지도 않으셨다. 예수님은 우리가 하나님의 신하인 것처럼 그분을 '왕'이라고 부르지도 않으셨다. 또한 우리가 그저 지식을 얻기 위해 그분께 나아온다는 듯이 '스승'이라는 말로 시작하지도 않으셨다. 하나님은 실제로 친구, 주인, 왕, 스승이 되시지만, 예수님은 하나님의 행위에 따른 명칭을 가르치셨다. 그것은 헬라어로 *pater*, 아람어로는 *abba*(막 14:36, 롬 8:15, 갈 4:6)라고 하는, 즉 '아버지'다. 이 명칭은 가족 관계에서 존경과 친밀감을 나타내는 호칭이다. 이것은 권위를 인정하지만, 그 권위는 생명을 주는 사랑에 대한 신뢰를 바탕으로 한 관계 속에서 이루어진다. 이것은 하나님이 주시는 공급, 보호, 인도, 확인을 환영한다.

"아버지"라는 호칭은 친숙한 표현이지만 예수님은 여기에 존경심을 담으셨다. "이름이 거룩히 여김을 받으시오며"라는 고어적 표현은 '신성하게 하다, 거룩하게 하다, 성별하다'라는 뜻을 가진 *hagiazō*라는 헬라어에서 나온 것이다. 이것은 수동태로 추정되며, 실제로 하나님이 이 동사의 행위를 이행하실 것을 의미하는 '신적 수동태'일 수도 있다. 게다가 이 동사는 하나님께 자기의 이름을 거룩하게 해달라고 요청하는 명령형이다. 이 구절은 이렇게 표현될 수도 있다. "하나님 아버지, 아버지의 이름을 성별하시고, 우리의 삶과 세상 속에서 아버지의 이름을 거룩하고, 신성하게 하옵소서." 이것은 명령문이지만 하나님께 그분이 하시겠다고 선포하신 일을 해달라고 요청하는 온순한 어조다. 같은 맥락에서 우리는 하나님께 "우리를 당신의 종으로 삼아주시옵소서"라고 '명령'해도 된다!

세상을 향한 하나님의 계획을 따르라.

예수님은 이 기도의 서두를 "나라가 임하시오며"라는 구절로 시작하는데, 이것은 두 가지 기본적인 사상을 표현한다. 첫 번째는 주님의 권위 아래서 주님이 이 세상을 구속하고 개혁하신다는 확증이다. 이는 "왕이여 만수무강하소서!"라는 말처럼 존경과 지지를 나타내는 외침이다. 둘째, 이 구절은 이 기도가 올바른 자세로 드려지게 한다. 다시 한 번, 하나님의 계획과 목적을 받아들이고, 인간의 어떤 계획보다도 위대한 계획을 놓고 기도하는 분을 떠올리며 마음과 생각은 자세를 낮춰 순종한다. 주님은 우리의 관심사에 마음을 쓰시는 반면에 우리는 그분의 관심사를 받아들임으로써 더 큰 위로와 성취를 맛보게 될 것이다.

주저하지 말고 당신의 필요를 채워달라고 요청하라.

이 표본 기도는 숭고하고 강한 것에서 현실적이고 개인적인 것으로 눈을 돌린다. 일부 선의에서 비롯된 오해를 하는 신학자들은 기도에는 개인적인 염려나 물질적 필요가 들어설 자리가 없으며, 하나님과의 모든 대화는 찬양, 고백, 경배만이 있어야 한다고 주장한다. 그 외에 다른 것은 없다는 것이다. 그렇다면 우리는 하나님께 간청도 할 수 없다. 하지만 주님이 보여주신 표본에는 주님께 일용할 양식을 구하는 내용이 분명하게 포함되어 있다.

어떤 이는 이렇게 따질지도 모른다. 하나님이 이미 주겠다고 약속하신 것을 왜 구해야 하는가? 여기에 대한 답으로 나는 이렇게 다시 묻겠다. 당신은 진정 기도의 목적이 우리가 요청하지 않으면 하나님이 하지 않을 일을 하시도록 설득하는 것이라고 생각하는가? 우리는 하나님의 뜻을 우리의 뜻에 맞추게 하려고 기도하는 게 아니다. 우리는 그분의 뜻이 우리 안에 살아 있게 하고 그분의 계획을 따르기 위해 기도한다. 기도는 마음과 마음이 만나 그 안에서 우리가 실질적으로 그분의 사고방식을 받아들이는 것이다. 이런 맥락에서 보자면 예수님은 실제로 이렇게 말씀하신 것이다. "주저하지 말고 너희의 필요를 채워달라고 요청하라." 여기에는 다음과 같은 것들이 포함된다.

기본적인 물질적 필요

"일용할 양식"은 하나님이 이스라엘 민족을 애굽 땅에서 처음 이끌어내실 때 광야에서 만나를 공급하신 것을 암시한다(출 16:1-7). 이렇듯 일용할 양식이란 우리가 생존하는 데 필요한 모든 것(의복, 물, 거처, 육체적 생명을 유지하는 데 반드시 필요한 모든 것)을 상징한다. 만나와 마찬가지로 이 공급은 매일매일 지속적으로 풍성히 필요를 채우지만 그날그날 주어진다는 사실에 유의하라(잠 30:7-9 참고).

날마다 영적으로 새롭게 됨

몸이 생명을 유지하기 위해서 음식이 필요하듯 영혼도 보살핌(매일 씻기고 먹이는 것)을 받아야 한다. 그러려면(이게 다는 아니지만) 하나님의 용서를 받아들이고, 다른 사람들을 용서해야 한다. 날마다 끊임없이 용서를 실천하지 않으면 우리는 결국 분개하고, 복수심에 불타며, 억눌리고, 자기를 혐오하며, 다른 사람에 대해 부정적이고, 스스로 상하게 할 수밖에 없다. 왜냐하면 이런 것들은 긴밀하게 연결되어 있기 때문이다.

주님은 우리가 다른 사람들을 기꺼이 용서하려는 마음을 보시고 우리를 용서하신다(마 6:14, 18:35, 막 11:25-26). 자존심과 이기심 때문에 다른 사람들을 용서하지 못하는 사람은 은혜의 의미를 이해할 수 없다. 그런데 어떻게 자기가 이해하지 못하는 것을 받을 수 있겠는가? 우리는 누구나 무언가에 대해 누군가를 비난할 수 있으며, 누구나 다른 누군가에게 해를 끼치고 상처를 주었다는 비난에서 자유롭지 못하다. 여기에는 예외가 없다. 누군가가 우리에게 악행을 빚지고 있듯이 우리는 하나님께 더 많은 빚을 지고 있다! 그런 그분도 용서하라고 하신다. 용서야말로 영혼을 지키는 데 없어서는 안 되는 것이기 때문이다. 원수들과 그들의 악행은 우리가 용서를 통해 그것을 자발적으로 제거하지 않으면 그것이 인생의 목적이 될 수 있다.

유혹으로부터의 보호

어떤 사람들은 "우리를 시험에 들게 하지 마옵소서"라는 마지막 요청이 마치 하나님이 사람들을 시험에 들게 하는 상황으로 이끌 수도 있음을 암시하는 듯하다고 생각하며 거슬려 한다. 하지만 헬라어 문법 학자들은 "우리를…하지 마옵소서"를 관대한 명령문으로 본다. 그뿐 아니라 성경 외의 종교 문헌들을 보면 '유혹에 빠진다'는 것은 유혹에 굴복한다는 뜻이다. 즉, 유혹에 빠져 그것을 받아들인다는 개념이다. 그러므로 이 기도의 마지막 간청은 이렇게 바꿔 표현될 수 있다. "우리를 유혹에 넘어가지 않게 하옵소서."

'유혹'이라는 헬라어 단어는 원래는 금화가 진짜인지 가짜인지 가리기 위해 무게를 달아 보듯, 어떤 것의 특성을 입증하는 일종의 시험을 의미했다. 훗날, 이방 작가들은 이 용어를 변덕스러운 신들로 인해 인간이 감내해야 하는 시련을 표현하는 데 사용했다. 시간이 흐르면서 이 용어는 '어떤 사람이 잘못된 일을 행하게 하려는 시도'라는 뜻을 가지게 되었다. 물론 유일하신 참 하나님은 우리를 늘 유혹에서 끌어내시고, 자주 우리의 의지를 거스르신다. 이 요청은 주님이 바라시는 바를 확실히 하면서 그분의 뜻과 우리의 뜻을 하나 되게 한다.

기도에 대한 가르침을 마무리하며 예수님은 두 가지 예화를 말씀하셨다. 첫 번째는 끈질긴 기도를 권장하는 것이고(5–8절), 두 번째는 하나님의 선하심을 입증하는 것이다(9–13절).

—11:5–8—

예수님은 주님의 궁극적인 선하심과 아낌없는 사랑을 예시하시려고 사람의 야비한 행동을 자주 예로 드셨는데, 보통 이런 식이었다. "사람들도 이런 상황에서는 의로운 행동을 할 것이다. 그러니 너희는 의로우신 하나님이 이보다 더 의롭게 하시리란 걸 믿어야 한다."

첫 번째 비유에서 제자들은 한밤중에 이웃집 문을 두드리며 간청하는 사람의 역할을 맡는다. 이유(뜻밖의 손님들로 인해 갑자기 음식이 필요한 경우)가 어떻든 긴급하게 도움을 청한다는 게 중요하다. 예수님은 청중이 이야기에 몰입할 수 있도록 몇 가지 세세한 사항을 덧붙이셨는데 그다지 심오한 상징적인 의미는 없다. 떡이 필요한 사람은 두 말할 필요 없이 하나님께 무언가를 구하는 제자를 상징한다. 마지못해 도와주는 이웃 사람은 우리가 흔히 상상하는 인색하고, 심술궂고, 자기의 욕구를 채우는 데만 급급하고, 당연히 베풀 수 있는 축복을 마지못해 베푸는 하나님을 상징한다.

주목할 점은 비유 속에서 깜짝 방문을 받은 주인은 자신을 위해서는 아무것도 요청하지 않는다는 사실이다. 그는 이웃 사람에게 지치고 허기진 나그네에게 먹을 것과 쉴 곳을 제공하는 고대 근동 지역의 접대의 의무를 이행할 수 있도록 도와달라는 요청만을 했다. 사실, 그 문을 열려고 하지 않는 이웃 사람도 나그네를 위해 문을 열어주어야 할 의무가 있었을 것이다. 그러므로 자기와 잘 알 뿐더러 좋은 사이였을 이웃을 들이려 하지 않는 그의 태도는 이해하기 힘들다. 예수님의 비유는 양식 있는 주인과 파렴치한 이웃 사람의 모습을 절묘하게 대조한다.

주님의 설명이 나머지 자세한 이야기를 채운다. 그 이웃 사람은 그의 요청을 거절하고 예수님은 그의 거절을 핑계라고 일축하시며 그가 그러지 않을 것이라고 밝히셨다. 그리고 그 이기적인 이웃은 손님을 맞은 주인과의 관계를 위해서는 옳은 일을 행하지 않았지만, 결국에는 한밤중에 자기 집 대문을 두드리는 것을 멈추게 하려고 도움을 베풀었다. 신의가 이루지 못한 것을 집요함이 해냈다.

'끈기'라는 헬라어는 신약에 딱 한 번 나온다. 세속적인 헬라어에서 이 단어는 흔히 '몰염치, 뻔뻔스러움, 무례, 전통 예법을 무시함'이라는 뜻이다. 이 주인은 이웃 사람의 온당치 않은 행동에 아랑곳하지 않았고, 그가 자기를 어떻게 생각하든 개의치 않았다. 마땅히 해야 할 일을 하겠다는 의지가 잠에 대한 이웃 사람의 이기적인 욕구보다 더 컸다. 그리고 그 때문에 결국 이웃 사람은 옳은 일을 하게 된다.

주님의 말씀에 담긴 요지는 세 가지다. 첫째, 하나님은 언제나 의롭게 행하실 것이다. 사실 그분이 우리에게 바라시는 것은 옳은 일을 행하는 것뿐이다. 그분은 우리가 의로운 행동을 하는 데 도움이 되는 것이라면 무엇도 아끼지 않으신다. 둘째, 하나님이 선하게 여기시는 일을 우리가 행하고 있다면, 다소 뻔뻔스럽게 느껴질지라도, 담대하게 그분께 나아와 필요를 채워달라고 해도 된다(엡 3:12, 히 5:16, 10:19). 셋째, 담대한 요청이 불의한 자로 하여금 옳은 일을 행하게 했다면, 절대적으로 선하신 하나님이 우리의 노력을 돕지 않으시겠는가?

예수님은 이 마지막 요점에서 영감을 받으시고 이어서 두 번째 비유를 말씀하신다.

—11:9-11—

제자들이 행여 요점을 놓쳤을까봐, 예수님은 "그러면"이라는 접속사로 세 개의 명령법 동사와 그것에 상응하는 세 개의 직설법 동사를 연결시키셨다.[7] 이런 구조를 통해 결과는 요구하기 나름이며, 반드시 이루어짐을 알 수 있다.

아버지께 요청하기만 하면, 그러면 받을 것이다.
아버지의 뜻을 찾기만 하면,[8] 그러면 찾을 것이다.
두드리기만 하면, 그러면 아버지께서 너희의 요청에 문을 여실 것이다.

—11:12-13—

예수님은 하나님 아버지와 악한 육신의 아버지를 비교하신 후에 사려 깊은 세상 아버지의 모습을 예로 들어 하나님의 선하심을 설명한다. 실제로 예수님은 청중으로 하여금 자기 아이들이 와서 기본적인 필요를 채워달라고 요청하는 모습을 떠올리게 하심으로, 그 연관성이 마음에 더 깊이 와 닿게 만드셨다. 다시 한 번 말하지만 물고기, 뱀, 알, 전갈에 그리 큰 상징적 의미는 없다. 다만 우리가 이야기에 공감하게 하기 위해 사실성을 부여하는 장치일 뿐이다.

먹을 것을 달라는 아이의 타당한 요구에 그것과는 정반대 되는 것이 주어진다. 자기 아이들에게 뱀과 전갈을 주는 가학적이고 무자비한 모습은 육신의 아버지로서는 상상하기 어려운 일이고, 의로우시고 사랑이 넘치시는 하나님 아버지께는 더욱 아니다. 이와는 반대로 하나님은 당신을 선물로 기꺼이 내어주심으로써 새 언약에 참여하셨다고 약속하셨다(렘 31:31-34). 하나님은 우리가 실패하는 부분을 성령께서 이루게 하신다고 약속하셨다.

수백 년 동안 이어 내려온 전통에 따라 우리는 이 기도를 '주님의 기도'라고 부르지만 이것은 부적절한 명칭이며, 오히려 '제자들의 기도'라고 하거나 '표본 기도'라고 부르는 게 더 적절할 것이다. 예수님은 우리가 어떻게 하나님께 나아가야 하는지에 대한 본보기로 이 기도를 주셨다. 우리는 구걸하는 자가 아닌 자녀로서 나아가야 한다. 요정 지니의 주인으로서가 아니라 전능한 주권자이신 창조자를 예배하는 자로서 나아가야 한다. 자기의 목적에 맞춰 하나님의 뜻을 꺾으려는 사람이 아니라 왕의 계획이 이 땅의 법이 되는 것을 보고 싶어하는 시민으로서 나아가야 한다.

우리가 예수님이 가르치신 대로 하늘 아버지께 나아간다면, 아마 이제는 하나님이 우리의 기도를 듣지 않으신다고 불평할 일이 없을 것이다.

적용
하나님을 신뢰하며 담대히 간구하라

이 장을 연구하면서 나는 질책을 받는 느낌이었다. 당신에게 내 본을 따르라고 권유할 수 있다면 좋겠지만, 이 부분은 많은 사람과 마찬가지로 나도 계속 성장해야 할 분야다. 그럼에도 내게 크게 유용했던 두 가지 생각을 제시해보겠다.

첫째, 항상 하나님이 분명한 응답을 주실 것을 신뢰하라. 자, 나는 '빨리'라고 말하지 않았다. 이유는 모르겠지만 나는 응답을 빨리 받는 경우가 거의 없는 사람 편에 속한다. 어떤 사람은 응답을 빨리 받는다. 그들은 아침에 "주님, 집세 낼 돈이 필요합니다"라고 기도한 그날 오후, 우편함에 응답이 들어 있는 것을 발견한다. 나에게는 그런 일이 거의 없었다. 나는 간구를 하고 꽤 오랜 기간을 기다린다. 그리고 그 기다림의 시간 동안 나는 성숙하고, 하나님에 대한 신뢰가 자란다. 나는 점점 더 끈질겨지고, 점점 더 간절해지게 된다. 그러나 나는 지금까지 삶의 과정을 통해 하나님이 반드시 응답하신다는 사실을 믿게 되었다.

둘째, 일이 잘될 가망이 없어 보여도 주저하지 말고 담대히 간구하라. 당신은 대적할 자가 없는 하나님 아버지께 말하는 것이다. 그분 앞에서 한껏 담대해지라! 뻔뻔해지라는 말이 아니다. 하나님이 우리의 요구대로 하셔야만 한다는 듯 손을 허리에 얹고 천국 문 앞에서 거들먹거리라는 뜻이 아니다. 그보다는 유순한 담대함, 하나님의 선하심에 대한 확신에서 비롯된 자신 있는 담대함을 뜻한다. 하나님이 거절로 응답하실지라도, 그분은 당신이 그분의 능력을 확신하는 것을 귀하게 여기신다.

빛의 왕국과 어둠의 왕국(누가복음 11:14-28)

14예수께서 한 말 못하게 하는 귀신을 쫓아내시니 귀신이 나가매 말 못하는 사람이 말하는지라 무
리들이 놀랍게 여겼으나 15그 중에 더러는 말하기를 그가 귀신의 왕 바알세불을 힘입어 귀신을 쫓아
낸다 하고 16또 더러는 예수를 시험하여 하늘로부터 오는 표적을 구하니 17예수께서 그들의 생각을
아시고 이르시되 스스로 분쟁하는 나라마다 황폐하여지며 스스로 분쟁하는 집은 무너지느니라 18너
희 말이 내가 바알세불을 힘입어 귀신을 쫓아낸다 하니 만일 사탄이 스스로 분쟁하면 그의 나라가
어떻게 서겠느냐 19내가 바알세불을 힘입어 귀신을 쫓아내면 너희 아들들은 누구를 힘입어 쫓아내느
냐 그러므로 그들이 너희 재판관이 되리라 20그러나 내가 만일 하나님의 손을 힘입어 귀신을 쫓아낸
다면 하나님의 나라가 이미 너희에게 임하였느니라 21강한 자가 무장을 하고 자기 집을 지킬 때에는
그 소유가 안전하되 22더 강한 자가 와서 그를 굴복시킬 때에는 그가 믿던 무장을 빼앗고 그의 재물
을 나누느니라 23나와 함께 하지 아니하는 자는 나를 반대하는 자요 나와 함께 모으지 아니하는 자
는 헤치는 자니라

24더러운 귀신이 사람에게서 나갔을 때에 물 없는 곳으로 다니며 쉬기를 구하되 얻지 못하고 이에
이르되 내가 나온 내 집으로 돌아가리라 하고 25가서 보니 그 집이 청소되고 수리되었거늘 26이에 가
서 저보다 더 악한 귀신 일곱을 데리고 들어가서 거하니 그 사람의 나중 형편이 전보다 더 심하게 되
느니라

27이 말씀을 하실 때에 무리 중에서 한 여자가 음성을 높여 이르되 당신을 밴 태와 당신을 먹인 젖
이 복이 있나이다 하니 28예수께서 이르시되 오히려 하나님의 말씀을 듣고 지키는 자가 복이 있느니
라 하시니라.

우리 문화권에 사는 대다수의 사람들이 사탄과 악마에 대해 갖고 있는 지식은 영화, 문학, 비디오 게임에서 나온 것이다. 천사에 대해서도 마찬가지다. 과학기술을 신봉하는 21세기는 이러한 눈에 보이지 않는 존재들을 상상의 산물, 신화 속 신기루로 치부했다. 그러나 성경을 통해 이런 존재들은 실재하며 가볍게 여겨서는 안 된다는 것을 알게 된다. 그들은 실제로 도널드 그레이 반하우스(Donald Grey Barnhouse)가 영적 전쟁[9]이라고 명명한 전쟁을 치르는 강력한 투사들이다.

하나님이 세상을 참으로 멋지게 창조하신 직후에 사탄은 세상의 왕좌를 찬탈하고 아담과 하와가 하나님 대신 자기를 믿도록 꾀었다(창 3:1-6). 그날, 모든 피조물은 사탄의 지배 아래 들어갔다(요 12:31, 엡 2:2, 6:12). 지금 우리는 이 땅에서는 죄의 물리적 영향(롬 8:19-

21)을 받을 수밖에 없고, 다가올 세상에서는 반역에 대한 영원한 형벌을 받을 운명에 처해 있다(계 20:14, 21:8). 그래서 우리는 재앙, 질병, 죽음, 부패에 시달린다. 지금 우리는 혼돈, 이기심, 폭력, 두려움이 대표적 특징인 세상에 살고 있다. 예수님은 이 모든 것을 변화시키기 위해 오셨지만 사탄은 끝까지 포기하지 않고 싸울 것이다. 결국 우리는 전쟁터에 살고 있는 것이다.

성경은 이 우주적인 전쟁을 이렇게 보여준다.

빛의 왕국	어둠의 왕국
통치자: 살아 계신 삼위일체 하나님	통치자: 악령인 사탄
목적지: 새 하늘, 새 땅, 영원한 기쁨	목적지: 지옥, 불못, 영원한 고통
전략: 은혜에 의한 죄인들의 구원과 새 하늘과 새 땅의 창조	전략: 기만, 거짓 소망, 믿음이 없는 죽음
궁극적 결말: 성공	궁극적 결말: 실패

예수님은 사역하시면서 줄곧 어둠의 왕국이라고도 부를 수 있는 악의 통치에 대해 그분의 신적 권위를 행사하셨다. 주님은 죄의 물리적 영향을 무산시키셨고, 사망의 희생자들을 소생시키셨으며, 마귀들을 무저갱에 던져 넣으셨다. 하지만 누가는 여기까지의 이야기에서는 큰 그림에 주의를 환기시키지 않았다. 이제 처음으로 누가는 주님의 치유 사역을 빛의 왕국과 어둠의 왕국 사이에서 벌어지는 거대한 싸움이라는 더 큰 맥락에서 보여준다.

—11:14–16—

이 에피소드는 지금쯤이면 독자들에게 거의 정해진 과정이 된, 예수님이 귀신을 쫓으시는 것으로 시작한다. 누가는 심지어 다소 단조로운 어조로 이 기적을 묘사한다. 우리는 귀신과 대면한 다른 경우들을 통해서 귀신들이 다양한 방법으로 자신들의 존재를 드러낸다는 것을 안다. 개중에는 귀신 들린 게 아니라면 일상적인 질병으로 보이기도 한다. 이 경우는 귀신이 이 남자의 성대를 통제해서 말을 못하게 했다. 하지만 이 악의 하수인은 예수님의 능력과 권위에 대적할 상대가 되지 못했기에 그 남자는 그 자리에서 말을 하기 시작했다.

불행히도 한 부류의 악과의 우연한 만남으로 인해, 예수님은 다른 부류의 악과의 충돌을 피할 수 없게 되었다. 칠십 인의 '보냄받은 자들'은 예수님의 신적 권위를 믿었기에 그것을 그분의 선물로 받아들였지만, 다른 부류의 사람들은 주님의 능력을 어둠의 왕국에서 비롯된 것이라고 생각했다.

바알세불이라는 이름은 열왕기하 1장에서 나온 것인데, 거기에는 '바알'과 '세붑'의 합성어인 "바알세붑"이라고 번역되어 있다. 히브리어로 바알은 '통치자, 주인, 신'을 뜻하고, 세붑은 '똥' 또는 '똥파리'를 뜻한다. 이 둘을 합한 '파리의 왕'이라는 조롱조의 말은 다름 아닌 사탄을 가리키는 것임을 알 수 있다. 다시 말해 예수님을 비난하는 자들은 그분이 하나님의 능력이 아니라 사탄의 능력으로 행동한다며 비난한 것이다(7:33 참고).

아마도 첫 번째 부류와 동질감을 느꼈을 또 다른 집단은 예수님께 그분의 능력이 지옥이 아니라 천국에서 온 것임을 증명해달라고 요구했다. 그분의 능력이 신성한 것임을 증명하기 위해 그들은 "표적", 즉 그것을 입증하는 기적(어처구니없는 요청이다)을 구했다. 주님은 이미 기적을 행하셨지만 그들은 그것이 사탄에게서 온 것이라고 의심했다. 그런데 다른 기적을 행한들 무슨 도움이 되겠는가?

—11:17-18—

예수님은 비난과 도전에 대해 다음과 같은 논리적인 답을 내놓으셨다.

- 귀신 들림을 통해 증명되었듯이 사탄은 사람들을 지배하려고 한다.
- 그 말 못하는 남자는 귀신 들림에서 벗어났다.
- 귀신을 쫓아낼 수 있는 능력은 사탄의 계획을 어그러지게 하는 것이 분명하다.
- 이것이 사탄의 생각이라면 그의 계획은 모조리 실패할 것이다.

어떤 조직이든 조직을 온전히 유지하면서도 그 목적하는 바를 이루려면 소속된 모든 사람이 일치단결해야 한다. 누구는 반대하는데, 누구는 그것을 이루려고 하면 실패하기 마련이다. 사탄은 악하다. 사탄은 어리석게도 자기가 전능하신 하나님을 이길 수 있다고 생각한다. 하지만 그는 바보가 아니다. 그가 정말로 영적 전쟁에서 이기기를 바란다면, 자기 무리를 파멸하려는 하수인을 보내지 않을 것이다.

—11:19-20—

예수님은 논쟁을 더 끌고 가셨다. 예수님은 당신이 사탄의 힘을 빌려 귀신을 쫓아낸다면, 다른 귀신을 쫓는 사람들의 행위도 비슷한 의혹을 받게 된다고 꼬집으셨다. 마찬가지로 예수님이 신성한 능력으로 귀신을 쫓아내신다면, 성전의 권위자들에게 승인을 받았든 예수님께 권한을 받았든, 다른 귀신을 쫓는 사람들도 마찬가지다. 그리고 또 그분은 그분께 도전한 사람들이 주장하는 그릇된 논리는 그들의 정치적, 종교적 동맹자들을 화나게 할뿐더러, 그들을 하나님의 심판 아래 두는 역효과를 낳을 수도 있음을 지적하셨다. 정말로 그분의 능력이 하나님께로부터 온다면 악령들을 다스리는 그분의 권위는 그분이 메시아이시며 하나님의 나라를 세상에 임하게 하셨음을 입증한다. 그러니 그분을 비판하는 사람들은 그분을 의심하기보다는 그들의 왕으로 받아들여 마땅하다.

—11:21-23—

예수님은 전쟁에서 공격받는 것을 예로 들어 경고하셨는데, 이 예는 지상에서 그분이 행하실 사명을 잘 표현하고 있다. 먼저 자유를 선포하고 그분의 시민들을 모으셔서 어둠의 왕국을 궤멸시키기 위해 압도적이고 저항할 수 없는 능력을 가지고 다시 오시는 것이다. 주님은 그 침입의 여파를 보여주시고, 주님을 비판하는 사람들에게 그들이 승자 쪽에서 싸우고 있는지 확인해볼 것을 넌지시 경고하는 의미에서 이전과 이후의 광경을 묘사하셨다.

주님은 예화 속에서 사탄을 "자기 집"을 철통같이 지키는 영주로 묘사하신다. 누가는 여기서 *aulē*라는 헬라어를 사용했다. 이 단어는 일반적으로 안뜰처럼 사방이 막힌 공터를 의미하는데, 특별히 궁전이나 성에서 볼 수 있다. 이 "강한 자"는 성채와 군대를 앞에 두고 자기의 영토와 재산은 절대 침략당하지 않을 것이라고 자만할지도 모른다. "안전하되"로 번역된 구절은 문자적으로는 '안심하다'라는 뜻이다. 이런 식으로 예수님은 앞에서 듣는 자들이 이 사악한 강한 자의 성벽 안에서 평화를 누리고 있기 때문에, 만사가 평탄하다고 확신하고 있음을 완곡하게 암시하셨다.

그 궁전이 정복당하면 한때 바로 그것 때문에 그 "강한 자"와 그의 군대가 안전하다고 생각했던 것들은 침입자를 위한 전리품이 된다. 다시 말해, 평화가 급작스럽게 끝날 수도 있으니 만사가 순조롭다는 이유만으로 당신이 올바른 편에서 싸우고 있다고 과신하지 말라.

요새를 포위하려 하는 사령관이 그곳 거주민들에게 다음과 같은 경고와 약속의 말을 크게 외치는 건 자주 있는 일이었다. "검을 버리는 자는 목숨을 부지할 수 있지만, 항거하는 자는 잔혹한 고문을 당할 것이다." 예수님은 악의 통치와 싸우는 이 우주적인 영적 전쟁에서 입장을 분명히 하셨다. 중간은 없다(9:50 참고). 누구나 예외 없이 그리스도가 이끄시는 하나님의 왕국이든, 사탄이 이끄는 어둠의 왕국이든 한쪽을 택해야 한다. 더욱이 그 선택의 결과는 되돌릴 수 없기 때문에 잘 결정해야 한다.

예수님이 귀신을 쉽게 쫓아내시는 것을 본 모든 증인은 곧 그 "강한 자"의 평안한 날들이 종말을 향해 가고 있음을 알아채야 했다.

—11:24-26—

예수님은 영적 전쟁에서 중립을 지키려는 노력이 허사임을 보여주는 예화로 귀신 들림에 대해 말씀하셨다. 사람은 오랫동안 비어 있을 수 없는 집과 같다. 주님은 유대인의 전통 설화를 사용해 거주할 다른 사람을 찾아서 "물 없는 곳"을 배회하는 쫓겨난 귀신을 묘사하셨다. 성경 외의 문학과 미신에 의하면 악령들은 사로잡을 부주의한 희생자를 기다리는 강도들처럼 황야에 숨어 있다.

그러다가 다른 숙주를 찾지 못한 귀신은 원래 있던 거처로 돌아가, 그 사람이 잘 지내고 있는지 보기로 한다. 정말 그가 사는 형편은 더 좋아졌다. 그 집은 깨끗하게 수리되고 비어 있다! 그는 다시 쫓겨나지 않으려고, 동료들을 데려와 그 가련한 희생자의 삶을 이전보다 더 비참하게 만든다. 그러나 그 귀신이 다시 돌아와 하나님이 그곳에 사시는 것을 보게 되면, 그 주인은 계속 자유를 누릴 것이고 귀신은 다른 곳을 찾아야 할 것이다.

단언하건대 빛과 어둠의 전쟁에서 중립을 지킬 수 있는 사람은 없다. 모든 사람 속에는 하나님의 영이든 사탄의 영들이든 반드시 누군가가 거하고 있다.

—11:27-28—

예수님이 비판자들과 지지자들, 남자와 여자가 뒤섞인 청중에게 말씀하실 때 한 여인이 예수님을 인정하는 말을 크게 외쳤다. 그 여인이 예수님의 어머니를 축복한 말은 특히 부모를 공경하던 그 시대에 할 수 있는 큰 찬사였다. 그 여인이 복이 있다고 한 말은 사실 이런 뜻이다. "이렇게 훌륭한 아들을 둔 당신의 어머니는 축복받은 여인입니다. 그분은 분명 뭔가 의로운 일을 했을 것입니다!"

예수님은 그 찬사를 정중하게 받으시면서도, 찬사보다는 하나님의 말씀에 반응하기를 바라는 마음을 표현하셨다. 말씀을 듣고 그것에 주의를 기울이는 사람이 가장 높임받을 만한 사람이다.

누가복음의 이 대목은 악의 영토와 하나님의 왕국을 나누고, 하나님 편과 사탄 편을 분명히 구별하며, 우주를 가로지르는 지울 수 없는 선을 긋는다. 그러고서 누가는 하나님 편에서 독자들이 이야기 속에 등장하는 각각의 인물들에게 주의를 기울이게 한 후에 경계선의 어느 쪽을 택할 것인지 결정하게 한다. 누가는 이 우주론을 확고하게 정립한 후, 이제 바리새인들의 질문으로 시선을 돌린다.

이야기 초반부에 바리새인들과 다른 종교 권위자들은 예수님께 온건하지만 큰 영향을 미칠 것이 예상되는 반대를 했다. 이 몇 장에서 그들은 이야기의 배후로 물러나 있었다. 7장 39절 이후로는 바리새인들에 대한 구체적인 언급이 없었다. 그럼에도 주님은 사역 때문에 예루살렘의 종교 지도자들과 충돌할 수밖에 없는 상황에 처하셨다. 결과적으로 나머지 이야기는 바리새인들과 그분의 갈등이 주를 이루며 그와 관련된 사람들(그리고 우리)에게 '이 싸움에서 당신은 어느 편에 서 있는가?'라는 질문을 할 것이다.

적용

전투 준비

우리는 눈에 보이는 적과 싸우는 게 아니다. 그렇기 때문에 정신을 바짝 차리지 않으면 속기 쉽다. 다행히 우리에게는 승리가 보장된 그리스도의 능력이 있다. 그럼에도 적의 공격을 이겨내려면 다음의 세 가지를 항상 명심해야 한다.

첫째, 사탄의 전략을 이해하려면 지식이 필요하다. 우리가 신뢰할 수 있는 정보는 하나님의 말씀이다. 성경 용어 사전을 펼쳐서 '악마', '사탄', '귀신' 같은 단어들과 관련 용어들을 찾아서 연구하고 조사하라. 성경이 적에 대해 뭐라고 가르치는지 보라. 당신이 알아낸 것에 대해서도 놀라겠지만, 당신이 가지고 있는 지식 중에서 얼마나 많은 것이 성경에서 나온 것이 아닌지에 대해서도 놀랄 것이다. 전투를 치르고, 적의 전략을 이해하려면 신빙성 있는 정보가 있어야 한다. 그게 바로 하나님의 말씀이다.

둘째, 적의 공격을 이겨내려면 보호가 필요하다. 정보 외에 하나님의 보호도 필요하다. 하나님은 에베소서 6장 11-18절에 우리의 주요 무기를 나열해 놓으셨다. 모두 당신을 위한 것이다. '하나님의 전신갑주'에 대해 공부하고 사용법을 익히라.

셋째, 마귀의 공격에서 보호받고 싶다면 구원을 받아야 한다. 영원한 생명을 주시는 그리스도를 믿고 신뢰하는 것이 첫 번째 단계다. 그분께 속해 있지 않다면 그 외에 다른 것은 아무것도 중요하지 않다. 사실, 당신이 당신의 삶을 주님께 드림으로써 사탄의 반대편에 서기 전까지는 당신을 향한 싸움은 시작되지도 않는다.

선민들을 향한 엄숙한 경고(누가복음 11:29-36)

29무리가 모였을 때에 예수께서 말씀하시되 이 세대는 악한 세대라 표적을 구하되 요나의 표적 밖
에는 보일 표적이 없나니 30요나가 니느웨 사람들에게 표적이 됨과 같이 인자도 이 세대에 그러하리
라 31심판 때에 남방 여왕이 일어나 이 세대 사람을 정죄하리니 이는 그가 솔로몬의 지혜로운 말을
들으려고 땅 끝에서 왔음이거니와 솔로몬보다 더 큰 이가 여기 있으며 32심판 때에 니느웨 사람들이
일어나 이 세대 사람을 정죄하리니 이는 그들이 요나의 전도를 듣고 회개하였음이거니와 요나보다
더 큰 이가 여기 있느니라

33누구든지 등불을 켜서 움 속에나 말 아래에 두지 아니하고 등경 위에 두나니 이는 들어가는 자

로 그 빛을 보게 하려 함이라 [34]네 몸의 등불은 눈이라 네 눈이 성하면 온 몸이 밝을 것이요 만일 나
쁘면 네 몸도 어두우리라 [35]그러므로 네 속에 있는 빛이 어둡지 아니한가 보라 [36]네 온 몸이 밝아 조
금도 어두운 데가 없으면 등불의 빛이 너를 비출 때와 같이 온전히 밝으리라 하시니라.

이때쯤부터 주님의 이름은 이스라엘에서 유명해졌다. 첫째, 세례 요한이 많은 군중을 모으고 그리스도를 가리키면서 자기는 쇠하고 메시아는 흥해야 한다고 선포했다. 예수님은 그때 그 어떤 선지자들보다도 밝게 빛나셨다. 그분은 사실상 아무것도 없는 상황에서 수많은 무리를 배불리 먹이셨다. 수백 번, 아니 수천 번 기적을 행하셨다. 문둥병자를 깨끗하게 하셨다. 죽은 자를 살리셨다. 귀신을 내쫓으셨다. 자연을 다스리셨다. 그리고 그분은 바리새인들을 비롯한 종교 지도자들의 위선과 율법주의에 반대하는 입장을 취하셨다. 그분은 자신을 의롭게 여기는 사람들을 부끄럽게 하시고, 그들의 악을 비난하셨다. 그분은 또 그분이 하셨던 것처럼 사역할 수 있도록 많은 사람에게 권한을 위임하셨는데, 이런 행위가 이스라엘의 미묘한 세력 균형을 깨트릴 위험이 있었다. 그분의 민중 운동은 예루살렘에서 두려워하는 세력으로 성장했다.

메시아를 단칼에 거절한 사람도 많았지만, 정치의 바람이 어느 쪽으로 불 것인지 계산하느라 망설이는 사람도 많았다. 혁명의 어느 편에 설지 선택할 때 많은 사람이 원칙을 기준으로 결정을 내리지 않고, 승산이 있는 사람에게 동조한다. 혁명에서 잘못된 편에 서는 것은, 그것이 정치든, 이사회든, 교회든, 학교든, 또는 주민 대표회든 치명적인 일이다. 결국 예수님이 만난 사람들은 모종의 표적, 그분이 정말로 이길 것을 하나님이 확증하는 증거를 원했다. 그렇게 하면 그들은 목숨은커녕 개인의 안락조차도 포기하지 않고 천국의 혜택을 고스란히 누릴 수 있었다.

무리가 늘어나면서, 예수님은 그들이 현실을 직시해야 할 때가 왔음을 느끼셨다. 그리고 그것은 내면에서부터 시작되어야 했다.

—11:29-30—

성공한 지도자들(영적으로든 다른 쪽으로든)은 군중의 찬양을 받을 때 타락할 위험이 높다.

묵상의 서재

사역은 장난이 아니다

나는 강대상 위에서도 잘 웃어서 사역 초기에 비난을 자주 받았다. 하지만 재미있는 일이 있으면 나는 웃는다. 나는 절대 엄숙하게 힘을 잔뜩 준 목소리로 설교하지 않겠다고 일찌감치 마음먹었다. 그리고 다른 곳에 있을 때와 똑같은 어조로 말했다. 그리고 우스운 것을 보면 거리낌 없이 웃었다. 하지만 메시지에 집중하지 못하게 하는 유머는 결코 원치 않았다.

남부 캘리포니아의 한 교회에서 담임 목사로 있을 때 나는 교회 사역 팀이 일 년에 한 번 남북으로 뻗은 해안 지역을 다니며 다른 사역을 돌아보는 여행에 참여했다. 우리는 매년 다른 사역들을 보면서 우리 사역에 대해 소중한 통찰력을 얻었다. 우리는 방법을 달리 해야 할 것, 더 잘해야 할 것을 보게 되었고, 이것 못지않게 중요한 것으로 하지 말아야 할 것을 알게 되었다.

어느 교회 목사가 사역의 성공 비결을 나누었다. 그는 이렇게 말했다. "늘 교인들을 웃기십시오. 일주일 내내 내가 가장 열심히 하는 일 중 하나가 청중이 웃으며 떠나도록 맨 마지막에 할 유머를 찾는 것입니다. 사람들은 즐겁게 해주면 다시 옵니다."

이 무슨 해괴한 소리인가! 사역은 재미있을 수 있다. 그리고 재미있는 설교도 있다. 하지만 하나님의 말씀을 선포하는 것은 장난이 아니다.

나는 재미있는 이야기를 하는 것에 반대하지 않는다. 회중은 이따금씩 배를 잡고 웃을 필요가 있다. 설교자들 중에는 강대상에서 재치 있게 유머를 잘하는 타고난 감각이 있는 사람들이 있다. 그리고 그것(타협하지 않고 말씀을 전하면서 회중 앞에서 자신을 있는 그대로 드러내는 것)이야말로 그들이 해야 할 일이다. 그러나 설교를 준비할 때 재미를 주는 부분을 '가장 열정적으로 준비한다면', 그때는 다른 직업을 찾아봐야 할 때다.

감정을 억제하고 자만심을 멀리해도 성공을 추구하는 마음이 집착이 될 수 있다. 찰스 스펄전(Charles Spurgeon)은 이렇게 말했다. "성공은 한 사람을 다른 사람들이 주는 압박감에 노출시켜 그로 하여금 '세속적인' 방법으로 얻은 것을 움켜쥐게 만들고, 계속 발전해야 한다는 강압적인 요구에 휘둘리게 만든다."[10] 그러나 예수님은 폭발적인 인기를 얻으셨을 때, 많은 사람이 그분께 헌신해서가 아니라 무언가를 얻기 위해 그분을 따르는 것을 보게 되셨다. 그리고 또 제자가 되지 않은 사람들도 확실한 약속을 듣고 싶어서 입장을 확실히 하지 않는다는 사실을 받아들이셨다. 그들은 천국의 모습과 천국 왕의 통치 형태에 대해 그들 나름의 생각이 있었다. 그리고 편을 바꾸기 전에 미래에 대한 확신을 얻고 싶어 했다.

그래서 예수님은 "이 세대"(청중에 대한 간접적 언급)가 악하다고 하시며 당신을 따르는 자들에게 정면으로 도전하셨다. 일반적으로 이 헬라어의 실제적 의미는 '나쁜, 해로운, 쓸모없는, 무익한'이라는 뜻이고, 도덕적 의미는 '하나님의 반대편'이라는 뜻이다. 역설적이게도 예수님은 이스라엘의 역사 속에서 인품이 의심스러운 이방인들이 뚜렷하게 보장된 것이 없는 상태에서 하나님의 말씀에 올바른 태도를 취했던 두 가지 예를 사용하셨다.

"요나의 표적"에는 이중적인 의미가 있다. 누가는 지금 그중 하나를 드러내지 않았다. 요나는 큰 물고기 뱃속에 들어갔다가 사흘 만에 다시 나와서 니느웨에 하나님의 말씀을 선포했다. 예수님은 사흘 동안 땅 속에 삼켜졌다가 죽음을 이기고 나타나실 것이다(마 12:40 참고). 이 두 번째 의미가 요나의 경고를 나타내며, 예수님은 이것을 "표적" 또는 진리를 확인하게 해주는 기적이라고 하셨다.

하나님은 선지자 요나를, 놀라울 정도로 잔인하고 오싹할 정도로 피에 굶주린 니느웨 사람들에게 보내셔서 이런 경고를 전하게 하셨다. "사십 일이 지나면 니느웨가 무너지리라"(욘 3:4). 그러자 놀랍게도, 니느웨 사람들은 회개했다.

> 니느웨 사람들이 하나님을 믿고 금식을 선포하고 높고 낮은 자를 막론하고 굵은 베 옷을 입은지라 그 일이 니느웨 왕에게 들리매 왕이 보좌에서 일어나 왕복을 벗고 굵은 베 옷을 입고 재 위에 앉으니라(욘 3:5-6).

니느웨 사람들은 이방인이고, 우상을 숭배하며, 적들에게 잔인했지만, 아브라함의 후손들인 "이 세대"보다 도덕적으로 우월하다는 걸 입증했다.

—11:31-32—

예수님은 이스라엘 역사에서 두 번째 예를 취하셨다. "남방 여왕"은 아라비아 왕국의 여왕 '스바'를 지칭한다. 솔로몬 왕 시대에 이 여왕은 솔로몬의 막대한 부에 대한 소문을 확인하고 수수께끼로 그의 지혜를 시험해보려고 예루살렘에 왔다. 기대 이상의 모습을 확인한 그 여왕은 이렇게 감탄했다. "복 되도다 당신의 사람들이여 복 되도다 당신의 이 신하들이여 항상 당신 앞에 서서 당신의 지혜를 들음이로다 당신의 하나님 여호와를 송축할지로다 여호와께서 당신을 기뻐하사 이스라엘 왕위에 올리셨고 여호와께서 영원히 이스라엘을 사랑하시므로 당신을 세워 왕으로 삼아 정의와 공의를 행하게 하셨도다"(왕상 10:8-9).

예수님은 그 여왕이 솔로몬을 보려고 멀리까지 와서 믿음을 갖고 돌아갔기 때문에 "이 세대"보다 도덕적으로 우월하다고 단언하셨다. 예수님은 그 여왕이 최후의 심판대 앞에 서서 지극히 분명한 것을 한사코 믿으려 하지 않은 유대인들에 대해 증언하고 그들을 규탄하는 일에 참여하는 광경을 상상하셨다.

그다음 예수님은 니느웨 사람들과 함께 규탄에 참여하셨다. 그들은 요나의 말이 정말인지 입증하는 증거를 요구하지 않고, 그저 겸허하게 회개하며 하나님 말씀에 화답했다. 솔로몬보다 위대하고 요나보다 더 신뢰할 수 있는 분이 그들 가운데 서 계셨지만 "이 세대"는 그 이상의 표적과 증거 그리고 확신을 원했다. 의로운 이방인들에 대한 이 두 가지 불편한 예를 들은 바리새인들은 분명 발끈했을 것이다.

—11:33-34—

강론을 정리하시며 예수님은 앞서 하나님의 진리, 즉 하나님의 계시를 빛에 비유하신 것을 떠올리셨다(8:16). 전에 말씀하셨듯이 예수님은 등잔을 켜는 것은 빛을 숨기기 위해서가 아니라는 사실을 지적하셨다. 등잔 빛이 방 안을 비추면 사물이 훤히 보인다. 아버지는 아들을 세상의 빛으로 보내셨다. 그러므로 누구도 어둠 속에 있다고 우길 수 없다.

앞의 예에서(8:16–18) 빛은 귀한 것이든 무익한 것이든, 각 사람이 가진 것을 드러냈다. 이때 예수님은 사람들을 집에, 그들의 눈을 창문에 비유하셨다. 어떤 창문들은 깨끗하다. 헬라어의 원어적 의미는 '단순한, 진지한, 솔직한, 편견이 없는'이다. 일부 번역본은 '성하다'라는 단어를 사용하는데, 이는 누가가 고른 용어의 의도나 측면을 놓치는 것이다. 사람의 내면을 볼 수 있는 깨끗한 창문은 우연히, 무심코 깨끗해지는 게 아니라 깨끗해지려고 노력할 때 그렇게 된다.

"나쁘면"이라는 단어는 29절에 쓰인 "악한"과 같은 단어다. 깨끗하다는 단어가 의도성을 표현하므로 "나쁘면"에도 분명 같은 의미가 있을 것이다. 나쁜 창문은 누군가가 장막을 드리워서 빛이 차단된 상태를 뜻한다.

—11:35–36—

그런 다음 예수님은 그 예를 명령에 적용하셨다. 이 명령문은 마치 '불장난하지 말라'는 충고가 '불에 데일 수 있다'라는 뜻을 내포하듯 어떤 경고가 내포되어 있다. 최후의 심판에서 정죄받는 것이 암시된 결과 중 하나다(31–32절). "보라"는 동사는 주의를 기울인다는 개념을 강조하는 헬라어다. 창문이 빛을 가릴지, 통과시킬지를 결정하는 것은 그 사람이다. 어떤 사람이 어둠 속에 산다면 이는 그 사람이 빛을 가리기로 결정했기 때문이다. 하지만 어떤 사람이 자기의 창문을 깨끗하게 유지하기로 했다면 하나님 말씀의 빛이 영혼을 가득 채워 드러나지 않는 게(의도, 욕망, 가치, 편견) 없을 것이다.

예수님은 그 자리에 있는 각 사람의 영혼을 들여다보시고 모든 것을 만천하에 드러내실 수 있었다. 그분은 눈에 보이는 사람을 한 명씩 가리키시며 이렇게 말씀하실 수도 있었다.

- "너는 사람들에게 인정받고 싶어한다."
- "너는 순수하게 진리를 찾는 사람이다."
- "너는 나를 따르면 힘들까봐 두려워하는구나."
- "너는 배신자다."
- "너는 나를 따르기 위해서라면 무엇도 아끼지 않을 것이다."

• "너는 내가 너를 용서하고, 거부하지 않기를 간절히 바라고 있다."

예수님은 각 사람의 마음을 살펴서 드러내실 수 있었지만, 그렇게 하지 않으셨다. 도리어 그분은 청중에게 하나님이 주시는 계시의 빛이 그들 영혼을 가득 채워서 모든 것이 드러나게 하라고 도전하셨다. 그분은 각 사람에게 스스로 심판관이 될 기회를 주셨다. 그러나 그 시간은 길지 않다. 조만간 하나님의 아들은 전쟁터에서 적과 대면할 것이고, 그때 선택의 시간은 끝날 것이다.

적용
성공의 위험성

예수님은 무리의 수가 점점 늘면서 감정이 고조되어 있는 추종자들에게 직설적인 메시지를 전하기를 주저하지 않으셨다. 그분에게서 입에 발린 말이나 타협이나 은인인 척하는 태도는 조금도 찾아볼 수 없었다. 그것이 분명히 가져올 부정적인 결과에 아랑곳하지 않고 분명하고, 이해하기 쉽게 말씀하셨다. 그분은 다른 사람들이 기대하는 역할을 거부하셨다. 그분은 진리를 말씀하셨다. 그분은 늘 한결같으셨다. 그분은 재미보다는 본질적인 것을 보여주셨다. 그분은 그들에게 순종의 책임을 지우셨고, 독자적인 해석을 조심하라고 이르셨다.

주님의 치솟는 인기와 세상이 정의하는 '성공'에 대해 생각해보면서 그것이 내포하고 있는 세 가지 위험성과, 그것에 맞설 수 있는 원칙들을 살펴보기로 하자.

첫 번째 위험은 개인적인 것이다. 이것은 내가 이미지 관리라고 부르는 것이다. 교회가 성장하면 지도자는 자기의 이미지를 현재 일어나는 일로 포장하면서, 누가 진정으로 이 영적인 일을 맡고 있는지 망각하기 쉽다. 이것은 아주 경건한 말로 들릴 수 있다. 그러나 내 말은 그런 뜻이 아니다. 나는 솔직히 말한 것이다. 하나님이 그 안에 계시지 않는다면 우리는 그 일에서 빠져 나와야 한다. 그리스도가 주인공이 아니시라면, 그리스도가 주님이 아니시라면, 그 일은 지속되지도 않을 것이고 좋은 결실을 맺지도 못할 것이다. 이 위험성에서는 자만심이 물방울처럼 뚝뚝 떨어진다. 초점은 무엇이 되느냐가 아니라 무엇을 하느냐에 있다. 삶이나 필요를 채우는 게 아니라, 프로그램에 집착한다. 솔직히 자신의 부족함을 고백하기보다는 적절히 사람들을 감동시키는 데 집중하게 된다.

이것을 방지할 수 있는 원칙은 상호 책임이다. 동등한 위치에 있거나 더 큰 권위를 가진 사람이 거리낌 없이 지도자가 현실에 계속 초점을 맞출 수 있게 도와야 한다. 누구를 대상으로 하는가? 무엇이 중요한가? 무엇이 중요하지 않은가? 하나님이 하시고자 하는 일에 방해되지는 않는가? 필요 이상으로 숫자를 강조하고 있는가? 사람들의 이목을 끌기 바라는가?

1988년 3월 18일 자 〈크리스채너티 투데이〉(*Christianity Today*)에는 PTL(짐 베이커가 설립한 텔레비전 네트워크 단체로, 기복적인 성공 복음을 전했다-편주)이 한참 인기를 끌 때, 그곳의 간사였던 리처드 돌치(Richard Dortch)의 인터뷰 기사가 실려 있다. 그 기사에서 돌치는 이렇게 썼다. "우리는 과오를 저질렀다. 하나님의 일에 너무 몰두한 나머지, 도리어 하나님을 까맣게 잊어버렸다."

두 번째 위험은 내가 조직의 위험성이라고 부르는 것이다. 즉, 사역이 사업으로 변질될 위험이다. 비즈니스계에서 귀중한 통찰을 얻을 수는 있지만, 사역은 비즈니스가 아니다(이 문장을 한 번 더 읽으라). 비즈니스 용어와 마케팅을 염두에 둔 사고방식이 끊임없이 파고드는 것에 주의하라. 세상의 방법으로 영적인 목표를 시도하려는 유혹을 조심하라. 기업 용어와 명칭을 경계하라. 그것은 막다른 길이다. 얼마 지나지 않아 당신 머릿속에서 이런 말들이 북소리처럼 계속 울릴 것이다. '경쟁, 비교, 경쟁, 비교, 경쟁, 비교…' 존 파이퍼(John Piper)의 말이 맞다. "형제들이여, 우리는 전문가가 아닙니다."

이러한 위험을 방지하려면 끊임없이 그리스도를 연구해야 한다. 그리스도가 행하신 일, 하셨던 말씀으로 계속 돌아가라. 그분이 일하신 방법을 관찰하라. 그분이 일을 어떻게 처리하셨는지 주의 깊게 보라. 사람들을 어떻게 대하셨는지 보라. 그분을 본받으라. 최고경영자가 아니라 목자가 되라.

셋째로 내가 지적하는 것은 전통의 위험성이다. 전통이란 좋은 것이다. 전통은 허망한 것을 따르지 않게 해준다. 그러나 전통은 참된 마음의 중심을 간과하게 만들 수도 있다. 종교 활동을 하지만, 삶은 거의 달라지지 않는다. 우리는 모임을 주관하고 일을 진행한다. 그러나 으레 그렇듯 그 결과는 무관심과 냉담이다. 교인 수는 증가하고 그것 자체는 만족스럽지만, 사람들의 마음은 메말라간다.

때로는 교인들을 깨우기 위해서 전통을 깨야 할 때도 있다. 전통의 위험성을 치유하는 방법은 창의성이다. 많은 집단이 두려워하지만, 많은 경우 가장 필요한 것이 이것이다.

마음속부터 깨끗이 하라(누가복음 11:37-54)

37예수께서 말씀하실 때에 한 바리새인이 자기와 함께 점심 잡수시기를 청하므로 들어가 앉으셨
더니 38잡수시기 전에 손 씻지 아니하심을 그 바리새인이 보고 이상히 여기는지라 39주께서 이르시되
너희 바리새인은 지금 잔과 대접의 겉은 깨끗이 하나 너희 속에는 탐욕과 악독이 가득하도다 40어리
석은 자들아 겉을 만드신 이가 속도 만들지 아니하셨느냐 41그러나 그 안에 있는 것으로 구제하라 그
리하면 모든 것이 너희에게 깨끗하리라

42화 있을진저 너희 바리새인이여 너희가 박하와 운향과 모든 채소의 십일조는 드리되 공의와
하나님께 대한 사랑은 버리는도다 그러나 이것도 행하고 저것도 버리지 말아야 할지니라 43화 있을
진저 너희 바리새인이여 너희가 회당의 높은 자리와 시장에서 문안 받는 것을 기뻐하는도다 44화 있
을진저 너희여 너희는 평토장한 무덤 같아서 그 위를 밟는 사람이 알지 못하느니라

45한 율법교사가 예수께 대답하여 이르되 선생님 이렇게 말씀하시니 우리까지 모욕하심이니이
다 46이르시되 화 있을진저 또 너희 율법교사여 지기 어려운 짐을 사람에게 지우고 너희는 한 손가
락도 이 짐에 대지 않는도다 47화 있을진저 너희는 선지자들의 무덤을 만드는도다 그들을 죽인 자도
너희 조상들이로다 48이와 같이 그들은 죽이고 너희는 무덤을 만드니 너희가 너희 조상의 행한 일에
증인이 되어 옳게 여기는도다 49그러므로 하나님의 지혜가 일렀으되 내가 선지자와 사도들을 그들에
게 보내리니 그 중에서 더러는 죽이며 또 박해하리라 하였느니라 50창세 이후로 흘린 모든 선지자의
피를 이 세대가 담당하되 51곧 아벨의 피로부터 제단과 성전 사이에서 죽임을 당한 사가랴의 피까지
하리라 내가 너희에게 이르노니 과연 이 세대가 담당하리라 52화 있을진저 너희 율법교사여 너희가
지식의 열쇠를 가져가서 너희도 들어가지 않고 또 들어가고자 하는 자도 막았느니라 하시니라

53거기서 나오실 때에 서기관과 바리새인들이 거세게 달려들어 여러 가지 일을 따져 묻고 54그
입에서 나오는 말을 책잡고자 하여 노리고 있더라.

맥스 루케이도(Max Lucado)는 다음과 같은 지혜로운 글을 썼다. "율법주의는 용서가 아니라 결백을 추구한다. 율법주의는 자기를 변호하고, 설명하며, 높이고, 정당화하는 체계적인 과정이다. 율법주의에 집착하는 것은 하나님이 아닌 자아다. 율법주의는 사람에 대해 긍휼함이 없다. 율법주의는 내 입장에서 상대에게 짐을 지우고, 내 생각으로 상대의 한계를 정하며, 내 생각으로 상대의 의무를 결정한다."[11] 그가 예수님 시대에 살았다면 '율법주

의'라는 단어를 '바리새주의'로 바꿀 수 있었을 것이다. 바리새인들은 율법주의를 일종의 예술(물론, 배타적인 예술 형태)로 승화시켰다.

그들의 온화한 태도, 세련된 외형, 인상적인 신학 지식, 위압적인 논쟁 실력, 유대인 관습의 엄격한 준수는 노동자 계층의 유대인들 사이에서 '경건'의 완벽한 본보기인 그들에게 엄청난 권위를 부여했다. 뿐만 아니라 그들은 수백 년 동안 축적된 콘크리트처럼 단단히 굳은 관습 위에 서 있었다. 확실한 것은, 현 상황을 바꾸는 것은 하나님의 역사로나 가능하다는 사실이었다. 영원한 보응까지 따랐다고 전해지는, 유대인들로서는 사회적 사형 선고인 출교가 두려워서 감히 아무도 바리새인들에게 맞서지 못했다. 아무도 감히 그들의 전통에 이의를 제기하지 못했다. 성경 전문가들은 그들의 전통은 하나님의 말씀에서 나온 것이라고 주장했으니 누가 하나님이 바라시는 바를 의심할 수 있겠는가?

예수님은 계속 악의 지배를 맹렬히 비난하시며 사탄의 제1 방어선인 종교를 공격할 태세를 취하셨다.

—11:37-38—

누가복음은 마태복음이나 마가복음과는 달리 바리새인들과 그들의 관습에 대해 약간의 배경 지식을 제공한다. 그런데 예수님을 자기 집으로 초대해 점심을 대접한 이 바리새인에 대해서는 아무것도 알려진 게 없다. 내 생각에는 그 사람이 주님의 가르침을 통해 어느 정도 신념을 갖게 되면서 그동안 자기가 알았던 신학이 잘못된 것은 아닌지 의구심을 가졌던 것 같다. 그러나 그가 더 통제된 상황에서 예수님께 도전하려고 했을 수도 있다.

예수님은 또 다른 가르침의 기회로 그 초대를 받아들이셨다. 주님은 그 집에 들어가 그 분께 배정된 식탁 자리를 찾아 고대 근동의 관습대로 왼팔을 받치고 비스듬히 누우셨다. 하지만 주님은 바리새인들의 손 씻는 의식을 위해 마련된 자리는 그냥 지나치셨다. 이것은 독실한 유대인들의 복잡한 발명품으로 그 세세한 절차는 500여 년에 걸쳐서 축적된 것이었다.

BC 586년에 바벨론 제국이 예루살렘을 약탈하자 수많은 유대인이 바벨론으로 유배를 가야 했다. 경건한 유대인들은 그 낯선 환경 속에서 어떻게 모세의 율법을 적용할 수 있을

지 알고 싶어했다. 고국 땅에서 추방되어 성전과도 단절된 상황에서 유대인으로서의 정체성을 지키기 위해 발버둥 치던 그들은 하나님의 기록된 말씀을 필사하고 보존하는 일을 해왔던 사람들에게 의지했다. 이 "서기관들"은 율법을 가르치고 그 원칙을 실제적이고 정의할 수 있는 용어로 적용해달라는 요청을 받았다.

시간이 흐르면서 하나님의 율법을 존중하겠다는 애초의 바람은 변질되어갔다. 실제적인 지침은 전통이 되고, 전통은 율법의 성격을 갖게 되었다. 불과 몇 세기 만에 아무도 "장로들의 전통"(막 7:1–4)과 하나님의 율법을 구분할 수 없게 되었다. 말 그대로 수백 가지의 규율, 규정, 기준, 지침들이 유대인의 삶을 지배하는 바람에 하나님과 개인적인 관계를 갖는다는 생각은 꿈도 꾸지 못할 일이 되었다. 하나님은 누리는 대상이 아니라 순종해야 할 대상이 되었다.

AD 70년에 예루살렘 성전이 파괴되고, AD 135년에 유대인들이 뿔뿔이 흩어진 후 랍비들은 『미쉬나』(*Mishnah*)라고 불리는 문서에 이 방대한 구전된 전통을 보존했다. 우리는 이 문서를 통해 독실한 유대인들이 위생을 위해서가 아닌 의식적 또는 의례적인 정결함을 위해 손을 씻었다는 것을 알 수 있다. 매 식사 전에 그리고 심지어는 음식이 나오는 중간에 그들은 의식 절차로 손을 씻는 용도로 성별된 특별한 항아리가 있는 곳으로 갔다. 알프레드 에더샤임(Alfred Edersheim)은 이 전통을 이렇게 요약했다.

> 정결 의식이 지나치게 잦았다. 물이 다른 용도로 사용되거나, 오염되지 않도록 주의를 기울여야 했기 때문에 보통 큼지막한 단지나 항아리가 쓰였다. 돌이 특별히 언급되긴 했지만, 어떤 재료든 상관없었다. 이 항아리에서 대부분 유리로 된, 최소한 4분의 1 로그(달걀 껍질 하나 반에 해당하는 양)를 담을 수 있는 *natal*, *antila* 또는 *antelaya*라고 불리는 용기로 물을 뜨는 게 관례였다. 왜냐하면 딱 그 정도의 양이 관수식에 사용될 수 있었기 때문이다. 자갈, 회반죽 같은 것이 전혀 묻지 않은 두 손에 물을 붓고, 손 전체가 구석구석 씻겨질 뿐만 아니라 손을 씻은 오염된 물이 다시 손가락 쪽으로 흘러내리지 않도록 손을 쳐들어 물이 손목 쪽으로 흘러내리게 했다. 비슷한 방법으로 한쪽 손으로 다른 쪽(주먹)을 문지르면 문지른 손은 관수가 된 것으로 규정되었다. 그렇지 않으면 머리나 또는 벽에 대고 문지를 수도 있었다. 그런데 특별히 강

> 조되는 한 가지 요소가 있었다. 첫 번째 관수식은 원래 레위기에 부정하다고 규정되지 않은 손을 씻을 때 시행하도록 규정되어 있는데, 이때 물이 손목까지 흘러내려야 했다. 만약 물이 손목까지 내려오지 않으면 그 손은 정결하지 않았다. 마가가 바리새인들은 "손목까지 손을 씻지 않으면" 먹지 않는다고 말한 것이 바로 이 뜻이다."[12]

우리가 보기에는 지나치게 상세한(거의 강박에 가까운) 규율이 바리새인들에게는 하나님의 율법에 대한 사랑의 표현이었다. 그들은 일주일에 엿새, 그리고 안식일에는 이보다 더, 오로지 하나님을 기쁘시게 하기 위해 생활의 모든 영역에서 이런 식의 지루한 의식을 감내했다. 그렇기 때문에 예수님이 식사를 하시려고 식탁에 비스듬히 누우셨을 때 집 주인은 아연실색했다. 누가는 그 바리새인의 말을 밝히지 않는다. 그러나 예수님은 그의 이의에 대답하셨다.

—11:39-41—

예수님은 식기의 의식적인 정화 절차를 비롯한 바리새인들의 다른 전통에 대해 답하셨다. 그들은 외부로부터 의식적인 오염이 되었을 것을 대비해 그릇 내부를 꼼꼼히 살핀다. 그래서 예수님의 말씀을 문자적으로 받아들인다면 맞지 않는 말이었을 것이다. 주님은 "잔"과 "대접"으로 바리새인들을 상징하려 하신 게 분명하다. 그들은 내면의 더러움은 간과하고 경건의 외적 상징만을 깐깐하게 지켰다. 그들은 감염은 방치한 채, 병의 증상만 붕대로 감았다. 그들은 더러운 마음으로 정결 의식의 규례와 규정을 지켰는데, 하나님은 이런 관례를 늘 싫어하셨다(참고 사 1:10-17, 58:4-8, 암 5:21-24, 미 6:6-8). 게다가 그들에게는 외적 행위가 내면의 더러움을 씻어준다는 그릇된 믿음이 있었다.

"그 안에 있는 것으로 구제하라"는 구절의 정확한 헬라어 의미는 현재는 확실하지 않지만 누가의 청중은 그 구어체의 말뜻을 정확하게 이해했을 것이다. 예수님은 바리새인들이 죄로 가득 찬 속마음은 살피지 않으면서, 모범적인 행실에 지나치게 집중하는 것을 비난하셨다. 역설적이게도 이들은 그릇의 겉면이 오염되지 않게 함으로써 의식에 쓰이는 용기의 내부를 정결하게 보호했다. 그들은 무엇이 됐건 잔의 겉면과 접촉했던 것으로는 속을 깨끗

묵상의 서재

상징이 의미하는 것

디지털 카메라와 전자수첩이 나오기 전 나는 지갑에 가족사진을 넣고 다녔다. 아내와 아이들에 대해 질문을 받으면 나는 자랑스럽게 그 사진을 보여주며 무심히 말했다. “제 가족입니다!” 엄밀히 말해 그 사진 자체가 내 가족은 아니었다. 그것은 내 가족의 초상이었다. 사진은 그것이 찍혔을 당시 그들의 모습을 보여주기 때문에 실체의 상징이다. 나는 그 사진을 좋아한 게 아니라 사진으로 표현된 사람들을 사랑했다. 내가 그 사진을 사랑스럽게 보는 이유는 그것이 내가 소중히 여기고 갈수록 더 큰 사랑을 품게 되는 사람들을 생각하게 하는 까닭이다.

나는 단 한 번도 가족사진을 진짜 가족으로 착각한 적이 없다. 단 한 번도 나는 아내와 아이들 대신 내 사진과 시간을 보내려고 한 적이 없다. 사실 우리 가족이 함께 있을 때는 나는 가족사진을 볼 일이 없다. 당연히 그럴 필요가 없기 때문이다!

우리는 언제나 상징과 실체의 차이를 잊지 말아야 한다. 우리는 그리스도와의 연합을 기념하고 우리를 위한 그분의 희생을 기억하려고 성찬식에서 빵을 자르고 와인을 붓는다. 내적 실제의 외적 선포로 새 신자들이 세례를 받는다. 우리는 각자 우리의 죄 속에서 그분과 함께 장사 지낸 바 되었다가 믿음을 통한 은혜로 그분과 함께 새로운 생명 속에서 부활했다. 그러나 이런 것들은 그저 상징일 뿐이다. 의식을 상징 이상의 무언가로 만들기 위해 실체를 버려서는 안 된다. 그것은 자려고 누워서 옆에 아내를 두고도, 아내의 사진에 굿나잇 키스를 하는 것과 같다!

하게 할 수 없다는 사실을 알았다. 『미쉬나』를 보면 의식적으로 깨끗한 물속에 담근 그릇을 정결하다고 인정했던 것 같다. 그러므로 예수님의 말씀은 아마도 '마음속에서 우러나온 도움(자선금)을 베풀라' 또는 '마음으로부터 베풀라'는 뜻이었을 것이다.

1세기 유대인 사회에서는 가난한 자들에게 자선금을 베푸는 것을 가장 자비롭고 거룩한 행위로 여겼다. 그래서 바리새인들은 성전에 헌금하거나 궁핍한 자들에게 직접 돈을 주는 것을 매우 과시했다. 예수님은 하나님 백성들의 삶 속에서 선행의 역할을 명확히 하셨다. 순수한 동기로 베푸는 사람은 무엇이 정결한지, 정결하지 않은지에 집착할 필요가 없다. 그러나 선행을 통해 내면을 정화하려 한다면 그 사람의 마음속은 부패해 있거나, '정결하지 않은' 채 남아 있게 된다.

—11:42-44—

앞서 두 차례 누가는 "화 있을진저"로 시작되는 예수님의 경고를 기록한다. 앞에서 보았듯이 "화 있을진저"(*ouai*)라는 감탄사는 한탄의 말이다. 개인의 고뇌나 타인의 고통에 대한 연민에서 흘러나온 깊은 탄식이다. 이는 '그게 사실이라면 심히 유감이다'라는 식의 경고의 뜻도 전달한다. 주님은 천국의 부요함보다 세상의 부귀영화를 더 소중하게 여기는 자들에게 경고하셨고(6:24-26), 가버나움 인근 마을들이 메시아에게 호응하지 않는 것을 보시고 최후의 심판 때 그들을 기다리고 있는 선고를 생각하시며 슬픔에 겨워 탄식하셨다(10:13-16). 지금 예수님은 바리새인들의 운명을 한탄하셨다. 물론, 주님이 공개적으로 비난의 말을 하신 것은 비단 그들의 죄를 드러내시기 위해서만이 아니라 일부 사람들에게 회개를 촉구하시기 위해서였다.

주님은 바리새인들에게 "화 있을진저"라는 말을 세 번 하셨다.

첫째, 그들은 하나님이 가장 바라시는 것은 무시하면서 사소한 사안들을 강조했다. 예수님은 과장법을 사용해서 바리새인들이 얼마나 시시콜콜하게 율법을 글자 그대로 지키려고 하는지를 예시하셨다. 하지만 주님이 구체적으로 드신 예가 그리 많이 과장된 게 아니었을 수도 있다! 그들은 농부에게 모든 양식이 주님으로부터 온 것임을 인정하는 의미에서 소출의 첫 10분의 1을 성전에 바치게 하면서 유대교의 십일조 규례를 지켰다(레 27:30). 예

묵상의 서재

얼간이 박사

나는 친구의 부탁으로 소규모 텔레비전 공개 토론회에 참여했다. 그 프로그램의 제작자였던 친구가 말했다. "오늘 오후에 다른 출연자 한 사람을 좀 마중 나가주겠나? 출연자가 너무 많아서 일일이 스튜디오로 데려오기에는 시간이 넉넉하지가 않아. 그러니 자네가 토론 참가자 중 한 사람을 데려와줬으면 하네. 그는 작은 성경학교의 총장이네."

동료와 나는 청바지에 티셔츠, 재킷을 입고 있었다. 우리 두 사람은 비행기에서 승객들이 내리기를 기다렸지만 그 사람을 만나지 못했다. 나는 동료에게 말했다. "수화물 찾는 곳에 가서 만나는 게 좋겠네." 내려가는 길에 우리는 모자를 꾹 눌러쓰고, 넥타이를 꼭 졸라매고, 판자처럼 빳빳하게 풀을 먹인 셔츠로 한껏 차려입은 그 사람을 만났다. 나는 팔꿈치로 친구를 쿡 찌르면서 말했다. "저 사람이 분명해."

나는 그에게로 걸어가면서 이름을 불렀다. "아무개 씨이십니까?"

그는 가방들을 우리에게 건네주면서 이렇게 대답했다. "네, 아무개 박사입니다."

동료와 나는 그의 가방을 집어 들며 말했다. "저희가 상상했던 그대로시군요."

그가 말했다. "아, 그래요? 어떤 모습이 총장 같은 모습인가요?"

나는 이렇게 말하고 싶었지만 꾹 참았다. '얼간이, 얼간이 중에서도 둘째가라면 서러워할 얼간이!'

그날 밤에 모두 한 숙소에서 잤는데 어떤 사람(누구겠는가?)이 새벽 2시에 버드와이저 맥주와 프레첼을 주문했다.

혹시 당신이 세상의 이목과 대중의 박수갈채를 원한다면, 우리를 위해 부탁 하나만 들어주었으면 한다. 부디 종교의 이름을 내걸지 말고 다른 직업을 찾으라. 우리 주변에는 자기를 대단한 사람으로 보이려고 동분서주하는 얼간이들이 이미 차고도 넘친다.

수님은 바리새인들은 밭에 뿌린 향초는 일일이 세어서 신실하게 성전에 바치면서, 자기 이웃이 대변해줄 사람 하나 없이 고초를 겪도록 내버려둔 채 정의의 문제에 대해서는 눈을 감고 있다고 말씀하셨다. 그리고 그들은 하나님이 원하시는 대로 하나님을 사랑하지 못했다고도 하셨다.

규율을 지키는 것은 하나님을 사랑한 결과로 나타나는 것이지 그분과의 관계를 대체할 수 있는 게 아니다. 아버지로서 나는 내 아이들이 나를 사랑하기 때문에, 친밀한 관계가 으레 그렇듯, 내 바람을 존중해주기를 원한다. 혹 내 아이들 중 하나가 "아빠, 내가 상속받을 유산을 잃지 않게 나에게 바라시는 걸 적어주세요"라고 말했다면 내 가슴은 찢어졌을 것이다. 그건 관계가 아니다! 순수한 관계는 규율의 목록으로 축소될 수 없다.

바리새인들은 엄중하게 규율을 지키는 것을 스스로 대견하게 여기면서 하나님을 섬기는 척했을 뿐이다. 그들은 하나님의 마음을 알지도 못하고 그분의 뜻에 따라 자신의 욕망을 꺾지도 않았다.

둘째, 그들은 하나님의 백성을 섬기는 일보다 개인적인 이득을 위해 지도자의 위치를 이용했다(43절). "회당의 높은 자리"는 앞에서 가장 가까운 자리로, 그 지역에서 가장 덕망 있는 사람들에게 배정되었다. 또한 이 높은 자리는 회중 쪽을 향하고 있어서 장로들에게 회중 위에 군림하는 느낌이 들게 했다. 이 자리는 종교적으로 사람들의 이목을 끄는 자리이기도 했다.

탈무드 같은 성경 외의 유대인 문학을 보면 율법 교사들을 극진히 반기는 모습이 나온다. 대부분 노동자 계급 출신인 바리새인들에게 바리새주의는 이스라엘의 부유한 귀족들에게만 주어지는 존경을 받을 수 있는 가장 좋은 기회가 되었다. 그 외에도 바리새인이라는 직업은 많은 경우 기부를 받아서 잘살 수 있는 수단도 되었다. 종교적으로 높은 지위를 얻는 것 역시 사람들의 찬사를 받고 싶은 갈망을 채워주었다. 그들은 다른 사람들을 섬기기 위해서 종교적인 삶에 헌신한 것이 아니라 뭇 사람들로부터 섬김을 받기 바랐다.

셋째, 그들은 구원의 중재자가 아니라 타락의 대리인이 되었다(44절). 예수님은 의식적 정결에 대한 바리새인들의 집착을 풍자적으로 비꼬아 그들의 가치와 정체성의 핵심을 찌르셨다. 그분은 그들을 "평토장한 무덤"이라고 부르셨는데, 이는 문자적으로 '기념비'라는 뜻이었다. 바리새인들은 시신을 가장 불결한 것으로 여겼기 때문에, 기를 쓰고 시신을 피했다. 그들은 심지어 그림자가 시신이나 무덤을 지나가도 자신이 불결해졌다고 생각했다. 그래서 매년 봄 지나가는 행인들 눈에 잘 띄라고 석회석과 물을 혼합해 납골묘(뼈를 보관하는 일종의 무덤)를 덮었다.

이것은 파멸에 대한 말씀이 아니다. 예수님은 사람들이 무덤에 떨어져 죽을 거라고 말씀하신 게 아니다. 영적 지도자들은 다른 사람들에게 큰 영향을 미치고 가르친 것에 대해 책임을 져야 하지만, 각 사람은 저마다 하나님께 어떻게 반응했느냐에 대해 책임을 진다. 예수님은 바리새인들을 "평토장한 무덤"이라고 부르시면서 그들이 하나님의 백성을 그분이 보시기에 부정한 쪽으로 이끈 것을 비난하셨다. 다시 말해서 바리새인들은 정결하지 못했고, 자기들의 부정함을 지워여하를 막론하고 모든 하나님의 약속의 백성에게 퍼트렸던 것이다.

—11:45–46—

바리새인에게 점심 초대를 받은 다른 손님이 바리새인들은 "율법교사"가 참된 경건이라고 규정한 바를 실천하는 것일 뿐이라고 말하며, 예수님이 바리새주의를 비난하는 것에 이의를 제기했다. "율법교사"는 대개 서기관들로, 그들은 히브리어 성경이 훼손되거나 변조되는 것을 방지하기 위해 히브리어 성경을 필사하는 데 평생을 바쳤다. 따라서 늘 하나님 말씀을 접해 그것에 정통하기 때문에, 사람들에게 율법을 해석하고 적용해달라는 부탁을 받았다.

만찬석상에 있었던 그 서기관은 유감이나 상한 마음을 표현하려고 이의를 제기한 게 아니었다. 그것은 경고의 의미로써, 이런 의도가 있었다. "당신은 우리 편 사람을 공격하고 있소. 그건 우리 모두를 공격하는 것이오. 당신이 이 돌을 부수면 성전 전체가 당신을 덮칠 것이오!" 그 율법교사가 예수님을 위협하기 전에 그분을 "선생님"이라고 부른 것에 유의하라.

서기관들(종교적 위계질서 속에 기반을 다진 늙은 개였을)은 풋내기를 혼쭐낼 생각이었다. 그러나 예수님은 눈 하나 깜짝하지 않으셨다. 도리어 그분은 앞의 세 가지보다 더 심각한 "화 있을진저"로 시작하는 발언을 세 번이나 더 하셨다. 바리새인은 사람들을 이끌었기 때문에 하나님 앞에서 사람들을 책임지는 것에 큰 비중을 두었던 반면, 율법교사는 바리새인을 이끌면서 알고 있는 모든 지식을 그들에게 가르쳤다. 따라서 서기관들은 '슈퍼 바리새인'이라고 할 수 있었다.

예수님은 그들이 "지기 어려운 짐을 사람에게 지"운다고 비난하셨다. 누가는 주님의 힐난을 번역할 때 같은 어원을 가진 단어를 세 번 반복했다. *Phortizō*라는 이 단어는 '짐을 싣다'라는 뜻이다. 이것은 아주 무거운 짐을 실은 배나 동물의 모습을 나타낸다. 알뜰한 상인은 짐을 싣는 짐승의 수를 제한하고 한 마리가 질 수 있는 최대한의 짐을 지워서 이익을 극대화할 수 있었다. "짐"으로 번역된 단어는 이 동사의 명사형이다. 예수님은 '거추장스러운, 견딜 수 없는, 지기 힘든'이라는 뜻의 형용사를 사용해서 부담의 개념을 강화시키셨다.

예수님은 이 이미지를 이용해 율법교사들을 그들 자신은 아무 짐도 지지 않는 가학적인 위선자들로 묘사하셨다. 여기에는 그들이 다른 사람들이 도덕적으로 실패하도록 의도적으로 율법을 지키기 어렵게 만들었다는 의미가 함축되어 있다. 1세기의 유대인들은 인간이 만든 종교의 짐, 실질적으로 삶의 모든 면을 지배하는 한없는 규율의 목록에 짓눌려서 살았다. 그 규율은 전부 하나님이 주신 율법에 기초하고 있지만, 사람들을 지배하려는 몇몇 사람들의 욕망을 채우기 위해 왜곡되고 부풀려진 것들이었다. 진지한 유대인들은 영적으로 의기소침해져서 더 이상의 요구를 만족시킬 수 없었다. 결국 서기관들은 성실한 유대인들을 끌어내리고 도덕의 산 위에서 왕으로 군림했다.

첫 번째 "화 있을진저"는, 예수님이 그럴 의도이셨다면, 선생으로서 그분이 하신 일을 끝내기에 충분했다. 그분은 서기관들의 존재 자체가 최대의 사기라고 분명히 말씀하셨다. 그리고 그분은 조금도 굴하지 않고 더 심한 비난을 이어가셨다.

—11:47-51—

예수님은 하나님 율법의 참된 가르침을 거스르는 유대인들의 전통을 가르치는 서기관들이 살인의 공범자들이라고 비난하셨다. 그들의 지적인 조상들은 하나님의 사자들을 죽였고, 서기관들은 그 죽임을 당한 자들을 파묻음으로써 살인을 도왔다. 물론 예수님은 비유적으로 말씀하신 것이다. 서기관들이 실제로 누구를 죽여서 묻은 것은 아니다. 그러나 예수님이 보시기에 그들은 그들의 조상들과 같은 살의를 갖고 있기 때문에 기회가 주어졌다면 조상들의 살인에 참여했을 테고, 앞으로도 그렇게 할 사람들이었다.

아버지와 아들의 이미지는 유사성과 유산을 모두 나타낸다. 아들은 아버지를 닮고 아버지가 한 결정의 혜택을 받는다.

"하나님의 지혜"(49절)는 실존 인물이 아니라 이런저런 일을 행하시겠다는 하나님의 주권적 결정을 의인화한 것이다(참고 잠 1:20-33, 8). 이는 하나님의 지혜가 그분의 참된 가르침을 전달하는 사자들을 보내서 이른바 말깨나 하는 서기관들의 지혜를 능가했다는 예수님 식의 표현법이다. 그분은 이 하나님의 사자들이 죽임을 당하고 핍박을 받을 것을 알면서도, 그 적들의 본성을 드러내시려고 이들을 보내셨다. 말하자면 그분은, 그들이 숨기고 있던 반항하는 마음이 살인까지도 이를 수 있다는 사실이 드러나도록 당신의 말씀을 사람의 육신 속에 심으셨다. 아직 잠재된 그들의 죄는 이 이스라엘의 지도자들이 하나님의 사자들을 파멸시켰을 때 실제가 되었다.

예수님은 서기관들이 창세 후 첫 세대부터 이 땅에 있었던 살의의 화신이 된 것을 비난하셨다. 아벨은 "여호와께서 아벨과 그의 제물은 받으셨으나 가인과 그의 제물은 받지" 않으셨다는(창 4:4-5) 이유로 질투심에 사로잡힌 형에게 최초로 살해당한 사람이다. 아벨은 하나님의 메시지를 다른 사람들에게 전달한다는 특정한 의미에서는 선지자가 아니었다. 그러나 그의 삶은 하나님께 반항한 가인을 비난했고 가인의 살의에 불을 붙였다.

스가랴는 구약에 기록된 마지막으로 순교당한 선지자였다(대하 24:20-21). 분명 그 뒤로도 사람들이 있었지만 예수님은 유대교의 성경에 나오는 사람들로만 국한해서 예를 드셨다.

예수님은 "이 세대", 즉 예수님이 사셨던 당시의 유대인들과 종교 지도자로 대표되는 사람들이 가인이 아벨을 죽인 이후로 만연했던 살의에 대해 책임을 질 것이라고 단언하셨다. 그것은 얼핏 공평하지 않은 듯 보이지만, 예언이자 약속의 말씀이라는 것이 밝혀진다.

예수님이 사람의 몸을 입은 하나님 말씀의 완전한 모본이라는 점에서 이 말씀은 예언적이다. 선지자들과 사도들은 하나님의 진리를 전달만 했던 반면에 예수님은 곧 하나님의 진리였다. 지상에서의 그분의 현존은 과거에 잠재된 모든 것의 궁극적 성취였다. 그리고 그분을 죽임으로써 "이 세대"는 세상의 모든 죄를 합한 무게를 지는 결과를 자초했다. 모든 사람은 죄를 지었다. 죄가 없는 사람은 아무도 없다. 모든 사람의 가슴 속에는, 가장 선한 사람부터 가장 악한 사람에 이르기까지, 살인자의 심장이 뛰고 있다.

서기관들에 대한 예수님의 비난이 약속이기도 한 까닭은 비난과 함께 용서를 제의하셨기 때문이다. 예수님의 죽음은 모든 인류를 위한 구속의 수단이 되었다. 주님께 사형 선고를 내린 것은 1세기 이스라엘의 "이 세대"였지만 모든 인류가 그분을 죽이는 데 일조했다. 그리고 그분이 인간들에게 자발적으로 희생당하심으로써 모든 인류는 구원을 받을 수 있다.

—11:52—

주님은 서기관들을 향한 마지막 비탄을 토로하심으로 이 땅에서의 운명(그 결과를 정확히 알면서)을 확정지으셨다. 주님은 율법교사들을 "지식의 열쇠"를 가진 사람들로 명명하셨는데, 이런 의미에서 그들은 이스라엘 전체를 대표했다. 하나님은 야곱의 후손들에게 율법을 잘 관리함으로 제사장 나라가 되고(출 19:6, 신 26:17), 하나님과 열국들 사이의 관계를 중재하며(창 12:1-3, 22:18, 26:4, 28:14, 행 3:25, 갈 3:8), 진리의 빛을 발하라고 명하셨다(사 9:2, 42:6-9, 49:6). 그러나 이스라엘은 그들의 생득권을 허비해버렸다.

마찬가지로 서기관들은 하나님 말씀을 마음껏 접할 수 있었지만, 말씀에서 자신들이 보고 싶은 것만 읽으며 다른 사람들이 말씀을 보지 못하게 했다. 그들은 말씀에서 발견한 은혜의 하나님은 무시하고, 하나님을 의로운 행위와 악행을 기록하는 쩨쩨하고 복수심에 불타는 우주적인 회계사로 축소시켰다. 그들은 시므온과 안나처럼 메시아를 알아보았어야 했지만(2:27-32, 36), 예수님은 그들의 이기적인 기대에 들어맞지 않았다.

지식이 문이라면 서기관들은 그 문을 꼭 잠근 뒤 열쇠를 숨기고 그들이 들어가게 해주리라고 믿는 모든 사람과 함께 밖에 서 있었다.

—11:53-54—

보편적으로 사람들은 죄를 자각하는 두 가지 방법 중 하나에 반응한다고 한다. 죄의식에 사로잡혀 상심한 채 슬픔에 겨워 흐느끼며 회개하든지 자기들의 죄를 폭로한 사람들을 맹렬히 비난한다. 이 경우에 서기관들과 바리새인들은 "거세게 달려 들"었다. 이 형용사는 *deinōs*인데, *dinosaur*의 접두사가 여기서 파생된 것이다. 이 단어의 부정적인 의미를 측정한다고 하면 지극히 낮은 강도를 나타낸다. "달려들다"(영어 성경에는 '*hostile*'로 번역되어 있다-역주)라는 단어는 '악의를 품다'라는 뜻의 동사에서 나왔다. 게다가 누가는 이것은 그들이 예수님을 미워하게 된 단초에 불과하다고 못 박는다.

이때부터 그들은 예수님께 "따져" 물을 생각을 하기 시작했다. 여기서 사용된 단어는 '조사하다, 적의를 가지고 심문하다'라는 뜻으로 드물게 쓰이는 동사다. 그들은 또 그분에 대한 음모를 꾸미기 시작했는데, 사도행전 23장 21절에서 사십여 명이 바울을 죽이려고 숨어서 기다리던 계획을 설명할 때에도 같은 단어가 사용되었다. 마지막 절을 문자적으로 번역하면 "그 입에서 나오는 말을 책잡고자 하여"다.

그렇게 예루살렘을 향한 전쟁이 시작되었다. 예수님은 수 세기에 걸친 종교적 전통이라는 요새 속에서 의롭게 보이는 규율과 관습으로 단단히 무장한 종교 지도자들로 구성된 참호부대가 포진한 사탄의 방어망에 부딪히셨다. 누가는 이 대목을(이 시점에서는 주로 정치적인 이유였지만) 그들이 화가 나서 예수님에 대한 살인 모의를 하는 것으로 요약해서 마무리했다. 종교 지도자들은 그 나사렛 출신 랍비의 명성을 떨어뜨릴 수 있다고 생각했다. 그러면 사람들이 그분을 외면할 거라고 확신했다. 그러면서도 그들은 예수님을 위협적인 존재로 보고, 정치적인 방법이 아니라면 다른 방법으로라도 반드시 제거해야겠는 마음을 먹었다.

적용

'절대'와 '항상'

어떻게 우리는 바리새인들과 같은 실수를 하지 않을 수 있을까? 나는 '절대'와 '항상'이라는 말을 거의 안 쓰지만 이 두 가지 제안에 있어서는 이 말을 사용하는 게 적절할 듯하다.

첫째, 절대 외적인 삶을 깨끗하게 하는 것으로 내면의 잘못을 덮으려고 하지 말라. 절대! 질병은 면봉과 일회용 반창고로 치료되지 않는다. 심각한 엑스레이 사진을 보여주는 의사를 비난한다고 해서 당신의 상태가 좋아지는 것은 아니다. 나는 이런 식의 조언이 얼마나 어불성설인지 알지만, 종교인들은 2천 년 동안 이렇게(외적으로 선하게 보여서 죄를 덮는) 하고 있다.

둘째, 항상 삶의 내면을 더 세심히 살피라. 항상! 외면은 내면의 상태를 진단하는데 도움이 될 수는 있다. 그러나 마음을 살피라. 겉치레를 중시하는 우리 문화는 외면을 치장하는 온갖 것들을 제공한다. 그러나 중심을 더 살펴보자. 다음과 같은 까다로운 질문들을 스스로에게 던져보자.

- 지금 이 일을 왜 하는가?
- 왜 진실을 말하지 않는가?
- 그 사람이 나를 어떻게 생각하느냐가 중요한 이유가 무엇인가?
- 우리 가족은 이렇게 불행하고 삐걱거리는데 왜 다른 사람들은 우리가 잘살고 있다고 생각할까?
- 우리의 가식이 얼마나 오래 갈 수 있을까?

바리새인들을 향해 혀를 차며 손가락질하기 전에, 오늘날에도 생각보다 가까이에 바리새인들이 살고 있음을 기억하라!

진정한 제자들을 향한 행군 명령(누가복음 12:1-12)

1그동안에 무리 수만 명이 모여 서로 밟힐 만큼 되었더니 예수께서 먼저 제자들에게 말씀하여 이
르시되 바리새인들의 누룩 곧 외식을 주의하라 2감추인 것이 드러나지 않을 것이 없고 숨긴 것이 알
려지지 않을 것이 없나니 3이러므로 너희가 어두운 데서 말한 모든 것이 광명한 데서 들리고 너희가
골방에서 귀에 대고 말한 것이 지붕 위에서 전파되리라

4내가 내 친구 너희에게 말하노니 몸을 죽이고 그 후에는 능히 더 못하는 자들을 두려워하지 말라
5마땅히 두려워할 자를 내가 너희에게 보이리니 곧 죽인 후에 또한 지옥에 던져 넣는 권세 있는 그
를 두려워하라 내가 참으로 너희에게 이르노니 그를 두려워하라 6참새 다섯 마리가 두 앗사리온에
팔리는 것이 아니냐 그러나 하나님 앞에는 그 하나도 잊어버리시는 바 되지 아니하는도다 7너희에게
는 심지어 머리털까지도 다 세신 바 되었나니 두려워하지 말라 너희는 많은 참새보다 더 귀하니라

8내가 또한 너희에게 말하노니 누구든지 사람 앞에서 나를 시인하면 인자도 하나님의 사자들 앞
에서 그를 시인할 것이요 9사람 앞에서 나를 부인하는 자는 하나님의 사자들 앞에서 부인을 당하리
라 10누구든지 말로 인자를 거역하면 사하심을 받으려니와 성령을 모독하는 자는 사하심을 받지 못
하리라 11사람이 너희를 회당이나 위정자나 권세 있는 자 앞에 끌고 가거든 어떻게 무엇으로 대답하

며 무엇으로 말할까 염려하지 말라 [12]마땅히 할 말을 성령이 곧 그 때에 너희에게 가르치시리라 하시니라.

예수님은 앞날을 내다보시면서 십자가가 지평선 위로 어느 때보다도 크게 다가오는 것을 보셨다. 그리고 뒤를 돌아보셨을 때 그분이 어디로 가고 계신지 아무것도 모르는 큰 무리의 사람들이 따라오고 있는 것도 보셨다. 그분이 그들에게 무슨 말을 하실 수 있었을까? 그들은 그분이 병을 고치고 불구인 몸을 온전케 하시며, 귀신을 내어 쫓고 큰 무리를 먹이시고, 자연까지도 그분의 뜻을 받드는 것을 목도했다. 자기들의 메시아를 따라 예루살렘을 향하고 있는 군중은 그들을 이길 자가 없을 것처럼 느꼈을 게 분명하다. 성전의 지도자들이 어떻게 그분의 신적인 권위를 부인할 수 있겠는가? 그토록 오래 기다려왔던 그리스도 앞에 무릎을 꿇는 것 외에 지배자들이 무엇을 할 수 있었겠는가? 폭풍우를 잠재울 수 있는 남자에게 로마의 군대가 과연 대항할 수 있을까? 이스라엘의 미래는 그 어느 때보다도 밝아 보였다.

그러나 예수님은 당신의 운명을 아셨다. 영광은 고난의 저편에 있었다. 하나님 아버지는 독생자를 죽음에 내어줌으로써 피조물을 다시 찾기로 결심하셨다. 곧 예수님을 따르는 무리는 하나님의 진리가 사람의 권력 앞에 무너지는 것을 보게 될 것이다. 그들은 지상에서 가장 강력한 사람이 타락한 종교 지도자들의 불의에 굴복하는 것을 보게 될 것이다. 그들은 메시아가 불명예스럽게 배신당하고, 불법적인 재판을 받으며, 잔혹하게 고문당하고, 무자비하게 죽는 것을 보게 될 것이다.

예수님이 좋을 때만 따라다니는 군중 속에 흩어진 진실된 제자들에게 무슨 말을 할 수 있었을까? 그들은 자기들의 지도자로부터 십자가와 그 너머로 이어지는 지난한 여정을 헤쳐가게 해줄 행군 명령을 받아야 했다.

—12:1—

"그동안에…" 특정 에피소드를 예수님의 사역에 대한 더 넓은 관점으로 전환시키는 누가의 방식은 그분의 상황을 간추려 말할 좋은 기회를 제공한다. 우리는 네 가지 진술로 상황을 정리할 수 있다.

첫째, 상황이 적대적이다. 이전 대목의 마지막 진술에서는 유대인 문화와 더불어 종교의 중추를 이루는 서기관들과 바리새인들 쪽에서 적대감이 끓어올랐다. 이들은 예수님이 가시는 곳마다 자리를 잡고 앉아서 그분에 대한 신뢰를 떨어뜨리고 그들의 적을 몰아낼 수 있는 잘못된 생각이나 말실수가 하나라도 나오기를 기다렸다.

대통령 각료 중 한 사람이 한번은 이런 말을 했다. "자네가 사무실 밖으로 나왔을 때, 자네를 나쁘게 생각할 목적으로 자네가 하는 말을 한 마디도 놓치지 않고 잡아내려 하는 서른여덟 개의 마이크를 보게 된다면 기분이 어떻겠는가? 내 하루 일과는 그렇게 시작된다네." 그러나 그의 일과가 아무리 많은 스트레스를 감당해야 한다고 해도 주님의 그것과는 비교가 안 된다.

둘째, 시간이 많지 않다. 누가복음의 이 '여행 단락'(9:51-19:27)에서 예수님의 사역은 마치 롤러코스터가 첫 번째 언덕을 올라가듯 예루살렘을 향해 나아갔다. 주님은 이스라엘의 수도를 향해 서서히 그리고 꾸준히 올라가셨다. 그러나 승리의 입성을 하신 지 7일이 채 못 되어 로마의 십자가에 달려 생명을 잃으실 터였다. 주님은 제자들에게 가르칠 것이 너무 많으셨지만, 육신에 거하는 동안 남겨진 사역을 할 시간은 불과 몇 주, 혹은 그보다 더 짧을 수도 있었다.

셋째, 군중이 많았다. 누가는 가는 동안 예수님을 따르는 군중이 꾸준히 늘어났음을 암시한다. 그는 보통 군중들로 번역된 *ochlos*라는 헬라어 단어를 사용한다. 여기서 그는 '10,000'이라는 뜻의 *myrioi*와 관련된 명사를 덧붙이는데, *myrioi*에서 영어의 'myriad'가 나왔다.

추종자들의 수가 상당했지만, 누가는 그들이 군중심리로 인해 혼란을 일으킨 모습을 전달하기 위해 그들이 "서로 밟힐 만큼" 되었다고 부정적으로 묘사한다. 헬라어는 *katapateō*로, 발밑에 무엇이 있든 아랑곳하지 않고 짓밟는다는 뜻이다(참고 마 5:13, 7:6, 히 10:29). 순전히 사람의 관점에서 보면 예수님은 기존 정부를 무너뜨릴 운명을 가진 거창한 포퓰리스트 운동의 우두머리로 보였을 것이다. 그러나 주님은 잘 알고 계셨다. 그분은 자기의 운명을 아셨고, 원하는 것을 얻지 못한 군중의 변덕을 이해하셨다.

넷째, 그분의 가르침이 꼭 필요했다. 예수님의 가르침은 적진을 향해 질풍처럼 돌진하거나 적진에 낙오하기 전 사령관의 최후 명령에 비유할 수 있었다. 예수님은 진정한 제자들을 염두에 두시고 군중을 향해 연설을 하셨어야 했을 것이다. "먼저…말씀하여 이르시되"라는 구절은 이 가르침이 일종의 과정이었음을 보여준다. 다시 말해서, 예수님은 연설을 한 번만 하신 게 아니었다. 그분은 가장 친밀한 제자들에게 먼저 가르치시고나서 이 새로운 가르침을 여러 장소에서 다양한 군중을 대상으로 한 강연에 포함시키셨다. 그분의 가르침은 다음과 같은 네 가지 명령의 형태를 취했다.

- 위선에 주의하라(1-3절).
- 하나님을 두려워하라(4-7절).
- 그리스도를 시인하라(8-10절).
- 염려하지 말라(11-12절).

그분의 첫 번째 명령은 바리새인들을 타락시킨, 눈에 보이지 않고 서서히 널리 퍼지는, 위선을 경계하라는 것이었다.

예수님은 바리새인들을 진정한 제자도의 큰 적으로 보지 않으셨다. 그분은 그들을 그렇게 빗나가게 만든 위선을 혐오하셨다. '위선'(*hypokrisis*)이라는 말은 세상 체제와 하나님의 질서 사이의 크나큰 차이를 보여준다. 이와 관련된 동사는 *hypokrinomai*로, 보통 토론이나 연기를 할 때 그냥 대답한다는 뜻이다. 세속적인 헬라 작가들은 이 단어를 상황에 따라서 긍정적이거나 부정적인 의미로 다 사용했다. 긍정적인 의미로는, 이를테면 어떤 사람이 자기의 진짜 얼굴 위에 가면을 쓰고 무대 위에서 어떤 인물을 충실히 그려낼 수 있을 것이다. 부정적으로 사용된 예는 "무대는 가짜 세계이고 배우는 사기꾼들이다"[13]라는 표현에서 볼 수 있나. 헬라인들과 로마인들은 무엇보다도 속이는 것을 경멸했다.

유대인 작가들은 짐짓 아닌 척하면서 하나님의 계시된 진리를 버린 사람들을 위선자로 묘사하며 거의 대부분 부정적인 뜻으로 이 말을 사용했다. 따라서 위선자들은 말이 아닌 행위로 거짓말을 하는 사람들이었다.

"누룩"은 효모다. 문학적 이미지에서 누룩은 꼭 그런 건 아니지만, 대체로 원치 않는 것을 나타낸다. 고대 사람들은 거의 대부분 빵을 구울 줄 알았다. 빵을 담백하고 가볍게 굽고 싶으면 누룩을 넣어 미리 만들어둔 반죽을 한 덩어리 떼어 새 반죽에 넣었다. 그리고 빵을 굽기 전에 누룩을 넣은 반죽을 어둡고 차가운 곳에 두어 증식된 효모균이 반죽 전체에 퍼지게 했다.

유대인들은 한 해 동안 누룩이 들어간 빵을 구워 먹었다. 하지만 매년 봄 유대인 가정은 유월절을 준비하며 집 안에 효모가 조금도 남아 있지 않게끔 집안의 먼지를 깨끗이 쓸어냈다. 의식용으로 쓰일 '누룩을 넣지 않은 빵'을 만들 반죽에 극소량의 누룩이라도 들어가면 명절에 낭패를 당할 수도 있었다.

요지는 누룩이 무슨 작용을 하는지가 아니라, 누룩이 한번 들어오면 그 작용이 점진적이고 막을 수 없다는 사실이다.

—12:2-3—

예수님은 위선이 위험하고, 진실을 감추는 것은 헛된 일이라고 설명하셨다. 현재의 세계 질서 속에서는 은밀하고 어두운 구석이 죄를 숨기고 악의를 덮는다. 그러나 하나님 나라가 임하면 모든 것이 하나님 진리의 빛 가운데 드러날 것이다. 모든 비밀이 드러나고, 모든 마음이 공개적으로 조사받게 될 것이며, 모든 의도는 공개 심사를 받게 될 것이다. 만약 어떤 사람이 가짜 인생을 산다면 만천하에 드러날 것이다.

나는 하나님께서 선한 듯 보이지만 실제로는 자기 죄를 사랑하는 거짓된 그리스도인들보다는 오히려 퉁명스럽고, 반항적인 죄인들을 상대하실 것이라고 확신한다. 결국, 메시아가 악을 뿌리 뽑으려고 권능을 입고 다시 오실 때 위선의 헛됨이 드러날 것이다. 마침내 진리가 죄를 드러낼 테니 지금부터 투명해지는 게 낫지 않을까?

—12:4-5—

예수님의 두 번째 명령은 사람을 두려워하지 말라는 것이다. 그들은 당신에게 일시적으로만 해를 끼칠 수 있다. 사람이 아닌 죄에 대해 영원한 책임을 물으실 하나님을 두려워하라.

예수님은 "내 친구"에게 말씀하셨는데, 이는 그분을 따르는 더 큰 무리도 포함하지만 특별히 그분의 제자들을 염두에 두신 것이다. 주님의 명령에는 사실상 두 가지 명령(긍정적인 것과 부정적인 것)이 들어 있다. 첫 번째는 사람들과 그들이 끼칠 수 있는 해악을 두려워 말라. 그들이 육신을 고문하고 죽인다 해도 그들이 줄 수 있는 고난은 제한적이다. 이 교훈은 하나님을 두려워하라는 두 번째 명령을 생각하지 않으면 그다지 위로가 되지 않는다.

영어 성경 NASB는 두 번째 명령문을 소개하는 구절을 "마땅히 두려워할 자를 내가 너희에게 경고하리니"(warn)라고 번역했는데, 이 번역은 필요 이상으로 부정적인 어조를 띠고 있다. 더 좋은 번역은 "마땅히 두려워할 자를 내가 너희에게 보이리니"(show)다(개역개정에는 이렇게 번역되어 있다-역주). "보이다"라는 동사는 '보여주다, 가리키다, 지침을 주다'라는 뜻이다. 하나님을 두려워해야 하는 이유는 하나님은 영원한 고통과 사망을 주실 수 있는 분이기 때문이다.

이 이중의 명령문은 둘 중 하나로 이해될 수 있다.

"사람을 두려워하지 말고 하나님을 두려워하라. 하나님은 사람보다 더 큰 고통을 주실 수 있는 분이시다."

"사람을 두려워하지 말고 하나님을 두려워하라. 하나님이 사람들이 행한 악에 대해 책임을 물으실 날이 올 것이다."

첫 번째는 하나님이 인간보다 더 가혹하시므로, 더 강력한 자의 비위를 맞춰 이익을 도모하기 위해 하나님을 두려워하라는 뜻이다. 두 번째가 더 적절한 뜻일 것 같다. 왜냐하면 이것이 다가올 시련에 앞서 자기 백성을 안심시키기 원하시는 예수님의 분명한 의도에 더 잘 맞는 까닭이다. 그뿐 아니라 두 번째 해석은 하나님의 백성에게 그들을 괴롭히던 자들이 그들의 행악에 대해 책임을 지게 될 것임을 확인시켜준다. 모든 사람은 "죄를 범하였으매 하나님의 영광에 이르지 못"하는(롬 3:23) 까닭에 하나님을 두려워해야 한다.

전 우주에서 온선히 의로운 유일한 존재이신 하나님께만 죄를 심판하고 죄인들을 정죄할 권리가 있으시다. 예루살렘의 종교 지도자들은 자기들에게 그럴 권리가 있다고 주장하면서 잡고 있던 권력을 유지하기 위해 임의로 그것을 행사해왔지만, 그들에게는 그럴 만한 도덕적 권위가 없었다. 우리는 단 하나뿐인 진정한 권한을 가진 분을 섬기기 때문에, 자신 있게 그들의 위선에 맞서 말할 수 있다.

—12:6-7—

주님의 제자들이 지옥에 대한 그분의 말씀을 제대로 이해했다면, 하나님이 잔인하신 분이 아닌가 하는 의구심이 들었을 게 분명했을 것이기 때문에 예수님은 아버지의 성품을 변호하셨다. 더 나아가 신앙을 지킨 자들이 고난을 당할 때 홀로 고난당하지 않을 것임을 확인시켜주기 원하셨다. 하나님은 우리를 홀로 두시거나, 우리에게서 한눈을 팔지 않으신다. 하나님은 당신의 백성을 참으로 소중히 여기신다.

주님은 처음에는 사람들을 참새에 비유하셨다. 당시 참새는 시장에서 그다지 먹을 것도 없는 가장 저렴한 음식 중 하나였다. 앙상한 참새 다섯 마리가 두 앗사리온에 팔렸는데, 두 앗사리온은 막노동꾼 일당의 16분의 1정도의 가치였다. 이 '하찮은' 새들을 창조주가 일일이 돌보신다. 단 한 마리도 "잊어버리시는 바" 되지 않는다. '잊히다'로 번역된 동사는 '어떤 것을 떠올리지 않는다'라는 뜻이다. 그러나 여기서는 기억을 떠올리는 것 외에 다른 의미를 함축한다. 이 타락한 세상에서 죽음은 삶의 일부분이지만, 가련한 참새들조차도 창조주의 따뜻한 보살핌의 손길 안에 있다는 것이다. 그러므로 새들보다 더 소중한 예수님의 제자들은 주님이 그들의 고통을 지켜보고 계신다는 사실에 안심할 수 있다. 그 무엇도, 우리 자신에 대해 우리가 미처 보지 못하고 지나친 아주 소소한 부분까지도, 그분의 전능한 눈길에서 벗어날 수 없다.

—12:8-10—

예수님의 세 번째 명령은 인격이신 그리스도를 공개적으로 시인하고 그분의 가르침이 당신 삶의 규범임을 말하라는 것이다.

"시인"이라고 번역된 헬라어는 문자적으로 '똑같이 말하다'라는 뜻을 가진 *homologeō*다. 이것은 이전에 말한 것에 대해 동의한다는 뜻이다. 법률적으로 이와 같은 구두 시인은 충성 서약이나 왕에 대한 충성의 맹세와 같은 효력을 지닌다. 종교적인 맥락에서 이런 고백은 그 사람이 한 종파나 그 지도자의 교리와 가치관에 견해를 같이 하는 것이었다. 이것은 어떤 면으로든 말한 사람이 자기의 말에 속박당한다는 뜻이다.

사람들 앞에서 그리스도를 시인하는 행위는 위험을 초래하고 좋지 않은 결과를 암시한다. 마찬가지로 천국에서 주님이 참된 제자들을 시인하시는 것은 큰 상급을 암시한다. 그렇다고 해서 이 암시된 명령에 순종하는 게 구원의 방법은 되지 않는다. 이것은 구원의 징표다. 사람은 오직 그리스도 안에서 오직 은혜로, 오직 믿음을 통해 구원을 받는다. 순교를 자원하거나 공개 법정에서 그리스도의 이름을 큰 소리로 외친다고 해서 천국 입장권을 얻을 수 있는 것은 아니다. 그러나 참된 제자들은 예수님을 그들의 메시아, 구세주, 왕 그리고 하나님으로 담대히 선포함으로써 그들의 용기를 입증한다.

다른 사람들 앞에서 예수님을 시인하지 않거나 하지 못하는 것은 천국에서 징벌을 받을 것이다. 그리고 예수님은 성령 모독에 대한 엄중한 경고를 덧붙이셨다. 헬라어로 *blasphēmeō*는 '저주하다, 중상하다, 다른 사람을 멸시하다'라는 뜻이다. 신성모독(blasphemy)은 어떤 식으로든 다른 사람의 가치를 무시하거나 경시하는 말을 의미한다. 그것이 하나님께 향했을 때는 무서운 결과를 낳는다. 그렇다고 해서 신성모독을 한 번 했다고 지옥에 가지는 않는다. 만약 그렇다면 바울은 천국에 갈 가망이 없었다(딤전 1:13).

윌리엄 헨드릭슨(William Hendriksen)은 이 '용서받지 못할 죄'를 다음과 같이 멋지게 설명했다.

> 그들의 죄가 용서받지 못하는 이유는 그들이 용서에 이르는 길을 가려고 하지 않기 때문이다. 도둑, 간음한 자, 살인자들에게는 희망이 있다. 복음의 메시지는 그들로 하여금 이렇게 소리치게 할 수 있다. "아, 하나님! 이 죄인에게 자비를 베푸소서." 그러나 마음이 강팍해져 성령의 지적을 묵살하거나 성령의 호소나 경고의 목소리에 귀를 막기로 마음먹은 사람은 파멸에 이르는 길을 간다. 그는 '죽음에 이르는' 죄를 지었다(참고 요일 5:16, 히 6:4-8)…성령을 모독한 죄는 점진적인 죄의 진행에 따른 결과다. 성령을 슬프시게 하는 죄(엡 4:30)를 회개하지 않으면 성령을 거스르게 되고(행 7:51), 계속 성령을 거스르면 성령을 잃게 된다(살전 5:19).[14]

분명한 것은, 이런 일은 믿는 자에게는 일어날 수 없다는 것이다. 믿는 자는 '그리스도 안'에 있다. 믿는 자가 한 번 주 예수님께 마음을 드렸으면, 그 관계는 영원히 유지된다. 그러나 그리스도를 거부하고, 계속 거부하며, 계속 강퍅하고 냉담한 마음을 갖기로 결정한 사람은 스스로 하나님이 진노하시는 대상이 된 바로처럼 된다.

사람들이 종종 내게 이렇게 묻는다. "혹시 제가 용서받지 못할 죄를 지을 수 있나요?" 그러면 나는 이렇게 대답한다. "당신이 그것을 걱정하는 한은 아닙니다."

—12:11-12—

예수님의 네 번째 명령은 사람들 앞에서 어떻게 그리스도를 시인할지 염려하지 말라는 것이다. 성령이 우리를 인도하시기 때문이다.

예수님은 이 명령을 '만약'이 아닌 '할 때'로 시작하셨다. "회당", "위정자", "권세 있는 자"와 같은 용어는 제자들의 앞날을 좌지우지할 수 있는 재판소를 의미한다. 회당은 종교적인 사안과 민사 문제를 모두 관할하는 당시의 교회 법정이었다. 유대인들에게 출교란 단순히 예배당에 오는 것을 금지하는 것만이 아니라, 모든 사회적, 상업적 접촉으로부터도 추방하는 것이었다. '자기 민족으로부터 끊어진' 사람은 음식이나 생필품을 사거나, 급료를 받거나, 의료 혜택을 받거나, 재산을 팔 수조차 없었다.

"위정자"나 "권세 있는 자"는 헤롯 안디바, 본디오 빌라도, 디베료 같은 정부 관료를 포함했다. 분명한 것은 이 사람들과 그들의 부관들은 손짓 하나로 한 사람을 사형(또는 태형, 감옥, 추방, 벌금)에 처할 수 있었다. 참된 제자들이 운명이 바뀔 수도 있는 일을 맞닥뜨릴 때 예수님은 다음과 같은 말로 하나님의 약속을 다시 확인해주셨다. "너희가 재판소 앞에 끌려 나가 너희의 믿음에 대해 대답해야 할 때 멋진 연설을 준비해야 한다고 생각하지 말라. 다만 마음속에서 우러나오는 말을 하라. 너희 마음속에 성령이 살아 계시니 해야 할 말을 할 수 있을 것이다."

예수님은 우리와 똑같은 육신을 가진 사람이셨지만 우리와는 완전히 다르셨다. 우리는 불완전하나, 그분은 완전하시다. 우리는 변덕을 부리고 흔들리지만, 그분은 당신의 사명에 끝까지 충실하셨다. 우리는 하나님의 선하심을 의심하고 그분의 주권에 이의를 제기하지만, 그분은 아버지와 아무런 제약이 없는 교감을 나누셨다. 우리는 편안히 살 권리를 지키려고 아등바등하지만, 그분은 죽음이라는 분명한 목적을 위해 오셨다. 예수님을 따르는 수천 명의 사람들 중 어느 누가 그분과 같아지기를 바랄 수 있겠는가?

적용

참된 제자로 사는 방법

우리는 여기에서 다음과 같은 네 가지 분명한 명령을 세웠다.

- 위선자로 사는 것을 조심하라.
- 육체적 고통을 두려워 말고 하나님을 두려워하라.
- 사람들 앞에서 담대히, 거리낌 없이 예수님을 시인하라.
- 스스로를 어떻게 변호할지 신경 쓰지 말라. 하나님이 대신 변호해주실 것이다.

자, 이 명령을 어떻게 실천할까? 세 가지 생각이 난다.

첫째, 당신이 가짜라면, 그 사실을 인정하라. 당신이 가짜인지 아닌지는 당신이 안다. 우선 스스로 그 사실을 인정하라. 얼른 거울 앞으로 가서 당신 얼굴을 보며 큰 소리로 말하라. "너는 가짜다." 일단 자신에게 이렇게 말할 수 있는 용기가 생겼다면 잘 아는 사람에게 이 말을 하라(그 사람은 이미 그 사실을 알고 있을 것이다.) 당신이 어떤 사람인지 드러내고 인정하라. 당신만 그런 게 아님을 금방 알게 될 것이다. 그러면 한결 수월할 것이다.

둘째, 두렵다면, 방향을 재조정하라. 당신의 두려움을 수평면에서 수직면으로 전환하라. 지금부터는 살아 계신 하나님을 두려워하고 사람들을 두려워하기를 멈추라. 나는 두려움이 내 용기를 훔쳐가고, 나를 소심하게 만든다는 사실을 깨달았다. 위선이 나를 진부하게 만든다면, 두려움은 나를 비겁하게 만든다. 내 말을 믿으라. 적은 비겁하지 않다. 스크린, 텔레비전, 미디어, 휴대 장치, 심지어 학교와 동네에서도 파렴치한 일들이 예사로 벌어지면서 점점 세력을 넓혀가고 있다. 소심함은 우리가 보여야 할 반응이 아니다. 다른 사람이 두렵다면 도리어 하나님을 두려워하는 쪽을 택하라.

셋째, 염려가 된다면 그것을 두고 기도하라. 주님은 우리에게 걱정에 대한 놀라운 해독제를 주셨다. 나는 모든 염려에 대한 최선의 반응은 그것을 기도로 바꾸는 것임을 알게 되었다. "아무것도 염려하지 말고 모든 일에 기도와 간구로" 나아가라. 뱃속에서 염려가 꿈틀거리게 하지 말고 그것에 대해 실제로 무언가를 하실 수 있는 그분께 염려를 넘기라. 형성되기 쉽지 않은 습관(염려를 기도로 바꾸는 것)이긴 하지만, 시간이 흐름에 따라 중압감은 줄어들고 활력을 얻을 것이다.

어느 어리석은 자의 증언(누가복음 12:13-34)

13무리 중에 한 사람이 이르되 선생님 내 형을 명하여 유산을 나와 나누게 하소서 하니 14이르시
되 이 사람아 누가 나를 너희의 재판장이나 물건 나누는 자로 세웠느냐 하시고 15그들에게 이르시되
삼가 모든 탐심을 물리치라 사람의 생명이 그 소유의 넉넉한 데 있지 아니하니라 하시고 16또 비유
로 그들에게 말하여 이르시되 한 부자가 그 밭에 소출이 풍성하매 17심중에 생각하여 이르되 내가 곡
식 쌓아 둘 곳이 없으니 어찌할까 하고 18또 이르되 내가 이렇게 하리라 내 곳간을 헐고 더 크게 짓
고 내 모든 곡식과 물건을 거기 쌓아 두리라 19또 내가 내 영혼에게 이르되 영혼아 여러 해 쓸 물건을
많이 쌓아 두었으니 평안히 쉬고 먹고 마시고 즐거워하자 하리라 하되 20하나님은 이르시되 어리석
은 자여 오늘 밤에 네 영혼을 도로 찾으리니 그러면 네 준비한 것이 누구의 것이 되겠느냐 하셨으니
21자기를 위하여 재물을 쌓아 두고 하나님께 대하여 부요하지 못한 자가 이와 같으니라

22또 제자들에게 이르시되 그러므로 내가 너희에게 이르노니 너희 목숨을 위하여 무엇을 먹을까
몸을 위하여 무엇을 입을까 염려하지 말라 23목숨이 음식보다 중하고 몸이 의복보다 중하니라 24까
마귀를 생각하라 심지도 아니하고 거두지도 아니하며 골방도 없고 창고도 없으되 하나님이 기르시
나니 너희는 새보다 얼마나 더 귀하냐 25또 너희 중에 누가 염려함으로 그 키를 한 자라도 더할 수
있느냐 26그런즉 가장 작은 일도 하지 못하면서 어찌 다른 일들을 염려하느냐 27백합화를 생각하여
보라 실도 만들지 않고 짜지도 아니하느니라 그러나 내가 너희에게 말하노니 솔로몬의 모든 영광으
로도 입은 것이 이 꽃 하나만큼 훌륭하지 못하였느니라 28오늘 있다가 내일 아궁이에 던져지는 들풀
도 하나님이 이렇게 입히시거든 하물며 너희일까보냐 믿음이 작은 자들아 29너희는 무엇을 먹을까
무엇을 마실까 하여 구하지 말며 근심하지도 말라 30이 모든 것은 세상 백성들이 구하는 것이라 너
희 아버지께서는 이런 것이 너희에게 있어야 할 것을 아시느니라 31다만 너희는 그의 나라를 구하라
그리하면 이런 것들을 너희에게 더하시리라 32적은 무리여 무서워 말라 너희 아버지께서 그 나라를
너희에게 주시기를 기뻐하시느니라

33너희 소유를 팔아 구제하여 낡아지지 아니하는 배낭을 만들라 곧 하늘에 둔 바 다함이 없는 보
물이니 거기는 도둑도 가까이 하는 일이 없고 좀도 먹는 일이 없느니라 34너희 보물 있는 곳에는 너
희 마음도 있으리라.

폴 송거스(Paul Tsongas) 상원의원은 자신을 '친기업적 진보주의자'로 여겼다. 그는 한 인터뷰에서 이렇게 말했다. "전통적인 민주당의 쟁점들, 인권, 민권, 여권, 환경문제 등에 대해서 나는 진보주의자다. 그리고 나는 그 점에 대해 사과할 생각이 없다."[15] 그리고 10년 동안 그는 자기가 옳다고 믿는 것을 위해 투쟁하면서 상원과 하원에서 일했다. 그러다가 1984년, 그는 애석하게도 암과 싸우기 위해 이른 정계 은퇴 선언을 했다. 한 친구가 편지에서 다음과 같은 말로 그의 결심을 지지했다. "임종의 순간 '사무실에서 더 많은 시간을 보냈어야 했는데'라고 말하는 사람은 없다네."[16]

죽음의 문턱에 다다러서야 무엇이 중요하고, 무엇이 그저 중요해 보일 뿐인지 분명히 알게 되는 경우가 간혹 있다. 예수님은 제자들이 하루하루를 죽음을 경험해본 사람의 관점으로 살기를 바라셨다. 자기가 죽을 수밖에 없는 존재임을 예리하게 인식하는 사람들의 삶은 우선순위가 다르기 때문이다. 그들은 소유보다 사람들을 더 소중하게 여긴다. 그들은 관계를 받아들이고 사랑하는 사람들과 함께하는 시간을 한껏 즐긴다. 그리고 그들은 일, 소유, 재물을 그것을 위한 수단으로 사용한다. 죽음에 가까운 사람들은 삶을 누리고 충만한 삶을 살면서도 늘 내세를 의식한다.

예수님은 제자들에게 이것을 원하셨는데, 그분이 그들의 메시아이시기 때문만이 아니라, 아무도 모르게 그분을 향해 죽음이 점점 더 가까이 다가오고 있었기 때문이었다.

—12:13—

누가는 자주는 아니지만 간혹 배경이 바뀌었음을 나타내는 문법적 단서를 넣어둔다. 어떤 때는 전후 관계로 보아 예수님이 다른 시간이나 장소로 이동하셨음을 분명히 알 수 있지만, 이 경우처럼 미루어 짐작해야 할 때도 자주 있다. 예수님은 제자들이 필연적으로 맞닥뜨리게 될, 바리새인들이 앞장서고 종교인들과 다른 권세자들이 가할 핍박에 대한 심각한 이야기를 마무리 지으셨다. 13절에서 느닷없이 주제가 바뀌는 것은 장면이 바뀌었음을 의미한다. 그렇지 않았다면 그 남자가 예수님께 유언을 검인하는 문제를 중재해달라고 한 것은 참으로 눈치 없는 요청이었을 것이다.

그러나 이것은 누가의 의도였을 수도 있다. 이 두 개의 이야기를 연이어 엮었기 때문에 우리는 지극히 대조적인 주님의 영원한 관점과 주님을 따르는 자들의 편협하고 현세적인 염려를 본다. 군중 속에서 한 남자가 예수님께 호소했다. 그분의 권위를 이용해 자기 형에게 아버지가 물려준 유산을 나누게 해달라는 것이었다. 그가 그렇게 할 수 있었던 이유는 1세기의 유대인들은 이방인들이 주재하는 민사 법정에서 그들의 분쟁을 해결할 생각을 꿈에도 하지 않았기 때문이다. 그들은 하나님의 율법이나 유대인들의 전통에 익숙하지 않은 사람에게 분쟁을 중재해달라고 요청할 생각을 아예 하지 않았다. 그보다 그들은 전문가, 즉 율법 교사인 랍비를 찾아갔다. 그 무명의 남자는 예수님이 적합한 재판관이라고 생각했기 때문에 그분을 "선생님"이라고 부르며 심판을 해달라고 정식으로 고소했다.

유대인들은 전통적인 관례에 따라 유산을 분배했다. 고인의 재산은 생존한 아들들에게 고루 분배되었는데, 그중에서 맏아들은 두 배를 받았고(신 21:17)[17] 족장으로서 아버지의 뒤를 이을 권리를 갖게 되어 있었다(창 43:33). 통상적으로 복잡한 문제들은 30일 안에 해결되어야 했다. 그러므로 적어도 표면적으로는 그 남자의 요청에는 아무런 문제가 없어 보인다.

주님의 대답을 탐욕과 욕심에 대한 담론으로 생각할 수 있는데, 이는 그 남자가 정당한 몫 이상을 원하거나 유산을 당장 가지려고 했다는 것을 의미한다. 누군가가 말했듯이 유산 앞에서 사람들은 늑대가 된다. 이것은 타당하고 일반적인 해석이며, 나도 이렇게 설교한 적이 있다. 결국, 예수님은 다음과 같은 경고로 이야기를 시작하신 것이다. "조심하라. 그리고 어떤 형태의 탐욕도 경계하라." 그러나 더 깊이 들여다보면 예수님이 강조하시고자 했던 더 민감한 부분이 있었다는 생각이 든다.

우리는 탐욕이란 부와 물질적 소유에 대한 과도한 욕구라고 생각해서 차등적으로 측정하는 경향이 있는데 이는 참으로 주관적이기 짝이 없는 방법이다! 우리는 제각기 다른 방법을 사용하는데, 공교롭게도 우리 자신이 탐욕스러움의 위험 구역에 있는 경우는 없다. 그러나 예수님은 탐욕을 부에 대한 과도한 욕망으로 정의하지 않으셨다. 그분은 탐욕을 우선순위의 문제로 보셨다. 그 동기가 하나님 나라가 아니라면 부에 대한 어떤 욕망도 탐욕이다. 자기만족을 위해 돈과 재물을 추구하는 것은 탐욕스러운 것이다.

예수님은 한 평범한 남자의 비유를 들어(16-21절), 하나님을 전적으로 의지하는 것을 가르치시고(22-34절) 가정의 재정을 운용하는 혁신적인 방법을 제시하셨다. 그것은 재물을 하나님 나라에 쏟아붓고 그분이 물질적 필요를 채우실 것을 믿으라는 것이다. 그러면 이러한 영원을 보는, 천국 본위의 시각은 이 구절 전체를 해석하는 기준이 된다(13-34절).

—12:14—

예수님은 그 남자의 질문을 토대로 청중에게 강론하셨다. "이 사람아 누가 나를 너희(복수)의 재판장이나 물건 나누는 자로 세웠느냐"는 질문은 두 가지 의미가 있는 반어적 질문이었다. 세속적인 의미에서 예수님은 물질을 나누는 자의 역할을 거부하셨다. 그분은 사소한 물질적인 분쟁을 해결하는 평범한 랍비가 되시려고 세상에 오신 게 아니었다. 그분은 영원한 의미를 갖는 문제들에 대해 모든 사람의 심판관이 되기 위해 오셨다. 영적 의미에서 이러한 주님의 반어적 질문은 그 남자로 하여금 메시아께 호소하는 행위에 내포된 영원한 의미를 생각하게 만들었다. 그분이 하신 질문의 참 뜻은 이것이었다. "네가 나를 물질적인 문제를 심판하고 결정해줄 자로 선택했는데, 네가 지금 누구에게 부탁하고 있는지 아느냐?"

설령 그 문제를 조정해달라는 요청을 받으셨다고 해도 그분은 소유보다는 생명 쪽을 택하셨을 것이다. 그분은 사람의 율법에 따라 그 남자의 세속적인 권리를 지켜주시기보다, 천국의 관점에서 판결하셨을 것이다.

—12:15—

그런 다음 예수님은 그 사람에게서 시선을 돌려 군중들을 둘러보셨다. "삼가"라고 번역된 헬라어는 복수 형태로, '지각을 가지라, 통찰력을 사용하라'는 뜻이다. 주님은 이 권고를 "모든 탐심을 물리치라"는 말씀으로 새차 상소하셨는데, 이 말씀에는 '그것이 아무리 작고 하찮아 보인다고 해도'라는 뜻이 들어 있다. '탐심'은 헬라어로 *pleonexia*로, 이 단어는 고전 문학에서 탐욕 또는 더 많은 것을 바라는 만족할 줄 모르는 욕망을 나타내는 데 쓰였다. 예수님은 "모든"이라는 조건을 덧붙여 탐심은 정도의 문제가 아니라는 것을 나타내심과 동시에, 부에 대한 탐심만이 아니라 삶의 모든 면에서 '더 가지려는 욕망'을 금하신다.

주님은 '더 가지려는 욕망'을 금하시는데, 그렇다면 무엇보다 더 많이 갖지 말라는 뜻일까? 그분이 이어서 하신 말씀과 그 뒤에 나오는 비유가 이 질문에 답한다. 하나님 나라에서 주어진 것보다 더 많은 것을 추구하지 말라는 것이다. 예수님은 사실 이런 뜻으로 말씀하셨다. "어떤 사람이 우주의 모든 부를 가진다고 해도 그 사람의 삶을 이루고 있는 것은 그것이 아니다." 다시 말해서, 한 사람의 삶은 '어떤 것 + 소유'로 이루어지는 게 아니라, 물질적인 부와는 전혀 다른 무언가로 이루어져 있다는 말이다. 월터 라이펠트(Walter Liefeld)는 이에 대해 이렇게 썼다. "탐욕은 부를 가지려고 기를 쓰는데, 이는 참된 삶이라고 볼 수 없다. 사실, 부는 사람이 찾고 경배해야 할 올바른 대상, 하나님을 대체한다."[18]

—12:16-21—

예수님은 탐욕에 대한 가차 없는 비난과 탐욕에 대한 독특한 정의를 더 잘 설명하시기 위해 비유로 말씀하셨다. 그분은 이론의 영역에 지나치게 오래 머물지 않으셨다. 그분은 사람들에게 원칙을 주시고는 거의 대부분 누구나 이해할 수 있는 이야기를 들려주셨다. 이번에는 모든 사람이 부러워할 만한 어떤 사람의 이야기를 들려주셨다. 사실, "그 밭에 소출이 풍성하매"라는 표현은 1세기 유대인들의 신학에 의거한 주님의 축복을 암시하며, 이는 그 사람이 어떤 연유에서건 하나님의 총애를 받아 마땅한 사람이라는 뜻이 간접적으로 내포되어 있다.

그런데 그 사람에게는 고민이 하나 있었다. 쌓아둔 곡식은 많은데 보관할 장소가 넉넉하지 않았다. 고대에는 창고에 쌓인 곡식이 은행에 저금한 돈과 같은 가치를 가졌다. 이 이야기를 현대식으로 바꾸면 다음과 같을 것이다.

한 부유한 기업가의 사업이 예상보다 더 크게 성장했다. 나오는 아이디어마다 히트를 쳤고 하는 결정마다 성공했다. 그는 매달 새 계좌를 열고 돈을 쓸어 모았다. 그는 점차 이런 생각을 하게 되었다. '이건 금광이야. 가장 큰 문제는 이 성장을 감당하기 힘들 정도라는 거야. 성장은 계속 될 것 같은데, 장소도 점점 좁아지고 있고… 아, 이렇게 해야겠다! 컨설턴트가 제안한 대로 본사를 확장하고 직원 수를 늘려야겠어. 근방에 창고를 더 늘리고 향후 10년간 매년 지점을 몇 개씩 새로 여는 거야. 사업이 계속 성장하면 나는 손을 떼고 유능한 경영 간부에게 일을 맡겨야지. 그리고 수익만 챙기고 즐기는 거야. 어쩌면 일찍 은퇴

묵상의 서재

재물과 바꾼 생명

나무로 배를 만들던 그 옛날에 황금이 가득하다고 알려진 섬으로 간 강인한 남자들에 대한 옛 이야기가 있다. 그들은 둘로 나뉘어 한 무리는 금을 캐고, 한 무리는 씨를 뿌리고 먹을 것을 만들면서 섬에서 살아남을 생계 수단을 강구했다. 그런데 금이 발견되기 시작하자 그들은 식물을 심는 사람들에게 금을 캐는 일을 도와달라고 했다. 시간이 흐르면서 음식을 만들고 식물을 경작하는 사람들 수는 점점 줄고 금을 운반하는 사람들은 점점 늘어갔다.

급기야 그들은 더 깊이 파 내려가 더 많은 금을 찾기 위해 갱도를 보강하려고 배의 부품들을 사용하기 시작했다. 이 이야기의 결말은, 몇 년 후 그 섬에 도착한 다른 사람들이 커다란 금 무더기 위에 걸쳐진 해골들을 발견하는 것이다.

소유 자체는 잘못이 아니다. 많이 소유하는 것도 잘못이 아니다. 예수님은 한 번도 부를 비난하지 않으셨다. 그러나 그분은 늘 동기에 대해 말씀하셨다.

할 수 있을지도 몰라!'

우리 주님은 이 이야기 속에서도 그렇고 다른 어디에서도 열심히 일해서 성공한 사람을 비난하지 않으신다는 점에 유의하라. 그 사람이 공정하고 합법적으로 일했고, 올바른 동기만 가졌다면 말이다. 문제는 그의 성공이 아니었다. 주님은 그 사람이 미리 계획을 세우는 것을 비난하지도 않으셨다. 하나님은 좋은 계획을 세우는 것과 청지기직을 지혜롭게 수행하는 것을 권장하신다. 그러나 하나님은 그 사람의 두 가지 잘못에 대해 눈살을 찌푸리신다.

첫째, 그 사람은 자기 자신 또는 자신의 필요를 이해하지 못했다. "먹고 마시고 즐거워하자"라는 구절은 비단 쾌락주의만을 나타내지 않는다. 이것은 회개해야 하는 때에 잔치를 벌였던 이사야 22장 13-14절에 나오는 방자한 유대인들을 생각나게 한다(사 56:12 참고). 어떤 육체적 쾌락도 그의 영혼에 평안을 주거나 그의 창조자와 화해시켜줄 수 없다. 그러나 그는 손에 쥐고, 쓰고, 쌓아놓을 수 있는 것, 즉 만질 수 있고, 즉각적인 것만 생각했다.

둘째, 그는 다른 사람들을 아랑곳하지 않았다. 그는 재물을 쌓아두었다. 아무것도 없는 사람들에게 남아도는 곡식을 나눠주기는커녕 더 큰 곳간을 지었다. 그는 고통당하는 이웃을 돕기보다는 일찍 은퇴할 생각에만 골몰했다. 그는 자기 자신만을 생각했다. 실제로도 그의 독백에는 자기 자신을 일컫는 말이 무려 7번이나 나온다. 더구나 그는 하나님의 인도하심을 구하지도 않았고, 태양, 비, 비옥한 땅, 밭의 보호에 대해 감사하지도 않았다.

그 사람이 자기 멋대로 계획을 세우면서 좋아할 때, "하나님은 이르시되"라는 말이 화물열차처럼 튀어나온다. "어리석은 자"로 번역된 단어는 문자적으로는 '아무 생각이 없는'이라는 뜻이다. 이 말은 실제적인 문제들에 대해서 머리를 전혀 쓰려고 하지 않는 사람을 표현한다. 그 사람이 세운 계획에는 누구나 반드시 대면하는 단 한 가지, 보편적이고 100퍼센트 확실한 사건에 대한 계획이 빠져 있었다. 그것은 죽음이다. 주님은 곡식, 돈, 또는 재산을 요구하지 않으셨다. 그분은 그 사람의 영혼을 요구하셨다. 그리고 역설적이게도, 다른 사람들이 그가 계획한 풍부한 은퇴 자금을 쓰게 될 것이다.

예수님은 천국에서 어떻게 탐욕을 정의하는지 말씀하시며 비유를 요약하셨다. 그 부자는 자기를 위해 보화를 쌓았지만, 그것은 하나님과의 풍성한 관계를 빼앗아갔다. 분명, 이기심과 하나님을 의지하는 것 사이에는 갈등이 존재한다. 어떤 사람이 세속적인 보화가 안전, 생계 수단, 의미를 주리라고 기대한다면 그 사람은 하나님이 주시는 만족을 추구하지 않을 것이다. 그리고 이 비유에 의하면 주님 외에 다른 어떤 것에서 안전을 꾀하는 것은 위험하다. 결국 사람은 죽을 준비를 할 때, 살 준비를 할 수 있다고 말할 수 있다.

—12:22-26—

예수님은 "내가 나를 돌보지 않으면 누가 나를 돌봐줍니까?"라는 제자들의 반대를 예견하셨다. "또"라고 번역된 헬라어는 실제로는 대조 접속사 '그러나'로, 청중들이 바뀌었음을 나타낸다. 14절에서 예수님은 그 남자에게 말씀하셨고, 15절에서는 군중을 가르치셨다. 지금 이 가르침은 주님께 헌신한 제자들을 향한 것이다. 원칙은 전 세계의 모든 사람에게 적용될 수 있지만, 이것은 왕을 섬기고 그분의 나라를 확장하는 자들에게 주어진 엄숙한 약속이다. 더 나아가 진정한 제자가 아니라면 그 누가 이 가르침을 따를 수 있을지 의심스럽다. 이론적으로는 믿지 않는 자들도 천국의 삶을 사는 게 가능하지만, 현실적으로는 불가능하다. 수평적 세계에서 수직적 삶을 사는 것은 성령의 초자연적 능력을 힘입어야 가능한데, 믿지 않는 자들은 성령을 거부했기 때문이다.

주님은 제자들이 걱정(22-31절), 두려움(32절), 이기심(33-34절)이라는 세 가지 구체적인 적을 극복하려고 할 때 도움이 될 지침을 주셨다.

예수님은 여기서 염려에 대한 두 가지 명령을 주셨다. 하나는 처음에, 다른 하나는 말미에 나오는데 실질적으로는 같은 내용이다. "염려하지 말라"(22절), "근심하지도 말라"(29절). 그러나 "염려"라는 헬라어는 약간 다르다. 전자는 *merimnaō*로 신약에 많이 나오는데, 마음이 산란해진 상태를 나타낸다. 누가복음 10장을 보면 예수님은 마르다에게 "너는 많은 일로 마음이 신란해질 정도로 걱정하고 있구나"(41절, 나의 의역)라고 말씀하셨다. 걱정을 하면 우리 마음은 실제로 소소한 일들, '만일'로 시작되는 시나리오, 가능한 해결책들로 어지러워진다.

두 번째로 "근심"이라는 단어는 29절에 딱 한 번 나온다. 이 *meteōrizomai*란 단어에서 영어의 'meteor'라는 단어가 나왔다. 이 말은 문자적으로는 '불확실하다' 또는 '공중에 붕 떠 있다'라는 뜻이다. 어떤 사람이 걱정에 사로잡혀 있을 때 우리는 걱정으로 '멍한 상태'라고 말한다.

예수님은 우리가 계속 걱정하는 두 가지 주제를 지적하셨다. 첫째, 우리는 우리 소관이 아닌 일에 대해 애를 태운다(23-24절). 잠시 멈추고 우리가 음식이나 옷, 가장 기본적인 육체적 필요에 집중하는 데 얼마나 많은 시간을 쓰는지 생각해보라. 예수님은 그런 일에 전혀 신경을 쓰지 말라고 말하지 않으셨다. 우리는 먹기 위해 일하라고 명령받았다(살후 3:10, 12). 옷을 멋지게 차려입는 게 잘못된 것은 아니다. 헝클어진 침대보 같은 모습으로 돌아다니는 게 더 영적인 것도 아니다. 그렇다고 해서 최신 유행을 따르거나, 다음 식사에 뭐가 나올지에 대해서만 정신이 팔려 있는 것 또한 영적이지 않다.

하나님은 새들을 돌보신다. 하나님은 당신께 의지하는 자들을 그보다 더 잘 돌보실 것이다.

둘째, 우리는 우리가 변화시킬 수 없는 것을 두고 안달을 한다(25-26절). "그 키를 한 자라도 더할 수 있느냐"라는 구절의 의미에 대해서는 의견이 분분하다(영어 성경에는 "add a single hour to his life's span"으로 번역되어 있으며, 새번역에는 "제 수명을 한 순간인들 늘일 수 있느냐?"로 번역되어 있다-역주). "자"로 번역된 단어는 시간이나 길이를 재는 단위다. 대략 45센티미터인 1규빗으로 흔히 사용된다. "키"로 번역된 단어는 '키' 또는 '성숙'의 의미로 볼 수 있다. 따라서 '키를 한 자라도 더하다'는 '수명을 한 순간이라도 늘리다'라는 의미로 번역될 수 있다. 대부분의 번역가들은 후자를 택하는데(영어 번역의 경우에 해당한다-역주), 그 이유는 키를 45센티미터 더하는 것을 대부분의 사람이 원치 않을 것이라고 생각하기 때문이다.

우리 몸을 적절히 돌보는 것은 육체적 생명을 연장하는 데 도움이 될 수 있지만 걱정은 수명을 단축시킬 뿐이다. 하나님은 주권적으로 우리의 수명이 다할 날을 정해두셨고, 우리가 그분을 신뢰한다면 우리의 수명은 그분이 정해두신 시간에서 단 하루도 늘거나 줄 수 없을 것이다.

—12:27-31—

꽃은 두뇌가 없어도 생명을 유지한다. 땅 속에 뿌리를 내리면 하나님이 양분을 공급하시고 비를 내려 수분을 공급하신다. 이 가장 연약한 식물은 아침마다 새로운 햇살 속에서 꽃을 피우며 그들에게 정해진 계절에 무성하게 자란다. 예수님은 이 짧은 아름다움과 만족감의 전형을, 인생의 대부분을 인생의 덧없음에 대해 고뇌했던(전 1:1-11) 솔로몬의 엄청난 부와 특권에 비유하셨다(왕상 10:4-7, 대하 9:3-6).

주님은 아직 미성숙한 제자들에게 신앙의 성숙을 요구하셨다. 주님은 그들의 삶을 하나님의 주권에 대한 믿음에 걸라고 하셨다. 마음이 복잡해질 정도로 미래에 대해 걱정하는 것은 주님을 의지하는 자들을 돌보시는 그분의 능력을 의심하는 것이다.

세속적인 일을 다 해보고, 어마어마한 부를 축적한 끝에 솔로몬이 얻은 답은 믿음에 관한 이 단순한 진술이었다. "일의 결국을 다 들었으니 하나님을 경외하고 그의 명령들을 지킬지어다 이것이 모든 사람의 본분이니라 하나님은 모든 행위와 모든 은밀한 일을 선악 간에 심판하시리라"(전 12:13-14). 이것은 구약의 용어로 표현된 주님의 권고지만 내용은 같다. 능력과 시간과 돈과 세상의 모든 자원을 하나님의 위대한 천국 사업에 쏟아부으라는 것이다. 그러면 그분이 우리를 돌보시고, 먹이시며, 위로하시고, 결국에는 그분이 가진 모든 것에 자유로이 접근할 수 있게 하실 것이다. 이것이 바로 "그의 나라를 구하라"는 말씀에 깔린 뜻이다.

—12:32—

아더 소머스 로슈(Arthur Somers Roche)는 이런 말을 한 적이 있다. "불안은 마음에서 흘러나오는 가느다란 두려움의 개울이다. 불안이 일단 조장되면 그것은 다른 생각이 모조리 빠져나가는 수로가 된다." 여기서 예수님은 참된 제자도의 두 번째 적, 두려움에 대해 강론하셨다. 역설적이게도 주님은 그들을 사자, 거인, 전사로 부르시며 안심시키려고 하지 않으셨다. 오히려 그들을 "무리"라고 부르시며 세사들을 고대 근농 지역에서 가장 무력한 동물들인 양이나 염소와 연결 지으셨다. 무리 생활을 하는 동물들은 세심한 관리와 보호 그리고 지속적인 보살핌이 필요하다. 그뿐 아니라 제자들은 "적은 무리"였다. 한 사람 한 사람만 보면 그들은 자기를 지킬 힘이 없었고, 그들의 숫자도 아무런 도움이 되지 않았다.

제자들의 목자는 항상 그들을 보호하시고, 언제나 필요를 신실하게 채우시기 때문에 그들은 아무것도 두려울 게 없었다. 참된 제자들이 하나님의 세심한 돌보심 아래 계속 있는다면, 천국은 그들의 것이다.

—12:33-34—

예수님이 설교에서 말씀하신 세 번째이자 마지막 적은 이기심이다. 하나님 나라에서 부는 우리가 '무엇을 가졌는가' 또는 '얼마를 벌었는가'로 측정되지 않고, '얼마나 주었는가'로 측정된다. 예수님은 제자들에게 '가진 것'을 팔아서 그 돈으로 "구제"하라고 명령하셨다. "구제"라는 헬라어는 '자선' 또는 '자비로운 온정'이라는 뜻이다.

주님은 제자들이 모든 것을 팔고, 다 내주어서 가난해지기를 바라신 게 아니었다. 그분은 부모가 성실히 일해서 가족을 부양하기를 바라셨다. 그분은 아마도 급진적인 신앙만 제외하고 다른 어떤 것에 대해서도 터무니없이 극단적인 조언을 하시지 않았다. 그분은 제자들에게 관점의 평형추를 이동해서 베풂을 부의 척도로 보고 필요한 만큼만 재산을 축적하라고 하셨다.

주님은 이것의 유익을 역설적인 말로 표현하셨다. 앞에서 주님은 "전대" 없이 제자들을 사역에 내보내셨다(10:4). 여기서 그분은 제자들에게 천국의 전대를 차라고 조언하신 것이라고도 할 수 있다. 이 세상에서 돈과 재물을 베풀면 썩거나 줄어들지 않고, 도둑맞거나 파괴되지도 않는 천국에 저축하는 것과 같다.

그런 다음 주님은 보편적인 원칙으로 가르침을 마무리하셨다. 바로 보물이 있는 곳에 마음도 있다는 것이었다. "보물"이라고 번역된 단어는 실제로는 보고(寶庫), 즉 귀중품을 보관하는 장소를 일컫는다. 따라서 중요한 것은 당신이 창고에 저장을 하는지, 하지 않는지가 아니라 무엇을 저장하는가다! 예수님께 유일하게 소중한 보물은 왕에 대한 충성과 그분의 목적, 즉 왕국에 대한 헌신이었다. 그리고 그것과 더불어, 주님은 논의를 한 바퀴 빙 돌아 다시 가치의 문제로 돌아오셨다.

찰스 스펄전은 주님의 가르침을 이렇게 바꿔서 표현했다. "가장 먼저 온 영혼으로, 당신이 시민이 될 '하나님 나라'와 당신 삶의 특성이 될 '그분의 의'를 구하라. 그러면 다른 것은 당신이 걱정하지 않아도 주님께서 주실 것이다."[19]

나는 이 대목을 앞에서 말한 폴 송거스의 삶을 변화시키는 결단으로 시작했다. 그에 대해 미처 다 말하지 않은 사연이 있다. 그는 암과 싸우기 위해 공직에서 물러난 후 완쾌되었다. 그러고서 1992년에 그는 열정에 이끌려 다시 정치계로 돌아와 소속 당에 대통령 직무실의 근무를 요청했다. 그러나 5년 후 암이 재발했고, 1997년 어느 추운 겨울 끝내 세상을 떠났다. 정치도 더는 그의 동료들을 갈라놓지 못했다. 정치적 친구와 적들 모두 그에게 마지막 작별 인사를 하기 위해 모였고, 가족들을 위해 한마음으로 애도했으며, 무덤 앞에서는 모든 차이도 온데간데없이 사라진다는 공통의 깨달음으로 하나가 되었다. 쟁점들은 더 이상 중요하지 않았다. 세속적 대의명분도 문제가 되지 않았다. 직업, 돈, 권력, 소유, 취미, 습관, 그리고 야망…아무것도 상관이 없었다. 그는 모든 사람이 갈 곳, 영원한 세상에 있다.

다행스러운 것은 그가 다음 생을 향해 떠나기 전 한 친구가 해준 훌륭한 조언에 귀를 기울인 것이다. 그는 더 중요한 것을 위해 중요한 것을 제쳐놓았다. 그리고 나는 그가 임종을 맞이하던 순간 사무실을 떠나 있었던 것을 후회하지 않았으리라 생각한다.

적용

물질의 축복이라는 저주를 받아들이는 방법

우리는 대부분 감당할 수 있는 능력보다 더 많은 재산을 소유하고 있지 않다. 주님은 부 자체를 반대하지는 않으신다. 그러나 성숙을 방해하거나 순종을 약화시킬 정도로 부유해지는 것은 절대 허용하지 않으신다. 그리스도인들 중에는 운 좋게도 아주 부유한데도 물질적 풍요 속에 내재된 위험에 빠지지 않는 것 같은 이들이 더러 있다.

성경을 연구하고 부유한 그리스도인 친구 몇 명을 관찰한 다음 얻은 몇 가지 제안이 있다.

첫째, 물질의 축복을 받으면 후하게 베풀라. 주님은 물질의 축복을 받은 사람들에게 거침없는 말을 서슴지 않으신다. 그분은 선천적으로 이기적이고, 베풀지 않고 쌓아놓는 사람들에게 강경한 어조로 말씀하신다. 그러니 많이 가질수록 많이 베풀라. 가진 것을 모두 주라는 말이 아니다. 당신의 재물을 누리고 나누라.

이 생각을 정리하고 있을 때, 한 부부가 생각하지 못했던 소득이 생기는 축복을 받았다. 그들은 돈이 생기자마자 더 좋은 가구를 살 것인지, 선교사 친구에게 가구를 사줄 것인지를 두고 고민했다. 나는 물었다. “어떻게 하셨나요?”

그는 말했다. “사실대로 말하자면, 둘 다 했어요.”

그들은 좀 더 저렴한 새 가구를 사고 선교사에게도 약간의 가구를 사주었다. 나는 현명한 결정이라고 생각했다.

둘째, 미래를 위한 계획을 세울 때 마지막을 생각하라. 조지 버나드 쇼(George Bernard Shaw)는 이렇게 말했다. “죽음에 관한 통계는 아주 인상적이다. 한 명 중 한 명이 죽는다.” 죽음을 염두에 두고 계획을 세우라. 많든 적든 당신의 재산은 그것을 위해 일하지 않고 당신만큼 그것의 가치를 알지 못하는 사람들의 소유가 될 것임을 알라. 가진 것을 즐기라. 그러나 올바른 태도로 재산을 소유하라. 당신이 가고 없을 때 그것은 어떻게 될 것인가?

셋째, 많이 가졌든 적게 가졌든 집착하지 말라. 당신이 가진 모든 것은 하나님의 것이다. 모두 하나님의 소유다. 그 관점을 계속 유지하면 자연스럽게 물질에 집착하지 않게 될 것이다. 또한 하나님은 당신이 얼마나 많이 가졌는지, 갖지 못했는지에 관심이 없으시다는 사실을 알게 될 것이다. 하나님은 무엇보다도 그분에 대한 무조건적인 헌신을 원하시며, 그분의 왕국을 위해 당신에게 주신 것을 당신이 사용하기 원하신다.

예비하라(누가복음 12:35–48)

35허리에 띠를 띠고 등불을 켜고 서 있으라 36너희는 마치 그 주인이 혼인 집에서 돌아와 문을 두
드리면 곧 열어 주려고 기다리는 사람과 같이 되라 37주인이 와서 깨어 있는 것을 보면 그 종들은 복
이 있으리로다 내가 진실로 너희에게 이르노니 주인이 띠를 띠고 그 종들을 자리에 앉히고 나아와
수종들리라 38주인이 혹 이경에나 혹 삼경에 이르러서도 종들이 그같이 하고 있는 것을 보면 그 종
들은 복이 있으리로다

39너희도 아는 바니 집 주인이 만일 도둑이 어느 때에 이를 줄 알았더라면 그 집을 뚫지 못하게
하였으리라 40그러므로 너희도 준비하고 있으라 생각하지 않은 때에 인자가 오리라 하시니라

41베드로가 여짜오되 주께서 이 비유를 우리에게 하심이니이까 모든 사람에게 하심이니이까 42주
께서 이르시되 지혜 있고 진실한 청지기가 되어 주인에게 그 집 종들을 맡아 때를 따라 양식을 나누
어 줄 자가 누구냐 43주인이 이를 때에 그 종이 그렇게 하는 것을 보면 그 종은 복이 있으리로다 44내
가 참으로 너희에게 이르노니 주인이 그 모든 소유를 그에게 맡기리라 45만일 그 종이 마음에 생각
하기를 주인이 더디 오리라 하여 남녀 종들을 때리며 먹고 마시고 취하게 되면 46생각하지 않은 날

알지 못하는 시각에 그 종의 주인이 이르러 엄히 때리고 신실하지 아니한 자의 받는 벌에 처하리니
47주인의 뜻을 알고도 준비하지 아니하고 그 뜻대로 행하지 아니한 종은 많이 맞을 것이요 48알지 못
하고 맞을 일을 행한 종은 적게 맞으리라 무릇 많이 받은 자에게는 많이 요구할 것이요 많이 맡은 자
에게는 많이 달라 할 것이니라.

가끔 미래는 깜짝 놀랄 재미를 선사한다. 예를 들어, 로또에 당첨될 줄은 꿈에도 몰랐던 사람이 로또를 한 장 사서 시니컬하게 어깨를 으쓱하며 주머니에 그것을 찔러 넣었다. 편의점에서 다른 물품들을 사면서 충동적으로 로또를 샀던 사실을 까맣게 잊어버렸던 그가 며칠 후에 이제 다시는 월급을 받기 위해 일을 하지 않아도 된다는 사실을 알게 되었다.

또 다른 뜻밖의 이야기는 그다지 행복하지 않다. 1979년 3월 18일 스테파니 메이는 비극적인 소식을 전하러 온 담임 목사의 방문을 받았다. 쌍발 비행기 한 대가 콜로라도 아스펜 인근에서 이륙 직후 추락했고, 눈 깜짝할 사이에 그녀는 남편 존 에드워드를 잃었다. 51세인 그는 메이 페트롤리엄의 최고경영자이자 이사장이었다. 뿐만 아니라 스테파니는 텍사스 대학생이던 22세의 아들 다빈 에드워드도 잃었다. 그리고 댈러스의 하이랜드파크 고등학교 졸업을 앞둔 18세의 딸 칼라 에밀리와 27세의 사위 리처드 오언 스나이더도 잃었다. 순식간에 스테파니는 소중히 여기며 사랑했던 사람 넷을 잃었다. 이 얼마나 청천벽력 같은 소식인가!

당신은 이런 순간을 어떻게 준비하고 있는가?

스테파니는 그 후 두 달 동안 계속 일기를 쓰며 슬픔을 쏟아내고 생각을 정리했다. 다음은 그 일기의 일부다.

> 내 짐은 무겁다. 그러나 나는 홀로 걷지 않는다. 내 고통은 수그러들 기미가 없지만 나는 하나님이 축복해주셨던 매 순간을 그분께 감사드린다. 내 삶이 그분의 영광을 위해 쓰이기를, 내가 그리스도인의 품위를 잃지 않고 내 짐을 질 수 있기를, 그리고 내 절망을 통해서 고통 중에 있거나 잃어버린 바 된 누군가에게 그분의 왕국이 또렷해지기를 기도한다. 나는 이 일기를 끝낸다. 그리고 이것과 함께 사랑할 수 있는 능력과 포용력도 모두 사라진다. 내 상실은 대체될 수도 없고, 비교될 수도 없다. 이것은

> 나의 상실이다. 나는 강하지 않다. 나는 용감하지 않다.
>
> 나는 져야 할 짐과 나눠야 할 메시지를 가진 그리스도인이다. 나는 혹독한 시험을 받았지만 믿음을 잃지 않았다. 그리고 주님께 대한 사랑과 헌신 안에서 나는 강해졌다. 오 하나님, 내 삶은 당신의 것입니다. 당신의 품에 나를 안아주시고 내 삶을 인도하소서. 나는 지옥 속에 살았지만 이제 하나님과 함께 평안 가운데 산다. 존 에드워드, 다빈, 칼라, 리처드는 지금 하나님의 장중에 있다. 나는 하나님의 품 안에 있다. 그분의 사랑이 나를 감싼다. 이 장미는 다시 피어날 것이다.[20]

스테파니 메이는 1979년 3월 17일에 18일의 사건을 감당할 준비를 하지 않았다. 그녀는 오래전에 이 절망적인 순간에 대한 준비를 시작했다. 그녀의 영적인 기반이 가장 불행한 시기를 거치는 동안 그녀를 지탱해주었다.

예수님은 사역의 많은 시간을 장차 제자들에게 닥칠 미래(도래할 왕국과 그들의 영원한 왕국 시민권)에 대해 가르치는 데 할애하셨다. 그러나 이날 그분은 제자들에게 내세에 대한 이 소망은 지금 여기에서 실제적으로 적용되는 것임을 보여주셨다. 주님은 제자들에게 염려하지 말고, 불안해하지 말고, 세상이 추구하는 것을 추구하지 말고, 사거나 만지거나 느낄 수 있는 것들에 관심을 갖지 말라고 명령하신 후에 옷을 입고 준비하라고 권고하셨다(영어 성경에는 이렇게 번역되어 있다-역주). 이게 무슨 뜻일까? 그리고 오늘날 악이 지배하는 세상 왕국에서 우리에게 어떤 도움을 줄 수 있는가?

—12:35—

옷을 입고 준비하라는 명령은 사실 "허리에 띠를 띠고"라는 의미의 관용구다. 여기에 나오는 동사는 현재진행 명령형으로 계속 진행하는 행위를 명령하는 것이다. 1세기 사람들은 바지를 입지 않았다. 남녀 모두 무릎 아래까지 내려오는 겉옷인 튜닉을 입었다. 남자들이 달리거나, 오르거나, 일하거나, 싸워야 할 때, 말하자면 빠른 몸놀림이 필요할 때에는 튜닉의 뒷자락을 다리 사이 앞으로 끌어와 허리띠 속에 집어넣었다. 그것이 행동을 개시할 준비를 갖춘 모습이었다.

이와 비슷하게 "등불을 켜고"라는 명령도 의식적으로 깨어 있으라는 권고다. 야영을 해 본 사람들은 빛의 중요성을 안다. 그들은 안전을 확신할 수 있을 때에만 손전등을 끈다. 야영객들은 밤에 그 지역을 배회하는 무언가가 있다는 의심이 들면 밑불을 끄지 않고 차례로 불을 지킨다.

그림처럼 생생한 두 가지 명령을 하신 후에 예수님은 일상에서 끌어온 두 가지 비유로 '준비됨'에 대해 설명하셨다. 첫 번째는 기다리던 사람의 도착에 대한 이야기이고(36-38절), 두 번째는 예기치 못했던 사람의 도착에 관한 것이다(39-40절).

—12:36-38—

영어에서는 보기 힘들지만 헬라어 문법은 대명사 "너희"에 큰 비중을 둔다. 이 구절은 이렇게 고쳐 쓸 수 있다. "거기! 그래 너희들! 주인을 기다리고 있는 사람들같이 되어라!" 인칭 대명사를 강조하는 위치에 배치한 이 명령 한 마디 한 마디가 독자의 어깨를 잡고 흔든다. "이건 너에게 하는 말이야. 그러니 일어나라. 준비하라."

첫 번째 비유는 결혼식에 참석한 한 부자의 모습을 그린다. 결혼식은 일주일 정도 이어지지만 하객들은 그보다 일찍 떠날 수 있다. 주인이 집에 돌아왔을 때 자기 집 대문을 거지처럼 두드려서는 안 되었다. 그래서 그 집을 관리하는 사람은 주인이 집을 향해 오면 식솔들에게 알려주도록 망보는 사람을 세워두었다. 주인이 도착하면 한 명은 대문을 열고 다른 한 명은 그가 집으로 들어오도록 시중을 들어야 했다. 집 안은 말끔하게 청소되고 정리되어 있으며, 일상적인 집안일이 제대로 되어 있어야 했다. 함께 갔던 하인이 짐을 부리는 동안 때에 맞는 식사가 차려져야 했다.

예수님은 그분의 재림을 열망하며 사는 신실한 제자들에게 잘 차려진 식탁을 베푸실 것을 약속하셨다. 예화 속 하인들은 주인을 섬길 준비가 되어 있지만 메시아는 섬기기 위해 "띠를 띠고" 계실 것이다. 현대식으로 하면 그분은 팔을 걷어붙이고 웨이터가 되실 것이다. 주님의 비유에 나오는 하인들은 집주인이 그들을 칭찬하는 동안 식탁 옆에 비스듬히 누워 음식을 먹는다!

그다음 예수님은 그분이 세상에 다시 오실 날을 성실하게 예비한 종들을 축복하신다.

—12:39—

두 번째로 주님은 기다리던 주인의 기쁜 귀환이 아니라, 예상치 못한 불청객의 침입에 대한 예화를 드신다. 강도는 다음 목적지와 시간을 알리는 엽서를 보내지 않는다. 그러므로 집주인은 늘 경계를 늦추지 말아야 한다. 특히 1세기의 도둑들은 대부분 진흙으로 지은 외벽에 구멍을 뚫고 들어왔기 때문에, 집주인은 문과 창문뿐 아니라 집안 구석구석을 살펴야 했다.

이 예화의 의미를 지나치게 깊이 생각할 필요는 없다. 예수님은 스스로 도둑과 동일시하시거나 그분의 재림을 나쁜 것으로 나타내신 것이 아니라, 다만 "생각지 않은 때"를 표현하는 보편적인 표현 양식을 사용하신 것이다(참고 살전 5:2, 벧후 3:10, 계 3:3, 16:15).

—12:40—

예수님은 그분 특유의 호칭인 "인자"라는 말을 사용해서 이 비유를 그분의 재림에 적용하셨다(5:24, 65, 22, 7:34, 9:22, 26, 44). 그분은 일찍이 제자들에게 예루살렘을 함락시키고 전 세계를 지배하는 사명은 일반적인 방법으로 성취되지 않을 것이라고 말씀하셨다(9:22). 하나님이 이루시는 정복은 하나님 나라의 시민으로 사는 것만큼이나 세상적인 관점에서 볼 때는 납득이 되지 않는다. "너희 원수를 사랑하며 너희를 미워하는 자를 선대하며 너희를 저주하는 자를 위하여 축복하며 너희를 모욕하는 자를 위하여 기도하라"(6:27-28).

예수님은 당신이 "죽임을 당하고 제삼일에 살아나야 하리라"(9:22, 44)고 밝히셨지만, 그분의 이 거룩한 사명 선포는 분명 쇠귀에 경 읽기였을 것이다. 그분이 떠났다가 다시 오신다는 말의 의미는 한참 후에, 그분에 대한 예언이 많이 성취된 후에야 제대로 이해될 것이다(9:45 참고). 그럼에도 예수님은 지상 사역을 하시는 내내 제자들의 의식 속에 이 지적인 시한폭탄을 심어놓으셨다. 때가 되면 이 기억들은 장차 왕국의 지도자들이 될 사람들의 머릿속에서 폭발해 무슨 일이 일어났는지를 온전히 이해시키고 초자연적인 확신을 주어서 그들이 주님의 십자가를 지고 그분이 내려가신 영광에 이르는 길을 따라가게 할 것이다.

—12:41—

베드로는 으레 그렇듯 다른 사람들이 생각만 하고 밖으로 말하지 못하는 말을 큰 소리로 말했다. 그는 노골적으로 모든 학생의 마음속에 있는 질문을 했다. "이게 시험에 나오나요?" 다시 말하자면, "주님의 비유에 나오는 종들이 누군가요? 우리 열두 명인가요? 왕국의 지도자들인가요? 주님을 따르는 사람 전부인가요? 아니면 모든 세상 사람인가요? 누가 주님의 재림을 준비하는 끝없는 과업을 책임지나요?"

—12:42-44—

그날의 수업 방식에 어울리게 예수님은 다른 질문으로 베드로의 질문에 응답하셨다. 물론 그분의 질문은 그 안에 베드로가 들어야 할 답이 들어 있는 수사적 질문이었다. "지혜 있고 진실한 청지기"는 그 역할을 충실히 수행하기로 결정한 사람이라면 누구라도 될 수 있으며, 그 사람의 자격은 행위로 인정받을 수 있다. 주님의 말을 들은 사람들은 이렇게 자문해보아야 한다. '나는 지혜롭고 진실한 청지기인가?'

고대 근동에서는 집안의 청지기(*oikonomos*)에게 주인의 영향력이 미치는 범위 안에서 거의 무한한 권력이 주어졌다. 그는 일상적인 살림을 꾸리고, 사업 거래에서 주인을 대리하며, 일꾼들을 감독하고, 심지어는 주인이 원하거나 주인의 가치를 따르는 한에서 안주인과 자녀들에게 일정 권위를 행사하기도 했다. 예수님은 성실한 "지혜"를 갖고 그분의 바람을 수행하는 청지기를 축복하셨다. 여기서 "지혜"는 *phrēn*이라는 헬라어로, '생각'이라는 뜻이다. 현명한 청지기는 머리를 쓴다.

—12:45-46—

미련한 청지기는 두 가지 실수를 저질렀다. 첫째, 주인이 없을 때 하고 싶은 대로 하겠다고 마음먹었다. 둘째, 주인이 돌아오기 직전에 놀 시간이 충분하다고 생각했다. 주목할 것은 예수님이 미련한 청지기와 신실한 청지기를 비교하며 용어를 맞추셨다는 점이다. 두 사

묵상의 서재

준비되어 있으라!

해병대에 입대하기 전 나는 기계 기술자로 수련을 받으며 약 4년간 기계 공장에서 일했다. 나는 터릿선반 줄의 한 남자 바로 뒤에서 일했는데, 텍스라는 이름의 그 남자와 그의 뒷주머니에 있던 씹는 담배 주머니를 영원히 잊지 못할 것이다. 그는 종종 갈색 담뱃잎을 한 줌 집어서 입 속에 집어넣기 쉽게 주머니를 열어두었다.

어느 날 밤, 두 번째 교대조로 일하고 있는데 작은 귀뚜라미 한 마리가 내 앞을 껑충껑충 뛰며 지나갔다. 나는 이런 생각이 들었다. '저 귀뚜라미 색깔이 텍스의 담배 빛깔과 같군.'

나는 귀뚜라미를 집어서 머리를 떼어낸 뒤 그의 담배 주머니 속에 집어넣고 기다렸다. 얼마 지나지 않아 텍스가 굳은살이 박인 손가락을 주머니에 넣고 씹는 담배 한 움큼을 집어 입안에 털어 넣었다. 그는 귀뚜라미의 존재를 몰랐거나 아니면 아랑곳하지 않았다. 나는 묻지 않았고 그도 말하지 않았다.

어찌됐든, 텍스는 늘 작업 종료 호각이 울리기 직전에 세수를 했다. 그는 고용주들이 다 싫어하는, 시간이 되기 전에 퇴근할 채비를 하는 직원이었다. 내가 말했다. "텍스, 어떻게 그럴 수 있어요?" 그가 말했다. "잘 들어, 꼬마야. 나는 따로 퇴근 준비를 하지 않으려고 계속 준비된 상태로 있을 뿐이야."

노동 윤리적 관점으로는 부적절했지만 신학적으로는 훌륭했다.

람 모두 주인의 이익을 위해 일했고, 종 또는 노예의 신분이었다. 앞의 예에서 예수님은 그 종을 청지기로 일컬으셨다. 그런데 두 번째 예에 나오는 종은 권한을 위임받았어도 그냥 종이었다. 주인은 언제라도 돌아와 미련한 청지기의 예상이 완전히 빗나갔음을 증명할 수 있었다. 그 종은 자기가 하고 싶은 대로 하지도 못했고, 시간도 생각처럼 많지 않았다. 그리고 그의 주제넘은 행위에 대한 처벌은 신속하고 엄중했다.

이 비유는 *pistos*라는 헬라어로 시작하는데, 문맥에 따라 '신실한' 또는 '믿는'이라는 형용사적 의미가 있다. 그리고 문맥에 따라 '충실하지 않은' 또는 '믿지 않는'이라는 의미의 *apistos*라는 반대말로 끝을 맺는다. 이 이야기는 처음부터 중간까지는 '신실함'에 대해 생각하도록 은근하게 독자들을 이끈다. 그러나 엄중하게 묘사된 형벌과 그 종이 *apistos* 무리로 분류되는 것을 보면서, 우리는 내내 '믿지 않음'에 대해 생각할 수밖에 없게 된다. 그 종의 '불성실한' 행위는 믿지 않는 그의 본심을 드러냈다.

—12:47-48—

예수님은 이 비유를 마무리하시고 이중적 의미를 지닌 보편적 원칙을 적용해서 베드로가 처음에 했던 질문에 직접 답하셨다.

첫 번째 뜻: 무지함으로 잘못된 행동을 한 사람들은 하나님의 기대를 알면서도 그것을 무시한 사람들보다 벌을 적게 받을 것이다.
두 번째 뜻: 하나님의 계시를 더 많이 받은 사람들에게는 상대적으로 더 많은 책임이 있다.

우리에게는 깨달은 진리에 대한 책임이 있다. 예를 들어, 다리가 무너졌다는 것을 아는 순간 멈춰 서서 뒤에 오는 차들을 멈추게 해야 할 책임과 같다. 이 경고에 비추어보자면, 그것이 책임지는 삶이다. 예수님의 제자들은 그리스도가 현존하시며, 성경이 진실이고, 지옥은 현실이며, 영원은 길다는 것을 알고 있다. 그러므로 우리에게는 이 정보로 무언가를 해야 할 책임이 있다.

분석을 위해 이 이야기를 따로 떼어놓긴 했지만, 누가는 이 이야기가 맥락에서 벗어나

1세기의 노예 제도

기록된 인간의 역사만큼이나 오래된 노예 제도는 예수님 시대에는 이미 오래된 것이었다. 수천 년 동안 문명은 전쟁 포로를 노예로 삼았다. 아테네인들과 로마인들은 이 제도를 상세한 법규, 정확하고 치밀한 경제적 절차, 복잡한 사회적 관습을 갖춘 국가 지원 제도로 변화시켰다. 로마 제국의 노예 제도는 무자비한 측면도 있긴 했지만, 17–18세기 영미의 노예 제도와는 전혀 달랐다.

노예들은 다음 네 가지 중 한 가지 경로로 노예가 되었다.

1. 아구스도 황제가 죽기 전, 로마의 영토 확장이 진행 중이었을 때, 노예들은 전쟁에서 사로잡히거나 해적들에게 납치당해 경매로 팔렸다. 바울은 이런 부류의 노예 제도를 음행, 남색, 위증죄와 같은 다른 가증스러운 행위와 함께 *andrapodistēs* 또는 '인신 매매'로 열거했다(참고 딤전 1:10, 출 21:16).
2. 아구스도 황제 사후에는 출생이 노예의 주된 조달원이 되었다. 로마법에 따라 여자 노예의 자녀들은 주인에게 예속되었다.
3. 자유인으로 태어난 빈민이 궁핍한 삶에서 탈출하는 가장 흔한 방법이 노예로 자신을 파는 것이었다. 많은 비로마인들은 일을 배우고, 사회적으로 신분을 상승시키며, 해방된 후에 시민권을 얻고(로마법에 의하면 정당한 기대였다) 심지어 관청에서 일할 기회를 얻으려고 자발적으로 도제 계약을 맺었다. 아마 고린도의 재무관이었던 에라스도 역시 이런 경로를 거쳤을 것이다(롬 16:23).
4. 원치 않은 임신을 한 경우, 갓난아기를 예사로 내다버리는 유기의 관습이 있었다. 사람들은 보통 산 채로 발견된 아기들을 데려다가 노예로 길렀다. 극도로 가난한 부모들은 아이들을 노예로 팔기도 했는데, 꼭 돈을 위해서가 아니라 일종의 원시적 형태의 입양이었다.

로마법은 노예를 재산으로 간주했다. 노예는 짐을 나르는 짐승들처럼 소유되고, 거래되며, 팔릴 수 있었다. 노예는 법적으로 결혼할 수 없고, 법정에서 누구를 고소할 수도 없으며, 재산이나 돈을 물려받을 수 없고, 주인의 동의 없이 어떤 것도 할 수 없었다. 범죄한 노예들은 자유인들보다 더 엄중한 벌을 받았지만, 우리의 동물 학대 방지법처럼 과도한 학대에 대한 법적인 보호를 어느 정도 누렸다. 그러나 그런 법은 일관성 있게 시행되지는 않았다.

긍정적인 면으로는, 노예들은 재산을 소유할 수 있었고, 주인의 간섭 없이 합법적으로 재산을 관리했다. 심지어 일부 노예들은 스스로 노예를 취해서 이윤을 남기고 팔기도 했다. 노예들은 부를 축적해서 자유를 살 수도 있었는데, 이렇게 해서 빚을 청산하고 더 높은 사회적 신분으로 새 삶을 시작하는 경우도 많았다.

법적으로 노예들은 로마 사회에서 단연코 종속적인 신분 계층이었지만, 사회적으로 상당히 높은 위치에 오르는 경우도 종종 있었다. 실제로 노예와 동일한 임무를 수행하도록 고용된 자유인 일꾼들과 노예를 분간하기란 거의 불가능했다.

> 그리스–로마 가정의 노예들은 요리사, 청소부, 개인 비서뿐만 아니라 모든 연령대의 개인교사, 의사, 간호원, 가까운 친구, 가정 관리인으로도 일했다. 비즈니스 세계에서 노예들은 잡역부와 배달원에서 그치지 않고 저택, 가게, 선박의 관리인은 물론이고 판매원과 계약 대리인 역할도 했다. 행정 업무에서 노예들은 도로 포장과 하수구 청소원으로 이용되었을 뿐만 아니라 자금과 인사 관리자와 의사결정권을 가진 행정관으로도 일했다…이렇듯 17–18세기 신세계의 노예 제도와는 현격히 다른 그리스–로마의 노예 제도는 영구적인 상태라기보다는 외부인이 사회 안에 뿌리를 내리는 수단으로서, 살면서 거치는 한 단계, 즉 일종의 과정으로 기능했다.[21]

노예들은 대부분 주인들이 마지막 유언으로 노예들을 모두 풀어주는 경우 서른 살, 또는 좀 더 일찍 자유인이 될 수 있었다.

읽혀지기를 원치 않았다. 이 이야기는 현세에서 왕국의 삶을 사는 것의 중요성에 대한 더 긴 논의 가운데 일부다. 요약하자면 예수님은 이렇게 가르치셨다.

악이 벌을 받지 않고 이 세상을 지배하는 것처럼 보일지라도, 하나님은 모든 것을 보시며, 도래할 하나님 나라에 공개적으로 충성을 선포한 자들에게 상급을 내리실 것이다(1-12절). 현재에 이어지는 악의 지배가 영원할 것처럼 그 안에서 살지 말라. 세속적인 부와 소유를 하나님 나라에 드리라. 그러면 메시아가 사탄의 왕국을 쓰러뜨리실 때 당신이 투자한 것의 백만 배에 달하는 보답을 받게 될 것이다(13-21절). 먹을 것이 모자라거나 입을 것이 없거나 노숙자가 될지도 모른다는 염려는 거두라. 하나님은 당신을 소중히 여기시며, 그분을 의지하는 모든 자의 필요를 신실하게 공급하실 것이다(22-34절). 하루하루를 마치 마지막 날인 것처럼 악의 지배 속에서 살라. 하루하루 하나님 나라가 이미 이곳에 임한 것처럼 살라. 왕이 앞으로 5분 안에 도착하실 것이라는 사실만이 당신이 아는 전부이므로(35-40절). 이것은 누구에게 적용되는가? 이 가르침을 듣는 모든 이에게 적용된다. 그들은 이렇게 살아야 할 책임이 있다. 그 사람이 당신이라면 귀를 기울이라(41-48절).

왕의 추종자들은 현재 악이 지배하는 가운데에서도 하나님 나라가 지금 임한 것처럼 살기 시작해야 한다. 사탄은 계속 세상을 지배하지만 또 다른 왕이 "생각하지 않은 날 알지 못하는 시각"(46절)에 오실 것이다. 그리고 우리는 우리가 선택한 삶의 방식에 대해 책임을 지게 될 것이다. 우리는 죄가 지배하는 현 세계의 패러다임에 맞춰 사는가, 아니면 다시 오실 우리 주님의 기대를 채우기 위해 거기에 맞춰 행동하는가?

이 선택은 주님이 다시 오실 때 우리를 어떻게 맞으실지 결정할 뿐 아니라 내일 엄청난 행운이 찾아올지, 아니면 이루 말할 수 없는 불행이 찾아올지 알 수 없는, 사탄이 지배하는 지금 이 세상 속에서 우리가 인생의 흥망성쇠를 해쳐나가는 방식에도 영향을 미친다. 스테파니 메이의 말이 그토록 많은 이에게 큰 의미가 되는 것도 이런 이유에서다. 비극 속에서도 그녀는 인내를 잃지 않았다. 천국을 보는 그녀의 관점이 그녀에게 1979년 3월 18일과 3월 19일, 그리고 3월 20일을 살아남을 수 있는 소망과 힘을 주었다. 실제로 그녀는 그 끔찍한 날 이후로 장미가 피고 지는 것을 숱하게 보았다. 그럼에도 그녀는 신실하고 지혜로운 자로 남아 있다. 그리고 어느 날, 아마도 멀지 않은 장래에 그녀는 주님이 이렇게 말씀하시는 소리를 듣게 될 것이다. "저녁 식탁에 앉으렴, 내 충성스럽고 사랑스러운 딸아. 내가 시중을 들어주마."

적용
수평적 세상에서 사는 수직적 삶

철학자 쇠렌 키에르케고르(Søren Kierkegaard)는 이렇게 썼다. "인생은 뒤돌아보아야만 이해할 수 있다. 그러나 인생은 앞을 보며 살아야 한다." 대부분의 경우 이것은 맞는 말이다. 적어도 2차원적인 관점에서 볼 때는 그렇다. 하나님의 계명을 지키는 사람들에게는 위에서부터 온 삶에 대한 이해력이 주어진다. 우리는 수평적 세상에 살면서 과거에서 미래로, 그리고 직선으로 움직이는 반면, 하나님은 수직적 지혜, 통찰, 지각을 주시는데, 이런 것들은 하나님이 주시지 않으면 우리가 가질 수 없다. 하나님의 부르심은 위를 향한 부르심이다. 그러므로 우리의 목표는 수평적 세상에서 수직적인 삶을 사는 것이다.

그러려면 무엇이 변화되어야 할까? 두 가지를 제시하고 싶다. 첫째, 일이 일어나기 전에 생각하는 방식을 바꾸어야 한다. 우리는 미리 우리의 관점을 취해서(수직적이고 영원하고 신학적인) 무슨 일이 일어나든지 준비가 되어 있도록 계획을 세워야 한다. 아침에 눈을 뜨면 제일 먼저 천국을 생각하라. 차를 몰고 출근할 때 먼저 하나님을 생각하라. 직장이나 학교에서 당신이 무슨 일을 하든지 그분의 뜻과 계획을 먼저 생각하라. 위협적이고 힘들고, 걱정스러운 상황 속에서 그분이 당신에게 무엇을 하게 하실지 생각하라. 우리는 어떤 일이 일어나기 전에 먼저 사고방식부터 바꾸어야 한다.

둘째, 일이 일어났을 때 반응하는 방식을 바꾸어야 한다. 법을 집행하는 사람들은 비명소리, 경보음, 총소리를 들었을 때 불안해하지 않는 방법을 배운다. 그들은 즉시 행동에 돌입하고 겁에 질려 우왕좌왕하지 않는다. 이와 비슷하게 우주인들은 수직 이륙을 궤도 선회만큼이나 편안하게 다루도록 훈련받는다. 그들은 침착하고 신중한 태도로 반응하고, 허둥대지 않도록 훈련받는다.

믿는 자들에게 이런 수직적 관점은 하루아침에 생기지 않는다. 이것은 경험(실패, 평가, 조정, 향상)을 통해서 얻을 수 있다. 하나님의 자녀는 시간이 흐르면서 그분의 관점에서 수직적으로, 위에서 아래로 사물을 보는 방법을 깨우치게 된다. 결국, 당신이 그리스도의 제자라면, 모든 상황을 하나님이 보시는 대로 보는 방법을 깨우쳤기 때문에 인생을 이해하기 위해 굳이 되돌아볼 필요가 없을 것이다. 당신은 인생을 지금 이 자리에서(어쨌든, 어느 정도는) 이해할 수 있다.

현실을 직시할 때(누가복음 12:49-59)

49내가 불을 땅에 던지러 왔노니 이 불이 이미 붙었으면 내가 무엇을 원하리요 50나는 받을 세례
가 있으니 그것이 이루어지기까지 나의 답답함이 어떠하겠느냐 51내가 세상에 화평을 주려고 온 줄
로 아느냐 내가 너희에게 이르노니 아니라 도리어 분쟁하게 하려 함이로라 52이 후부터 한 집에 다
섯 사람이 있어 분쟁하되 셋이 둘과, 둘이 셋과 하리니 53아버지가 아들과, 아들이 아버지와, 어머니
가 딸과, 딸이 어머니와, 시어머니가 며느리와, 며느리가 시어머니와 분쟁하리라 하시니라
54또 무리에게 이르시되 너희가 구름이 서쪽에서 이는 것을 보면 곧 말하기를 소나기가 오리라 하
나니 과연 그러하고 55남풍이 부는 것을 보면 말하기를 심히 더우리라 하나니 과연 그러하니라 56외
식하는 자여 너희가 천지의 기상은 분간할 줄 알면서 어찌 이 시대는 분간하지 못하느냐
57또 어찌하여 옳은 것을 스스로 판단하지 아니하느냐 58네가 너를 고발하는 자와 함께 법관에게
갈 때에 길에서 화해하기를 힘쓰라 그가 너를 재판장에게 끌어 가고 재판장이 너를 옥졸에게 넘겨주
어 옥졸이 옥에 가둘까 염려하라 59네게 이르노니 한 푼이라도 남김이 없이 갚지 아니하고서는 결코
거기서 나오지 못하리라 하시니라.

베드로는 주님과 함께 다니며 그분의 가르침을 들었지만, 자기가 가담한 운동의 의미를 온전히 이해하지는 못했다. 다른 사람들과 마찬가지로 베드로는 예수님이 꾸준히 늘고 있는 추종 세력들의 지지를 등에 업고 정치적 책동을 도모하거나, 무력으로 다윗의 왕좌를 차지하기 위해 예루살렘에 입성하실 거라고 생각했다. 그러나 예수님이 사명을 두신 범위는 한층 더 넓었다. 그분은 한 도시의 일상을 관리하거나 한 나라의 과거 영광을 회복하거나, 일개 황제로 세상을 다스리려고 오신 것이 아니다. 그분이 계획하신 왕국은 전 우주를 아울렀고, 그것은 지금도 마찬가지다.

예수님은 사역하시는 동안 점진적으로 그분이 지닌 사명의 엄청난 규모를 드러내셨는데, 천국의 삶에 대한 이 긴 설교도 예외는 아니었다. 이 설교는 지금 숨겨진 것이 언젠가는 드러날 것이라는 경고로 시작했다(12:1-12). 그다음 정의를 부르짖던 남자의 잘못된 우

선순위로 '그때와 지금'의 대비를 주제로 한 일련의 강론이 시작되었다. 이 강론은 한결같이 아주 다른 시대의 도래를 가리킨다. 예수님은 계획의 방대함을 내비치는 충격적인 진술로 이 긴 강론을 마무리하셨다.

—12:49-50—

예수님은 예언적인 말씀을 자주 하셨다. 요컨대, 지금 경건한 행위를 하는 것의 중요성을 강조하시며 미래에 대한 큰 그림을 나타내는 말씀을 하셨다. 때때로 감정에 이끌려 죄와 그것이 피조물에게 한 짓에 대한 혐오감을 드러내기도 하셨다. 그분은 왕국의 도래에 대해 곰곰이 생각하고 악이 번성하는 것을 보시며 당장 모든 것이 바로잡히기를 애타게 바라셨다.

베드로는 스승이 "내가 불을 땅에 던지러 왔노니"라고 하신 말씀을 들었지만, 그때는 그 말씀의 의미를 이해하지 못했을 것이다. 그러나 이후에 예수님의 지상 사역(십자가 죽음, 매장, 부활, 위임, 승천)이 모두 이루어지자, 그는 우리가 아는 바와 같이 하나님의 아들이 세상의 종말을 알리기 위해 육신을 입고 오셨었다는 사실을 깨달았다. 인류의 모든 역사는 원자에서부터 은하계에 이르는 전 우주를 재조정할, 상상을 초월하는 대격변을 일으킬 사건을 향해 나아가고 있다. 몇 년 후에 베드로는 이렇게 경고했다.

> 먼저 이것을 알지니 말세에 조롱하는 자들이 와서 자기의 정욕을 따라 행하며 조롱하여 이르되 주께서 강림하신다는 약속이 어디 있느냐 조상들이 잔 후로부터 만물이 처음 창조될 때와 같이 그냥 있다 하니 이는 하늘이 옛적부터 있는 것과 땅이 물에서 나와 물로 성립된 것도 하나님의 말씀으로 된 것을 그들이 일부러 잊으려 함이로다 이로 말미암아 그 때에 세상은 물이 넘침으로 멸망하였으되 이제 하늘과 땅은 그 동일한 말씀으로 불사르기 위하여 보호하신 바 되어 경건하지 아니한 사람들의 심판과 멸망의 날까지 보존하여 두신 것이니라 사랑하는 자들아 주께는 하루가 천 년 같고 천 년이 하루 같다는 이 한 가지를 잊지 말라 주의 약속은 어떤 이들이 더디다고 생각하는 것 같이 더딘 것이 아니라 오직 주께서는 너희를 대하여 오래 참으사 아무도 멸망하지 아니하고 다 회개하기에 이르기를 원하시느니라 그러나 주의 날이 도둑 같이 오

> 리니 그 날에는 하늘이 큰 소리로 떠나가고 물질이 뜨거운 불에 풀어지고 땅과 그 중에 있는 모든 일이 드러나리로다(벧후 3:3-10).

알다시피 불이 전 우주를 삼켜 옛 땅과 하늘은 사라질 것이다. 그리고 새 땅이 그 자리에 들어서서 새 하늘 속에 떠 있을 것이다(21:1). 그리고 그곳은 죄의 병폐와 악의 지배에서 자유로울 것이다. 그러나 예수님은 갈릴리와 예루살렘 사이의 어디쯤에 서서 그때도 지금도 세상을 움켜쥐고 있는 고통을 애통히 여기시며 더 이상 참지 못하고 그분의 계획을 밝히셨다. "이 불이 이미 붙었으면 내가 무엇을 원하리요!"

주님께서 악이 존재하는 매 순간을 애통해하셨다는 사실이 내게는 큰 위안이 된다. 그분은 언제라도 모든 고통, 고난, 재앙, 질병, 죽음, 슬픔, 애통, 부패를 없애실 수 있었다. 그러나 그것은 우리의 종말을 뜻하는 것이기도 하다! 그분의 구속 계획은 구원을 이루고 그리스도를 믿기로 결단할 모든 선택받은 자들을 모을 수 있는 넉넉한 시간을 벌기 위해 잠시 악이 계속 존재하는 것을 견뎌야 한다.

예수님은 악을 혐오하셨지만 인류에 대한 사랑 때문에 그날을 무사히 넘기셨다. 그분이 장차 받으실 '세례'는 고난 속으로의 침잠, 겟세마네의 시련, 십자가 그리고 승리의 부활 전 무덤을 나타낸다. 그럼에도 그분은 그 계획이 성취될 때까지 마음이 '답답하다'고 표현하셨다. 헬라어의 문자적 의미는 '단결하다'로, 큰 고통을 감내하면서 스스로를 추스른다는 뜻을 담고 있다.

우리는 주님의 마음속 갈등을 상상만 할 수 있을 뿐이다. 개인적인 차원에서 그분은 오염된 세상에서 사시기 위해 천국의 오염되지 않은 거룩함을 떠나셨다. 우리는 악이 우리를 해하기 때문에 그것을 혐오하지만, 하나님은 악이 그분의 본성을 거스르고 그분이 사랑하시는 모든 사람을 타락시키기 때문에 혐오하신다. 그렇지만 또 다른 차원에서 보자면 주님은 계속 존재하는 죄에 대한 혐오와 사람들에 대한 긍휼 사이에서 갈등하셨다. 그분은 의와 인내 사이에서 망설이시면서도 '마음을 다잡으셨다.'

—12:51-53—

천사들은 메시아가 오셨음을 알리면서 "지극히 높은 곳에서는 하나님께 영광이요 땅에서는 하나님이 기뻐하신 사람들 중에 평화로다"(2:14)라고 하나님을 찬양했다. 그러므로 그분의 탄생과 주님이 냉철하게 밝히신 그분의 사명은 상충되는 듯 보일 수 있었다. 어느 쪽이 맞을까? 그분은 평화를 주러 오셨는가, 분쟁을 주러 오셨는가?

답은 관점에 따라 달라진다. 하나님의 관점에서 보면 예수님은 죄의 속박에서 인류를 구원하시고 모든 인간이 하나님과 올바른 관계를 회복하게 하기 위해서 오셨다. 그분은 전 세계의 모든 사람에게 구원의 문을 여셨다. 안타깝게도 어떤 이들은 하나님과 화해하고 싶어하지 않는다. 어떤 이들은 지금 그대로의 상태를 좋아한다. 많은 사람이 부귀와 권력, 영향력과 쾌락, 자율성을 잃을 게 두려워 하나님을 왕으로 받아들이기를 거부했다. 천국의 목적은 화합이지만, 세상의 현실은 걸핏하면 평화의 메시지를 선전포고로 변질시킨다.

사실, 진리는 사람들을 화합하게 만들지 않는다. 오히려 사람들을 분열시킨다. 진리는 진리를 갈망하는 사람들은 하나 되게 하지만, 진리를 원하지 않는 사람들의 마음속에는 격렬한 반항심을 불러일으킨다. 그리고 아무리 친밀하다 해도, 세상적인 관계는 진실이라는 위기 앞에서 견뎌내지 못한다.

평화는 하나님 앞에서 올바른 마음을 지닌 사람들 속에 깃든다. 평화는 바로 그런 곳에 찾아온다. 세상에서 평화를 찾으라. 그러나 그 평화가 덧없이 사라져도 실망하지 말라. 세상에서 좀처럼 평화를 찾기 힘들어도 실망하지 말라. 평화를 찾으라. 당신이 예수 그리스도의 참 제자라면 당신은 평화의 자녀다. 평화는 다른 사람들과의 화합을 원하는 당신의 새로운 본성 안에 있다.

예수님이 말씀하신 분쟁이란 그 당시와 최후의 성취를 모두 포함했다. 당시 상황에서는 그리스도의 진리가 위에 언급된 이유들 때문에 사람들을 분열시켰다. 궁극적으로 믿는 자들은 이 땅을 떠날 것이고(살전 4:13-18, 살후 2:3-4), 믿지 않는 자들은 남아서 지금까지 세상에서 볼 수 없었던 유례없는 무법 시대인 참혹한 환란의 때를 겪게 될 것이다(단 12:1, 마 24:21, 막 13:19, 계 7:15, 13:5-18). 가족은 다시 분열될 것이다.

하나님의 진리는 사람들을 분열되게 하므로, 우리는 사람들을 그리스도께 인도할 때

"주님께 오십시오. 그러면 당신의 고민과 어려움이 모두 해결되고 고통은 사라질 것입니다"라고 말하는 것에 신중해야 한다. 하나님의 용서에서 나오는 치유의 능력은 크고, 성령은 변화시키는 능력으로 만물을 새롭게 하시지만, 우리는 아직 죄로 인해 뒤틀린 어두운 세상에서 살고 있다. 그래서 나는 새 신자들에게 이런 말로 주의를 준다. "당신이 이해받지 못하리라는 사실을 알아야 합니다. 모든 사람이 당신처럼 그리스도께 마음을 드릴 준비가 되어 있는 것은 아닙니다. 당신이 그리스도를 받아들임으로써, 한때 평화와 화합을 누렸던 사람들과 불화할 수도 있다는 사실을 알아야 합니다."

—12:54-56—

진리가 분열을 일으킨다는 사실을 부인할 수 없음에도, 예수님은 제자들에게 평화를 찾으라고 권고하셨다. 예수님은 절박함과 분별을 예로 드신 후에(54-56절), 다가올 종말을 생각할 때 우리가 교섭할 수 있는 모든 평화를 수용하라고 명령하셨다(57-59절).

"또…이르시되"라는 구절은 진행 중이거나 반복적인 행위를 나타내는 불완전 시제로 되어 있다. 다시 말해, 그분은 제자들에게 예수님을 메시아로 믿는 것에 대해서 분쟁이 일어날 것을 예상하라고 가르치시는 한편, 가르침을 듣는 각양각색의 사람들로 이루어진 군중에게 계속 도전하셨다. 그분은 구약의 예언들을 성취하는 사건들이 일어날 것을 인정하지 않는 그들의 태도를 맹렬히 비난하셨다.

예수님은 당신의 사역을 지켜보는 것을 매일 날씨를 관찰하는 것과 같다고 생각하셨다. 이 두 가지 모두, 무엇이 닥칠지에 대해 명확한 징후를 제공한다. 이때 지중해 상공에 형성된 구름은 어김없이 비를 몰고 왔다. 남풍은 늘 더위와 함께 왔다. 세심한 사람은 과거에 경험한 특정 징후들을 보고 당상 닥칠 일을 예견할 수 있다. 이처럼 주님의 청중은 구약을 알았고, 그 안에는 메시아, 메시아의 사명, 죽음, 승리, 그의 왕국에 관한 예언도 포함되어 있었다. 주님은 그들이 그들의 시대를 "분간하지" 못하는 것을 호되게 나무라셨다. 이 헬라어 동사는 '시험하다, 검사하다, 증명하다'라는 뜻이다.

그들이 분간할 수 있는 미래에 대한 징조가 많았는데도, 그들은 진실을 파악하지 못했다. 하나님 나라는 오고 있으며, 그때가 되면 최후의 심판자가 모든 분쟁을 해결하실 것이다. 사람들은 서로에게서 정의를 구하지 않고, 다른 사람들이 그들에게 빚진 것은 물론이고, 그들 자신들이 빚진 것에 대해서도 각각 하나님 앞에서 보응을 받을 것이다.

—12:57-59—

예수님은 군중에게, 특히 그들이 잘못했을 때 분쟁을 해결하라고 호소하셨다. 평화를 이루는 지혜를 설명하시려고 주님은 법정에서 부채 문제를 청산하기로 한 두 사람을 비유로 드셨다. 판사 앞에 나가기 전 채무자는 채권자에게 자비를 구해야 했다. 58절에 "화해"라고 번역된 헬라어는 '자유롭게 해주다'라는 뜻이다. 채무자가 갚을 수 없는 잔액을 탕감 받으리라는 보장은 없지만, 판사의 선고를 받는 것보다는 낫다.

적용

지금 여기서 현실을 직시하기

사람들은 종종, 종말 사건에 대해 다음 세 가지 중 한 가지 반응을 보인다. 두 가지는 극단적이고, 하나는 올바른 균형을 잡고 있다.

첫 번째 반응은 완전히, 오로지 미래만 생각하며 사는 것이다. 어떤 이들은 "깨어 있으라"는 명령을 너무 극단적으로 받아들여서 세상이 당장 끝날 것처럼 산다. 이런 사람들이 종종 극심한 감정적, 정신적 어려움을 겪는 것은 그리 놀랄 일이 아니다. 불행히도, 이들은 두려움에 떠는 추종자 집단이 되어 모이는 경향이 있다.

두 번째 반응은 종말에 대한 예언을 말도 안 되는 허튼소리나 완전한 우화로만 치부하는 것이다. 그들의 마음 상태는 무관심이다. 예수님은 이런 사람들은 고대의 홍수 속에서 멸망한 사람들과 같다고 말씀하셨다. "노아가 방주에 들어가던 날까지 사람들이 먹고 마시고 장가들고 시집가더니 홍수가 나서 그들을 다 멸망시켰으며"(17:27).

이 두 가지 극단에 치우치지 말고 그분이 다시 오신다는 사실을 잊지 않으면서 현재를 지혜롭고 기쁘게 살자. 어떻게 그렇게 할 수 있을까? 두 가지 실제적인 제안이 있다.

첫째, 다음에 '평화'라는 말을 보면 그것이 우표에 적혀 있든, 누군가가 나눠주는 구호이든, 평화는 오로지 그리스도를 믿는 사람의 마음속에만 깃들 수 있음을 기억하라. '평화'라는 단어를 볼 때마다 그리스도로 인해서만 평화가 있음을 기억하라. 마음이 바뀌면 삶도 바뀐다.

둘째, 일기 예보를 볼 때마다 그날 그리스도가 다시 오실 수 있다는 사실을 기억하라. 날씨가 일기 예보대로 나타나면 그리스도의 재림이 선지자들의 약속을 성취할 것을 기억하라. "나팔 소리가 나매 죽은 자들이 썩지 아니할 것으로 다시 살아나고 우리도 변화되리라"(고전 15:52). "그 후에 우리 살아남은 자들도 그들과 함께 구름 속으로 끌어 올려 공중에서 주를 영접하게 하시리니 그리하여 우리가 항상 주와 함께 있으리라"(살전 4:17).

예수님이 가져오신 변화(누가복음 13:1-17)

1그 때 마침 두어 사람이 와서 빌라도가 어떤 갈릴리 사람들의 피를 그들의 제물에 섞은 일로 예
수께 아뢰니 2대답하여 이르시되 너희는 이 갈릴리 사람들이 이같이 해 받으므로 다른 모든 갈릴리
사람보다 죄가 더 있는 줄 아느냐 3너희에게 이르노니 아니라 너희도 만일 회개하지 아니하면 다 이
와 같이 망하리라 4또 실로암에서 망대가 무너져 치어 죽은 열여덟 사람이 예루살렘에 거한 다른 모
든 사람보다 죄가 더 있는 줄 아느냐 5너희에게 이르노니 아니라 너희도 만일 회개하지 아니하면 다
이와 같이 망하리라

6이에 비유로 말씀하시되 한 사람이 포도원에 무화과나무를 심은 것이 있더니 와서 그 열매를 구
하였으나 얻지 못한지라 7포도원지기에게 이르되 내가 삼 년을 와서 이 무화과나무에서 열매를 구하
되 얻지 못하니 찍어버리라 어찌 땅만 버리게 하겠느냐 8대답하여 이르되 주인이여 금년에도 그대로
두소서 내가 두루 파고 거름을 주리니 9이 후에 만일 열매가 열면 좋거니와 그렇지 않으면 찍어버리
소서 하였다 하시니라

10예수께서 안식일에 한 회당에서 가르치실 때에 11열여덟 해 동안이나 귀신 들려 앓으며 꼬부라
져 조금도 펴지 못하는 한 여자가 있더라 12예수께서 보시고 불러 이르시되 여자여 네가 네 병에서
놓였다 하시고 13안수하시니 여자가 곧 펴고 하나님께 영광을 돌리는지라 14회당장이 예수께서 안식
일에 병 고치시는 것을 분 내어 무리에게 이르되 일할 날이 엿새가 있으니 그 동안에 와서 고침을
받을 것이요 안식일에는 하지 말 것이니라 하거늘 15주께서 대답하여 이르시되 외식하는 자들아 너
희가 각각 안식일에 자기의 소나 나귀를 외양간에서 풀어내어 이끌고 가서 물을 먹이지 아니하느냐
16그러면 열여덟 해 동안 사탄에게 매인 바 된 이 아브라함의 딸을 안식일에 이 매임에서 푸는 것이
합당하지 아니하냐 17예수께서 이 말씀을 하시매 모든 반대하는 자들은 부끄러워하고 온 무리는 그
가 하시는 모든 영광스러운 일을 기뻐하니라.

회의론자들과 무신론자들은 그들이 하나님을 거부하는 것을 정당화하기 위해 철학자들이 '악의 문제'라고 이름 붙인 것을 들먹인다. 그들은 "어째서 선하고, 전능하신 하나님이 악이 계속 존재하도록 허용하시는가?"라고 묻는다. "하나님은 실제로 그다지 선하거나 전능하지 않을 것이다. 그렇지 않으면 오래전에 고통을 없애셨을 것이다." 사실 그들의 주장은 선한 사람들에게 나쁜 일이 발생할 때, 공교롭게도 그들이 우리가 사랑하는 사람들일 때 당장 "아멘"이라는 화답을 받을 것이다. 더 나아가 악한 자들이 계속 번성하는 것을 보면 하나님 나라에 순종하기 위해서 엄청난 믿음이 발휘되어야 한다.

예루살렘으로 향하시는 예수님의 여정은 암흑의 심연 속으로 더 깊이 들어가는 것이었기에 악의 문제는 누가의 이야기에서 그 어느 때보다도 더 부각되었다. 사실, 13장은 이야기에서 또 다른 방향을 미세하게 보여주는 전조다. 이때부터 이 의사는 예수님을 기적을 행하시는 분보다는 이야기를 들려주시는 분으로 묘사한다. 우화는 점점 많아지고 기적은 점점 줄어든다. 주님의 손에서는 여전히 신적인 능력이 흘러나오지만, 예수님이 예루살렘에 그 어느 때보다도 가까이 다가가심에 따라 기적은 극적으로 줄어든다. 이는 이른바 '거룩한 도시'를 둘러싼 어둠이 하나님의 역사를 더 어렵게 하고 있음을 드러낸다. 하나님께 저항하는 사탄의 능력이 문제가 아니다. 적어도 직접적인 문제는 아니다. 초자연적인 표적의 극적인 감소는 예루살렘과 주변 지역 백성들의 불신으로 인한 반응으로 보인다(5:20, 7:9, 50, 8:48, 17:19, 18:42).

인간적인 관점에서 볼 때 하나님은 '거룩한 도시'를 타락한 제사장들의 부정한 손에 버려두심으로써 예루살렘을 버리신 것처럼 보인다. 악이 거침없이 성전에서 다스리는 것을 보고 어떤 이들은 하나님의 선하심이나 주권을 의심하게 되었다. 한번은 청중이 사악한 로마 정복자들에 의해 의로운 사람들이 살해당한 것을 애통해하자 예수님은 그것을 기회로 일반적으로 잘못 알려진 사실을 바로잡으셨다. 우리는 '악의 문제'에 대한 궁극적인 해결책을 우리 안에 갖고 있다. 그 해결책은 바로 관점의 변화에서 시작된다.

—13:1—

누가는 "그 때 마침"이라는 말로 이 논의가 이루어진 때가 예수님이 12장 54-59절에서 최후의 심판에 대해 군중에게 경고하셨던 때임을 드러낸다. 예수님은 12절에서 채권자가 채무자를 데리고 법정에 온 비유를 드시며 사람들에게 자비를 베풀라고 말씀하셨다. 실제로 그분은 이렇게 말씀하신 것이다. "너희는 모두 나에게 죄의 빚을 지고 있다. 너희에게 그것을 갚을 능력이 없다는 사실을 인정하고 내게 용서를 구하라. 의의 심판이 곧 임할 것이다. 그러니 지금 자비를 구하라!"

흔히 그렇듯이 다가올 심판에 대한 약속은 우리 내면에 도사리고 있는 바리새인을 드러낸다. 우리는 대번에 우리에게 해를 끼친 사람들을 떠올리고 그들이 하나님의 매서운 질책을 받고 추궁당할 것을 생각하며 위안을 받는다. 우리는 웬만하면 우리 자신을 학대하는 자, 사기꾼, 간음한 자, 중상하는 자, 거짓말쟁이라고 생각하지 않는다. 결론적으로, 군중 속에서 누군가(물론 다른 많은 사람을 대변하는) 무고한 갈릴리 사람들을 희생 제물로 바친 본디오 빌라도의 잔혹한 행위를 지적했다.

"갈릴리 사람들의 피를 그들의 제물에 섞은 일"이라는 구절이 가리키는 사건에 대해 역사가들은 기록으로 남길 필요를 느끼지 못했다. 그렇지만 이 사건은 빌라도의 가학적인 만행을 생각해볼 때 충분히 있을 수 있는 일이다. 그는 여러 번 자신의 정책에 저항하는 무방비 상태의 유대인들을 학살했다.[22] 갈릴리 사람들이 정말로 살해당해서 제물로 바쳐졌는지 아니면 다른 어떤 이유로 죽임을 당했는지는 중요하지 않다. 이 관용구는 의로운 행위를 한 사람들이 억울하게 죽는 아이러니한 상황을 강조한다. 빌라도의 만행에 대한 이 보고는, 갈릴리 사람들을 공정한 대우를 받아 마땅한 무고한 희생자로, 로마인들을 심판 받아 마땅한 번성하는 악인으로 묘사한다.

유대인들은 정치·군사적 메시아가 유대인의 제국을 세우고 로마인들의 죄를 추궁할 것을 기대했다. 그래서 사람들은 빌라도의 사악한 행위를 보고하며 예수님이 이 외교 정책상의 위기를 어떻게 다루실지 알고 싶어했다.

—13:2-3—

기대의 저변에는 신학적 추정이 깔려 있다. 1세기의 유대인들(21세기에 살고 있는 대부분의 사람들과 마찬가지로)은 선한 사람들에게 좋은 일이 일어나고, 나쁜 일은 죄의 결과로 일어난다고 믿었다. 따라서 선한 사람들에게 나쁜 일이 일어나면 사람들은 혼란에 빠졌다. 하나님이 의무를 소홀히 하셨는가? 아니면 겉보기에 '선한 사람들'이 실제로는 나쁜 사람들이었는가?

대개 그렇듯, 예수님은 더 깊고 영적인 문제를 말씀하시며 외교 정책적 질문을 일축하셨다. 주님은 "고통받고 죽은 자들이 죽지 않은 사람들보다 더 악한 죄인이었는가?"(나의 의역)라고 하시며 그들의 시각을 캐물으셨다. 그분의 대답은 하나님의 완전무결한 성품을 전제로 했을 뿐 아니라, 그 문제의 핵심(자기 의)으로 바로 접근했다. 그 말씀의 참 뜻은 이것이었다. "희생당한 갈릴리 사람들은 너희보다 악한 죄인들이 아니었다. 차라리 이렇게 말하는 게 맞을 것이다. 너희도 그들처럼 악하다. 그러니 하나님 앞에 올바로 서지 않으면 너희도 같은 운명에 처하게 될 것이다."

—13:4-5—

예수님은 불행한 사고로 열여덟 명이 사망한 사건을 두고 또 다른 까다로운 쟁점을 제기하셨다. "실로암"은 아마도 예루살렘 남동 지역 너머에 있는 저수지를 가리키는 듯하다. 그리고 그 사고는 도시에 공급되는 수로를 지탱하는 탑이 붕괴된 사고였을 것이다. 이 특정한 사고는 이스라엘에서 유명했지만 역사 속에 묻혀버렸다. 누구나 이러한 사고에 담긴 신학적 난제들을 인식할 수 있다.

첫 번째 예에 나온 사람들은 의로운 일을 하다가 죽은 반면, 그들을 죽인 빌라도는 승승장구하고 있었다. 이러한 경우는 의문의 여지가 없었기 때문에 더 혼란스러웠다. 예수님은 지역적인 편견을 불식시키려고 예루살렘을 택하셨다. "범인"이라고 번역된 헬라어(개역개정에서는 "사람이…죄가 더 있는 줄 아느냐"라고 번역되었다-역주)는 흔히 죄인을 일컫는 "빚진 자"로 번역하는 게 맞다(7:41, 11:4). 주님의 질문은 특별한 연관이 없어 보이는 비극적 사건에 의해 제기된 신학적 난제를 정확히 설명했다. 만일 하나님이 참으로 선하시고 인생에서 벌어지는 모든 일을 전적으로 주관하고 계시다면, 죽은 열여덟 명은 그 비극적 사고를 당할 만한 이유가 있었을 게 분명하다.

어떤 사람들은 이 신학적 논법을 받아들였을 수도 있지만, 그렇지 않은 사람들도 있었다. 예수님은 우리의 추론에 일관성이 있어야 한다고 주장하셨다. 한 사건에 대해서는 "그 타락한 죄인들이 자초한 일이야!"라고 말하고 다른 일에 대해서는 "그 나쁜 놈들은 그렇게 잘사는데 어째서 착한 사람들은 고통을 받지?"라고 물어서는 안 된다. 하나님은 모든 일을 주관하시거나 그렇지 않거나 둘 중 하나다. 또 의로우시거나 그렇지 않거나 둘 중 하나다. 세상에 악과 고통이 계속 존재하는 이유를 설명하려 한다면, 일관성 있게 적용해야 한다. 이 두 가지 가상의 대답에 대한 예수님의 반응은 한결같다. "아니라 너희도 만일 회개하지 아니하면 다 이와 같이 망하리라"(5절).

만약 사람들이 각자 자기 죄로 인해 불행이나 재난을 당할 위험에 처한다면, 몇 사람이 죽는 것에 놀랄 일이 아니라 대다수의 인류가 계속 생존하고 있다는 사실에 더 놀라야 할 것이다! 만일 죄가 역경을 불러온다면, 아무도 성공하지 못할 것이다. 만일 죄 때문에 재앙이 닥친다면, 끔찍한 최후를 피할 사람은 아무도 없을 것이다. 그래서 예수님은 다음과 같은 이중적 의미가 담긴 경고를 하셨다.

첫째, 만약 모든 재앙이 죄 때문에 일어난다고 믿는다면 너희는 지금 당장 회개해야 한다. 다음은 너희 차례일 수도 있다!

둘째, 죄가 재난을 초래하는 것은 사실이다…최후의 심판 날에. 회개하라!

그리고 예수님은 이 외에 세 번째 뜻(이스라엘 백성들의 집단적 죄가 국가적 재난을 초래할 위험으로 몰아넣었다는)도 생각하셨을지 모른다. 주님은 종교 및 정치 지도자들이 지난 수십 년 동안 해왔던 어리석은 행동을 그치지 않을 경우 그들이 맞이할 불가피한 미래를 보셨다. 예루살렘은 모략, 선동, 내적 갈등, 외적 동맹 그리고 점점 심화되는 지배층과 피지배층 사이의 갈등이 들끓는 도가니였다. 비굴한 정치인들과 피에 굶주린 열심당원들로 인해 이스라엘은 거짓 메시아가 이끄는 대로 죽을 준비가 되어 있었다. AD 70년에 최초의 유대-로마 전쟁이 성전의 파괴로 종결되었고, AD 135년까지 두 번의 패배를 더 겪으면서 유대인들은 고국을 잃었다.

—13:6-9—

예수님은 비유로 말씀하시면서 청중들의 잘못된 신학을 정정하셨다. 이 단순한 이야기는 어째서 선하고, 전능하신 하나님이…지금은 악이 계속 존재하게 허용하시는지를 설명한다.

포도원 주인을 '의'(Justice)라고 가정해보자. 의는 포도나무를 심을 수 있는 귀한 땅의 일부를 따로 떼어 무화과나무를 심었다. 무화과나무는 대부분의 과실수들과는 달리, 첫 해에는 열매를 자주 맺고, 세 번째 해가 되면 열매를 가장 많이 맺는다. 따라서 의가 3년 동안 소출이 없는 나무를 베어버릴 생각을 하는 것은 매우 당연하고 논리적인 일이었다.

의는 포도원지기인 '자비'(Mercy)에게 말했다. "나무를 찍어버리라"(7절, 참고 3:9). 그러자 자비가 의에게 대답했다. "올 한 해 동안 좀 더 나무를 돌보게 해주소서. 그래도 소용이 없으면, 그때는 베어 버리겠습니다."

예수님은 청중이 세 가지 측면에서 관점의 변화를 수용하기 바라셨다. 첫째, 세상은 고통으로 가득 차 있다. 하나님이 세상을 그렇게 창조해서가 아니라, 사람이 죄로 세상을 더럽혔기 때문이다(창 3:14-19, 롬 5:12, 고전 15:21). 마치 하나님이 악의 문제에 책임이 있는 것처럼 그분을 비난해서는 안 된다. 둘째, 우리가 계속 죄를 지으면서 죄의 문제를 영속시키고 있다. 세상에 있는 고통의 대부분(재난과 질병까지도)은 온 인류가 더 이상 죄를 짓지 않고 주님 왕국의 지침을 따른다면 사실상 사라질 수 있을 것이다(6:27-38). 셋째, 악은 '저 밖에' 있지 않다. 악은 모든 이의 마음속에 살고 있다. 하나님이 모든 악을 뿌리 뽑으신다면, 우리는 모두 죄에 대한 형벌로 지구상에서 사라질 것이다.

자비는 모든 사람이 회개할 기회를 주기 위해서 의를 지연시켰다. 그러나 장사치들이 하는 말로 '한시적으로 무료'다.

하나님의 은혜로 악한 사람들(즉, 당신과 나)이 살아남은 것이다. 하나님의 은혜로 우리는 듣는 것을 받아들일 수 있는 지적 능력이 있다. 하나님의 은혜로 우리는 죄에서 돌이켜 그리스도를 바라볼 수 있다. 하나님의 은혜로 우리에게 회개의 열매를 맺을 시간이 주어졌다. 그러나 그분이 "찍어버리라"고 말씀하실 날이 올 것이고, 그때에는 더 이상 시간이 없을 것이다. 영원이 시작되고 회개하지 않은 영혼은 하나님 앞에 그리스도 없이 서서 자신의 죄에 대해 대답해야 할 것이다.

—13:10-13—

누가는 재빨리 시간과 장소를 전환하지만 여전히 주님의 비유를 주님이 그다음에 마주치실 고통과 긴밀히 연관시킨다. 안식일에 한 회당에서 가르치실 때(누가의 이야기에서는 이번이 마지막이다), 예수님은 죄의 물리적 결과로 고통받는 한 여인을 보셨다. 악령이 그녀를 인간으로서의 존엄성을 해치는 신체 상태로 만들었고, 어떤 면에서 이는 이스라엘의 영적 상태를 상징했다. 그녀는 마치 죄의 무게에 짓눌린 것처럼 허리가 몹시 휘어 있었다. 누가는 그녀가 18년 동안 이 고통에 시달렸다고 말하며 그 여인의 비애를 강조한다.

주님의 다른 기록된 기적들과 달리 이번 만남은 주님이 주도하셨다. 누가의 설명대로 그 여인의 가련한 처지를 보시고 주님은 강론을 중단하셨다. "예수께서…가르치실 때에…보시고 불러 이르시되 여자여…." 예수님은 그 여인을 보시고 부르셔서, 물리적, 영적 기적을 행하시고, 귀신에게서 그리고 귀신 들림에 의해 나타난 물리적 결과에서 그 여인을 해방시키셨다.

"네가 네 병에서 놓였다"라는 주님의 선포는 의미심장하다. 이 말은 *apolyō*라는 단어의 완전 수동태로, '그 여인은 그 이후로 속박에서 벗어나 계속 자유를 누렸다'라는 뜻이다. 치유받은 그 여인은 즉시 몸을 똑바로 펴고 일어나 하나님께 영광을 돌렸다. 한때는 죄로 인해 짐승 같은 모습이었지만, 과거의 위엄을 회복한 하나님의 형상을 올곧게 간직한 한 사람을 통해 눈으로 보는 이 수업은 시작되었다.

—13:14—

회당장의 항의는 인간적인 차원에서 보면 놀랍긴 하지만 누가의 이야기를 통해 예상할 수 있었던 일이다(6:6-11 참고). 도대체 어떤 사역자가 악의 도당들이 패하고 자기 구역에 속한 사람이 평생을 짊어졌던 육체적 짐에서 해방되었을 때 기뻐하지 않겠는가? 그 회당장은 자기 회당에서 하나님이 영광받으시는 것을 보고 왜 기뻐하지 않았을까? 기뻐하기는커녕, "분 내어"라고 번역된 동사는 잘못이라고 생각되는 일에 대해 화를 내는 모습을 표현하는 말이다(마 20:24, 26:8, 막 10:14).

그 여인의 반응과 그 영적 지도자의 상반된 반응은 사뭇 인상적이다. 그 여인은 기뻐서 춤을 췄다. 그는 그 여인의 희열감에 함께 도취되어 있었을 게 분명한 자기의 청중을 되찾으려고 했다(그가 일어난 일에 대해 청중을 향해 말한 것에 유의하라). 그는 바싹 마른 기억의 지하실 속에서 적당한 증거 문구를 찾아내어 자기 편리대로 그것을 살짝 뒤틀었다. "엿새 동안은 힘써 네 모든 일을 행할 것이나(참고 출 20:9, 34:21, 35:2-3, 레 23:3, 신 5:13), 그러나 안식일에는 악을 물리치지 말라!"

그 지도자는 예수님의 친절한 행위를 '일'이라고 말하며 그 여인의 치유가 하나님에게서 온 것이라는 사실을 간과했다. 만약 안식일의 주인이 병 고치는 것을 반대하셨다면 왜 그분이 병을 고치셨겠는가?

—13:15-16 —

회당의 지도자가 군중이 기뻐하는 것을 심각하게 비난하는 사이에 예수님은 그와 그의 측근들을 "외식하는 자들"이라고 하시면서 대놓고 비난하셨다. 주님은 바리새인들의 전통이 짐승들에게도 가장 기본적인 친절은 베풀어서 안식일에 가축들을 물가에 데리고 가는 것은 허용하면서,[23] 귀신에게 괴롭힘당하던 여인이 풀려난 것에 대해서는 화를 내고 부인하는 것에 주목하셨다. 주님은 논지를 더 깊이 파고드시기 위해 그 여인을 "아브라함의 딸"이라고 지칭하시면서 그녀의 동족인 유대인들 앞에서 그 여인의 지위를 높이셨다.

—13:17—

누가는 이 에피소드를 요약하면서 나머지 이야기를 준비한다. 주님의 반대자들(종교 지도자들을 가리킨다)은 "부끄러워한" 반면에, 한때 그들의 청중이었던 자들은 "기뻐했다." 두 가지 동사 모두 지속적인 행위를 나타내는 불완전 시제를 사용하고 있다. 다시 말해서 기뻐하는 것과 부끄러워하는 것이 얼마 동안 계속되었다는 뜻이며, 이는 갈등이 아마도 끝없이 계속되었음을 예시한다. 누가의 문법은 일반 대중들과 수치를 당한 지도자들 사이에 영원한 균열이 생겼음을 시사한다. 예수님은 규율을 좋아하고, 고통받고 있는 백성들을 괄시하는 그들의 실상을 폭로하셨다.

예수님이 일으키신 변화를 보라! 그분은 '악의 문제'에 대한 해답이시다. 하나님은 말하자면 "무화과나무를 베어 버림"으로써 죄의 문제를 해결하실 수 있었지만, 심판을 늦추시면서 우리에게 자비를 베푸셨다. 또한 하나님은 '죄의 문제'를 개인의 문제로 삼아 당신의 아들을 보내사 우리가 당하는 고통을 당하게 하시고, 우리가 죽어야 할 죽음을 죽게 하시며, 이미 우리를 정복한 것(죄와 죽음)을 정복하게 하셨다.

우리 하나님은 얼마나 위대하신가! 그분은 전능하시다. 그분은 악을 뿌리 뽑으실 것이다…때가 되면. 그때까지 우리는 인내심을 가지고 마지막 때를 견디며 주님의 호소에 동참해야 한다. "너희도 만일 회개하지 아니하면 다 이와 같이 망하리라"(3, 5절).

적용
무엇이 다른가?

예수님은 우리를 가르치셔서 우리의 시각을 바로잡고 넓혀주신다. 때를 기다리시며 예수님은 우리가 훌륭한 사람이 되기를 은혜 가운데 인내하며 기다리신다. 만지심으로 그분은 오랜 세월 우리를 붙잡고 있던 것에서 우리를 해방시키신다.

생각해봐야 할 세 가지 질문이 있다.

첫째, 어떤 가르침이 당신의 시야를 넓혀주고 바로잡아주었는가? 하나님의 주권에 대한 가르침? 아, 그랬기를 바란다! 하나님의 신실하심과 용서? 그것도 그랬다면 좋겠다. 하나님의 은혜와 자비? 하나님의 거룩하심은 어떤가? 깜짝 놀랄, 예상치 못했던 사건들이 실은 하나님의 계획일 수 있는지 볼 수 있도록 어떻게 그 가르침이 당신의 관점을 바로잡아주었는가? 어떤 가르침이 당신의 시각을 넓혀주고 바로잡아주었는가?

둘째, 어떤 시기가 당신의 성장에 주요한 역할을 했는가? 하나님은 당신이 반항과 저항, 성급함과 조급함의 시기를 거치는 동안 자비롭게 참으시며 당신의 생명을 보존해주셨다. 그 시기가 당신이 성숙하는 데 있어서 어떤 면에 주효한 역할을 했는가? 그리고 당신에게 바로 이 순간까지 믿을 수 있는 기회를 주시는 그분은 얼마나 자비로우신가!

셋째, 그분의 어떤 만지심이 당신을 자유롭게 했는가? 그분이 당신의 어디를 만지셔서 온전하게 하셨는가? 이 모든 것이 예수님이 일으키실 수 있는 변화에 대해 당신이 증언할 수 있는 부분이다.

이제 다른 사람들의 유익을 위해서 당신의 대답을 적어보면 어떨까? 당신이 잃어버린 자였던 것과 하나님의 신실하심에 대한 당신의 경험담을 통해 다른 사람들이 유익을 얻을 수 있는 상황에서 당신의 이야기를 나누면 어떨까? 주님께 그런 기회를 달라고 요청하라. 그리고 지금 당장 준비를 시작하라.

성도와 죄인들을 위한 직언(누가복음 13:18-35)

18그러므로 예수께서 이르시되 하나님의 나라가 무엇과 같을까 내가 무엇으로 비교할까 19마치 사
람이 자기 채소밭에 갖다 심은 겨자씨 한 알 같으니 자라 나무가 되어 공중의 새들이 그 가지에 깃
들였느니라

20또 이르시되 내가 하나님의 나라를 무엇으로 비교할까 21마치 여자가 가루 서 말 속에 갖다 넣
어 전부 부풀게 한 누룩과 같으니라 하셨더라

22예수께서 각 성 각 마을로 다니사 가르치시며 예루살렘으로 여행하시더니 23어떤 사람이 여짜
오되 주여 구원을 받는 자가 적으니이까 그들에게 이르시되 24좁은 문으로 들어가기를 힘쓰라 내가
너희에게 이르노니 들어가기를 구하여도 못하는 자가 많으리라 25집 주인이 일어나 문을 한 번 닫은
후에 너희가 밖에 서서 문을 두드리며 주여 열어 주소서 하면 그가 대답하여 이르되 나는 너희가 어
디에서 온 자인지 알지 못하노라 하리니 26그 때에 너희가 말하되 우리는 주 앞에서 먹고 마셨으며
주는 또한 우리를 길거리에서 가르치셨나이다 하나 27그가 너희에게 말하여 이르되 나는 너희가 어
디에서 왔는지 알지 못하노라 행악하는 모든 자들아 나를 떠나 가라 하리라 28너희가 아브라함과 이
삭과 야곱과 모든 선지자는 하나님 나라에 있고 오직 너희는 밖에 쫓겨난 것을 볼 때에 거기서 슬피
울며 이를 갈리라 29사람들이 동서남북으로부터 와서 하나님의 나라 잔치에 참여하리니 30보라 나중
된 자로서 먼저 될 자도 있고 먼저 된 자로서 나중 될 자도 있느니라 하시더라

31곧 그 때에 어떤 바리새인들이 나아와서 이르되 나가서 여기를 떠나소서 헤롯이 당신을 죽이고
자 하나이다 32이르시되 너희는 가서 저 여우에게 이르되 오늘과 내일은 내가 귀신을 쫓아내며 병
을 고치다가 제삼일에는 완전하여지리라 하라 33그러나 오늘과 내일과 모레는 내가 갈 길을 가야 하
리니 선지자가 예루살렘 밖에서는 죽는 법이 없느니라 34예루살렘아 예루살렘아 선지자들을 죽이고
네게 파송된 자들을 돌로 치는 자여 암탉이 제 새끼를 날개 아래에 모음 같이 내가 너희의 자녀를
모으려 한 일이 몇 번이냐 그러나 너희가 원하지 아니하였도다 35보라 너희 집이 황폐하여 버린 바
되리라 내가 너희에게 이르노니 너희가 주의 이름으로 오시는 이를 찬송하리로다 할 때까지는 나를
보지 못하리라 하시니라.

이스라엘의 종교적 환경은 겉으로는 호전적이지 않았다. 오히려, 사두개인, 바리새인, 서기관들과 제사장들은 유대인 사회에서 그들의 높은 지체에 걸맞는 초월적이고, 성스러운 특성을 부여하는 세련되고 점잖은(그리고 자못 경건한) 행실을 보여주었다. 번드르르한 말솜씨로 달콤한 말을 하는 종교 지도자들은 '율법서, 예언서, 그리고 성문서집'에 대해 당당하게 변론을 했을 뿐 아니라 성경 구절과 신학적 추론으로 그들의 사사로운 잇속만 차리는 계획을 교묘하게 포장했다. 그리고 그들은 파문이라는 상당한 권력을 휘두를 수 있었기 때문에 아무도 감히 그들의 위선에 맞서기 위해 그들의 지적 활동의 장에 발을 들여놓지 못했다.

그때 예수님이 오셨다.

그 진짜 메시아는 1세기 이스라엘의 종교 엘리트들이 만든 틀에 맞지 않으셨다. 예수님은 사람들을 있는 그대로 포용하셨고 그들의 진정한 필요를 다루셨다. 그분은 천한 자들과 함께 식사하셨고, 소외된 자들을 찾아가셨으며, 종교적 천민들을 품으셨고, 이스라엘의 예절 바른 우두머리들에게 대항해서 평민들 편에 서셨다. 그분은 또한 그분의 추종자들에게 평이한 이야기의 가치를 알리셨다. 그분은 수천 명의 추종자들이 제기한 삶과 죽음, 하나님의 나라와 악의 지배, 천국 그리고 심지어 지옥에 대한 허심탄회한 질문들에 대해 직설적인 대답으로 그들을 끌어 모으셨다. 그뿐 아니라 그분은 종교 지도자들을 대단치 않게 생각하셨고, 그들의 권력에 위축되지 않으셨다.

주님의 공개적인 승리로 주님을 "반대하는 자들은 부끄러워" 하는 순간에도 그분은 당신의 사명에 대한 냉철함을 잃지 않으셨다. 그분의 지지자들이 난생처음 인정받고 권능을 부여받는 동안에도 그들의 스승은 그들 앞에 역경이 기다리고 있음을 아셨다. 그분은 이미 기적을 줄이고 비유로 말씀하시면서 추종자들의 수를 줄이셨다. 하나님 나라(18–21절), 구원(22–30절) 그리고 사명의 어려움(31–35절)에 대한 평이한 이야기가 수를 더 감소시켰다. 그럼에도 그들은 바로 그 진리를 들을 자격이 있었다…평범하고 단순한 진리를.

—13:18–19—

예수님이 예루살렘을 향해 계속 나아가실 때 누가는 이스라엘의 일상에서 끌어온 두 가지 비유로 시작되는 하나님 나라에 관한 주님의 가르침을 역설한다. 첫 번째 예는 위대한 것의 작은 시작을 예시하고(18-19절), 두 번째는 그것이 가져올 필연적인 세상의 변화다(20-21절).

첫 번째 비유에서 예수님은 아마도 가능성에 대한 가장 적절한 상징일 씨앗의 비유를 상기시키셨다. 하나님의 나라는 영적이기도 하고 세상적이기도 하다. 예수님을 개인의 메시아로 믿음으로써 시민이 될 수 있다는 점에서 영적이고, 예수님이 언젠가 말 그대로 왕좌에 앉으시어 세상을 다스리실 것이라는 점에서는 세상적이다(시 2편, 사 2장, 9:6-7, 11:1-5, 렘 33:14-26, 단 7장, 미 5:2-5). 그때에는 하나님 나라가 임할 것이다. 악은 정복될 것이고 세상은 평화, 정의, 평안, 성취를 구가할 것이다. 저주는 사라지고 피조물과 창조주 사이에 온전한 교감이 이루어질 것이다(계 19:11-20:6).

땅에 떨어진 씨앗처럼 하나님 나라는 그 나라의 왕이신 예수 그리스도를 통해 이 땅에 임했다. 그러나 씨앗과 마찬가지로 심어서 결실을 맺기까지는 시간이 걸린다. 씨앗을 땅에 심은 후 땅 위에서 보면 아무 일도 일어나지 않는다. 그러나 결국 크기로 볼 때는 미미한 것이 거대한 것으로 자라난다. 겉으로 드러나지 않고 잠재되어 있던 것이 실제가 된다.

왕이신 예수님이 세상을 다스리시는 궁극적 성취는 그분의 초림 때 시작되었고, 이것을 일부 신학자들은 '그리스도 사건'이라고 칭했다. 그들은 이 용어를 주님의 지상 사역을 총체적으로-그분의 탄생, 삶, 가르침, 죽음, 부활, 제자들을 택하심, 성령을 보내심-일컫는 데 사용한다. 지상에서 그분이 다스리시는 왕국의 영적인 측면은 그때 시작되어 지금 사람들이 그 나라의 시민이 될 수 있는 길을 열어주었다. 그렇지만 물리적인 왕국은 아직 실현되지도, 완성되지도 않았다.

주님이 겨자씨의 비유를 사용하신 까닭은 1세기의 선생들과 작가들이 무엇이 아주 작다는 걸 강조할 때 흔히 겨자씨에 비유했기 때문이다. 색이 검은 겨자씨는 너무나 작아서 티끌로 오인하기 십상이다. 그런데 그 씨앗이 이상적인 조건에서 자라면 키가 5미터 가까이 자라는 나무가 된다. 미미한 시작과 위대한 성취의 대비를 부각시키기 위해서 예수님은 구약에 나오는 새들에게 피난처를 제공하는 나무의 이미지를 천국의 위대함을 보여주는 예로 사용하셨다(삿 9:15, 시 104:12-13, 겔 17:22-24, 31:3-14).

예수님이 부활하신 지 40년이 채 못 되어(한 세대 안에) 복음은 모든 로마 제국의 대도시의 심장부까지 전파되었고, 이들 대도시들을 연결하는 통상로를 따라서 수많은 마을들과 작은 촌락들에까지도 전파되었으며, 2세기 말쯤에는 알려진 세계(known world) 전역으로 퍼졌다.

—13:20-21—

예수님은 하나님 나라를 빵 굽는 사람이 밀가루를 반죽할 때 넣는 누룩(흔히 이스트로 알려진)에도 비유하셨다. "가루 서 말"로 번역된 구절은 원래는 가루 세 사톤(*saton*, 부피를 재는 헬라식 단위 중 하나-편주)을 뜻한다. 한 사톤이 약 13리터이므로, 밀가루 세 사톤이면 20킬로그램이 넘는다고 보면 된다. 이처럼 엄청난 양의 빵을 굽는 것이다!

주님은 반죽의 점진적인 개조가 아닌 필연적인 변화를 강조하셨다. 이 변화는 하나님 나라가 그렇듯 영적인 차원과 세속적인 차원을 모두 가지고 있다. 하나님 나라는 필연적이고 완전한 변화의 약속과 함께 믿는 자들을 속에서부터 변화시킨다. 마찬가지로 세상은 근본적으로 바뀔 것이다. 이는 시간 문제일 뿐이다.

예수님은 이 두 가지 상징을 비판적인 질문에 답하고, 진실한 제자들에게 미래를 준비시키기 위해서 제시하셨다. "어째서 하나님은 악의 존재를 계속 허용하시는가?"라는 비판적인 질문에 대한 답은 법정에 온 두 남자의 비유로 이미 주어졌다. 주님은 모든 사람이 회개하고 용서받을 기회를 주기 위해 최후의 심판을 미루셨다. 주님을 따르는 자들 앞에 닥칠 힘겹고, 환멸을 느낄 수도 있는 일들에 대비시키려고 예수님은 하나님 나라는 잠시 휴면하고 있는 것처럼 보이는 씨앗과 눈에 보이지 않게 작용하는 누룩과 같아서 결국에는 크게 퍼지게 마련이라고 경고하셨다. 예수님은 이 두 개의 상징물로 장차 있을 역경을 예시하는 두 가지 사건을 소개하셨다.

—13:22-24—

첫 번째 잠재적 역경은 정직한 질문의 형태를 취한다. 누가는 사역을 하는(그리고 예루살렘으로 가는 길에) 예수님과 제자들의 모습을 관찰할 수 있는 배경으로 전환한다. 어떤 사람이 복음을 들은 자는 많으나 반응을 보이는 자는 그에 비해 적다는 사실을 지적했다. 이것은 타당한 질문을 제기했다. "우리가 헌신해서 추진해온 이 천국 사업은 얼마나 성공했는가?"

주님의 대답은 쟁점을 재구성했다. 예수님은 "그들은 어떻게 됩니까?"라는 질문에 대한 답으로 이렇게 말씀하셨다. "좁은 문으로 들어가기를 힘쓰라." 여기서 "힘쓰라"는 말은 복수를 나타내는 동사이므로 예수님은 이 말씀을 그분을 따르는 모든 이에게 하신 것이다. 그리고 이것은 명령형 동사이므로 명령이다. "힘쓰라"에 해당하는 헬라어는 *agōnizomai* 로, 헬라의 작가들이 운동선수가 치열하게 경쟁하고, 목표를 위해 열심히 노력하고, 이기기 위해 젖 먹던 힘까지 짜내는 전사의 모습을 묘사할 때 흔히 사용했다. 그런 훈련과 노력은 '고통스럽다.'

좁은 문이란 아마도 주택의 더 큰 문 안에 있는 작은 통로를 가리키는 듯하다. 문이 얼마나 좁은지에 지나치게 초점을 맞출 필요는 없다. 그것은 그 집에 들어오도록 허가된 통로를 일컬을 뿐이다. 침입자로부터 재산을 보호하기 위해 부잣집은 크고 튼튼한 문이 있는 벽으로 에워싸인 안뜰을 갖추고 있었다. 그 문은 동물이나 짐수레만 드나들게 되어 있었다. 식솔들과 손님들은 보통 그 문 안에 달린 더 작은 문을 통해 드나들었다.

예수님은 사람들에게 "잘 들으라. 진실하라. 너희가 선택한 종교의 가르침대로 살고 하나님에 대해 긍정적으로 생각하면 된다. 너희 마음속을 깊이 들여다보고 선한 것을 찾고 긍정적인 면을 강조하라. 하나님에 대해서는 그걸로 충분하다. 하나님은 너희가 죽으면 너희를 천국에 들여보내실 것이다"라는 메시지를 주신 적이 없다. 그와는 반대로, 천국에 들어가려면 보통 낮에는 열려 있고 밤에는 닫히는 공인된 통로로 들어가야 한다.

—13:25-27—

예수님은 사람들이 그 집의 문으로 들어갈 수 있는 시간이 한정되어 있음을 강조하기 위한 비유를 계속하셨다. 성문처럼, 그 문은 밤에 닫히면 날이 밝을 때까지 열리지 않았다. 어두워진 후에 도시로 돌아온 사람들은, 신분이나 사회적 지위를 막론하고 성벽 밖에서 묵을 곳을 찾아야 했다. 주택도 마찬가지였다. 밤에 문을 여는 것은 전 가족을 강도가 침입할 수 있는 위험에 처하게 만드는 일이었다. 따라서 일단 문이 닫히면 계속 닫힌 채로 두었다.

"행악하는 모든 자들아 나를 떠나가라"는 집 주인의 대답은 다윗이 적으로부터의 피난처를 찾고 그에 대한 그들의 비난을 물리쳐달라는 시편 6편 8-10절을 암시한다.

주님은 하나님의 나라에 들어가기 원하는 자들에게 이 예를 적용하셨다. 문은 계속 열려 있으나 언젠가 하나님이 그 문을 닫으시면 아무도 들어갈 수 없을 것이다. 한 사람이 죽으면 문이 닫힌다. 그 사람이 그 문으로 들어갈 수 있는 기회는 지나갔다. 우주적인 차원에서 보면 하나님은 마지막 때에 구원의 문을 닫으실 것이다. 새 세상(계 21-22장)은 너무 늦기 전에 들어온 자들의 영원한 처소가 될 것이다.

—13:28-30—

하나님을 묘사할 때 사람들은 대부분 자비나 정의 쪽에 치우친다. 그들은 죄에 대한 하나님의 분노를 제외시킬 정도로 하나님의 자비를 강조하거나, 자비를 배제할 정도로 하나님을 복수심에 불타는 분으로 표현한다. 실제로 하나님의 분노는 은혜로 채워져 있고 그분의 자비는 한계가 있다. 그분은 모든 사람에게 열려 있고 완전히 거저인 구원의 방법을 제공하셨지만, 죄의 결과는 그분의 선물을 받아들이지 않는 자들에게는 여전히 위협적이다.

"거기"(28장)란 다름 아닌 영원한 고통을 겪을, 하나님이 약속하신 자비로부터 분리된 곳이다. 그러나 '하나님 나라'는 태초 이래로 역사의 모든 시대, 계층, 세계 각지의 모든 인종들로 이루어진 다양한 사람들과 함께 영원한 잔치를 벌이는 장소다.

—13:31-33—

연결구 "곧 그 때에"는 두 가지 사건의 신학적 의미를 긴밀하게 연결한다. 누가는 사건들이 일어난 순서대로 보고하면서 한편으로는 사건들의 논리적 연결성을 강조하고 싶어 했다.

많은 바리새인들이 예수님을 반대하고 그분이 불신임을 받거나 심지어 죽는 것을 보고 싶어했던 반면에, 은밀히 그분을 따랐던 이들도 있었다(23:50, 요 19:38-39). 예수님께 경고하러 온 사람들은 은밀한 추종자들이거나 예수님을 겁주어 쫓아버리려고 하는 적이었을 것이다. 예수님이 그들에게 갈릴리의 왕에게 전할 메시지를 주신 것으로 보아 후자일 가능성이 더 높다. 어쨌든 그 바리새인들이 가져온 정보는 정확했다. 헤롯 안디바는 예수님이 사라지기 원했다.

정치적, 군사적 관점에서 보면 이것은 유대인 지배 계급 중 누구와도 협력할 희망이 사라지는 실망스러운 소식이었다. 예수님이 이스라엘의 왕이 되시려면 적어도 지금은 엄청나게 많은 대중들의 지지에 힘입어야 했다. 그러나 예수님은 다윗의 왕좌를 차지하기 위해서 자신의 이점을 이용할 생각이 없으셨다. 오히려 그분은 정치적 실패를 통한 영적 승리를 예견하셨다. 왕좌에 이르는 그분의 길은 사망의 골짜기를 지나간다. 그렇기 때문에 헤롯의 위협은 주님의 궁극적 승리를 확인해줄 뿐이었다.

예수님은 헤롯을 "저 여우"라고 하시면서 회답을 보내셨는데, 정확히 그게 무슨 뜻인지는 알 수 없다. 지금도 그렇지만 당시에 여우는 먹이를 포획하기 위해 잠행하는 작은 포식동물이었다. 미국 전원 지역에서는 여우가 밤에 헛간이나 닭장에 몰래 들어와 농장 동물들을 훔쳐간다. 그래서 여우는 힘없는 동물들을 먹이로 삼는 비겁하고 성가신 존재로 인식되어 있다.

예수님은 모든 악한 세력들에게 통보하는 메시지를 보내셨다. 실제로 그분은 이렇게 말씀하신 것이었다. "너는 하나님이 나를 보내 이루시려고 한 목적을 중단시키거나, 바꾸거나, 가로막거나, 외면할 수 없다. 나는 나에게 주어진 시간 동안 쉬지 않고 악과 싸울 것이고, 예루살렘에서 십자가의 약속을 지킬 것이다." 그럼으로써 주님은 하나님의 사자들을 죽이는 예루살렘의 오랜 역사에 종지부를 찍으실 계획이셨다. 순교당한 선지자들의 긴 행렬 맨 끝에 아무도 이길 수 없는 성육하신 하나님의 말씀이 서 계셨다.

—13:34-35—

만일 예루살렘의 성벽들이 말을 할 수 있다면, 그들은 하나님의 말씀을 위해 줄지어 피 흘린 신실한 선지자들의 숱한 설교를 되풀이할 수 있을 것이다. 그리고 한 사람 한 사람의 불의한 죽음은 그 도시를 향한 비난을 가중시켰다. 결과적으로 예수님은 그 도시가 누릴 수 있었던 기회를 잃어버린 것을 애통해하셨다. 유사 이래 예루살렘의 통치자들은 주님의 공급과 보호에 대한 약속을 저버렸다. 예루살렘의 제사장들은 진짜 메시아에 대한 소망을 불법적인 통치자들의 대열과 맞바꾸었고, 인간이 만든 전통의 목록을 위해 하나님의 은혜를 거절했다. 그 도시(이스라엘의 정치와 종교 지도자들을 대표했던)는 주님이신 그리스도를 받아들이기 전에는 하나님이 약속하신 축복을 일체 받지 못할 것이다.

예수님은 애통의 말씀에 시편 118편을 일부 인용해서 넣으셨다.

> 건축자가 버린 돌이 집 모퉁이의 머릿돌이 되었나니 이는 여호와께서 행하신 것이요 우리 눈에 기이한 바로다 이 날은 여호와께서 정하신 것이라 이 날에 우리가 즐거워하고 기뻐하리로다 여호와여 구하옵나니 이제 구원하소서 여호와여 우리가 구하옵나니 이제 형통하게 하소서 여호와의 이름으로 오는 자가 복이 있음이여 우리가 여호와의 집에서 너희를 축복하였도다(시 118:22-26).

예수님이 사용하신 예는 21세기 현대 서구 사회에는 생경한 것이어서 우리에게는 그분의 '평이한 이야기'가 그다지 평이하지 않을 수도 있다. 그러나 당시의 청중들은 그분의 가르침을 분명하게 이해했다. 그분은 미래를 장밋빛으로 채색하지 않으셨다. 왕국에 이르는 길은 어두운 골짜기를 지나고 위험한 구비를 돌 것이다. 승리는 당장 또는 쉽게 오지 않고 성실과 인내가 요구되는 고된 과정을 거쳐서 올 것이다(18-21절). 왕국에는, 절대로 다수가 아닌, 악의 지배로부터 피난 온 잔존자들이 거주할 것이다(22-30절). 그리고 왕국의 영광에 이르는 메시아의 개인적인 여정은 그분의 죽음(31-33절), 예루살렘의 권좌와 하나님의 성전에서 다스리고 있는 어둠의 세력에 대한 최후의 치명적인 고발을 위해 하나님이 예정하신 순교를 필요로 할 것이다(34-35절).

그것은 평범했고, 직설적이었으며, 강경한 말이었다. 그러나 생명의 말씀은 늘 그렇다.

적용

어려운 때를 위한 직언

나는 '교회어'를 사용하지 않는다. 나는 교단 회의, 목회자 협의회, 기독교 상품 전시회와 관련된 특별한 언어들을 이해할 수 있고, 몇몇 통용어에는 익숙하다. 하지만 나는 교회어를 사용하지 않기로 결정했다. 나는 평범한 말을 더 좋아한다. 그리고 예수님도 그러셨던 것 같다. 그분은 이 구절에서 최소한 세 가지 대화를 나누셨는데, 여기서 나는 세 가지 유효한 원칙을 찾아냈다.

첫째, 알기 쉽게 말하라(18-21절). 예수님은 천국의 신비를 실제적인 용어로 풀어내는 비유 특유의 정교한 기교를 좋아하셨다. 그분은 청중들이 근래에 보았거나 한 일, 또는 일상에서 떠올릴 수 있는 상징물들을 고르셨다. 그분은 그렇게 상식처럼 들리는 특별할 것 없는 평범한 말로 하늘의 진리를 드러내셨다.

성경의 진리를 전달할 때 청중들의 언어로 말하라. 스페인어, 불어, 러시아어, 또는 텍사스 방언을 말하는 게 아니다. 그건 두말할 필요도 없다. 내 말은 그들이 가정과 직장에서 사용하는 언어를 뜻한다. 엔지니어와 치과 의사는 사용하는 용어가 다르다. 한쪽이 다른 한쪽보다 똑똑해서가 아니다. 소통 방식이 다를 뿐이다. 당신의 청중들이 사용하는 단어와 말투를 알아내서 반영하라. 헬라어와 히브리어 사용에 주의하라. 논지를 분명히 하는 데 도움이 된다면 사용하라. 하지만 과시하지 말라.

둘째, 솔직하게 말하라(22-30절). 예수님은 솔직한 질문을 받으셨을 때 숨김없이 대답하셨다. 그 질문은 본질적으로 이런 것이었다. "당신이 정말 그렇게 멋진 것을 가지고 있다면 왜 고객이 그것밖에 안 되나요?" 개종자가 적다는 명백한 사실을 인식한 노골적인 질문이었다. 이 질문에 대한 답으로 예수님은 냉혹한 현실을 숨김없이 말씀하셨다. 진리는 인기가 없다(24절). 제안은 시한이 있다(25-27절). 거절의 결과는 참혹하나(28절) 상급은 영원하다(29절).

회의론자들이 도전하거나 구도자들이 탐색할 때, 기독교의 신학을 멋지게 만들려는 충동을 억제하라. 그렇다, 지옥은 존재한다. 그리고 하나님은 당신이 회개하지 않으면 당신을 지옥에 보내실 것이다. 하나님은 사랑이시다. 그리고 그분의 분노는 무시무시하다. 그분을 거역하지 말라. 하나님은 오래 참으시고 자비로우시지만, 이 두 가지 특성에는 한계가 있다. 많은 사람들이 이런 진리를 듣기 싫어하지만 그렇다 해도 진리는 진리다.

셋째, 담대히 말하라(31-35절). 바리새인들이 헤롯 안디바가 예수님을 죽이려 한다는 소식을 가지고 왔을 때 그것이 협박인 것을 아셨던 예수님은 눈 하나 깜짝하지 않고 대답하셨다. "가서 저 여우에게 이르되…." 그리고 그분은 사실상 다음과 같은 말로 향후 며칠 동안의 계획과 함께 장기적인 미래에 대한 계획을 세우셨다. “나는 내가 지금까지 해온 일을 하고 있을 것이다. 나는 계획대로 예루살렘에 가서 내 사명을 완수할 것이다. 너희가 그것에 대해 어떤 생각을 하든 나는 상관하지 않는다.”

비판자들과 적들은 겁을 주려 할 것이다. 그들은 실제로 당신을 해칠 수 있는 힘을 가지고 있을 것이다. 만약 당신의 계획이 성경적이고, 신뢰할 만한 조언자의 지혜가 뒷받침되어 있으며, 하나님을 영화롭게 하고, 그분의 계획을 실현하는 것이라면, 위협해서 당신을 단념시킬 수 없을 것이다. 심지어 죽음이 따른다고 해도 당신 앞에 놓인 길을 따라가는 것 외에 다른 선택의 여지가 없다.

영적 식탁 예절(누가복음 14:1-24)

1안식일에 예수께서 한 바리새인 지도자의 집에 떡 잡수시러 들어가시니 그들이 엿보고 있더라 2주
의 앞에 수종병 든 한 사람이 있는지라 3예수께서 대답하여 율법교사들과 바리새인들에게 이르시되
안식일에 병 고쳐 주는 것이 합당하냐 아니하냐 4그들이 잠잠하거늘 예수께서 그 사람을 데려다가
고쳐 보내시고 5또 그들에게 이르시되 너희 중에 누가 그 아들이나 소가 우물에 빠졌으면 안식일에
라도 곧 끌어내지 않겠느냐 하시니 6그들이 이에 대하여 대답하지 못하니라

7청함을 받은 사람들이 높은 자리 택함을 보시고 그들에게 비유로 말씀하여 이르시되 8네가 누구
에게나 혼인 잔치에 청함을 받았을 때에 높은 자리에 앉지 말라 그렇지 않으면 너보다 더 높은 사람
이 청함을 받은 경우에 9너와 그를 청한 자가 와서 너더러 이 사람에게 자리를 내주라 하리니 그 때
에 네가 부끄러워 끝자리로 가게 되리라 10청함을 받았을 때에 차라리 가서 끝자리에 앉으라 그러면
너를 청한 자가 와서 너더러 벗이여 올라 앉으라 하리니 그 때에야 함께 앉은 모든 사람 앞에서 영
광이 있으리라 11무릇 자기를 높이는 자는 낮아지고 자기를 낮추는 자는 높아지리라

12또 자기를 청한 자에게 이르시되 네가 점심이나 저녁이나 베풀거든 벗이나 형제나 친척이나 부
한 이웃을 청하지 말라 두렵건대 그 사람들이 너를 도로 청하여 네게 갚음이 될까 하노라 13잔치를
베풀거든 차라리 가난한 자들과 몸 불편한 자들과 저는 자들과 맹인들을 청하라 14그리하면 그들이
갚을 것이 없으므로 네게 복이 되리니 이는 의인들의 부활시에 네가 갚음을 받겠음이라 하시더라

15함께 먹는 사람 중의 하나가 이 말을 듣고 이르되 무릇 하나님의 나라에서 떡을 먹는 자는 복되
도다 하니

16이르시되 어떤 사람이 큰 잔치를 베풀고 많은 사람을 청하였더니 17잔치할 시각에 그 청하였던
자들에게 종을 보내어 이르되 오소서 모든 것이 준비되었나이다 하매 18다 일치하게 사양하여 한 사
람은 이르되 나는 밭을 샀으매 아무래도 나가 보아야 하겠으니 청컨대 나를 양해하도록 하라 하고

[19]또 한 사람은 이르되 나는 소 다섯 겨리를 샀으매 시험하러 가니 청컨대 나를 양해하도록 하라 하
고 [20]또 한 사람은 이르되 나는 장가 들었으니 그러므로 가지 못하겠노라 하는지라 [21]종이 돌아와 주
인에게 그대로 고하니 이에 집 주인이 노하여 그 종에게 이르되 빨리 시내의 거리와 골목으로 나가
서 가난한 자들과 몸 불편한 자들과 맹인들과 저는 자들을 데려오라 하니라 [22]종이 이르되 주인이여
명하신 대로 하였으되 아직도 자리가 있나이다 [23]주인이 종에게 이르되 길과 산울타리 가로 나가서
사람을 강권하여 데려다가 내 집을 채우라 [24]내가 너희에게 말하노니 전에 청하였던 그 사람들은 하
나도 내 잔치를 맛보지 못하리라 하였다 하시니라.

어떤 상황은 사람과 사람 사이의 벽을 허물고 가르칠 수 있는 기회를 조성하는 일에 도움이 된다. 그리고 이 점에 있어서 최고는 저녁 식사 시간이다. 식사를 함께하면 왠지 모르게 방어벽이 낮아지는데, 아마도 사회적 또는 경제적 지위는 달라도 우리 모두 동일한 생리적 필요를 공유하고 있으며, 모두가 동일한 약점으로 고통당하고 있음을 상기시키기 때문일 것이다. 우리에게 식사 시간은 우리 몸에 자양분을 공급하기 위해 세상사를 제쳐놓는 시간이기도 하다. 그리고 사람들은 이런 개인적인 경험을 공유해야 더 친밀해질 수 있다.

사역을 하시는 내내 예수님은 갈릴리와 유대의 종교 권위자들과 충돌하셨고, 결국에는 성직자들의 반감이 건설적인 변화에 걸림돌이 되었다. 결국, 예수님이 이 땅에 오신 것은 논쟁에서 이기시기 위해서가 아니었다. 그분은 사람들을 죄에서 구원하기 위해 오셨다. 거기에는 율법적 전통에 고집스럽게 집착하느라 하나님의 율법 정신(은혜)을 제대로 이해하지 못한 바리새인들도 포함되어 있었다. 인간이 만든 시시콜콜한 전통을 뒷전에 밀어놓고, 규율과 규칙의 억센 힘줄을 자르고, 구약 율법의 핵심으로 들어가면 당신은 하나님의 심장을 보게 된다. 그리고 그것이 인간들을 위해 뛰고 있음을 알게 된다.

바리새인들은 이것을 망각했고 율법을 주신 하나님의 원래 목적에서 멀리 떨어져나가 방황했다. 예수님은 이 고집불통 율법주의자들을 다시 고향에 데려오시려고 그들과 함께 떡을 떼셨다. 그러나 그런 격식을 차리지 않은 상황에서 그들이 주님의 부르심에 귀를 기울일까?

—14:1-2—

누가는 이 장면을 그런대로 천진하게 시작한다. 예수님은 마을 회당에서 안식일 예배 후에 한 유력한 바리새인의 초대에 응하셨다. 어떤 마을인지 알 수는 없지만 이스라엘에서 그런 일이 일어날 수 있는 곳은 열 곳도 넘었다. 하나님의 선물인 안식일에 식사, 교제, 휴식을 즐기는 쾌적한 오후여야 했지만, 거기에는 종교 지도자들의 사악한 저의가 깔려 있었다. "그들이 엿보고 있더라"고 누가가 말한 것에 유의하라.

'엿보다'라는 헬라어는 *paratēreō*로 문맥에 따라 다양한 의미를 가지고 있다. 명절이나 에티켓을 지킨다고 할 때처럼 긍정적인 의미의 '지키다'라는 뜻이 있고, 도시의 망루에 있는 파수병의 주된 임무인 '망보다'라는 뜻도 있다. 그러나 '잠복하다, 숨어서 기다리다, 은밀히 지켜보다'처럼 악한 의도를 담고 있는 경우도 많다. 이 상황은 누가가 어떤 한 사람의 존재("수종병 든 한 사람")에 주의를 환기시킬 때까지는 어떤 특정한 해석을 더 지지하지 않는다.

오늘날 '부종'이라고 하는 이 병은 비정상적으로 체액이 축적되어 세포, 관절, 체강을 붓게 만든다. 이 병에 걸리면 발, 발목, 다리가 부으면서 비정상적으로 커져서 주요 장기에 심각한 영향을 미칠 수 있다. 이것은 고통스럽고 생명을 잃을 수도 있는 질병이다. 바리새인들은 병에 의해 유발된 신체장애에 부정적인 반응을 보였을 것이고, 아마도 그 남자가 그곳에 있는 것을 싫어했을 것이다.

서기관들과 바리새인들은 예수님이 안식일에 병을 고치는 문제에 대해 어떤 입장을 취하고 계신지 알았다. 이 일이 있기 얼마 전에 그분은 18년 동안 고통받았던 한 여인을 치유하셨고, 한 하급 종교인이 책망하자 그의 잘못된 우선순위를 질책하셨다(13:12-16). 이 일로 인해 사람들은 계속 기뻐했고, 그들의 지도자들은 수치를 당했다(13:17). 이제, 궁지에서 벗어나기 위해 '바리새인 지도자들'은 예수님이 그들의 규율을 어기게 할 다른 기회를 획책했다. 이 '지도자들'은 다름 아닌 산헤드린의 구성원들이었다. 산헤드린은 대법원과 의회가 결합된 기능을 하는 유대인의 최고 위원회였다.

식사 초대는 우호적으로 보였지만 그 종교 권위자들은 그때를 기회로 사실상 이렇게 말한 것이었다. "좋아, 대단한 친구! 당신이 얼마나 대담하게 우리 전통을 깔아뭉개는지 한번 보자고!"

—14:3-4—

예수님은 산헤드린의 무언의 도전에 응답하셨다. 그러나 그분은 행동을 취하시기 전에 모여 있던 율법 전문가들이 끼어들 수 있는 질문을 하셨다. "안식일에 병 고쳐 주는 것이 합당하냐 아니하냐."

물론 유도 질문이었다. "합당한"이라는 헬라어는 '공인되고 허가된 적절한 일'이라는 뜻이다. 흥미롭게도 그 질문에는 '가능한 일이라면'이라는 부차적인 의미가 내포되어 있다. 예수님은 "모세의 율법에 의하면 그것이 적법하냐?"고 묻지 않으셨다. 그분은 이렇게 물으셨다. "그것이 합당한가? 예법에 맞는가? 바른 관례인가?"[24] 모든 사람이 안식일에 병을 고치는 것이 모세의 율법에 위배되지 않는다는 것을 알았다. 그 질문은 너무 쉬웠다. 그 대신 예수님은 그들의 상식적인 예의에 호소하셨다.

그것은 묘수였다. 그들은 예수님을 공개적으로 '승산이 없는' 시나리오 속으로 몰아넣으려 했고, 주님은 형세를 역전시키셨다. 그분은 공개적으로 그들에게 그들의 전통과 상식적인 친절 중에서 양자택일을 할 것을 요구하셨다(내가 "상식적인 친절"이라고 말한 이유는 우상을 숭배하는 이교도들일지라도 그럴 능력만 있다면 그 사람의 고통을 덜어주는 쪽을 택했을 것이기 때문이다). 그들이 "안식일에 긍휼을 베푸는 것은 예의에 어긋납니다"라고 말한다면 그들은 그들의 전통을 사람보다 더 소중히 여긴다는 사실을 인정해야 할 터였다. 그들이 "네, 그것은 바른 예법입니다"라고 말한다면 예수님이 그들의 규율을 어기는 것을 정식으로 허가한 셈이 될 터였다!

예수님의 외통수에 꼼짝없이 당한 종교 지도자들은 할 말이 없었다.

예수님은 "그 사람을 데려"오셨다. 원어에는 주님이 따뜻하게 두 팔로 껴안고 데려오셨다는 뜻이 내포되어 있다. 예수님은 그 사람을 고친 후에 보내셨다. "보내시고"로 번역된 말은 '데려오다'라는 말의 반대로, '자유롭게 했다'라는 뜻이다. 이 말은 "보내다"(8:38), "용서하다"(6:37), 또 "이혼하다"(16:18) 등 여러 의미를 가지고 있지만 누가가 "여자여 네가 네 병에서 놓였다"(13:12)에서와 같은 단어를 사용한 것을 우연의 일치로 보기는 어렵다. 그 의사는 요점을 분명히 하기 위해서 두 번의 치유를 언어적으로 연결시켰다. 예수님은 공교롭게도 그 나라의 최고 권력자들이 지켜보고 있다고 해서 안식일에 병 고치는 일을 기피하지 않으셨다.

—14:5-6—

예수님은 전에 하셨던 것처럼 안식일에 병만 고치신 게 아니라(13:10-17), 종교 전문가들에게 강론도 반복하셨다. 앞에서 그분은 바리새인들의 관습이 토요일에 가축들에게 물을 주는 것을 허용하니(13:15) "아브라함의 딸"을 귀신으로부터 해방시키는 것은 더더욱 허용할 수 있어야 한다고 꼬집어 말씀하셨다. 부종을 낫게 하신 후에도 예수님은 같은 논리를 주장하셨다. 이 질문은 문법적으로 긍정적인 답변을 바라는 질문이다. "네, 물론 안식일에 아들이든 소든 구원해야죠."

주님이 물으신 반어문은 그들의 일관되지 못한 율법의 적용을 노출시켰을 뿐만 아니라 자기 잇속만 차리는 논리도 보여주셨다. 부종에 걸린 그 남자도 안식일에 구원을 필요로 하는 누군가의 아들이었다. 그러나 지도자의 아들이 아니었기에 그 규율이 적용되지 않았다. 옹졸한 율법주의에 물든 냉정한 지배자들에게 그 남자는 정적을 궁지로 몰려는 그들의 한심한 책략의 볼모에 불과했다.

—14:7—

그 남자를 치유하시고나서, 그리고 아마도 그 순간의 긴장감이 사라지고난 후에 예수님은 다시 전세를 역전시키셨다. 지금까지는 바리새인들이 예수님을 주시해왔었는데 이제는 예수님이 바리새인들을 주시하시기 시작했다. 그분은 그들이 "높은 자리 택함을" 보셨다. 거의 모든 문화권마다 좌석을 배정하는 예법이 있다. 유대인 사회도 예외는 아니었다. 일반적으로, 가장 귀한 손님은 주인의 왼쪽에 비스듬히 누웠고 그다음으로 귀한 손님은 오른쪽에 기댔다. 그것 외에 유대인의 관습상 다른 자리들을 어떤 식으로 배정했는지 분명하지 않다.

바리새인들의 엄격한 규정 준수를 고려해볼 때 지위에 따라서 앉았으리라고 짐작할 수 있다. 그렇다면 예수님은 그들이 동료들을 평가하면서 종교적 서열에서 누가 어떤 위치를 차지하는지 본능적으로 알아내는 모습을 관찰하셨을 것이다. 치열한 자존심 싸움으로 가득 찬 그 방의 정경은 분명 우스꽝스러웠을 것이다

방 안이 정리가 되자(손님들 중 일부는 원하던 자리를 얻어 우쭐했고, 일부는 상처받은 자존심을 달랬다) 예수님은 기회를 놓치지 않고 그들을 가르치셨다.

—14:8-11—

누가는 예수님의 이 강론을, 다른 많은 비유들처럼 이야기의 형식을 취하고 있지 않은데도 비유라고 부른다. 예수님은 이야기 대신 히브리 잠언을 해설하셨다.

> 왕 앞에서 스스로 높은 체하지 말며 대인들의 자리에 서지 말라 이는 사람이 네게 이리로 올라오라고 말하는 것이 네 눈에 보이는 귀인 앞에서 저리로 내려가라고 말하는 것보다 나음이니라(잠 25:6-7).

실제적인 지혜에 관한 솔로몬의 이 짧은 글은 세상에서도 유용하게 적용할 수 있지만, 예수님은 이 잠언을 교만의 영원한 보응에 대한 경고로 사용하셨다. 바리새인들은 자기 친척들을 동료만큼이나 중요하게 여겨서 만찬 때의 좌석 배정도 그들과 동등하게 했고, 하나님도 그럴 자격이 있다고 보실 것이라 생각했다. 그러나 하나님은 행위를 바탕으로 가치를 판단하지 않으신다. 그분은 중요성을 판단하실 때 우리와 같은 기준으로 서열을 정하지 않으신다. 천국에서는 겸손이 칭송을 받는다. 희생이 영광을 얻는다. 동기가 행위보다 중요하다. 그러나 교만은 망신을 당한다.

주님의 요약문은 하나님의 나라와 악의 통치를 극명하게 대조한다. 왕국에서는 고개를 숙여 자기를 낮추는 자들이 정상의 자리에 빨리 올라간다. 예수님은 인류를 위해 십자가의 치욕에 자신을 내어주심으로써 겸손의 귀감이 되셨다. 그분이 우리의 종이 되기 위해 스스로 낮추셨기에 우리의 왕이 되신다(빌 2:5-11).

—14:12-14—

예수님은 주인에게 초점을 맞춰 강론의 방향을 바꾸셨다. 예수님은 사역자 대 사역자로서, 바리새인의 지도자로서의 그의 공식적인 지위와 그에 수반되는 다른 특권들을 정치적인 이득 외에 다른 것을 위해 사용하라고 도전하셨다. 오늘날과 마찬가지로, 1세기의 정치가들과 사회적 명사들은 사교 모임을 열어 전략적으로 '부적격한 사람들'은 무시하고 '적격한 사람들'을 초대해 지역사회에서 입지를 높이려고 했다. 연회를 베풀고 초대에 응하면서 사회적인 연대를 쌓고 지위를 상승시킬 수 있었다.

사역자 대 사역자로서 주님은 이 바리새인에게 사역에 대한 접근을 달리 해보라고 말씀하셨다. 자신의 경력을 쌓기 위해 자산을 사용하지 말고 자기 힘으로 설 수 없는 사람들을 위해 그것을 사용해야 한다고 말씀하셨다. 물론 이것은 왕국의 상급을 받기 위한 사회적인 자살 행위와 다름없었다. 바리새인들은 부활의 교리를 인정했고, 하나님이 율법을 지키고 선을 행한 자들에게 영원한 상급을 예비하셨다는 것을 믿었다. 예수님의 요구는 단순히 그가 믿는 바대로 살라는 것이었다.

주인에게로 바로 화살이 돌아가자 좌중에 불편하고 어색한 침묵이 흘렀다.

—14:15-20—

식탁에 있던 한 사람이 누구나 인정할 수 있는 표어라고 생각되는 말로 긴장된 분위기를 풀어보려고 했다. 실제로 그의 신학은 정곡은 찔렀지만 타이밍이 그다지 좋지는 않았다. 그의 말은 이렇게 바꿔볼 수 있다. "어이, 그 왕국은 어때? 근사하지 않을까?"

예수님은 이에 내해 어떤 사람이 잔치를 베푼 비유로 답하셨다. 그는 자기의 위신을 높이려고 적격한 손님들을 모두 초대했는데, 불행하게도 초대한 사람마다 꽁무니를 뺐다. 저마다 참석하지 못하는 정당한 핑곗거리가 있었다. 거액의 부동산 거래는 신중을 기해야 한다. "소 다섯 겨리"는 큰 농장을 운영하는 데 있어서 작지 않은 투자였다. 그들은 투자금을 바로 갚아나가야 했다. 그리고 신혼부부가 집에 있고 싶어하는 것을 누가 뭐라고 할 수 있겠는가?

저마다 긴급한 일로 초대를 거절하긴 했지만 그들은 큰 결례를 범했다. 처음부터 초대에 응했기 때문에 주인은 그들의 응답을 받고 준비를 했다. 저마다 급한 상황을 핑계로 댔지만 불가피한 상황으로 볼 수 있는 것은 없었고, 마지막 순간에 약속을 어겨서 주인이 음식을 허비하게 했다. 결국 초대받은 자들이 정한 우선순위는 주인을 난처하게 만들었다.

—14:21-24—

거절당한 주인이 화를 내는 건 당연했고, 그가 초대를 취소해도 좌중에 있는 아무도 그를 나무랄 사람은 없었다. 준비된 음식을 버리게 된 상황에서 그가 내린 결정은 온당해 보인다. 그는 그 지역에서 가장 환영받지 못하고 가장 부적격한 사람들, 즉 가난한 자, 몸이 불편한 자, 저는 자, 맹인들(13절)과 같은 예수님이 그 바리새인 주인에게 초대하라고 제의하신 부류의 사람들에게 자기 집을 개방했다. 더 나아가 그 가상의 주인은 아직도 자리가 남은 것을 보고 멀리 외진 지역까지 가서 초대할 사람들을 찾았다.

예수님은 자기를 초대한 주인과 모여 있는 종교 지도자들이 그 비유에 나오는 주인에게 공감할 수 있도록 재치 있게 이야기를 꾸미셨다. 주님의 비유에 나오는 그 사람의 행동은 정당하고 타당했다. 좌중에 있는 사람들도 분명 모두 그렇게 했을 것이다. 주인이 초대한 손님들이 약속을 저버리자 그는 궁핍하고 무력한 사람들에게 음식을 대접했다.

주님은 이스라엘의 종교 지도자들에게 통고하기 위해 이 비유를 말씀하셨다. 그들은 그들의 유업(그들의 히브리 유전자) 때문에 자동적으로 장차 도래할 하나님 왕국의 시민권을 받을 거라는 확신 가운데 안심하고 있었다. 그뿐 아니라 그들은 자기들 나름의 도덕적 목적을 추구하면 하나님의 만찬석상에서 높은 자리를 얻을 거라고 믿었다.

얼마나 잘못된 생각인가! 예수님의 비유에 나오는 주인은 하나님이시다. 그분은 정말로 약속된 백성들, 아브라함, 이삭, 야곱의 자손들을 위해 왕국을 준비하셨고, 그 왕국의 주민들은 정말로 큰 잔치의 식탁에 기대어 누울 것이다(13:29). 그러나 주님의 초대에 응해야만 만찬장에 들어갈 수 있다. 만찬은 원래 하나님이 초대한 손님들을 위해서 준비되었지만 그들이 그 음식을 먹을 자격이 있어서는 아니었다. 그것은 선물이었다. 만약, 자기들의 목적을 추구하느라 음식을 먹으라는 마지막 은혜의 부르심에 응답하지 않는다면, 그때는 그들의 자리가 다른 사람들[인간적인 관점에서는 가장 환영받지 못하는 손님들, "가난한 자들, 몸 불편한 자들, 저는 자들, 맹인들"(13절)]에게 주어질 것이다. "사람들이 동서남북으로부터 와서 하나님의 나라 잔치에 참여하리니 보라 나중 된 자로서 먼저 될 자도 있고 먼저 된 자로서 나중 될 자도 있느니라 하시더라"(13:29-30).

주님은 무시무시한 경고와 함께 비유를 마치시며, 아마 "무릇 하나님의 나라에서 떡을 먹는 자는 복되도다"(15절)라고 외쳤던 사람을 흘깃 보셨을 것이다. 왕국 시민이 될 자격이 있다고 생각한 사람들은 만찬을 한 입도 먹지 못했고, 주님의 자비로운 초대에 응한 사람들만이 만찬을 즐길 수 있었다. 오직 그들만 주님의 식탁에 자리가 마련되어 있을 것이다. 그것도 모두 상석으로!

그 유대인 지도자의 안식일 만찬은 그가 의도했던 대로 되지 않았다! 예수님께 압력을 가해 앞서 예수님이 하셨던 주장을 약화시키려던 애초의 시도는 실패했고, 예수님은 형세를 역전시켜 율법주의의 잘못된 우선순위를 질책하셨다. 하나님이 율법을 만드신 이유는 사람들을 사랑하시기 때문이었다. 인간이 만든 규율이 고통을 유발하면 그것은 더 이상 하나님의 마음을 반영하지 않는다. 그럴 경우 율법을 재검토해야 한다(1-6절).

다른 만찬 손님들이 신분에 맞춰 줄을 서기 시작하자 예수님은 그들의 교만을 꾸짖으셨다(7-11절). 하나님 나라는 겸손의 순서대로 지위가 결정되며, 진정한 겸손은 자신을 일절 돌아보지 않는다. 참된 겸손은 다른 사람들의 행복을 걱정한다. 이 질책은 왕국의 좌석 배치는 오늘날 우리가 평가하는 인간의 가치를 반영할 것이라면서 세속적인 특권을 사용해 도움이 필요한 사람들에게 혜택을 주라는 권고로 이어졌다(12-14절).

예수님의 마지막 비유는 만찬석상의 모든 사람에게 개인적이고 사적인 질문을 던졌다. 하나님 나라에 대해 내가 헌신하는 본질은 무엇인가? 십자가를 향한 그분의 여정이 계속되면서 진정한 제자들은 현세의 안락과 내세의 기쁨 사이의 갈등이 점점 커지는 것을 감지할 수 있었다. 만찬석상에 있던 대부분의 사람들은 이미 선택을 마쳤다. 현재의 안락이다. 메시아의 제자들은 무엇을 선택할까?

적용

만찬장에서 얻은 교훈

다음의 네 장면에는 네 개의 교훈이 담겨 있다.

첫 번째 교훈은 첫 장면에서 나온다(1-6절). 율법주의는 우리를 눈멀게 하거나 최소한 근시안으로 만든다. 우리는 스스로 목록을 정해서 그것을 다른 사람들에게 강요한다. 그리고 사람들이 그것에 따라 살지 않으면 비난한다. 그것이 율법주의다. 그리고 율법주의는 '우리끼리만' 모이는 우물 안 개구리로 만든다. 율법주의는 우리를 근시안으로 만든다. 나는 세상을 현실적인 시각에서 보는 율법주의자를 단 한 명도 보지 못했다. 율법주의자들은 그들만의 엄격한 규율과 규칙의 행동반경 안에서 사는 경향이 있다.

나는 율법주의자들에게 저항하는 데 여생을 바칠 것이다. 내가 아는 한 교회의 결속력을 율법주의만큼 빠르고 심각하게 해치는 것은 없다.

두 번째 교훈은 두 번째 장면에서 나온다(7-11절). 교만은 역효과를 낳고 우리를 이기적으로 만든다. 당신의 교만은 예외 없이 부메랑이 되어 돌아올 것이다. 언젠가, 누군가는 당신의 박수를 원할 것이고 당신은 당황할 것이다. 언젠가, 누군가는 당신이 실제로는 스스로를 칭송하고 있고, 당신의 말은 자화자찬이며, 당신이 앞자리를 달라고 시끄럽게 요구했으며, 어떤 사람이 당신의 이름을 모르면 정말로 마음이 상한다는 사실을 알아챌 것이다.

세 번째 교훈은 세 번째 장면에서 나온다(12-15절). 긍휼은 우리에게 복을 주고 우리를 예민하게 만든다. 나는 살면 살수록, 이 위대한 신인(God-man)의 삶을 공부하면 할수록, 한 가지 사실로 인해 더 큰 감명을 받는다. 그것은 그분의 긍휼이다. 그분은 내면의 일을 외부의 방해로 못하신 적이 단 한 번도 없었다. 부디 하나님의 도움으로 그분을 더 닮아가기를! 예수님은 먼저 피부색을 보고 응대하신 적이 없었다. 그분은 그 사람이 건강한지 또는 지갑이 두둑한지 또는 큰 집단에 소속되어 있는지 보지 않으셨다. 예수님은 자비로우셨고 사람들의 필요에 민감한 삶을 사셨다.

네 번째 교훈은 네 번째 장면에서 나온다(16-24절). 구원은 우리를 오라고 손짓하며 선택을 요구한다. 당신은 분주한 당신의 세계와 영생 사이에서 양자택일을 해야 한다. 가족의 요구와 필요 그리고 구원 사이에서 선택해야 한다. 당신의 멍에(그게 무엇이든)와 예수님의 영생의 약속 사이에서 선택해야 한다. 어쩌면 오늘이 당신이 선택할 수 있는 마지막 날이 될지도 모른다. 왜냐하면 천국만 있는 것이 아니고 지옥만 있는 것도 아니기 때문이다. 그리고 서둘러야 할 일이 있기 때문이다.

엄격한 기대(누가복음 14:25-35)

[25]수많은 무리가 함께 갈새 예수께서 돌이키사 이르시되 [26]무릇 내게 오는 자가 자기 부모와 처자
와 형제와 자매와 더욱이 자기 목숨까지 미워하지 아니하면 능히 내 제자가 되지 못하고 [27]누구든지
자기 십자가를 지고 나를 따르지 않는 자도 능히 내 제자가 되지 못하리라 [28]너희 중의 누가 망대를
세우고자 할진대 자기의 가진 것이 준공하기까지에 족할는지 먼저 앉아 그 비용을 계산하지 아니하
겠느냐 [29]그렇게 아니하여 그 기초만 쌓고 능히 이루지 못하면 보는 자가 다 비웃어 [30]이르되 이 사
람이 공사를 시작하고 능히 이루지 못하였다 하리라 [31]또 어떤 임금이 다른 임금과 싸우러 갈 때에
먼저 앉아 일만 명으로써 저 이만 명을 거느리고 오는 자를 대적할 수 있을까 헤아리지 아니하겠느
냐 [32]만일 못할 터이면 그가 아직 멀리 있을 때에 사신을 보내어 화친을 청할지니라 [33]이와 같이 너
희 중의 누구든지 자기의 모든 소유를 버리지 아니하면 능히 내 제자가 되지 못하리라
[34]소금이 좋은 것이나 소금도 만일 그 맛을 잃으면 무엇으로 짜게 하리요 [35]땅에도, 거름에도 쓸
데 없어 내버리느니라 들을 귀가 있는 자는 들을지어다 하시니라.

사람들은 대부분 우리가 그들에게 던진 도전보다 한층 큰 도전을 감당해낼 능력이 있다. 위대한 지도자들은 사람들이 높은 기대로 자극받을 필요가 있음을 알고 있다. 사람들에게 아무것도 기대하지 않으면 아무것도 나오지 않을 것이다.

정직하게 말한다면, 우리가 가장 훌륭한 일을 성취했을 때는 우리에게 영향을 미친 사람이나 고통스러운 환경이 우리로 하여금 큰일을 하도록 밀어붙였을 때라는 사실을 인정할 것이나. 우리는 하나님의 음성을 듣기를 갈망한다. 그러나 신중하게 요청하라. 그분이 말씀하시면 언제나 믿음에 대한 도전은 인생을 결정짓는 전기가 된다. 그러나 그것은 어김없이 우리를 위대한 일로 인도한다.

하나님은 마른 땅 위에 거대한 배를 건조함으로써 자기 세대를 거스르도록 노아에게 도전하셨다(창 6:14). 그분은 한 연로한 족장에게 외아들을 제단에 바치라고 도전하셨는데, 이로써 하나님의 약속이 성취되리라는 희망은 사라진 듯했다(창 12:2). 그분은 말도 못하

고, 한물간 지도자에게 애굽에서 이스라엘의 대변인이 되라고 도전하셨다(출 3:10). 그분은 풋내기 어린 양치기 소년(형제들 중에서 가장 약한 아이였던)에게 전쟁터에서 말 그대로 자기 키의 두 배인 남자에게 대항하라고 도전하셨다(삼상 17:36). 그분은 당대의 가장 위대한 바리새인인 다소의 사울에게 은혜를 입고 'Paul the small'이 되기 위해 그의 대단한 도덕적 이력서를 버리라고 도전하셨다(행 9:15-16, 라틴어로 *paulus*는 '작은'이라는 뜻이다.)

하나님은 위기를 주실 때마다 각 사람을 끝까지 밀어붙여 두려움과 믿음, 안락과 헌신 사이에서 선택하게 하셨다. 노아의 신앙은 완전한 파멸로부터 인류를 보호했다. 아브라함의 믿음은 그를 하나님을 믿는 뭇사람들의 영적 조상으로 만들었다. 모세의 믿음은 이스라엘을 건국했다. 다윗의 믿음은 이스라엘을 세상에 알려지게 했다. 바울은 교회 역사에서 가장 위대한 은혜의 사도가 되었다.

사람들은 인간적 한계를 초월해서 하나님의 능력의 통로가 되도록 밀어붙여질 때 위대해진다. 그러나 그 여정의 어디에선가 그들은 제자도의 대가를 셈해보고, 부분적으로가 아니라 모든 면에 있어서 하나님을 믿으라는 그분의 부르심에 헌신해야 한다.

예루살렘에 가까이 갈수록 예수님은 어둠의 심장부로 더 깊이 들어가셨고, 그분을 따르는 군중은 시험대에 오를 것이다. 어려운 선택이 그들을 까부르고, 체로 쳐서 진정한 제자들인 알곡에서 쭉정이를 걸러낼 것이다. 그들을 준비시키기 위해서 예수님은 하나님 나라에 대한 정확한 기대를 분명히 밝히셨다.

—14:25—

항상 그렇듯이 누가는 주님의 행동이나 가르침을 묘사하기에 앞서 전후 상황을 설정한다. 그는 언제나 상황, 청중, 장소(언제나 정확한 장소를 밝히는 것은 아니지만)를 밝힌다. 이 경우에 예수님은 아마도 예루살렘을 향해 가고 계셨고, 군중은 그분과 "함께 가고" 있었던 것 같다. 누가는 분명히 말 그대로 '함께 여행한다는' 의미로 이렇게 썼지만 우리는 '맹목적으로 따르다'라는 비유적 의미를 무시할 수 없다. "예수께서 돌이키사 이르시되"라는 구절은 대개 질책, 교정 또는 설명을 시작할 때 쓰였다(7:9, 44, 9:55, 10:23). 예수님은 따라오는 것을 만류하지 않으셨을 것이다. 그러나 그분은 그들의 동기에 문제를 제기하셨다.

예수님은 그것이 없으면 "능히 내 제자가 되지 못"한다고 하신 세 가지 까다로운 자격 중에서 첫 번째 자격을 가지고 그분을 따르기 위해 치러야 할 대가를 똑똑히 밝히셨다(똑같은 헬라어 구절이 26, 27, 33절에 반복해서 나온다). 주님은 부정적인 조건문으로 각각의 자격을 소개하셨다.

"무릇 내가 오는 자가…아니하면…"(26절).
"누구든지…않는 자도…"(27절).
"너희 중의 누구든지…아니하면"(33절).

이 조건을 구원에 필요한 행위로 이해해서는 안 되고 회심에 따른 헌신의 증거로 보아야 한다. 다시 말해서, 예수님은 두 가지 목적을 가지고 이 조건들을 진정한 제자인지 아닌지를 알아볼 수 있는 일종의 리트머스 실험으로 나열하셨다. 첫째, 각 사람에게 자기의 태도를 시험해보라고 도전하기 위해서였다. 둘째, 주님을 따를 마음이 있는 모든 이에게 제자가 된다는 것은 큰 희생이 따르는 일임을 경고하기 위해서였다. 세 가지 조건 모두 진짜 제자라면 관계(26절)와 계획(27-32절)을 포함해서 다른 무엇보다도 그리스도를 우선순위에 둘 것을 요구하는데, 여기에는 어쩔 수 없이 소유를 포기하는 것이 요구된다(33절).

—14:26(관계의 우선순위)—

주님의 말씀을 정확히 해석하려면 현대와는 용법이 다른 고대 근동의 '미워하다'라는 개념을 잘 알아야 한다. 21세기 현대에서 '미워하다'는 "보통 공포, 분노, 피해의식에서 나온 강한 적대감과 반감, 극도의 혐오나 반감, 강한 혐오"[25]라는 뜻을 가진다. 고대 근동 문화권의 문학에서 미움은 우선순위의 문제다. 예를 들어, 에서는 자기에게 약속된 축복 대신 죽 한 그릇을 선택하면서 자기의 장자권을 "가볍게 여겼다"(창 25:29-34). 에서는 장자권에 대해서 강한 부정적 감정을 가진 게 아니었다. 우리가 사용하듯이 그가 장자권을 '미워한' 건 분명 아니었다. 사실, 그는 잃어버린 것을 다시 찾기 위해 열심히 싸웠고 실패하자 크게 낙심했다.

또 다른 예로, 창세기 29장은 야곱의 두 아내 이야기를 하면서 야곱이 어떤 식으로 라헬을 '사랑했고' 언니 레아를 '싫어했는지'에 대해 말해준다. 여기서도 이 단어는 야곱이 한 사람을 다른 사람보다 더 좋아한 것을 나타낸다. 그가 레아를 아주 싫어했을 리가 없다. 어쨌든 그는 레아와의 사이에서 일곱 명의 자녀를 두지 않았던가! 문제는 감정과는 무관한 선택 또는 우선순위다. 따라서 여기서 미워한다는 말은, 마음보다 행동을 나타낸다고 말할 수 있다.

예수님은 제자들이 사람들에 대한 미움을 키우거나 무자비하게 대하기를 원치 않으셨다. 그분은 자기애를 포함해서 다른 모든 관계보다 그분과의 관계를 최우선 순위에 놓는 분명하고 단호한 선택을 요구하셨다.

—14:27-32(계획의 우선순위)—

로마인들은 죄인들을 십자가에 처형할 때 전 과정을 고통스럽게 하는 것 못지않게 치욕스럽게 만들었다. 그들은 죄인에게 매질을 하기 위해 벌거벗긴 후에 죄목을 나열한 표지를 목에 걸었다. 그런 다음 자기의 사형 도구를 처형 장소까지 나르게 했다. 그래서 "자기 십자가를 진다"는 것은 제자가 됨으로서 사람들의 조롱을 받고 그 피할 길 없는 고통을 감내하는 것이다.

"나를 따르지"라는 구절에 유의하라. 이 말은 어떤 사람의 뒤에 줄을 서는 모습을 나타낸다. 예수님이 예루살렘을 향해 가실 때 군중들이 뒤따랐던 것처럼 참된 제자들은 그분의 발자취를 따른다…십자가가 서 있는 골고다까지. 주님의 부르심은 천국의 이상에 대한 헌신을 포함한다. 그리고 그 헌신이란 주님의 그것처럼 이타적이고 온전한 것을 말한다. 실제적인 의미에서 제자도란 여타의 모든 목표, 목적, 계획, 개인적인 욕망보다 하나님 아버지의 우선순위들을 앞에 놓는 것이다. 진정으로 헌신된 제자는 아버지의 뜻을 받들면서 자기의 뜻을 내려놓는다. 훗날 겟세마네 동산에서, 예수님은 아버지 앞에 엎드려 이렇게 기도하신다. "아버지여 만일 아버지의 뜻이거든 이 잔을 내게서 옮기시옵소서 그러나 내 원대로 마시옵고 아버지의 원대로 되기를 원하나이다"(22:42).

예수님은 의식적으로, 분명한 생각을 가지고 한 헌신을 예로 설명하기 위해 두 가지 비유를 제시하셨다. 둘 다 일을 진행하기 전 양단간에 결정을 내린 사람들을 묘사한다. 건축에 드는 비용이 산출되고나면 건축을 완성시키든지, 그렇지 않으면 건축자는 사람들에게 수치를 당한다. 왕은 모름지기 전쟁에서 승리하기 위해 모든 전력을 동원하든지, 아니면 평화를 청해야 한다. 싸우다 만 전쟁은 이것도 저것도 아니다. 예수님은 무모한 약속을 원치 않으셨다. 변덕스러운 제자는 도움보다는 해가 된다. 그렇다, 주님은 치러야 할 대가를 제대로 알고 역경을 감수하며 마지막까지 그 헌신이 흔들리지 않을 자들만 원하신다.

—14:33(소유의 우선순위)—

건강과 부를 추구하는 기복신앙을 파는 장사치들은 이 구절에 아예 진을 친다. 두말할 필요 없이, 그들이 뜻하는 바는 사람들이 그들의 소유를 팔아 그 돈을 몽땅 자기들에게 보내는 것이다! 그러나 그건 예수님이 의도하신 뜻이 아니다. 이 가르침은 "누구든지 자기 친족 특히 자기 가족을 돌보지 아니하면 믿음을 배반한 자요 불신자보다 더 악한 자니라"(딤전 5:8)와 같은 다른 구절과 연계해서 해석해야 한다.

이 구절의 요지는 돈이나 소유에 애착을 가지지 말라는 뜻이다. 다시 한 번 이것은 우선순위의 문제다. 관계에 있어서는 그리스도가 우선한다. 인생 설계를 할 때 모든 계획을 왕의 뜻에 맡기라(약 4:13, 15). 그리고 재산에 대해서는, 그것이 당신 소유로 남게 되든 아니든, 하나님의 일에 바치라. 모름지기 제자들은 어떤 것에도 점유되어서는 안 된다. 만사에 무심하라.

나는 예수님이 당신을 따르는 모든 사람에게 스파르타식의 무미건조한 삶을 원하셨다고 생각하진 않지만, 선진국에 사는 대부분의 사람들은 그들의 필요보다 훨씬 많은 것을 소유하고 있다.

—14:34-35—

주님은 무익함에 대한 생생한 예로 제자가 되기 위해 치러야 할 대가에 대한 강론을 마무리 지으셨다. 소금이 본연의 특성인 짠맛을 잃으면 무슨 소용이 있겠는가? 예수님은 당시에 소금의 세 가지 구체적인 용도를 상기시키셨는데, 그 중 두 가지는 오늘날에는 이해하기 힘들다. 소금은 양념과 저장의 용도로 지금까지 계속 사용되고 있지만 비료와 거름에는 어떻게 사용되는가?

이스라엘의 소금은 대부분 사해 바다에서 생산되며, 다양한 용도를 위해 정제되었다. 양념으로 사용되기 위해서 정제되면 나트륨 소금이 되고, 다른 식으로 정제되면 먹을 수는 없지만 식물에게 이로운 무기질이 농축된 비료가 되었다. 그 외에도, "농부들은 가축들의 배설물에 소금을 섞어 사용할 때까지 비료가 보존되도록 발효 과정을 늦추었다."[26] 고고학자들과 역사학자들은 1세기 이스라엘에서 소금을 열 가지 다른 용도로 사용했다는 것을 밝혀냈다.

소금이 짠맛을 잃을 수 있다는 생각은 물론 터무니없다. 소금의 분자가 바뀌어 다른 것이 되지 않는 한 그 본연의 특성을 잃을 수는 없다. 예수님은 이 있을 수 없는 예를 가지고 두 가지를 강조하셨다. 첫째, 집에 쓸데없는 것을 쌓아놓지 않듯이, 왕국에는 무익한 제자들이 필요 없다. 둘째, 예수님이 방금 묘사하신 필수적인 자질을 갖지 않은 제자들은, 정의에 의하면 제자가 아니다. 그들은 다른 무언가다. 그러므로 이런 자질을 갖지 않은 사람들은 제자로서의 자격을 진지하게 의심해보아야 한다. 혹 그들이 진정한 제자로 헌신했다면, 위기에 대처하라.

적용

큰 기대

우리는 모름지기 목표를 높게 가져야 한다. 우리의 문제는 버거운 도전을 받는 게 아니라 지나치게 도전을 조금 받는 데 있다. 양해를 구하고 몇 가지 입바른 소리를 해야겠다. 언제나 누구에게나 적용되는 것은 아니므로 당신의 결정에 맡기겠다.

첫째, 나태에서 벗어나라. 어린이나 청소년, 또는 어르신들과 관련된 일에 참여하라. 교회에서 섬기는 일에 자원하라. 만약 당신이 다니는 교회에 당신이 할 수 있는 일이 없다면(거의 그럴 일은 없겠지만), 당신이 속한 지역 사회에서도 할 수 있다. 하나님은 자기를 만족시키라고 또는 방관자로 앉아 있으라고 당신을 그분의 가족으로 삼으신 것이 아니다. 엉덩이를 털고 일어나 움직이라!

둘째, 헌신을 보여주기 시작하라. 헌신에 대해 쓰지 말라. 헌신에 대해 노래하지 말라. 어떻게 할지에 대해 읽지 말라. 그냥 하라! 당신이 존중하는 사역이나 조직에 후히 베풀라. 마음이 아플 만큼 베풀라. 그런 다음 다시 기분이 좋아질 때까지 베풀라. 반드시 좋아질 것이다. 도움이 필요한 사람들을 돕는 데 시간과 정력을 쏟으라.

당신은 충성스런 그리스도의 제자거나 잃어버린 죄인이다. 당신은 둘 중 하나이지 중간은 없다. 그러므로 당신이 잃어버린 죄인이 아니라면, 이제 목표를 높이 잡고 당신의 신분에 맞는 사람이 되라.

천사를 웃게 하는 방법(누가복음 15:1-10)

1모든 세리와 죄인들이 말씀을 들으러 가까이 나아오니 2바리새인과 서기관들이 수군거려 이르되
이 사람이 죄인을 영접하고 음식을 같이 먹는다 하더라
3예수께서 그들에게 이 비유로 이르시되 4너희 중에 어떤 사람이 양 백 마리가 있는데 그 중의 하
나를 잃으면 아흔아홉 마리를 들에 두고 그 잃은 것을 찾아내기까지 찾아다니지 아니하겠느냐 5또
찾아낸즉 즐거워 어깨에 메고 6집에 와서 그 벗과 이웃을 불러 모으고 말하되 나와 함께 즐기자 나
의 잃은 양을 찾아내었노라 하리라 7내가 너희에게 이르노니 이와 같이 죄인 한 사람이 회개하면 하
늘에서는 회개할 것 없는 의인 아흔아홉으로 말미암아 기뻐하는 것보다 더하리라
8어떤 여자가 열 드라크마가 있는데 하나를 잃으면 등불을 켜고 집을 쓸며 찾아내기까지 부지런
히 찾지 아니하겠느냐 9또 찾아낸즉 벗과 이웃을 불러 모으고 말하되 나와 함께 즐기자 잃은 드라크
마를 찾아내었노라 하리라 10내가 너희에게 이르노니 이와 같이 죄인 한 사람이 회개하면 하나님의
사자들 앞에 기쁨이 되느니라.

충성스러운 제자로 헌신하는 것에 대해 도전을 주는 책의 저자인 키스 밀러(Keith Miller)와 브루스 라슨(Bruce Larson)은 이렇게 썼다.

> 아마 동네 선술집이야말로 그리스도가 교회에 주고 싶어하시는 교제의 가장 훌륭한 모조품일 것이다. 술집은 은혜 대신 술을, 현실보다는 도피를 내놓는 모조품이지만, 그곳의 교제는 관대하고, 흔쾌히 받아들이며, 포용적이고, 충격을 받지 않으며, 민주

> 적이다. 사람들에게 비밀을 말해도 그들은 보통 다른 사람들에게 말하지 않거나 말하고 싶어하지조차 않는다. 술집이 잘 되는 이유는 사람들이 알코올을 의존해서가 아니라, 하나님이 인간의 마음속에 서로 알고 알리고 싶은 욕구, 사랑하고 사랑받고 싶은 욕구를 심어놓으셨기 때문이다.
> 나는 진심으로 그리스도가 교회에 바라시는 것은, 사람들이 들어와서 "난 망했어!" "난 두 손 두 발 다 들었어!" "난 이제 지긋지긋해!"라고 말할 수 있는 곳이 되는 것이라고 믿는다.[27]

이 글을 보면 사역을 하는 다른 친구가 교회에서보다 술집에서 한층 더 편안하게 느낀다고 말한 이유가 납득이 될 것이다. 그러나 그는 냉소적인 사람이 아니다. 그는 실은 댈러스 신학교 졸업생이고 사역에 깊이 관여하고 있다. 그럼에도 불구하고 그는 그의 술친구들이 여러 모로 신뢰할 만하고, 자기들의 결점을 숨기려 하지 않으며, 일반적으로 다른 사람들에 대해 포용적이고, 허물없으며, 관대하고, 친근하며, 함께 어울리기에 훨씬 재미있다는 것을 인정한다. 그들은 또 상처받기 쉽고, 자기들의 고민에 대해서도 솔직한 경향이 있는데, 그래서 많은 이들이 술을 끊으려 하고 대부분이 장기적인 관계를 힘들어한다. 결국, 내 친구는 자기 동네 술집이 추수할 때가 무르익은 선교의 밭이라는 사실을 알게 되었다. 그리고 적어도 나는 그가 거기에서 관계를 돈독히 하고, 신뢰를 쌓으며, 그리스도를 그들의 최선이고 유일한 소망으로 소개하는 게 기쁘다.

그리스도인들 중에는 예수님의 사역 방법과 장소를 언짢게 생각하는 이들도 있다. 그들은 예수님이 그냥 소책자나 나눠주시고 다트를 던지면서 놀거나, 지역 스포츠 팀을 응원하지 말고, 차라리 단골들 몇몇을 윽박질러 천국에 보내면(물론, 아주 신중하게 골라서) 훨씬 안심할 것이다. 불행히도, 이런 신자들은 자신들이 예수님을 비판했던 서기관들, 바리새인들과 동류임을 깨닫게 될 것이다. 그들은 그분이 어떤 방식으로 사역을 하시는지, 어떤 이들을 친구로 삼으시는지, 어떤 곳에서 사역을 하시는지에 대해서는 관심도 없었다.

그 종교적 모범생들은 예수님이 세리들과 그 밖에 모세의 율법을 공공연히 어기는 사람들과 어울리셨기 때문에 그분을 먹기 좋아하는데다 술꾼(7:34)이라고 불렀다. 그분은 그들의 엄격하고 율법적인 체제를 따르지 않았기 때문에 불순한 혁명가였다. 그분은 자칭 종교적 예법의 수호자들보다는 잃어버린 자들과 어울릴 때 더 기뻐하셨다. 그분은 그들의 사회 속으로 거룩한 진출을 하신 게 아니었다. 그분은 그들과 함께하는 시간을 즐기면서 많은 시간을 보내셨다. 그리고 그들을 그분의 왕국에 기꺼이 받아들이셨다. 그러니 죄인들이 예수님 주변에 있고 싶어했던 게 뭐 놀랄 일인가?

종교계에 있는 동료들이 도전했을 때 예수님은 그걸 기회 삼아서 그들과 제자들에게 사역의 진정한 본질과 왕국에 대한 하나님의 비전에 대해 가르치셨다. 예수님은 짤막한 두 개의 비유를 들어 율법주의적인 친구들에게 조금 유연해지고, 사랑하기 힘든 사람들을 사랑하며, 죄인들을 정죄하기보다는 구원하는 방법을 배우고, 천사들과 함께 춤을 추라고 넌지시 권하시면서 천국의 요체를 드러내셨다.

—15:1—

누가의 첫 문장은 구체적인 장소를 제시하지 않고 있으며, "가까이 나아오니"라는 구절을 사용하고 있다. 따라서 이 문장은 이스라엘 사회에서 버림받은 자들 사이에 예수님에 대한 신뢰가 커져가는 것을 보여주는 요약문이다. 그들의 신뢰를 얻기란 쉬운 일이 아니었다. 성전은 이 사람들을 버렸기 때문에 그들도 성전을 버렸다. 예수님이 세상에 계실 즈음에는 똑같이 죄 많고, 요지부동이며, 상호 적대적인 무리들이 크게 둘로 갈라졌다. 종교 지도자들이 한 편에 서서 "인간쓰레기들!"이라고 외치면, 세리와 죄인들은 "위선자들!"이라고 맞받아쳤다. 절대 변하지 않는 것들이 있다.

세 가지 이야기 가운데 처음 두 이야기에서 예수님은 독선적인 도덕성에 두들겨 맞은 사람들이 감추고 있는 감정의 두꺼운 가죽을 뚫고 들어가기란 여간 어려운 게 아니라는 것을, 거의 불가능하다는 것을 아시면서 죄인들의 필요에 호소하셨다. 온전히 의로우신 단 한 분이신 예수님은 비결을 아셨다. 그분은 높은 의의 기준을 유지하면서 자신과 성전 지도자들을 구별해야만 그들의 신뢰를 살 수 있다는 것을 아셨다. 수개월 동안, 예수님은 친근하게 접근할 수 있는 이미지를 쌓으셨다. 예수님은 도덕적으로 타협하지도 않고 그렇다고 율법을 지키지도 않으시면서, 반종교적인 유대인들과 어울리시고, 그들을 있는 그대로 받아들이시며, 그들의 필요를 돌보시고, 위선적인 정죄에 대해 그들 편을 들기까지 하시면서 종교 지도자들의 위선에 차근차근 도전하셨다. 그분의 일관된 모습은 결실을 맺었다. 그들은 "말씀을 들으러 가까이 나아"왔다.

—15:2—

서기관들과 바리새인들을 갈라놓은 거대한 경계선의 반대편에는 "그 땅 백성"이라고 일컬어지는 죄인들이 있었다. 이 말은 특히 70년 동안의 바벨론 유수에서 이스라엘 백성들을 이스라엘로 데리고 돌아온 스룹바벨, 에스라, 느헤미야에게는 조롱의 말이 되었다. 이 경건한 잔존자들이 성전을 재건하고 예루살렘 성벽을 강화하려고 애를 쓸 때 주변 지역에 거주하던 혼혈인들의 저항에 부딪혔다(스 4:4, 10:2, 11, 느 10:28–31). 순수 혈통을 가진 유대인들의 국가가 지배력을 회복하는 과정에서 사회적, 종교적 엘리트들은 그 말을 그 외 다른 모든 유대인들을 가리키는 데 사용했다. 예수님 시대에 이르러서 서기관들과 바리새인들은 그들의 전통을 지키지 않는 유대인들을 사마리아인들과 이방인들처럼 업신여기면서 모두 배척했다.

역설적이게도 주님은 앞 단락을 "들을 귀가 있는 자는 들을지어다"(14:35)라고 초청하시며 끝내셨다. 소외된 자들은 "말씀을 들으러 가까이 나아오"는 것으로 화답했다. 이와는 대조적으로 서기관들과 바리새인들은 수군거렸다(불완전 시제). "수군거리다"로 번역된 단어는 *gongyzō*라는 동사의 강조형이다(*Gongyzō*를 조용히, 낮은 어조로 여러 번 소리 내어 말해보라. 정말 수군거리는 소리로 들린다). 그들은 예수님이 이 탐탁지 않은 사람들을 '영접'했다고 비난했다. "영접하다"로 번역된 헬라어 동사는 '다정히 맞이하다'와 '기대하다, 기다리다'라는 두 가지 주된 의미를 가지고 있다. 예수님은 죄인들과 함께하기를 갈망하셨고, 그들이 의심을 극복하기를 기다리셨으며, 그들을 뜨겁게 품으셨다. 주님은 그들과 함께 어울리기까지 하셨다!

—15:3—

예수님은 그 거대한 경계선 위에서 한편에서는 연회의 웃음소리를, 다른 한편에서는 종교 권위자들이 아연실색해서 투덜대는 소리를 들으며 서 계셨다. 거기에서 상실과 구원, 분리와 화해에 대한 세 가지 비유가 만들어졌다. 첫 번째 비유는 목자와 잃어버린 양의 이야기(4-7절), 두 번째는 잃어버린 동전을 찾는 여인에 대한 이야기(8-10절), 세 번째는 한 아버지와 반항적인 두 아들에 관한 아주 감동적인 이야기다(11-32절). 각각의 이야기는 모두 종교 전문가들에게 하나님의 마음을 잠깐이라도 들여다보게 하려는 의도를 가지고 있다.

청중을 주목하라. 그들은 수군대는 '바리새인들과 서기관들'을 가리킨다.

—15:4-7—

종종 그러셨듯이 예수님은 흠 많은 인간의 선한 행위를 이야기하시면서 인간보다 월등한 하나님의 선하심을 예시하셨다. 4절에서 주님이 던지신 반어문은 잃어버린 한 마리의 양을 찾는 목자의 측은지심을 강조한다. 목자가 백 마리 중 잃어버린 한 마리의 손실을 용인하지 않는 것과 마찬가지로, 주님은 한 영혼을 잃어버리는 것을 용납하지 않으신다. 더구나, 이 이야기는 하나님이 한 사람 한 사람을 지극히 소중히 여기신다는 내용을 전달한다. 버려도 되는 사람은 없다. 교회를 떠나 방황하는 어리석은 자일지라도.

예수님은 이 예화를 가지고 천국의 마음을 드러내셨다. 하나님과 그분의 천사들은 한 사람 한 사람을 소중히 여기기에 잃어버린 영혼이 돌아왔을 때 기뻐한다. 그분은 이 들뜬 행복감을 "회개할 것 없는 의인"에 대해 느끼는 기쁨과 비교하셨다. 실제로 그런 사람들은 존재하지 않는데도 바리새인들은 스스로를 길을 잃지 않은 99마리의 "신실한" 양으로 생각했다. 예수님은 부득이 그들의 결함 많고, 독선적인 시각을 그대로 두셨다. 이 상황에서 그분은 요지에서 벗어나기를 원치 않으셨다. 하나님은 이스라엘의 종교 권위자들이 경멸하는 죄인들을 소중히 여기신다.

—15:8-10—

예수님은, 아마도 바리새인들과 서기관들이 가만히 있었기 때문에, 두 번째 이야기로 넘어가셨다. 여기서 다시 예수님은 동전을 잃어버린 여인의 반응에 대해 반어법으로 인간의 상식적인 예절 의식에 호소하셨다. 그 동전은 한 드라크마짜리로, 하루 일당 또는 양 한 마리 값에 해당하는 헬라 은화였다. 그다지 많지 않은 액수였지만 여인은 그것을 찾을 때까지 다른 일을 모두 중단하고 집 안을 샅샅이 뒤졌다.

두 이야기 모두 유사한 단어를 사용하면서 무언가를 찾는 이야기가 들어 있고, 기뻐하는 것으로 끝나며, 강조점만 약간 다를 뿐이다. 예수님은 이 비유를 가치의 개념을 전달하기 위해 말씀하셨다. 하나님은 사람들(모든 사람을 한 사람 한 사람 특별하게)을 사랑하시기에 잃어버린 죄인들의 회개를 소중히 여기신다.

하나님께 버림받았다고 생각하는 사람에게 이런 소식이 어떤 영향을 미칠지 잠시 멈추고 생각해보라. 나락으로 떨어져 자포자기한 자들에게는 선한 사람들이 그들을 탐탁지 않게 생각한다는 사실을 일깨울 필요가 없다. 결국, 그들은 차갑고 공허한 시선 뒤에 수치심을 감춘 채 세상 사람들에게 그들이 유일하게 신뢰할 수 있는 동반자(죄)를 심판할 테면 해보라고 덤빈다. 그들은 의인들 중에서 도움을 찾겠지만 말끔하게 차려 입은 교인들은 경건한 척하는 것으로 보일 수 있고, 한 가지 짐을 다른 짐과 맞바꾸는 것만을 약속하는 종교를 신봉하는 경우가 다반사다. 그러니 그들이 종교적인 것과는 거리를 둔다고 해서 놀랄 일은 아니다.

두 가지 짤막한 이야기로 예수님은 마음이 강퍅한 죄인들(칵테일 잔에서 희망을 찾고 하룻밤을 즐기는 데서 위안을 찾는)에게 하나님이 그들을 버리지 않으셨음을 재확인해주셨다. 그분은 옆길로 벗어나지 않은 자들과 똑같이, 더는 아닐망정, 그들을 소중히 여기시기에 정말로 그들을 찾고 계신다.[28] 그리고 그분은 종교적으로 올바른 자들에게 잃어버린 자들을 찾는 게 잘못이 아님을 보여주셨다. 잘못은커녕 잃어버린 자들을 찾으려고 아들은 이 땅에 오셨다(19:10 참고). 더구나 하나님 아버지는 단 한 사람만 찾아도 기뻐하신다.

적용

긍휼 먼저, 전도는 그다음

당신이 진심으로 전도를 하고 싶다면 몇 가지 제안을 해주고 싶다.

하나님의 은혜로 그분의 자녀가 된 우리 모두를 위한 첫 번째 제안이다. 잃어버린 자들의 세계와 접점을 유지하라. 그들과 어울리기 위해서만은 아니다. 우리에게 그들이 필요한 까닭이다.

불신자들은 우리를 정직하게 해준다. 그들은 우리의 거짓을 집어낸다. 그들은 우리의 기독교적 언어에 감동받지 않는다. 실제로, 당신이 그리스도인들만의 배타적인 세계에 너무 오래 머물면, 세상에서 그리스도를 필요로 한다는 사실에 무뎌질 것이고, 창의적인 생각을 하지 못하게 될 것이다.

둘째, 비그리스도인들을 잘 대우하라. 그들에게 빚진 돈이 있으면 갚으라. 그들이 당신을 험담하는 말을 들었다면, 우리가 죄인을 용서해야 한다는 사실을 기억하고 반격하지 말라. 그들의 생활이 당신을 질리게 하면 그들이 아는 게 그것뿐임을 이해하라. 판단을 멈추고 사랑하라. 그리고 그들에게 잘하라.

셋째, 인내하라. 하나님이 일하신다는 사실을 기억하라. 은혜로 그들을 용서하시든, 아니면 마지막 때에 그들의 죄를 심판하시든 그분이 그들의 행동과 결정을 책임지실 것이다. 어느 쪽이든 그들은 그분 소관이지 당신 소관이 아니다. 강요하지 말라. 언제든 도움을 줄 태세를 갖추고 있으라. 그리고 인내하라.

내 경험에 의하면 결국 사람들은 긍휼에 반응한다. 당신이 그들에게 얼마나 관심이 있는지를 사람들이 알게 되면 당신이 전한 복음은 그들의 가슴 속에 둥지를 틀 것이다.

한 지붕 밑 두 반항아(누가복음 15:11-32)

11또 이르시되 어떤 사람에게 두 아들이 있는데 12그 둘째가 아버지에게 말하되 아버지여 재산 중
에서 내게 돌아올 분깃을 내게 주소서 하는지라 아버지가 그 살림을 각각 나눠 주었더니 13그 후 며
칠이 안 되어 둘째 아들이 재물을 다 모아 가지고 먼 나라에 가 거기서 허랑방탕하여 그 재산을 낭
비하더니 14다 없앤 후 그 나라에 크게 흉년이 들어 그가 비로소 궁핍한지라 15가서 그 나라 백성 중
한 사람에게 붙여 사니 그가 그를 들로 보내어 돼지를 치게 하였는데 16그가 돼지 먹는 쥐엄열매로
배를 채우고자 하되 주는 자가 없는지라 17이에 스스로 돌이켜 이르되 내 아버지에게는 양식이 풍족
한 품꾼이 얼마나 많은가 나는 여기서 주려 죽는구나 18내가 일어나 아버지께 가서 이르기를 아버지
내가 하늘과 아버지께 죄를 지었사오니 19지금부터는 아버지의 아들이라 일컬음을 감당하지 못하겠
나이다 나를 품꾼의 하나로 보소서 하리라 하고 20이에 일어나서 아버지께로 돌아가니라 아직도 거
리가 먼데 아버지가 그를 보고 측은히 여겨 달려가 목을 안고 입을 맞추니 21아들이 이르되 아버지

내가 하늘과 아버지께 죄를 지었사오니 지금부터는 아버지의 아들이라 일컬음을 감당하지 못하겠나이다 하나 [22]아버지는 종들에게 이르되 제일 좋은 옷을 내어다가 입히고 손에 가락지를 끼우고 발에 신을 신기라 [23]그리고 살진 송아지를 끌어다가 잡으라 우리가 먹고 즐기자 [24]이 내 아들은 죽었다가 다시 살아났으며 내가 잃었다가 다시 얻었노라 하니 그들이 즐거워하더라

[25]맏아들은 밭에 있다가 돌아와 집에 가까이 왔을 때에 풍악과 춤추는 소리를 듣고 [26]한 종을 불러 이 무슨 일인가 물은대 [27]대답하되 당신의 동생이 돌아왔으매 당신의 아버지가 건강한 그를 다시 맞아들이게 됨으로 인하여 살진 송아지를 잡았나이다 하니 [28]그가 노하여 들어가고자 하지 아니하거늘 아버지가 나와서 권한대 [29]아버지께 대답하여 이르되 내가 여러 해 아버지를 섬겨 명을 어김이 없거늘 내게는 염소 새끼라도 주어 나와 내 벗으로 즐기게 하신 일이 없더니 [30]아버지의 살림을 창녀들과 함께 삼켜 버린 이 아들이 돌아오매 이를 위하여 살진 송아지를 잡으셨나이다 [31]아버지가 이르되 얘 너는 항상 나와 함께 있으니 내 것이 다 네 것이로되 [32]이 네 동생은 죽었다가 살아났으며 내가 잃었다가 얻었기로 우리가 즐거워하고 기뻐하는 것이 마땅하다 하니라.

돌아온 탕자의 비유는 예수님이 하신 이야기 중에서 아마도 가장 유명하면서도 가장 제대로 이해되지 못한 이야기일 것이다. 이 이야기는 독자들이 부모 말을 안 듣는 아들의 선택 속에 반영된 자기들의 경험을 쉽게 볼 수 있고, 아버지가 그 아들에게 보여준 은혜를 그들도 갈망하기에 독자들에게 깊은 반향을 일으킨다. 더구나 우리는 누구나 그 고집스러움으로 인해 깊은 상처를 입은 사람들을 알고 있다. 그래서 용서에 관한 이 감동적인 이야기는 그 온유하고 자애로운 아버지(이야기의 진정한 주인공인)를 본받으라고 도전한다. 그러나 우리 모두가 알고 있는, 얼굴을 찌푸리고, 손가락질을 하고 있는 인물, 화해의 멋진 이야기를 기어이 망치고야 마는 심통 사나운 적이 숨어 있다.

이 형은 누구를 나타내는가? 답은 뻔하면서도 뜻밖이다!

이 이야기는 3막으로 펼쳐진다.

1막: 탕자와 기다리는 아버지(12-16절)

2막: 뉘우치고 회복되다(17-24절)

3막: 억울해하는 형과 통찰력 있는 아버지(25-32절)

—15:11—

돌아온 탕자의 비유는 소중한 것을 되찾는 세 이야기 가운데 세 번째다. 처음 두 개의 이야기에서는 어리석은 양이 길을 잃고 헤매고, 동전 한 닢이 여인의 집 어딘가로 굴러들어간다. 열심히 찾은 끝에 잃었던 것을 되찾은 주인은 가족과 친구들을 초대해 기쁨을 나눈다. 이 세 번째 이야기는 비슷한 요소들을 포함하고 있으면서도, 앞의 두 이야기와 확연히 다르다.

예수님은 처음 두 개의 비유를 반어로 시작하시면서 청중들로 하여금 잃어버린 죄인들을 찾으시는 하나님과 동질감을 느끼게 하셨다. 세 번째 비유에서는 "어떤 사람에게 두 아들이 있는데"라는 단순하고 진지한 진술로 시작하면서 패턴을 깨셨다. 이제 내용이 더 심각해졌다. 잃어버린 양은 단념할 수 있고 잃어버린 동전은 대체할 수 있지만 아들이라면 이야기가 다르다. 게다가 도덕적인 요소가 심각성을 더한다. 양들은 대열을 이탈하고 동전은 굴러간다. 그냥 특성에 따라서 움직인다. 그러나 아들들은 자기들의 선택에 책임이 있다. 하나님은 잃어버린 자들을 어떻게 다루시는가?

—15:12-13—

히브리인들의 재산 분배 절차는 단순하다. 가장은 생존해 있는 아들들에게 재산을 고루 분배하는데, 맏아들은 두 배를 받으면서 가족의 지도자로서 가장의 자리를 승계할 권리를 받는다. 모세의 율법과 유대인의 관습은 다른 자식을 편애한다는 이유로 이 전통을 어기는 걸 금했지만(신 21:15-17), 다른 면에서는 어느 정도 융통성이 허용되었다(민 27:8-11). 후대에 와서는 전통이 더 유연해져서 죽기 전에 일종의 소기 상속으로 재산을 분배하는 게 허용되었다. 가장은 자유 의지로 이것을 선택할 수 있었지만 자식이 자기의 상속분을 요구하는 것은 가당치 않고 당돌한 반항적인 행위였다. 자기의 상속분을 미리 요구함으로써 그 둘째 아들은 사실상 아버지와 결별한 것이다. 그 이후로는 아무 관계도 없고, 아버지의 권위에 순종하지도 않으며, 가족의 전통을 계승할 의무도 없고, 교류도 없을 터였다. 한마디로, 그는 아버지를 이미 죽은 사람으로 대했다.

이야기 속의 아버지는 처음부터 자비로운 사람으로 나온다. 구약의 율법에 의하면 그 아들은 "완악하고 패역"했고, 그런 아들은 마을 장로들에게 공개적인 질책을 받아 마땅했다(신 21:18-21). 그런데 그 아버지는 기꺼이 맏아들에게 재산의 3분의 2를 주고 남은 재산을 팔아 둘째 아들에게 현금으로 주었다. 그 어린 청년은 수레에 자기 소지품과 현금 뭉치를 싣고, 아마도 건너 간 다리를 불태우면서, 집에서 가능한 멀리 갔다.

그 철부지 청년은 주머니에 두둑한 돈과 머릿속에 가득 찬 꿈이, 비록 두 가지 모두 그리 대단하지는 않았지만 있었다. 방탕하게 살고 싶은 꿈은 실현되었지만, 자금은 금방 바닥이 났다. "허랑방탕하여"라는 형용사는 *asōtōs*라는 헬라어인데, 원래는 '치유할 수 없는'이라는 뜻이었다가 나중에 문란하다는 의미를 강하게 암시하는 '낭비하는'이라는 뜻으로 사용되었다. 다시 말해서 그 소년이 단순히 돈을 다 써버렸다거나 어리석은 투자를 했다는 뜻이 아니다. 그는 자기의 일탈을 부채질하는 데 그것을 다 써버렸다.

—15:14-16—

돈이 거의 바닥났을 즈음 심한 기근이 들어 그는 수입이 없어졌다. 이것은 단순한 경기 침체나 불황이 아니었다. '흉년'이라는 말을 들으면 고대 사람들은 가슴이 철렁 내려앉았다. 역사가들은 굶주린 사람들이 살아남기 위해 풀, 신발 가죽, 쓰레기, 심지어는 죽은 지 얼마 안 되는 이웃 사람들의 인육까지 먹는 기괴한 상태로까지 전락했다고 기록한다. 서기관들과 바리새인들은 이런 흉년을 죄에 대한 천벌이라고 생각했었다.

어떻게든 살아남기 위해 소년은 품팔이로 돼지를 먹이는 일(히브리인들은 말할 것도 없고 이방인들도 대부분 꺼리는)을 얻었다. 예수님의 청중들은 그가 의식적으로 부정해진 것을 생각하며 질색을 했지만 그 반항아는 아마 개의치 않았을 것이다. 어쨌든 그는 이방 나라에서 방탕한 삶을 살고 싶어서 이전의 생활을 거부했다. 그러나 결국에는 굶어 죽을 수 없다는 절박감에 정신이 번쩍 들었다. 돼지 주인은 임금을 거의 주지 않아서 그는 돼지가 먹는 쥐엄열매가 부러울 지경이었다. 쥐엄열매는 가죽처럼 질긴 꼬투리 안에 들어 있는 딱딱하고 콩같이 생긴 씨앗으로 사람은 먹기 힘들고 가축들에게도 할 수 없을 때만 주었다.

—15:17-19—

반항에 대한 자책은 소년을 움직이지 못했다. 방탕에 대한 후회가 그의 양심에 경종을 울린 게 아니었다. 돼지를 친다는 수치심이 유대인인 그의 양심에 거리낀 게 아니었다. 그러나 돼지가 자기보다 더 나은 삶을 살고 있다고 깨닫는 순간 불꽃이 확 일듯 의식이 명료해졌다. 17절의 "스스로 돌이켜"라는 말은 제정신이 들었다는 말이다. 어떤 현자가 썼듯이, "고통은 반항하는 마음의 요새에 현실의 깃대를 꽂는다." 그 소년은 돼지를 보면서 자기 아버지 집의 하인들을 떠올렸다. 너무나 비교되는 현실에 그럴듯한 해결책이 떠올랐다.

그가 연습하는 말에서 묻어나는 겸손에 주목하라. 그는 자기의 무례를 축소하거나, 정당화하거나, 책임을 전가하지 않고 인정했다. 그는 "실수였습니다"라고 말하지 않았다. 그는 도덕적으로 그릇된 선택(아버지와 하나님으로부터 멀어지게 한)을 한 것에 대해 책임을 졌다. 그는 자기가 내린 결정의 결과도 인정했다. "아버지의 아들이라 일컬음을 감당하지 못하겠나이다"라는 그의 고백은 상투적인 말이 아니었다. 사실이었다. 그는 법적으로 그 아버지의 아들 자격을 상실했다. 이와 같은 상황에서 후대의 유대인 전통은 부모가 자기 자녀의 장례를 치르는 것을 허용했다. 뿐만 아니라, 아들이 자비를 구하는 것은 아버지에게 공평하지 않았다. 그는 거만한 기대를 죄와 함께 돼지우리에 버리고 떠났다. 그는 아들로 다시 받아달라고 하지 않고 고용인이 되겠다고 제의했다.

소년의 말 속에서 성숙, 책임감, 겸손 그리고 그가 상처를 준 이들에 대한 긍휼한 마음이 묻어났다. 그는 정말 '정신을 차렸다.'

—15:20-24—

17절은 이렇다. "스스로 돌이켜." 20절은 말 그대로 이렇게 시작한다. "아버지께로 돌아가니라." 소년이 없는 동안 그의 아버지는 일상을 이어가며 지평선을 항상 살폈다. 우리의 하나님 아버지에 관한 이 이야기 속에서 하나님은 팔짱을 끼고 못마땅한 얼굴로 눈살을 찌푸린 모습으로 그려져 있지 않다. 어느 날 그는 지평선 멀리에서 아들의 모습을 발견했다. 그 어리석은 소년이 천천히 다가오는 것을 기다릴 수 없었던 아버지는 체면 불구하고 돌아온

아들을 맞이하러 뛰어갔다. 중동 지역의 아버지로서는 있을 수 없는 행동이었다.

겉옷을 끌어올리고 그 한심한 아들을 만나러 뛰어가면서 체면을 구길 대로 구긴 것으로도 모자란 듯 그는 "목을 안고" 입을 맞추었다. *Kataphileō*라는 헬라어 동사는 그것만으로도 "입을 맞추다"라는 뜻을 가지고 있는데도 누가는 미친 듯이 키스를 퍼붓는 모습을 묘사하기 위해 이 구절들을 한데 묶었다(창 33:4, 45:14, 행 20:37).

사람들은 길고 엄격한 근신 기간을 갖는 제도를 만들었지만 하나님은 죄인들을 즉석에서 받아들이신다. 그 아들은 아버지가 아들을 회복시킬 때까지 아무 말도 할 수 없었다. 지평선 위에 아들이 나타난 것 외에 더 이상의 회개는 필요 없었다. 그 너그러운 아버지는 당장 아들에게 회복된 신분을 상징하는 세 가지 징표를 주었다. 옷, 가락지, 신발. 그리고 주님의 청중들은 모두 그것이 내포하는 의미를 알았다.

아들에게 주어진 옷은 스톨로(*stolē*), 즉 보통 왕족이나 신분이 높은 사람들이 길게 내려뜨려 입는 옷이었다. 뿐만 아니라 그것은 귀빈을 위해 예비된 특별한 옷이었다. 가락지에는 가문의 문장이 새겨져 있었는데 그것은 단지 권위의 상징만이 아니었다. 이 인감은 가족을 대표해서 사업을 할 수 있는 실질적인 권한을 부여했다. 신발은 마무리였다. 이것은 딱히 큰 의미는 없다. 가난한 사람들은 신발이 없었고 그 남자의 아들은 이제 가난하지 않았다.

그 아버지는 15장 6절 그리고 9절과 비슷한 말로 회복의 행위를 강조했다. 잃어버린 것을 이제 찾았다. 그것만으로도 축하할 일이었다. 고대의 가정은 보통 특별한 때를 대비해 가축 중에서 한 마리를 골라 포동포동하게 살을 찌웠다. 그런 가축들은 특별한 우리 안에 가두고 달포 남짓 밀을 먹였다. 잘 먹인 송아지는 몇 십 명을 먹였을 테니 그 아버지는 큰 잔치를 계획했을 것이다.

이것이 이야기의 결말이어야 했다. 첫 번째 비유에서 목자는 잃어버린 양을 찾았고 모두 기뻐했다. 두 번째 비유에서 그 여인은 잃어버린 동전을 찾았고 모두 기뻐했다. 탕자가 돌아왔고 모두 기뻐했다…단 한 사람만 제외하고.

3막의 시작이다.

—15:25-27—

탕자는 이국땅에서 가족의 재산 가운데 자기 몫을 탕진했고, 형은 가족의 기업을 돌봤다. "밭에 있다가"라는 말은 노고와 책임을 나타낸다. 이 표현은 그 외에도 큰아들이 습관적으로 늘 밭에 나갔다가 들어왔음을 암시한다. "물은대"라고 번역된 동사는 "질문을 해서 정보를 얻다"라는 뜻이며, 불완전 시제는 이 행위의 시작 또는 어느 정도 시간이 걸린 행위를 나타낸다. 이것을 다르게 표현하면 다음과 같다.

> 온 가족이 그 '망나니 아들'이 돌아온 것을 축하하고 있을 때 책임감 있는 아들이 가족의 기업을 돌보는 하루 일과를 마치고 집으로 돌아왔다. 그는 떠들썩하게 기뻐하는 소리를 듣고 종 하나를 구석으로 불러서 캐묻기 시작했다(나의 의역).

그 종은 큰아들에게 당연하다는 듯 간략히 요점만 간추려서 말했다.

—15:28-30—

춤과 주악에 대한 이유를 들은 형은 화가 머리끝까지 치밀었다. *Orgizō*라는 말은 격분하는 모습을 나타낸다. 이 동사에서 나온, 보통 '분노'로 번역되는 명사는 점점 끓어오르다가 갑자기 넘치는 주전자의 끓는 물과 같은 감정 상태를 나타낸다.

아이러니하게도 그 탕자 동생이 "나가" 있었을 때 그 형은 "안에" 있다고 느꼈다. 그런데 탕자가 집 안에서 축하연을 하자 형은 들어오기를 거부했다. 그리고 다시 한 번 그 아버지는 "밖"에 있는 형을 먼저 찾아 나섰다. 그는 "권하기" 시작했다. 이 헬라어는 *parakaleō*인데, 누가복음에서 '간청하다'라는 뜻으로 여러 차례 사용되었다(7:4, 8:31, 32, 41).

이에 대하여 그 형은 자기가 그 동안 성실하게 봉사했으며 아버지의 명령을 한 번도 어기지 않고 순종했다고 말했다. 그 사실을 강조하기 위해서 그는 *douleuō*라는 단어를 사용했는데, 이것은 '노예'라는 뜻의 명사 *doulos*의 동사형이다. 그는 말했다. "내가 여러 해 아버지를 섬겨." 자기의 도덕적 우월성을 강조하려고 그는 자신의 가치와 탕자의 무가치함을 비교했다. 그가 동생을 어떻게 일컫는지 눈여겨보라. "내 동생"이 아니라 "이 아들"이다. 그리고 형이 윤색해서 말한 것에 유의하라. "아버지의 살림을 창녀들과 함께 삼켜 버린." 주님의 이야기에는 창녀 이야기가 나오지 않고 그 의미 속에 죄를 함축하고 있는 낭비만 언급하셨으므로, 그가 특별히 열거한 것은 추측에 불과할 뿐이었다. 교만은 종종 추잡한 상상을 동반한다.

잔치에 대한 그의 분노는 동생보다는 더 깊은 정의의 문제와 연관이 있었다. 탕자는 '귀향 환영' 축하를 받을 자격이 없었다. 그는 아무리 못해도 재판을 받고, 선고를 받고, 파문을 당해야 마땅했다. 율법은 돌로 쳐 죽이도록 되어 있었다!(신 21:21) 상을 받을 사람이 있다면 그것은 성실한 형이었다.

인정할 건 인정하자. 그 형의 항변에는 타당한 면이 있다. 그는 실제로 가족의 필요를 돌보고 모름지기 효자로서 순종하는 삶을 살면서 아버지 곁에 남아 있었다. 그는 필시 동료들과 온 마을의 인정을 받았을 것이다. 사실, 방탕한 동생에 비하면 그는 성자처럼 보였다. 그런데 어째서 그는 축하를 받으면 안 되는가? 둘째 아들은 마치 지은 죄에 대해 상을 받는 것처럼 보인다. 그건 불공평하다.

정의에 대해 큰 아들이 표한 우려에는 더 깊은 문제가 드러나 있다. 그와 아버지와의 소원한 관계가 그것이다. 그의 무례한 말은 뿌리 깊은 특권 의식을 보여준다. 그가 아버지를 섬기고 순종한 동기는 아버지를 사랑해서가 아니라 얻을 이득을 위해서였다. 그는 분명히 꼼꼼하게 기록했을 것이다. 그는 제공한 서비스에 대해 보상을 받는 제도로 부자 관계를 축소시키려고 했다. 그뿐 아니라 그는 자기 아버지가 소중히 여기는 것들을 존중하지 않았다. 그렇지 않으면 자기도 그것들을 소중히 여겼을 것이다. 결국, 그를 아들이 아닌 고용인의 위치로 전락시킨 것은 그의 태도였다.

분명한 것은, 큰아들은 하나님과의 관계에 있어서 바리새인들과 유사한 특성을 많이 가지고 있다는 사실이다. 애초에 이 일련의 비유들이 탄생하게 된 것도 그들의 투덜대는 소리 때문이었다(15:2). 그 형처럼 그들은 세리와 죄인들이 회개하는 것을 기뻐하기는커녕 주님이 그들을 영접하시는 것을 반대했다. 분명, 그들은 주님의 질타에 뜨끔했을 것이다.

—15:31-32—

아버지의 대답은 비애에 젖어 슬픔과 실망을 드러낸다. 그는 우선 그들 관계의 본질을 규명하면서 형평성의 문제를 다룬다. 고용인들은 제공한 행위에 대한 보상만 받는 형평성에 따라 움직인다. 자식들은 아버지가 가진 모든 것을 마음대로 쓰면서 은혜 안에서 산다. 그 맏아들은 원하기면 하면 언제라도 송아지를 잡아서 친구들과 잔치를 벌일 수 있었다. 재산을 상속받은 아들이었으므로 가축 떼 전부가 그의 것이었다!

그 아버지는 다음으로 가치의 문제를 다뤘다. 아버지는 재산보다 아들의 생명을 더 소중히 여겨서 탕진된 재산에는 별로 관심을 갖지 않았던 반면에, 맏아들은 형평성에 대한 이슈를 잠시 접고 동생의 귀환을 축하할 수 없었다. 이 사실로 미루어보건대 그 형 역시 실제로 그 나라를 떠났던 탕자 못지않은 고집스러운 죄인임이 분명히 드러났다.

슬프게도 한 지붕 밑에 두 반항아가 살고 있었다. 다만 반항의 방식이 달랐을 뿐이다. 그러나 마침내 그 아버지는 처음으로 진정한 아들을 얻었다. 회개와 용서가 은혜 속에 뿌리를 내린 진정한 부자 관계를 탄생시켰다. 그러나 또 다른 아들의 미래는 예수님의 이야기가 끝날 때까지 불투명하게 남아 있다. 주님은 아마도 바리새인들의 반응을 이끌어내려고 결말을 미정으로 남겨두셨을 것이다. 첫 번째 비유에서(3-7절) 그 목자는 함께 기뻐하기 위해 "그 벗과 이웃을 불러 모"았다. 두 번째 비유에서(8-10절) 그 여인은 함께 기뻐하기 위해 "벗과 이웃을 불러 모"았다. 두 이야기 모두 거의 같은 언어를 사용하는데, 이는 모든 사람들이 화답했음을 시사한다. 그들이 화답하지 않을 이유가 무엇이겠는가?

"기뻐하는 것이 마땅하다"는 아버지의 설명은 아들에게 선택을 요구했다. 자기 식의 반항을 계속할 것인지, 회개하고 함께 기뻐할 것인지.

흥미로운 것은 스스로를 큰아들에게 대입시키는 사람들을 좀체 보기 어렵다는 점이다. 거의 모든 사람이 탕자에게 필요한 은혜에는 공감한다. 그리고 자기들의 악하고 이기적인 방황에 대해 그 아버지가 보여준 태도를 갈망한다. 성숙한 그리스도인일수록 사랑하는 사람과 관계가 소원해지면서 받은 깊은 상처를 용서하는 법을 배워야 하기 때문에 그 아버지와 동질감을 느낀다. 그러나 큰아들의 교만한 특권 의식을 자기도 가지고 있다는 사실을 깨닫는 사람은 지극히 드물다.

사실, 우리는 세 사람의 역할을 다 한다. 우리는 하나님의 용서를 받아야 하는 어리석은 죄인들로서, 우리가 해를 끼치고 마음을 아프게 한 사람들에게 많은 사과의 빚을 지고 있다. 아버지의 예는 다른 사람들에게 마음을 다해 은혜를 베풀 것과 지혜롭게 빨리 그들을 회복시킬 것을 요구한다. 그러나 모든 사람의 마음속에는 선행에 대한 보상을 받을 권리만 생각하면서 부루퉁해 있는 형이 도사리고 있다는 추악한 현실을 간과해서는 안 된다. 우리는 우리가 신실할 때 시련이 닥치면 억울해한다. 우리는 은혜를 특권으로 여기고 정의가 마치 우리의 권리인 양 적용한다. 다른 사람의 기쁨에 동참하는 데 우리는 얼마나 인색한가! 다른 사람이 회개할 때 우리는 얼마나 의심의 눈초리로 보는가!

큰아들의 손가락질에 주의하라. 그 손가락은 당신의 손가락이고 당신을 닮은 모든 것을 가리키고 있다.

적용

두 반항아, 회개한 한 사람

탕자의 비유는 한 명이 아닌 두 반항아에 관한 이야기다. 한 아들은 공개적으로 죄를 지었고, 다른 한 명은 자존심이 강하고, 이기적이며, 비판적인 성품을 숨기기 위해서 겉으로는 착실한 체했다. 둘 다 방향은 다르지만 십자가 앞으로 나아가야 했다. 그래서 나는 방종한 죄인들을 사랑하는 사람들에게 유용한 행동 지침이 될 두 가지 원칙을 찾아냈다.

첫째, 못된 반항아들은 회개를 하려면 자기들의 미친 짓으로 인한 괴로운 현실을 직시해야 한다. 그런 반항아들을 사랑하는 사람들에게 가장 중요한 것은 인내심이다. 우리는 귀가 닳도록 잔소리하고, 압력을 가하고, 간청하고, 뇌물을 줄 수 있다. 그러나 그런 행위는 그들이 맞닥뜨려야 할 진리를 보지 못하게 방해할 뿐이다. 그러기보다는 그들이 진 짐을 가중시키지 말고 죄의 보응으로 그들의 어리석음이 깨어지게 두어야 한다. 그런 다음, 그들이 준비가 되었을 때 은혜로 영접해야 한다.

둘째, 훌륭한 반항아들은 자기들의 교만이 얼마나 추악한지를 봐야 회개할 수 있다. 이런 자들을 사랑하려면 용기가 가장 중요하다. 반발, 교묘한 조정, 위협에도 아랑곳하지 않고 할 말을 해야 한다. 그들이 교만에 대한 불편한 진실을 듣지 않는 듯 보일지라도 사랑으로 포장된 우리의 말을 성령이 도구로 사용하셔서 그들의 자아를 에워싸고 있는 방어벽을 무너뜨리실 수 있다. 그리고 훌륭한 반항아들이 회개할 마음이 들었을 때에는 친절을 베풀어야 한다.

인생에서 가장 중요한 것(누가복음 16:1–18)

1또한 제자들에게 이르시되 어떤 부자에게 청지기가 있는데 그가 주인의 소유를 낭비한다는 말이
그 주인에게 들린지라 2주인이 그를 불러 이르되 내가 네게 대하여 들은 이 말이 어찌 됨이냐 네가
보던 일을 셈하라 청지기 직무를 계속하지 못하리라 하니 3청지기가 속으로 이르되 주인이 내 직분
을 빼앗으니 내가 무엇을 할까 땅을 파자니 힘이 없고 빌어 먹자니 부끄럽구나 4내가 할 일을 알았
도다 이렇게 하면 직분을 빼앗긴 후에 사람들이 나를 자기 집으로 영접하리라 하고 5주인에게 빚진
자를 일일이 불러다가 먼저 온 자에게 이르되 네가 내 주인에게 얼마나 빚졌느냐 6말하되 기름 백
말이니이다 이르되 여기 네 증서를 가지고 빨리 앉아 오십이라 쓰라 하고 7또 다른 이에게 이르되
너는 얼마나 빚졌느냐 이르되 밀 백 석이니이다 이르되 여기 네 증서를 가지고 팔십이라 쓰라 하였
는지라 8주인이 이 옳지 않은 청지기가 일을 지혜 있게 하였으므로 칭찬하였으니 이 세대의 아들들
이 자기 시대에 있어서는 빛의 아들들보다 더 지혜로움이니라 9내가 너희에게 말하노니 불의의 재
물로 친구를 사귀라 그리하면 그 재물이 없어질 때에 그들이 너희를 영주할 처소로 영접하리라

10지극히 작은 것에 충성된 자는 큰 것에도 충성되고 지극히 작은 것에 불의한 자는 큰 것에도 불
의하니라 11너희가 만일 불의한 재물에도 충성하지 아니하면 누가 참된 것으로 너희에게 맡기겠느냐
12너희가 만일 남의 것에 충성하지 아니하면 누가 너희의 것을 너희에게 주겠느냐 13집 하인이 두 주
인을 섬길 수 없나니 혹 이를 미워하고 저를 사랑하거나 혹 이를 중히 여기고 저를 경히 여길 것임
이니라 너희는 하나님과 재물을 겸하여 섬길 수 없느니라

14바리새인들은 돈을 좋아하는 자들이라 이 모든 것을 듣고 비웃거늘 15예수께서 이르시되 너희는
사람 앞에서 스스로 옳다 하는 자들이나 너희 마음을 하나님께서 아시나니 사람 중에 높임을 받는
그것은 하나님 앞에 미움을 받는 것이니라

16율법과 선지자는 요한의 때까지요 그 후부터는 하나님 나라의 복음이 전파되어 사람마다 그리
로 침입하느니라 17그러나 율법의 한 획이 떨어짐보다 천지가 없어짐이 쉬우리라

18무릇 자기 아내를 버리고 다른 데 장가드는 자도 간음함이요 무릇 버림당한 여자에게 장가드는
자도 간음함이니라.

나는 좀처럼 갱 영화를 즐기지 못한다. 아니 거의 불가능하다. 〈대부〉(*The Godfather*) 같이 스토리가 탄탄한 걸작도 나는 곤혹스럽다. 나는 늘 최악의 악당인 주인공에게 감정이입이 되기 때문이다. 그들은 음모를 꾸미고, 고문하고, 살인하고, 법망을 뚫고 도망가고, 번창한다…그들을 응원하는 것은 옳아 보이지 않는다. 옳고 그름에 대한 강한 인식 때문에 이야기의 플롯을 즐기기가 힘들다.

부당한 청지기에 관한 주님의 비유는 악당 이야기와 비슷하다. 미심쩍은 행동을 하는 정직하지 못한 사람들이 등장하고, 그것 때문에 이 이야기는 예수님의 비유 중에서 가장 해석이 어렵다. 의로운 선생이 의롭지 않은 인물들을 들어 신실한 행위를 예시하는 것은 언뜻 이해가 불가능하다. 그런데도 주님은 종종 그렇게 하셨다(11:5–8, 11–13, 18:1–5). 이 경우에 예수님은 서로를 이기려고 타락하고 악한 세상의 규율을 이용한 두 불한당에 관한 우스운 이야기를 들려주셨다. 이야기 자체는 훌륭한 풍자이고 부정적인 예를 들어 가르치는 교수법의 고전적인 본보기다. 주님은 이 비유에 '악이 지배하는 세상에서 성공하는 비결'이라고 제목을 붙이셨을 수도 있다.

그러나 몇 가지만 염두에 둔다면 이 비유를 해석하기가 한결 수월할 것이다. 첫째, 사역하시는 내내 예수님은 악의 통치(우리가 살고 있는 현재의 세상 체제)와 도래할 하나님 나라 사이의 큰 차이를 설명하셨다. 두 나라는 완전히 다른 일련의 규칙들을 바탕으로 운용된다.

둘째, 누가는 이 비유를 용서와 은혜에 관한 감동적인 이야기 바로 뒤에 배치했다. 따라서 예수님이 이 비유를 말씀하실 때에는 관계, 즉 하나님과 인간 그리고 개개인들 간의 관계를 염두에 두고 계셨다.

셋째, 예수님은 탕자의 비유를 주로 그분의 적인 서기관들과 바리새인들을 향해서 말씀하셨다. 그런데 이 가르침은, 그들이 지척에서 듣기는 했지만 그분을 따르는 자들을 향해서 말씀하셨다.

—16:1–2—

이 이야기에는 오늘날 '금융 자산 관리사'라고 불리는 전문가를 고용한 한 부자가 등장한다. 부자는 그 관리자에게 다른 사람의 사업 이윤이나 지분을 받는 대가로 돈을 빌려주기도 하는 그의 사업을 총괄하게 했다. 그런데 그 관리자는 자금을 지혜롭게 투자하기는커녕 고용주의 돈을 "낭비"했다(15장 13절과 같은 동사다). 부자는 그 사기꾼에 대한 소문을 듣고 그를 해고하겠다고 말하고 그동안의 손실을 상세히 보고할 것을 요구했다. 이 말에는 그가 법정에서든 아니면 더 직접적인 방법으로든 배상을 요구하겠다는 뜻이 담겨 있다.

무엇이 그 부자가 행동을 취하게 만들었는지 잘 보라. 그는 익명의 제보자로부터 '보고를 받았다.' 3인칭에다 수동형인 동사는 그 소문이 널리 퍼져서 결국 부자의 귀에까지 들어왔음을 나타낸다. 설상가상으로 *diaballō*라는 동사는 '악의적인 고발을 하다'라는 뜻이다. 그 관리자는 그 지역에서 평판이 좋지 않았던 게 분명하다.

—16:3–7—

그 관리자는 재빨리 자기가 취할 수 있는 방법을 궁리했다. 그는 회계 감사를 받으면 자기가 엉터리로 관리한 게 드러날 테지만 손실이 얼마나 큰지 아직 고용주가 모른다는 사실을 알았다. 그가 고용주의 마음을 사로잡아 해고를 취소하고 법정으로 끌고 가는 걸 막을 수 있는 가능성은 없었다. 그래서 밑져야 본전인 셈 치고 고용주의 손실을 최대한 줄이고, 자기에게도 배상할 돈이 조금 남을 수 있는 방법을 강구했다. 이 방법에는 그 지역의 몇몇 사람들의 환심을 사서 그의 좋지 않은 평판을 개선할 수 있다는 큰 이점도 있었다.

그는 첫 번째 고객을 불러서 총 채무액의 50퍼센트(아마도 그가 바로 갚을 수 있는 능력을 바탕으로 계산한 수치일)로 결산을 했다. 그러고서 두 번째 고객을 불러서는 80퍼센트로 계산을 끝냈다. 이야기로 미루어보건대 그는 고객 한 사람 한 사람에게 빚을 대폭 감면해주면서 동시에 자기가 상사에게 진 빚의 액수도 최소화했다.

그 파렴치한 관리자는 정치의 첫 번째 원칙을 적용했다. 언제나 남의 돈은 후하게 쓰라. 그는 이전의 직책을 내놓고 그에게 고마워하는 사람들로부터 도움을 받을 수 있었다! 게다가 그는 조정한 액수를 고객들에게 직접 쓰게 해서 그들을 공모자로 만들었다.

—16:8–9—

세상적인 지혜로 보면 그것은 멋진 계획이었다. 고용주("주인")까지도 그 청지기의 영리함을 인정하지 않을 수 없었다. 그러나 예수님이 그 청지기를 칭찬하지 않으셨다는 사실에 유의하라. 사실 주님은 그를 "옳지 않은" 청지기라고 부르셨다. 예수님은 주인의 입을 빌려 그 청지기를 칭찬하시면서 이 이야기에 대해 두 가지 사실을 분명히 하셨다. 첫째, 주인과 청지기는 같은 종류의 인간이다. 즉, 거래에 있어서 비양심적인 인간들이다. 둘째, 청지기의 행위는 현재의 세상 체제로 볼 때는 칭찬할 만하다.

예수님은 이 이야기에서 세 가지 교훈을 끌어내셨다(8, 10, 13절). 첫 번째 교훈은 "이 세대의 아들들이 자기 시대에 있어서는 빛의 아들들보다 더 지혜로움이니라"로 시작한다. 이 비유는 사업의 원칙에 대한 이야기가 아니다. 이것은 한 사람의 인생에서 가장 중요한 것이 무엇인지 그리고 어떤 원칙을 따를 것인지에 대한 이야기다. 예수님은 두 가지 중 하나를 선택할 수 있다고 말씀하신다. 악의 영토("이 세대의 아들들"이 사는)와 하나님 나라("빛의 아들들"이 사는). 불행히도, "이 세대의 아들들"은 자기들이 믿는 바대로 일관되게 사는 반면, "빛의 아들들"은 믿는 것에 대해 마음이 잘 흔들린다. 전자는 전혀 거리낌 없이 현세의 질서가 제시하는 규칙을 따르지만, "빛의 아들들"은 갈팡질팡한다.

첫 번째 교훈은 구원받지 못한 사람들이 돈과 안락을 얻는 일에 열정적이고 독창적이듯 우리가 지혜와 선을 얻는 일에 그렇다면 우리의 삶은 극적으로 변화될 것이다. 구원받지 못한 자들이 치열하게 승리를 쟁취하듯이 우리가 용서와 은혜를 추구한다면 우리의 인간관계 역시 극적인 변화를 맞게 될 것이다.

—16:10–12—

예수님은 이야기 속에 나오지는 않지만 적용에서 이끌어낸 또 다른 원칙을 정립하셨다. 그분은 "작은"과 "큰", "불의한 재물"과 "참된 부"를 비교하셨다. 이 두 부류는 이 세대와 장차 올 하나님의 나라라는 두 개의 영역에 해당한다.

악의 지배	하나님 나라
작은	큰
불의한 재물	참된 부
남의 것	너희의 것

두 번째 교훈은 이 세상에서 우리 마음대로 할 수 있는 '작은' 것을 어떻게 다루느냐가 우리가 이 영역에서 그리고 장차 올 시대에서 '큰' 것을 어떻게 다룰 것인지 또는 다룰지 말지를 결정한다.

—16:13—

예수님은 세 번째 교훈으로 강론을 마치셨다. 하나님과 돈을 함께 섬길 수 없다. 예수님은 "재물"과 "돈"이라는 단어를 소위 말하는 '환유어', 즉 어떤 개념을 그 고유한 명칭으로 부르지 않고 그것과 긴밀히 연결된 어떤 것으로 부르는 수사적 표현으로 사용하셨다. 예컨대, 어떤 기자가 "백악관은 현 경제 상태에 대해 우려를 표명했다"라고 썼다면 그가 의미하는 것은 대통령이나 그 행정부의 누군가가 말했다는 뜻이다. 이 경우 "돈"은 현 세대와 관련된 방법과 가치들을 나타낸다. 돈 자체는 사람을 지배하지도 악을 행하지도 못한다. 여기서 말하는 "재물"이란 자아 만족의 수단으로서 물질을 얻는 데 전념하는 것을 뜻한다.

이 이야기는 악의 영지에서는 관계, 전쟁, 정치, 사업, 종교, 보드 게임 그리고 승자와 패자가 있는 여타의 모든 영역이 공평하다는 사실을 가르친다. 그러므로 현세의 질서 속에서 남보다 앞서고 싶다면-돈과 성공이 당신 삶에서 최우선의 목표라면-세상의 규칙대로 해야 하고, 인정사정 보지 말아야 한다. 정말이다. 이것이 우리가 사는 세상이고 중간지대는 없다. 결국 사람들은 저마다 무엇을 섬길 것인지를 결정해야 한다. 돈인지 왕국인지.

—16:14-15—

누가는 청중의 교체를 알리는 삽입구를 집어넣는다. 예수님은 진짜 제자들을 위한 강론을 마치신 후에 "돈을 좋아하는 자들"인 바리새인들을 향해 말씀하셨다. 누가의 이 표현은 당연히 예수님이 방금 말씀하신 의미를 담고 있었다. 종교 지도자들은 현 시대의 규율을 따랐다. 그들은 악의 통치권 안에 확고히 자리를 잡고 있었다.

그분의 가르침을 들은 종교 지도자들은 "비웃었다." 헬라어의 문자적 의미는 '턱을 치켜들다'이다. 분명 그 바리새인들은 예수님을 욕되게 하는 한편 공식적으로 부인함으로써 청중들을 위협하기 위해 몸짓, 조소, 조롱의 말을 복합적으로 사용했을 것이다. 그러나 예수님은 그들의 도전에 위축되지 않으셨다. 그분이 제일 먼저 하신 "너희는 사람 앞에서 스스로 옳다 하는 자들이나"라는 말씀은 그들을 조금 전의 비유에 나오는 주인공들과 동일시하신 것이다. 그들은 예수님이 염두에 두셨던 불한당들, 돈과 권력을 얻기 위해 세상의 규칙을 따르는 교활하고 인정사정없는 사람들이었다. 바리새인들은 거짓 경건으로 탐심을 덮으려고 했지만 하나님을 속일 수는 없었다.

예수님은 그런 다음 악의 통치와 하나님의 나라를 재차 첨예하게 대립시키셨다. 세상에서 '좋은 것'으로 생각되는 것이 천국에서는 가증스러운 것이다. 이런 식으로 그분은 바리새인들이 하나님 보시기에 가증스러운 자들이라고 하셨다.

—16:16-17—

바리새인들은 청중들에게 자신들의 순종을 과시했지만, 사실은 하나님을 진지하게 생각하지 않았다. 예수님은 바리새인들이 하나님의 율법을 존중하지 않는다고 하시면서 당신의 주장을 입증하셨다. 주님이 사역하시는 동안 그들은 그분이 안식일을 범하고 모세의 율법을 어긴다고 비난했다. 이제 그분은 종교 지도자들이 하나님의 계시가 있었던 두 시대를 무시했다고 주장하면서 비난의 화살을 돌리셨다. '율법서와 예언서'는 태초부터 세례 요한의 사역 때까지 선포되었지만, 바리새인들은 인간이 만든 규율과 인위적인 전통을 고집하며 하나님의 말씀을 희석시키려고 했다. 더구나 하나님 나라는 그들 앞에서 그 나라의 왕에 의해 선포되었다. 그러나 그분이 사역하시는 동안 바리새인들은 끈덕지게 예수님의 말씀을 듣고 그분의 부르심에 주의를 기울이는 자들의 의지를 꺾었다.

"율법과 선지자"를 희석시키려는 그들의 노력과 하나님 나라의 시민이 되려고 하는 자들의 입성을 거부하는 조직적 활동에도 예수님은 그들이 실패하리라 전망하셨다. 바리새인들은 율법을 준수한다고 주장하면서 예수님이 율법을 어긴다고 비난했지만(주님이 그들의 규율과 전통을 거부했기 때문에) 예수님은 바로잡아야 할 부분을 분명히 밝히셨다. 우주가 사라져도 하나님의 율법은 사라지지 않을 것이다. 그분은 율법을 성취하러 오셨지 폐하러 오시지 않았다(마 5:17-18).

—16:18—

예수님은 결혼을 한 남자와 한 여자를 평생 동안 하나로 맺어주는 하나님이 정하신 제도로 언급하시면서(창 2:24) 바리새인들에 대한 반대를 마무리하셨다. 바리새인들은 실질적으로 결혼이란 제도를 구약에서 없애고 자기들의 유익을 위한 규율로 대체했다. 『미쉬나』는 예수님 시대 직전에 살았던 삼마이와 힐렐이라는 두 랍비로부터 구전된 전통을 보존하고 있는데, 이혼에 대한 그들의 심의 기준을 보여주는 짧은 대목이 있다.

> 삼마이 학파는 이르기를, "'아내에게 수치스러운 일이 있음을 발견하면'(신 24:1)이라고 쓰여 있으므로, 남편은 아내가 부정하다는 이유가 있을 때에만 이혼할 수 있다." 그리고 힐렐 학파는 이르기를, "'아내에게 수치스러운 일이 있음을 발견하면'이라고 쓰여 있으므로 아내가 음식을 망쳐도 이혼할 수 있다." R. 아키바는 이르기를, "'아내를 기뻐하지 아니하면'(신 24:10)이라고 쓰여 있으므로 아내보다 더 예쁜 여자를 보면 이혼할 수 있다."[29]

힐렐의 가르침을 좋아한 바리새인들에 의하면(당연히!) 결혼은 충동적으로 했다가 가볍게 파기될 수 있었다. 정말이다. 그들은 자신들이 하는 짓을 잘 알고 있었다. 예수님은 당신의 주장을 밝히시기 위해서 장광설을 늘어놓으실 필요가 없었다. 그분이 결혼(이혼에 관한 문제와 하나님의 설계를 그들이 얼토당토않게 해체한 것)에 대해 넌지시 언급하시자 바리새인들은 약삭빠르게 입을 닫았다. 적어도 당분간은. 그분은 방금 바리새인들이 자기들의 욕망을 채우기 위해 하나님의 말씀을 경시했다는 사실을 명명백백하게 증명하셨다.

그 불한당들에 대한 주님의 비유는 이 세상에서는 도덕을 무시해야만 성공할 수 있다는 것으로 결론지을 수도 있지만 주님의 요지는 그게 아니었다. 불신자들 중에는 존경스러울 정도로 공명정대하게 행동하면서도 성공을 거둔 이들이 많다. 대부분은 아닐지라도 참으로 멋진 사람들이 많다. 사실, 정직하고, 열심히 일하고, 공정한 거래를 통해서 사업은 성장하고 사업가들은 대개 성공한다. 예수님이 이 이야기를 하신 이유는 청중들로 하여금 중대한, 인생을 결정짓는 질문을 스스로에게 던지게 하기 위해서였다. "인생에서 가장 중요한 목표는 무엇이며 어떻게 그것을 성취할 것인가?"

만약 '돈'이 당신의 가장 중요한 목표라면, 하나님의 나라는 주된 목표가 아니다. 그리고 당신의 선택은 당신의 우선순위를 반영한다. 다행인 것은 대부분의 의사 결정이 '돈'과 하나님 나라 중에서 양자택일을 하는 것이 아니라는 사실이다. 무릇 도덕적인 선택은 돈을 벌면서 하나님을 기쁘시게 하는 최선의 방법이다. 율법을 지키는 것과 정직한 거래는 옳은 일일 뿐만 아니라 (대개는) 큰 이득을 준다. 그러나 선택이 쉽지 않을 때도 있다. 어떤 때는 옳은 일을 행함으로써 고통을 당하거나 세속적인 성공을 포기해야 할 때도 있다. 그리고 바로 그런 때가 추한 진실을 마주하는 때다. 우리는 보통 물질적 이익에 기여하는 결정을 내리고나서 마침 그 결정이 도덕적으로도 옳은 것이면 안도감을 느낀다.

주님의 비유는 반어적 질문을 던진다. "금전적 이익과 하나님의 나라가 충돌할 때 너희는 어떤 결정을 할 것인가? 왕국 백성으로 살려면 세상에서 성공할 수 없을 때 어떤 주인을 섬기겠는가?"

하나님 나라의 시민들은 손해를 보더라도 청렴한 쪽을 택한다.

적용

핵심 쟁점들

예수님은 십자가를 향해 나아가시면서 제자들에게 하나님 나라에 철저히 초점을 맞추어야 함을 마음속 깊이 새기게 하셨다. 이는 만만치 않은 일일 것이었다. 그들은 오늘날까지 이어지는 세 가지 도전에 직면했다. 다행스럽게도 각각의 도전마다 해결책이 있다.

첫째, 권세를 가진 자들은 저마다 하나님의 승인을 받았다고 주장하면서 앞을 다투어 우리를 좌지우지한다. 예수님은 마지막 때에 하나님을 대언한다고 주장하는 사람들이 나타날 것을 경고하셨다. 감사하게도 우리는 얼굴을 맞대고 예수님을 보게 되는 그날까지 필요한 모든 계시를 가지고 있다. 우리에게는 하나님의 영감으로 기록된, 정확무오한 단 하나뿐인 하나님의 말씀인 성경 66권이 있다. 성경을 격하시키고, 하찮은 것으로 무시하며, 신용을 떨어뜨리려고 하는 사람들이 있지만 그들을 믿지 말라. 하나님의 진리가 몇 가지 오류와 뒤섞여 있는 책은 신뢰할 수 없는 책이다. 당신이 신뢰할 수 없는 책을 가지고 있다면 어떤 부분이 진리를 전하고 있고 어떤 부분이 오류를 범하고 있는지 분별해야 하는데, 그러려면 그 분야의 권위자가 되어야 한다!

하나님이 분명하고 틀림없이 말씀하셨기 때문에 우리는 어떤 사람이 하나님을 대변한다고 주장하더라도 하나님의 말씀을 바탕으로 그것을 점검하고 책임지게 할 수 있다.

둘째, 우리의 죄성은 언제나 내면의 현실을 다루기보다는 외적인 문제에 초점을 맞추려고 한다. 하나님은 당신의 아들을 믿음으로써 당신이 베푸신 은혜를 받아들인 모든 이에게 구원을 약속하셨지만, 우리는 이 지구라는 행성에 살고 있는 한 죄와 씨름할 수밖에 없다. 우리는 이미지, 외모, 인기, 규율, 체면과 같은 외적인 요소에 초점을 맞추는 게 더 쉽다. 우리가 종교적인 활동에 많은 시간과 에너지를 쏟으면 종국에는 구세주가 더 이상 필요하지 않다고 믿게 될 수 있다. 심지어는 동료들을 속이게 될 수도 있다!

제자들을 떠나시기 전 예수님은 우리가 홀로 남겨지지 않을 것이라고 약속하셨다. 그분은 믿는 자들의 마음속에 거하시면서 우리를 가르치시고, 죄를 깨닫게 하시며, 성경말씀을 적용하게 하시고, 우리를 변화시키시며, 용기를 북돋워주시는 성령을 보내셨다. 그분은 우리가 인품, 청렴, 하나님에 대한 진실한 사랑, 겸손 등과 같은 내적인 문제에 집중하도록 돕기 위해 오셨다. 우리가 내면에 초점을 맞추기 위해 성령의 초자연적 인도하심을 구한다면 성령은 우리를 도우실 것이다.

셋째, 사탄은 우리를 좀체 놓아주지 않는 전 주인이다. 그는 자기의 권위를 다시 쟁취하려고 호시탐탐 기회를 노린다. 그는 빨간 옷을 입고 쇠스랑을 들고 뿔이 달린 모습으로 나타나지 않는다. 그는 선의와 교묘한 합리화 뒤에 모습을 잘 감춘다. 그는 우리 앞에 과거의 욕망을 흔들고, 옛 습관들을 다시 불러오며, 마음 깊은 곳에 자리한 공포심을 이용한다. 그는 당신에게 그리스도를 부인하라고 하지 않는다. 그는 다만 당신이 두 주인을 섬길 수 있다고 넌지시 말한다.

우리에게는 하나님의 말씀과 그분의 성령이 있다. 두 분께 의지하면서 이 문제를 해결할 수 있는 방법은 훈련이다. 날마다 모든 것을 제쳐놓고 우리의 십자가를 지고 그분을 따르겠다는 결단이다. 생각이 흐려지고 하나님 나라에 대한 초점을 잃기 시작할 때, 내가 누구이며 누구를 섬기는지에 대한 일깨움이 필요할 때, 나는 빌립보서 3장 10–11절을 읽는다. 나는 특히 Amplified Bible을 좋아한다.

> 내가 결심한 목적은 그리스도를 알고 그분의 인성의 경이로움을 점점 더 분명하고 깊이 있게 받아들이고, 인식하고, 이해함으로써 점진적으로 그분을 더 깊이, 친밀하게 알게 되고, 믿는 자들에게 미치는 그분의 부활 능력을 깨닫고, 어떻게 해서든지 아직 육신에 거하면서 죽은 사람들 가운데서 나를 벗어나게 하는 영적, 도덕적 부활을 얻을 수 있다는 소망 가운데 그분의 고난에 동참하여 그분의 죽으심을 성령 안에서 본받아 끊임없이 변화되는 것입니다(역자 사역).

모두가 간과하는 문제(누가복음 16:19–31)

19한 부자가 있어 자색 옷과 고운 베옷을 입고 날마다 호화롭게 즐기더라 20그런데 나사로라 이름
하는 한 거지가 헌데 투성이로 그의 대문 앞에 버려진 채 21그 부자의 상에서 떨어지는 것으로 배불
리려 하매 심지어 개들이 와서 그 헌데를 핥더라 22이에 그 거지가 죽어 천사들에게 받들려 아브라
함의 품에 들어가고 부자도 죽어 장사되매 23그가 음부에서 고통중에 눈을 들어 멀리 아브라함과 그
의 품에 있는 나사로를 보고 24불러 이르되 아버지 아브라함이여 나를 긍휼히 여기사 나사로를 보내
어 그 손가락 끝에 물을 찍어 내 혀를 서늘하게 하소서 내가 이 불꽃 가운데서 괴로워하나이다 25아
브라함이 이르되 얘 너는 살았을 때에 좋은 것을 받았고 나사로는 고난을 받았으니 이것을 기억하라
이제 그는 여기서 위로를 받고 너는 괴로움을 받느니라 26그뿐 아니라 너희와 우리 사 이에 큰 구렁
텅이가 놓여 있어 여기서 너희에게 건너가고자 하되 갈 수 없고 거기서 우리에게 건너올 수도 없게
하였느니라 27이르되 그러면 아버지여 구하노니 나사로를 내 아버지의 집에 보내소서 28내 형제 다

섯이 있으니 그들에게 증언하게 하여 그들로 이 고통 받는 곳에 오지 않게 하소서 29아브라함이 이
르되 그들에게 모세와 선지자들이 있으니 그들에게 들을지니라 30이르되 그렇지 아니하니이다 아버
지 아브라함이여 만일 죽은 자에게서 그들에게 가는 자가 있으면 회개하리이다 31이르되 모세와 선
지자들에게 듣지 아니하면 비록 죽은 자 가운데서 살아나는 자가 있을지라도 권함을 받지 아니하리
라 하였다 하시니라.

"죽음은 삶의 일부다"라는 속담이 있다. 맞는 말이지만 늘 그랬던 것은 아니다. 하나님이 세상을 창조하시고 "심히 좋았더라"고 말씀하셨을 때(창 1:31)는 죽음이 들어설 자리가 없었다. 하나님은 인간의 육신이 마멸되거나 질병에 걸리거나 사고를 당하게 창조하지 않으셨다. 그리고 죽어서 썩으라고 인간들을 그분의 형상대로 창조하신 것은 분명 아니다. 죄가 죽음을 초래했다. 창조주는 최초의 피조물에게 그분이 정하신 유일한 금지 사항을 지키지 않으면 "반드시 죽으리라"고 경고하셨다(창 2:16-17). 그들은 반항했고, 그들과 그들의 모든 후손이 물려받은 죽음은 그들이 상상했던 것보다 더 나빴다.

태초에 세상은 하나님의 왕국이었고, 그분의 방식대로 통치되었다. 그러나 아담과 하와가 죄를 지은 후에 모든 것이 변했다. 그들의 불순종은 세상을, 질병, 재난, 죽음, 부패의 지배를 받는 악의 통치 아래 종속시켰다. 그러나 죄의 영향은 육신의 죽음에서 끝나지 않았다. 그것은 영적인 죽음까지 불러왔다. 영적인 죽음에서 벗어나는 유일한 길은 은혜로 주어진 믿음을 통한 구원이다.

구약의 저자들은 이것을 모두 이해했지만 그 이상은 알지 못했다. 그들의 지식은 무덤까지였고 그 너머까지 미치지는 못했다. 그들은 내세(시 17:15, 욥 14:14)와 심지어 부활(욥 19:26)에 대해서도 막연히 알고 있었지만 대부분은 죽음 이후의 경험을 바다 속 심연 같은 것으로 예감하며 지하에 존재하는 신비한 세계인 스올로 언급했다. 바리새인들은 내세에서 받을 상급과 형벌에 대해 많은 교리를 발전시켰지만, 그들의 가르침이 대부분 그렇듯, 추측에 의한 허풍으로 부풀려졌거나 자기들의 유익을 위한 것이었다. 그들의 정적인 사두개인들은 영혼이 육신과 함께 소멸되며, 부활에 대한 개념은 이방인들의 신화라고 생각했다. 그래서 사람들은 사후 세계에 대해서 알지 못한 채로 있었다.

예수님이 하나님의 나라에 대해서 말씀하시자 청중들은 당연히 로마 제국과 흡사하지만 유대인의 율법으로 다스려지는 지상의 물리적 왕국을 생각했다. 실제로 하나님의 나라

는 지상에 세워질 것이지만 그것은 지금까지 있었던 어떤 정부 형태와도 다르며, 우리가 아는 것처럼 이 세상이 종말을 맞이한 후에야 일어날 것이다. 예수님은 이 세대와 장차 올 왕국 사이의 현격한 차이를 설명하시고나서 그 사이에 벌어져 있는 커다란 간극을 채우셔야 했다. 현재와 마지막 때 지상에 하나님의 나라가 세워질 때까지 그 사이에 무슨 일이 일어나는가? 그때까지 왕국이 임하지 않을 거라면 왜 지금 은혜의 규칙에 따라 살아야 하는가? 그때까지 악의 지배 아래서 살아야 한다면 왜 그 규칙을 받아들여서 우리의 유익을 위해 사용하면 안 되는가?

예수님은 새로운 계시로 이런 질문들에 답하셨다. 처음으로 이 땅에 사는 사람들이 사후에 어떤 일이 일어나는지 그리고 이 세상에서의 행위가 죽음 이후의 삶에 어떤 영향을 미치는지에 대해 상세히 알게 되었다.

—16:19—

앞에서 예수님은 당신을 따르는 자들에게 이 시대의 규칙을 따르든지, 아니면 도래할 시대의 규칙을 따라야 한다고 경고하셨다(16:1-12). 현세의 질서를 바탕으로 한 규칙을 따르려면 무조건 자아에 충성해야 하고, 그렇기 때문에 유일한 규칙은 이기는 것이다. 왕국의 규칙은 은혜다. 자신을 낮추고, 다른 사람들에게 긍휼을 베풀고, 가난한 자들의 지위를 향상시키는 데 재물을 사용하고, 진리를 지키는 데 권력을 사용하며, 그분을 믿는 것 외에 아무 대가도 바라지 않고 거저 주시는 하나님의 영생의 선물을 받아들이는 것이다. 뿐만 아니라 어떤 왕국을 섬길지 선택해야 한다(16:13).

예수님은 그런 다음 하나님의 나라를 확장시키는 척하면서 악의 통치를 섬기기로 결정한 비웃고 있는 바리새인들을 질책하셨다(16:14-18). 이 질책에 예수님의 적들이 정신을 못 차리고 있는 사이에 그분은 또 다른 면에서 일반적으로 알려진 사실을 바로잡는 이야기를 시작하셨다. 그들은 세상에서 하나님을 훼손했기 때문에 사후에 하나님의 진노를 받을 것이다.

이 이야기는 두 주인공, 물질적인 부를 누리는 사람과 아무것도 가진 게 없는 사람, 즉 백만장자와 거지의 차이를 예를 들어서 비교하는 것으로 시작한다. 바리새인들에게 백만장자의 부는 하나님의 호의를 나타내는 확실한 증거였다. 그리고 그 호의는 그가 어느 시점에선가 얻어낸 것이 분명했다. 하나님은 공의로우시므로 죄인에게 상을 내리지 않으신다. 그러므로 어떤 사람이 세상에서 큰 축복을 받았다면 하나님이 그를 기뻐하시는 것이 분명하다는 게 그들의 지론이었다. 반대로 가난이나 질병은 하나님의 노여움을 나타낸다고 믿었다. 결국, 공평하신 하나님은 의인이 불의한 고통을 당하게 하지 않으실 것이다. 그렇지 않겠는가?

예수님은 그 백만장자가 인생에서 누리는 기쁨을 생생하게 묘사하셨다. 그는 피부가 닿는 속옷은 고운 베옷으로 입고, 겉옷은 비싼 장신구로 치장했다. 색 중에서 자색만큼 값지고 희귀한 것은 없었다. "호화롭게"로 번역된 헬라어는 과시적인 사치, 대부분의 사람들은 상상하기조차 힘들만큼 호기롭게 돈을 쓰는 것을 나타낸다.

—16:20-21—

부자의 이름은 익명으로 남아 있는데 반해 예수님은 거지에게 나사로라는 이름을 붙이셨다. 이 때문에 이것이 비유인지 아니면 예수님이 알고 계셨던 실제의, 형이상학적인 사건인지에 대한 의문이 제기된다. 사람들이 흔히 사용하던 이름인 나사로는 히브리 이름 나살에서 나왔는데, 나살은 '하나님이 도우신다'라는 뜻을 가진 엘르아살의 축약형이다. 이 이름이 이야기에 역설적인 의미를 부여하기 때문에 이 이야기를 비유로 보아도 될 듯하다.

나사로라는 이름이 역설적인 이유는 기존의 생각과는 반대되는 것처럼 보이기 때문이다. '하나님이 도우신다'라는 뜻의 이름을 가진 사람이 백만장자의 대문 앞에 무기력하게 누워 있다. "대문 앞에 누워 있었다"로 번역된 문장(영어 성경에는 이렇게 번역되어 있다-역주)은 *ballō*(던지다)라는 동사의 과거완료 수동태를 사용해서 그가 그곳에 유기되었음을 강하게 시사한다. 이 구절은 이렇게 표현할 수 있다. "그의 (그 부자의) 대문 앞에 버려진 채"(개역개정에는 이렇게 번역되어 있다-역주). 오늘날 많은 동양 사회와 마찬가지로, 고대에 장애인들은 가족이나 친구들에게 이끌려 공공장소, 특히 예배드리는 장소의 출입구에 가서 구걸을 하고 저녁에는 집으로 돌아왔다. 그러나 여기 나오는 나사로는 사람들의 왕래가 많은 공공장소가 아니라 병원 계단에 아기를 놓고 가는 식으로 부잣집 계단에 버려졌다. 예수님이 이야기를 풀어가시는 방식은 나사로가 부자에게 떠맡겨졌음을 강하게 시사한다.

예수님은 나사로의 상태를 묘사하시면서 두 남자의 상반된 처지를 강조하셨다. 부자는 최고급 옷을 걸치고 있는 반면, 그 가난한 남자의 몸은 고통스러운 부스럼으로 덮여 있을 뿐이다. 부자는 식욕을 한껏 충족시켰고, 나사로는 그의 식탁에서 떨어진 것으로 부족한 영양을 채웠을 것이다. 나사로가 헛되이 먹을 것을 갈구하는 이미지는 나중에 다시 나타날 것이다. 개들이 그의 상처를 핥는 구체적인 내용은 이 이미지를 더 가련하게 만든다. 유대 사회에서는 개를 현대인들이 쥐에 대해 생각하는 것과 똑같이 생각했다. 야생에다 불결하고, 혐오스러우며, 아무 쓸데없는 생물.

—16:22—

결국, 두 남자 모두 육신의 죽음이라는 우주적인 저주에 굴복했다. 부자의 육신과는 반대로 가난한 자의 영혼이 강조된 것에 유의하라. 청중들은 나사로의 몸이 게헨나("힌놈의 골짜기"로도 알려진)로 실려가 예루살렘의 쓰레기와 함께 불태워졌다는 것을 알았다. 그러나 그의 영혼은 천사들에 의해 "아브라함의 품"에 안겼다.

"아브라함의 품"이 정확히 무엇을 뜻하는지는 의견이 분분해서 여러 가지 구체적인 설명이 제기되었는데, 개중에는 꽤 신빙성 있는 것들도 더러 있다. 구약 성경에서는 "조상들에게 합쳐지다"라고 한다. 이것은 고대 근동 지역에서 죽은 사람을 가족묘의 선반에 누이는 장례 관습을 나타냈다. 한참 후에, 완전히 부패되고나면 죽은 자의 유골을 모아서 조상들의 유골과 함께 유골함에 넣었다. 그런 연유로 한 사람의 유골이 조상의 유골과 합해지는 과정은 한 사람의 영혼이 세상을 떠난 사랑하는 사람들과 재회하는 시적인 이미지뿐 아니라, 죽음을 표현하는 완곡어법이 되었다.

주님의 표현은 듣기 좋다. 이것은 휴식을 나타낸다. 또한 나사로가 히브리인들의 믿음의 조상인 아브라함이 현재 살고 있는 곳에 갔다는 사실을 입증한다. 이것은 비록 나사로는 홀로 죽었지만 하나님의 신실한 자들에게 둘러싸여 있다고 말한다.

이와는 반대로 부자는 "장사되었다." 그들의 장례식은 극적으로 달랐다. 나사로는 아무 의식도 없이 도시의 쓰레기장으로 끌려간 반면, 부자는 정성스러운 배웅을 받았다. 다섯 형제가 상복을 입었고, 가족, 친구, 동료, 시 관리, 전문적으로 곡하는 사람들이 모두 모여 애곡했다. 삼베 수의와 향기로운 향료로 시신을 감싸고 동굴 안에 조심스럽게 안치되었다. 이것은 주님이 말씀하신 것은 아니지만 청중은 분명 이런 장면을 머릿속에서 생생하게 그려볼 수 있었다.

—16:23–26—

세상에서의 이런 차이가 죽은 후에는 깜짝 놀랄 정도로 역전된다. 나사로는 이제 하나님의 신실한 자들과 함께 안식하고 있지만, 부자는 "음부"(Hades)에서 "고통" 중에 있다. "고통"이라는 말은 '고문에 의한 극심한 고통'이라는 뜻의 헬라어에서 나왔다. 이 단어는 동전을 구부리고, 깨물고, 자르고, 녹여서 검사하는 동전 검사관에서 유래했다. "음부"라는 헬라어는 신화에 나오는 지하 세계의 신들에서 유래했는데, 나중에 죽은 자들이 가는 어두운 지하 세계인 스올(*sheol*)과 비슷한 일반적인 용어가 되었다. 마태복음과 누가복음에서 "음부"는 "천국"의 반대이며(마 11:23, 16:18, 눅 10:15), 사탄과 관련이 있지만 사탄에 의해 지배되지 않는 곳이다. 결국, 사탄과 마귀들도 그곳에서 고통을 당할 것이다. 음부를 형이상학적인 게헨나, 영적으로 죽은 자들이 다른 우주 쓰레기와 함께 불태워지는 장소로 상상할 수 있다.

주님이 상상하신 부자가 나사로나 하나님이 아니라 아브라함과 한 것이다. 예수님은 분명 자기들의 순수 혈통, 하나님 나라에 들어가는 것이 보장된 히브리 혈통을 믿는 바리새인들을 꾸짖으시기 위해 아브라함을 선택하셨을 것이다. 또 신실한 유대인들과 신실하지 않은 유대인들의 분리를 극적으로 표현하시고 싶은 의도도 있었다. 그들 사이에 있는 "큰 구렁텅이"(26절)는 거리감을 강조하기 위한 것만은 아니다. 그것은 인간이 메우거나 없앨 수 없는 것으로 하나님이 그들 사이에 그것을 두셨음을 시사한다.

이제 역할이 바뀌었다. 나사로는 부자의 상에서 떨어지는 부스러기를 간절히 원했었는데 이제 부자가 물 한 방울을 구걸한다. 하지만 그들의 고통은 비교할 수 없다. 나사로의 괴로움은 끝났지만 부자의 소원은 영원히 지속된다. 그리고 부자는 고통스러울수록 감당할 수 없을 정도로 커지는 회한의 무게에 짓눌린다. 예수님은 아브라함의 입을 빌려 생전에 냉담했던 부자를 질책하셨다. 그는 나사로의 고통을 덜어줄 수 있었지만 부자를 도와줄 수는 없었다. 긍휼을 베풀 수 있는 때는 오직 살아 있을 때뿐이다.

—16:27-31—

영원히 지속될 자신의 운명을 깨달은 부자는 보나마나 그와 똑같이 비참한 운명을 향해 가고 있을 게 뻔한 형제들이 심히 걱정되었다. 평생 그는 자기만 생각했다. 돈이 썩어날 정도로 많으면서도 그는 자기 집 문 앞에서 죽어가는 사람을 조금도 도우려 하지 않았다. 보응의 불길 속에서 고통당하고 있던 그의 영혼은 그가 살아 있을 때 묵살했던 진리를 결국 죽어서야 이해했다. 그래서 그는 다른 사람들이 자기와는 다른 선택을 하기를 간절히 원한다.

이야기에 나오는 다섯 형제는 소망의 필수 요소를 소개한다. 만약 메시지가 영계로부터 그들에게 전달될 수만 있다면 그들은 이 영원한 고통을 당하지 않을 수 있을 것이다. 아브라함은 부자에게 주님이 이미 성경이라는 형식("모세와 선지자들")으로 물리적 세계에 메시지를 보내셨음을 상기시킨다. 그러나 그 백만장자는 죽었던 자가 와서 하는 증언은 아무도 간과할 수 없을 것이라고 말한다. 물론 이것은 주님의 부활을 예시한다. 그러나 아브라함이 반박하듯이 성경의 메시지보다 더 강력한 증언은 없다. 하나님의 말씀은 어떤 초자연적인 현상보다도 강력하다.

그날 그 자리에 있던 사람들은 전혀 예상치 못했던 상태에서 갑자기 이 땅의 삶과 죽음 이후의 삶을 가르는 장막 뒤를 언뜻 보고 어리둥절했을 것이다. 그러나 예수님은 단지 그들의 호기심을 충족시키시려고 이 새로운 계시를 주신 것이 아니다. 주님은 적어도 세 가지 분명한 목적을 가지고 계셨다.

첫째, 예수님은 바리새인들이 분리시켰던 두 개의 사상(하나님께 대한 순종과 사람들을 향한 긍휼)을 다시 연결시키기 원하셨다. 세상에 악이 존재하는 이유에 대한 바리새인들의 설명은 하나님의 설명과 일치하지 않았다. 그들은 멋있어 보이려고 또는 기분이 좋으려고 가난한 사람들에게 부스러기를 조금 던져주는 것을 개의치 않았지만, 일부 바리새인들은 가난한 사람들에게 긍휼을 베풀면 그들이 지었을 수도 있는 죄에 대한 하나님의 징벌을 방해할 수도 있다고 가르쳤다. 그들의 태도를 헬라식으로 표현하자면 이렇다. "허튼 소리!" 부자는 하나님을 몰랐기 때문에 지옥에서 고통당했다. 그에게 동정심이 없다는 게 그 사실을 입증한다.

둘째, 예수님은 바리새인들에게 경고하시려고 그 부자의 부정적인 예를 사용하셨다. 그들은 고통당하고 있는 백만장자가 경고를 전해주고 싶어하는 다섯 형제들이었다. 이 이야기에 등장하는 인물들 가운데 그 부자만 유일하게 "회개"라는 말을 했다. 무덤 저편에서 울부짖는 그의 고통스러운 외침은 종교 지도자들을 향한 주님의 호소였다. 주님은 사실 이렇게 말씀하신 것이다. "너희가 풍요롭고 성공적인 삶을 누리고 있다고 해서 하나님이 너희를 기뻐하신다고 생각하지 말라."

셋째, 예수님은 이른바 말하는 다른 모든 권위보다 성경이 우위에 있음을 재천명하셨다. 규율과 규정은 유용할 수 있다. 의식은 의미 있는 것에 초점을 맞추는 데 도움이 될 수 있다. 전통은 혼란을 막아줄 수 있다. 그러나 그 무엇도 하나님의 말씀을 부인하거나 대신할 수 없다. 하나님의 말씀은 저승에 갔다가 온 사람의 증언보다 더 신빙성이 있다.

적용

제일 먼저 책임져야 할 것

주님의 비유에 나오는 두 사람이 인생을 대하는 태도는 판이하게 다르다. 우리는 나사로가 어떤 삶을 살았는지 거의 아는 게 없다. 그가 얼마나 비참하게 죽었는지만 알 뿐이다. 그러나 그 부자는 다른 무엇보다 가장 중요하게 생각한 것이 두 개 있었다. 그는 재산을 더 불리고 그것을 오롯이 즐기는 게 삶의 목표였다. 부를 쌓고 그것을 누리는 것 자체는 잘못이 아니다. 문제는 우선순위였다. 그가 호의호식하는 동안 한 사람이 그의 대문 앞에서 아무 도움도 받지 못한 채 죽어가고 있었다.

생전에 그는 그의 첫 번째 책임(자기 영혼의 운명)을 간과했다. 그 점에 대해서 세 가지 할 말이 있다. 당신도 그 말에 동의할 거라고 믿는다.

첫째, 하나님의 기록된 말씀은 인간이 검토할 수 있는 가장 중요한 증거다. "나는 그리스도, 천국, 지옥 이런 것들을 믿지 않아요"라고 말하는 사람에게 한 가지만 도전하겠다. 여러 종교들을 탐색하지 말라. 기적을 구하지 말라. 초자연적인 현상이 일어나기를 기대하지 말라. 환상이나 꿈을 기다리지 말라. 하나님의 말씀을 공부하라. 혼자 공부를 시작하라. 당신이 거부하려 했던 부분을 읽기 시작하라. 증거를 검토하고 뭐라고 쓰여 있는지 보라. 그런 후에 당신의 영원한 영혼에 대해 이야기하자. 성경을 공부한 결과로 하나님이 당신 마음속에 무슨 일을 하셨는지 보자. 하나님의 기록된 말씀은 인간이 검토할 수 있는 가장 중요한 증거다.

둘째, 하나님의 기록된 말씀은 우리가 죽음을 준비하는 데 있어서 가장 유력한 정보다. 성경이 죽음에 대해서 뭐라고 하는지 고찰해보라. 당신이 믿는 자라면 두려움이 사라질 것이다. 불안 대신 확신이 생길 것이다. 혼란이 그칠 것이다. 말 그대로 주 예수 그리스도를 믿는 자들을 위한 영원한 처소가 있으며, 하나님이 두 팔 벌려 우리를 환영하실 것이라는 사실을 발견할 것이다. 셋째, 말씀이신 하나님은 이 땅에서 하나님의 말씀을 묵살한 사람을 영원한 세계에서 그냥 지나치지 않으실 것이다. 가야 할 천국이 있듯이 가지 말아야 할 지옥도 있다. 지금은 믿지 않을지 모르지만 부디 너무 늦기 전에 믿기 바란다.

걸림돌이 되지 않으려면(누가복음 17:1-19)

[1]예수께서 제자들에게 이르시되 실족하게 하는 것이 없을 수는 없으나 그렇게 하게 하는 자에게
는 화로다 [2]그가 이 작은 자 중의 하나를 실족하게 할진대 차라리 연자맷돌이 그 목에 매여 바다에
던져지는 것이 나으리라 [3]너희는 스스로 조심하라 만일 네 형제가 죄를 범하거든 경고하고 회개하
거든 용서하라 [4]만일 하루에 일곱 번이라도 네게 죄를 짓고 일곱 번 네게 돌아와 내가 회개하노라
하거든 너는 용서하라 하시더라

[5]사도들이 주께 여짜오되 우리에게 믿음을 더하소서 하니 [6]주께서 이르시되 너희에게 겨자씨 한
알만한 믿음이 있었더라면 이 뽕나무더러 뿌리가 뽑혀 바다에 심기어라 하였을 것이요 그것이 너희
에게 순종하였으리라

[7]너희 중 누구에게 밭을 갈거나 양을 치거나 하는 종이 있어 밭에서 돌아오면 그더러 곧 와 앉아
서 먹으라 말할 자가 있느냐 [8]도리어 그더러 내 먹을 것을 준비하고 띠를 띠고 내가 먹고 마시는 동
안에 수종들고 너는 그 후에 먹고 마시라 하지 않겠느냐 [9]명한 대로 하였다고 종에게 감사하겠느냐
[10]이와 같이 너희도 명령 받은 것을 다 행한 후에 이르기를 우리는 무익한 종이라 우리가 하여야 할
일을 한 것뿐이라 할지니라

[11]예수께서 예루살렘으로 가실 때에 사마리아와 갈릴리 사이로 지나가시다가 [12]한 마을에 들어가
시니 나병환자 열 명이 예수를 만나 멀리 서서 [13]소리를 높여 이르되 예수 선생님이여 우리를 불쌍
히 여기소서 하거늘 [14]보시고 이르시되 가서 제사장들에게 너희 몸을 보이라 하셨더니 그들이 가다
가 깨끗함을 받은지라 [15]그 중의 한 사람이 자기가 나은 것을 보고 큰 소리로 하나님께 영광을 돌리
며 돌아와 [16]예수의 발 아래에 엎드리어 감사하니 그는 사마리아 사람이라 [17]예수께서 대답하여 이르
시되 열 사람이 다 깨끗함을 받지 아니하였느냐 그 아홉은 어디 있느냐 [18]이 이방인 외에는 하나님

께 영광을 돌리러 돌아온 자가 없느냐 하시고 [19]그에게 이르시되 일어나 가라 네 믿음이 너를 구원하였느니라 하시더라.

주님은 제자들과 적들, 진지하게 그분을 따르는 사람들과 그분을 무너뜨릴 기회를 노리는 사람들 사이를 왔다 갔다 하시면서 오랫동안 강론을 이어가셨다. 양쪽 모두 상대방의 말에 주의를 기울였기 때문에 예수님은 매번 그런 상황을 이용해서 가르치셨다. 주님은 신실한 자들을 가르치실 때에는 적들에게 경고하셨고, 신실하지 않은 자들을 힐난하실 때는 부정적인 예로 제자들을 가르치셨다.

이전의 강론에서 예수님은 제자들에게 흔들리지 않는 충성심과 헌신으로 하나님 나라를 추구하라고 격려하셨다(16:1-13). 그리고 악의 통치에 헌신한 서기관들과 바리새인들을 질책하셨다(16:14-31). 그분은 심지어 종교적인 권세를 잡은 자들이 인간이 만든 규율, 의식, 전통을 가지고 다른 사람들이 하나님 나라에 접근하는 것을 방해하고 있다고 비난하셨다(11:52, 16:16).

예수님은 종교 지도자들에게 회개하라는 엄숙한 호소를 하신 후에(16:19-31), 제자들에게로 돌아서서 아직 마음속에 생생히 살아 있는 서기관들과 바리새인들의 부정적인 예를 드시며 경고하셨다. 이제 지상에서 막 싹이 트고 있는 왕국의 지도자들이 될 그들이 적들과 같이 되지 말 것을. 주님은 제자들이 옆길로 벗어나지 않고 다른 사람들이 따를 수 있는 바람직한 본보기가 될 수 있도록 네 가지 구체적인 행동 또는 자세를 가지라고 하셨다.

분노를 오래 품어 관계를 훼손시키지 말라(3-4절).
믿음 안에서 성숙하라(5-6절).
아무것도 기대하지 말고 왕국을 섬기라(7-10절).
감사하는 마음을 키우라(11-19절).

—17:1-2—

예수님은 왕국으로 가는 길에 '걸림돌'이 있다는 사실을 인정하셨다. 헬라어 *skandalon*은

묵상의 서재

아, 그 길이 아닌데…

내가 아홉 살인가 열 살 때였다. 나는 유진과 프레디라는 친구와 친하게 지냈다. 어머니는 이렇게 말씀하시곤 했다. "찰스, 유진하고 프레디하고만 있으면 말썽을 피우는구나." 아마 유진의 어머니도 "유진, 프레디하고 찰스하고만 놀면 말썽을 부리는구나"라고 말씀하셨을 것 같다. 우리는 함께 있으면 그냥 말썽을 피운 게 아니었다. 바로 우리가 말썽 그 자체였다.

한번은 길모퉁이에 있는 표지판이 방향이 돌아가는 걸 발견했다. 그곳은 교통량이 아주 많은 교차로였다. 표지판의 방향을 살짝 돌려놓기만 하면 수많은 사람들을 잘못된 곳으로 보낼 수 있었다. 그때 이후로 낯선 곳에서 숱하게 길을 잃을 때마다 나는 우리가 했던 짓을 후회한다. 이제 진리의 길을 가르쳐주라고 하나님께 부름받은 어른이 된 나는 모든 표지판이 올바른 방향을 가리키고 있는지 늘 신경을 쓴다.

Todd Bolen/www.BiblePlaces.com. Used by permission of Nazareth Village. www.nazarethvillage.com

연자 맷돌

'앞으로 튀어나갔다가 되돌아오다, 쾅 하고 닫히다, 무언가를 꽉 쥐다'라는 뜻의 동사에서 파생되었다. *Skandalon*은 토끼 덫처럼 미끼를 넣어놓은 스프링 달린 문이 있는 새장처럼 생긴 우리였다. 후대의 작가들은 이 단어를 무엇이건 간에 사람이 최후를 맞이하는 방법을 비유적으로 표현하는 데 사용했다. 여기서 예수님은 이 단어를 사용해서 신자가 될 수 있는 사람들이 왕국의 문을 향해 걸어가면서 갖가지 덫과 함정에 빠지는 것을 묘사하셨다.

어떤 덫은 저절로 생긴다. 탐욕, 교만, 두려움, 중독, 충동, 유혹, 도락…위험은 부지기수다. 그럼에도 예수님은 "다른 사람을 실족시키지 말라"고 경고하셨다. 그리고 의도적이든 아니든 덫을 놓는 사람들을 향해 그분 특유의 "화로다"(6:24-26, 10:13, 11:39-47, 52)라는 한탄의 말을 하셨다.

그리고 지도가 필요한 잠재적 신자들을 "작은 자"-일반적으로 무력하고 순진한 어린아이들을 가리키는 표현이었다-로 칭하심으로써 그 죄의 심각성을 더하셨다. 이 이미지는 가르침이나 동정심을 가장 많이 필요로 하는 자들, 즉 가난하거나, 마음에 상처를 입었거나, 삶의 무게에 짓눌려 신음하고 있거나, 영적인 문제에 무지한 사람들을 나타낸다.

다른 사람들을 영원한 파멸로 몰아넣은 데 대한 형벌은 파멸이다. 예수님은 이 무시무시한 죽음의 형벌을 눈앞에서 보듯 생생하게 묘사하셨다. 연자 맷돌은 곡식을 빻아 가루로 만드는 데 쓰이는 크고 육중한 돌이었다. 예수님은 연자 맷돌을 바다와 결부시키셨는데, 고대 문학에서 바다는 혼동과 악의 무서운 전형적 상징이었다. 또한 바다에서 실종된 육신은 마지막 때에 부활하지 못한다는 속설이 있었기 때문에 수면으로 떠오를 가능성이 전혀 없는 상태로 바다 속에 가라앉는다는 것은 절망과 영원한 파멸을 상징했다.

—17:3–4(분노를 오래 품어 관계를 훼손시키지 말라)—

예수님은 "너희는 스스로 조심하라"는 명령과 함께 이론에서 실제로 넘어가셨다. 이 동사는 '경계 태세를 취하다, 관심을 가지다, 돌보다'[30]라는 뜻이다. 현재 명령형 시제는 계속 긴장을 유지하라는 명령이다. 바리새인들처럼 파괴적인 행동 패턴에 빠지지 않으려면 믿는 자들은 항상 경계 태세를 유지해야 한다. 어쨌든 우리는 그들과 마찬가지로 죄성을 가지고 있고 똑같은 유혹에 시달리기 때문이다.

그분의 첫 번째 관심 분야는 관계다. 예수님은 특히 "형제들"–동료 신자들–사이의 관계에 관심을 두셨지만, 그렇다고 다른 관계를 배제하신 것은 아니다. 그분의 원칙은 광범위하게 적용된다. 모름지기 관계란 지속적인 유지가 필요하다. 그렇지 않으면 사소한 화가 불화로 치달을 수 있고, 심한 공격이 파멸을 부를 수 있다. 그분은 믿는 자들은 다른 사람들에게 필요 이상으로 화를 오래 품지 말라고 충고하셨다. "만일 네 형제가 죄를 범하거든 경고하고."

추측하건대 "죄"란 꼭 일반적인 죄라기보다는 어떤 사람의 형제가 그 사람의 감정을 상하게 하는 것을 말하는 듯하다. 그렇지 않으면 이 구절에 상응하는 "용서하라"는 명령은 적합하지 않다. 우리가 용서한다고 말할 수 있는 죄는 두 사람이 쌍방 간에 지은 죄나 하나님께 지은 죄가 아니다. 그러므로 예수님은 일반적인 의미에서 상호 책임을 요구하고 계신 것이 아니다. 적어도 이 구절에서는 아니다.

"경고하다"로 번역된 헬라어는 잘못에 대해 주의를 환기시키고 책임을 지게 한다는 개념을 담고 있다. 이 단어는 '꾸짖다'와 거의 비슷한 뜻인데, 다만 바람직한 반응이 죄의 자각보다는 겸손이라는 점만 다르다. 그리고 응보의 가능성을 암시하는 경고의 의미도 짙게 깔려 있다. 따라서 자기 형제를 대면하는 사람은 죄를 정확히 밝히고, 혹 묵살하면 그 죄에 대한 응보를 분명히 말해야 한다.

"경고하다"란 동사는 부정 과거 명령법으로, 당장 행동을 취할 것을 요구한다. 바로잡지 않고 방치한 언짢은 마음은 벌어져 있는 상처와 같다. 아주 작은 상처도 감염이 되면 몸 전체가 위독해진다.

예수님은 여기에 덧붙여 만약 그 사람이 회개하면 "용서하라"고 하셨다. 헬라어의 문자적인 뜻은 "그를 풀어주라"이다. 달리 말하면, "빚을 갚고, 손실을 보상하고, 응징을 받아야 할 의무를 벗겨주라"이다. 누군가를 '풀어준다'는 것은 그 사람이 재판을 받지 않게 해준다는 뜻이다. 다시 한 번 부정 과거 명령법이 즉각적인 행동을 지시한다. 우리는 즉각 대면해야 하고, 그런 다음 그만큼 신속히 용서해야 한다.

예수님의 다음 말씀은 어리석음에 대한 조언인 듯하다. 현실적으로, 일주일에 줄잡아 50번이나 회개하고 용서를 구하는 사람은 진실성이 없어 보일 것이고, 우리도 끊임없는 공격에 노출되고 싶지는 않을 것이다. 다행히 예수님은 우리가 자원해서 계속 상처를 받아야 한다고 말씀하신 것이 아니다. 그분은 용서하겠다는 의지를 강조하시려고 과장법을 사용하셨다.

—17:5-6(믿음 안에서 성숙하라)—

열두 사도는 믿음을 더해달라고 요청했다[누가는 핵심 집단인 열두 사도를 나타내는 *apostoloi*('apostles')라는 용어를 사용했다]. 그들은 믿음을 초자연적인 또는 초인간적인 위업을 이루는 데 필요한 연료쯤으로 생각하는 듯했다. "믿음이 좋을수록 능력도 많다"라는 이런 식의 생각은 오늘날에도 흔히 하는 오해다. 예수님은 그들의 요청에 대한 응답으로 "믿음을 가지라"고 바꿔서 말씀하셨다. 많고 적은 게 문제가 아니라는 점을 예를 들어 설명하시기 위해 주님은 유대인들의 가르침이나 문학에서 하찮은 것을 대표하는 상징으로 흔히 쓰이는 겨자씨를 기억해내셨다(13:19 주해 참고). 믿음의 능력을 예시하시기 위해서 주님은 가까이에 있는 뽕나무(19장 4절에 나오는 돌무화과나무와 관련된)를 가리키셨다. 뽕나무는 땅에 단단히 뿌리를 내려 생명력이 강하다고 알려져 있을 뿐 아니라 놀라울 정도로 수명이 긴 것으로도 유명했다. 이 두 예화를 종합해보면 지극히 작은 믿음이 불가능한 일을 가능하게 한다.

열두 사도(적어도 11명)는 메시아를 믿고 따름으로써 믿음을 보여주었기에 이미 필요한 믿음을 가지고 있었다. 핵심은 믿음을 실천하는 것이었다. 예수님은 사도들에게 그들이 이미 소유하고 있는 믿음을 사용하고, 성숙할수록 믿음을 사용하는 역량을 키우라고 독려하셨다.

—17:7-10(아무것도 기대하지 말고 왕국을 섬기라)—

노예와 관련된 예가 현대의 해설자들에게 문제가 되는 이유는 역사적으로 사람들을 고향에서 끌어와 강제로 일을 시키고 재산처럼 취급했던 암흑기가 영국과 미국에 있었기 때문이다. 헬라어 *andrapodistēs*, 즉 "유괴"는 이런 류의 노예 제도를 말하며, 구약과 신약 성경 모두 이것을 비난했는데(참고 출 21:16, 딤전 1:10), 예수님 시대에도 이런 부류의 노예가 상당수 존재했다. 그런데 그 외에도 고대의 경제 체제 가운데 공통적으로 존재했고, 이스라엘에서도 도덕적으로 용인되었던 '노예 제도'가 최소한 두 가지 더 있었다. '자발적 도제살이'와 소위 말하는 부분적 입양이다. 두 경우 모두 개인이 숙식, 보호, 공동체를 제공받는 대가로 한 가족을 섬기겠다고 서약함으로써 자발적으로 귀속되는 것이었다.

예수님이 여기서 사용하신 "종"이란 용어는 현대로 치자면 장기 고용인에 해당된다. 주님의 비유는 주인(또는 고용주)을 위해 의무를 다하는 사람을 비하하는 것이 결코 아니다. 그러므로 이 예화의 초점을 흐리지 않기 위해서 "고용주"라는 단어를 사용하겠다.

주님이 던지신 반어문을 이렇게 바꿔보겠다. "너희들 중 누가 일을 시키려고 고용한 일꾼들에게 일을 맡긴 후에 그의 종이나 사환이 되겠느냐?" 대답은 물어보나마나 "아무도 없다"이다. 고용주와 고용인의 관계에는 특정한 행동 규범이 있다. 고용주가 고용인에게 고마워하는 것이 잘못은 아니지만-사실, 좋은 방침이다-당연히 그래야 한다고 정해진 규범도 아니다. 고용인은 계약대로 보수를 받을 권리가 있지만 감사를 강요하는 것은 어리석은 일이다.

묵상의 서재

그들의 박수 소리

우리 부대가 오키나와에 주둔해 있을 때 나는 제3사단 해병대 관현악단에 소속되어 있었다. 우리 군악대는 오키나와 북단에 있는 나병 요양소에 초대되어 연주회를 연 적이 있었는데, 그때 만났던 사람들을 나는 결코 잊지 못할 것이다.

우리는 제복을 차려입고 잘 닦아서 윤이 반질반질 나는 악기를 든 채 똑바로 줄을 맞춰 앉아 있었다. 그리고 고통과 고단함의 무게에 짓눌린 그들도 구부정하게 앉아 있었다. 짓이겨진 육신에는 한때 인간의 얼굴이었던 흔적이 남아 있었고, 천 조각으로 둘둘 만 팔다리에서는 피가 스며 나오기도 했다. 그들은 애처롭게도 자신들은 무가치한 존재라고 말하는 듯한 표정 뒤의 수치심을 숨기기 위해 잘려나가 뭉툭한 사지로 일그러진 얼굴을 가리려고 했다. 나는 그들이 아무 잘못도 이유도 없이 당하고 있는 고통 때문에 스스로를 그렇게 무가치한 존재로 여기는 것을 보고 가슴이 찢어졌다.

우리가 연주를 하자 그 절망의 병을 앓고 있는 사람들은 넋을 잃고 귀를 기울였다. 나는 우리가 한센병이라고 부르는 그 병이 참혹하게 일그러뜨린 육신을 보면서 가슴을 짓누르는 슬픔 때문에 거의 연주를 하지 못했다. 나는 그들의 박수 소리를, 잘려나간 팔다리의 밑동을 서로 부딪치거나, 목발을 바닥이나 의자에 부딪치던 소리를 결코 잊지 못할 것이다.

그날 나는 치유의 능력을 가질 수 있다면 무슨 짓이라도 했을 것이다. 인간이 떨어진 타락의 바다에 손을 뻗어 질병의 손아귀에서 영혼을 구해내실 때 예수님은 얼마나 기쁘셨을까! 멀지 않은 장래에 예수님이 병원, 나환자 수용소 그리고 세상의 묘지들까지 텅텅 비게 하실 날이 올 것이다. 그때 우리는 어둠, 죄, 고난, 질병 그리고 죽음이 없는 세상에서 살 것이다. 그분이 우리에게 약속하셨다. 나는 그분이 빨리 다시 오셨으면 좋겠다!

그분의 요지는 단순하다. 하나님이 우리의 상사이지 우리가 그분의 상사가 아니다. 우리가 그분을 섬기는 것이지 그분이 우리를 섬기시는 게 아니다. 그분은 은혜의 선물로 이미 우리를 가족으로 맞아들이셨다. 섬김은 우리의 의무이고 책임이며 특권이다. 그분을 섬기는 것 자체가 보상이다. 그분은 우리에게 한낱 종들이 받을 수 있는 것보다 훨씬 더 많은 보상을 주실 수도 있지만-아마 분명히 그러실 것이다-우리는 상사에게서 아무것도 기대해서는 안 된다.

그러나 바리새인들은 하나님과의 관계에서 정밀한 상벌 체계가 있다고 가르쳤다. 하나님의 의에 대한 그들의 아전인수격인 생각을 보면 하나님은 선행을 물질적 축복으로 보상하시고, 죄는 가난, 질병, 기형, 재난으로 벌하셨다. 그들의 생각대로라면 우리의 선행은 하나님을 채무자로 만든다!

—17:11-19(감사하는 마음을 키우라)—

신약 성경에 "나병"으로 번역된 헬라어는 오늘날 우리가 한센병으로 알고 있는 것만이 아니라 다양한 피부병을 통칭한다. 그러나 이 열 사람이 지독한 "나병"을 가지고 있었다는 증거는 확실하다. 그들은 서로 돕고 보살펴주기 위해 무리를 지어 살았던 것으로 보여지는데, 상태가 심한 경우에는 그럴 필요가 있었다. 게다가 열 명 중 아홉 명이 사마리아에 사는 유대인들이었다는 사실은 그들이 병 때문에 조롱거리가 되었음을 시사한다. 여하튼, "나병"이라는 꼬리표는 사회적 사형 선고였다. 수치스러운 병 때문에 그들이 생존을 위해 할 수 있는 일은 거의 없었다.

자비를 구하는 그들의 외침을 멀리에서 들으신 예수님은 레위기 14장 1-32절의 규례대로 그들이 사는 지역의 제사장에게 가서 그들을 보이라고 지시하셨다. 내러티브를 보면 주님은 그들을 가까이로 부르지도 않으시고 그렇게 지시하셨다. 그들은 곧 주님이 내리신 명령의 의미를 이해하고 가장 가까운 회당으로 갔다. 누가의 문법은 그들이 주님의 명령에 따를 때까지 병이 치유되지 않았음을 암시한다. 문자적으로 해석하면 그 구절은 이렇다. "그들이 출발하자, 깨끗하게 되었다."

열 사람 모두 병이 낫기 시작하는 첫 징후를 보기 전에 주님의 명령에 순종하며 믿음을 보여주었다. 좋은 일이었다. 한 사람이 주님의 선물에 감사의 뜻을 전하려고 돌아왔다. 그건 더 좋은 일이었다. 주님의 긍휼하심으로 인해 그들이 벗어난 고통을 생각해볼 때 당연한 반응이었다. 그 사람이 감사한 것은 놀랄 일이 아니다. 정말 놀랄 일은 다른 아홉 명이 돌아오지 않았다는 사실이다!

누가는 짤막한 설명을 덧붙인다. "그는 사마리아 사람이라"(16절). 그 말은 유대인 제자들을 움찔하게 했을 것이다. 가장 신실할 것 같지 않은 사람이 같은 처지였던 다른 유대인들보다 훌륭한 행동을 했다. 이 이야기 속에서 누가는 그의 그리스도인 독자들을 간접적으로 신랄하게 비난했다. 다시 한 번, 가장 많은 용서를 받은 자가 가장 많은 사랑과 감사를 표현했다(7:42-43). 믿지 않는 자들에게 권리 의식을 가진 그리스도인보다 더 큰 '걸림돌'이 있을까? 감사할 줄 아는 하나님의 자녀는 얼마나 더 멋진가!

복음서에서 바리새인들에 대해 읽을 때마다 이들 유대인 공동체의 지도자들을 자칫 지나치게 비난하기 쉽다. 2천 년이 지난 현대인들은 그들을 검은 망토를 입고 살금살금 다니며 벼룩의 간을 빼먹는 인간쯤으로 상상한다. 그러나 1세기의 이스라엘에 살았던 사람들에게 성경을 직업적으로 연구하는 이들보다 더 세련되고, 품위 있고, 고상하고, 진실되게 보이고, 신실한 헌신을 보여주는 존재는 없었다. 서기관들은 매일 몇 시간씩 심혈을 기울여 두루마리 하나하나를 일점 일획도 틀리지 않게 정성스럽고 꼼꼼하게 필사했다. 그들의 헌신으로 인해 우리는 믿을 수 있는 '율법서, 선지서, 성문서' 사본을 갖게 되었다. 바리새인들의 터무니없는 규율 준수와 전통은 실제로 유대인의 정체성이 이교도 속에 묻히지 않고 보존되는 데 기여했다. 서기관들과 바리새인들은 오늘날 대부분의 사람들이 생각하는 선량함의 기준에서 볼 때 '선한 사람들'이었다.

복음서에서 종교 지도자들에 대해 읽거나 세대를 이어 내려오면서 알려진 주님의 질책을 들을 때에도 그들은 분명 신량한 사람들이었다는 사실을 잊어서는 안 된다. 우리가 이 균형을 유지할 수 있다면-1세기의 유대인들은 분명 그랬을 것이다-주님의 교훈은 더 큰 영향력을 미칠 것이다. 주님은 갈 데 없는 악당들을 질책하신 게 아니었다. 그분은 스스로를 선하다고 생각하는 사람들을 염두에 두고 계셨다.

예수님은 당신을 따르는 사람들-메시아를 따르기 때문에 자기들은 선하다고 생각하는 모든 사람-에게 말씀하셨다. "그렇게(실족하게) 하는 자에게는 화로다!"(1절) "너희는 스스로

(끊임없이) 조심하라!"(3절) 그분은 자기를 따르는 모든 자를 향해 그들 각자의 마음속에-그리고 우리 각자의 마음속에-스스로 선하다고 생각하는 바리새인이 도사리고 있어서 날마다 질책을 받아야 한다고 경고하셨다. 주님은 제자들에게 그 바리새인을 견제하는 네 가지 구체적인 방법을 알려주셨다. 이 네 가지를 실패하면 우리가 그리스도 앞에서 비난받은 바로 그 악당들이 될 수도 있다(부디 그런 일이 없기를).

적용

걸림돌 제거하기

전도는 주님의 일이다. 그분은 신실하게 자기 백성들을 모두 왕국에 데려오실 것이다(요 6:37, 39). 그분은 이 위대한 왕국 건설 사업에 참여하라고 우리를 부르셨고, 그 성공에 따른 지분을 우리에게 주셨다. 그러나 우리가 무엇을 하든 상관없이 궁극적으로 사람들을 구원하는 것은 그분의 소관이다. 다시 말해서, 만약 하나님이 어떤 사람을 구원하기 원하신다면 그 사람은 내가 실패해도 구원받을 것이다.

그렇더라도 주님은 다른 사람들이 그리스도의 은혜의 선물을 받아들이느냐 거부하느냐를 결정하는 데 우리가 미친 영향에 대해 책임을 물으실 것이다. 걸림돌이 되지 말라는 주님의 엄중한 경고는 우리가 다른 사람들에게 어떤 영향을 미치고 있는지 돌아보게 한다. 생각해보아야 할 두 가지 큰 영역이 있다.

첫째, 사소한 문제들. 물론, 살인, 간음, 횡령 같은 중한 죄는 믿지 않는 자들의 문제일 것이다. 우리가 다른 사람들을 실족시키는 것은 아마도 이런 분야는 아닐 것이다. 경험에 의하면 사람들을 넘어지게 만드는 것은 큰 문제가 아니라 사소한 것들이다. 지금까지 살면서 나에게 이런 말을 했던 사람들이 몇 명 있었다. "당신이 한 이러이러한 행동이 내 마음을 무척 상하게 했어요." 그런데 그런 것들은 거의 대부분 큰 문제가 아니었다. 사소한 문제였다. 나는 까맣게 잊어버린 것으로 보아 나에게는 '사소한' 문제였겠지만 상대방에게는 의미가 컸다.

약간 위험한, 당신이 불편하게 느낄 수 있지만 해볼 만한 가치가 있는 일을 도전해보겠다. 당신이 관계를 맺고 있는 어떤 사람들에게 다가가 이렇게 말하라. "문득 과거의 내 행위가 당신 마음을 상하게 했거나 슬프게 했을지도 모른다는 생각이 들었습니다. 혹시 그렇다면 말해주세요. 내가 당신에게 상처를 준 적이 있나요?" 그런 다음 그들의 말에 귀를 기울이라. 설명하지 말라. 변명하지 말라. 그냥 듣고 공감하라.

물론 당신은 다른 사람들에게 상처를 준 적이 있다. 그 점에 있어서는 의심의 여지가 없다. 질문을 하는 이유는 그 사람 마음속에 계속 앙금으로 남아 있을 수 있는 특정한 한두 가지 사건에 대해 말할 기회를 주기 위해서다.

두 번째로 생각해야 할 부분은 우리가 할 수 있거나, 해야 하거나, 하지 않는 일들이다. 누군가를 용서할 때는 그 문제를 종결 짓는 말을 해야 한다. 나는 어떤 사람이 이렇게 말하는 것을 들었다. "그건 지난 일이야. 다시는 그 얘기를 꺼내지 않을 거야." 멋졌다. 그 말을 들으면 얼마나 마음이 가벼워지겠는가!

누군가 격려가 필요할 때 우리는 첫 번째 격려자가 되어야 한다. 칭찬할 일이 생각나면 기회를 찾아 말하라! 지지의 말을 마음속에 담아둘 이유가 없지 않은가?

섬길 수 있는 기회가 주어지면 열정을 갖고 뛰어들어야 한다. 보상이나 감사나 인정이나 심지어 "감사합니다"라는 말도 들을 생각을 하지 말라. 다만 섬기라.

좋은 일이 생기면 하나님이 들으실 수 있게 감사하다고 말하는 게 좋다. 거창하지 않아도 단순히 "주님, 감사합니다"라고 말하면 된다. 또는 특별한 경우에 그분의 선하심에 대해 감사하는 말을 하면 된다. 그리고 우리에게 생긴 좋은 일이 다른 사람 때문이라면 애써 감사의 마음을 전해야 한다. (식당에 가면 팁을 후하게 주라!)

어디에 있는지, 어디로 가는지 알기(누가복음 17:20-37)

20바리새인들이 하나님의 나라가 어느 때에 임하나이까 묻거늘 예수께서 대답하여 이르시되 하
나님의 나라는 볼 수 있게 임하는 것이 아니요 21또 여기 있다 저기 있다고도 못하리니 하나님의 나
라는 너희 안에 있느니라

22또 제자들에게 이르시되 때가 이르리니 너희가 인자의 날 하루를 보고자 하되 보지 못하리라
23사람이 너희에게 말하되 보라 저기 있다 보라 여기 있다 하리라 그러나 너희는 가지도 말고 따르
지도 말라 24번개가 하늘 아래 이쪽에서 번쩍이어 하늘 아래 저쪽까지 비침같이 인자도 자기 날에
그러하리라 25그러나 그가 먼저 많은 고난을 받으며 이 세대에게 버린 바 되어야 할지니라 26노아의
때에 된 것과 같이 인자의 때에도 그러하리라 27노아가 방주에 들어가던 날까지 사람들이 먹고 마시

고 장가 들고 시집 가더니 홍수가 나서 그들을 다 멸망시켰으며 [28]또 롯의 때와 같으리니 사람들이
먹고 마시고 사고 팔고 심고 집을 짓더니 [29]롯이 소돔에서 나가던 날에 하늘로부터 불과 유황이 비
오듯 하여 그들을 멸망시켰느니라 [30]인자가 나타나는 날에도 이러하리라 [31]그 날에 만일 사람이 지
붕 위에 있고 그의 세간이 그 집 안에 있으면 그것을 가지러 내려가지 말 것이요 밭에 있는 자도 그
와 같이 뒤로 돌이키지 말 것이니라 [32]롯의 처를 기억하라 [33]무릇 자기 목숨을 보전하고자 하는 자는
잃을 것이요 잃는 자는 살리리라 [34]내가 너희에게 이르노니 그 밤에 둘이 한 자리에 누워 있으매 하
나는 데려감을 얻고 하나는 버려둠을 당할 것이요 [35]두 여자가 함께 맷돌을 갈고 있으매 하나는 데
려감을 얻고 하나는 버려둠을 당할 것이니라 [36](없음) [37]그들이 대답하여 이르되 주여 어디오니이까
이르시되 주검 있는 곳에는 독수리가 모이느니라 하시니라.

예수님은 사역 초기부터 늘 당신 자신과 관련하여, 그리고 대부분 하나님 나라가 이 땅에 임했다는 주장과 함께 하나님 나라의 도래를 선포하셨다(참고 4:21, 9:27, 10:9, 11:20). 그러면서도 그분은 왕국을 마지막 때와 밀접한 관련이 있는, 장차 일어날 일로 자주 말씀하셨다(6:20, 11:2, 13:28). 또 다른 때에는 왕국의 건립을 하나의 사건이 아닌 과정으로 말씀하셨다(13:18-21). 바리새인들을 위시한 모든 사람은 언제 하나님 나라가 최종적으로 악의 지배를 종식시킬 것인지 알고 싶어했다. 어쨌든, 왕국에 대한 계획을 알아야 할 사람이 있다면 그것은 그 나라의 왕일 것이다.

예수님이 말씀하셨어야 했던 진리는 설명이 쉽지도 않고 듣기에 유쾌하지도 않았다. 아기들이 어디서 나오는지 묻는 다섯 살 아이처럼 예수님 시대의 사람들은-적어도 아직은-하나님 나라와 관련된 복잡한 문제들을 이해할 수 없었다. 따라서 예수님은 그들의 제한된 이해력을 압도하지 않으시면서 그들에게 장차 닥칠 일을 준비시킬 수 있는 방법으로 질문에 답하셨다. 앞에는 아직 십자가가 있었지만, 메시아는 제자들과 적들을 위해서 미래를 드러내셨다.

—17:20-21—

누가는 하나님 나라에 대한 주님의 시각을 두 가지로 제시한다. 첫째, 예수님은 왕국이 임하는 시기를 묻는 바리새인들의 질문에 간략하게 대답하셨다. "묻거늘"로 번역된 동사는

강력하고, 긴급하고, 끈질기게 물었음을 시사하는 단호한 어형이다. 그들은 순수하게 궁금해했을 수도 있지만 누가가 사용한 문법은 진실성이 결여되었음을 암시한다. 주님은 피상적인 대답만 하셨다. 다음 단락에서 제자들이 받은 가르침과 비교해 그 깊이가 얼마나 다른지를 눈여겨보라.

예수님은 바리새인들의 질문에—적어도 직접적으로는—대답하지 않으셨다. 그분은 하나님 나라가 뭇 왕국들과 공통된 특성을 갖고 있음을 설명하셨다. 즉, 왕국과 왕은 불가분의 관계라는 것이다. 사실, 왕국은 곧 왕이다. 강조하는 위치에 배치된 동사 "있느니라"와 감탄사 "보라"(for behold, 한국어 성경에는 번역되어 있지 않다-역주)가 결합해서 예수님 자신을 왕국으로 가리킨다. 누가의 내러티브에 나오는 이 사건을 보면 예수님은 사실상 "왕국은 바로 여기에 있다!"라고 말씀하시면서 문법적으로 자신을 가리키셨다.

주님은 하나님 나라에 대해 더 이상 자세히 밝히지 않으시는데, 그렇게 하는 것이 무의미하기 때문이었다. 왕을 거부한 사람들은 왕이 통치하는 정부에 대해 아무것도 알 필요가 없다.

—17:22-24—

예수님은 제자들을 가르치시면서 가능한 모든 것—그들이 들을 수 있는 만큼—을 설명하셨다. 그분은 그들의 잘못된 기대를 조심스레 걷어내는 일부터 시작하셨다.

무엇보다도, 왕국은 지금 당장 오지 않는다. 주님이 행하실 지상 사역의 관점에서 예견해볼 때 메시아의 제자들이 왕국을 갈망해도 보지 못할 날이 올 것이다. 예수님은 왕국을 "인자의 날"(사 13:9, 욜 1:15, 2:1, 31, 3:14, 습 1:14-16, 말 4:1, 5)이라고 부르시면서 왕국과 왕국의 왕은 동일하다고 하신 앞의 진술을 거듭 확인하셨다. 왕과 왕국 모두 잠시 모습을 감추리라는 것이 이 말씀의 진의였다.

뿐만 아니라 왕이 없는 동안, 사람들은 왕국이 이런저런 형태로 임했다고 주장할 것이지만 모두 잘못된 것이다. 왕국이 돌아오면—왕의 모습으로—틀림없이 알 수 있을 것이다. 번개가 하늘을 가르는 이미지는 극적인 돌발과 광범위한 가시성을 예시한다. 번개는 강력한 초자연적 의미도 함축하고 있다.

신학자들은 예수님이 어떤 사건을 염두에 두시고 이처럼 분명하고, 눈으로 똑똑히 볼 수 있는 왕국의 시작을 묘사하셨는지 갑론을박한다. 그분의 부활, 승천, 성령 파송, 또는 권능 가운데 다시 오심(그분의 '재림')을 말씀하신 것인가? 뒤이은 구절에 나오는 주님의 설명에 드러난 보편적 특성은 제일 마지막 쪽–왕의 완전한 현현과 지상에 건립되는 하나님 나라–으로 많이 치우친다.

—17:25–27—

제자들의 잘못된 기대를 걷어내신 후에 예수님은 왕국이 지상에 세워지는 방식에 대해 받아들이기 힘든 진실을 밝히셨다. "인자의 날"이 오기 전 왕은 고난을 받고 이스라엘을 지칭하는 "이 세대"로부터 거절당하셔야 한다(참고 7:31, 11:29–32, 50–51, 21:32). 주님은 고난과 거부 뒤에 있을 불확실한 시기, 즉 악이 승리한 것처럼 보이면서 득의양양해지는 때가 올 것임을 예견하셨다(11:21–23 참고). 예수님은 구약에 나오는 친숙한 두 개의 이야기를 예로 드시며 이 시기에 믿지 않는 자들의 태도를 설명하셨다.

첫 번째는 노아의 세대를 돌이켜본다. 그때 사람들은 노아의 경고를 무시하고 그가 방주를 짓는 것을 보고도 일상적인 삶을 계속했다. "먹고 마시고 시집가고 장가간다"는 말은 특정한 죄를 일컫는 것이 아니다. 행복한 삶을 영위하면서 미래를 계획하는 당시의 사회 모습을 그린 것이다. 물론, 역사적 관점에서 보면 그들에게는 미래가 없었다는 사실을 우리는 안다. 그리고 그게 바로 요지다. 그들은 경고를 받았고, 노아가 120년 동안 방주를 짓는 모습을 지켜보았다. 그러나 그들은 세상이 마냥 그대로일 것처럼 살았고, 그러다 홍수로 멸망했다.

—17:28–29—

두 번째 이야기는 롯의 시대를 돌이켜본다. 롯의 삼촌인 아브라함이 소돔과 고모라를 위해서 하나님의 자비를 구하며 중재했지만(창 18:22–33), 그 저주받은 주민들은 만사가 태평하다는 듯 살았다. 주님은 롯에게 가족을 데리고 그 죄악으로 악명 높은 도시를 떠나라고 지시하시면서 죽음을 피해 도망갈 때 아무도 뒤를 돌아봐서는 안 된다고 경고하셨다(창 19:17). 얼마 후 불과 유황이 두 도시에 비처럼 쏟아져 도시 전체가 사라져버렸다. 불행히도, 롯의 아내는 하나님의 경고를 무시했다. 그녀는 그곳을 차마 잊지 못해 뒤를 돌아보았다. 그리고 그 자리에서 소금 기둥으로 변했다(창 19:26).

—17:30-33—

헬라어 문장을 직역하면 다음과 같다. "인자의 날이 이를 때에도 이와 똑같을 것이다." 보편적인 의미에서 이것이 아마도 두 가지 예의 요지일 것이다. 그들은 자신들의 세계가 천지개벽하기 전에는 신실한 사람들의 증언을 거부하면서 행복한 무지 속에서 계속 살 것이다. 일부 해설자들은 이 예화에서 '천지가 개벽할 변화' 부분을 경시하는데, 그 심각성을 외면하거나 축소해서는 안 된다.

주님은 이 예들을 더 발전시켜 장차 주님이 현현하실 날의 광경을 생생하게 묘사하셨다. "지붕 위에 있는 사람"이나 "밭에 있는 자"의 이미지는 서두름과 우선순위를 기억한다는 의미를 전달한다. 같은 생각을 이렇게 말할 수 있다. "집에 불이 나면 모아놓은 동전을 건지려고 하지 말라. 생명을 구하기 위해 피하라!" 롯의 아내는 떠나온 삶을 애석해하며 돌아보았다. 옛 생활을 함께 가져가고 싶은 그녀의 욕망이 죽음을 불렀다.

예수님은 이 예를 친숙한 방식으로 적용하셨다. 인간은 오로지 한 종류의 '삶'에만 집착할 수 있다. "재물"(16:13)을 좇는 것으로 정의되는 세속적 삶은 영원한, 영적 죽음으로 귀결될 것이다. 왕국의 삶은 "재물"에 대한 모든 욕망을 버릴 것을 요구한다. 우리는 세상의 안락을 유지하는 문제에 있어서 롯의 아내같이 되어서는 안 된다. 우리는 마치 세상이 불에 타고 있는 것처럼 서둘러 왕국을 향해 나아가야 한다. 세상은 곧 그렇게 될 것이다.

—17:34-36—

예수님은 두세 개의 비네트로 이루어진, 불길하고 잊을 수 없는 이미지로 결론을 내리셨다. 각각의 비네트마다 장면은 동일하다. 두 사람이 잠시 함께 있다가 어떤 일이 일어나 둘을 갈라놓는다. 한 사람은 "데려감을 얻고", 다른 하나는 버려진다. "데려감을 얻다"로 번역된 동사는 '데리고 가다' 또는 '함께 데려오다'라는 뜻을 가진 *paralambanō*이다(9:10, 28 참고).

바울은 데살로니가 사람들이 혹시 왕국이 이미 임했고 그들이 남겨진 것은 아닌지 걱정하자 이 일에 대해 더 많은 것을 밝혔다. 그는 진실한 왕국 백성은 왕의 임재를 놓치지 않을 것이라고 안심시켰다. 그분은 우렁찬 나팔 소리와 천사들의 외침–번개처럼 뚜렷하여 절대 놓칠 수 없는–과 함께 하늘에 나타나실 것이다. "주께서 호령과 천사장의 소리와 하나님의 나팔 소리로 친히 하늘로부터 강림하시리니 그리스도 안에서 죽은 자들이 먼저 일어나고 그 후에 우리 살아 남은 자들도 그들과 함께 구름 속으로 끌어 올려 공중에서 주를 영접하게 하시리니 그리하여 우리가 항상 주와 함께 있으리라"(살전 4:16–17). 하나님 나라를 아랑곳하지 않고 살았던 사람들은 남겨질 것이다.

노아와 롯의 예가 시사하는 바가 있다면, "남겨진" 자는 정죄와 심판에 버려진다는 것이다. 다른 쪽은 안전하게 "데려감을 얻는다."

—17:37—

제자들이 던진 질문의 성격에 대한 해설자들의 의견은 제각각이다. 사도들은 단순히 "주여 어디오니이까?"라고 물었다. 구체적인 언급이 없는 이 구절은, 자세히 보면 방금 들은 것에 대한 반응이라는 암시가 짙게 깔려 있다. 주님은 방금 "데려감을 얻은 자"와 "버려둠을 당한 자"에 대해 말씀하셨다. 따라서 그 질문의 의미는 다음 중 하나일 것이다.

"어디로 데려가나요?"

"어디에 남겨지나요?"

첫 번째가 맞지 않는 이유는 '데려가다'라는 동사가 '이끌려 가다' 또는 '보내지다'라는 뜻이기 때문이다. 가장 자연스러운 질문은 "누구와 함께 이끌려 가나요?" 거나 "누구와 함께 보내지나요?"이지, "어디로"가 아니다. 반대로 두 번째 가능성은 주님의 대답과 의미상 가장 앞뒤가 맞는다. 이 질문은 원래 이런 뜻이다. "심판받기 위해 버려진 자들은 어디에 있나요?"

예수님의 대답은 관용구이거나 어쩌면 욥기 39장 30절의 인용일 수도 있었다. 이것을 다른 말로 바꾸면 이럴 것이다. "시체를 찾고 싶다면 독수리들이 맴돌고 있는 곳을 찾으라." 주님의 수수께끼 같은 대답은 썩은 고기를 먹는 악한 새들을 통해 입증되듯이 세상을 죽음의 장소로 일컫는다. 악과 죽음은 늘 같은 곳에서 발견된다. 종말론적 의미에서(주님이 권능 가운데 다시 오셔서 믿지 않는 자들을 심판하신 후인 마지막 때를 말한다), 그분의 말씀은 글자 그대로 이루어질 것이다(계 19:21).

예수님은 늘 예언적으로 말씀하셨지만-즉, 하나님의 말씀을 예언하는 것-장차 있을 일을 예언하신 적은 거의 없었다. 미래의 역사에 대한 계시가 다 그렇듯이 주님의 예언은 흥미를 자극할 정도로는 상세하지만 좌절감을 느낄 정도로 모호하다. 예수님이 죽으시고, 부활하시고, 승천하셔서 성령을 보내신 후에야 제자들은 더 많은 것을 이해했다. 그러니 우리도 마찬가지다. 여전히 많은 것이 베일에 가려 있다.

장차 있을 일에 대한 주님의 강론이 우리의 호기심을 충족시켜주지 않을지라도, 그것으로 충분하다. 미래가 와야 비로소 메워질 수 있는 간극을 한탄하지 말고 예수님이 제공해 주신 정보를 시간을 들여 흡수하면 충분하다. 어쨌든, 예언은 미래와 결부된 일들을 세세히 다 알기 위해서 주어진 게 아니다. 예언은 때가 이르렀을 때 어떻게 순종할지를 알기 위해서 주어졌다. 지도처럼, 예언은 당신이 어디에 있고, 어디로 가고 있으며, 어떻게 살아서 그곳에 도달할 것인지를 말해준다.

이제 지도를 가졌으니 조심해서 운전하라!

적용
오늘을 위한 힘, 내일을 위한 충고

현재의 상황이 버거울 때, 미래가 참으로 무섭게 느껴질 수 있다. 예수님은 누구보다도 이 점을 잘 이해하셨다. 그래서 제자들이 그들이 처한 상황을 이해하도록 각별히 신경을 쓰셨다. 주님은 제자들에게 현재를 보는 귀한 시각을 주셨고, 그들이 기쁘게 사는 데 도움이 될 수 있을 만큼의 정보를 제공하셨다.

미래의 왕국과 그 안에서 제자들이 차지할 위치에 대한 주님의 설명을 바탕으로 미래에 관한 세 가지 관점을 제공하겠다. 세 가지 모두 도래할 왕국을 기대하면서 동시에 오늘을 위한 가치도 가지고 있다.

첫째, 주님의 뜻이 베일에 가려 있다 해도 기꺼이 미래를 향한 당신의 비전을 주님의 뜻에 맞추라. 제자들은 그들을 미래로 인도할 특정한 메시아와 함께 특정한 미래를 기대했다. 그들은 예수님이 적보다 한 수 앞서 이스라엘의 왕권을 주장하시는 것을 마음속에 그렸다. 그들은 주님이 이스라엘을 로마로부터 독립시키는 것을 상상했다. 그들은 기적적인 유대인의 부흥과 메시아가 다스리실 세계 제국의 확장을 보았다. 그러나 예수님은 왕국에 대해 다른 계획-제자들이 이해하기 힘들어할-을 가지고 계셨다.

죽는다고? 십자가에서? 그렇게 해서 어떻게 국가를 재건하지?

하나님은 이스라엘과 모든 인류를 위해 1세기의 어느 누구도 상상할 수 없었던 위대한 미래를 예정하셨다. 실제로, 2천 년 동안 주님의 구속 계획을 깊이 생각하고도 우리는 그 위대함을 제대로 이해하는 데 있어서는 그다지 발전한 게 없다. 그러나 곧, 우리는 알게 될 것이다.

개인적인 차원에서 하나님은 당신을 위한 계획도 가지고 계시다. 당신이 당신의 계획을 버릴 준비가 빨리 될수록 당신의 인생을 위한 그분의 계획을 빨리 받아들일 수 있다.

둘째, 현재의 상황 때문에 미래에 대한 당신의 비전을 흐리게 하지 말라. 월스트리트의 투자 회사들은 끊임없이 고객들에게 경고한다. "과거의 수익이 미래의 실적을 보장하지 않습니다!" 이 말은 호황일 때는 나쁜 소식이지만 불황일 때는 희소식이다. 그리고 환경에 대해서도 마찬가지다. 우리는 인생이 잘 풀리면 좋은 시절이 언제까지나 계속될 거라는 어리석은 생각을 한다. 그리고 역경을 헤치고 나아가기 위해 고군분투하고 있을 때에는 우리가 다시 맑은 하늘을 볼 수 있을지 의심한다.

상황은 변하지만 하나님과 그분의 말씀은 결코 변하지 않는다는 사실을 기억하라. 진부하게 들릴 수도 있지만, 내 말을 믿으라. 당신은 좋을 때와 나쁠 때 모두 성경이 가진 진정제 효능이 필요하다. 성경은 당신이 침체를 대비할 지혜와 역경을 견뎌낼 희망을 제공할 것이다. 당신은 성경의 관점이 필요하다.

셋째, 이 세상은 당신의 본향이 아님을 기억하라. 더 큰 범주에서, 현재 세상의 질서는 지금과 다른 미래에 자리를 내줄 것이란 사실을 절대 잊지 말라. 세상의 질서가 새로 정해지는 큰 변혁의 날이 임박했다. 우리는 미리 경고를 받았다. 노아를 기억하라. 인자의 날을 기대하라. 세상에서 벌어지는 일들이 보여주는 징후를 주시하면서 그것에 맞춰 준비하라.

그리고 롯의 아내를 잊지 말라. 당신이 사랑하는 사람들보다 더 중요한 것은 없다.

경건해지고 싶은가? 이것부터 시작하라!(누가복음 18:1–17)

1예수께서 그들에게 항상 기도하고 낙심하지 말아야 할 것을 비유로 말씀하여 2이르시되 어떤 도
시에 하나님을 두려워하지 않고 사람을 무시하는 한 재판장이 있는데 3그 도시에 한 과부가 있어 자
주 그에게 가서 내 원수에 대한 나의 원한을 풀어 주소서 하되 4그가 얼마 동안 듣지 아니하다가 후
에 속으로 생각하되 내가 하나님을 두려워하지 않고 사람을 무시하나 5이 과부가 나를 번거롭게 하
니 내가 그 원한을 풀어 주리라 그렇지 않으면 늘 와서 나를 괴롭게 하리라 하였느니라 6주께서 또
이르시되 불의한 재판장이 말한 것을 들으라 7하물며 하나님께서 그 밤낮 부르짖는 택하신 자들의
원한을 풀어 주지 아니하시겠느냐 그들에게 오래 참으시겠느냐 8내가 너희에게 이르노니 속히 그
원한을 풀어 주시리라 그러나 인자가 올 때에 세상에서 믿음을 보겠느냐 하시니라

9또 자기를 의롭다고 믿고 다른 사람을 멸시하는 자들에게 이 비유로 말씀하시되 10두 사람이 기
도하러 성전에 올라가니 하나는 바리새인이요 하나는 세리라 11바리새인은 서서 따로 기도하여 이르
되 하나님이여 나는 다른 사람들 곧 토색, 불의, 간음을 하는 자들과 같지 아니하고 이 세리와도 같지
아니함을 감사하나이다 12나는 이레에 두 번씩 금식하고 또 소득의 십일조를 드리나이다 하고 13세리
는 멀리 서서 감히 눈을 들어 하늘을 쳐다보지도 못하고 다만 가슴을 치며 이르되 하나님이여 불쌍
히 여기소서 나는 죄인이로소이다 하였느니라 14내가 너희에게 이르노니 이에 저 바리새인이 아니고
이 사람이 의롭다 하심을 받고 그의 집으로 내려갔느니라 무릇 자기를 높이는 자는 낮아지고 자기를
낮추는 자는 높아지리라 하시니라

15사람들이 예수께서 만져 주심을 바라고 자기 어린 아기를 데리고 오매 제자들이 보고 꾸짖거늘
16예수께서 그 어린 아이들을 불러 가까이 하시고 이르시되 어린 아이들이 내게 오는 것을 용납하고
금하지 말라 하나님의 나라가 이런 자의 것이니라 17내가 진실로 너희에게 이르노니 누구든지 하나
님의 나라를 어린 아이와 같이 받아들이지 않는 자는 결단코 거기 들어가지 못하리라 하시니라.

기도–적어도 성경에 나오는 하나님께 드리는 기도–는 불가사의하다. 그러나 이교도의 기도는 지극히 합리적이다. 거짓 종교에서 기도는 단지 거래의 일부분, 즉 요청하는 사람이 자기가 믿는 신의 뜻을 꺾어 자기의 소원을 이루어주게 만드는 과정에 불과하다. 따라서 이교도의 기도에는 늘 흥정, 기도를 응답해주면 그 대가로 이러저러한 일을 하겠다는 약속, 뇌물, 유리한 발언의 기회를 얻기 위해 많이 기부하기, 애원, 친절을 받기에 충분할

만큼 불쌍해 보이기, 정당화하기, 자신이 하나님의 편애를 받을 가치가 있음을 증명하기 등등이 포함된다. 이교도의 기도는 신을 자동 판매기와 같은 차원으로 낮추기 때문에 단순하다. 고되고 힘들지만 간단하다. 넉넉한 돈을 넣고, 맞는 단추를 누르는 의식만 행하면 당신이 요청한 것이 튀어나온다. 신을 몇 차례 더 흔들어야 할 수도 있지만 과정의 일부일 뿐이다.

그러나 하나님께 드리는 기도는 정반대다. 성경의 하나님은 매수를 하거나 교묘히 조종할 수 없다. 그분은 아무것도 필요하지 않으시기에 우리는 우리가 원하는 것을 해달라고 그분을 설득할 수 없다. 그리고 그분은 우리의 마음을 아시기에 그분께 영향을 주거나 호의를 받을 만한 존재로 보이려고 애써봤자 아무 소용이 없다. 더구나, 그분은 절대 주권자이시므로 그분은 우리의 계획표에 맞추기 위해 자신의 계획표를 포기하지 않으실 것이다. 따라서 하나님께 드리는 기도는 교묘한 조작 행위가 아니라 관계에 있어서 반드시 필요한 부분이다. 하나님은 개인적인 상호작용을 원하시는 관계적인 존재이시다. 단순하지만 요구가 많은 이교도의 기도와는 달리 하나님과 함께하는 기도는 복잡하지만 힘이 들지 않는다. 하나님은 자동 판매기가 아니라 인격이시므로 복잡하다. 하나님은 당신의 존재 속으로 우리를 기꺼이 맞아주시므로 힘이 들지 않는다.

예수님은 제자들이 힘들고 불확실한 날들을 맞이하게 될 것을 아셨다. 십자가를 향한 그분의 행진과 예루살렘에서의 고통스러운 죽음은 그들을 감정의 나락으로 추락시켜 하나님께 버림받았다는 느낌과 혼란 속에 내팽개칠 것이다. 주님이 당당하게 부활하신 후에도 그분의 백성들은 여전히 곤경에 처하고 실망하게 될 것이다. 여하튼, 하나님 나라의 시민으로서 악의 영지 안에서 사는 것은 쉽지 않을 것이다. 그래서 예수님은 하나님이 듣지 않으시는 것처럼 느껴질 때에도 기도할 것을 권면하시고자 했다. 예수님은 제자들에게 다음과 같이 권면하셨다.

끈기 있게 기도하라(1-8절).

겸허한 자세로 기도하라(9-14절).

확신을 가지고 기도하라(15-17절).

—18:1-2(끈기 있게 기도하라)—

이 예화는 부정적인 예로 가르치는 또 다른 본보기다. 예수님은 하나님의 우월성을 보여주시기 위해 죄 많은 인간의 행동을 자주 사용하셨다. 앞에서 예수님은 세상 아버지들도 자기 자녀들을 사랑하며 그들에게 좋은 것을 주고 싶어한다고 역설하셨다(11:10-13). 하물며 완전한 사랑이신 주님은 얼마나 더 우리에게 필요한 것을 주고 싶어하시겠는가? 같은 논리로, 예수님은 불의한 재판관의 이야기를 들려주셨다.

고대에는 사람들 사이에서 분쟁이 일어나면 그 지역에서 존경받는, 그 말에 영향력이 있는 장로나 장로회로 가져갔다. 유대인의 율법과 전통에 의거해서 각 지역마다 성전에서 지명한 지혜롭고 경건한 사람들이 사소한 분쟁들을 율법에 따라 해결하는 중재자 역할을 했다(출 18:19-22, 신 1:13, 15, 대하 19:5-10). 그들은 "하나님을 두려워하며 진실하며 불의한 이익을 미워하는 자"여야 했다(출 18:21).

이 이야기 속의 그 남자는 재판관의 임무를 맡았으면서도 자기 이익을 위해서만 일했다. 그는 판정을 할 때 하나님의 가치를 존중하지 않았고, 사람들의 필요에도 관심이 없었다.

—18:3-5—

구약 성경은 재판관뿐만 아니라 모든 사람이 모름지기 힘없는 사람들, 특히 고아와 과부의 권리와 복지에 관심을 가져야 한다고 했다(참고 출 22:22-24, 시 68:5, 146:9, 사 1:17, 렘 7:6-7). 하지만 이 재판관은 그녀를 기만하려고 한 상대로부터 그녀를 보호하거나 그녀 편에 서서 판결할 생각이 없었다. 이 이야기는 과부의 재산권을 가로채기 위해 그녀가 지지도 않은 부채를 날조한 파렴치한 사람들이 등장하는 시나리오를 재현했다. 곡식을 재배하거나 돈 버는 일을 도와줄 남편이나 자녀가 없는 그녀는 무력했다. 그녀의 유일한 희망은 법적인 보호였다.

주님은 그 재판관을 하나님과 사람들을 대수롭지 않게 여기는 사람으로 묘사하셨다. 달리 말해서, 그 재판장은 정의를 외면함으로써 정치적, 사회적, 금전적 유익을 얻을 수 있었기 때문에 그 파렴치한들의 편을 들었다. 과부가 분개하지만 않았다면 그는 정의를 외면했을 것이다. "번거롭게 하다"로 번역된 헬라어 관용구의 문자적인 뜻은 '눈을 멍들게 하다'라는 뜻이다(고전 9:27 참고). 이것은 비유적으로 '헐뜯다' 또는 '혹평하다'라는 뜻으로도 쓰였다. 여기에는 어떤 사람을 여론의 링 안에서 두들겨 팬다는 개념이 들어 있다. 과부의 집요함이 재판장의 보신주의를 자극했다. 그는 자신의 명성을 지키기 위해 그녀의 옹호자가 되어주었다.

—18:6-7—

예수님은 이 비유를 예상대로 적용하셨다. 그 불의한 재판장이 절박한 여인의 끈질긴 호소에 반응해서 정의를 행하려 했다면, 온전히 의로우신 하나님이 "택하신 자들"을 위해서 옳은 일을 행하시리라는 것은 얼마나 더 신뢰할 수 있는 일이겠는가?

"택하신 자들"이라는 표현은 중요한 자격이다. "택하다"로 번역된 단어는 '선택되다'라는 뜻이며, 이것은 기독교 신학에서 매우 중요한(그리고 논란이 많은) 개념이다(참고 마 24:22, 롬 8:33, 골 3:12, 딤후 2:10, 딛 1:1). 구약 성경을 통틀어 하나님은 특정한 사람들을 택해서 특별한 축복 그리고/또는 구원을 주시는 분으로 묘사되어 있다. 그리고 그분의 선택은 언제나 그분이 택하신 사람들의 가치와는 상관없는 그분이 베푸시는 은혜의 표현이었다.

하나님은 구약 시대에는 개인을 택하시는 경우가 거의 없었다. 그분은 거의 언제나 집단을 선택하셨다. 이 경우에 헬라어 단어는 복수로, "택하신 자들"이다. "택하신 자들"이라는 자격은 이 비유가 믿는 자들에게만 적용된다는 뜻이다. 뿐만 아니라 정의가 구현되는 대상은 믿는 자들의 집단이지 한 개인이 아니다. 하나님께는 한 사람 한 사람도 중요하지만 이 가르침에서는 집단의 기도를 말씀하셨다.

그 외에도 비유와 적용에 모두 나오는 탄원의 내용을 눈여겨보라. 이것은 정의를 구하는 것이다. 예수님은 이런저런 개인의 이기적인 욕망을 위해서 끈질기게 간구하면 결국 하나님의 결심을 꺾을 수 있다는 뜻을 내비치신 것이 아니다. 주제는 정의(正義)와 하나님은 본질적으로 정의로우시다는 것이다. 따라서 우리는 하나님의 뜻을 우리의 뜻에 맞게 꺾을 필요가 없다. 우리가 정의를 기대할 수 있는 것은 하나님과 그분이 택하신 자들 모두가 갈망하는 것이 정의인 까닭이다. 설령 빨리 정의를 보지 못한다 해도 그것은 하나님이 당신의 백성들이 공평한 대우를 받기를 원치 않으셔서가 아님을 확신할 수 있다. 우리는 확신을 가지고 다른 보이지 않는 요소가 작용하고 있다고 추정할 수 있다. 많은 경우, '정의는 서서히 흐른다.' 그분의 길은 우리의 길과 다르다(사 55:8).

—18:8—

주님의 결구는 두 가지 중요한 의미를 함축하고 있다. 첫째, 정의가 지연될 것을 예상하라. 그러나 결국에는 의가 지배하게 될 것을 믿으라. 정의가 "속히" 실현되리라는 약속은 '가능한 한 빨리'라는 뜻으로 해석해야 한다. 문자적인 번역은 '서둘러'이다.

둘째, "택하신 자들"은 메시아가 부재하시는 동안 져야 할 책임이 있다. 그들은 수행해야 할 임무가 있다. 세상에 정의가 임하도록 끈기 있게 기도하라고 제자들을 격려하신 후에(11:2), 그분이 여기서 던지신 반어문은 믿음을 가리킨다. 이 믿음은 우리를 죄에서 구원하기 위해 세상에서 그분이 행하신 일이나 능력을 단지 믿는 데서 끝나는 게 아니라 그분의 임박한 재림에 대한 믿음을 말한다. 그분은 제자들에게 끈기 있게 기도할 것과 그것이 성취될 것을 확신을 가지고 기대하라고 명령하신다.

—18:9(겸허한 자세로 기도하라)—

누가는 그때 예수님의 말씀을 듣던 자들에 대한 설명과 함께 또 다른 비유로 넘어간다. 그는 청중들이 특별히 바리새인들이라고 꼭 집어서 말하지는 않지만 그의 긴 묘사를 보면 그런 것 같다. 더구나 예수님이 드신 비유의 주인공이 바리새인이었다. 따라서 예수님의 말씀을 듣고 있는 청중들은 바리새인들을 존경했고, 그들처럼 되면 스스로를 의인으로 생각했다고 결론 내리는 게 타당하다. 그들은 선행과 종교적 헌신을 통해 하나님의 총애를 받을 수 있다고 자신했다. 게다가 그들은 하나님과 인간의 관계를, 가장 높이 뛴 사람은 구원을 받고 실력이 미달인 자들은 심판을 받는, 일종의 도덕적 높이뛰기 같은 것으로 생각했다.

—18:10-12—

여기서 예수님은 두 사람의 기도를 비교하셨다. 바리새인들은 종교 활동에 있어서는 가장 존경받는 유대인들과 같은 지위를 차지했던 반면, 세리는 동족을 배반한 자로서 이방인이나 사마리아인만도 못한 대우를 받았다. 유대인 중의 유대인과 로마의 하수인이 멀지 않은 거리에서 각자 하나님께 호소했다.

주님은 바리새인의 기도를 오늘날 우리가 유머집에서나 찾을 법한 말로 표현하셨다. 그의 교만과 독선은, 그게 꽤나 정확했다는 점만 제외하면 그 사람을 거의 희화화시키고 있다. 알프레드 에더샤임(Alfred Edersheim)은 『메시아 예수님의 시대와 삶』(*The Life and Times of Jesus the Messiah*)이라는 저서에서 랍비 문학에 나온 실제 기도를 실었다(바빌로니아 탈무드, *Berakhoth* 28b, 기도와 축도).

> 주 나의 하나님, 감사합니다. 저를 이 학교에 앉아 있는 자들 사이에 있게 하시고, 길모퉁이에 앉아 있는 자들(환전상과 상인들)과 함께 있지 않게 해주셔서 감사합니다. 저도 일찍 일어나고 저들도 일찍 일어납니다. 저는 율법의 말씀을 위해 일찍 일어나고, 저들은 허망한 것들을 위해 일찍 일어납니다. 저도 일하고 저들도 일합니다. 저는 일하고 보상을 받고, 저들은 일하고 아무 보상도 받지 못합니다. 저도 달리고 저들도 달립니다. 저는 장차 올 세상의 삶을 향해 달리고, 저들은 멸망의 구렁텅이를 향해 달립니다.[32]

그 바리새인은 하나님께 감사하는 형식을 빌려 교활하게 자화자찬했다! 그는 자신이 주님께 요청하면 늘 자기가 그것을 받을 만하기 때문에 주님이 호의를 베푸시리라고 기대했다. 그는 기도할 때조차도 교만의 화신이었다.

—18:13-14—

이와는 정반대로, 그 세리는 분명 바리새인이 보이는 성전 뜰의 가장자리 쪽에 "멀리" 서 있었을 것이다(13절). 그가 "멀리 서서 있었다"는 사실은 자신이 하나님께 다가갈 자격이 없다고 느꼈다는 것을 말해준다. 성전 한가운데 있는 제단은 하나님의 임재를 나타냈기 때문이다. 가슴을 치는 행위는 한탄과 함께하는데, 이 경우에는 자신이 의롭지 못하며 죄로 인해 하나님의 심판을 받아 마땅하다는 한탄이다. 그는 자신을 하나님 앞에서 가치 있는 자로 여기지 않았고 공개적으로 자신의 죄를 인정했다.

"불쌍히 여기소서"로 번역된 헬라어는 히브리어로는 '욤 키푸르'(*Yom Kippur*) 또는 '속죄일'에 쓰이는 *kippur*라는 단어다. 그가 구한 자비는 속죄의 은혜였다. 그의 기도에는 길게 질질 끄는 과정도, 어떤 일을 하겠다거나 무엇을 더 이상 하지 않겠다는 거창한 약속도, 인상적인 말도, 심오한 믿음의 진술도 없었다. 그 겸손한 남자는 그냥 속죄의 피로 자기의 죄를 덮어달라고 하나님께 간청했다.

예수님은 바리새인의 교만과 대조되는 세리의 겸손에 특별히 주목하시며 이 비유를 적용하셨다. 두 사람 모두 성전을 떠나 집으로 갔지만 한 사람만 "의롭게 되었다." 이 헬라어는 판사 앞에 선 피고의 법적 지위를 나타내며, 이 법적 지위가 그 사람의 미래를 결정할 수 있었다. 만약 어떤 사람이 '정당하다고' 여겨지면 그는 벌을 받지 않았다. 그러나 어떤 사람이 '부정하다고' 여겨지면 그는 벌금, 투옥 또는 더 심한 벌을 받았다. 인간의 법정에서 재판관에게 의롭다는 선고를 받으려면 결백을 입증해야 한다. 그러나 하나님의 법정에서는 다만 은혜로 의롭다 함을 받을 수 있다.

14절에서 예수님은 "높이다"와 "낮추다"라는 두 단어를 나란히 배치하셨다. "높이다"는 '들어 올리다'라는 뜻의 헬라어에서 파생되었다. "낮추다"로 번역된 헬라어 형용사는 '낮추다, 작게 또는 하찮게 되다'라는 의미의 동사로 변용된다. 예수님은 이 단어를 비유적으로 사용하셔서 다른 결과로 이어지는 두 가지 태도를 묘사하신다. 따라서 전후 상황을 살펴보면 예수님이 각각의 용어로 무엇을 의미하셨는지 규명하는 데 도움을 얻을 수 있다.

대구의 첫 행에 나오는 "높이다"는 바리새인이 자기를 정당화시키려는, 즉 하나님 앞에서 자신의 의로움을 입증하려고 하는 모습을 나타낸다. 무릇 인간은 우리의 창조주이자 재판관이신 분 앞에서 반박할 여지가 없는 죄인이기에 '낮아지는' 수밖에 없는데, 이것은 지옥에 떨어트린다는 말을 지극히 완곡하게 표현한 것이다.

두 번째 행에 나오는 "낮추는"은 머리를 숙여 절하고, 무릎을 꿇고, 심지어 엎드리면서 몸으로 표현하는 겸손을 나타낸다. 겸손은 열등감을 느끼게 하거나 자기의 가치를 의심하게 하지 않는다. 자기혐오는 겸손에 이르는 길이 아니다. 스스로를 하찮게 생각하는 것은 실은 교묘하게 변장한 교만이다. 반대로 겸손은 자기의 모습을 하나님이 보시는 대로 보는 것이다. 그 세리는 모든 사람이 달아야 하는, 한 단어가 적힌 꼬리표를 자기에게 붙였다. '죄인.'

하나님 앞에서 자신을 낮추면 그분은 그 회개한 죄인을 '들어 올리신다.' 오를 자격이 없는 영광의 자리로 그리고 천국으로까지!

—18:15-17(확신을 가지고 기도하라)—

누가는 기도에 있어서 끈기와 겸손을 가르치는 상호보완적인 두 개의 비유를 제시한 후에 실제 있었던 사건으로 주님의 가르침을 마무리한다. 사람들이 자기 "어린 아기"(헬라어로 '갓난아기' 또는 '유아')를 "만져 달라고" 데려오고 있었다. 이것은 어른이 아이 머리에 손을 얹고 축복하는 전통을 나타내는데(창 48:14-15, 막 10:16), 권위 있는 랍비에게는 하찮은 일이었다. 더구나 "데리고 오매"로 번역된 동사는 반복되거나 끊임없이 이어지는 행위를 나타낸다. 아마도 사람들이 예수님의 축복을 받으려고 길게 늘어서 있었던 듯하다. 제자들은 주님을 이 지루한 일에서 벗어나시게 하려고 부모들을 꾸짖었을 것이다. "꾸짖다"라는 말은 '비난하다' 또는 '강한 불만을 표현하다'라는 뜻이다.

그런데 예수님은 오히려 제자들을 호되게 꾸짖으셨다. 주님은 "용납하고 금하지 말라!"고 말씀하시면서 이중으로 강조하셨다. 고대 역사 속에서-주로 이방인들의 이교도 사회에서-어린아이들은 무력하고, 어느 정도는 무익한 존재를 대표했다. 지극히 실용적인 관점에서 보자면, 어린아이들은 자원을 소비하고 공동체에 제공하는 노동은 거의 없다. 물론 히브리인들은 긴 안목으로 보아 어린아이들을 유업을 쌓을 장기적인 축복으로 여겼다.

예수님께 어린아이들은 왕국 사회에서 가장 하찮은 존재가 아니었다. 오히려, 그들은 이상적인 시민의 표본이었다. 속일 줄 모르고, 무력하고, 잘 믿고, 남의 시선을 의식하지 않고, 자기가 받아들여지는지 아닌지를 놓고 안달하지 않는다. 주님은 결코 어린아이들을 성가신 존재로 생각하지 않으셨다. 그분은 어린아이들을 반갑게 맞으셨다(아이들은 얼굴을 찌푸리고 있는 까탈스러운 어른들에게 달려가지 않는다). 하늘 아버지도 똑같으시다. 그분은 어린아이와 같은 믿음에 천국 문을 활짝 여신다. 그리고 자녀들의 기도를 기쁘게 들으신다.

적용
경건을 향한 걸음마

내가 아는 대부분의 그리스도인들은 동일한 인생 목표를 가지고 있다. 바로 경건이다. 신앙에 대해 진지한 사람일수록 경건에 대한 갈망이 크다. 이것은 명확하고 바람직한 목표임에도 불구하고 이것을 성취했다고 느끼는 사람은 거의 없다! 어쩌면 우리의 경건이 성숙하지 않는 이유는 시작하는 방법을 모르기 때문일 수도 있다.

다른 가치를 추구할 때와 마찬가지로 경건은 기도로 시작한다. 주님은 제자들에게 기도하는 법을 가르치시면서 암송할 문구나 따라야 할 공식을 주지 않으셨다. 주님은 몇 가지 지침을 주신 후에 표본 기도를 만들어주셨다(11:1-4). 그분은 또 두 가지 비유로 긍정적인 예와 부정적인 예를 보여주셨다.

이것을 기점으로 경건을 향한 여정의 첫 발걸음을 떼게 해줄 세 가지 제안을 숙고해보라.

첫째, 불평으로 사람들을 괴롭히지 말라. 불만을 하나님께 가져가라. 하나님은 걱정과 중압감에 대한 해독제로 기도를 주셨다. 단 5-10분을 넘지 못해도 특별히 기도 시간을 따로 떼어놓으라. 하루 종일 하나님과 끊임없이 대화하라. 당신의 중압감을 기도에 쏟아서 걱정할 에너지를 다른 곳에 쓰라. 불평을 하나님께 대한 꾸준한 간구로 바꾸라.

앞에서 말했듯이, 어느 정도의 좌절에 대비하라. 하나님 아버지는 아마도 당신이 바라는 바에 응답하지 않으실 것이다. 창조적이고, 자원이 무궁무진하시며, 절대자이신 그분은 당신의 영적 성장에 대해 끝까지 관심의 끈을 놓지 않으신다. 당신이 간구한 것을 다 받지는 못할지라도 영적으로 성장하고 지혜가 자랄 것이다. 그렇게 되면 불안감은 줄어들고 경건의 깊이가 더해질 것이다.

둘째, 경건으로 사람들을 감동시키려 하지 말고 자비를 구하라. 경건한 사람으로 알려지고 싶어하는 사람은 두 가지 면에서 실패한다. 첫째, 영적 성장이 일어나지 않는다. 둘째, 아무도 감동받지 않는다.

기도는 겸손에서 시작된다. 자학적인 생각을 하지 말고 하나님 앞에서 우리의 참모습을 현실적으로 받아들이라. 아무리 흠이 많고 산산조각이 났을지라도 우리는 그분의 귀중한 보물이다. 우리가 겸손한 자세로 시작할 때 기도는 가장 큰 능력을 발휘한다. 주님이 이 세상의 문제들을 해결해주시기 원한다면 그분이 우리와 함께 시작하시게 하라.

셋째, 어린아이들을 거치적거리는 존재로 생각하지 말라. 어린아이들을 본보기로 생각하라. 예수님은 어린아이들의 강력한 옹호자셨다. 그분의 마음속에는 늘 어린아이들을 위한 포근한 자리가 있었다. 그런데 주님이 어린아이들에게 그렇게 많은 관심을 보이신 또 다른 이유가 있다. 주님은 당신을 따르는 자들 중에서 어린아이들이 제일 위대하다고 칭찬하셨다. 어린아이에게 이 세상은 크고 위험하며, 어린아이는 작고 무력하다. 그들은 세상을 있는 그대로 보기 때문에 하나님을 있는 그대로 보기가 더 쉽다. 주님은 그들이 맞닥뜨릴 수 있는 어떤 위험보다도 큰 분이시다. 그리고 그분은 그들을 사랑하시기 때문에 어떤 상황에서도 그들을 돌보실 것이다.

이런 하나님의 이미지를 가지고 기도를 시작하라. 그리고 큰 변화를 기대하라. 당신부터 시작하라.

부유한 자, 가난한 자, 인자 그리고 나(누가복음 18:18-19:10)

[18]어떤 관리가 물어 이르되 선한 선생님이여 내가 무엇을 하여야 영생을 얻으리이까 [19]예수께서
이르시되 네가 어찌하여 나를 선하다 일컫느냐 하나님 한 분 외에는 선한 이가 없느니라 [20]네가 계
명을 아나니 간음하지 말라, 살인하지 말라, 도둑질하지 말라, 거짓 증언 하지 말라, 네 부모를 공경
하라 하였느니라 [21]여짜오되 이것은 내가 어려서부터 다 지키었나이다 [22]예수께서 이 말을 들으시고
이르시되 네게 아직도 한 가지 부족한 것이 있으니 네게 있는 것을 다 팔아 가난한 자들에게 나눠 주
라 그리하면 하늘에서 네게 보화가 있으리라 그리고 와서 나를 따르라 하시니 [23]그 사람이 큰 부자
이므로 이 말씀을 듣고 심히 근심하더라 [24]예수께서 그를 보시고 이르시되 재물이 있는 자는 하나님
의 나라에 들어가기가 얼마나 어려운지 [25]낙타가 바늘귀로 들어가는 것이 부자가 하나님의 나라에
들어가는 것보다 쉬우니라 하시니 [26]듣는 자들이 이르되 그런즉 누가 구원을 얻을 수 있나이까 [27]이
르시되 무릇 사람이 할 수 없는 것을 하나님은 하실 수 있느니라

[28]베드로가 여짜오되 보옵소서 우리가 우리의 것을 다 버리고 주를 따랐나이다 [29]이르시되 내가
진실로 너희에게 이르노니 하나님의 나라를 위하여 집이나 아내나 형제나 부모나 자녀를 버린 자는
[30]현세에 여러 배를 받고 내세에 영생을 받지 못할 자가 없느니라 하시니라

31예수께서 열두 제자를 데리시고 이르시되 보라 우리가 예루살렘으로 올라가노니 선지자들을 통
하여 기록된 모든 것이 인자에게 응하리라 32인자가 이방인들에게 넘겨져 희롱을 당하고 능욕을 당
하고 침 뱉음을 당하겠으며 33그들은 채찍질하고 그를 죽일 것이나 그는 삼 일 만에 살아나리라 하
시되 34제자들이 이것을 하나도 깨닫지 못하였으니 그 말씀이 감취었으므로 그들이 그 이르신 바를
알지 못하였더라
35여리고에 가까이 가셨을 때에 한 맹인이 길 가에 앉아 구걸하다가 36무리가 지나감을 듣고 이
무슨 일이냐고 물은대 37그들이 나사렛 예수께서 지나가신다 하니 38맹인이 외쳐 이르되 다윗의 자
손 예수여 나를 불쌍히 여기소서 하거늘 39앞서 가는 자들이 그를 꾸짖어 잠잠하라 하되 그가 더욱
크게 소리 질러 다윗의 자손이여 나를 불쌍히 여기소서 하는지라 40예수께서 머물러 서서 명하여 데
려오라 하셨더니 그가 가까이 오매 물어 이르시되 41네게 무엇을 하여 주기를 원하느냐 이르되 주여
보기를 원하나이다 42예수께서 그에게 이르시되 보라 네 믿음이 너를 구원하였느니라 하시매 43곧
보게 되어 하나님께 영광을 돌리며 예수를 따르니 백성이 다 이를 보고 하나님을 찬양하니라
19:1예수께서 여리고로 들어가 지나가시더라 2삭개오라 이름하는 자가 있으니 세리장이요 또한 부
자라 3그가 예수께서 어떠한 사람인가 하여 보고자 하되 키가 작고 사람이 많아 할 수 없어 4앞으로
달려가서 보기 위하여 돌무화과나무에 올라가니 이는 예수께서 그리로 지나가시게 됨이러라 5예수
께서 그 곳에 이르사 쳐다 보시고 이르시되 삭개오야 속히 내려오라 내가 오늘 네 집에 유하여야 하
겠다 하시니 6급히 내려와 즐거워하며 영접하거늘 7뭇 사람이 보고 수군거려 이르되 저가 죄인의 집
에 유하러 들어갔도다 하더라 8삭개오가 서서 주께 여짜오되 주여 보시옵소서 내 소유의 절반을 가
난한 자들에게 주겠사오며 만일 누구의 것을 속여 빼앗은 일이 있으면 네 갑절이나 갚겠나이다 9예
수께서 이르시되 오늘 구원이 이 집에 이르렀으니 이 사람도 아브라함의 자손임이로다 10인자가 온
것은 잃어버린 자를 찾아 구원하려 함이니라.

예수님의 생애에 대한 연구를 보면 모두 그분을 소통의 대가로 표현한다. 그분은 그냥 이야기하지 않으셨다. 그분은 사람들과 관련 지어 이야기하셨다. 그분은 맹목적으로 생각나는 대로 질문하시 않으셨다. 그분이 가식을 뚫고 심중에 있는 진짜 문제들을 드러내실 때 사람들은 종종 영문을 몰라 했다. 그러나 예수님은 결코 사람들에게 굴욕감을 주거나 위신을 떨어트리기 위해 그런 능력을 사용하지 않으셨다. 그분은 진리를 단검이 아니라 메스로 사용하셨다. 그분은 가르침을 주고나서 자유롭게 해주시려고 사람들과 교류하셨다. 그분은 정죄하기 위해서가 아니라 구원하기 위해서 죄인들을 찾아가셨다.

누가의 내러티브 여행(9:51-19:27)이 정점에 가까웠을 때 예수님은 주목할 만한 세 사람

과 마주치셨다. 부자 청년, 장님 거지, 회개의 문턱에 서 있는 세리. 주님은 분명 이번 여행에서 다른 중요한 사람들을 많이 만나셨다. 그러나 누가는 특별한 목적을 가지고 이 사람들을 골랐다. 세 이야기 모두 재물과 그것이 하나님 나라에 들어갈 수 있는 개인의 능력에 미치는 영향과 관련이 있다. 달리기 경주에서 마지막 코너를 돌아 직선 코스에 진입하듯이 중요한 주제는 우리를 결승선을 향해 질주하게 만들 것이다.

—18:18–20—

주님이 첫 번째 만난 사람은 누가가 "관리"라고 부르는 한 남자였다. 이 용어는 누가가 앞에서 회당장(8:41)이나 바리새인 지도자들을 표현할 때 사용했다(14:1, 23:13, 35, 24:20). 마태복음에 의하면 그 관리는 젊은 청년(마 19:22)이었다. 그 사실로 미루어보아 그는 유대인의 통치 조직인 산헤드린의 일원은 아니었을 것이다. 모르기는 몰라도 그는 그가 사는 지역에서 부유하고, 전도양양한 장로로 존경받았을 것이다.

마가복음을 보면 그 남자는 예수님께 달려와 무릎을 꿇고 질문을 했다(막 10:17). 주님이 이미 여러 차례 마주치셨던 식상한 종교 지도자들과는 달리 이 관리는 진지하게 예수님께 접근했다. 그뿐 아니라 그는 예수님께 다른 사람들이 한 번도 사용한 적이 없는 "선한 선생님"이라는 호칭을 사용했다.

주님은 그 남자의 질문에 답하시기 전 그 남자가 용어를 선택한 의도를 꼬집으셨다. 우선 예수님은 아부를 가차 없이 공격하셨다. 그분은 추켜세울 자아가 없으셨다. 더구나 그 남자가 생각하는 '선하다'는 개념은 이야기 속에서 이내 드러나듯이 그리 대단한 것이 아니었다. 따라서 그의 칭찬은 큰 의미가 없었다. 예수님은 영생에 대해 이야기하려면 그 사람에게 '선하다'는 개념을 재정의해주어야 한다는 사실을 깨달으셨다. 모름지기 한 사람의 도덕적 가치는 적합한 선의 표본에 견주어 평가받아야 한다. 하나님 한 분만이 유효한 기준이시다. 그분은 모세의 율법을 통해 그분의 거룩한 성품을 나타내셨다.

예수님은 그 남자의 '선의 척도'를 하나님의 기준에 맞추도록 도우시면서 그의 질문에 대답하셨다. 하나님 나라에 들어가려면 일체 죄를 짓지 않고 모세의 율법에 순종해야 한다. 예수님은 십계명의 일부를 줄줄이 읊으셨는데 그것만으로도 거의 모든 사람을 기소하기에 충분했다.

십계명 7: 간음하지 말라(출 20:14).
십계명 6: 살인하지 말라(출 20:13).
십계명 8: 도둑질하지 말라(출 20:15).
십계명 9: 거짓 증언 하지 말라(출 20:16).
십계명 5: 네 부모를 공경하라(출 20:12).

예수님은 십계명 중 이 다섯 계명을 무작위로 제시하셨지만, 인간관계에 관한 계율만 인용하셨다는 사실에 주목해야 한다. 그분은 의도적으로 탐욕에 대한 계율을 빼놓으셨고, 하나님과 우리의 관계에 관한 첫 네 개의 계율을 건너뛰셨다.

십계명 1: 나 외에는 다른 신들을 네게 두지 말라(출 20:3).
십계명 2: 너를 위하여 새긴 우상을 만들지 말라(출 20:4).
십계명 3: 네 하나님 여호와의 이름을 망령되게 부르지 말라(출 20:7).
십계명 4: 안식일을 기억하여 거룩하게 지키라(출 20:8).

—18:21–23—

그 젊은이는 진지했을지는 모르지만 교만이 하늘을 찔렀다. 그는 평생 그 다섯 가지 계명을 지켰다고 확신했다. 그래서 그는, 자기가 보기에 선하고 메시아의 왕국에서 자리를 차지할 자격이 있었다. 바리새인들이 만들어놓은 기준에 의하면 아마 그랬을 것이다! 그러나 아무도 하나님의 율법을 완전히 지킬 수는 없기 때문에 바리새인들은 율법을 자기들 나름의 규율과 전통으로 바꾸어 스스로를 "선하다"고 할 수 있도록 기준을 낮추었다. 다시 말해서 도덕의 철봉을 거뜬히 넘을 수 없다면 높이를 낮추라는 식이었다(16:18 주해 참고).

예수님은 그의 과거를 샅샅이 조사해서 그의 말이 틀렸음을 입증하실 수도 있었지만 다른 방법으로 접근하셨다. 그분은 문제의 핵심–처음 네 개의 계명–으로 바로 들어가셨다.

예수님은 과거를 캐시기보다는 미래에 대한 도전장을 내밀어 그의 죄성을 드러내셨다.

앞서, 예수님은 진정한 제자는 하나님 나라를 가족, 재산, 소유 그리고 목숨보다도 더 귀히 여겨야 한다고 말씀하셨다(14:26-27, 16:13). 이것은 왕국의 새로운 요건이 아니었다. 첫 네 개의 계명은 하나님이 히브리 백성들을 애굽에서 데리고 나와 그들을 통하여 지상에 그들로 그분의 왕국을 세우시려고 약속의 땅에 정착시키셨을 때 기준으로 세우신 것이다. 왕국 백성의 첫 번째 규율은 하나님 최우선이다.

예수님은 첫 네 개의 계명을 그 젊은이의 삶에 적용하셨다. 그분은 분명하게 말씀하셨다. "네 세상 보화를 나눠줌으로써 하나님을 최우선 순위에 놓으라."

얼핏 보면 예수님이 그 남자의 구원에 대한 질문에 그 답이 행위에 있다고 하신 것으로 보일 수 있다. 다른 모든 경우에 예수님은 믿음만을 보고 죄를 사하셨다. 그런데 이번에는 그 남자에게 특별한 선행을 요구하셨다. 진정한 믿음은 반드시 사람의 행위를 변화시키기 때문이다. 사람들은 자기가 진리라고 믿는 것에 따라 행동하고, 소중히 여기는 것에 집착한다. 예수님이 재물을 포기하라고 명령하신 까닭은 그 젊은이에게 하나님이 필요를 공급하신다는 믿음이 없다는 것 그리고 그가 진짜 소중하게 생각하는 것이 무엇인지를 드러내시기 위함이었다. 돈과 하나님 사이에서 선택을 요구받았을 때 그 젊은이는 돈을 택했다.

—18:24-27—

그 부자 청년의 슬픔을 간파하신(23절) 예수님은 마음을 기만하고 혼란스럽게 하는 재물의 속성을 드러내셨다. 주님은 부자들을 낙타에, 하나님 나라에 들어가는 문을 바늘귀에 비유하셨다. 예수님은 다소 과장된 이 비유로 인간의 힘으로는 구원이 불가능하다는 점을 강조하셨고, 이 대화를 옆에서 들은 사람들은 약삭빠른 질문을 했다. 그들은 "그러면 부자들은 어떻게 구원받을 수 있나요?"라고 묻지 않았다. 그들은 인간은 누구나 그 젊은이와 같은 문제로 씨름하고 있다는 사실을 익히 알고 있었다. 모든 사람-가난한 사람들도-은 소유를 지나치게 소중히 여긴다. 그보다 더 심한 경우도 있다! 그들이 던진 반어문은 핵심을 찔렀다. 하나님께 대한 전적인 헌신이 구원의 기준이라면 아무도 구원받을 수 없다.

예수님은 인간이 할 수 없는 것을 하나님이 하셔야 한다는 사실을 강조하시기 위해서 인간은 스스로를 구원할 수 없다는 사실을 시인하셨다. 우리는 구원받을 수 있을 만큼 선할 수가 없다. 다만 하나님이 우리 마음속 깊은 곳에서 우리를 대신해 무언가를 하시리라는 것을 믿을 뿐이다.

—18:28–30—

대화가 오가는 동안 베드로는 자기가 희생한 것이면 충분하지 않은지 궁금한 마음이 들었다. 그는 메시아와 그분의 사명에만 전념하기 위해 수입이 짭짤한 어업을 접고, 재물을 버리고, 미래를 포기하고, 아내마저 다른 사람에게 부탁했다. 액면 그대로, 베드로는 예수님이 그 젊은 관리에게 요구하신 일을 했다. 그는 다시 확인하고 싶었다.

예수님은 메시아의 참된 제자들이 얻을 수 있는 것–세상에서만이 아니라 내세에서도–에 비하면 그들이 포기한 것은 아무것도 아님을 다시 한 번 일깨워주시면서 베드로의 선택이 옳았다고 단호히 말씀하셨다. 그들은 영원한 배당금이 나오는 현명한 투자를 했다.

—18:31–34—

예수님은 하나님 나라에서 받을 상급에 대해 사람들에게 하신 말씀을 그대로 이어서 지도자 훈련을 받는 '열두 사도'를 준비시키시려고 하셨다. 그들은 자신들이 희생한 것의 몇 배의 보상을 하나님 나라에서 받을 것이다. 그러나 영광으로 가는 길은 고난의 골짜기를 지나게 마련이다. 다시 한 번 예수님은 당신의 사명을 분명히 밝히셨다. 그분이 예루살렘에 가시는 목적은 그 도시를 손에 넣기 위해서가 아니라 "선지자들을 통하여 기록된 모든 것"을 성취하시기 위해서였다.

예수님은 구약에 나오는 메시아에 관한 예언들–특히 이사야 선지자가 예언한 고난받는 종에 관한 예언들(사 42:1–9, 49:1–13, 50:1–11, 52:13–53:12)–을 성취하시는 데서 끝나지 않으실 것이다. 인자는 그것만이 아니라 이스라엘이 실패한 율법의 요구를 만족시키기 위해서 오셨다. 그분은 하나님이 약속하신 축복을 받기 위해서 하나님과 이스라엘이 맺은 언약 가운데 이스라엘이 담당한 역할을 이어가실 것이다(신 28장). 메시아는 구약 성경의 예언만이 아니라 모든 것을 성취하실 것이다. 예수님은 이어서 당신이 사명을 성취하신 것이 인간의 기준으로 볼 때 실패한 것처럼 보일 것이라고 경고하셨다. 그러나 그분은 죽음에서 부활하실 것을 약속하셨다.

누가는 제자들이 주님의 말씀을 이해하지 못했다고 말하면서 열두 사도가 가졌던 생각을 반성한다. 예수님이 앞으로 닥칠 일에 대해 명확하고 상세하게 예언하셨음에도 불구하고 그 의미는 "감춰었"다. 과거 완료 시제는 하나님이 이해하지 못하게 하셨다는 사실을 암시함으로써 그것이 하나님이 하신 일임을 암시한다. 동시에 장차 일어날 일이 그들의 기대와는 너무나 달라서 그들이 계속 거부하고 싶어했다고 말할 수 있다. 더구나 성령이 아직 오시지 않았기 때문에 그들은 볼 수 있는 눈이 없었다.

—18:35—

누가가 돌연 장면을 전환한 것은 의도적이었다. 주님이 예루살렘으로 가시던 길에 마주친 또 다른 사람과의 대화는 부자 청년과 나누셨던 대화와 지극히 대조적이다. 주님은 여리고로 향하시던 길에 구걸하는 맹인을 지나치셨다. 여리고는 예루살렘으로 이어지는 행로의 마지막 기착지로 거기서부터 예루살렘까지의 거리는 32킬로미터였는데, 그 구간에서 고도가 900미터 높아지는 험한 길이었다. 갈릴리에서 오는 거의 대부분의 유대인 순례자들은 이 길을 이용했다. 그래서 유월절 전 몇 주 동안 그 걸인은 성전으로 올라가는 수만 명의 유대인들을 만날 수 있었다.

겉으로 보면 맹인 걸인과 부자 청년은 천양지차였다. 부자 관리는 건강한 데다 재물까지 풍성했지만, 맹인은 아무것도 가진 게 없었다. 당시에 널리 퍼져 있던 신학적 관점에서 보면 그 젊은이의 행운은 하나님이 그의 선한 성품을 보고 미소짓고 계시다는 증거였다. 동일한 신학적 관점에서 그 맹인의 불행과 가난은 죄에 대한 하나님의 징벌이었다(요 9:1-2 참고). 그러나 그 대조는 외면적인 것에 불과하다. 속으로는 두 사람 모두 죄라는 보편적 질병을 앓고 있었고, 그들의 죄로 인해 영원한 죽음에 직면해 있었다.

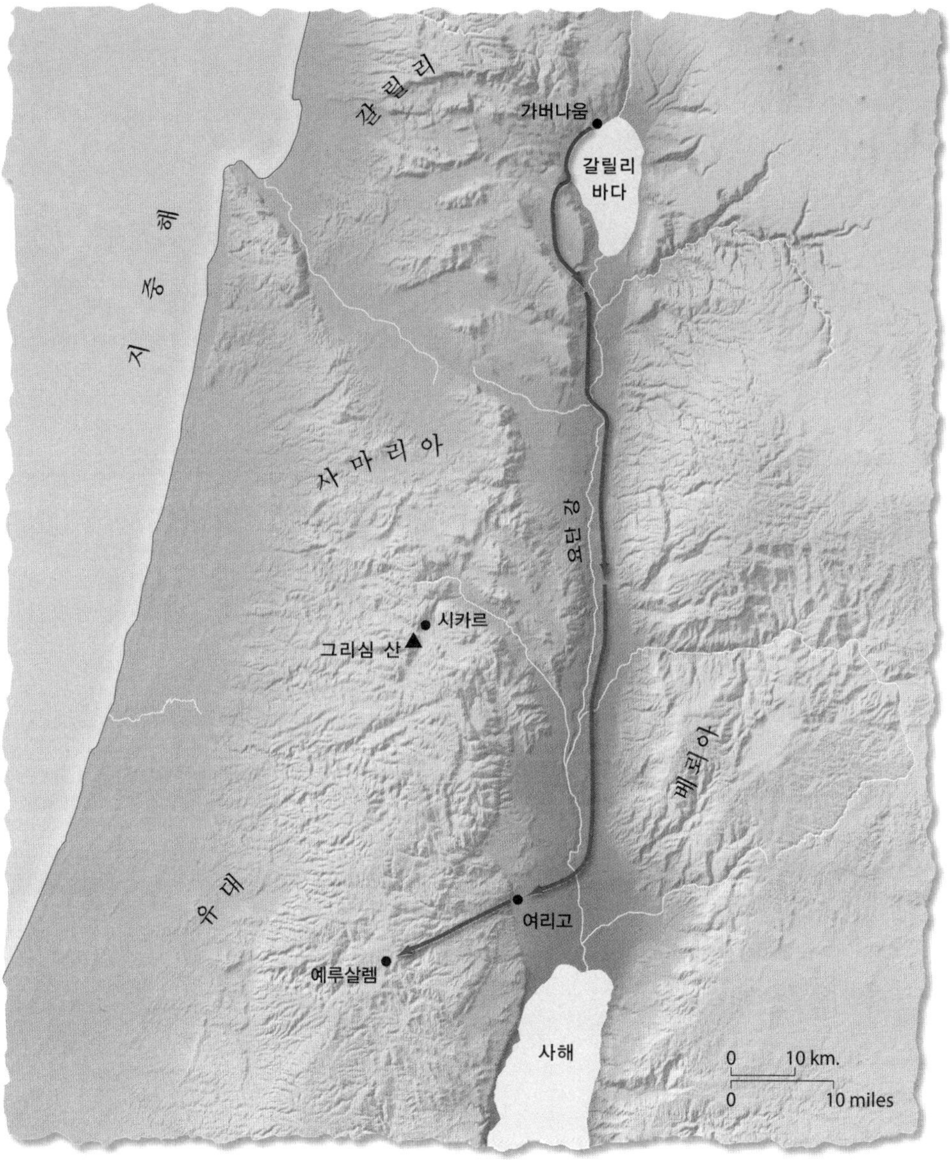

갈릴리에서 예루살렘으로 이어지는 전통적인 경로

—18:36-38—

맹인은 군중들이 지나가는 소리를 들었다. 순례자들은 안전을 위해서 대부분 무리를 지어 다녔다. 특히 노상강도가 들끓는 여리고에서 예루살렘에 이르는 길을 갈 때는 대비를 철저히 했다. 큰 무리가 매일 그 걸인 앞을 지나갔다. 그런데 이번 군중들은 좀 다른 것 같았다. 이 무리는 메시아와 함께 예루살렘으로 가고 있었던 터라 그분이 지상에 하나님 나라를 세우시는 일들을 보리라는 희망에 들떠 있었다. 그들은 메시아를 따르는 행렬이었고, 앞을 못 보는 그도 그들의 활기를 느낄 수 있었다.

그는 "나사렛 예수"라는 말을 듣자마자 메시아를 상징하는 이스라엘 왕권의 후계자를 일컫는 "다윗의 아들"이라는 호칭으로 그분을 불렀다. "나사렛"으로 번역된 헬라어 *nazōraios*는 두 개의 히브리 단어 중 하나에서 파생되었을 가능성이 크다(1장 26-27절에 나오는 보충 설명도 보라). *Netser*는 히브리어로 '나뭇가지' 또는 '줄기'라는 뜻으로 이사야 11장 1절과 재치 있는 말장난을 이룬다.

> 이새의 줄기에서 한 싹이 나며 그 뿌리에서 한 가지가 나서 결실할 것이요 그의 위에 여호와의 영 곧 지혜와 총명의 영이요 모략과 재능의 영이요 지식과 여호와를 경외하는 영이 강림하시리니 그가 여호와를 경외함으로 즐거움을 삼을 것이며 그의 눈에 보이는 대로 심판하지 아니하며 그의 귀에 들리는 대로 판단하지 아니하며 공의로 가난한 자를 심판하며 정직으로 세상의 겸손한 자를 판단할 것이며 그의 입의 막대기로 세상을 치며 그의 입술의 기운으로 악인을 죽일 것이며(사 11:1-4).

또 다른 히브리어는 *natsar*로 '지켜보다'라는 뜻이다. 나사렛이라는 마을은 여러 세대에 걸쳐 이스르엘 골짜기를 내려다보는 중요한 감시 초소였다. 누가의 이방인 독자들은 맹인의 이야기에서 이 지명에 담긴 아이러니를 제대로 이해하지 못할 수도 있지만, 히브리 청중들은 아마도 그 의미를 이해했을 것이다.

그 맹인은 미래의 이스라엘 왕에게 "불쌍히 여겨"달라고 호소했다. 이 말은 '깊은 연민을 느끼다'라는 뜻이다. 누가는 지옥에서 고통받고 있는 백만장자(16:24)와 사마리아의 경계선에서 마주친 열 명의 나병 환자들의 간청(17:13)을 번역하면서 같은 헬라어 단어를 사용한다. 표면적으로 이 단어는 아무 신학적 의미도 없다. 그것은 걸인들이 돈을 구걸하면서 감정에 호소하기 위해 사용하는 흔한 말이었다.

—18:39-42—

메시아의 행렬을 이루고 있던 사람들은 그 맹인 걸인이 자비를 구하는 외침을 돈을 구걸하는 소리로 생각했던 듯하다. 여러 가지 요소를 생각해볼 때 합리적인 추측이다. 사람들은 그를 꾸짖었지만 그는 더 크게 소리쳤다. 38절에 "외쳐"로 번역된 첫 번째 단어는 '소리지르다, 외치다'라는 뜻의 *boaō*이다(참고 9:38, 18:7). 두 번째 *krazō*(9:39 참고)는 한 고어 사전에 다음과 같이 정의되어 있다. "정신 이상자, 간질병자, 또는 그들 안에 있는 악령이 알아들을 수 없는 말을 큰 소리로 외치면서 격렬히 항의하고, 외치고, 비명을 지르는 것."[33] 그 남자의 절실한 소망이 자존심이나 자제력을 압도했다. 그의 유일한 희망이 그냥 지나가려 하자 그는 체면을 차릴 새가 없었다.

그게 통했다. 예수님은 멀리서 미친듯이 외치는 소리를 들으시고 제자들에게 그를 데려오라고 하셨다. 예수님이 직접 그에게 가실 수도 있었지만 아마도 이 기회를 이용해 제자들을 가르치려 하셨던 듯하다. 제자들에게 그 남자를 데려오게 하심으로써 그분은 도움이 필요한 사람의 입을 막으려 했던 그들을 슬쩍 나무라셨다(18:16-17 참고).

예수님은 그 남자에게 단도직입적으로 물으셨다. "네게 무엇을 하여 주기를 원하느냐?" 그의 대답은 그의 마음을 드러낼 것이다. 그는 돈을 요구할까? 만약 그렇다면 그 맹인은 예수님을 한낱 세속적인 부자로만 보고 그저 자신의 처지를 약간 편하게 해주기를 바랄 것이다.

그의 대답은 그의 마음을 드러냈다. 그는 예수님을 중요한 인물에 대한 일반적인 호칭인 "주"(*kyrie*, '키리에'라고 읽는다)라고 불렀다. 이것이 보게 해달라는 요청과 합쳐지면 의미는 더 강화된다. 더구나 그는 예수님이 하나님의 영역 안에 있는 일을 할 수 있는 초자연적인 능력이 있다고 믿었다. 그래서 그에게 가장 절실한 문제인 시력을 회복시켜달라고 간청했다.

누가가 고른 "보다"(*anablepō*)라는 헬라어 단어는 이중적인 뜻을 가지고 있다. 이것은 '난생처음 보다' 또는 '시력을 잃은 후에 시력을 회복하다'라는 의미일 수 있다(7:22). 신약성경의 저자들은 이 단어를 "쳐다보다"라는 의미로 자주 사용한다(9:16, 19:5, 21:1). 그에 대한 대답으로 예수님은 그 남자의 믿음을 칭찬하시면서 그가 나은 것을 믿음의 공로로 돌리셨다. 또한 "너를 낫게 하였다"(현대인의 성경-역주)로 번역된 구절은 "너를 구원하였다"라고 번역할 수도 있어서 이 또한 이중적 의미를 함축하고 있다.

다시 말해서, 이 에피소드에는 볼 수 있는 눈을 가진 자들에게 보이는 것 이상의 의미가 들어 있다! 그 남자의 육체적 실명은 그의 영적 상태를 반영했다. 그래서 누가의 결구는 더더욱 흥미롭다.

—18:43—

그동안 간간이 주목해왔듯이, 누가는 그의 내러티브에서 주님의 신적 능력이 즉각적으로 그리고 극적으로 나타난 것을 강조하기 위해 *parachrēma*("곧")라는 단어를 사용한다(4:39, 5:25, 8:44, 47, 55, 13:13). 그 남자는 곧 "시력을 회복하고" 또는 "쳐다보고" 예수님을 따랐다. 어느 쪽으로 번역하든 문맥에 맞는다. 이 사건으로 인해 앞에서 그 남자를 꾸짖었던 군중들은 기적을 행하신 하나님과 하나님 나라에 새 시민이 늘어난 것에 대해 하나님을 찬양하게 되었다.

그러는 동안—잊지 말자—젊은 관리는 궁궐 같은 저택에 앉아서 하나님 나라를 생각하며 자기가 가진 동전을 세고 있었다.

—19:1—

다시 한 번 누가의 내러티브는 장면을 전환하지 않고 여리고 외곽에서 중앙으로 옮겨간다. 누가의 내러티브에서 장면 전환이 없는 경우는 대개 같은 주제를 다룰 때다. 젊은 부자 관리는 자기가 죄인이며 구세주가 필요하다는 사실을 보지 못했다(18:19). 그리고 자신의 탐욕을 직시하게 되었을 때 회개하거나 구원을 요청하지 않았다. 그는 하나님보다 자기의 재산을 사랑했기에 하나님 나라에 들어가는 것보다 악의 통치에 암묵적으로 충성했다. 재물을 사랑했던 탓에 그는 구원을 받지 못했다.

그때 예수님은 물리적, 영적 필요를 너무나도 잘 알고 있는, 무일푼인 한 남자의 고통스러운 절규를 들으셨다. 그는 메시아에게 보게 해달라고 간청했다. 그래서 그의 육안은 시력을 되찾았고 처음으로 영안도 뜨게 되었다.

곧, 예수님은 또 다른 부자와 마주치실 것이다.

—19:2—

1세기의 유대인 역사가 요세푸스는 여리고를 "날카로운 돌로 싹을 자르면 절개된 곳에 모인 즙이 눈물처럼 방울방울 떨어지는 발삼나무를 비롯해 수많은 야자나무가 우거져 있는 유대에서 가장 비옥한 지역"[34]으로 묘사했다. 그리고 또 이렇게 기술했다.

> 이 지역은 꿀도 생산하는 데다가 그 지역에서 가장 값비싼 과실인 발삼이 열리고, 사이프러스 나무와 미로발란이 열리는 나무도 있다. 그러니 이렇듯 희귀한 열매를 맺는 나무들이 지천인 이곳을 신성한 땅이라고 해도 과언은 아닐 것이다.[35]

여리고의 온화한 기후는 왕족들의 휴양지로 그만이어서 그들은 수영장, 정원, 목욕탕, 경마장, 극장을 갖춘 거대한 궁전을 지었다. 그뿐 아니라 이 도시는 이스라엘 북부의 주요 해안 도시들과 남쪽의 애굽으로 이어지는 고대 세계에서 가장 통행량이 많은 통상로 위에 자리잡고 있었다. 막대한 재물과 수많은 정치인들이 있는 곳은 어디나 세금을 끌어 모으는 채널이 있기 마련이다.

여리고에 사는 삭개오라는 남자는 세리장이었다. 그는 이러한 세금 채널을 관리하는 몇 안 되는 사람들 중 하나였다. 그 때문에 그는 평범한 시민들의 일상생활에 엄청난 권력을 행사할 수 있었을 뿐만 아니라 권력층과 직접 줄이 닿아 있었다. 그는 분명 왕족들과 식사도 하고, 로마의 고위 관리들과 정기적으로 협의도 하면서 극소수만이 경험할 수 있는 생활을 즐겼을 것이다. 삭개오를 그냥 부자라고 말하는 것으로는 표현이 약하다. 그는 상상을 초월할 정도로 부요했다. 그러나 세리-자기 민족을 배반한 로마의 부역자-였던 그는 직권을 남용해서 정당한 액수보다 더 많은 세금을 강제로 거둬들여 남은 돈을 착복했기 때문에 아무리 부유하다 해도 멸시와 증오의 대상이었다.

아이러니하게도 삭개오라는 이름은 히브리 단어의 헬라어 형태로 '결백한'이라는 뜻이다. 그러나 그는 결코 결백하지 않았다!

—19:3–4—

이번에는 예수님의 추종자들이 수천 명은 족히 되었기 때문에 혼란스러운 가두 행진을 하듯 상당히 소란스러웠을 것이다. 누가는 삭개오가 "예수께서 어떠한 사람인가 하여 보고자" 했다고 말하는데 이는 그가 이미 소문을 들었고 이번 기회를 통해 더 많은 것을 알고 싶어했다는 뜻이다. 그러나 그는 고위 관리의 신분으로 예수님께 접근하지 않았다. 분명히 그 도시에서 가장 유력한 인물 중 하나였을 그는 공식적인 만남의 기회를 만들었을 수도 있었다. 그런데 그는 그렇게 하지 않고 작은 키와 많은 군중들을 극복하려고 앞서 달려가 길가에 늘어서 있는 나무 위로 올라갔다.

상황을 살펴보자면 이는 라스베이거스의 시장이 도시를 방문한 한 종교인의 행렬이 지나가는 길가의 나무에 올라가는 것과 비슷하다. 이 모습은 그가 예수님에 대해 더 많은 것을 알고 싶어서 자기의 위신이 손상되는 것을 전혀 아랑곳하지 않았음을 보여준다.

—19:5–7—

삭개오는 예수님에 대해 더 많이 알기 위해서 특별히 적극적인 모습을 보여주었지만 만남을 주도하지는 않았다. 예수님이 먼저 그의 이름을 부르시고 "내가 오늘 네 집에 유하여야 하겠다"라고 말씀하시면서 그를 찾으셨다.

서구 문화에서 다른 사람의 집에 머무르겠다고 자청하는 것은 예의가 아니다. 그러나 예수님은 그 키 작은 죄인을 예우하셨다. 고대 근동 문화에서는 여행자들, 특히 사회적 지위가 높은 사람들에게 숙식을 제공하고, 안전하고 편하게 쉬게 해주는 것을 특권으로 여겼다. 놀랍게도 그분은 그러한 영예를 그 도시에서 가장 악명이 높은 죄인에게 베푸셨다.

삭개오는 즉각 화답했다. 누가의 문법은 주님의 명령과 그 자그마한 남자의 행동이 밀접한 연관이 있음을 보여준다. 예수님은 말씀하셨다. "속히 내려오라." 삭개오는 허둥지둥 내려왔다. 그리고 그는 예수님을 자기 집의 손님으로 "즐거워하며" 영접했다(문자적으로는 "기뻐하며").

또다시 이 상황을 살펴보자면 예수님이 삭개오의 집에 유하시는 것 자체가 그 범죄자에게 무언의 지지를 보내는 것으로, 알 카포네의 환대를 받아들이는 것과 다를 바 없었다. 삭개오를 "부자"라고 부르는 게 너무 약한 표현이듯 그를 죄인이라고 부르는 것도 그랬다! 이 사건은 분명 여리고 주민들에게 큰 충격을 주었을 것이다.

—19:8-10—

누가의 내러티브는 정확히 밝히고 있지 않지만 예수님은 삭개오의 집에 가신 것 같다. 7절에서 사람들이 예수님이 삭개오와 함께 식사하신 것에 대해 말했다는 구절이 미래 시제가 아니라 과거 시제인 것에도 주목하라.[36] 그뿐 아니라 예수님이 "이 집"(9절)이라고 말씀하셨다는 것은 그분이 거기 계셨다는 사실을 강력히 암시한다. 따라서 누가가 초점을 흩트리지 않으려고 7절과 8절 사이 시간의 간극을 뛰어넘었음을 알 수 있다.

식사 도중—아마도 예수님의 가르침을 들었거나 다른 손님들의 반응을 본 후에—에 삭개오는 비스듬히 누워 있던 자리에서 일어나 중대 발표를 했다. 그 도시에서 가장 악명 높은 죄인이 그의 평생에 가장 당당한 모습으로 자기 재산의 절반—거액이다—을 가난한 사람들에게 나누어주겠다고 약속하면서 회개했다. 그는 또 자기가 사취한 것은 네 배로 갚겠다고 약속했다. 사람들의 입이 떡 벌어졌다.

헬라어는 "만일"이라는 단어의 용법이 흥미롭다. 헬라어 문장에는 몇 가지 조건문이 쓰였는데, 그 중 하나가 '제1급 조건문'이다. 제1급 조건문에서는 조건절이 진실로 추정된다. 누가는 삭개오의 공개적인 고백을 기록하면서 제1급 조건문을 사용했다. 그의 말은 이렇게 해석될 수 있다. "제가 사취한 게 있다면 하나도 빠짐없이…." 그의 죄는 금전적인 것이었으므로 모든 죄가 상세하게 기록되어 있었을 게 분명하다. 조금의 망설임도 없이 그 악명 높은 세리는 잘못을 바로잡겠다고 약속했다.

그 말을 들으신 예수님은 "구원"이 그의 집에 임했다고 선포하셨다. 그리고 삭개오를 "아브라함의 자손"이라고 분명하게 말씀하셨다. 앞에서 세례 요한은 "그러므로 회개에 합당한 열매를 맺고 속으로 아브라함이 우리 조상이라 말하지 말라 내가 너희에게 이르노니 하나님이 능히 이 돌들로도 아브라함의 자손이 되게 하시리라"(3:8)고 하면서 모든 유대인 그리고 특별히 종교 지도자들에게 회개를 촉구했다. 그 회개한 죄인은 악의 지배—실제적으로 또 상징적으로–아래 있는 시민권을 거부했을 뿐만 아니라 부자 청년이 거부했던 행위를 했다. 또한 삭개오는 속사람이 변한 것에 대한 외적인 증거를 보여주었다. 그는 돈을 착복한 것을 후회했다. 그는 자기가 초래한 불행을 되돌릴 수 있는 힘을 가지고 있었고, 바로 그 일을 하겠다고 약속한 것이다.

예수님은 삭개오를 가리키시면서 당신이 세상에 오신 목적– "잃어버린 자를 찾아 구원하려는 것"–을 다시 한 번 말씀하셨다(참고 15:6-7, 9-10, 24).

여리고 인근에서 개성이 뚜렷한 세 사람이 예수님과 조우했다. 부유한 젊은 관리의 재물과 특권적 신분은 그를 영적인 장님으로 만들었다. 분명, 그는 하나님보다 돈을 더 사랑했다. 무일푼인 맹인은 자기에게 구세주가 필요하다는 사실을 부인할 만한 이유가 아무것도 없었다. 비록 눈은 멀었지만 그는 부자보다 한결 더 분명하게 보았다. 그는 믿음으로 메시아에게 화답했고, 볼 수 있게 되었다. 삭개오는 정말로 낙타가 바늘귀로 들어갈 수 있다는 사실을 입증한다. "무릇 사람이 할 수 없는 것을 하나님은 하실 수 있느니라"(18:27). 그의 막대한 재산, 상당한 권력, 비천한 과거에도 불구하고 삭개오는 자기가 얻은 것을 하나님 나라와 비교해보고 이내 결단을 내렸다. 그는 예수님의 제자가 되기 위해 모든 것을 버렸다.

암흑의 심장부에 한 발짝씩 다가갈수록 예수님이 제자들을 가르치실 시간은 점점 줄어들었다. 예루살렘을 향한 마지막 오르막을 오르시기 전날 주님은 재물과 하나님 나라에 관한 잘못된 사실을 바로잡을 수 있는 마지막 기회를 잡으셨다. 이 비유가 모든 것을 설명할 것이다. 그러나 제자들에게는 들을 수 있는 귀가 있었을까?

적용

경청과 교훈

당신이 어떤 인생 행로를 걷든–부자 관리이든 가난한 맹인이든 모든 것을 가진 자이든–예수 그리스도가 없다면 당신은 무언가를 놓치고 있는 것이다. 하지만 일단 주님이 거저 주시는 영생의 선물을 받고 하나님의 용서를 받고나면 받을 게 더 많이 있다! 누가복음 18장에 나오는 이 세 장면은 세 가지 중요한 교훈을 예시한다.

첫째, 우리가 무엇을 원하는지는 모르지만 무언가가 결여되어 있다고 느낄 때 하나님의 가르침을 받으라. 그 부자 청년은 구세주의 가르침을 받을 의향이 없었다. 그는 이미 자신의 마음을 결정한 상태였다. 그는 자기가 뜻한 것들을 놓아 보낼 마음이 없었다. 그는 더 많이 알고 싶은 마음이 없었다. 당신도 다른 데서 얻은 지식에 오도되었을지도 모른다. 하나님의 교훈을 받으라. 당신은 하나님 아버지의 뜻이 아닌 다른 무언가를 믿고 그것에 매진해왔을 수도 있다. 그것은 아직 깨지지 않은 미몽이다. 그러나 시간이 지나면 당신이 무엇을 원하는지 잘 모르게 된다. 무언가가 빠져 있다는 것만 알 뿐이다. 하나님이 당신에게 그것을 드러내시게 하라. 그분이 당신 앞에 그것을 내어놓으시게 하라. 그분이 그분의 계획을 보여주시게 하라. 우리가 원하는 것이 무언지는 몰라도 무언가가 빠져 있다는 것은 안다. 하나님이 가르쳐주시게 하라.

둘째, 우리에게 무엇이 필요한지 알면서도 아무것도 할 수 없을 때 하나님께 의탁해 그분이 주시는 자유를 얻으라. 알다시피, 그 일은 그분의 특기다. 당신이 오랜 시간 벗어날 수 없었던 중독이 있다면 그분이 당신을 그것으로부터 해방시켜주시게 하라. 정서적 상처나 아픔이 있다면 그분이 그 얽매임을 끊어주시게 하라. 대개의 경우 그 일은 당장 이루어지지 않고 시간이 걸릴 것이다. 그리고 그 과정은 고통스러울 것이다. 그래도, 그분이 주시는 자유를 누리라. 그분이 당신을 얽어 매고 있는 것을 끊고 온전한 새 출발의 빛 속으로 데려가실 것을 믿으라.

나는 고통스러운 중독으로 마음고생을 했던 숱한 사람들의 이야기를 읽고 들었다. 그들은 입을 모아 말했다. "내가 마침내 무장을 해제하고, 스스로를 방어하거나 부인하지 않고 주님의 눈을 똑바로 보면서 '저를 해방시켜주세요. 저를 구해주세요. 이것을 멈출 수가 없습니다. 저는 여기에 갇혀 도저히 빠져나가지 못할 것 같습니다'라고 말했던 순간을 나는 결코 잊지 못할 겁니다."

셋째, 무슨 일이 벌어지고 있는지 모르겠지만 그것이 우리의 통제력을 벗어나는 일이라면 하나님을 하나님 되시게 하라. 그것은 당신과 당신 배우자 사이에 일어날 수 있다. 당신과 당신의 일 사이에 벌어질 수도 있다. 당신과 친한 친구 사이의 일일 수도 있다. 당신과 당신의 자녀들 또는 부모님 사이에서 벌어진 일일 수도 있다. 당신의 담임 목사나 직장 동료와의 사이에서 일어날 수도 있다. 하나님은 우리의 바람을 대체하는, 그것을 능가하는 계획을 가지고 계시다. 그분의 계획은 우리의 상상을 뛰어넘는 일들로 가득 차 있다. 그 점을 기억하라. 절대 잊지 말라. 그분의 계획은 우리의 계획보다 뛰어나다.

돈에 대한 바른 이해(누가복음 19:11-27)

11그들이 이 말씀을 듣고 있을 때에 비유를 더하여 말씀하시니 이는 자기가 예루살렘에 가까이 오
셨고 그들은 하나님의 나라가 당장에 나타날 줄로 생각함이더라 12이르시되 어떤 귀인이 왕위를 받
아가지고 오려고 먼 나라로 갈 때에 13그 종 열을 불러 은화 열 므나를 주며 이르되 내가 돌아올 때
까지 장사하라 하니라 14그런데 그 백성이 그를 미워하여 사자를 뒤로 보내어 이르되 우리는 이 사
람이 우리의 왕 됨을 원하지 아니하나이다 하였더라 15귀인이 왕위를 받아가지고 돌아와서 은화를
준 종들이 각각 어떻게 장사하였는지를 알고자 하여 그들을 부르니 16그 첫째가 나아와 이르되 주인
이여 당신의 한 므나로 열 므나를 남겼나이다 17주인이 이르되 잘하였다 착한 종이여 네가 지극히 작
은 것에 충성하였으니 열 고을 권세를 차지하라 하고 18그 둘째가 와서 이르되 주인이여 당신의 한
므나로 다섯 므나를 만들었나이다 19주인이 그에게도 이르되 너도 다섯 고을을 차지하라 하고 20또
한 사람이 와서 이르되 주인이여 보소서 당신의 한 므나가 여기 있나이다 내가 수건으로 싸 두었었
나이다 21이는 당신이 엄한 사람인 것을 내가 무서워함이라 당신은 두지 않은 것을 취하고 심지 않
은 것을 거두나이다 22주인이 이르되 악한 종아 내가 네 말로 너를 심판하노니 너는 내가 두지 않은
것을 취하고 심지 않은 것을 거두는 엄한 사람인 줄로 알았느냐 23그러면 어찌하여 내 돈을 은행에
맡기지 아니하였느냐 그리하였으면 내가 와서 그 이자와 함께 그 돈을 찾았으리라 하고 24곁에 섰는
자들에게 이르되 그 한 므나를 빼앗아 열 므나 있는 자에게 주라 하니 25그들이 이르되 주여 그에게
이미 열 므나가 있나이다 26주인이 이르되 내가 너희에게 말하노니 무릇 있는 자는 받겠고 없는 자
는 그 있는 것도 빼앗기리라 27그리고 내가 왕 됨을 원하지 아니하던 저 원수들을 이리로 끌어다가
내 앞에서 죽이라 하였느니라.

우리에게 가장 필요한 것은 돈으로 살 수 있는 것들이 아니다. 돈으로 침대를 살 수는 있지만 잠을 살 수는 없다. 돈으로 음식을 살 수는 있지만 식욕을 살 수는 없다. 돈으로 책을 살 수는 있지만 지성을 살 수는 없다. 돈으로 쾌락을 살 수는 있지만 평화를 살 수는 없다. 돈으로 동료애를 살 수는 있지만 우정을 살 수는 없다. 돈으로 십자가상을 살 수는 있지만 구세주를 살 수는 없다. 돈으로 성경을 살 수는 있지만 천국 처소를 살 수는 없다.

이 말에 동의하지 않는 사람은 거의 없을 테지만 주님이 우리의 모든 필요를 채우시겠다고 약속하셨음에도 불구하고 여전히 우리는 재물과 소유를 최우선 순위에 놓고 무작정

그것을 쫓는다. 주님은 하나님 나라에 우리가 가진 자원을 투자할 수 있도록 우리를 생존의 횡포로부터 해방시켜주셨지만 우리는 그분을 신뢰하지 않는다. 우리의 은행 예금통장이 그 사실을 입증한다. 우리가 무엇에 돈을 쓰는지를 보면 무엇을 중요하게 생각하는지 알 수 있기 때문에 일반적으로 그리스도인의 지출을 잠깐만 검토해보아도 놀랍고 두려운 마음이 들 것이다. 솔직히 말해 우리의 우선순위는 주님의 우선순위와 다르다.

예수님은 예루살렘을 향한 마지막 여행으로 생각을 돌리시면서 제자들이 이제부터 증거하려고 하는 것을 준비시키셨다. 그들의 메시아는 곧 하나님 나라를 위해서 세속적인 가치를 모두 버리실 참이었다. 그분을 따르는 자들은 곧 번영에 대한 그들의 꿈이 무산되리라는 사실을 깨달을 것이다. 만약 그들이 계속 주님을 따른다면 세속적인 부에 대한 그들의 관점을 하나님의 관점에 맞추어야 할 것이다.

—19:11—

누가의 내러티브에서 이 에피소드의 배경은 여리고에 있는 삭개오의 집 연회장이다. 그 세리는 방금 자기가 죄를 뉘우쳤고, 재산의 반을 가난한 자들에게 주고, 자기가 착복한 것은 네 배로 변상하겠다는 눈이 번쩍 뜨이는 발표를 했다. 그것은 정치적, 사회적, 재정적 자살 행위였다. 그의 재산은, 남아 있다고 해도 거의 남는 게 없을 것이다. 그는 또 로마 동료들의 존경과 신뢰를 잃을 위험도 감수했다. 예수님의 제자로 사는 한 예루살렘의 권력자들은 아무도 그와 가까이 하려고 하지 않을 것이다.

예수님은 그에 대한 응답으로 삭개오에게 천국을 약속하셨다. "구원이 이 집에 이르렀으니"(19:9). 악이 지배하는 세계에서 사회적으로 최상위층이었던 그 세리는 최하위층으로 전락했고, 그로 인해 그 작은 남자는 하나님 나라에서 높은 지위를 얻었다. 주님의 제자들이 "이 말씀을 듣고 있을 때"에는 그게 무슨 말인지 몰랐다. 한참 후까지도 그들은 모를 것이다. 예수님은 다른 종류의 왕국을 세우려고 오셨다. 그들은 예수님이 군사를 일으켜 로마를 전복시키고, 세상을 정복하며, 이스라엘이 권력과 번영을 구가하는 새로운 황금기로 인도하실 것을 기대했다. 그분은 궁극적으로는 그렇게 하실 것이다. 그러나 '당장'은 아니다. 진정한 메시아—이기적인 기대를 채워줄 메시아와는 정반대인—는 다른 계획을 가지고 오셨다.

예수님은 제자들의 세속적인 관점을 바꾸어 주님의 시각으로 세상을 보게 하시기 위해서 비유를 들어 말씀하셨다.

—19:12-14—

"어떤 귀인"이 "왕위를 받기 위해" 외국으로 가려고 준비하고 있었다. 이 이야기에 나오는 귀인은 예수님을 나타내고 여행은 십자가 위에서의 그분의 죽음을 나타낸다. 이 비유는 하나님 나라가 예루살렘에 곧바로 세워지지 않을 것임을 분명하게 보여준다. 주님은 왕국의 통치권을 받으실 때까지 가셔야 할 여정이 있었다. 이것은 고대 정치에서 흔히 있는 과정이었다. 실제로 헤롯 대왕은 원로원의 승인을 받아 "유대인의 왕"으로 선출되기 위해 BC 40년경에 로마로 갔지만, 로마인들의 도움을 얻어 3년 동안 싸운 후에야 비로소 권력을 손아귀에 넣었다. 헤롯의 아들 아켈라오도 BC 4년에 아구스도의 승인을 얻기 위해 로마에 갔지만 그의 형제 안디바와 바리새인 대표들의 반대에 부딪혔다.

떠나기 전에 그 귀인은 열 명의 하인에게 자기가 없는 동안 "장사하라고" 얼마의 돈을 맡겼다. 각 사람이 100드라크마에 해당되는 한 "므나"를 받았다. 보통 노동자는 하루 임금으로 1드라크마를 벌었으니 한 므나는 100일 치 임금이었다. 다시 말해서, 그 귀인은 하인들에게 각각 약 일 년 치 임금의 3분의 1을 자기를 위해 투자해달라고 주었다.

열 명의 하인은 주님의 제자들을 나타낸다. 이야기 속 주인이 하인 한 명을 대표로 삼아 그들을 감독하게 하지 않았다는 사실에 유의하라. 그는 하인들에게 균등하게 책임을 분배했다. 각자 큰 액수를 받았기 때문에 아무도 그 돈을 선물이라고 생각하지 않았다. 그 돈은 하인들의 것이 아니었다. 그들은 주인을 위해 그 돈을 맡아두었을 뿐이다.

"백성"은 아마도 예루살렘의 통치자들을 나타낼 것이다. 예수님은 이런 세부 사항들을 이스라엘에 속한 거의 모든 파벌의 반대에 부딪혔던 아켈라오의 즉위에서 영감을 받으셨을지도 모른다.

—19:15-19—

그 주인은 돌아오자마자 종들에게 회계를 명했다. 이 이야기의 서두에서 주인은 종들에 대해 권위를 가지고 있었고, 그것은 변하지 않는다. 그러나 왕국에 대한 그의 권한은 그가 떠나 있을 때 얻었다. 나중에 밝혀졌듯이 주인은 부를 더 쌓는 데 그 권한을 행사하지 않았다. 열 므나는 왕국 전체를 손에 넣은 것에 비하면 아무것도 아니다. 그는 그 투자를 적성검사로 사용했다. 종들이 맡은 돈을 어떻게 관리했는지를 보면 그들이 믿을 만한지, 신중한지 알 수 있었다. 그리고 종들은 제각기 그 돈을 얼마나 성공적으로 운용했는지에 따라서 지역을 다스리는 부섭정관이 되었다.

—19:20-23—

맡은 돈을 불리지 못한 세 번째 종은 좋게 보면 지혜가 없었고, 나쁘게 보면 건방졌다. 그는 주인이 돌아오리라는 기대를 하지 않았기 때문에 순종할 필요도 느끼지 못했던 것이다.

그러나 가장 심각한 문제는 그가 그냥 돈을 깔고 앉아 있었던 이유였다. 그가 세운 논리의 저변에는 주인의 친절과 인격에 대한 심각한 불신이 깔려 있었다. "엄한"이라고 번역된 말의 문자적 의미는 '건조한'인데, 자기에게 엄격하고 남들에게 완고한 사람을 표현하는 '완고한' 또는 '엄격한'이라는 뜻도 있다. 그 종은 주인의 성정만 비난한 게 아니라 자기를 승산이 없는 시나리오 속에 집어 넣은 것도 비난했다. 그는 사실상 이렇게 말한 것이다. "만약 내가 돈을 벌면 당신이 가져갈 테지요. 내가 돈을 잃으면 나를 벌할 테구요. 그러니 당신이 둘 다 하지 못하게 안전하게 처신한 거죠."

그 종은 그 뻔뻔함으로 인해 심한 실책을 받고 신실성을 의심받았다. 그가 그 돈을 은행에 넣고 이자만 받았어도 그의 논리는 더 타당하게 들렸을 것이다. 이자를 받는 것은 일할 필요도 없고 실패의 위험도 없었다. 따라서 그는 그 돈을 그냥 깔고 앉아 있던 다른 이유가 분명 있었다.

—19:24-26—

주인은 그 불충한 종의 므나를 가장 일을 잘한 종에게 맡김으로써 그는 공평성보다는 신실성에 더 관심이 많다는 걸 증명했다. 그렇더라도 그 주인은 공정했다. 결국 처음보다 적게 가진 종은 아무도 없었다. 심지어 그 무익한 종도 원점으로 돌아갔다. 그는 아무것도 없이 시작했고 아무것도 없이 끝났다. 사실 모든 종은 잃을 것이 없었고, 청지기의 역할을 충성스럽게 수행해서 개인적으로 얻을 수 있는 모든 기회를 얻었다.

—19:27—

이 비유에서 손해를 본 집단이 딱 하나 있다. 그 주인의 권위를 거부하고 그를 적극 반대한 백성은 그의 분노를 샀다. 불충한 종은 보상은 받지 못했지만 여전히 주인의 왕국 백성이었다. 굴욕은 당했지만 생명이 위험에 처하지는 않았다. 그러나 반역자들은 달랐다. 자기 앞에서 반역자들을 죽이라는 주인의 명령은 이스라엘의 정치 지도자들과 종교 지도자들이 메시아를 반대했던 것으로 인해 영원한 죽음을 당하게 될 최후의 심판을 예시한다.

예수님은 비유를 마무리하시면서 두 가지 분명한 사실을 입증하셨다. 첫째, 때가 되면 모든 권세, 평화, 번영을 동반한 왕국은 실제로 올 것이다. 하나님이 이스라엘에게 과거의 영광을 돌려주실 수 있으려면 먼저 이스라엘의 마음을 구원하셔야 한다. 그리고 한 나라에 진리인 것은 그 백성에게도 진리다.

둘째, 우리가 소유한 모든 것은 하나님의 것이다. 그분이 만물의 주인이시다. 우리는 매일 24시간, 어느 정도의 능력, 얼마간의 재물을 위탁받았다. 주인은 세상을 다스릴 권한을 받으러 가셨고 권세를 가지고 다시 오실 것이다. 그분은 우리가 받은 므나를 그냥 묻어두지 말고 지혜롭게 투자하기를 바라신다.

주

1. 마르틴 루터, *Commentary on Peter & Jude*(trans. end ed. John Nichols Lenker, Grand Rapids: Kregel Classics, 1990), 207.
2. Richard Baxter, *The Reformed Pastor*(Edinburgh: Banner of Truth Trust, repr. 1974), 148-49.
3. Norman Schwarzkopf, *It Doesn't Take a Hero: The Autobiography*(New York: Bantam, 1992), 200.
4. *2 Enoch* 29:4-5, from *Pseudepigrapha of the Old Testament*(ed. Robert Henry Charles, Bellingham, WA: Logos Research Systems, Inc., 2004), 2:446.
5. *The Testament of Solomon* 114, from *The Testament of Solomon*(trans. F.C. Conybeare, rev. Jeremy Kapp, Piscataway, NJ: Gorgias, 2007).
6. David Maraniss, *When Pride Still Mattered: A Life of Vince Lombardi*(New York: Touchstone, 1999), 274.
7. 명령형 동사는 명령을 나타낸다. 직설법 동사는 사실을 진술하거나 현실을 묘사한다.
8. "찾다"라는 동사는 일반적으로 하나님으로부터 무언가를 원하는 것이 아니라 하나님을 찾는다는 의미로 사용된다(참고 출 33:7, 신 4:29, 시 104:4, 사 65:1, 55:6).
9. Donald Grey Barnhouse, *The Invisible War*(Grand Rapids: Zondervan, 1965).
10. Helmut Thielecke, *Encounter with Spurgeon*(trans. John W. Doberstein, Philadelphia: Fortress, 1963), 14.
11. Max Lucado, *UpWords*(San Antonio, TX: UpWords Radio Ministry, May 1993), available at www. Maxlucado. Com.
12. Alfred Edersheim, *The Life and Times of Jesus the Messiah*(New York: Longmans, Green, 1896, available through Bellingham, WA: Logos Research Systems), 2:11.
13. Gerhard Kittel and Gerhard Friedrich, eds., *Theological Dictionary of the New Testament: Abridged in One Volume*(trans. Geoffrey W. Bromiley, Grand Rapids: Eerdmans, 1995), 1236. (『신약성서 신학사전: 킷텔 단권 원어사전』 요단출판사)
14. William Hendriksen and Simon J. Kistemaker, *New Testament Commentary: Exposition of the Gospel According to Matthew*(New Testament Commentary 9, Grand Rapids: Baker, 1953-2001), 529.
15. Paul Tsongas on *NewsHour*, Public Broadcasting Network(April 10, 1991).
16. Anna Quindlen, *A Short Guide to a Happy Life*(New York: Random House, 2000), 4-7에서 인용.
17. Mishnah, *Bekhorot 8:9, in The Mishnah: A New Translation*(trans. Jacob Neusner, New Haven, CT: Yale Univ. Press, 1988), 806-7.
18. Walter Liefeld, "Luke," in *Expositor's Bible Commentary*(ed. Frank. E. Gaebelein, Grand Rapids: Zondervan, 1984), 8:961.
19. Charles H. Spurgeon, *Faith's Checkbook*(New Kensington, PA: Whitaker, 1992), 307.
20. Stephanie Ambrose May, Peggy and Clayton Bell이 "A Look at Grief," *Leadership* 1/4(Fall 1980)에서 인용.
21. Geoffrey W. Bromiley, *The International Standard Bible Encyclopedia*(rev. ed., Grand Rapids: Eerdmans, 1988), 4:544.

22. Josephus, *Wars of the Jews* 2.9.2-4(169-77), in *The Works of Josephus: Complete and Unabridged*(trans. William Whiston, Peabody, MA: Hendrickson, repr. 1996), *Antiquities* 18.3.1-2(55-62), 18.4.1 (85-87)을 보라.

23. Mishnah, *Shabbat* 5.

24. 예수님은 그 산헤드린 관리와 히브리어나 아람어로 말씀하셨을 것이다. 셉튜아긴트(구약 성경의 헬라어 번역본)를 참고로 번역하면 헬라어 *exestin*은 에스라 4장 14절에 딱 한 번 나오는데, "꼭 맞는" 또는 "적절한"이라는 뜻의 아람어 *arik*을 번역한 것이다.

25. *Merriam-Webster's Collegiate Dictionary*(10th ed., Springfield, MA:Merriam-Webster, 1996), s.v. "hate."

26. Tom Constable, *Tom Constable's Expository Notes on the Bible*(Galaxie Software, 2003), 누가복음 14:34.

27. Keith Miller and Bruce Larson, *The Edge of Adventure*(Dallas: Word, 1977), 189.

28. 처음 두 개의 이야기 속에서 예수님은 교만한 인간의 관점을 용인하셨다. 사실, 진실된 제자라면 누구라도 결국에는 깨닫듯이, 모든 인간은 그릇된 길로 갔다(사 53:6)! 주님은 세 번째 이야기를 위해서 이 중요한 사실을 정정하지 않고 남겨두셨다.

29. Mishnah, *Gettin* 9:10.

30. Walter Bauer and Frederick W. Danker, *A Greek-English Lexicon of the New Testament and Other Early Christian Literature*(3rd ed., Chicago: Univ. of Chicago Press, 2000), 879.

31. 초기의 사본들 중에는 36절이 없는 것들이 많은데, 이는 후대의 필사자들이 마태복음 24장 40절을 병합했음을 시사한다. 세 번째 비네트가 있건 없건 해설은 동일하며, 어느 쪽이든 의미에는 전혀 영향을 미치지 않는다.

32. Edersheim, *The life and Times of Jesus the Messiah*, 2:291.

33. Bauer and Danker, *A Greek-English Lexicon of the New Testament*, 563.

34. Josephus, *The Jewish Wars* 6.6[138].

35. 같은 책, 8.3[469].

36. 정확히 하자면 동사의 시제는 부정 과거다. 부정 과거 시제는 동사의 행위가 일어난 때를 구체적으로 밝히지 않고 요약해서 표현한다. 동사의 법과 문맥에 따라서 그 행위가 완결된 시점을 알 수 있다. 부정 과거와 직설법이 함께 있으면 보통 과거의 사건을 나타낸다.

승리와 위임

누가복음 19:28-24:53

예수님 앞에는 오르셔야 할 긴 오르막이 있었다. 여리고에서 예루살렘까지 900여 미터를 올라가는 길은 그 여정의 가장 험난한 코스는 아니었다. 그 정도는 하루 안에 갈 수 있는 거리였고, 예수님은 12살 이래로 적어도 일 년에 세 차례는 이 길을 오르셨다. 꼭 이때뿐 아니라 사역 때문에도 여러 차례 유대를 방문하셨었다. 그러나 이번 여행은 달랐다. 예수님은 예배하러 오신 것이 아니라 죽으러 오셨다. 방문객으로 오신 것이 아니라 왕으로 오셨다.

몇 달 전, 예수님은 "예루살렘을 향하여 올라가기로 굳게 결심"하셨다(9:51). 그분의 사명은 왕권을 주장하고 성전의 소유권을 갖는 것이었다. 그러나 그분은 어떤 환상도 품지 않으셨다. 그분은 굳은 신념을 가지고 수도인 이곳에서 자신이 메시아이심을 나타내실 계획을 세우셨지만, 그로 인한 피할 수 없는 결과를 이미 오래전에 받아들이셨다. 선지자들은 메시아가 예루살렘에 오실 것과 거부당하실 것을 예언했다. 이사야서를 보면 그 전능하신 왕은 이루 말할 수 없는 고통을 당하실 것이다(42:1-4, 49:1-6, 50:4-9). 그분은 높임을 받았다가 치욕을 당하고(52:13-15), 왕으로서 거부당하고(53:1-3), 매를 맞고 찔림을 당하고(53:4-6), 희생양처럼 죽임을 당하고(53:7-9), 속죄물로 하나님께 드려지고나서 다시 살아나셨다(53:10-12).

주님이 예루살렘으로 가실 결심을 하신 후로 그분은 그분을 환영하는 모든 회당에서 하나님 나라를 선포하시면서 갈릴리 전역과 사마리아 구석구석을 두루 다니셨다. 그 과정에서 수천 명이 그분을 따르게 되어 여리고에 다다랐을 즈음에는 환호하는 제자들로 이루어진 거대한 수행단이 그분을 앞서 갔다. 진실로, 그분은 승리하실 것이다. 그러나 그들이 기대했던 방식으로는 아닐 것이다. 여하튼, 예수님은 당신의 운명을 향해 거침없이 나아가셨다.

어둠의 심장부 속으로(누가복음 19:28-48)

28예수께서 이 말씀을 하시고 예루살렘을 향하여 앞서서 가시더라
29감람원이라 불리는 산쪽에 있는 벳바게와 베다니에 가까이 가셨을 때에 제자 중 둘을 보내시며
30이르시되 너희는 맞은편 마을로 가라 그리로 들어가면 아직 아무도 타 보지 않은 나귀 새끼가 매
여 있는 것을 보리니 풀어 끌고 오라 31만일 누가 너희에게 어찌하여 푸느냐 묻거든 말하기를 주가
쓰시겠다 하라 하시매 32보내심을 받은 자들이 가서 그 말씀하신 대로 만난지라 33나귀 새끼를 풀 때
에 그 임자들이 이르되 어찌하여 나귀 새끼를 푸느냐 34대답하되 주께서 쓰시겠다 하고 35그것을 예

수께로 끌고 와서 자기들의 겉옷을 나귀 새끼 위에 걸쳐 놓고 예수를 태우니 36가실 때에 그들이 자
기의 겉옷을 길에 펴더라 37이미 감람 산 내리막길에 가까이 오시매 제자의 온 무리가 자기들이 본
바 모든 능한 일로 인하여 기뻐하며 큰 소리로 하나님을 찬양하여 38이르되 찬송하리로다 주의 이름
으로 오시는 왕이여 하늘에는 평화요 가장 높은 곳에는 영광이로다 하니 39무리 중 어떤 바리새인들
이 말하되 선생이여 당신의 제자들을 책망하소서 하거늘 40대답하여 이르시되 내가 너희에게 말하
노니 만일 이 사람들이 침묵하면 돌들이 소리 지르리라 하시니라

41가까이 오사 성을 보시고 우시며 42이르시되 너도 오늘 평화에 관한 일을 알았더라면 좋을 뻔하
였거니와 지금 네 눈에 숨겨졌도다 43날이 이를지라 네 원수들이 토둔을 쌓고 너를 둘러 사면으로
가두고 44또 너와 및 그 가운데 있는 네 자식들을 땅에 메어치며 돌 하나도 돌 위에 남기지 아니하리
니 이는 네가 보살핌 받는 날을 알지 못함을 인함이니라 하시니라

45성전에 들어가사 장사하는 자들을 내쫓으시며 46그들에게 이르시되 기록된 바 내 집은 기도하
는 집이 되리라 하였거늘 너희는 강도의 소굴을 만들었도다 하시니라

47예수께서 날마다 성전에서 가르치시니 대제사장들과 서기관들과 백성의 지도자들이 그를 죽이
려고 꾀하되 48백성이 다 그에게 귀를 기울여 들으므로 어찌할 방도를 찾지 못하였더라.

예수님이 메시아로서의 왕권을 주장하시기 위해 예루살렘을 향해 출발하셨던 당시에 그 수도는 수세기 동안 이교도에 의한 타락의 온상이었다. BC 586년에 예루살렘이 바벨론에게 함락된 후 셀레우코스 왕조의 안티오코스 4세 에피파네스가 이방인들로 하여금 그 도시를 점령하도록 지나치게 밀어붙이기 전까지 400여 년 동안 그 도시는 여러 제국에 속해 있었다. BC 175년에 그는 성전에서 유대인들이 제물을 바치는 행위를 일체 금했고, 이스라엘의 다른 지역에서도 모든 유대교 의식과 축제를 법적으로 금지했다. 그런 다음 모든 유대인에게 헬라 신들을 예배할 것을 강요하고, 이교도의 제물을 바치는 의식을 거부하는 제사장들을 사형시켰다.

그러던 중 BC 167년에 모데인의 시골 마을 제사장인 마타티아스가 죽음을 불사하고 타협을 거부했다. 마을 사람 하나가 다른 신에게 제물을 바치려고 앞으로 나오자 마타티아스는 검을 빼들어 그 사람을 죽이고 그 의식을 명령한 장군을 죽였다. 그의 타협을 모르는 헌신이 마카베오 전쟁으로 알려진 전쟁의 도화선이 되었다.

전쟁이 발발한 지 일 년 남짓 되었을 때 그 용감한 제사장은 임종의 자리에서 아들들에게 지시했다.

핵심 용어

παραδίδωμι [*paradidōmi*, 파라디도미] *(3860)* '인계하다, 넘겨주다, 소유를 옮기다'

'주다'(*didōmi*)라는 동사에서 파생된 이 단어는 무언가의 소유권을 다른 사람에게 넘겨준다는 개념을 전달한다. 문맥에 따라서 어떤 번역가들은 이 단어를 '배신하다'로 번역했으나, 헬라어 단어는 그 동기가 선한지 악한지는 밝히지 않는다. 이 단어는 유다가 예수님을 산헤드린에(막 14:10), 산헤드린이 빌라도에게(막 15:1), 그리고 빌라도가 군사들에게 '넘기고'(막 15:15), 마지막으로 예수님이 당신의 영혼을 죽음에 '넘겨주신'(요 19:30) 수난 기사 속에서 광범위하게 쓰인 것을 볼 수 있다.

πάσχω [*paschō*, 파스코] *(3958)* '고난받다, 구출하다, 회복하다, 행복을 지키다'

이 단어는 좋은 것이든 나쁜 것이든 무언가를 경험한다는 일반적인 의미를 가지고 있으나, 실제로는 거의 대부분 부정적인 의미–불쾌한 경험–로 쓰인다. 누가의 내러티브에서 이 단어는 종종 무엇이 고통의 원인인지를 밝히지 않는다는 의미에서 '절대적인 고통'의 의미로 쓰인다. 그러나 전후 상황을 보면 죽음을 의미한다는 것이 분명해진다. 흥미로운 점은 아무런 언어적 연결성이 없는데도 불구하고 '유월절'을 뜻하는 헬라어가 *pascha*라는 점이다. *Pascha*는 아람어를 옮긴 것이다. 단어의 유사성이 우연의 일치이기는 하지만 누가는 그것을 재치 있는 말장난으로 이용한다(22:15 참고).

προσεύχομαι [*proseuchomai*, 프로슈코마이] *(4336)* '기도하다, 요청하다, 하나님께 간구하다'

이 단어는 기도라는 영적 훈련에서 가장 흔히 쓰이는 것으로, 필요를 알리는 것을 포함해 일반적으로 하나님께 간구하는 행위를 의미한다.

προσλαμβάνω [*proslambanō*, 프로슬람바노] *(4355)* '수용하다, 받아들이다, 품다'

이 동사는 '받아들이다'라는 뜻의 헬라어 동사 *lambanō*의 강조형이다. '으로' 또는 '쪽으로'라는 뜻의 접두전치사 *pros*는 뜻을 강화한다. 이 단어가 쓰인 최고의 예는 그리스도가 죄인들을 그 모습 그대로 '받아들이신 것' 또는 '수용하신 것'이다.

오만과 조롱이 점점 거세지고 있다. 지금은 격노와 파괴가 판을 치고 있다. 내 아이들아, 율법에 열정을 가져라. 그리고 우리 조상들이 받은 언약에 목숨을 바쳐라…
그리고 세세토록 (주님을) 믿는 자들 중에서 힘이 약한 자들이 없게 하라. 죄인들의 말을 두려워 말라. 그들의 영광은 배설물과 벌레로 변할 것이기 때문이다. 오늘은 그들이 높임을 받겠지만, 내일이면 흔적도 없이 사라질 것이다. 왜냐하면 그들은 흙으

> 로 돌아갔을 것이고, 그들의 계획은 사라졌을 것이기 때문이다. 내 아이들아, 율법 안에서 용감하고 강해져라. 그럼으로써 너희는 영광을 얻을 것이다(1 Macc 2:49-50, 61-64 NRSV).

그 노인이 죽자 그의 아들 유다 마카베우스('망치' 유다)는 셀레우코스의 군대에 대항해 몇 차례의 승리를 이끌어내고 예루살렘을 재탈환했다. 제사장들이 제사를 회복하고 등불에 불을 붙이려고 성전에 들어가보니(출 27:20-21, 레 24:2) 성유함 하나에 든 것만 제외하고 모든 성유가 더럽혀져 있었다. 성유함 하나면 하루 정도 등불을 밝힐 수 있는 양이었다. 그러나 그들은 믿음으로 주님이 지시하신 대로 등불을 밝혔고, (유대인들의 전설에 의하면) 그것은 8일 동안 꺼지지 않았다! 8일이면 제사장들이 성전에 사용할 기름을 더 준비하는데 충분한 기간이었다. 유대인들은 빛의 축제, 또는 하누카로도 알려진 헌정의 축제와 함께 이 기적을 기념한다.

유다 마카베우스가 전투 중에 죽자 그의 형제 요나단이 나라를 이끌었다. 그러나 그는 그의 아버지 마타티아스와 달랐다. 하나님이 셀레우코스 군대를 예루살렘에서 몰아내도록 도우실 것을 믿지 않았던 그는 대제사장직을 주겠다는 약속을 받고 쳐들어온 셀레우코스 장군에게 충성을 맹세하는 조약을 받아들였다. 따라서 그는 기존의 유대교 절차에 의해서 선출된 것이 아니라 이방인의 권력에 의해 임명되었다. 이것은 구약과 신약 사이의 이스라엘 역사에서 중대한 전환점이 되었다. 이전의 선출 과정도 부패하고 정치적으로 이루어졌을 수는 있지만, 하나님의 성전 역사상 종교 지도자가 하나님의 권위가 아닌 이방인 통치자의 권위로 대제사장직을 맡게 된 것은 이것이 최초였다.

요나단이 죽은 후 그의 동생 시몬이 그 자리를 대신했다. 형과 마찬가지로 그도 셀레우코스 왕의 명령에 의해 대제사장에 임명되었다. 그 후 오래지 않아 유대인 귀족들과 제사장들은 시몬을 "신뢰할 만한 선지자가 나타날 때까지" 명칭만 그렇지 않을 뿐 실질적인 왕으로 삼았다(1 Macc. 14:41 NRSV). 시몬은 권력을 지키기 위해서 BC 139년 로마에 보호를 요청함으로써 그의 후원자인 셀레우코스 왕조를 배반했다. 이로써 예루살렘은 점점 커지는 로마의 지배에 문을 열어준 셈이 되었다. 결과적으로 1세기 무렵에는 로마의 총독이 궁전을 차지했고, 가이사의 꼭두각시 제사장들이 전능자의 성전을 다스렸다.

군사적, 정치적 권력을 가진 높은 위치에서 예루살렘의 통치자들은 안심했다. 대중들의 불만을 덮어놓는 한 잘못될 일이 뭐가 있겠는가? 한편, 한때는 거룩한 도시였던 그곳이 유월절과 무교절의 큰 축제를 준비하는 동안 30명 남짓한 랍비들이 수천 명의 추종자들과 함께 갈릴리에서 여리고로 출발했다.

—19:28-34—

산해진미가 가득한 만찬, 삭개오의 놀라운 회심, 왕국에서의 재물 사용에 대한 마지막 가르침, 그리고 아마도 하룻밤을 푹 쉰 후에 예수님과 추종자들은 여리고에서 예루살렘에 이르는 긴 오르막을 오르는 여정을 시작했다. 누가복음에 의하면 예수님은, 아마도 잘 알려지지 않은 예루살렘 인근 지역에서 묵을 곳을 확보하시려고 일찍 출발해서 군중들보다 앞서 가셨다.

요한복음을 보면 예수님은 베다니에 사는 친구인 나사로와 마르다, 마리아의 집에 머무셨다. 이 작은 마을은 예루살렘에서 3.2킬로미터 정도 떨어진 감람산 동편 경사면(슥 14:4)에 자리잡고 있었다. 주님은 유월절 만찬 주일 전 금요일 해가 지기 전에 도착하셨을 것이다.

주님은 평온한 안식일을 보내신 후 주일 아침에 일어나 열두 사도 가운데 두 사람에게 심부름을 시키셨다. 그들은 주님이 예정해놓으셨을 수도 있는 나귀 새끼를 얻어와야 했다. 어떤 이들은 예수님이 *angaria* 라는 고대의 관행을 이용하셨다고 주장한다. 이것은 특정한 사람들을 택해 정부에서 파견한 전령이 사용할 수 있도록 동물을 준비해놓게 하는 관행이었다. 하지만 이 경우 가축 주인들이 먼저 나서서 동물을 빌려주었을 가능성이 더 크다.

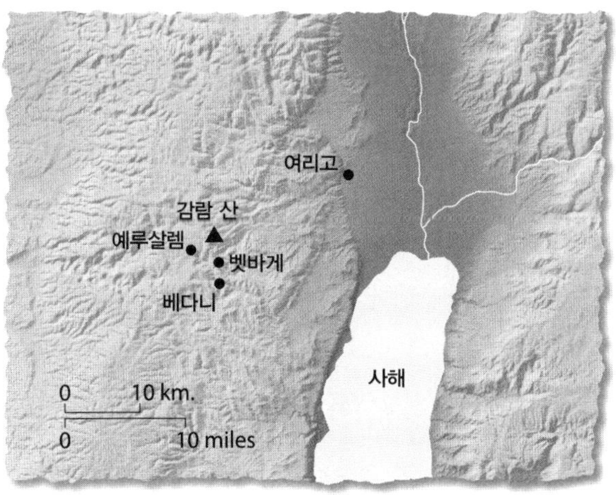

예루살렘 지역

—19:35-40—

예수님은 전에 수없이 그러셨듯이 예루살렘에 걸어서 들어가실 수도 있었다. 예수님이 동물을 타신 이유는 감람산을 내려가 기드론 골짜기를 건너서 예루살렘으로 가는 이번 여행이 달랐기 때문이었다. 예수님은 유대인의 수도에 '승리의 입성'을 하심으로써 이스라엘 백성들의 오랜 권력과 종교의 소재지인 예루살렘과 그분의 관계의 변화를 나타내셨다. 지금 그분은 예배자로 방문하신 것이 아니었다. 그분은 왕으로서 그리고 하나님의 최고의 대제사장으로서 그 도시와 성전에 대한 권리를 주장하셨다.

그러나 그분은 정복하는 전사로서의 왕이 아니라 평화의 상징으로 그곳에 들어오셨다. 그분은 익히 알려진 메시아에 관한 예언의 성취로 초라한 당나귀를 타셨다.

> 시온의 딸아 크게 기뻐할지어다
> 예루살렘의 딸아 즐거이 부를지어다
> 보라 네 왕이 네게 임하시나니
> 그는 공의로우시며 구원을 베푸시며
> 겸손하여서 나귀를 타시나니
> 나귀의 작은 것 곧 나귀 새끼니라(슥 9:9).

메시아의 숭배자들–갈릴리와 유대의 여러 지역 주민들–은 종려나무 잎과 옷을 펴고 "호산나!"를 외치면서 예루살렘으로 통하는 길을 줄지어 갔다. 호산나는 "우리를 구원하소서"라는 뜻이다. 그들의 찬양은 메시아에 관한 시편에서 영감을 받은 것이었다(시 118:25-26). 한편, 바리새인들은 멀찌감치 서서 노골적으로 예수님을 메시아로 찬양하는 것을 보고 노발대발했다. 그들은 그것을 신성 모독이라고 하면서 예수님께 조용히 시키라고 명령했다. 그리고 그분을 "선생"이라고 칭하면서 주님이 제자들을 제대로 가르쳐야 할 책임이 있음을 암시했다. 그들이 말하는 적절한 가르침에는 그분을 "메시아"로 부르지 않는 것도 포함되어 있었다.

주님의 대답은 제자들의 '신성 모독'을 긍정한 것은 물론이고 위기를 고조시켰다. 그분은 단호히 응수하셨다. "만일 이 사람들이 침묵하면 돌들이 소리 지르리라." 물론 예수님은 이 말이 종교 지도자들의 항변을 촉발시킬 것을 아셨다. 이제 왕으로서의 공식 자격으로 그들의 타락에 정면으로 맞서실 때가 왔다.

—19:41-44—

사람들이 환호하는 동안 예수님은 예루살렘을 바라보며 우셨다. 이 헬라어는 그저 눈물만 흘리는 게 아닌 격한 흐느낌을 표현한다. 주님은 예루살렘의 미래를 애통해하며 슬픔에 잠기셨다. 여러 세대에 걸쳐 선지자들은 이방인 통치자들에게 협정이나 동맹을 맺거나, 타협하거나 복종하지 말고 주님께서 그 도시를 보호해주실 것을 믿으라고 예루살렘의 통치자들에게 호소했다(신 23:6, 스 9:12, 사 30:1-3, 31:1, 렘 43:7, 암 5:4-8). 조만간 그들은 주님이 보내신 그리스도를 거부함으로써 엄중한 심판을 자초할 것이다. 그들이 정치적 권력에 대한 야망을 버리고 하나님의 전능하신 손길 앞에 엎드리기만 했다면! 예루살렘이 "우리는 이 사람이 우리의 왕 됨을 원하지 아니하나이다"(눅 19:14)라고 하면서 그리스도를 거스르지 않고 그분의 길로 갔다면!

예수님은 그 도시의 운명을 예언하셨다. 주님의 예언은 구체적인 침략 방법을 상세히 명기하려는 것이 아니라 일반적인 포위전을 표현한 것이었다. 그분은 완전히 처참하게 파괴된 모습을 전달하기 위해 과장법도 사용하셨다. "돌 하나도 돌 위에 남기지 아니하리니."

AD 70년에 티투스 황제가 정말로 예루살렘을 약탈하기 위해 방벽과 참호를 만들었다.[1] 요세푸스에 의하면 로마인들은 일부 탑과 성벽은 그들이 사용하기 위해 보존했지만 "나머지 성벽은 그 기반을 파헤쳐버린 탓에 완전히 붕괴되어 그곳에 사람이 살았다고 생각할 수 있을 만한 것이 아무것도 남아 있지 않았다."[2] 파괴는 그렇다 치고, 백성들은 간신히 멸절을 모면했다. 그러던 중 AD 135년에 하드리아누스 황제가 그 지역의 지명을 시리아 팔라이스티나로 바꾸면서 유대인을 말살하고 역사에서 그들의 흔적을 영원히 지워버리려 했고, 이는 이스라엘에 결정적인 종말을 불러왔다.

이스라엘 민족 대다수가 주님의 주권을 거부했기 때문에 이스라엘은 그렇게 말살당할 운명이었다(19:14). "네가 보살핌 받는 날"은 그분의 입성을 가리킨다.

—19:45-46—

예수님은 메시아로서의 첫 공식 행보로 성전을 통제하셨다. 그분은 몇 차례 안나스의 시장(Annas Bazaar)으로 알려진 성전 뜰에서 벌어지고 있는 타락상을 비난하신 바 있다. AD 6년에 로마가 임명한 수리아의 총독 구레뇨는 안나스라는 교활한 귀족을 택해 거의 왕에 필적하는 권력을 가진 이스라엘의 대제사장직을 맡겼다. 몇 년이 채 지나지 않아 그는 안나스를 축출했다. 그러나 그때는 이미 안나스가 종교계의 '마피아'라고 할 수 있는 광범위한 범죄 조직망을 구축한 뒤였다.

안나스는 대중의 시선으로부터 물러났지만 대제사장직을 위시해 예루살렘의 모든 공직을 여전히 쥐락펴락하고 있었다. 그가 대제사장직에서 물러난 후에 적어도 다섯 명의 아들과 손자들이 그의 자리를 이어받았고, 예수님 당대에는 그의 사위 가야바가 성전을 통솔하고 있었다.

안나스 시장은 그 가족의 돈줄이자 타락한 권력을 계속 유지하게 해주는 자금줄이었다. 대제사장들은 이스라엘에서 주조된 세겔 외에 다른 화폐는 일절 받지 않았다. 성전의 전용 구역 안에 있는 환전상들은 높은 환율로 세겔을 환전해주고 차액을 챙겼다. 뿐만 아니라 모세의 율법에 의하면 하나님께 드리는 모든 동물은 흠이 없어야 했기 때문에 최상급의 동물을 바쳐야 했을 것이다. 그래서 성전을 관리하는 자들은 제물로 가져온 동물들을 검사한 다음 제멋대로 동물들에게 퇴짜를 놓아 적합한 동물로 바꾸게 했다. 물론 거기에는 수수료를 붙였다. 아이러니하게도, 바꾸라고 주는 그 '적합한' 동물이란 게 방금 전에 다녀간 예배자가 가져온 부적합한 제물이었다!

예수님은 이제 눈물을 거두셨다. 그분은 이사야 56장 7절과 예레미야 7장 11절을 인용해 그들을 "강도"라고 부르시면서 부정직한 상인들을 성전에서 쫓아내셨다. 이 헬라어는 매복해 있다가 여행객들을 습격해 무자비하게 두들겨 패고 가진 것을 모조리 빼앗은 다음, 죽도록 버려두는 사람들을 지칭한다(눅 10:30).

—19:47-48—

누가는 이 에피소드를 다음의 몇 장면들과 바로 이어주는 요약문으로 마무리한다. 성전을 청소하신 후에 예수님은 계속 가르치셨는데, 이것이 "대제사장들"과 "백성의 지도자들"의 심기를 건드렸다. 예수님은 사역을 하시는 내내 중류층 율법 전문가인 바리새인들과 충돌하셨다. 이제 주님은 지배층 귀족인 사두개인들의 속을 뒤집어놓으셨다. 이들은 대중들의 지지를 누리는 바리새인들과 달리 로마와 결탁해서 얻은 정치 권력의 소유자들이었다. 예수님이 계속 성전에 나타나시자 그들은 그것을 기회로 그분의 권위에 도전하고 그분의 가르침을 공격했다.

처음에 성전 권위자들은 예수님의 신망을 떨어트려 백성들에 대한 영향력을 상실시키려 했다(11:53-54 참고). 그러나 그분의 논리에는 비판의 여지가 없었다. 더구나 그분의 말씀을 듣고 있던 군중들은 갈수록 충성심이 깊어져서 지도자들이 예수님을 조금만 건드려도 대중의 공분을 불러일으킬 판이었다.

예수님은 신적인 권위와 수많은 지지자들을 등에 업고 성전에 들어가셨지만 무력으로 성전을 점령하려고 오신 것은 아니었다. 적어도 아직은 그랬다. 그분은 약속의 백성들에게 스스로를 낮추고, 죄를 고백하며, 하나님께 반항한 것을 회개하고, 하나님의 용서를 구하며, 그분의 은총을 받아들여 진정한 백성으로 그분의 왕국에 들어갈 수 있는 충분한 기회를 주시면서 평화로운 방법으로 그들과 대면하려고 오셨다. 이때부터 십자가에 달리실 때까지 예수님은 이스라엘-지도자들로부터 평민들에 이르기까지-이 그들의 왕을 받아들여 구원받을 수 있도록 가능한 모든 수단을 다 사용하셨다. 그러나 그러려면 그들은 그들에게 소중한 것을 모두 버려야 할 것이다.

그 젊은 부자 관리가 이 결정을 놓고 고심했다면(18:23), 그 나라에서 가장 부유하고 가장 유력한 사람들이 그럴 가능성은 거의 없었다.

적용

용기와 신실성

이 세 장면–승리의 입성, 주님이 예루살렘을 보고 우신 것, 격분해서 성전을 청소하신 것–을 곰곰이 생각해보면, 특히 마지막 때가 가까워질수록 점점 더 타락해가는 세상 속에서 본받을 만한 두 가지 특성을 볼 수 있다.

첫째 특성은 용기다. 용기는 긍휼로 나타낼 수도 있지만 분노로 보여줄 수도 있다. 악을 보고 하릴없이 방관하거나, 무력하게 어깨만 으쓱하는 것이 사람이 할 수 있는 가장 비겁한 일일 때가 있다. 올바르게 표현된다면 분노의 표출은 악행에 대해 영적으로 가장 생산적인 대응이 될 수 있다.

물론, 이런 말은 자칫 악용될 소지가 있기 때문에 조건과 설명을 달지 않을 경우 위험할 수 있다. 나는 성마르고 통제 불능인 분노를 말하는 게 아니다. 후자는 파괴적이고 폭력으로 이어질 가능성이 있으며, 언제나 역효과를 낳는다. 분노는 상대편을 올바른 행동으로 이끄는 데 도움이 되지 않는다.

그러나 거룩한 적개심이 필요한 때와 장소가 있다. 그리스도인이라면 주먹을 불끈 쥐고 "이제 그만! 그건 잘못입니다! 여기 그것을 증명할 성경 말씀이 있습니다. 나는 그렇게 되도록 방관만 하지는 않을 겁니다"라고 말해야 할 때가 있다.

두 번째 특성은 신실성이다. 신실성은 한결같이 지속되는 것을 통해서도 드러나지만 끝을 보면 알 수 있다. 예수님은 우리 모두를 위해 얼마나 훌륭한 귀감이 되셨는가! 그분은 로마의 하급 관리에게 매를 맞고 십자가에 달릴 운명을 아시면서도 예루살렘으로 들어가셨다. 그런데도 그분은 유죄 선고를 받은 흉악범 앞에서 슬퍼하는 부모처럼 예루살렘을 바라보며 우셨다. 그분은 바리새인들의 위선에 대항하셨고, 결과를 뻔히 알면서도 사두개인들의 타락상을 외치셨다.

용기와 신실성. 예수님은 용기와 신실성의 훌륭한 본을 보여주셨다. 부디 하나님이 우리에게 이 두 가지를 더 많이 주시기를!

눈에는 눈, 이에는 이(누가복음 20:1-47)

1하루는 예수께서 성전에서 백성을 가르치시며 복음을 전하실새 대제사장들과 서기관들이 장로
들과 함께 가까이 와서 2말하여 이르되 당신이 무슨 권위로 이런 일을 하는지 이 권위를 준 이가 누
구인지 우리에게 말하라 3대답하여 이르시되 나도 한 말을 너희에게 물으리니 내게 말하라 4요한의
세례가 하늘로부터냐 사람으로부터냐 5그들이 서로 의논하여 이르되 만일 하늘로부터라 하면 어찌
하여 그를 믿지 아니하였느냐 할 것이요 6만일 사람으로부터라 하면 백성이 요한을 선지자로 인정
하니 그들이 다 우리를 돌로 칠 것이라 하고 7대답하되 어디로부터인지 알지 못하노라 하니 8예수께
서 이르시되 나도 무슨 권위로 이런 일을 하는지 너희에게 이르지 아니하리라 하시니라

9그가 또 이 비유로 백성에게 말씀하시기 시작하시니라 한 사람이 포도원을 만들어 농부들에게
세로 주고 타국에 가서 오래 있다가 10때가 이르매 포도원 소출 얼마를 바치게 하려고 한 종을 농부
들에게 보내니 농부들이 종을 몹시 때리고 거저 보내었거늘 11다시 다른 종을 보내니 그도 몹시 때리
고 능욕하고 거저 보내었거늘 12다시 세 번째 종을 보내니 이 종도 상하게 하고 내쫓은지라 13포도원
주인이 이르되 어찌할까 내 사랑하는 아들을 보내리니 그들이 혹 그는 존대하리라 하였더니 14농부
들이 그를 보고 서로 의논하여 이르되 이는 상속자니 죽이고 그 유산을 우리의 것으로 만들자 하고
15포도원 밖에 내쫓아 죽였느니라 그런즉 포도원 주인이 이 사람들을 어떻게 하겠느냐 16와서 그 농
부들을 진멸하고 포도원을 다른 사람들에게 주리라 하시니 사람들이 듣고 이르되 그렇게 되지 말아
지이다 하거늘 17그들을 보시며 이르시되 그러면 기록된 바 건축자들의 버린 돌이 모퉁이의 머릿돌
이 되었느니라 함이 어찜이냐 18무릇 이 돌 위에 떨어지는 자는 깨어지겠고 이 돌이 사람 위에 떨어
지면 그를 가루로 만들어 흩으리라 하시니라

19서기관들과 대제사장들이 예수의 이 비유는 자기들을 가리켜 말씀하심인 줄 알고 즉시 잡고자
하되 백성을 두려워하더라 20이에 그들이 엿보다가 예수를 총독의 다스림과 권세 아래에 넘기려 하
여 정탐들을 보내어 그들로 스스로 의인인 체하며 예수의 말을 책잡게 하니 21그들이 물어 이르되
선생님이여 우리가 아노니 당신은 바로 말씀하시고 가르치시며 사람을 외모로 취하지 아니하시고
오직 진리로써 하나님의 도를 가르치시나이다 22우리가 가이사에게 세를 바치는 것이 옳으니이까
옳지 않으니이까 하니 23예수께서 그 간계를 아시고 이르시되 24데나리온 하나를 내게 보이라 누구
의 형상과 글이 여기 있느냐 대답하되 가이사의 것이니이다 25이르시되 그런즉 가이사의 것은 가이
사에게, 하나님의 것은 하나님께 바치라 하시니 26그들이 백성 앞에서 그의 말을 능히 책잡지 못하
고 그의 대답을 놀랍게 여겨 침묵하니라

27부활이 없다고 주장하는 사두개인 중 어떤 이들이 와서 28물어 이르되 선생님이여 모세가 우리
에게 써 주기를 만일 어떤 사람의 형이 아내를 두고 자식이 없이 죽으면 그 동생이 그 아내를 취하
여 형을 위하여 상속자를 세울지니라 하였나이다 29그런데 칠 형제가 있었는데 맏이가 아내를 취하

였다가 자식이 없이 죽고 30그 둘째와 셋째가 그를 취하고 31일곱이 다 그와 같이 자식이 없이 죽고
32그 후에 여자도 죽었나이다 33일곱이 다 그를 아내로 취하였으니 부활 때에 그 중에 누구의 아내가
되리이까

34예수께서 이르시되 이 세상의 자녀들은 장가도 가고 시집도 가되 35저 세상과 및 죽은 자 가운
데서 부활함을 얻기에 합당히 여김을 받은 자들은 장가 가고 시집 가는 일이 없으며 36그들은 다시
죽을 수도 없나니 이는 천사와 동등이요 부활의 자녀로서 하나님의 자녀임이라 37죽은 자가 살아난
다는 것은 모세도 가시나무 떨기에 관한 글에서 주를 아브라함의 하나님이요 이삭의 하나님이요 야
곱의 하나님이시라 칭하였나니 38하나님은 죽은 자의 하나님이 아니요 살아 있는 자의 하나님이시
라 하나님에게는 모든 사람이 살았느니라 하시니 39서기관 중 어떤 이들이 말하되 선생님 잘 말씀하
셨나이다 하니 40그들은 아무 것도 감히 더 물을 수 없음이더라

41예수께서 그들에게 이르시되 사람들이 어찌하여 그리스도를 다윗의 자손이라 하느냐 42시편에
다윗이 친히 말하였으되 주께서 내 주께 이르시되 43내가 네 원수를 네 발등상으로 삼을 때까지 내
우편에 앉았으라 하셨도다 하였느니라 44그런즉 다윗이 그리스도를 주라 칭하였으니 어찌 그의 자
손이 되겠느냐 하시니라

45모든 백성이 들을 때에 예수께서 그 제자들에게 이르시되 46긴 옷을 입고 다니는 것을 원하며
시장에서 문안 받는 것과 회당의 높은 자리와 잔치의 윗자리를 좋아하는 서기관들을 삼가라 47그들
은 과부의 가산을 삼키며 외식으로 길게 기도하니 그들이 더 엄중한 심판을 받으리라 하시니라.

우리는 많은 사람들이 지나치게 사랑을 갈구하는 시대에 살고 있다. 그런 사람들은 옳은 일을 옹호하기보다 인기를 더 원한다. 어떤 이들에게 갈채는 중독적이다. 그들은 대면보다 칭찬을 원하며 비난은 더더욱 원치 않는다. 그들은 진리를 추구하는 분별 있는 사람들의 존경을 받는 것보다 다수에게 사랑받는 것을 더 좋아한다.

이 부분이 약해질 때마다 나는 예수님의 말씀을 되새긴다. "모든 사람이 너희를 칭찬하면 화가 있도다 그들의 조상들이 거짓 선지자들에게 이와 같이 하였느니라"(6:26). 뉴 리빙 성경(The New Living Translation)은 이렇게 표현했다. "대중들의 칭찬을 받는 너희 앞에 어떤 슬픔이 기다리고 있을지. 그들의 조상도 거짓 선지자들을 칭찬하였다." 필립스 성경(The Phillips)은 이렇게 부연해서 번역했다. "모든 사람이 너희에 대해 좋은 말을 하니 얼마나 참담한가. 그들의 조상도 거짓 선지자들에게 똑같이 했다." 『메시지』(*The Message*, 복 있는 사람)는 주님의 경고를 아주 멋지게 표현했다. "다른 사람을 치켜세우는 말과 비위를 맞추는

행동으로, 사람에게 인정을 받으려고 하면 화가 있다. 사람의 인정을 받는다고 해서 진리의 편에 있는 것은 아니다. 얼마나 많은 악당 설교자들이 너희 조상의 인정을 받았는지 생각해보아라! 너희가 할 일은, 진실하게 사는 것이지 인기를 얻는 것이 아니다."

예수님의 요지는 단순했다. 어떻게 해서든지 대중의 갈채를 받고 싶어하는 사람들은 예외 없이 난관에 봉착한다. 불행히도 옳은 일을 옹호하는 사람들도 마찬가지다! 진리를 위해 인기가 없는 편에 선 사람들은 예외 없이 동료들의 반발에 시달렸다. 우리는 지지 대신 비난을 받는다. 격려 대신 속셈을 의심받는다. 사람들은 우리를 이해하려 하기보다 가장 나쁜 것을 추측한다. 진리를 말하는 자들은 주변의 지지는커녕 하루아침에 조롱, 비난, 분개 그리고 의도적인 오해의 대상이 된다.

예수님이 안나스의 시장(19:45–46 주해 참고)에서 부패한 상인들을 추방하신 후 성전에서 가르치시자 많은 군중들이 모여들었다. 성전 지도자들은 그것에 대해 예수님께 이의를 제기하면서 권위에 대한 그들의 도전에 응수했다. 누가는 네 가지 구체적인 대립을 기술했다.

성전을 정화하고 가르치시는 예수님의 권위에 대한 이의 제기(1–8절)
성전 지도자들에 대한 주님의 고발(9–18절)
하나님 나라의 행정권에 대한 질문(19–26절)
하나님 나라와 현세와의 차이점(27–47절)

—20:1–2
(성전을 정화하고 가르치시는 예수님의 권위에 대한 이의 제기)—

누가는 세 집단을 언급한다. 대제사장, 서기관, 산헤드린 의원인 장로들.[3] 70인의 유대인 정치가들로 이루어진 이스라엘의 이 통치 기구는 오늘날 의회와 대법원에 해당된다. 나시(*Nasi*)라고 불리는 의장을 맡은 장로는 율법을 제정하고, 공식적인 유대교 의식 일정을 정하며, 국가 정책을 결정하고, 성전을 관리하며, 중요한 재판 등을 위시한 위원회의 의제를 정하기 위해 대제사장과 긴밀하게 협조했다. 유대인의 전통에 따르면 이 시대의 나시는 위대한 랍비 힐렐의 손자이자 다소의 사울이라는 젊은 바리새인의 스승이었던 가말리엘이었다(행 22:3).

예수님은 이들이 당신을 거부할 것을 예언하신 바 있다(9:22). 이 예언에서 누가가 사용한 단어는 '조사 후에 거절당하다'라는 뜻을 가지고 있다. 이것이 바로 그 조사다. 예수님은 말 그대로 성전의 주인 행세를 하면서 성전에 대한 권한을 행사하고 계셨다. 이에 대해 지도자들은 그의 자격을 확인하겠다고 했다. 그들의 질문은 이런 것이다. "대관절 무슨 권한으로 이런 일을 하는가?" 그러나 실제로 의미하는 바는 이것이다. "우리는 로마와 이스라엘의 모든 정치인들의 지지를 받고 있는 대제사장의 권한을 등에 업고 일한다. 당신의 권세는 누구로부터 오는가?"

물론, 답은 두 개밖에 없다. 인간의 권위와 하나님의 권위. 만약 예수님이 "나는 아무개로부터 권한을 받았다"라고 말씀하시면서 후원자들의 이름을 댔다면 정치적 결전의 장을 펼치셨을 것이다. 그들은 틀림없이 그분이 포퓰리스트 운동을 바탕으로 성전에 대한 권리를 주장한다고 생각했다. 수십만 명의 유대인들이 변화를 가져올 혁명에 발싸심하고 있었다. 그들은 그분을 로마에 대한 폭동 교사죄로 고발해서 파멸시킬 계획을 추진했을 것이다.

반면에, 만약 주님이 하나님의 권위를 주장하셨다면, 그들은 아마도 '제사장의 신적 권위'에 관한 그들의 전통 신학에 의거해 자격을 비교하고 대조하면서 종교계의 '골목대장놀이'에 그분을 끌어들였을 것이다. 그들의 논리는 대충 이럴 것이다. "하나님은 만물을 주관하신다. 우리는 성전에 대한 권한을 가지고 있다. 이 권한은 하나님이 허락하셔야 가질 수 있다. 설마 하나님이 자기 성전에 대한 지배권을 잃어버리셨다고 생각하는가? 그런가?"

설령 성전 지도자들이 예수님을 파멸시키거나 신망을 떨어트리지 못한다 할지라도 그분을 궁지로 몰 수는 있을 것이다. 그리고 그럼으로써 그들은 권력을 지킬 것이다.

—20:3-4—

예수님은 종교 권위자들이 무언가 공격할 빌미를 찾고 있다는 것을 눈치채셨다. 그들은 그분이 직접 대답하면 얻을 것은 없고 잃을 것은 많은 입장으로 몰아 넣을 속셈이었다. 예수님은 적들이 유리하게 사용할 수 있는 꼬투리를 잡지 못하도록 지혜로운 대답을 하셔야 했다. 그분은 전형적인 랍비식 논쟁 전략을 사용해서 대답하셨다. 즉, 질문으로 답을 대신하셨다.

그분은 그들에게 종교 지도자-말하자면, *ex cathedra*-로서의 공적인 입장에서 세례 요한의 권위는 인간에게서 온 것인지 하나님에게서 온 것인지를 진술해달라고 요구하셨다.

그분은 형세를 역전시켜 그들을 옴짝달싹 못하게 만드셨다. 유대인들 사이에서 요한의 인기는 하늘을 찔렀다. 그는 유대인들에게 흔들리지 않는 헌신을 하나님께 바칠 것을 역설하며 회개의 세례를 받으라고 했다. 요한은 권위를 가지고 말했고, 대중들은 그의 말을 하나님이 주시는 진정한 예언임을 믿어 의심치 않았다. 그는 아그립바의 공공연한 타락에 대립각을 세우다 참수당했다. 그는 또한 예수님을 메시아로 선포했다.

이 모든 요소를 염두에 두고 종교 지도자들이 어떤 궁리를 했는지 살펴보자.

—20:5-6—

> 만일 하늘로부터라 하면 어찌하여 그를 믿지 아니하였느냐 할 것이요(5절).

성전 지도자들은 아그립바 같은 이스라엘 귀족들의 정치적 영향력을 힘입어 그 자리를 차지했고, 이들 이스라엘 귀족들은 헤롯 대왕으로부터 권력을 얻은 부유한 유대인들인 '헤롯 대왕 지지자들'의 인맥이 받쳐주고 있었다. 그리고 헤롯 왕은 가이사의 휘하에 있었다. 또한 성전 지도자들은 대제사장을 임명하고 다른 모든 행정관을 철저히 통제하는 로마 총독의 뜻에 따라 직무를 수행했다. "하늘로부터"라고 말하면 그들은 세례 요한을 살해한 사람의 노여움을 살 것이다. 더구나 요한은 예수님을 메시아라고 했으므로 예수님이 하나님의 권위로 성전을 다스린다는 데 동의할 수밖에 없을 것이다.

> 만일 사람으로부터라 하면 백성이 요한을 선지자로 인정하니 그들이 다 우리를 돌로 칠 것이라(6절).

돌로 치는 것은 거짓 선지자를 벌하는 방법이었다(신 13:1-11). 진짜 선지자에게 반대하는 예언은 거짓 예언이나 마찬가지였다. 예수님은 이미 당신의 입장을 밝히셨다. "내가 너희에게 말하노니 여자가 낳은 자 중에 요한보다 큰 자가 없도다"(7:28). 바리새인들과 율법사들은 요한을 반대한다는 입장을 밝혔다(7:30). 예수님을 지지하는 무리에 둘러싸인 성전 관리들은 신뢰를 잃고 다시는 회복이 불가능할지도 모르는 위험에 처했다.

—20:7-8—

그 관리들은 약삭빠르게 자신들의 입장을 살핀 후 대답을 해봐야 잃을 것밖에 없다는 사실을 깨닫고 전략적 후퇴를 결정했다. 예수님은 그들이 물러나게 그냥 두셨다. 궁지로 몰리던 위기에서 예수님은 오히려 더 유리한 위치를 차지하셨다. 그분은 그들의 비겁함을 나무라시고 그들이 그분을 다스릴 권한을 가지고 있다는 생각을 일축시키는 진술로 이야기를 끝맺으셨다.

—20:9(성전 지도자들에 대한 주님의 고발)—

지도자들이 채 물러나기 전에 문장과 문장 사이에 숨 돌릴 틈도 없이 예수님은 비유 하나를 말씀하시기 시작했다.

예수님의 가르침에 나오는 상징들은 대부분 1세기의 유대인들이 공유하던 경험에서 나온 것들이었다. 목자와 양, 씨 뿌리는 자와 씨앗, 포도주와 포도주 부대, 주인과 종 등등. 그러나 포도원 주인과 포도원만큼 히브리인들의 심금을 울리는 비유는 없었다. 이 이미지는 이스라엘이라는 국가에 대한 하나님의 특별한 관심을 감동적으로 보여주었다(시 80:8-16, 사 5:1-7). 주님의 비유에서 포도원 주인(하나님)은 포도원(이스라엘)을 소작인들(종교 지도자들)에게 맡겼다.

—20:10-13—

이윽고, 기다릴 만큼 기다린 후에(레 19:23-25) 주인이 회계를 하고 자기 몫을 수금하려고 종을 보냈다. 물론 이 종은 한 사람씩 나타나 박해와 순교까지 당했던 과거의 선지자들을 의미했다. 세 명의 종이 아무 소득도 없이 부상만 당한 채 돌아오자 주인은 이번에는 다른 반응을 기대하며 자기 아들을 보냈다. 그 아들은 "사랑하는" 아들이었다. 그렇기 때문에 나중에 주인의 반응은 더 격해질 수밖에 없을 것이다. "존대하다"로 번역된 동사는 '(부끄러워) 돌아서게 하다' 또는 '높은 신분을 알아보고 태도가 달라지다'[4]라는 뜻이다.

두 말할 필요 없이 주님의 비유에 나오는 아들은 예수님 자신을 가리킨다.

—20:14-16—

그 소작인들은 멀리서 아들이 오는 것을 보고 계략을 짰다. 불행히도 그들의 계획은 터무니없었다. 문자적으로 번역하면 그들의 말은 이랬다. "저 자가 상속자다. 그를 죽여 우리가 유산을 차지하자." 그들은 어리석게도 아들을 죽이면 자기들이 주인의 재산을 상속받을 수 있을 거라고 생각했다! 그게 아니면 법적으로 아무 제재도 받지 않고 그 무법한 행위가 자기들에게 유리한 결과를 안겨줄 거라고 예단했다.

이쯤에서는 성전 지도자들도 자신들이 어떤 역할을 맡고 있는지 빤히 알았다. 만약 그들이 공개적으로 예수님의 신임을 떨어뜨리지 못한다면 그들은 그분을, 필요하다면 폭력을 사용해서라도 은밀히 없앨 것이다. 결국, 그 비유는 주님의 적들을 단죄하는 것일 뿐만 아니라 그들에게 다시 생각해보라는 경고이기도 했다.

이야기 말미에서 예수님은 청중에게 질문을 던져 대답하게 하심으로써 주인의 시각에서 상황을 보게 만들었다. 그분은 이렇게 물으신 것이다. "너희가 주인(아버지)이라면 그 살인자들을 어떻게 하겠느냐?" 대답은 불을 보듯 뻔했다. 바로 엄중한 심판이다. 그는 그들을 "진멸할" 것이다. 이 동사는 19장 27절과 47절에 나오는 것과 같은 단어다. 적용하자면 이 말은 영원한 형벌을 가리킨다.

심판은 거기서 끝나지 않고 주인은 "포도원을 다른 사람들에게" 줄 것이다. 당시에는 의미를 알 수 없었지만 역사는 그 "다른 사람들"이 교회임을 알려준다. 그러나저러나 간에 "다른 사람들"에게 하나님의 포도원이 주어진다는 개념은 상상도 못할 일이었다. "그렇게 되지 말아지이다!"라는 구절은 충격과 경악으로 감정이 격해져서 나온 외침이다. "당치 않아!" "어림없는 소리!" "그런 일은 결단코 일어나서는 안 돼!"

—20:17-18—

예수님은 그들이 반발하자 구약에 나오는 엄숙한 예언을 말씀하셨다. 시편 118편은 주님의 구원의 은혜를 찬양하면서 메시아가 세상을 다스리는 권좌에 앉으실 때 그분의 통치를 예시한다.

> 건축자가 버린 돌이 집 모퉁이의 머릿돌이 되었나니
> 이는 여호와께서 행하신 것이요 우리 눈에 기이한 바로다
> 이 날은 여호와께서 정하신 것이라
> 이 날에 우리가 즐거워하고 기뻐하리로다(시 118:22-24).

이 시편은 입증의 개념을 분명히 보여준다. "버린"으로 번역된 동사는 '시험해본 결과 가치가 없거나 진짜가 아니라고 생각하다'라는 뜻이다. 무가치하다고 버린 바 되었던 것이 결국에는 건물에서 가장 중요한 돌이 되었다. 기초를 쌓을 때 건물의 모든 부분은 머릿돌을 기준으로 측정된다.

예수님은 그런 다음 이 비유를 그렇게 귀한 것의 가치를 알아보지 못한 낭패 이상의 의미로 확장시키셨다. 이 돌은 그것을 버린 자들을 완전히 파멸시키는 데 수동적인 역할을 하고나서 적극적인 역할을 담당한다.

—20:19-20(하나님 나라의 행정권에 대한 질문)—

물론 종교 지도자들은 예수님이 무엇을 말씀하시는지 그리고 누구에게 반기를 드시는지 알았다. 거의 모두가 알았다. 그분을 공공연히 공격하는 것은 효과가 없어서 그들은 비밀 요원들을 이용한 물밑 작업에 착수했다. 그들은 예수님이 로마인들과 대립하게 만들 무언가를 찾으려 했다. 누가의 어법은 의미심장하다. "예수를 총독(본디오 빌라도)의 다스림과 권세 아래에 넘기려 하여…예수의 말을 책잡게 하니." 이는 세상의 권세를 위해 모든 것을 희생하고 하나님의 권위는 털끝만큼도 생각하지 않는 그들의 세계관을 드러낸다.

—20:21-22—

종교 지도자들은 빌라도 앞에서 재판할 것을 대비해 포석도 깔고 성전에 있는 유력한 정파들과 예수님을 이간시킬 수도 있는 교활한 질문을 생각해냈다. 그들은 짐짓 율법 교사로서의 주님의 권위를 존경하는 척하며 그분께 접근했다. 아이러니하게도 그들의 사탕발림이 그들이 말하는 유일한 진리였다. 실제로 예수님은 바른 말을 하시고 바른 것을 가르치셨고, 어떤 파당에도 편파적이지 않으셨으며, 진리로 하나님의 도를 가르치셨다. 그들이 한 말 가운데 이보다 더 맞는 말은 없었다!

정탐꾼들은 신중하게 말을 골랐다. "옳으니이까"라는 말은 "허락됩니까?"가 더 좋은 번역이다. 헬라어 *exesti*는 '자유롭다'라는 뜻을 가지고 있다. 전후 상황을 보면 대개 암묵적 제한 요소를 알 수 있다. 이 경우에 그 질문은 정부의 규정을 모두 알고 있다고 가정한다. 구체적인 언급이 없어도 정탐꾼들의 질문은 두 가지 중 하나로 해석될 수 있다. "그것이 (모세의 율법에서) 허용됩니까?" 또는 "(윤리적으로) 허용됩니까?" 정탐꾼들이 히브리어로 말하고 셉투아긴트(구약 성경의 헬라어 번역본)를 번역의 지침서로 사용하고 있었다면, 헬라어 *exesti*는 에스라 4장 14절에 나오는 셈어의 *arik*과 동의어다. *Arik*은 '꼭 맞는' 또는 '적절한'이라는 뜻이다.

정탐꾼들과 예수님 모두 모세의 율법에는 이스라엘을 다스리는 외국 정부에 세금을 바치는 문제에 대한 규정이 없다는 것을 알고 있었다. 하나님은 한 번도 이스라엘이 자유를 잃게 할 생각을 하신 적이 없다! 그분은 당신과 언약한 백성들을 약속의 땅에 정착시켜 그분 한 분만 섬기도록 했다. 따라서 이 문제는 이방인의 간섭에 분개하는 바리새인들과 로마의 권력에 의지해 자기들의 지위를 유지하고 있는 사두개인들 사이에 치열한 공방을 야기시켰다. "옳다"고 말씀하시면 예수님은 사두개인의 편이 되어 외세에 공조한 메시아가 될 것이다. "옳지 않다"라고 하면 수많은 추종자들에게 세금을 내지 말라고 독려하는 것이나 다를 바 없어서 메시아는 로마의 적이 될 것이다.

—20:23-26—

철학적으로 볼 때 이 질문에 대한 대답은 하나님 나라에 대한 개인의 시각과 현세의 국가 권력에 그것을 어떻게 연결시키느냐를 보여준다. 사두개인들은 목적을 위한 수단으로 세금을 내는 데 아무 문제가 없는 것이 분명했다. 그들의 과거를 보면 약삭빠른 외교와 이방인들과의 전략적 협정을 통해 하나님 나라를 세우려고 했음을—적어도 그들의 이론으로는—알 수 있다. 바리새인들과 열심당원들은 항상 로마에 저항했고, 이스라엘이 이방인들과 섞이지 않게 하기 위해 최선을 다했다. 그럼에도 불구하고 그들은 실제로는 돈을 섬겼고, 심지어 사랑했다.

양쪽 모두—사두개인과 바리새인—하나님 나라가 결국에는 세상의 왕국을 대체할 것이라고 생각하는 건 맞았지만, 하나님 나라가 어떻게 세워질 것인가에 대한 생각은 달랐다.

예수님은 그들의 의도를 간파하셨지만 그들이 쳐놓은 어설픈 덫을 그냥 피해 가지 않으셨다. 그분은 그것을 제자들을 가르치는 기회로 삼으셨다. 하나님 나라의 백성들은 정해지지 않은 기간 동안—지금까지 2천 년이다!—세상 권력 아래서 살아야 할 것이다. 그분은 "하나님 나라 백성은 그리스도가 다시 오실 때까지 이교도의 권세 아래서 어떻게 살아야 하는가?"라는 언외의 질문에 대답하셨다.

예수님은 정탐꾼들에게 디베료 황제의 얼굴과 "TI CAESAR DIVI AVG F AVGVSTVS"라는 글이 새겨져 있는 동전인 데나리온을 꺼내게 하셨다. 이 글귀는 번역하면 "Tiberius Caesar, Augustus, son of Divine Augustus(가이사 디베료 아구스도, 신성하신 아구스도의 아들)"이다. 그분의 대답은 우리가 세상 권세 아래 살고 있다는 것, 그러나 세상 권력자들은 하나님의 주권적 계획 안에 있다는 사실을 인정했다. 때때로 이 두 가치가 충돌하기도 하지만 늘 그런 것은 아니다. 하나님은 우리에게 로마와 이스라엘이 아니라 재물과 의 중에서 하나를 택하라고 요구하신다. 그리스도가 다시 오실 때까지 우리에게는 돈이 필요하다. 그러나 돈을 섬겨서는 안 된다. 우리는 정부에 순종하지만 그들의 법이 하나님의 법과 충돌할 때는 그들을 따르면 안 된다.

공권력은 하나님이 제정하셨다. 로마서 13장은 그 점을 분명히 밝힌다. 우리는 모름지기 정부 관리들을 존중해야 한다. 우리의 시민권은 천국에 있기에 세상에서는 이방인과 순례자로 살아야 하지만, 그렇다고 해서 우리가 세상에서 져야 할 책임을 내팽개치거나 내야 할 것을 내지 않아도 된다는 말은 아니다.

주님의 대답에 적들은 할 말을 잃었다. 그들은 "놀라서" 황망히 물러나 다시 전략을 짜기 위해 모였다.

—20:27(하나님 나라와 현세와의 차이점)—

얼마의 시간이 흘렀는지는 알 수 없지만 이틀 이상은 아니었을 것이다. 예수님은 적들이 그분의 말씀에 계속 딴죽을 걸려고 했지만 굴하지 않고 가르침을 계속하셨다. 이번에는 일단의 사두개인들이 또 다른 수수께끼를 가지고 예수님께 접근했다. 이번 것은 더 교묘했다.

사두개인들은 그들의 정적인 바리새인들과 믿는 것이 세 가지가 달랐다. 첫째, 사두개인들은 구약의 첫 다섯 권만 하나님의 영감으로 쓰였다고 믿었다. 그들은 구약의 나머지 책들-역사서, 지혜서, 예언서-에 비중을 두지 않았고, 바리새인들의 전통을 철저히 무시했다.

둘째, 사두개인들은 내세나 부활이나 최후의 심판을 믿지 않았다. 그들은 현세 후에는

사두개인들

사두개인들은 유대인 중에서도 독특한 종족이었다. 유대인의 기준으로 볼 때 보수적인-일각에서는 편의상 그렇다고 말할 테지만-그들은 모세가 직접 쓴 성경인 모세오경에 기록된 것 외에는 어떤 가르침이나 전통도 받아들이지 않았다.[5] 그들은 내세나 부활, 천사나 영혼을 믿지 않았다. 그들은 하나님은 말로 표현할 수 없을 정도로 인간과는 동떨어진 존재라고 생각했기 때문에 영원한 보상이나 형벌을 기대하지 않고, 개개인이 저마다의 운명을 최신을 다해 만들어나갈 자유를 허용했다. 따라서 사두개인들은 죄를 벌하는 것은 인간이 해야 할 일이며, 형벌은 엄중해야 한다고 믿었다.[6] 유대인 역사가 요세푸스는 그들을 자기들끼리는 물론이고 누구와도 논쟁하기를 좋아하는 사람들로 묘사했다. 심지어 "그들과 교제하는 철학 교사들과 논쟁하는 것을 일종의 미덕으로 생각한다"고 했다.[7]

사두개인들은 당대의 이신론자들-초자연적인 것에 지극히 회의적이고 철두철미한 운명론자들-이었다. 그들은 언어유희를 즐겼고, 이 세상에서의 경험을 초월하는 어떤 가르침에 대해서도 그것의 부조리함을 입증하는 터무니없는 시나리오를 만들었다. '믿음'은 사두개인들의 사전에 존재하지 않았다. 그들은 인간이 자기 자신의 운명을 만드는 것이라고 믿었다. 그러므로 모든 인간은 질병, 가난, 불행 그리고 죽음의 방식을 포함해서 어떤 운명이 닥치든 다 그럴 만한 이유가 있어서 받는 것이라고 믿었다.

아무것도 없기 때문에 하나님이 나중이 아니라 지금 악한 자들을 벌하시고 의로운 자들에게 상을 주신다고 믿었다.

셋째, 사두개인들은 하나님이 세상사에 간섭하시거나 인간과 교류하지 않는 멀리 있는 존재라고 믿었다.

—20:28-33—

사두개인들은 주님의 신학을 얼토당토않은 것으로 만들려는 심산으로 레비레이트혼(죽은 자의 형이나 아우가 그 미망인과 결혼하는 관습-역주)에 관한 수수께끼를 하나 생각해냈다. 레비레이트혼이란 한 남자가 자녀를 남기지 않고 죽으면 형제들 가운데 적합한 사람이 미망인과 결혼해서 자녀를 낳을 경우 고인의 이름을 붙여주어 유업을 잇게 하는 유대인의 풍습이었다(신 25:5). 이것은 모세오경에 나오는 명령이었으므로 사두개인들은 이 풍습을 하나님이 정하신 것으로 받아들였다.

이 풍습을 토대로 사두개인들은 형제들이 후계자를 생산하지 못하고 차례로 죽는다는, 있을 법하지 않은 이야기를 했다. 그 가련한 과부는 죽을 때까지 차례로 일곱 남자의 아내가 되었다. 이들 모두가 부활해 천국에서 산다고 가정하면 그 여자의 결혼 문제가 해결되어야 할 것이다. 그들은 내심 이 시나리오가 부활 교리의 부조리를 증명한다고 생각했다. 하나님이 그렇게 생각이 짧으실 리는 없을 테니 그 교리는 거짓임이 분명하다는 것이다.

—20:34-36—

예수님은 이 난해한 질문에 두 단계로 대답하셨다. 첫째, 하나님 나라에서 사는 것은 근본적으로 현재의 존재 방식과는 다를 것이다. 그래서 먼저 부활의 실재를 전제로 한 후에 모세가 직접 사후의 삶을 확인했다는 사실을 모세오경을 예로 들어 증명하셨다(37-38절).

사두개인들은 만약 내세가 존재한다면 우리가 지금 살고 있는 삶과 아주 비슷할 거라고 가정했다. 예수님은 내세에서는 모든 것이 달라질 것이라고 분명히 밝히셨다. 결혼은 이 세상의 제도-세상의 시간과 목적에 적합한-이고 천국에는 없다. "죽음이 우리를 갈라놓을 때까지"라는 맹세는 천국에서는 아무 의미가 없다. 죽음 역시 이 세상에 국한된다. 천국에는 죽음이 없다. 또한 가족의 전반적인 개념이 바뀐다. 천국 백성들은 아이를 낳지 않는다. 따라서 결혼도 필요 없고 모든 사람이 하나님을 아버지로 부를 것이다. 예수님은 천국 백성들을 천사들과 비교하시면서 사두개인들이 거부한 또 다른 교리를 거론하셨다.

그들의 질문에 대답하는 과정에서-적어도 주님이 대답하신 이 단계에서-예수님은 모든 사람이 하나님 나라에서 살 수 있는 부활을 누리지는 않을 것이라는 사실을 분명히 밝히셨다. 하나님 나라에 들어갈 자격이 있다고 여겨지는 이들만 그 특권을 얻을 것이다.

—20:37-38—

예수님은 대답의 첫 단계에서 부활을 하나의 사실로 말씀하셨다. 그러고나서 부활 교리가 합당하다는 사실을 보여줄 기회를 잡으셨다. 사두개인들은 부활을 가설로만 말했으나 주님은 모세오경을 가지고 부활을 입증하셨다. 모세오경에서 모세는 부활을 엄연한 사실로 간주했다. 예수님은 당신의 주장을 증명하시기 위해 하나님이 불타는 떨기나무에서 하신 말씀이 기록된 출애굽기 3장 6절을 인용하셨다. "나는 네 조상의 하나님이니 아브라함의 하나님, 이삭의 하나님, 야곱의 하나님이니라." 하나님은 과거 시제가 아닌 현재 시제를 사용해서 그분이 지금도 이 족장들의 하나님이심을 나타내셨다.

—20:39-40—

이번 경우에는 사두개인들이 앞장서서 공격을 한 데 반하여 서기관들은 청중 속에 있었다. 서기관들은 거의 예외 없이 바리새인들이었다. 부활의 강력한 지지자들이었던 이들은 당연히 예수님이 하신 말씀을 좋아했다. 사두개인들과 바리새인들은 예수님을 싫어하는 것 외에는 일치하는 의견이 거의 없었다. 그런데 이날은 그들의 결탁이, 조금이긴 해도 약화되었다.

누가는 "그들"(즉, 서기관들, 바리새인들, 대제사장들, 사두개인들)이 논쟁에서 예수님을 이기려는 헛된 시도를 포기했다고 기술한다. 조만간 그들은 더 치명적인 계략으로 바꿀 참이었다. 그러나 대화가 끝나기 전에 예수님은 시간을 할애해 그들이 구원받아야 한다고 말씀하셨다. 주님은 성전이 당신의 것임을 주장하기 위해 성전에 들어가셨다. 이제 그들에게 당신이 그들의 메시아라고 소개하셨다.

—20:41-44—

그분의 적들이 반박할 말이 없어서 침묵하고 있는 동안 이번에는 예수님이 수수께끼를 내셨다. 시편 110편 1절을 유추해서 주님은 사실상 이렇게 물으셨다. "메시아가 다윗의 자손이면 어째서 다윗은 자기의 후손을 '주'라고 부르는가?"

보다 명확히 하기 위해서 답을 삼단 논법으로 표현할 수 있다.

메시아는 다윗의 자손이다.
다윗은 자기 자손인 메시아를 "내 주"라고 불렀다(A=C).
다윗은 하나님도 "내 주"라고 불렀다(B=C).
그러므로 다윗은 메시아를 하나님과 동일하게 보았다(A=B).

누가는 적들의 반응을 기록하지 않는다. 그리고 그들이 주님이 말씀하신 요지를 이해했는지의 여부도 밝히지 않는다. 아마도 이해했을 것이다. 이미 메시아로서 예루살렘에 입성하시고, 성전에 대한 권한을 주장하시며, 하나님 나라에 대해 많은 암시를 하셨던 터라 예수님이 메시아라고 주장하신다는 사실을 모르는 사람은 없었다. 그분의 반어문은 종교 지도자들을 최종 결론으로 떠밀었다. 만약 예수님이 메시아라면, 그리고 메시아는 하나님과 동일하다면, 그러면…

훗날, 종교 지도자들은 법정에서 예수님을 신성 모독 죄로 고발하면서 이 주장을 근거로 삼을 것이다(22:71, 참고 마 27:65-66). 아이러니하게도, 그들은 거짓말로 예수님을 함정에 빠트리지 못했다. 그들은 결국 진실만을 가지고 그분을 단죄할 수 있었다.

—20:45-47—

서기관들, 바리새인들, 대제사장들, 사두개인들이 불편하게 뒤섞여 있는 가운데 예수님은, 아마도 모여 있는 종교 지도자들을 가리키시면서 제자들에게 말씀하셨다. 주님이 하신 대부분의 비난은 집단 전체에 해당되기는 했지만 잘못을 바로잡기 위해 서기관들을 지목하셨다. 서기관들은 무엇보다도 사람들의 찬사를 무척이나 바랐다.

"긴 옷"은 헬라어로 *stolē*을 가리킨다. 스톨은 종교적 상징들로 장식된, 특별 주문으로 만드는 귀한 비단 옷이다(민 15:38-40, 눅 15:20-24 주해 참고). "문안 받는 것"은 그들의 높은 지위를 공개적으로 인정받는 것을 표현한다. "높은 자리"는 회당에서 회중들을 마주보는 앞자리로서 사람들 눈에 가장 잘 띄는 자리다(11:43). "윗자리"는 사회 고위층 인사들에게 배정된다(14:7-8 참고).

물론 이 모두는 그들이 당연히 누리는 권리다. 재물과 마찬가지로 이 경우에도 동기가 더 중요하다. 서기관들은 인정받는 것을 좋아했기 때문에 이런 사소한 특혜를 좋아했다.

그들의 위선을 분명히 보여주기 위해서 예수님은 도덕의 스펙트럼 양극단에 있는 두 가지 행위에 주목하셨다. "과부의 가산을 삼키는 것"은 벼룩의 간을 빼먹는 짓이다. 선지자 이사야는 당대의 이런 종교 지도자들을 비난했다.

> 불의한 법령을 만들며 불의한 말을 기록하며 가난한 자를 불공평하게 판결하여 가난한 내 백성의 권리를 박탈하며 과부에게 토색하고 고아의 것을 약탈하는 자는 화 있을진저(사 10:1-2).

종교 관리가 과부를 시취할 수 있는 방법은 여러 가지가 있었겠지만 주님은 서기관들의 사법적 역할을 염두에 두셨을 수도 있다(18:2-5 참고). 여하튼 힘없는 사람들을 등쳐 먹는 그런 타락한 사람들은 하나님의 은혜를 구하기 위해서가 아니라 사람들의 존경을 얻기 위해서 기도도 길게 했다. 몰라서 죄를 짓는 사람이 있는가 하면, 어떤 사람들은 하나님의 말씀을 익히 알면서도 전혀 거리낌 없이 그분의 율법을 위반한다. 이런 자들은 가장 극심한 고통을 당하게 될 것이다.

예수님은 성전에 들어오셔서 하나님의 진리를 가르치시고 그분의 말씀을 듣는 모든 사람이 하나님과 화해하도록 최선을 다하셨다. 그러나 단 한 번도 성공에 대한 환상을 품지 않으셨다. 그분은 인간의 눈을 가리고, 성전 지도자들이 하나님 말씀의 빛을 보지 못하게 막는 어둠의 세력을 아셨다. 주님은 그들의 메시아, 궁극적인 대제사장으로 받아들여지기를 간절히 원하셨지만 십자가로 향하는 길만이 뜻을 온전히 이루는 길이라고 생각하셨다.

예수님은 사역 초기에 이런 말씀을 하셨다. "내가 세상에 화평을 주러 온 줄로 생각하지 말라 화평이 아니요 검을 주러 왔노라"(마 10:34). 그분이 말씀하신 검이란 가장 예리한 싸움의 도구다. 그분은 진리의 검을 휘두르셨다. 이 검이 겨냥한 표적은 딱 하나다. 바로 마음이다. 위선자의 마음을 찌르면 분노-궁극적으로 혐오-가 흘러나온다. 결국 그런 미움을 품은 자들은 악의 사냥감이 된다.

적용

진리를 말하는 자들을 위한 인내 레슨

악을 대적하는 무기 중에 진리의 검에 필적하는 것은 없다. 용감한 사람이라면 누구나 가질 수 있는데도 그것을 가지려는 사람은 거의 없다. 그토록 강력한 도구를 가질 수 있는 특권에는 큰 대가-오해, 거짓 비난, 관계의 깨어짐, 외로움, 좌절-가 따른다. 더구나 의의 편에 서다보면 자기 회의, 자기 비난과 지독하게 한판 붙어야 할 때가 종종 있다. 진리의 검을 결연히 잡음으로써 영광스러운 승리를 얻을 때도 있다. 그러나 깜짝 놀랄 만큼 흉포하고 지속적인 파괴를 동반한 악의 반격이 따를 때가 더 많다.

진리의 검을 잡으라는 명령을 받은 자들을 위해 예수님이 보여주신 본보기를 통해 네 가지 교훈을 살펴보기로 하자.

첫째, 사명을 알면 목표에 집중하는 데 도움이 된다. 예수님은 당신이 세상에 오신 이유를 분명히 이해하셨고, 결코 인기, 성공, 반대, 위협, 제자들 사이의 알력으로 인해 초점을 흐리지 않으셨다. 그분은 주변 사람들에게 관심을 기울이시면서도 그 사명에 초지일관 집중하셨다. 그분은 진리를 분명히 설명하려고 애쓰셨다. 그분은 진리를 받아들이라고 계속 청하셨다. 그러나 절대 다른 이들의 실패 때문에 가야 할 길에서 벗어나지 않으셨다.

둘째, 악과 맞닥뜨리면 대면해야 한다. 대면을 좋아하는 사람은 거의 없지만 악에 대항해 진리의 편에 서려면 피할 길이 없다. 때로 반드시 해야 하는 말은 다른 사람들이 듣기도 어려울 뿐 아니라 말하기도 어렵다. 예수님이 바리새인들에게 하셨던 것처럼 엄한 질책이 필요한 대면은, 아마도 평생에 한 번 정도로 극히 드물 것이다. 악이 클수록 강력하게 대면해야 한다. 일반적으로 친절한 접근이 무책임한 경우가 아니라면 나는 친절하게 대면하라고 조언한다. 그러나 친절 때문에 솔직한 말을 못해서는 안 된다. 툭 터놓고 진실을 말할 준비를 하라.

셋째, 고귀한 싸움을 할 때는 위험을 감수하고 대담해야 한다. 진리의 편에 서려면 담대해야 한다. 어떤 이들은 불쾌해할 것이다. 그러니 반대하는 내용에 아무 잘못이 없다면 태도라도 비난받을 것을 예상하라. 대담함은 강한 말과 함께 단호한 행동을 요구한다. 당신은 직장을 떠나거나, 관계를 끝내거나, 강력한 적수와 대면하거나, 두려움을 극복하거나, 위협에 대처하거나, 패배를 맛볼 수도 있다. 물러서지 말라. 당신이 진리 위에 서 있다면 훗날 후회할 일은 소심했던 것밖에 없을 것이다. 담대했던 것에 대해서는 결코 후회하지 않을 것이다.

넷째, 진리를 말한다고 반드시 승리가 보장되는 것은 아니다. 우리가 사는 세상은 주님의 규율에 따라 움직이지 않는다. 현재의 세상 체제는 선행을 벌하고 악을 택한 자들에게 상을 준다. 제임스 러셀 로웰(James Russell Lowell)의 말대로 "진리는 영원히 교수대 위에 서 있다. 무법은 영원히 왕좌에 있다." 불행하게도 진리를 말하는 자들은 종종 온갖 터무니없는 박해를 받는다. 그러니 현실을 직시하라. 용기를 내라. 당신이 진리 위에 서 있다는 사실은 곧, 아니 어쩌면 당신이 살아 있는 동안 입증되지 않을 가능성이 크다. 로웰의 글을 끝까지 보자. "우리가 가는 앞길에 어두운 장막이 덮쳐도 하나님이 함께 계셔 항상 지켜주신다."

희생을 무릅쓰고 두 손으로 진리의 검을 꼭 잡을 때 큰 상급이 따른다. 진리는 죄책감과 수치심에서 벗어나게 해준다. 진리는 만족을 주고, 자신감을 심어주며, 창의성을 자극하고, 친밀감을 키우며, 정직을 장려하고, 용기를 북돋우며, 사람들을 자유롭게 한다. 그러나 가장 중요한 것은 진리는 우리를 하나님 편에 서게 한다는 사실이다. 우리에게는 하나님이 진리를 위한 어떤 희생도 후하게 보상하실 것이라는 약속이 있다. 이 땅에서가 아니라면 하늘나라에서 틀림없이 보상하실 것이다.[8]

예언의 베일을 벗기다(누가복음 21:1-38)

1예수께서 눈을 들어 부자들이 헌금함에 헌금 넣는 것을 보시고 2또 어떤 가난한 과부가 두 렙돈
넣는 것을 보시고 3이르시되 내가 참으로 너희에게 말하노니 이 가난한 과부가 다른 모든 사람보다
많이 넣었도다 4저들은 그 풍족한 중에서 헌금을 넣었거니와 이 과부는 그 가난한 중에서 자기가 가
지고 있는 생활비 전부를 넣었느니라 하시니라

5어떤 사람들이 성전을 가리켜 그 아름다운 돌과 헌물로 꾸민 것을 말하매 예수께서 이르시되
6너희 보는 이것들이 날이 이르면 돌 하나도 돌 위에 남지 않고 다 무너뜨려지리라

7그들이 물어 이르되 선생님이여 그러면 어느 때에 이런 일이 있겠사오며 이런 일이 일어나려 할
때에 무슨 징조가 있사오리이까 8이르시되 미혹을 받지 않도록 주의하라 많은 사람이 내 이름으로
와서 이르되 내가 그라 하며 때가 가까이 왔다 하겠으나 그들을 따르지 말라 9난리와 소요의 소문을
들을 때에 두려워하지 말라 이 일이 먼저 있어야 하되 끝은 곧 되지 아니하리라

10또 이르시되 민족이 민족을, 나라가 나라를 대적하여 일어나겠고 11곳곳에 큰 지진과 기근과 전
염병이 있겠고 또 무서운 일과 하늘로부터 큰 징조들이 있으리라

12이 모든 일 전에 내 이름으로 말미암아 너희에게 손을 대어 박해하며 회당과 옥에 넘겨 주며 임
금들과 집권자들 앞에 끌어 가려니와 13이 일이 도리어 너희에게 증거가 되리라 14그러므로 너희는
변명할 것을 미리 궁리하지 않도록 명심하라 15내가 너희의 모든 대적이 능히 대항하거나 변박할 수
없는 구변과 지혜를 너희에게 주리라 16심지어 부모와 형제와 친척과 벗이 너희를 넘겨 주어 너희
중의 몇을 죽이게 하겠고 17또 너희가 내 이름으로 말미암아 모든 사람에게 미움을 받을 것이나 18너
희 머리털 하나도 상하지 아니하리라 19너희의 인내로 너희 영혼을 얻으리라

20너희가 예루살렘이 군대들에게 에워싸이는 것을 보거든 그 멸망이 가까운 줄을 알라 21그 때에
유대에 있는 자들은 산으로 도망갈 것이며 성내에 있는 자들은 나갈 것이며 촌에 있는 자들은 그리
로 들어가지 말지어다 22이 날들은 기록된 모든 것을 이루는 징벌의 날이니라 23그 날에는 아이 밴 자
들과 젖먹이는 자들에게 화가 있으리니 이는 땅에 큰 환난과 이 백성에게 진노가 있겠음이로다 24그
들이 칼날에 죽임을 당하며 모든 이방에 사로잡혀 가겠고 예루살렘은 이방인의 때가 차기까지 이방
인들에게 밟히리라

25일월 성신에는 징조가 있겠고 땅에서는 민족들이 바다와 파도의 성난 소리로 인하여 혼란한 중
에 곤고하리라 26사람들이 세상에 임할 일을 생각하고 무서워하므로 기절하리니 이는 하늘의 권능
들이 흔들리겠음이라 27그 때에 사람들이 인자가 구름을 타고 능력과 큰 영광으로 오는 것을 보리라
28이런 일이 되기를 시작하거든 일어나 머리를 들라 너희 속량이 가까웠느니라 하시더라

29이에 비유로 이르시되 무화과나무와 모든 나무를 보라 30싹이 나면 너희가 보고 여름이 가까운
줄을 자연히 아나니 31이와 같이 너희가 이런 일이 일어나는 것을 보거든 하나님의 나라가 가까이

온 줄을 알라 32내가 진실로 너희에게 말하노니 이 세대가 지나가기 전에 모든 일이 다 이루어지리
라 33천지는 없어지겠으나 내 말은 없어지지 아니하리라

34너희는 스스로 조심하라 그렇지 않으면 방탕함과 술취함과 생활의 염려로 마음이 둔하여지고
뜻밖에 그 날이 덫과 같이 너희에게 임하리라 35이 날은 온 지구상에 거하는 모든 사람에게 임하리
라 36이러므로 너희는 장차 올 이 모든 일을 능히 피하고 인자 앞에 서도록 항상 기도하며 깨어 있으
라 하시니라

37예수께서 낮에는 성전에서 가르치시고 밤에는 나가 감람원이라 하는 산에서 쉬시니 38모든 백
성이 그 말씀을 들으려고 이른 아침에 성전에 나아가더라.

당신이 앞으로 딱 두 달만 살 수 있다면 남은 날들을 지금과는 사뭇 다르게 보낼까? 분명, 그 비보는 세상을 완전히 달라 보이게 만들 것이다.

이야기를 좀 더 전개시켜보겠다. 당신이 살 날이 2주밖에 남지 않았다면 그 사실이 당신의 가치관이나 우선순위에 어떤 영향을 미칠까? 분명한 사실은 모든 게 변하리라는 것이다. 어떤 것의 가치는 그것의 가격보다 훨씬 더 중요해질 것이다. 시간은 세상의 모든 금을 합친 것보다도 더 귀한, 가장 소중한 것이 될 것이다. 영원한 것들이 크게 다가오면서 현세의 일들은 존재가 희미해질 것이다.

예수님이 모여든 추종자들의 환호성 속에서 예루살렘으로 들어가실 때 그분에게 남은 날은 고작 일주일뿐이었다. 그리고 예수님도 그 사실을 알고 계셨다. 성전 지도자들과 마지막 신학적 논쟁을 하신 후에는 기껏해야 2-3일 정도 남아 있었을 것이다.

삶의 마지막 순간에도 예수님은 성전에서 가르치기를 멈추지 않으셨고, 적들은 그분을 파멸시킬 계략을 짰다. 그 폭풍 전야의 시기에 예수님은 아버지의 집에서 틈만 나면 기도하고, 관찰하고, 깊은 생각에 잠기셨다.

누가는 유월절 선 주님의 마지막 날들에 대해 두 가지 주제에 초점을 맞추기로 결정했다. 첫째, 예수님은 가치의 문제-악의 지배와 비교해서 하나님 나라에서 소중히 여겨지는 것-를 되새기셨다. 둘째, 인류의 미래-예수님이 사탄과의 결전에서 승리하셨을 때 일어날 일-에 대해 숙고하셨다. 이 주제를 살펴보면서 마음속에 이 말을 깊이 새기라. “시간은 짧다.”

—21:1-2—

누가가 과부에게 초점을 맞춘 것은 주님이 서기관들에게 하신 질책-"그들은 과부의 가산을 삼키며 외식으로 길게 기도하니"(20:47)-과 연관이 있다. 예수님은 여인의 뜰에 앉아계셨는데, 예배자들은 그곳에 있는 뿔 모양의 헌금함에 자발적으로 헌금을 냈다(신 16:10-11 참고). 서기관들이 자신들의 경건을 드러내놓고 과시하는 것과는 대조적으로 과부의 초라한 헌물은 저울의 눈금이 거의 움직이지 않을 정도였다. "가난한"으로 번역된 형용사는 '생계가 궁핍한, 가난한, 빈곤한'이라는 뜻이다.[9] 예배자들 대부분은 하루 치 임금에 해당하는 은화를 바쳤지만, 그 여인은 한 데나리온의 100분의 1에 해당하는 두 렙돈을 넣었다. 한 렙돈은 보통 노동자의 하루 치 임금의 100분의 1이다.

—21:3-4—

부자들이 훨씬 눈에 잘 띌 수 있다. 그들은 많은 돈을 헌금할 수 있다. 큰 헌물로 주목받을 수 있다. 그리고 나는 큰 기부자들이 사역에 미치는 가시적인 영향-보통 한 개 이상의 기관에 기부하는 것-에 대해 늘 감사하게 생각한다. 주님이 말씀하신 요지는 큰 기부자들을 폄하하라는 것이 아니라 드릴 게 아주 적은 자들을 존중하라는 것이다. 과부가 드린 것은 귀금속의 가치로는 낮은 것이지만 남아도는 것이 아니라 부족한 가운데에서 드렸다. 부자가 바친 것도 인상적이었지만 그녀는 고통을 감수하며 드렸다. 결과적으로 그녀는 전적인 헌신-주님이 가장 원하시는 것인-의 모본이 되었다.

희생은 주님이 필요를 채워주실 것을 믿어야 가능하다. 그리고 그것은 감사하는 마음에서만 나온다. 하나님 나라에서 선물의 가치는 무엇을 받았는가가 아니라 얼마가 남아 있는가에 의해 측정된다. 부자들이 희생적으로 드릴 때 만물의 주인이신 하나님은 헌물보다 드린 사람의 마음을 더 소중히 여기신다.

—21:5-6—

예수님과 일단의 제자들이 성전에서 쉬면서 예배자들이 오가는 모습과 그 거대한 건축물의 위풍에 감탄하는 모습을 지켜보고 있을 때 한 사람이 "아름다운 돌과 헌물로 꾸민 것"에 대해 말했다. 요세푸스에 의하면 헤롯 대왕이 거대한 대리석을 채석해서 거울처럼 반들반들하게 다듬은 대리석 중에는 "길이가 45규빗, 높이가 5규빗, 너비가 6규빗인 것들도 있었다."[10] 이것을 현대의 계량 단위로 바꿔보면 길이가 20.6미터, 높이가 2.3미터, 두께가 2.7미터다. "헌물로 꾸민 것"이라는 말은 도금한 문, 거대한 조명 기구, 정교한 테피스트리, 정교한 솜씨로 제작된 공예품들 같은 화려한 장식들을 가리킨다.

예수님은 분명 성전 건물의 아름다움과 거기에 사용된 재물을 인정하시고 그런 성전을 짓는 데 이바지한 희생적 헌납—일부의 탐욕과 위선에도 불구하고—을 고마운 마음으로 기억하셨을 것이다. 그러나 예수님이 그 말이 끝나기가 무섭게 성전에 있는 것 중에서 영원한 것은 아무것도 없음을 지적하셨다. 헌물로 꾸민 것들은 약탈당할 수 있다. 너무나 거대해서 조금도 움직일 수 없을 것 같아 보이는 돌들이라도 무너질 수 있다. 실제로 예수님은 불과 몇 년 안에 일어날 성전의 파괴를 놓고 애통해하셨다. 지도자들은 그분의 경고를 무시했고, 때문에 그들의 소중한 건축물은 불행한 운명을 맞이했다(19:44).

—21:7—

주님이 예언하시던 당시 예루살렘은 정치적 불안이 부글부글 끓고 있는 가마솥이었다. 사두개인들은 로마인들을 회유했고, 바리새인들은 대중을 쥐락펴락하면서 양쪽이 정치적으로 팽팽한 세력 나툼을 벌이고 있던 터라 나라 전체가 아슬아슬하게 균형을 유지하고 있었다. 그 와중에 유월절이 되면 몇 년에 한 번씩 느닷없이 메시아들이 나타나 순진한 추종자들을 규합해 혁명을 일으켰다.

그때는 비교적 안정된 시기였지만 주님의 제자들은 그분의 예언을 의심하지 않았다. 그들의 질문은 그저 호기심을 충족시키기 위한 것이 아니었다. 그들에게는 언제 그 파괴가 일어날지 알아야 할 실제적인 이유가 있었다. 성전을 그렇게 철저히 해체할 수 있는 세력이라면 당연히 이스라엘 전역을 파괴할 것이다. 그 시기나 그 일을 촉발시킬 사건을 안다면 그것을 경고 삼아 피난처를 찾을 수 있을 것이다.

예수님은 성전에 관한 그들의 질문에 답할 기회를 얻으셨는데, 이 기회를 통해 잘못 알려진 사실 또한 바로잡고 싶어하셨다. 성전의 파괴는 참혹할 것이지만 마지막 때에 비하면 아무것도 아닐 것이다. 전자를 피할 수 있을지는 몰라도 후자를 피할 자는 없을 것이다.

그런 다음 주님은 제자들에게 미래의 일을 네 단계로 밝히셨다.

- 종말로 이어질 미래의 역사에 관한 개요(8-11절)
- 으레 있을 것으로 예상해야 할 혼란과 재난에 대한 상세한 묘사(12-19절)
- 가까운 장래에 있을 재앙을 예로 들어 종말에 일어날 일들에 대한 설명(20-24절)
- "이방인의 때가 찬" 후에 있을 종말에 일어날 일들에 대한 묘사(25-28절)

—21:8-11(미래의 역사에 관한 개요)—

예수님은 종말에 있을 재앙을 간략히 언급하시면서 미래의 역사를 간추린 말로 시작하셨다. 그런 다음 한 단계씩 상세히 설명하셨다.

예수님은 "무서운 일과 하늘로부터 큰 징조들"이 있기 전에 거짓 경보가 반드시 있을 것을 아셨다(11절). 메시아들이 계속 불쑥불쑥 나타날 것이고, 전쟁이 벌어질 것이며, 늘 그래왔듯이 동요가 일어났다 사라지기를 반복할 것이다. 이런 일들은 악의 통치가 불러온 당연한 혼란의 일부일 뿐 반드시 종말의 시작을 알리는 징표는 아니다. 불행히도 믿는 자들도 영향을 받을 것이다. 그들도 다른 모든 사람과 마찬가지로 고난을 받을 뿐 아니라 핍박의 대상이 될 것이고, 순교도 당할 것이다.

그래도 "끝은 곧 되지" 않을 것이다(9절). 국가들 간에 전쟁이 발발하고, 재앙이 발생하며, 질병이 창궐하고, 그런 다음 마지막으로 초자연적 사건들이 급격히 늘어날 것이다(참고 사 13:10, 13, 34:4, 렘 30:4-7, 겔 14:21, 32:7-8, 단 9:26-27, 암 8:9, 학 2:6). "무서운 일과 하늘로부터 큰 징조들"은 계시의 언어를 사용해서 우리가 지금 경험하는 것과는 전혀 다른 추상적인 재난을 강하게 암시한다.

—21:12-19(혼란과 재난에 대한 상세한 묘사)—

“이 모든 일”은 필시 종말의 “무서운 일과 하늘로부터 큰 징조들”을 가리킬 것이다. 이런 일들이 일어나기 전에 나라와 나라가 싸우고, 재앙이 일어나고, 질병이 창궐하면 그리스도인들도 영향을 받을 것이다. 왕국의 백성들—말하자면, 적의 영지에 살고 있는—도 다른 모든 이들과 함께 세상의 혼란에 휘말릴 것이다.

예수님은 이런 일들을 그분의 구속 계획에서 반드시 필요한 부분으로 보셨다. 그분이 고난받으셨듯이 그분을 따르는 자들도 고난을 받을 것이다. 13절은 “이 일이 도리어 너희에게 증거가 되리라”고 쓰여 있다. 앞에서 약속하신 대로(12:11) 하나님은 당신의 백성들에게 적절한 시기에 적절한 말씀을 주셔서 성전에 있는 주님의 적들이 그랬듯이 악의 지배자들의 말문을 막으실 것이다.

18절과 19절의 약속은 함께 묶어서 이해해야 한다. 분명 핍박은 몸을 상하게 하고 순교는 육체적 죽음을 수반한다. 19절은 영생을 얻음으로써 18절에서 육신의 생명을 상실한 것을 회복시켜줄 것을 약속한다. “상하다”라는 말은 “무릇 자기 목숨을 보전하고자 하는 자는 잃을 것이요 잃는 자는 살리리라”(17:33)는 역설에서 “잃다”로 번역된 것과 같은 단어다. 이 헬라어는 ‘완전한 상실’ 또는 ‘쇠망하다’라는 뜻을 가지고 있다. 주님은 두 경우 다 현세의 삶을 천국에서의 영원한 실존과 비교하시면서 후자에 월등히 큰 가치를 두셨다. “상하는 것”은 영원한 세계에서 ‘죽는 것’, 즉 지옥에 떨어지는 것에 비할 바가 아니다.

예수님은 찰나에 불과한 이 세상의 생명과 비교해서 영생의 영원한 가치를 높이기 위해 이 과장법을 사용하셨다.

—21:20-24(종말에 일어날 일들에 대한 설명)—

누가는 마태와 마가와는 다른 렌즈로 이 예언을 본다. 누가에게 이 예언은 대개의 예언이 그렇듯 단기적인 성취와 장기적인 성취를 다 포함하고 있다. 단기적인 성취는 두 가지 목적에 기여한다. 장기적인 성취의 진실성을 입증하는 것과 조금이나마 먼 장래에 일어날 궁극적인 성취를 예증하는 것이다.

예를 들어, 메시아의 탄생에 관한 이사야의 예언을 보라. BC 734년경 하나님은 아하스 왕에게 그의 믿음 없음에도 불구하고 유다 왕국은 적에게 함락당하지 않을 것임을 재확인시켜주는 징표를 주셨다. 이사야는 이렇게 말했다.

> 그러므로 주께서 친히 징조를 너희에게 주실 것이라 보라 처녀가 잉태하여 아들을 낳을 것이요 그의 이름을 임마누엘이라 하리라 그가 악을 버리며 선을 택할 줄 알 때가 되면 엉긴 젖과 꿀을 먹을 것이라 대저 이 아이가 악을 버리며 선을 택할 줄 알기 전에 네가 미워하는 두 왕의 땅이 황폐하게 되리라(사 7:14-16).

가까운 시일에 한 젊은 여인이 남편과 관계를 갖고 아들을 낳았다. 그런데 마태는 무려 700년 후에 일어날 메시아의 탄생에 대해 쓰면서 오랜 시간이 지난 후 이루어진 이 예언의 궁극적인 성취-말 그대로 예수님의 동정녀 수태-를 보았다.

누가의 관점을 이해하는 열쇠는 24절에서 찾을 수 있다. 예루살렘의 함락은 예수님이 "이방인의 때"라고 하신 시기보다 앞서 일어난다(롬 11:25 참고). 그런데 마태복음과 마가복음을 보면 예루살렘의 약탈은 예수님께도 또 오늘날 우리에게도 여전히 미래의 사건인 다니엘서 9장 27절, 11장 31절, 12장 11절에 "멸망하게 할 가증한 것"이라고 표현된 유명한 종말론적 사건 후에 일어난다.

그러면 예수님은 어떤 예루살렘의 멸망을 말씀하시는 것일까? AD 70년의 대학살일까, 아니면 마지막 때의 대환난(단 9:27, 11:31, 12:11)으로 인한 파괴일까?

답은 둘 다이다. 누가는 전자를 보고 있고, 마태와 마가는 후자를 보고 있다. 둘을 합치면 단기적 사건과 장기적 사건에 대한 입체적인 관점을 얻을 수 있다. 누가복음에서 "이방인의 때"로 알려진 시기는 예루살렘의 첫 번째 파괴 후에 온다.

—21:25-28(종말에 일어날 일들에 대한 묘사)—

AD 70년 예루살렘의 함락을 기점으로 새 시대가 시작될 것이다. "이방인의 때"(여기서는 아직 미래의 일이다)는 유대인들이 심한 억압에 시달리고, 이방인들에게 그들을 다스릴 권세가 주어지는 시기일 것이다. 그 시기는 하나님이 개입하셔서 실제로 "이제 됐다!"라고 말씀하실 때까지 무기한 지속될 것이다.

"이방인의 때가 차면" 마지막 때의 대재앙이 시작된다. 군대가 또다시 예루살렘을 포위하면 차원이 다른 대학살이 시작될 것이다. 이 일들은 8-11절과 12-19절에 묘사된 것들과는 그 심각성이나 종류가 다르다. 이 재앙은 자연 재해가 아닌 초자연적인 재앙일 것이다. 악한 자들에게 경각심을 일깨워 회개시키기 위해 하나님이 명하시는 재앙일 것이다. 그런 다음 메시아가 악의 지배를 몰아내고 지상에 하나님 나라를 세우기 위해 권능 가운데 다시 오실 것이다(단 7:13, 눅 17:24, 계 1:7).

—21:29-31—

예수님은 미래에 일어날 일에 대한 강론에 제자들이 예언된 계시를 해석하고 적용하는 방법을 터득하는 데 도움이 될 만한 비유를 덧붙이셨다. 주님은 예루살렘 일대에서 흔히 볼 수 있는 무화과나무를 가리키셨다. 무화과나무-그리고 모든 나무-의 생태는 예측 가능한 방향으로 진행되기 때문에 징후를 읽는 방법만 알면 다른 자연 현상에 대한 통찰력을 얻을 수 있다. 무화과나무는 겨울 동안 잎을 모두 떨구기 때문에 제일 먼저 나온 어린 가지는 금방 눈에 띈다. 그래서 꼭 기상 전문가나 원예 전문가가 아니어도 봄이 왔으며 여름이 멀지 않았다는 사실을 알 수 있다.

무화과나무처럼 예언도 장차 있을 일을 정확하게 보여준다. 상징은 분명하고 해석은 어렵지 않다. 상식을 가진 대부분의 사람들이 시간을 들여 잘 살펴보면 읽을 수 있다. 예수님이 묘사하신 일들은 겨울이 지난 후에 생기를 되찾는 무화과나무의 잎사귀와 같다. 하나님 나라는 볼 수 있는 눈이 있는 사람들에게는 갑자기 찾아오지 않을 것이다.

—21:32-33—

주님의 제자들은 다음에 하신 말씀을 당시에는 이해하지 못했을지 몰라도 나중에는 분명히 알았다. 그들은 아직 주님이 고난받고 죽으신다는 개념을 받아들이지 못했기 때문에 구속 역사의 나머지 이야기들은 머릿속에 떠오르지 않았을 것이다. 물론 우리는 일어난 일을 알기 때문에 그분이 말씀하신 의미를 분명하게 해석할 수 있다.

"이 세대"라는 말의 의미를 해석하기가 어려운 이유는 "이"가 무엇을 가리키는지 분명하지 않기 때문이다. 한 가지는 확실하다. 예수님이 제자들의 세대를 의미하신 것은 아니라는 점이다. 가장 단순하고 직설적인 해법은 선례를 찾아보는 것이다. "이 세대"는 무화과나무에서 돋는 첫 번째 새순을 보는 사람들, 즉 종말의 시작을 보는 사람들을 일컫는다. 그 세대는 왕이 권능 가운데 다시 오시고, 하나님 나라가 현재의 세상 질서를 대체하기 전에 죽지 않을 것이다. 그 과정은 길지 않을 것이다. 노아의 홍수나 롯의 소돔 탈출처럼 종말의 사건들은 갑자기 시작되고 신속히 진행될 것이다.

—21:34-36—

예수님은 제자들—그 세대와 장차 올 모든 세대—에게 계속 깨어 있으라고 하셨다(12:35, 40). 이는 우리가 재산을 다 팔고 산 위에 앉아서 하늘만 바라보고 있으라는 말이 아니다. 오히려 충직한 청지기처럼 우리에게는 돌봐야 할 일이 있다(12:35-38). 우리는 나태하게 현실에 안주하면서 수동적으로 살거나 무의미한 일에 주의를 빼앗기지 말고 책임을 다함으로써 항상 예비되어 있어야 한다. 그러면 주님이 다시 오시는 마지막 순간에 삶을 정리하기 위해 허둥지둥할 필요가 없다. 그렇게 근면한 삶을 살다보면 핍박과 순교라는 고난을 감내할 수 있게 준비될 것이다.

—21:37-38—

누가는 재빨리 주제를 주님과 성전 지도자들과의 대립과 미래에 대한 예언의 베일을 벗기는 것에서 유월절의 마지막 준비로 바꾼다. 축제가 점점 다가오고 있을 때 예수님은 날마다 성전에서 가르치신 후 감람산의 은밀한 곳으로 물러나기를 계속하셨다. 다른 복음서는 주님이 친구 나사로와 함께 베다니에 유하셨음을 강하게 시사한다(마 26:6, 요 12:1). 낮에는 성전에 있던 많은 군중이 그분을 체포하지 못하게 보호했고, 밤에는 예수님의 은신처가 끌려가거나 처형당하지 않게 지켜주었다.

유월절 전날이 다가왔다. 예루살렘 인근의 모든 가정은 유월절에 바칠 희생양 준비로 바쁠 것이다. 그리고 하나님의 어린양도 곧 바쳐질 것이었다.

적용

마지막 때가 이르기 전에

나는 우리가 '지금 여기서' 살아야 하는 한 '달콤한 미래'를 꿈꾸며 사는 것이 좋은 일이라고 생각하지 않는다. 유사 이래로 극단론자들은 깨어 있으라는 주님의 명령을 터무니없이 받아들여 날짜를 정해놓고 그리스도가 재림하실 날로 추정되는 날 아침에 가족을 데리고 산으로 올라갔다. 또 어떤 이들은 주님의 명령이 옛 복음성가의 가사처럼 언제나 '그냥 지나가는 것처럼' 살아야 한다는 뜻이라고 생각했다. 그들에게 인생은 천국으로 가는 길에 있는 진창에 불과한 것이어서 옷을 더럽히지 않고 가능한 빨리 지나가야 하는 것이다.

예수님은 이 세상에 우리가 머무는 시간을 그런 식으로 보지 않으셨다. 그것은 누리기 위한 것이지만 남용해서는 안 된다. 소중한 것이지만 움켜쥐어서는 안 된다. 우리에게는 대략 70여 년 정도가 오롯이 주어졌다. 준비됨이란 우리 생전에 올 수도 있고 오지 않을 수도 있는 것을 기다릴 때 구체적인 의미를 갖게 된다. 예수님은 누가복음 21장 34-36절에서 두 가지 명령-하나는 부정적이고 하나는 긍정적인-을 주셨다.

첫째, 스스로 조심하고 그분의 재림을 부인하는 행동을 삼가라. 주님이 어떻게 말씀하셨는지 다시 한 번 보라. "너희는 스스로 조심하라 그렇지 않으면 방탕함과 술취함과 생활의 염려로 마음이 둔하여지고 뜻밖에 그 날이 덫과 같이 너희에게 임하리라 이 날은 온 지구상에 거하는 모든 사람에게 임하리라"(34-35절).

당신에게 주어진 날들을 어떻게 사용하고 있는지 살펴보라. 당신이 무엇에 시간과 돈을 쏟고 있는지 점검하라. 당신이 제일 중요하게 생각하는 것들이 실제로는 그분이 당신의 왕이시며 말 그대로 왕 중의 왕으로 다스리실 것을 부인하고 있지는 않은가? 당신이 어떤 신학을 가졌든 무엇을 믿는다고 말하든 당신의 행동은 예수님이 정말로 다시 오신다는 사실을 믿지 않는다고 말하고 있지는 않은가? 우리가 주님의 임박한 재림을 기대하든 기대하지 않든 행동은 믿음을 반영하게 마련이다. 방심하지 말라. 그분의 재림을 부인하는 행위를 하지 말라.

둘째, 정말로 다시 오실 그분을 고대하며 계속 깨어 있으라. 예수님은 이렇게 표현하셨다. "이러므로 너희는 장차 올 이 모든 일을 능히 피하고 인자 앞에 서도록 항상 기도하며 깨어 있으라"(36절).

이것은 일상생활 속에서 하나님을 영화롭게 하는 신실성을 나타낸다. 당신의 하루 일과—스케줄, 은행 계좌, 우선순위—를 검토해보라. 만약 주님이 오늘 설명을 요구하신다면 당신은 잘했다고 인정받을까, 아니면 죄송해질까? 죄는 그렇더라도, 당신의 행위는 그분이 언제라도 오실 수 있다는 것을 기대하고 있는가?

삶을 보류하지 말라. 주님의 재림을 부인하는 행위를 경계하고 도리어 주님이 당신의 행위를 현장에서 목격하시면 기뻐하실 행동을 하라.

격량이 일 때 드러나는 강한 리더십(누가복음 22:1-30)

1유월절이라 하는 무교절이 다가오매 2대제사장들과 서기관들이 예수를 무슨 방도로 죽일까 궁리
하니 이는 그들이 백성을 두려워함이더라

3열둘 중의 하나인 가룟인이라 부르는 유다에게 사탄이 들어가니 4이에 유다가 대제사장들과 성
전 경비대장들에게 가서 예수를 넘겨 줄 방도를 의논하매 5그들이 기뻐하여 돈을 주기로 언약하는
지라 6유다가 허락하고 예수를 무리가 없을 때에 넘겨 줄 기회를 찾더라

7유월절 양을 잡을 무교절날이 이른지라 8예수께서 베드로와 요한을 보내시며 이르시되 가서 우
리를 위하여 유월절을 준비하여 우리로 먹게 하라 9여짜오되 어디서 준비하기를 원하시나이까 10이
르시되 보라 너희가 성내로 들어가면 물 한 동이를 가지고 가는 사람을 만나리니 그가 들어가는 집
으로 따라 들어가서 11그 집 주인에게 이르되 선생님이 네게 하는 말씀이 내가 내 제자들과 함께 유
월절을 먹을 객실이 어디 있느냐 하시더라 하라 12그리하면 그가 자리를 마련한 큰 다락방을 보이리
니 거기서 준비하라 하시니 13그들이 나가 그 하신 말씀대로 만나 유월절을 준비하니라

14때가 이르매 예수께서 사도들과 함께 앉으사 15이르시되 내가 고난을 받기 전에 너희와 함께 이
유월절 먹기를 원하고 원하였노라 16내가 너희에게 이르노니 이 유월절이 하나님의 나라에서 이루기
까지 다시 먹지 아니하리라 하시고 17이에 잔을 받으사 감사 기도 하시고 이르시되 이것을 갖다가 너
희끼리 나누라 18내가 너희에게 이르노니 내가 이제부터 하나님의 나라가 임할 때까지 포도나무에서
난 것을 다시 마시지 아니하리라 하시고 19또 떡을 가져 감사 기도 하시고 떼어 그들에게 주시며 이

르시되 이것은 너희를 위하여 주는 내 몸이라 너희가 이를 행하여 나를 기념하라 하시고 [20]저녁 먹
은 후에 잔도 그와 같이 하여 이르시되 이 잔은 내 피로 세우는 새 언약이니 곧 너희를 위하여 붓는
것이라 [21]그러나 보라 나를 파는 자의 손이 나와 함께 상 위에 있도다 [22]인자는 이미 작정된 대로 가
거니와 그를 파는 그 사람에게는 화가 있으리로다 하시니 [23]그들이 서로 묻되 우리 중에서 이 일을
행할 자가 누구일까 하더라
[24]또 그들 사이에 그 중 누가 크냐 하는 다툼이 난지라 [25]예수께서 이르시되 이방인의 임금들은
그들을 주관하며 그 집권자들은 은인이라 칭함을 받으나 [26]너희는 그렇지 않을지니 너희 중에 큰 자
는 젊은 자와 같고 다스리는 자는 섬기는 자와 같을지니라 [27]앉아서 먹는 자가 크냐 섬기는 자가 크
냐 앉아서 먹는 자가 아니냐 그러나 나는 섬기는 자로 너희 중에 있노라
[28]너희는 나의 모든 시험 중에 항상 나와 함께 한 자들인즉 [29]내 아버지께서 나라를 내게 맡기신
것 같이 나도 너희에게 맡겨 [30]너희로 내 나라에 있어 내 상에서 먹고 마시며 또는 보좌에 앉아 이스
라엘 열두 지파를 다스리게 하려 하노라.

역경은 강인한 마음을 요구한다. 이런 어려운 시기에 다른 사람들을 이끌려면 더더욱 마음이 강인해야 한다. 그 어려운 임무를 성공한 사람들은 위대한 일을 성취한 기억할 만한 지도자로 떠오르게 된다.

역사적으로 주목할 만한 역경을 생각할 때 나는 윈스턴 처칠을 떠올린다. 그는 유럽의 다른 나라들이 모두 무너졌을 때 그의 조국에게 홀로 히틀러에 대항할 용기를 불어넣었다. 나는 노예 제도를 허용하지 않도록 한 국가를 단결시키는 짐을 어깨에 짊어졌던 에이브러햄 링컨을 생각한다. 물론, 미국인으로서 나는 도무지 승산이 없어 보이는 오합지졸에 무기도 변변치 않은 군대를 이끌고 당대 세계 최강이었던 군대에 맞섰던 조지 워싱턴을 존경한다.

이들은 용감한 리더십의 대표적인 예지만 내 마음은 언제나 마르틴 루터를 향한다. 그는 마흔 살도 채 안 된 나이에 서구 사회에서 가장 강력한 종교 권위자들 앞에 불려가 그가 가르치던 것을 포기하든지 아니면 파면을 당해야 했다. 밤새 고민하며 심사숙고한 끝에 그는 심문관들을 향해 말했다. "내 주장이 성경적으로나 논리적으로 틀렸다는 것이 증명되지 않는 한 나는 교황과 공의회의 권위를 인정하지 않겠습니다. 그들은 서로 엇갈린 주장을 해왔습니다. 내 양심은 하나님의 말씀에 사로잡혀 있습니다. 나는 아무것도 철회할 수 없고 또 그럴 생각도 없습니다. 왜냐하면 양심을 거스르는 것은 안전하지도 못할 뿐만 아니

라 현명한 일도 아니기 때문입니다. 하나님 저를 도우소서. 아멘."[11]

내가 만약 진리 위에 서기로 결단함으로써 고통스러운 처형을 당해야 한다면 흔들리지 않는 용기를 가질 수 있기를 나는 바랄 뿐이다.

루터가 자기의 신념을 펼치기 15세기 전에 나사렛 예수는 칠흑 같은 악의 심연을 들여다보시면서 당신의 운명에 대해 생각하셨다. 유월절이 다가오면서 어둠이 예루살렘을 에워쌌고, 곧 그분은 그 안으로 걸어 들어가실 것이다. 대략 24시간 후면 그분은 성전 지도자들 앞에 서서 당신이 메시아시라는 주장을 철회하거나, 그렇지 않으면 매질을 당한 후에 십자가에 달리셔야 할 판이었다. 설상가상으로 주님은 고통스러운 처형을 당하시면서 인류의 모든 죄를 향한 하나님의 진노를 겪으실 것이다. 이 모든 것을 내다보시면서 예수님은 마지막 밤을 함께 보내기 위해 제자들 중에서 가장 가까운 핵심 인물들을 모으셨다. 개인적으로는 엄청난 중압감에 시달리시면서도 주님은 제자들을 인도하기 위해 힘을 내셨다.

—22:1-2—

유월절과 무교절이 코앞으로 다가왔다. 두 절기를 같은 시기에 기념했기 때문에 대부분 구별 없이 "유월절"이나 "무교절" 중 한 가지 명칭을 사용했다.

순례자들이 유월절을 기대하고 있을 때 대제사장들(사두개인들)과 서기관들(바리새인들)은 예수님의 문제를 논의하기 위해 모였다. 원래는 서로에 대한 경쟁의식 때문에 계속 반목했지만, 이스라엘의 전 국민이 성전에 반기를 든 예수님의 편을 들기 시작했기 때문에 그들은 의견의 일치를 보았다. 예수님은 죽어야 했다.

—22:3-6—

예수님은 낮에는 수천 명의 증인들에 둘러싸여 성전에서 가르치셨기 때문에 사람들 앞에서 그분을 체포할 수는 없었다. 매일 밤 주님은 도시의 동쪽에 있는 은신처로 가셨다. 그래서 매복해 있다가 덮치는 것도 불가능했다. 그들은 내부인의 도움이 필요했다.

요한복음에는 유다가 서서히, 의도적으로 악에 빠져드는 모습이 나오는데 누가는 배경

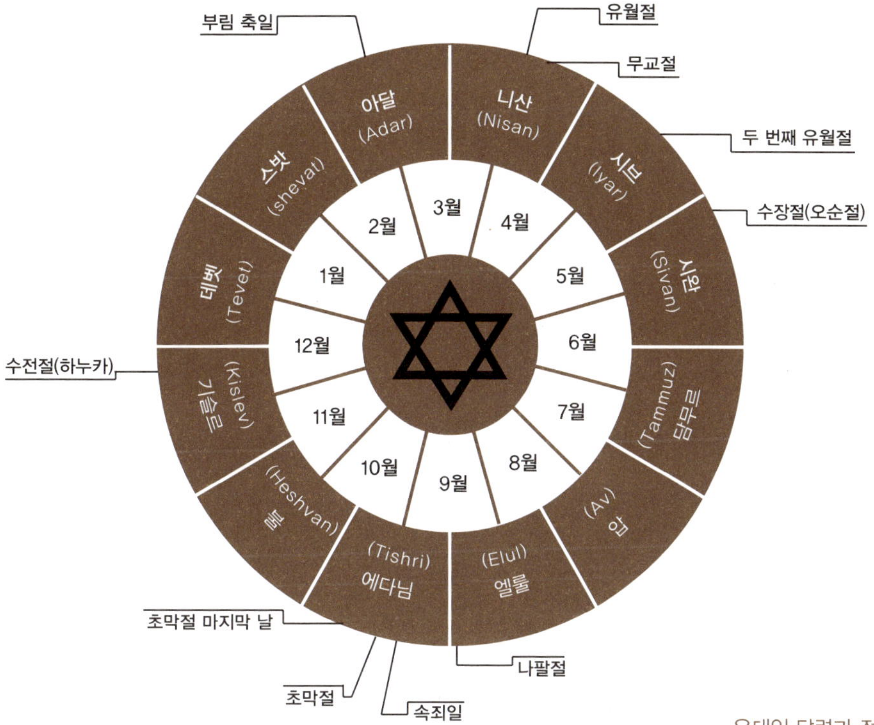

유대인 달력과 절기

이나 설명 또는 이유를 일체 말하지 않는다. 그런 것들은 중요하지 않았다. 누가는 유다가 주님을 배신한 이유를 세 마디로 요약했다. "유다에게 사탄이 들어가니." 귀신 들림은 누가가 예수님의 사역을 설명할 때 계속 반복되는 주제였고(4:33, 8:2, 27, 9:38-39, 49, 10:17, 11:14, 13:32), 언제나 주님이 승리하셨다. 그런데 사탄이 급소를 찔렀다. 주님이 사랑하시는 열두 제자 중 하나를 건드린 것이다. 게다가 이번에는 한낱 귀신이 아니었다. 이번에는 사탄 자신이었다. 특히 주목할 만한 점은, 사탄이 광야에서 예수님을 유혹한 이래로 내러티브에 처음 등장했다는 사실이다(4:1-13).

하나님 나라와 악의 통치 사이에 벌어지고 있는 우주적인 전쟁 속에서 유다는 변절했다. 돈 때문에. 그때부터 그 배신자는 "예수를 무리가 없을 때에 넘겨 줄 기회를 찾"았다(6절). 아무 저녁에나 종교 지도자들을 예수님께 데려올 수 있었는데 왜 그랬을까? 나중에 밝혀지겠지만, 추측건대 그는 열두 사도의 일원으로 계속 남아 있으려는 속셈에 자신의 정체를 드러내지 않고 예수님을 넘겨주려 했던 것 같다.

—22:7-12—

누가는 시간을 '무교절의 첫날'로 정했다. 유대인들의 음력으로 니산월 14일은 무교절의 예비일이었다. 그러나 준비라는 것은 미리 잘 안 되기 마련이다. 몇 주 동안 이스라엘과 제국 전역에서 거룩한 도시로 상경한 유대인들은 숙소를 물색하고 일 년 중 가장 중요한 식사를 준비했다. 유대인의 율법대로 유월절 만찬을 위해 방을 빌려주는 사람은 누구나 최소한 만 이틀 전부터 누룩(이스트)을 집 안에서 없앴다. 또한 유월절 양은 그 달 10일에 잡아야 했다(출 12:3).

베드로와 요한은 방을 찾아서 만찬을 위한 준비를 하려고 나갔다. 그날 늦게 잡을 양과 쓴 나물, 누룩을 넣지 않은 빵과 포도주가 필요했다. 특별히 정해놓은 방을 찾는 방법을 설명하시면서 예수님은 일주일 전에 그들이 당나귀를 얻었던 일을 떠올리게 하는 지침을 주셨다(19:30-31). 전과 마찬가지로 이것은 예수님이 예지력을 사용하셔서 그들을 올바른 장소로 인도하시는 예였을 수도 있지만, 그보다는 주님이 미리 그 방을 얻어놓으셨을 공산이 크다. 어느 쪽이든 예수님은 당신 운명의 세세한 부분까지 관장하고 계셨다.

당시의 집들은 구조가 단순하고 직사각형 모양이었다. 접대를 위해서 또는 수입을 얻기 위해서 보통 가옥들은 2층을 올리고 별도의 계단을 설치해 손님들이 아래층 사람들을 번거롭게 하지 않고 위층에 들어갈 수 있는 구조였다.

—22:13—

베드로와 요한은 방을 찾고 만찬을 위한 준비를 마쳤다. 14일 정오가 되면 모든 일은 중단되었고, 각 가정의 대표가 성전으로 양을 데려왔다. 오후 3시경에 한 레위인이 뿔피리를 불면 성전 뜰은 예배자들로 가득 차고, 그들 뒤에 있는 육중한 문이 닫혔다. 그때 각 가정의 대표들이 자기들의 양을 도살해서 껍질을 벗기고 대접에 피를 받았다.

이러한 양의 집단 도살은 21세기 독자들로서는 상상하기 힘들겠지만, 고대인들은 식료품 가게에서 포장육을 사는 호사를 누리지 못했다는 사실을 기억해야 한다. 그들은 양을 산 채로 보관해서 고기의 신선도를 유지했다. 양을 도축해서 만찬을 준비하는 것은 차를 몰고 슈퍼마켓에 가는 것처럼 일상적인 일이었다.

그러나 유월절에는 대속제물로 바치기 위해 성전에서 양을 잡았다. 예배자들이 제사장이 들고 있는 대접에 양의 피를 쏟으면 제사장들은 그 피를 속죄의 상징으로 제단 밑에 뿌렸다. 기름과 콩팥은 하나님과 예배자들의 가족 사이에 좋은 관계를 재확인하는 '화목제'의 일부로 제단 위에서 태웠다.

제물을 드리고나면 각 가정의 대표는 해가 지기 전에 양을 집으로 가져가서 고기를 구웠다. 하나님이 모세에게 지시하신 대로 제자들은 피를 대문의 문인방과 문설주에 발랐다.

—22:14-16—

유대인의 하루는 해가 지평선 너머로 사라진 순간부터 밤하늘에 중간 크기의 별 세 개가 나타나는 사이의 어느쯤에선가 시작된다. 따라서 제자들이 유월절 만찬을 시작한 "때"는 상대적인 시간이었다.

1세기에 유월절 만찬에서 어떤 의식을 행했는지에 대한 자세한 기록은 남아 있지 않다. 현재의 노래, 낭송, 축복, 특정한 음식 배열 등의 치밀한 순서는 몇 세기 후에 개발된 '세데르'(*Seder*)와 연관이 있다. 그런데 이 관습은 분명 그 일부가 『미쉬나』에 보존된 원래의 전통에서 나왔을 것이다. 그렇다면 예수님은 그분을 위해 예비된 귀빈석에 자리를 잡으신 후 일이 끝나고 축제가 시작되었음을 상징하는 의식용 등잔에 불을 붙이셨을 것이다. 그분은 첫 번째 의식용 잔에 포도주를 채우고 키두쉬(*Kiddush*), 곧 '축도'를 암송하며 잔을 높이 드셨을 것이다.

그러나 기도하기 전에 예수님은 두 가지 중 첫 번째 선언을 하셨다. 주님의 고난이 임박했다는 사실은 당연시되었나. 그래서 그분은 먼저 "이 유월절이 하나님의 나라에서 이루기까지" 다시 유월절 만찬을 먹지 않으실 것이라고 말씀하셨다. "이 유월절"이란 분명 유월절 만찬이 기념하는 이스라엘의 구원을 가리킨다. 희생양의 피가 죽음의 천사로부터 그들을 지켜주었다. 애굽에서 탈출한 이스라엘의 구원은 히브리인의 역사에서 지극히 중요하지만, 그들이 죄에서 구원받고 하나님 나라에 정착하는 것에 비하면 그 중요성이 퇴색된다.

—22:17–18—

첫 잔을 받으신 예수님은 이스라엘을 출애굽시키신 하나님의 신실하심에 대해 감사의 기도를 드리면서 잔을 드셨다. 그런데 예수님은 포도주를 드시지 않고 잔을 제자들에게 주셨다. 그런 다음 두 번째 선언을 하셨다. 그분은 당신의 사명이 완수될 때까지 다시는 포도주를 드시지 않을 것이다. 유대인 남자들은 간혹 하나님께 서약한 임무를 완수할 때까지 포도에서 난 것을 마시지 않고 머리카락을 자르지 않겠다고 약속하는 '나실인의 서약'을 했다. 예수님은 아마 이것을 의미하셨던 듯하다.

—22:19–20—

예수님은 이 의례적 만찬 동안 몇몇 중요한 상징물들에 새로운 의미를 부여하셨다. 관례적으로 하면 가장이 누룩을 넣지 않은 빵은 '고난의 빵'을 나타낸다고 선포했을 것이다. 그러나 예수님은 그 빵이 제자들을 위해 찢어진 그분의 몸을 상징한다고 밝히셨다. "너희가 이를 행하여 나를 기념하라"고 하신 명령은 여호와가 이스라엘 백성들에게 유월절을 정기적으로 지키라고 하신 것과 마찬가지로 영구적인 명령이다. 물론 이 명령이 죄인들을 위해 그리스도가 하신 속죄의 희생을 예배하는 기념 만찬인 성찬식의 바탕이다.

누가는 예수님이 네 번 잔을 드신 것 중에서 두 개만 언급한다. 이번 것이 아마도 식사 뒤에 이어지는 세 번째 잔이었을 것이다. 세 번째 잔은 '축복의 잔'으로 불리기도 하고, 드물게는 '구속의 잔'으로 불리기도 했다. 예수님은 여기에 새 의미를 부여하셨다. 히브리인의 역사에서 하나님은 희생 제물의 피로 언약을 확인하셨다(참고 출 24:8, 레 17:11–14). 여기서 예수님은 포도주로 그분이 곧 제자들을 위해서 흘리실 피를 상징했다. 이 유월절 만찬에서 포도주를 마시는 것은 그 "새 언약"의 확정에 대한 기대였다(렘 31:31–34). 오늘날에는 물론 그 과거의 사건을 기념하는 것이다.

—22:21-23

저녁 내내 예수님이 이스라엘에 대한 하나님의 신실하심을 엄숙하게 기리고, 제자들이 기적 같은 새 언약을 받아들일 수 있도록 준비시키실 때 사탄은 가룟 유다 곁에 있었다. 유다는 신임받는 열두 사도의 일원으로서 3년 남짓 예수님을 따라다녔다. 이제 그가 자신에게 주어진 사악한 사명을 수행할 때가 되었다. 그래서 예수님은 그들 중 하나가 자기를 배반할 것이라고 밝히셨다. 그 배신자의 손이 그분과 함께 식탁 위에 있다는 그분의 말씀은 단순히 이런 뜻이다. "나와 함께 식사를 하고 있는 너희 중 하나가 나를 배신할 것이다." 이것은 입맞춤으로 적들에게 예수님을 알려준 것과 마찬가지로 그 이중성을 강조했다.

아무도 유다를 의심하지 않았다. 겉으로 보이는 그의 경건하고 충성스러운 모습은 그의 타락한 마음과 어울리지 않았다. 누가는 유다가 언제 그의 사악한 임무를 완수하기 위해 자리를 떴는지 기술하지 않는다. 다른 복음서에 의하면 이 공고 직후에 그랬다. 그런데도 아무도 그가 연루되어 있다고 생각하지 못했다.

—22:24—

주님의 고난, 그분을 따르는 자들을 위한 대속의 죽음, 새 언약의 제정-유대인들이 메시아가 세우실 하나님 나라로 이해하고 있는-과 이 모든 일을 시작하게 만들 배신에 대한 우울한 설명이 끝나기가 무섭게 남아 있던 11명의 제자는 지위를 놓고 다투기 시작했다. 그런 류의 언쟁은 그때가 처음이 아니었다(9:46). 그들은 자기들의 가치를 비교하면서 장차 메시아의 궁정에서 차지할 지위를 놓고 다투었다. 누가 수상이 될 것인가? 누가 국방장관을 맡을 것인가? 누가 국회의상을 맡을 것인가? 누가 어떤 도시를 다스릴 것인가?

—22:25-27—

예수님은 그들의 언쟁을 중단시키시고 장차 도래할 왕국에 대한 그들의 생각을 정정해주셨다. 그 왕국은 악이 지배하는 현세의 질서와는 완전히 다른 방식으로 다스려질 것이다.

단순히 세상의 정부를 보고 그것을 새 왕국에 적용해서는 안 된다. 더구나 주님은 권위, 신분, 위대함, 지위, 직함, 자격, 특권 그리고 고대 세계에서 관리가 갖는 모든 특전에 대한 제자들의 이기적인 관심을 다루셔야 했다.

방금 하나님 나라의 도래와 그분이 그 나라의 왕이 되기 위해 치르셔야 할 엄청난 대가에 대해 말씀하실 때 주님은 얼마나 외롭고 슬프셨을까!

만물의 왕이신 그분은 세상의 왕들이 백성을 다스리는 방식을 비난하셨다. 주님은 그들이 다른 사람들을 "주관하며" 스스로를 "은인" 혹은 "백성들의 종"이라 칭하는 아이러니를 강조하셨다. 하나님 나라의 '통치자들'은 진실로 섬기는 자들이다. 통치자들은 높은 자리를 취하지 않고 아무도 원하지 않는 일을 맡는다. 예수님은 자신을 이러한 리더십의 대표적인 예로 드셨다. 물론 요한복음은 주님이 제자들의 발을 씻기신 것을 섬기는 리더십의 본보기로 묘사한다.

—22:28-30—

주님이 이어서 하신 말씀을 보면 유다가 이미 다락방을 떠났음을 분명히 알 수 있다. 주님은 남은 11명의 충성스러운 헌신을 칭찬하시며 도래할 왕국에서 그들 각자가 큰 권세를 가지고 다스릴 것이라는 그들의 믿음을 확인해주시기까지 했다. 그들은 정말로 메시아의 부섭정으로서 이스라엘을 다스리게 될 것이다. 그러나 그들의 통치 방식은 세상의 왕들과는 다를 것이다. 성령이 오시면 모든 것을 변화시키실 것을 예수님은 말씀하시지 않았지만 나중에 우리는 보게 된다. 새 언약 아래 있는 새 왕국의 통치자들은 하나님의 율법이 새겨진 새 마음을 갖게 될 것이다.

곧 예수님은 유월절 만찬의 안락함에서 벗어나 예루살렘을 덮고 있는 어둠 속으로 들어가실 것이다. 메시아는 지상에서 가장 어두운 시간을 맞이하시는 순간에도 당신의 사람들을 이끄셨다.

적용

시련은 지도자를 더 강하게 만든다

밤이 이슥해지고 제자들은 유월절 만찬에서 남은 음식을 먹으며 느긋한 시간을 보내고 있을 때 먹구름이 몰려왔다. 마음속에 사악한 계획을 품은 악한 사람들이 메시아를 채포할 계략을 짜기 위해 예루살렘의 비밀 장소에 모였다. 주님은 물론 이 밤이 그분의 마지막 밤이 될 것을 아셨다. 그럼에도 그분은 위로를 받거나 위안을 얻고 싶은 마음에 휘둘리지 않으셨다. 도리어 그분은 앞으로 24시간 동안 제자들이 겪을 혼란에 대비하셨다. 용감한 지도자인 예수님은 시련이 닥칠 때 우뚝 섰을 뿐 아니라 다른 사람들도 그렇게 하도록 이끄셨고, 스스로 더 강한 모습을 보여주셨다. 그분은 압력에 아랑곳하지 않고 목표에 집중하셨다. 그분은 자신을 둘러싸고 있는 가혹한 현실을 부인하지 않으면서 더 좋은 시절에 대한 꿈을 버리지 않으셨다. 최고로 용감한 지도자들은 종의 마음을 가진 겸손의 본을 보여준 이들이다.

자신의 소명이 사업과 생계를 위한 공급만이 아님을 깨달은 아버지는 가족이 그를 필요로 할 때를 알아차린다. "아내는 지금 내 관심을 오롯이 받을 자격이 있어. 나는 가족을 그냥 끌고 가지 않고 섬겨야 해."

자신의 인생을 가족에게 다 바친 어머니는 가정의 경건과 순수함을 계속 지키려면 용감해야 한다는 사실을 안다. 그러면서 그녀는 드러나지 않게 겸손한 자세로 성실히 섬긴다.

그렇기 때문에 교회 지도자들과 기독교 단체들은 자신들의 삶이 버거울 때에도 그들을 따르는 사람들의 행복을 위해 헌신하는 용감한 지도자들이다(또는 그렇게 되어야 한다).

그곳은 또 당신이 살고 일하는 곳이어야 한다. 그곳이 집이든 일터이든 당신은 힘든 시기가 닥칠 때 그런 용감한 지도자가 될 수 있다. 당신 안에는 용감한 구세주가 계시기에 당신에게는 그 용기가 있다. 무릎을 꿇고 기도하라. 그리고 선두에 서라!

가장 어두웠던 밤(누가복음 22:31–65)

31시몬아, 시몬아, 보라 사탄이 너희를 밀 까부르듯 하려고 요구하였으나 32그러나 내가 너를 위하여 네 믿음이 떨어지지 않기를 기도하였노니 너는 돌이킨 후에 네 형제를 굳게 하라 33그가 말하되 주여 내가 주와 함께 옥에도, 죽는 데에도 가기를 각오하였나이다 34이르시되 베드로야 내가 네게 말하노니 오늘 닭 울기 전에 네가 세 번 나를 모른다고 부인하리라 하시니라

35그들에게 이르시되 내가 너희를 전대와 배낭과 신발도 없이 보내었을 때에 부족한 것이 있더냐 이르되 없었나이다 36이르시되 이제는 전대 있는 자는 가질 것이요 배낭도 그리하고 검 없는 자는 겉옷을 팔아 살지어다 37내가 너희에게 말하노니 기록된 바 그는 불법자의 동류로 여김을 받았다 한 말이 내게 이루어져야 하리니 내게 관한 일이 이루어져 감이니라 38그들이 여짜오되 주여 보소서 여기 검 둘이 있나이다 대답하시되 족하다 하시니라

39예수께서 나가사 습관을 따라 감람 산에 가시매 제자들도 따라갔더니 40그 곳에 이르러 그들에게 이르시되 유혹에 빠지지 않게 기도하라 하시고 41그들을 떠나 돌 던질 만큼 가서 무릎을 꿇고 기도하여 42이르시되 아버지여 만일 아버지의 뜻이거든 이 잔을 내게서 옮기시옵소서 그러나 내 원대로 마시옵고 아버지의 원대로 되기를 원하나이다 하시니 43천사가 하늘로부터 예수께 나타나 힘을 더하더라 44예수께서 힘쓰고 애써 더욱 간절히 기도하시니 땀이 땅에 떨어지는 핏방울 같이 되더라 45기도 후에 일어나 제자들에게 가서 슬픔으로 인하여 잠든 것을 보시고 46이르시되 어찌하여 자느냐 시험에 들지 않게 일어나 기도하라 하시니라

47말씀하실 때에 한 무리가 오는데 열둘 중의 하나인 유다라 하는 자가 그들을 앞장서 와서 48예수께 입을 맞추려고 가까이 하는지라 예수께서 이르시되 유다야 네가 입맞춤으로 인자를 파느냐 하시니 49그의 주위 사람들이 그 된 일을 보고 여짜오되 주여 우리가 칼로 치리이까 하고 50그 중의 한 사람이 대제사장의 종을 쳐 그 오른쪽 귀를 떨어뜨린지라 51예수께서 일러 이르시되 이것까지 참으라 하시고 그 귀를 만져 낫게 하시더라 52예수께서 그 잡으러 온 대제사장들과 성전의 경비대장들과 장로들에게 이르시되 너희가 강도를 잡는 것 같이 검과 몽치를 가지고 나왔느냐 53내가 날마다 너희와 함께 성전에 있을 때에 내게 손을 대지 아니하였도다 그러나 이제는 너희 때요 어둠의 권세로다 하시더라

54예수를 잡아 끌고 대제사장의 집으로 들어갈새 베드로가 멀찍이 따라가니라 55사람들이 뜰 가운데 불을 피우고 함께 앉았는지라 베드로도 그 가운데 앉았더니 56한 여종이 베드로의 불빛을 향하여 앉은 것을 보고 주목하여 이르되 이 사람도 그와 함께 있었느니라 하니 57베드로가 부인하여 이르되 이 여자여 내가 그를 알지 못하노라 하더라 58조금 후에 다른 사람이 보고 이르되 너도 그 도당이라 하거늘 베드로가 이르되 이 사람아 나는 아니로라 하더라 59한 시간쯤 있다가 또 한 사람이 장담하여 이르되 이는 갈릴리 사람이니 참으로 그와 함께 있었느니라 60베드로가 이르되 이 사람아 나는 네가 하는 말을 알지 못하노라고 아직 말하고 있을 때에 닭이 곧 울더라 61주께서 돌이켜 베드로

를 보시니 베드로가 주의 말씀 곧 오늘 닭 울기 전에 네가 세 번 나를 부인하리라 하심이 생각나서
62밖에 나가서 심히 통곡하니라
63지키는 사람들이 예수를 희롱하고 때리며 64그의 눈을 가리고 물어 이르되 선지자 노릇 하라 너
를 친 자가 누구냐 하고 65이 외에도 많은 말로 욕하더라.

한번은 십대 아이를 둔 아버지가 아들의 귀가 시간을 연장하는 문제를 놓고 의논하는 것을 들은 적이 있다. 당연히 아버지는 탐탁해하지 않았다. 그 아버지는 사무적인 어조로 말했다. "얘야, 자정 후에 집 밖에서 좋은 일이 일어날 게 하나도 없단다." 아들이 그 아버지의 논리에 반박하기란 쉽지 않았다. 분명, 선한 사람들은 해가 진 후에도 선한 일을 할 수 있지만, 어둠은 전통적으로 악의 영역이어서 어둠 속에서 나태함은 문제를 낳고 악의는 대담해진다.

예수님과 제자들이 함께 유월절 축하연을 즐기고 있을 때 악이 어둠을 틈탔다. 기드론 골짜기 건너편에 있는 종교 엘리트들이 모이는 회랑에서 주님을 해치려는 공모자들은 마침내 그동안 호시탐탐 노리던 기회를 얻었다. 모두 잠들어 있어서 목격자가 있을 가능성도 없는 시간에 유다가 스승을 잡을 구체적인 계획을 가지고 도착했다.

다락방의 화기애애한 분위기 속에서도 사탄은 제자들 사이에 끼어들어 자만심을 부추겨 그들을 분열시켰고, 그들의 미래 지도자인 베드로를 파멸시킬 기회를 모색하면서 그들을 꾀었다. 예수님은 겟세마네 동산에서 하나님 아버지로부터 힘을 얻으시기 위해 도시를 떠나시면서 사탄이 나무 사이로 미끄러지듯 나아가는 것을 발견하셨을 것이다. 나중에 도시가 아무것도 모른 채 잠들어 있을 때 한밤중의 불법적 재판은 여인이 낳은 자 중에서 유일한 의인이었던 그분을 기소해 죄인으로 낙인찍을 것이다.

빛을 사랑하는 모든 이에게 이 날은 가장 길고도 어두운 밤이 될 것이었다.

—22:31-32—

유월절 만찬은 끝이 났고, 새 언약의 상징들도 주어졌으며, 구속 계획도 시동이 걸렸다. 유다가 성전을 향해 종종걸음을 치고 있는 이 순간 예수님과 십자가 사이를 가로막는 것은

아무것도 없었다. 예수님은 말씀하셨고, 할 수 있는 모든 것을 하셨으며, 볼 수 있는 눈과 들을 수 있는 귀를 가진 자들에게 다 전달되었다. 악의 세력은 이제 주님을 세상을 구원하는 그분의 운명–하나님이 태초부터 계획하셨던 대로–을 향해 나아가도록 떠밀 것이다.

그날 밤의 우주적인 의미를 까맣게 모르는 제자들은 어린아이들처럼 다퉜다. 그들의 스승은 생애 가장 긴 밤을 맞이하고 있었지만, 그들은 새 정부에서 누가 어떤 자리에 앉을 것인지의 문제를 일단락 지으려고 했다. 메시아는 그들을 꾸짖고 안심시키시다가 장차 사도들의 지도자가 될 이를 바라보셨다. 주님이 두 번 연달아 "시몬아, 시몬아"(참고 8:24, 10:41, 13:34)라고 부르신 것은 그 제자가 가까운 장래에 당할 일이 얼마나 심각할지를 표현하신 것이다. "사탄이 너희를 밀 까부르듯 하려고 요구하였으나"라는 그분의 경고는 '요구해서 받다'라는 뜻을 가진 동사를 사용하고 있다. 이것은 사탄이 욥을 폄훼하기 위해 그를 괴롭힐 수 있게 해달라고 요청하는 장면을 생각나게 한다(욥 1:7–12, 2:5–6). 그러나 사탄은 베드로만을 염두에 두고 있던 게 아니었다. "너희를 밀 까부르듯"이라는 예수님의 경고 말씀을 보면 "너희"라는 복수 대명사를 사용하고 있다. 마귀는 장차 그들의 우두머리가 될 베드로를 공격함으로써 그들 전체를 공격하려 했던 것이다.

예수님은 베드로의 피할 수 없는 실패를 보셨지만 그에게 용기를 북돋아주셨다. 그분은 사실상 이렇게 말씀하신 것이다. "네가 실패했다고 해서 네 믿음도 실패할 필요는 없다는 사실을 명심하라. 명하노니 넘어졌다 다시 일어나면 지금보다 더 강한 지도자가 되어라." 베드로를 지지하신 주님의 이 말씀에는 단수 대명사가 사용되었다.

—22:33–34—

나는 종종 특정 분야에서 가장 격렬하게 저항하는 사람들이 바로 거기에 영합하는 사람들인 것을 보아왔다. 전폭적으로 헌신하겠다는 베드로의 말은 전에 주님이 제자도에 대해 외치신 말씀을 그대로 따라하고 있다(9:23–24, 14:26). 하지만 베드로의 즉흥적인 충성 서약은 자만심으로 가득 차 있었다. 베드로는 전사나 폭력적인 혁명 같은 것을 생각하면서 자기의 왕께 끝까지 충실하겠다고 맹세했다. 그러나 그것은 실수였다. 예수님은 인내심을 가지고 친절하게 조만간 있을 베드로의 실패를 상세히 예언하셨다.

물론, 베드로 혼자만 실패하지는 않을 것이다. 누가의 내러티브는 세 가지 실패를 기술한다.

신뢰할 수 없는 제자들(39-46절)
기만적인 유다(47-53절)
비겁한 베드로(54-62절)

—22:35-38—

주제가 금방 전환되면서 베드로는 더 이상의 자기 질책을 모면한다. 항변을 더 할수록 나중에 굴욕만 더해질 것이다.

예수님은 제자들에게 그들이 전에 수행했던 임무를 상기시키셨다(9:3-6, 10:4). 그때 그들은 식량, 돈, 여벌의 옷과 같은 것을 미리 준비하지 않고 임무를 완수했다. 그러나 상황이 변했다. 여기서 사용된 대조 접속사 "그러나"(한글 성경에는 이 단어가 없다-역주)는 더 단호한 형태다. 그들은 이제 주님이 세상에 계시지 않는 상황에서 사역을 해야 할 것이다. 주님은 제자들에게 돈, 배낭, 여벌의 옷 그리고 검을 준비하라고 충고하셨다.

어떤 이들은 검에 대한 주님의 언급을 아마도 영적 전쟁을 위해 무장해야 한다는 상징적인 또는 비유적인 의미일 것이라고 생각한다. 그러나 이 해석대로 하자면 다른 준비물들도 어떤 식으로든 비유적인 뜻이 되어야 할 것이므로 맞지 않는다. 어떤 기준 틀이 없다면 이런 물건들에는 아무 의미나 갖다 붙일 수 있을 것이다. 따라서 검은-폭력을 행사하기 위한 것은 아닐지라도-문자적인 뜻 그대로 받아들이는 것이 더 이치에 맞다. 검은 주요 도로에서 강도들을 물리치기 위한 여행자들의 기본 장비였다.

예수님은 평화를 옹호하셨다. 그분은 제자들에게 복수하지 말고 원수들의 증오를 사랑으로 갚으라고 명령하셨다. 그렇다고 주님이 마냥 순진하기만 하신 것은 아니었다. 그분은 특히 왕국의 대리인이 되기 위해 악의 지배에 맞서 공동전선을 펴고 있는 자들에게는 세상이 위험한 곳임을 알고 계셨다. 따라서 주님은 강도 같은 치명적인 위험에 맞닥뜨렸을 때 스스로를 방어하라고 하셨다(10:30 참고).

예수님은 세상이 하나님의 아들을 '범죄자'로 선언했기 때문에 역시 모든 선한 것을 나쁜 것으로 분류할 것이라고 경고하셨다. 이것은 예언의 성취였고(사 53:12) 제자들에게까지 미칠 것이다. 예수님에게 곧 유죄를 선고할 이 세력은 주님과 관련이 있다는 이유만으로 제자들도 국가의 적이라고 선포할 것이다.

제자들은 주님의 강론을 지나치게 문자 그대로 듣고 검을 두 개 꺼내 보였다. 예수님이 "족하다"고 대답하신 것은 "이 이야기는 이걸로 족하다"라는 뜻으로 보는 것이 가장 좋은 해석이다. 제자들은 훗날 주님이 말씀하신 뜻을 이해할 것이다.

—22:39-42—

다락방에서 강론을 마치신 주님은 자주 가시던 가까운 거리에 있는 감람산으로 가셨다. 주님은 아마도 기드론 골짜기 건너편, 예루살렘을 굽어보고 있는 감람산의 서쪽 경사면으로 가셨을 것이다. 누가는 지명을 밝히지는 않지만 다른 복음서에 기술된 내용을 보면 주님이 겟세마네라고 불리는 잘 알려지지 않은 동산을 이용하셨음을 알 수 있다. "습관을 따라"라는 말은 어떻게 유다와 성전 당국자들이 예수님을 잡을 수 있었는지를 설명해준다. 제자였던 유다는 그곳에 여러 차례 갔었고, 필시 예수님이 유월절 만찬 후에 그곳으로 가시리라는 사실을 알았을 것이다.

감람나무 숲에 들어오신 예수님은 하나님 아버지의 위안을 구하시는 동안 제자들에게 기도를 부탁하셨다. 누가는 딱히 사탄을 언급하지는 않지만 암시는 분명하다. 주님은 자기 사람들에게 특별히 시험에 들지 않기 위해 기도하라고 하셨는데, 이는 의심할 바 없이 사탄이 "까부르는 것"에 대항하라는 뜻이다(22:31). 시험에 들지 않게 깨어 있으라는 주님의 권고는 이미 유혹이 그분을 강하게 잡아끌기 시작했음을 나타낸다.

주님의 사역 초기에 사탄은 예수님이 사명을 포기하거나 아니면 영광에 이르는 지름길을 택하도록 유혹했다. 이 동산에서 예수님은 "이 잔"으로 언급된, 앞에 놓인 시련을 피하고 싶은 욕망과 싸우고 계셨다. 그분이 받으신 유혹은 다만 세상의 죄를 향한 하나님의 분노를 견뎌야 하는 부당함을 거절하는 것이었을 수 있었다. 어쨌든 그분은 그러실 필요가 없었다. 우리가 반항한 결과를 우리가 감당하게 하는 것은 지극히 당연한 일이기 때문이다.

예수님이 십자가에 처형되시던 당시의 예루살렘. 다락방의 위치는 정확히 알 수 없지만 전승에 의하면 대제사장 저택의 남서쪽에 있는 가상의 '에세네 구역'에 있는 개인 주택이었다.

우리는 이 순간의 고뇌를 그저 상상해볼 수밖에 없다. 유일하게 아들의 뜻이 하나님의 뜻과 부딪혔던 그 순간, 이 가혹한 시간 동안 예수님은 보통 죄를 짓기 전에 모든 인간이 직면하는 순종과 자기 보호 중에서 하나를 택하셔야 했다.

—22:43-46—

공관복음서들은 제각기 예수님이 겟세마네에서 느끼셨던 엄청난 긴장감을 강조한다. 마태복음을 보면 예수님은 3시간 동안 기도하셨고(마 26:40, 42, 44) 정신적으로 "매우 고민하여 죽게"(26:38) 되었다고 기술한다. 마가는 사람들을 떨게 만드는, 일종의 두려움에 가득 찬 놀라움을 표현하는 단어를 사용했다. 마가는 또 예수님이 기도하시면서 동산을 거닐다가 엎드렸다가 다시 거닐다가 또 기도하기를 반복하시는 모습을 묘사했다.

이 구절에서 누가는 주님의 고뇌를 자연적이고 초자연적인 용어를 모두 사용해서 표현한다. 주님은 앞으로 겪게 될 극심한 고통을 감당할 수 있는 힘을 얻으시기 위해 천사들의 도움을 요청하셨다. 누가는 의사라면 제대로 이해할 수 있을 용어를 사용했다. "땀이 땅에 떨어지는 핏방울 같이 되더라." 어떤 이들은 이 말을 주님이 피땀을 흘렸다고 해석하지만 누가는 문법적으로 "떨어지는"이라는 말을 강조한다. 예수님이 땀을 비오듯 흘리셔서 흡사 피를 흘리는 것처럼 몸에서 땀이 쏟아졌다는 말이다. 떨어지는 땀방울의 크기가 핏방울을 방불케 했던 것이다.

동산에서 나오신 예수님은 제자들이 부탁한 대로 기도하지 않고 자고 있는 것을 보셨다. 마태복음과 마가복음에 의하면 예수님은 세 차례나 제자들이 졸고 있는 것을 보셨다. 누가는 다시 유혹의 문제에 주목하면서 마지막 대화만 언급한다.

—22:47-51—

예수님은 기도하시고 제자들은 졸고 있는 동안 작은 무리가 동산을 에워쌌다. 유다가 홀로 어둠 속에서 나타나 중동 문화권의 관례적 인사인 입맞춤-아마 오늘날처럼 양쪽 뺨에 한 번씩 하는-을 하려고 의도적으로 예수님께 접근했다. 누가는 입 맞춤에 대해 말하지 않지만 마태와 마가는 '입 맞추다'라는 동사의 강조형을 사용하고 있는데, 이것은 두 가지 중 하나로 해석될 수 있다. 첫째는 돌아온 탕자의 비유에서 아들에게 달려가 "목을 안고"(15:20)

감격에 겨워 계속 입맞춤을 퍼붓는 아버지의 모습을 생각나게 한다. 또 다른 하나는 관례에 따라 존경의 표시로 하는 의례적인 입맞춤이다.

어느 쪽이든 유다의 인사는 순수한 의도가 아니었다. 그는 대담하게 "이 사람이 예수요. 그를 잡으시오!"라는 말로 예수님을 지목할 수도 있었지만 그러지 않았다. 그는 아마도 자기가 연루되었다는 사실을 드러내지 않고 주님이 체포된 후에도 표리부동한 사기 행각을 계속하기 위해서 군인들이 어둠 속에 숨어 있는 동안 친구처럼 예수님께 접근해 인사를 했을 것이다. 만약 유다의 계획이 성공했다면 그는 은 삼십을 쓰고 주님의 내부 핵심 집단 안에서 정체를 숨긴 채 남아 있을 수 있었을 것이다.

그 배신자는 예수님을 정확히 지목한 다음 군대가 들이닥치기를 기다리며 옆에 서 있었다. 몇몇 제자들은 검을 빼 들었다. 그들에게는 적어도 두 개의 검이 있었다(22:38). 잠시 실랑이가 벌어지면서 한 제자가 대제사장의 종의 귀를 쳐냈다. 사태가 걷잡을 수 없이 커지기 전에 예수님은 싸움을 중단시키고 절단된 귀를 고쳐주셨다.

—22:52-53—

예수님을 둘러싼 무리 중에는 제사장, 성전 경비대, 장로들-성전의 원로 지도자들-이 포함되어 있었다. 예수님이 그들에게 하신 질문("너희가 강도를 잡는 것 같이 검과 몽치를 가지고 나왔느냐?")은 그 상황이 터무니없고 불의하다는 것을 분명히 나타낸다. 예수님을 체포하러 온 무리는 "강도"를 잡을 준비를 하고 왔다. 강도라는 말은 일반적으로 두 종류의 범죄자를 가리켰다. 첫 번째는 여행객들-무장한 자들까지도-을 제압해서 금품을 갈취하기 위해 대개 무리 지어 다니는 무장 강도들을 일컬었다. 두 번째는 반란의 자금을 대기 위해 강도 행각을 벌이며 인정사정 보지 않고 적들을 죽이는 반란자를 가리켰다. 1세기의 요세푸스는 시카리(Sicarii)로 알려진 "강도들"에 대해 기술했는데, 이들은 특히 겉으로 정체를 드러내지 않고 활동하는 은밀한 도당들이었다.

> 예루살렘에 시카리로 불리는 또 다른 종류의 강도들이 출현했는데, 이들은 대낮에 도시 한복판에서 사람들을 죽였다. 그들은 주로 명절에 이런 짓을 자행했는데, 군중들

> 틈에 섞여서 겉옷 안에 숨긴 단검으로 적들을 찔렀다. 그리고 누군가가 쓰러져 죽으면 그 살인자들은 그들을 향해 분개하는 사람들 사이에 섞여들었다. 이런 방법으로 그들은 절대 발각될 수 없는 자들이라는 명성을 얻었다.[12]

예수님은 또 야음을 틈타 은신처에 와서 당신을 잡아가는 자들을 못마땅해하셨다. 그들의 고발이 적법하다면 그분이 성전에서 가르치시는 낮에 공개적으로 체포해도 아무 문제가 없을 것이다. 주님의 말씀은 의미심장하다. "이제는 너희 때요 어둠의 권세로다"라는 말은 이중적인 의미를 가지고 있다. 한편으로는 그들이 남의 이목을 피해 밤에 체포하는 것을 가리키고, 또 한편으로는 그들이 악의 세력을 섬기는 것을 의미한다.

—22:54-55—

예수님은 체포되신 후 무려 6번이나 재판을 받으셔야 했다("예수님이 받으신 재판" 표를 보라). 누가는 처음 두 번의 재판을 요약한다. 사복음서에 나오는 정보를 종합해보면 예수님은 제일 먼저 대제사장 배후에서 일종의 대부 같은 권력을 가지고 있던 안나스 앞에 출두하셨다. 그런 다음 안나스의 사위이자 당시의 대제사장이었던 가야바에게로 보내졌다.

요한복음은 재판에 대해서 상세하게 기술하고 있는 반면, 누가는 베드로가 종과 군사들 사이에 끼어 불을 쬐던 안뜰의 광경에 초점을 맞춘다.

—22:56-62—

베드로가 부인할 것이라는 주님의 예언이 이루어진 것은 안나스 집의 뜰에 있던 한 계집종으로부터 비롯되었다. 두 번째 부인은 한 남자가 베드로를 열두 사도 가운데 한 사람이라고 알아본 직후에 일어났다. 세 번째 부인은 또 다른 사람의 주장에 대한 대답으로 이루어졌다. 이때쯤 예수님은 두 번째 재판을 받기 위해 안나스에게서 가야바에게로 보내지셨다.

재판이 끝나갈 무렵 벌어진 두 가지 사건-수탉이 운 것, 스승과 시선이 마주친 것-으로 인해 베드로는 자신의 죄를 깨달았다. "보시니"로 번역된 단어는 *emblepō*로 '무언가를 정면으로 응시하다'라는 뜻이다.[13] 이 오랜 응시, 웅변과도 같은 침묵의 질책은 단도로 찌르듯 베드로의 가슴을 후벼 팠다. "심히 통곡하니라"는 구절은 이중 강조다. "통곡하다"라는 동사만으로도 죽음을 슬퍼하는 사람들의 애곡을 표현한다. 베드로의 한없는 자책은 끝날 줄을 몰랐다.

—22:63-65—

누가는 처음 두 번의 재판은 간략히 언급한다. 누가의 관점에서는 종교 지도자들의 죄를 입증하고 그 재판이 엉터리였음을 고발하는 재판의 상세한 과정은 예수님이 받으신 대우만큼 중요하지 않았다. 사실 안나스와 가야바 앞에서 받은 처음 두 번의 재판은 목적이 두 가지였다. 첫째는 예수님에 대한 그럴듯한 소송을 꾸미는 것이었는데, 이는 산헤드린 규율을 명백히 위반한 것이었다.

> 재산 소송은 유죄냐 무죄냐를 판결하기 위한 논고로 시작하지만 사형을 언도할 수 있는 범죄의 재판은 유죄 판결을 위한 논고로는 시작하지 못하고 무죄 판결을 위한 논고로 시작한다. 사형을 언도할 수 있는 범죄의 재판에서 무죄 판결을 위한 논고는 모두 할 수 있으나 유죄 판결을 위한 논고는 모두 할 수 없다.[14]

산헤드린의 두 번째 목적은 예수님을 위협하든 또는 다른 방법을 사용해서든 그분의 뜻을 꺾어서 자발적으로 자기가 메시아라는 주장을 철회하게 만드는 것이었다. 예수님이 성전에서 자신의 주장을 철회하는 선언문을 읽으면서 망신을 당하는 것이 영웅이 될 수 있는 순교자보다 그들의 목적에 더 잘 부합될 것이다. 그러나 그들의 위협, 조롱, 매질, 굴욕적인 대우, 희롱, 신성 모독은 실패했다. 예수님은 당신의 정체성에 대한 진리 위에 굳게 서서 그 길고 어두운 밤을 끝까지 견뎌내셨다.

예수님이 자신이 메시아라는 주장을 철회하지 않을 것이 분명해지자 성전 권위자들은 그날 밤 해산했다. 다음 날 아침 동이 틀 무렵 예수님은 어둠의 심장부로 들어가셨다.

예수님이 받으신 재판

재판	집행 당국자	성경 구절	고발	적법성	유형	결과
1	안나스, AD 6–15년 사이의 전임 대제사장	요 18:12–23	구체적인 죄목 없음.	불법: • 재판권 없음 • 한밤의 재판 • 무혐의 • 증인 없음 • 재판 중 학대받음	유대 종교	불경죄로 가야바에게 보내짐.
2	가야바, AD 18–36년 사이의 대제사장과 산헤드린	마 26:57–68 막 14:53–65 요 18:24	메시아, 하나님의 아들이라고 주장한 것을 신성 모독으로 간주함.	불법: • 한밤의 재판 • 거짓 증인들 • 공식 죄목 없음 • 재판 중 학대받음	유대 종교	신성 모독죄로 유죄가 선고된 후 아침까지 형의 선고가 보류됨.
3	산헤드린	막 15:1 눅 22:66–71	앞서 산헤드린 앞에서 받은 재판의 연속으로 기소 내용은 동일함.	불법: • 죄목이 바뀜 • 증인 없음 • 변칙적 투표	유대 종교	처형을 위해 로마인들에게 넘겨짐.
4	빌라도, AD 26–36년 사이의 유대 총독	마 22:11–14 막 15:2–5 눅 23:1–7 요 18:28–38	로마에 대한 반역과 폭동 선동으로 기소됨.	불법: • 무죄 판결을 받았지만 감금됨 • 변론 없음 • 재판 중 학대받음	로마 민사	무죄가 선고되고 빠져나갈 길을 찾으려고 헤롯 안디바에게 떠넘겨짐.
5	헤롯 안디바, BC 4–AD 39년 사이의 갈릴리 총독	눅 23:8–12	구체적인 죄목 없음. 헤롯에게 상세한 질문을 받음.	불법: • 재판권 없음 • 구체적인 죄목 없음 • 재판 중 학대받음	로마 민사	학대당하고, 조롱당하며, 부당한 비난을 받고 판결 없이 빌라도에게 돌려보내짐.
6	빌라도	마 27:15–26 막 15:6–15 눅 23:13–25 요 18:39–19:16	앞서 빌라도 앞에서 받은 재판의 연속으로 동일한 죄목	불법: • 무죄로 선고되었으나 사형 선고받음	로마 민사	무죄로 선고되었으나 성난 군중을 달래기 위해 십자가 처형이 선고됨. 동시에 살인, 반역, 폭동, 선동의 죄를 지은 남자가 석방됨.

적용
하나님의 은혜에 감사하라

2천 년이 지난 지금 주님이 길고 어두운 밤을 보내시던 예루살렘에서 수천 킬로미터 떨어진 곳에서 베드로의 배신을 비난하기는 쉽다. 물론 다른 사도들이 베드로보다 더 잘한 것도 아니었다. 그들은 이스라엘의 권세자들이 예수님을 기습할 때 숨을 곳을 찾아 달아났다. 역사적 관점에서 볼 때 이 두 가지를 망각하기 쉽다.

첫째, 자신감이 아무리 넘친다 해도 우리는 인간이다. 아무도 인간 이상의 존재가 될 수 없다. 나는 당신의 지능 지수가 어느 정도이건 개의치 않는다. 당신이 어떤 교육을 받았든 상관없다. 당신이 책을 얼마나 많이 읽었든 얼마나 많은 곳을 여행했든 상관없다. 당신은 인간이다. 유한하고, 갈팡질팡하며, 변덕스럽고, 단속적이며, 기복이 많고, 순종적이면서도 반항적이고, 자신이 실제보다 더 강하다는 잘못된 믿음을 갖기 쉬운 인간이다.

나는 식장을 가득 메운 가족과 친구들 앞에서 신랑과 신부가 신성한 서약을 하는 결혼식을 집전하기 위해 한 쌍의 남녀와 그들의 하나님 앞에 서기도 했다. 그리고 나는 깨어진 서약으로 인한 가슴앓이를 극복하기 위해 몸부림치고 있는 이혼한 사람들을 상담하기도 했다. 그들은 인간이다. 그들은 한때 죽음만이 그들을 갈라놓을 것이라고 하나님 앞에서 맹세했지만 지키지 못했다. 그러나 흥미롭게도 그들 두 사람은 깨어진 맹세에도 불구하고 살고 있고, 계속 살아갈 것이다. 이들을 지나치게 비난하며 나무라기 전에 물어볼 말이 있다. 우리 가운데 감정에 사로잡혀 하나님께 중대한 약속을 해놓고 유혹이 엄습해왔을 때 그 엄숙한 맹세를 깨트리지 않은 사람이 있을까?

둘째, 그리스도께 아무리 헌신되어 있을지라도 우리는 모두 실패하게 마련이다. 우리는 어떤 식으로든 실패할 것이다. 배신이나 부인에 있어서라면 베드로는 외롭지 않나. 실세보다 자기를 더 강한 사람으로 생각한 사람들은 그 말고도 많다.

몇 가지 실제적인 말로 이 부분을 마무리하고 싶다.

앞의 장면들로 잠깐 다시 돌아간다면 첫 번째 장면에서는 주님과 함께 기도하지 않고 잠드는 제자들의 불성실한 모습을 보게 된다. 여기에 대해서 내가 하고 싶은 말은 인간은 누구나 겟세마네를 감내해야 한다는 것이다. 모르긴 몰라도 당신은 일생 동안 적어도 한

번은 배신을 당할 것이다. 그것은 외롭지만 반드시 필요한 시간이다. 그곳은 다른 사람이 함께 들어갈 수 없는 가슴이 찢어지는 고통의 장소다. 명심하라. 우리는 겟세마네를 겪으면서 오직 그리스도께만 순종하는 법을 배우게 된다. 그곳에서 우리는 인간들은 신실하지 않아도 하나님은 신실하시다는 사실을 깨닫는다. 당신의 고뇌는 예수님의 마음을 건드렸다. 당신의 주님은 알고 계신다. 그분도 같은 일을 경험하셨다.

두 번째 장면은 유다의 배신이다. 방금 말했듯 누구나 최소한 한 번은 배신을 당한다. 배신은 쓰라리다. 배신은 환상을 깨뜨린다. 친한 친구. 한때는 믿었던 동료. 사업과 사역, 결혼으로 맺어진 오랜 동반자. 영원히 변함없으리라 생각했던 행복한 관계. 그리고 사기꾼이 된 제자. 바로 그 자리에서 우리는 복종이 아닌 현실을 깨우친다. 다른 사람들이 우리를 실망시킬 수 있다는 현실을 깨달을 때 우리의 삶은 얼마나 달라지는가! 하나님은 절대 실망시키지 않으신다. 우리는 그 경험을 통해 성숙하고 한 걸음 더 나아가게 된다.

세 번째 장면에는 베드로와 그가 예수님을 부인한 비극적인 장면이 펼쳐진다. 모두 실패했다. 치욕스럽고 가슴이 찢어진다. 그 후에는 처참한 기분이 든다. 수치스럽다. 통곡한다. 시간이 흐른 뒤에 우리가 배반한 사람의 얼굴을 바라본다. 그 시선이 우리를 녹인다. 시간밖에 치유할 방법이 없다. F. B. 마이어(Meyer)가 썼듯이 "가장 가슴 아픈 사실은 이것이다. 그 고통이 불가피한 것이 아니었음을 아는 것. 내가 뿌린 씨를 거두는 것이라는 사실. 내가 키운 어린 새가 내장을 파먹는 독수리라는 사실. 아아! 참으로 고통스럽구나!"[15]

겟세마네는 우리에게 순종을 가르친다. 배신은 현실을 가르친다. 베드로가 밟았던 여정, 실패의 여정은 겸손을 가르친다. 베드로는 평생 주님께 했던 것 같은 무모한 약속을 다시는 하지 않았을 것이다. 그 시선이 그를 무너뜨렸다. 그러나 모든 것은 겸손을 가르치기 위함이었다. 그는 얼마나 훌륭한 교회의 지도자가 되었는가!

해가 빛을 잃은 날(누가복음 22:66-23:46)

66날이 새매 백성의 장로들 곧 대제사장들과 서기관들이 모여서 예수를 그 공회로 끌어들여 67이
르되 네가 그리스도이거든 우리에게 말하라 대답하시되 내가 말할지라도 너희가 믿지 아니할 것이
요 68내가 물어도 너희가 대답하지 아니할 것이니라 69그러나 이제부터는 인자가 하나님의 권능의
우편에 앉아 있으리라 하시니 70다 이르되 그러면 네가 하나님의 아들이냐 대답하시되 너희들이 내

가 그라고 말하고 있느니라 71그들이 이르되 어찌 더 증거를 요구하리요 우리가 친히 그 입에서 들었
노라 하더라

23:1무리가 다 일어나 예수를 빌라도에게 끌고 가서 2고발하여 이르되 우리가 이 사람을 보매 우
리 백성을 미혹하고 가이사에게 세금 바치는 것을 금하며 자칭 왕 그리스도라 하더이다 하니 3빌라
도가 예수께 물어 이르되 네가 유대인의 왕이냐 대답하여 이르시되 네 말이 옳도다 4빌라도가 대제
사장들과 무리에게 이르되 내가 보니 이 사람에게 죄가 없도다 하니 5무리가 더욱 강하게 말하되 그
가 온 유대에서 가르치고 갈릴리에서부터 시작하여 여기까지 와서 백성을 소동하게 하나이다

6빌라도가 듣고 그가 갈릴리 사람이냐 물어 7헤롯의 관할에 속한 줄을 알고 헤롯에게 보내니 그
때에 헤롯이 예루살렘에 있더라

8헤롯이 예수를 보고 매우 기뻐하니 이는 그의 소문을 들었으므로 보고자 한 지 오래였고 또한
무엇이나 이적 행하심을 볼까 바랐던 연고러라 9여러 말로 물으나 아무 말도 대답하지 아니하시니
10대제사장들과 서기관들이 서서 힘써 고발하더라 11헤롯이 그 군인들과 함께 예수를 업신여기며 희
롱하고 빛난 옷을 입혀 빌라도에게 도로 보내니 12헤롯과 빌라도가 전에는 원수였으나 당일에 서로
친구가 되니라

13빌라도가 대제사장들과 관리들과 백성을 불러 모으고 14이르되 너희가 이 사람이 백성을 미혹하
는 자라 하여 내게 끌고 왔도다 보라 내가 너희 앞에서 심문하였으되 너희가 고발하는 일에 대하여
이 사람에게서 죄를 찾지 못하였고 15헤롯이 또한 그렇게 하여 그를 우리에게 도로 보내었도다 보라
그가 행한 일에는 죽일 일이 없느니라 16그러므로 때려서 놓겠노라 17(없음)

18무리가 일제히 소리 질러 이르되 이 사람을 없이하고 바라바를 우리에게 놓아 주소서 하니 19이
바라바는 성중에서 일어난 민란과 살인으로 말미암아 옥에 갇힌 자러라 20빌라도는 예수를 놓고자
하여 다시 그들에게 말하되 21그들은 소리 질러 이르되 그를 십자가에 못 박게 하소서 십자가에 못
박게 하소서 하는지라 22빌라도가 세 번째 말하되 이 사람이 무슨 악한 일을 하였느냐 나는 그에게
서 죽일 죄를 찾지 못하였나니 때려서 놓으리라 하니 23그들이 큰 소리로 재촉하여 십자가에 못 박
기를 구하니 그들의 소리가 이긴지라 24이에 빌라도가 그들이 구하는 대로 하기를 언도하고 25그들
이 요구하는 자 곧 민란과 살인으로 말미암아 옥에 갇힌 자를 놓아 주고 예수는 넘겨 주어 그들의
뜻대로 하게 하니라

26그들이 예수를 끌고 갈 때에 시몬이라는 구레네 사람이 시골에서 오는 것을 붙들어 그에게 십
자가를 지워 예수를 따르게 하더라

27또 백성과 및 그를 위하여 가슴을 치며 슬피 우는 여자의 큰 무리가 따라오는지라 28예수께서
돌이켜 그들을 향하여 이르시되 예루살렘의 딸들아 나를 위하여 울지 말고 너희와 너희 자녀를 위하
여 울라 29보라 날이 이르면 사람이 말하기를 잉태하지 못하는 이와 해산하지 못한 배와 먹이지 못
한 젖이 복이 있다 하리라 30그 때에 사람이 산들을 대하여 우리 위에 무너지라 하며 작은 산들을 대

하여 우리를 덮으라 하리라 31푸른 나무에도 이같이 하거든 마른 나무에는 어떻게 되리요 하시니라
32 또 다른 두 행악자도 사형을 받게 되어 예수와 함께 끌려 가니라

33해골이라 하는 곳에 이르러 거기서 예수를 십자가에 못 박고 두 행악자도 그렇게 하니 하나는
우편에, 하나는 좌편에 있더라 34이에 예수께서 이르시되 아버지 저들을 사하여 주옵소서 자기들이
하는 것을 알지 못함이니이다 하시더라 그들이 그의 옷을 나눠 제비 뽑을새 35백성은 서서 구경하는
데 관리들은 비웃어 이르되 저가 남을 구원하였으니 만일 하나님이 택하신 자 그리스도이면 자신도
구원할지어다 하고 36군인들도 희롱하면서 나아와 신 포도주를 주며 37이르되 네가 만일 유대인의
왕이면 네가 너를 구원하라 하더라 38그의 위에 이는 유대인의 왕이라 쓴 패가 있더라

39달린 행악자 중 하나는 비방하여 이르되 네가 그리스도가 아니냐 너와 우리를 구원하라 하되
40하나는 그 사람을 꾸짖어 이르되 네가 동일한 정죄를 받고서도 하나님을 두려워하지 아니하느냐
41우리는 우리가 행한 일에 상당한 보응을 받는 것이니 이에 당연하거니와 이 사람이 행한 것은 옳지
않은 것이 없느니라 하고 42이르되 예수여 당신의 나라에 임하실 때에 나를 기억하소서 하니 43예수
께서 이르시되 내가 진실로 네게 이르노니 오늘 네가 나와 함께 낙원에 있으리라 하시니라

44때가 제육시쯤 되어 해가 빛을 잃고 온 땅에 어둠이 임하여 제구시까지 계속하며 45성소의 휘장
이 한가운데가 찢어지더라 46예수께서 큰 소리로 불러 이르시되 아버지 내 영혼을 아버지 손에 부탁
하나이다 하고 이 말씀을 하신 후 숨지시니라.

산헤드린은 보통 지방 유지들에게 폭넓은 자유를 허용하고 로마의 통제만 받았던 이스라엘의 최고 통치 기구였다. 대부분의 지역에는 황제가 군대와 함께 파견한 총독이 있었고, 총독에게는 두 가지 책임이 주어졌다. 질서 유지와 세수(稅收) 확보. 이를 위해서, 지혜로운 총독은 가능할 때는 원주민 관헌들과 협력했고, 불가피한 경우에만 목숨을 빼앗았다.

전통적으로 이스라엘의 총독들은 산헤드린이 국가를 운영하도록 허용했다. 70인의 원로와 종교인들로 구성된 이 공의회는 법률과 행동 규범을 제정했고, 성전의 일상 업무도 관할했다. 그 외에도 중요한 민사 소송, 심각한 형사 소송을 심의했고, 치명적인 종교적 비행을 기소했다. 산헤드린은 사형을 언도할 수 있는 소송을 심리했지만 사형 선고를 내리는 것은 허용되지 않았다. 사형을 선고하려면 피고를 처형하는 것이 로마에게 아주 이로운 일임을 그 지역 총독에게 납득시켜야 했다.

예수님은 한밤중에 체포되어 예루살렘의 대부인 안나스의 집으로 끌려가셨다가 그의 꼭두각시인 대제사장 가야바에게 보내지셨다. 이 두 경우는 엄격한 의미에서 재판이 아니

었다. 공의회는 그들의 법제를 지키지 못했다("예수님이 받으신 무효 재판" 표를 보라). 심리는 공의회의 회의실이 아닌 대제사장의 저택에서 한밤중에 은밀히 열렸다. 게다가 피고를 위한 변호사도 제공되지 않았고, 공의회는 유죄냐 무죄냐가 아니라 형의 선고를 놓고 쟁론했으며, 피고는 자신에게 불리한 증언을 하도록 강요받았고, 소송은 명절 기간에 진행되었다.

유대의 모든 최고 통치자들이 증언을 듣고 판결을 내리기 위해서가 아니라 주님의 자백과 철회를 강요하기 위해 모였다. 주님의 재판 결과는 그분이 도착하시기 오래전에 이미 결정이 나 있었다. 그러나 최소한 정당한 절차를 밟은 것처럼 보이기 위해 공의회는 해산했다. 그들의 엄격한 규정대로라면 아침까지 판결을 보류해야 했다. 그동안에 위원들은 둘씩 짝지어 가벼운 식사를 나누며 다음 날 있을 마지막 판결을 대비해 철저히 논의하도록 되어 있었다.

동이 트면서 평결 위원들은 긴급 회의-적어도 의심을 모르는 대중의 관점에서 볼 때-를 소집했다. 사실은 예수님을 제압하려는 시도가 실패했기 때문에 하나밖에 남지 않은 대안을 밀어붙이려는 것이었다. 그 대안이란 예수님이 민란을 선동했다는 사실을 입증한 후에 그분을 처형하도록 빌라도를 설득하는 것이었다. 그뿐 아니라 예수님이 순교당한 영웅, 결과적으로 반란의 핵이 되는 것을 막으려면, 주님의 유죄 판결에 대해 대중의 지지도 얻어야 했다. 다른 복음서들은 신성 모독에 대한 소송에 초점을 맞추는 데 누가의 내러티브는 폭동 선동에 대한 소송에 중점을 둔다.

구체적인 혐의가 정해지고 평결도 이미 결정된 상태에서 대제사장은 공식 재판정으로 위원회를 소집했다. 공회당은 성전의 왕실 회랑의 동편 끝에 위치한 타작 마당 같은 모습으로 설계된 반원형의 홀이었다. 고대의 농부들은 알곡과 쭉정이를 분리하기 위해서 공동 타작 마당을 사용했다. 시간이 지나면서 그곳은 정의와 관련된 온갖 문제들을 놓고 진실과 거짓을 가리는 최적의 장소로 자리잡았다. 1세기의 이스라엘에서 그 장소는 캐피탈 힐(Capitol Hill, 워싱턴 D. C.의 연방 의회 의사당이 있는 언덕으로 미국 연방 의회를 비유한 말-역주)이었고, 크렘린(Kremlin, 옛 소련 정부의 건물-역주)이었다. 이곳은 이스라엘 국민들의 삶을 관장하는 최고 권력의 자리였다. 그리고 예수님께 이곳은 어둠의 심장부, 종교적 위선이 흘러나오는 곳, 하나님에 대한 반항이 싹트는 곳 그리고 사탄이 통치하는 악의 영지였다. 로마가 아닌 이곳 예루살렘, 메시아가 왕좌를 차지하셔야 할 이곳이.

예수님이 받으신 무효 재판

	규칙	일차 출전
1	밤에는 재판을 할 수 없었다.	미쉬나: 산헤드린 4:1
2	안식일 전날이나 명절 기간에는 재판을 할 수 없었다.	미쉬나: 산헤드린 4:1
3	모든 재판은 공개되어야 했다. 비밀 재판은 금지되었다.	미쉬나: 산헤드린 1:6
4	모든 재판은 성전에 있는 재판정에서 진행되어야 했다.	미쉬나: 산헤드린 11:2
5	사형이 선고될 수 있는 재판에는 최소한 23명의 판사가 참여해야 했다.	미쉬나: 산헤드린 4:1
6	피고는 자신에게 불리한 증언을 할 수 없었다.	미쉬나: 산헤드린 3:3–4
7	피고를 변호해줄 사람이 있어야 했다.	
8	유죄 판결을 내리기 위해서는 두세 명의 일치된 증언이 있어야 한다.	신 17:6–7, 19:15–20
9	기소를 위한 증인들은 심문과 철저한 반대 심문을 받아야 했다.	미쉬나: 산헤드린 4:1
10	사형이 언도될 수 있는 재판은 엄격한 규정을 준수해야 했다. 피고 측의 논고로 시작해서 유죄 판결을 위한 논고가 있어야 했다.	미쉬나: 산헤드린 4:1
11	모든 산헤드린 판사들은 무죄 방면에 대해서 논고할 수 있지만, 전원이 유죄 판결에 대한 논고를 할 수는 없었다.	미쉬나: 산헤드린 4:1
12	대제사장은 심문에 참여할 수 없었다.	
13	사형을 언도할 수 있는 재판에서 증인들은 한 사람씩 심문을 받아야 했고, 다른 증인이 있는 앞에서 심문을 받지 않도록 되어 있었다.	미쉬나: 산헤드린 3:6
14	두 증인의 증언에서 모순점이 발견되면 둘 다 효력을 상실했다.	미쉬나: 산헤드린 5:2
15	사형을 언도할 수 있는 재판에서 유죄 판결과 형의 선고를 위한 표결은 연소자가 연장자들의 영향을 받지 않도록 최연소자로부터 시작해서 개별적으로 이루어져야 했다.	미쉬나: 산헤드린 4:2
16	사형을 언도할 수 있는 재판에서의 판결은 낮 시간에만 선고되어야 했다.	미쉬나: 산헤드린 4:1
17	산헤드린 위원은 밤새 두 명씩 만나서 소송에 대해 논의하고 최종 판결을 확정하여 선고를 내리기 위해 다시 모이도록 되어 있었다.	미쉬나: 산헤드린 4:1
18	사형 선고는 다음 날까지 기다려야 했다.	미쉬나: 산헤드린 4:1

이차 출전	실행된 내용
라워나 L. 베르그(Laurna L. Berg), '예수님의 종교 재판과 민사 재판의 위법성' *Bibliotheca Sacra* 161 (July–September, 2004): 330–42: 330–42	예수님은 밤중에 안나스, 가야바 그리고 산헤드린에 끌려가셨다.
베르그, 같은 책	재판은 유월절 동안 밤중에 이루어졌다.
베르그, 같은 책	예수님은 밤중에 산헤드린 앞에 끌려나가 심문받으셨고 곧바로 '유죄'가 선고되었다. 공식 선고만 낮에 이루어졌다.
베르그, 같은 책	예수님은 제일 먼저 안나스, 그다음에는 산헤드린 앞에 서시기 전에 가야바에게 끌려가셨다.
베르그, 같은 책	재판관들이 몇 명 배석했는지는 모르지만 재판은 명절 기간 동안 밤중에 열렸다.
베르그, 같은 책	산헤드린은 예수님이 하신 말씀을 근거로 유죄를 선고했고, 증인들의 필요를 인정하지 않았다.
데럴 L. 보크, '예수님 v. 산헤드린: 왜 예수님은 재판에서 졌는가' *Christianity Today* 42.4(April 6, 1998), 49.	예수님을 변호해주는 사람이 없었고, 예수님이 절차의 위법성에 이의를 제기하시자 얼굴을 때렸다.
	기소자 측은 예수님에게 불리한 증인을 찾았으나 그들의 증언은 상충되었다.
	예수님을 방면하거나 진실을 알기 위해서가 아니라 유죄 판결을 목적으로 증인들을 세웠다.
베르그, 같은 책	기소 전이나 후나 아무도 예수님을 변호하지 않았다.
베르그, 같은 책	대제사장과 공의회는 예수님께 불리한 증인들을 세웠다.
보크, 같은 책	안나스와 가야바는 예수님을 직접 심문하면서 죄를 뒤집어씌우기 위한 질문을 했다.
베르그, 같은 책	언제 몇 명의 증인들이 증언을 하기 위해 출두했는지 알려진 바가 없다.
베르그, 같은 책	
베르그, 같은 책	산헤드린 위원들은 동시에 표결했고, 거의 폭동 직전까지 갔다.
베르그, 같은 책	산헤드린은 예수님의 유죄를 확정하고 바로 선고를 내린 후에 재판이 규정대로 진행된 것처럼 보이기 위해 다음 날 다시 모였다.
	성급한 판결만 볼 수 있을 뿐 예수님의 '무죄'를 심의하는 것은 고사하고 어떤 이유로도 모였다는 흔적은 전혀 찾아볼 수 없다.
베르그, 같은 책	산헤드린은 예수님의 유죄를 확정하고 바로 선고를 내린 후에 재판이 규정대로 진행된 것처럼 보이기 위해 다음 날 다시 모였다.

산헤드린

유대인의 고등법원은 71명으로 구성되어 있었고 대제사장이 의장이었다. 공의회는 이스라엘 백성들의 거의 모든 운명을 좌지우지할 수 있었다. 단, 사형 선고만은 로마 관할이었다. 법정은 헤롯의 성전 안에 위치한 공회당에 있었다.

성전 안에 있는 산헤드린 회의실

—22:66-69—

마침내 낮에 제대로 된 장소에서 대중이 지켜보는 가운데 세 번째 '재판'이 열렸다. 여전히 공의회는 그들이 정해놓은 법제를 위반하고 있었다. 배심원단은 피고의 고소인이 되었다. 피의자를 변호하는 사람은 아무도 없었다. 재판관들은 무교절 동안에 사형 사건을 재판했다. 그들은 피고에게 자신에게 불리한 증언을 하도록 강요했고, 그분의 진술을 확증하는 증거도 없이 진술만으로 유죄를 판결했다. 그들은 은밀히 연습한 것을 대중 앞에서 보여주기 위한 재판을 했다.

누가는 예수님에 대한 공의회의 이중 재판을 간략히 요약했다. 만약 그들이 예수님께 '그리스도'나 '메시아'라는 꼬리표를 붙이면 빌라도는 예수님을 유대에서 정치적 폭동을 일으킬 수 있는 인물로 보고 처형하는 것이 현명하다고 생각할 게 분명했다. 만약 예수님이 자신이 하나님이라고 주장했다는 사실을 시인한다면 대중 앞에서 신성 모독 죄로 기소할 수 있을 것이다. 공회당에서의 심문이 끝날 무렵 예수님은 두 가지 기소 내용을 시인하셨다. 그분은 참으로 그리스도, 유대인의 왕이셨다. 그리고 그분은 참으로 인간의 육신을 입은 하나님이셨다.

예수님은 그들에게 빌미를 제공하지 않으시려고 그분이 메시아인지를 묻는 질문에 대답하지 않으셨다. 주님은 왕권을 주장하셨지만 그분이 로마에 반란을 꾀하려 했다는 그들의 숨은 의도는 받아들이려 하지 않으셨다. 그럼에도 주님은 유명한 메시아에 관한 시편을 언급하시며 자신을 "인자"라고 칭하심으로써 사실을 있는 그대로 말씀하셨다. "여호와께서 내 주에게 말씀하시기를 내가 네 원수들로 네 발판이 되게 하기까지 너는 내 오른쪽에 앉아 있으라 하셨도다"(시 110:1).

예수님은 다니엘의 우주적이고 종말론적 의미를 담은 예언을 염두에 두신 것이었다.

> 내가 또 밤 환상 중에 보니 인자 같은 이가 하늘 구름을 타고 와서 옛적부터 항상 계신 이에게 나아가 그 앞으로 인도되매 그에게 권세와 영광과 나라를 주고 모든 백성과 나라들과 다른 언어를 말하는 모든 자들이 그를 섬기게 하였으니 그의 권세는 소멸되지 아니하는 영원한 권세요 그의 나라는 멸망하지 아니할 것이니라(단 7:13–14).

공의회는 예수님의 말뜻을 온전히 이해했지만 그분의 주장 속에 담긴 개인적이고 국가적인 의미는 거부한 채 도리어 그 말 속에서 그분을 죽일 수 있는 꼬투리를 찾았다. 사실 주님의 말씀은 그들에 대한 심판의 말씀이었다. 세상 왕국에서 그들이 주님을 단죄함으로써 주님은 하나님 나라에서 높임을 받으실 것이다. 그곳에서 주님은 왕이 되시고 그들은 그분의 발등상이 될 것이다.

—22:70–71—

누가의 내러티브에서 이 시점까지는 초자연적인 존재들만 예수님을 "하나님의 아들"로 여겼다. 마리아에게 나타난 천사(1:35), 광야에서 예수님을 시험한 사탄(4:3, 9), 예수님이 사역을 하시며 쫓아내신 많은 귀신들(4:41). 유대인 공의회는 여기서 예수님이 하나님의 우편에 앉으실 것이라는 주장이 그분과 하나님이 동등하다는 뜻이라는 걸 정확히 유추했다. 히브리어로 무언가의 "아들"이 되는 것은 그것의 고유한 특성을 공유하고 그것의 지위를 물려받는 것이었다. 그들이 직접 물어보자 예수님은 "너희들이 내가 그라고 말하고 있느니라"고 말씀하셨다.

다시 한 번, 예수님은 진리를 회피하지 않으셨다. 주님은 공의회의 부당한 노력은 지지하지 않으시면서 당신의 신분을 확인하셨다. 다시 말해서 주님의 의도는, 진리는 진리대로 세우면서 훗날 종교 지도자들이 그들의 왕을 죽이기로 결정한 것에 전적으로 책임을 지게 하려는 것이었다. 이것은 예수님이 자초하신 일이 아니었다. 주님은 당신 자신의 순교를 부추기거나 돕지 않으셨다. 하나님 나라의 적들이 나서서 하나님의 그리스도를 거짓말쟁이라고 했다.

세 번째 재판이 끝날 무렵, 빌라도가 예수님을 처형하도록 설득하고, 동요하는 유대인

www.HolyLandPhotos.org

헤롯 아켈라오가 퇴위되어 골(Gaul)로 추방된 후 그의 가족 궁전은 로마 총독의 관저가 되었다. 따라서 예수님이 재판을 받으시던 때에는 빌라도의 관저였다. 유월절 기간 동안 의식적으로 부정해지는 것을 피하기 위해 종교 지도자들은 빌라도의 저택에 들어가기를 거부했다. 빌라도는 아마도 사진 왼편에 있는 '세 개의 망루'로 둘러싸인 안뜰에서 그들의 고발을 들었을 것이다.

군중을 달랠 그럴듯한 기소 내용을 찾아낸 종교 지도자들은 비로소 그들이 원하던 것을 얻었다. 그러나 이 결정은 모 아니면 도였다. 가령, 그들이 빌라도를 설득시키지 못하면 예수님은 그들을 적대시하는 로마의 지지를 등에 업고 정치적 승자로 등극할 것이다. 그러나 예수님을 제거하는 데 성공하면 그분이 거짓 메시아였다는 그들의 주장이 옳았음이 입증될 것이다…그들은 그렇게 생각했다!

—23:1-2—

유대인의 명절인 무교절이 되면 수만 명의 유대인들이 예루살렘에 운집했다. 빌라도는 평상시에는 지중해 연안에 있는 가이사랴에 거주했지만, 예루살렘의 인구가 보통 때보다 열 배 가까이 증가하는 이때에는 법과 질서를 유지하기 위해 프레토리움에 머물렀다. 이 건물은 성전에 인접한 안토니아 요새 안에 있는 주택이거나 아니면 헤롯 대왕이 거주했던 궁전이었을 가능성이 높다.

유대인 지도자들은 로마는 오로지 로마에만 관심이 있다는 것을 알았기 때문에 예수님을 국가에 위협적인 존재로 묘사하는 세 가지 기소에 주력했다. 첫 번째 "우리 백성을 미혹하고"는 그분이 하찮은 선동가가 아니라 국가적인 차원에서 위협적인 존재임을 나타냈다. 그분은 국가적으로 심각한 분쟁을 일으킬 수 있었다. 두 번째 "가이사에게 세금 바치는 것을 금하며"는 유대에서 행할 빌라도의 주 임무에 영향을 미쳤다. 앞에서 그들은 예수님께 세금에 관한 질문을 했지만 그들이 사용하려던 선동적인 발언을 얻어내지 못했다(20:22-26). 그러나 그건 문제될 것이 없었다. 그들은 그냥 거짓말을 했다. 그러나 세 번째, "자칭 왕 그리스도라 하더이다"는 그들에게 유리했다. 이 말이 로마에 대해 함축하고 있는 의미를 강조하기 위해 그들은 "왕"이라는 단어를 힘주어 말했다!

—23:3-4—

빌라도는 처음 두 가지 기소 내용에 대해서는 관심이 없었을 것이다. 백성들이 입 다물고 세금만 잘 내면 그들이 그릇된 길로 이끌려 가건 말건 상관없었다. 그리고 백성들이 세금

내는 것을 못마땅해하건 말건 상관없었다. 누군들 세금 내는 게 좋겠는가? 로마 군대는 그들에게 필요한 모든 격려를 아끼지 않을 것이다. 그러므로 총독은 그들이 고발한 것 중에서 관련이 있는 것만을 조사했다. 그는 피고를 향해 단도직입적으로 물었다. "네가 유대인의 왕이냐?" 그는 종교적인 명칭인 '그리스도'에는 관심이 없었다. 대신 그는 이 죄수가 유대 땅의 안정을 위협하는지를 조사했다.

예수님의 대답을 직역하면 "네가 그렇게 말하고 있다!"이다. 이 대답은 해석이 어렵기로 유명한데, 관용적인 표현이 포함된 것도 그 이유 가운데 하나다. 이 말에는 또한 이중적인 의미인 "네 말이 맞다"와 "그 말의 진의는 네가 한 말에 따라 결정된다"가 있다. 변호의 측면에서 예수님은 이스라엘의 왕권에 대한 주장이 사실이라는 입장을 계속 고수하셨

헤롯 안디바

헤롯 대왕의 아들 헤롯 안디바는 여러 모로 아버지의 기질을 이어받았다. 그 중에는 대규모 건설 프로젝트에 대한 애정과 자기 백성에 대한 냉철한 무관심도 포함되어 있었다. 상당 수의 건축물과 도시들이 그의 업적임에도 불구하고–디베료의 이름을 딴 수도를 포함해서–안디바는 로마인의 방탕을 풍자하는 대표적 인물이 되었다. 그는 흥청망청 먹고 마시면서 호화로운 연회를 즐기는 데 많은 시간을 보냈다. 그는 자기의 왕권을 정당화시키려고 유대인의 유업을 물려받았다고 주장하면서 로마에 사는 유대인 지도자들의 편에 서서 그들의 지지를 얻으려고 했다. 그러나 그는 유대교에 대한 경멸을 숨기지 않았고, 자기의 통치를 받는 백성들보다는 로마인같이 행동했다.[16] 예를 들어 그는 디베료를 기리기 위해 갈릴리 호수 서쪽 해안에 거대한 도시를 건설하고 수도로 삼았다. 그러나 그가 건설 중에 공동묘지를 파괴했기 때문에 유대인들은 이 그리스 풍의 도시 전체를 부정한 곳으로 간주했다. 시민들을 끌어들이기 위해 안디바는 최초의 지원자들에게 무료로 토지를 제공하고 세금을 면제해주었다.

안디바는 가족 문제로 악명이 더 높아졌다. 그는 자기의 형수이자 조카인 헤로디아와의 간통을 성사시키기 위해 아내를 귀양 보냈다. 형의 아내와 결혼함으로써 그는 중요한 혼인 조약을 어겨 정치적 불안을 초래했을 뿐만 아니라, 유대교의 율법도 위반함으로써(레 18:16, 20:21) 세례 요한의 공개적인 조롱을 받았다. 요한의 엄청난 인기만 아니었다면 안디바는 그 선지자를 당장 처형했을 것이다. 그는 "헤로디아의 딸이 연석 가운데서 춤을 추어 헤롯을 기쁘게 하니 헤롯이 맹세로 그에게 무엇이든지 달라는 대로 주겠다고 약속"(마 14:6-7)할 때까지 2년 동안 요한을 감옥에 가두었다. 그녀는 세례자의 머리를 쟁반에 담아 달라고 청했고, 헤롯은 즉시 명령을 내렸다.

35년의 통치 기간 내내 안디바는 로마에 대한 충성과 자기 백성들에게 충실한 척하는 모습 사이에서 교활하게 균형을 유지했다. 빌라도와 몇 차례 충돌했을 때 그는 유대인 지도자들을 옹호하면서 디베료가 빌라도를 괘씸히 여기게 만들었다. 아이러니하게도 안디바와 빌라도는 훗날 합의점을 찾을 것이다. 그들은 예수님께 십자가 처형을 선고함으로써 소란을 피우는 종교 권위자들의 기세를 누그러트렸을 뿐 아니라 지역 간의 정치적 협력 관계도 공고히 했다.

그러나 결국 그의 정치적 계산은 실패했고, AD 39년에 칼리굴라 황제는 그를 현재의 프랑스로 추방했다.

지만, 자신을 죄인으로 인정하지는 않으셨다. 그분은 왕이셨지만 보통 사람들이 알고 있는 의미의 왕이 아니었다(요 18:33-38). 그리고 일반적인 추측대로, 그분은 반란을 주도할 생각이 없으셨다. 더구나 증거를 대야 하는 부담은 고발자들에게 있었고, 그들은 기소를 뒷받침할 아무 증거도 제시하지 못했다. 다시 한 번, 예수님께 행해진 부당한 처사에 대해 예수님은 아무 원인도 제공하지 않으셨다는 점에 주목하라.

빌라도는 다시 종교 지도자들을 향해 돌아섰고 사실상 이렇게 말했다. "너희는 너희가 기소한 내용을 입증하지 못했다. 나는 그가 '무죄'임을 판결한다."

—23:5-7—

성난 통치자들은 유죄 판결을 얻어내기 위해 기를 쓰면서 자신들의 주장을 밀어붙였다. 만약 예수님이 이기면 정치적 타격이 너무 컸다. 그들은 빌라도가 반란의 잠재적 위협을 생각한다면 사람 하나 죽이는 수고는 감수할 만한 일이라고 생각하기를 바라면서 예수님이 미칠 국가적인 영향력을 부각시켰다. 빌라도는 그들의 상소가 설득력이 있다고 생각하지는 않았지만 자기가 빠져나갈 방법이 귀에 확 들어왔다. "갈릴리." 예수님은 헤롯 안디바의 공식 관할 지역인 갈릴리 출신이었다. 대중의 인기를 한 몸에 받던 세례 요한을 사형시킨 그는 예수님을 죽이는 것도 전혀 거리끼지 않아 할 것이 분명했다.

프레토리움에서 멀지 않은 곳에 갈릴리의 분봉왕 헤롯 안디바가 유대인의 명절을 지내기 위해서 머물고 있었다. 유대인 상류층은 그를 지도자로 인정했다. 예수님은 그의 관할권 안에 속한 백성이었다. 빌라도로서는 정치적으로 승산이 없는 시나리오에서 빠져나갈 완벽한 방법이었다. 그러나 이 방법은 위험성을 내포하고 있었다. 그와 안디바는 전에 충돌한 적이 있었는데 그때 로마는 빌라도의 반대편에 섰었다. 그리고 로마에서 그의 유일한 정치적 옹호자였던 인물이 디베료에 대한 반역죄로 처형된 터라 빌라도가 한 번 더 패배한다면 살아남을 가능성이 희박했다.

—23:8—

헤롯 안디바는 헤롯 대왕의 아들이었고, 아버지와 마찬가지로 잔혹하기로 악명 높은 통치를 했다. 그러나 로마인들의 타락상을 어쭙잖게 모방하는 면에 있어서는 안디바가 아버지보다 탁월했다. 그는 유치한 방종과 천박한 연회로 이름을 날렸다. 앞에서 누가는 헤롯이 "그를 보고자"(9:9) 했지만 예수님은 그 분봉왕의 호출을 묵살하셨다고 기술했다.

마치 악의 없는 장난이라도 치는 양 빌라도는 안디바에게 선물을 보냈다. 누가는 헤롯이 예수님을 만나고 싶어했던 가장 큰 이유를 설명한다. "이적 행하심을 볼까 바랐던 연고러라." "이적"으로 번역된 헬라어는 기이하고 놀라운 일을 뜻한다. 헤롯은 드디어 예수님을 만나 어쩌면 마술 쇼도 구경하고 "유대인의 왕"을 심판할 기회도 갖게 될 것이다.

—23:9-12—

안디바가 이적을 보기 바랐다면 실망했을 것이다. 예수님은 진리에 대한 갈망이 없는 사람들에게 말은 아무 소용이 없다는 현실을 알고 계셨다. 헤롯의 법관이 예수님을 심문했지만 그분은 아무 말도 하지 않으셨다. 헤롯은 주님께 기적을 행해보라고 부추겼지만 주님은 거절하셨다. 그들은 예수님께 굴욕을 주며 놀려댔지만 주님은 그들의 요구를 들어주지 않으셨다. 결국 안디바는 예수님에게 흥미를 잃고 빌라도의 애물단지를 다시 돌려보냈다. 그러나 그는 예수님에게 자기 옷장에서 꺼낸 왕이 입는 옷을 입혀서 돌려보냄으로써 총독의 장난에 맞장구를 쳤다.

골칫거리는 빌라도에게 돌아갔지만 두 남자는 함께 장난을 쳤고, 빌라도는 중요한 협력자를 얻었다.

—23:13-16—

빌라도는 아마도 아침 식탁에서 눈을 들어 가느다란 물체의 검은 윤곽을 보았을 것이다. 그의 승산 없는 정치 시나리오가 돌아온 것이었다.

그는 예수님을 처음에 고발했던 자들을 호출해 그가 어떤 판결을 내렸는지 알리고 그에 따라 어떤 조치를 취할 것인지를 설명했다. 종교 지도자들은 기소 내용을 입증하지 못했고, 안디바도 동의했으니 그의 지원을 받지 못할 것이다. 그러나 성난 군중을 누그러트리기 위해서 빌라도는 예수님을 풀어주기 전에 그분을 "때리겠다"고 제의했다. "때리겠다"는 말의 문자적 의미는 '교훈을 주다' 또는 '태도를 고치도록 벌을 주다'라는 뜻이다.[17]

—23:17—

("명절에는 부득불 한 사람을 풀어주어야 했기 때문이다". 한글 성경에는 이 구절이 없지만 영어 성경 NASB의 경우 이렇게 기록되어 있다.-역주)

이 구절의 신빙성을 입증해주는 초기 사본의 증거가 없는 것, 후대의 사본에는 이 구절이 두 군데에 삽입된 점 그리고 그 둘의 어휘가 다른 점, 이 모두 누가가 이 구절을 처음부터 포함시켰다는 주장에 대한 반증이다. 그럼에도 불구하고 이 구절은 유용한 정보다. 널리 퍼진 관습은 아니었지만 빌라도는 자기 전임자의 관행을 존중해서거나, 아니면 초기에 너무 잔인하게 행동함으로써 잃어버린 유대인들의 인기를 되찾으려고 이런 관례를 만들었을 것이다.

—23:18-19—

빌라도에게 헤롯이 있었다 해도 성전 지배자들이 로마에 상소하는 것을 막기에는 역부족이었다. 생각해보면, 그들은 빌라도가 폭동 선동자를 석방시켜서 로마의 이익에 위배되는 행동을 한 것으로 꾸밀 수 있었다. 그래서 그는 종교 지도자들이 로마와 대립하게 만들 방도를 찾아야 했다.

프레토리움의 재판석에서 멀지 않은 곳에 바라바라는 한 남자가 처형을 기다리고 있었다. 그의 이름은 '아버지의 아들'이라는 뜻으로 아무 의미가 없었는데, 이는 필시 미국에서 'John Doe'(특히 법정에서 남자의 이름을 모르거나 비밀로 할 경우에 쓰는 가명-역주)라는 이름을 사용하는 것과 비슷한 경우일 것이다. 여하튼 그는 폭동 선동과 살인으로 유죄 판결을 받았다. 그는 아마도 악명 높은 시카리의 일원이었을 것이다. 로마인들은 시카리 도당의 죄인들을 가장 고통스러운 방법으로 처형하는 걸 즐겼다. 그는 십자가 처형을 눈앞에 두고 있었다. 분명, 무고한 사람과 로마에 대항해 숱한 범죄를 저지른 사람 중에서 한 사람을 선택해야 한다면 그들은 국가의 적으로 판명된 자를 석방하라고 다그치지는 않을 것이다. 바라바를 놓아준다면 그들은 가이사의 반대편에 서게 될 것이다.

그것은 아마 엄포였을 것이다. 빌라도가 유죄 판결을 받은 폭도이자 살인자를 석방시키는 위험을 감수할 리가 만무했다. 그런데 그는 예수님에 대한 산헤드린의 적대감과 그들이 자기들의 지위를 지키는 데 얼마나 필사적인지를 미처 깨닫지 못했다. 만약 그들이 이 소송에서 지면 그들이 꾸민 모든 계략은 부메랑이 되어 돌아와 그들의 신망은 땅에 떨어지고, 예수님의 무죄가 입증될 것이다. 그래서 조금의 망설임도 없이 그들은 바라바를 놓아주라고 요구했다. 엄포건 아니건 그들에게는 선택의 여지가 없었다.

—23:20-25—

빌라도의 전략은 실패했다. 그는 예수라는 혹을 떼려다가 혹을 하나 더 붙인 꼴이 되고 말았다. 이제 그는 바라바를 놓아주지 않을 수 없게 되었고, 그로 인해 디베료의 노여움을 살 위험에 처했다!

그는 예수님을 석방하기 위해 "때려서 놓으리라"(23장 16절과 동일한 동사를 사용했다)고 약속하면서 두 차례나 더 설득했지만 종교 지도자들은 막무가내였다. 마침내 빌라도는 한 사람의 목숨 때문에 자기의 입지를 위태롭게 할 수 없다고 판단했다. 그는 안디바라는 새 친구를 얻었고, 이스라엘 최고 지도자들의 적을 죽임으로써 그들의 지지를 얻을 것이다. 한 번의 손짓과 한 번의 펜 놀림으로 그는 바라바 대신 예수님을 십자가에 달라는 선고를 내렸다.

—23:26—

유사 이래로 인간을 죽이는 많은 잔혹한 방법이 있었다. 문명이 태동한 이래로 사디스트와

반사회적 인격 장애자들이 권좌를 차지하면서 적을 처형하는 수백 가지 방법을 고안해냈다. 그 방법들은 대부분 최대한 천천히, 고통스럽게 죽이도록 고안되었다. 그러나 고통과 치욕스러움에 관한 한 십자가 처형을 능가하는 것은 없다. 고대의 웅변가인 키케로는 십자가 처형을 "노예들에게 가해진 가장 극단적인 고문"[18]이라고 표현했다. 타키투스는 십자가 처형을 "잔혹한 죽음"이라고 했다. 십자가 처형을 발명한 것은 로마인들이 아니었지만 그것은 그들의 처형 방식의 기준이 되었고, 그들은 십자가 처형을 소름끼치는 일종의 예술로 변형시켰다. 십자가 상에서의 죽음은 로마인들이 처형할 때 가장 중요하게 여기는 네 가지 특성을 다 가지고 있었다. 끊임 없는 고통, 오래 끄는 죽음, 공개적 구경거리, 극도의 치욕.

아마도 누가의 글을 읽는 모든 사람이 이 처형 방법에 대해 너무나 잘 알았기 때문에 누가는 시간을 들여 상세한 내용을 설명하지 않았을 것이다. 그 대신 그는 인간이 하나님의 아들을 죽인 것에 어떤 우주적인 의미가 내포되어 있는지에 초점을 맞춘다. "그들이 예수를 끌고 갈 때에"라는 구절은 주님이 당하신 몇 시간에 걸친 잔혹 행위를 요약한다. 1세기의 사람들이라면 누구나 십자가 처형이 선고된 사람들은 사전에 플래그럼(가느다란 가죽 채찍-역주)으로 맞아서 '초주검'이 된다는 사실을 알고 있었다. 릭토르(로마의 하급 관리-역주)가 잔인한 임무를 마치고나면 사형 집행인이 죄수를 발가벗겨 사형 도구를 처형 장소로 나르게 했다. 그들은 죄수의 목에 그의 이름과 죄목이 적힌 표지인 티튤러스(죄목을 적은 표지)를 걸었다. 사형을 집행하는 군인은 십자가에 달린 죄수의 머리 위에 그 표지를 붙여서 누구나 그가 처형당하는 이유를 알 수 있게 했다.

1세기의 독자들은 군인들이 아무나 붙잡고 예수님의 십자가를 나르게 했다는 누가의 상세한 설명을 보면 예수님이 매질을 당해서 간신히 목숨만 붙어 있는 상태이셨다는 걸 알아챘다.

—23:27-31—

주님이 걸으신 죽음의 행진은 사람들이 많이 다니는 안토니아 요새에서부터 처형을 위해 예비된 도시 외곽 지역으로 이어지는 길을 지나갔다. 예수님을 따르는 큰 무리가 "가슴을 치며 슬피" 울었다. 이 행위는 고인의 집에서 동굴 무덤까지 가는 장례 행렬 속에서 사람들이 하는 행동이었다.

예수님은 슬퍼하는 사람들, 특히 여인들에게 자기를 위해 울지 말고 그들 자신을 위해 울라고 말씀하셨다. 처형 장소로 가시는 동안 주님은 순교자가 아니라 재판관이셨다. 그분은 다시 사실 것이지만 예루살렘-고관들과 대다수의 주민들-은 하나님께 범죄한 탓에 이루 말할 수 없는 고통을 당할 것이다(21:20-24 참고). 예수님이 언급하신 호세아 10장 8절은 하나님이 그들의 우상숭배를 심판하셨을 때 그들이 애곡했던 일을 떠오르게 한다.

주님이 마지막으로 말씀하신 푸른 나무와 마른 나무는 그분과 이스라엘을 비교하신 것이다. 푸르고 수액이 가득 찬 나무는 죽어서 마른 나무처럼 금새 불에 타지 않는다. 그분이 당하신 심판- 그것만으로도 참혹한-은 그리스도를 음해한 자들에게 임할 심판의 불에 비하면 아무것도 아니다.

—23:32-34—

세 남자가 그 어두운 날 십자가에 달렸다. 예수님은 바라바를 위해 마련되었던 십자가를 지셨다. 다른 두 사람-누가가 "행악자"라고 한-은 아마도 풀려난 자의 공범자들이었을 것이다. 사형집행인들은 지역 주민들이 "해골"-히브리어로 *Golgolet*, 아람어로 *Golgotha*, 헬라어로 *Kranion*, 라틴어로 *Calvarius*, 영어로 "Calvary"-이라는 별명을 붙인 장소로 그들을 데려갔다.

군인들이 가로대를 땅에 내려놓고 기둥 꼭대기에 그것을 부착시켰다. 죄수들은 한 사람씩 나무 위에 누워 양팔을 벌리고 발은 수직 기둥의 표면에 밀착시켰다. 날카로운 대못이 양쪽 손바닥과 손목의 경계선 부근에 박혔고 엇갈리게 놓인 발에도 박혔다. 그다음에 군인들은 십자가를 세워서 구덩이 안에 넣었다.

사형집행인들이 잔인한 임무를 수행하는 동안 예수님은 아버지 앞에서 그들을 위해 탄원하셨다. "이르시되"라는 동사의 불완전 시제는 주님이 그 과정 내내 기도하셨음을 시사한다. 그런 다음 군사들이 주님의 옷을 나눠 갖기 위해 제비를 뽑았고 이로써 시편 22편이 놀랍게 성취되었다(시 22:18 참고).

—23:35–38—

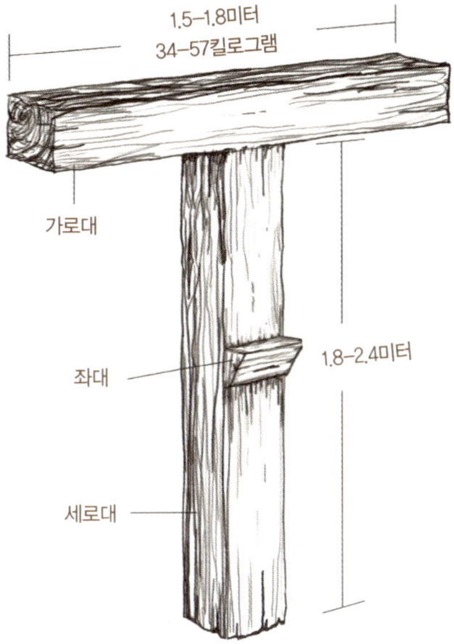

십자가형을 소름끼치는 처형 예술로 만든 로마인들은 나무와 못을 포함해서 아무것도 낭비하지 않았다. 처형에 사용된 모든 것은 재사용되었다. 가로대는 세로대 위에 장부촉 이음 방식(목재의 옆면에 다른 목재의 장부촉을 끼워 맞추는 방식–역주)으로 부착시켜 다음 사형수를 위해서 쉽게 분해될 수 있게 했다. 죽음을 지연시키고 사형수의 고통을 연장시키기 위해서 사형집행인이 죄수의 다리 사이에 좌대를 설치하기도 했다.

로마인들은 이 처형 방식을 수치심을 극대화시키는 데 사용했다. 백성들은 사형수들을 조롱하도록 부추겨졌기 때문에 이날도 많은 사람들이 야유를 보냈다. 산헤드린 위원인 “관리들”은 “비웃었다”(16장 14절에서 “비웃었다”로 번역된 것과 동일한 단어다). 그들 생각에는 예수님이 십자가에 달리셨다는 사실이 그분이 메시아가 아니라는 증거였고(신 21:23 참고), 예수님을 따랐던 군중에게도 그런 시각이 각인되기를 바랐다. 그들은 대중의 조롱을 이용해서 그토록 많은 사람들이 왕이 되기를 바랐던 남자를 십자가에 처형시킨 그들의 부도덕한 방법을 공개적으로 정당화시켰다.

군사들은 아이러니하게도 “신 포도주”를 주는 친절을 베풀면서 야비한 조롱에 가세했다. 군인들과 노동자들은 식사와 함께 열을 식히는 데 도움이 되는 쓴 포도주와 물을 섞은 이 음료를 즐겨 마시면서 원기를 회복했다.

예수님의 머리 위에 붙어 있는 티튤러스에는 빌라도가 자기를 궁지에 몰아넣은 종교 지도자들을 조롱하는 뜻에서 “유대인의 왕”이라고 썼다.

누가는 이 이미지들을 한데 엮어 하나님의 원수들에게 희생 제물이 되어서 죽음에 굴복한 메시아의 명백한 모순을 강조한다. 대중의 생각에 이건 있을 수 없는 일이었다. 도대체 어떻게 죽은 구세주가 자기 백성들을 구원할 수 있는가? 죽은 메시아가 어떻게 조국을 위대하게 만들 수 있는가? 왕이 차가운 시신으로 무덤에 누워 있는데 어떻게 하나님 나라가 세상에 임할 수 있는가?

—23:39-43—

누가는 구세주가 죽었다면 그분이 메시아일 수가 없다는 틀에 박힌 생각을 받아들이지 않은 한 사람에게 주목한다. 십자가 처형을 받던 한 "죄수"는 점점 커지는 야유에 합세했지만, 또 다른 사람은 그 동료를 "꾸짖었다." 누가는 이 말을 다양한 형태의 악, 예컨대 귀신(4:35, 41, 9:42), 악천후(8:24), 질병(4:39), 죄를 범하는 형제들(17:3), 단죄하는 제자들(9:55)을 언급할 때 즐겨 사용했다.

이 죄수는 자기의 죄를 인정하고 예수님의 결백을 인정했다. 그는 많은 사람들 사이에 퍼져 있던 틀에 박힌 생각을 거부하고, 예수님이 십자가에서 죽으셨기 때문에 지상에서 하나님 나라의 왕이 되지 못하는 것은 아니라는 부조리한 생각을 받아들이는 놀라운 믿음을 고백했다. 더구나 자신이 곧 죽을 것을 알면서 그는 그 왕국의 백성이 되게 해달라고 요청했다.

예수님은 그 죄수의 믿음을 반기셨고 "낙원"에 처소를 약속하셨다. 이 헬라어는 페르시아에서 차용한 것으로 셉투아긴트에서는 '정원'이라는 뜻으로 두루 쓰이고 있다. 이것은 믿는 자들이 사후에 행복한 곳에 가며, 지상에 종말과 하나님의 나라가 완전히 임할 때까지 그곳에 거한다는 사실을 미루어 짐작하게 해준다.

—23:44-46—

누가에게 예수님의 이야기는 물리적 우주를 초월했다. 육신이 되어 현실 세계를 돌아다니셨던 구세주는 눈에 보이는 세계와 눈에 보이지 않는 세계, 물질적인 세계와 영적인 세계를 망라해 전 우주에 영향을 미치셨다. 그분이 행하신 모든 일에는 우주적이고 형이상학적인 의미가 함축되어 있었다. 그분의 사역은 유대에서 사탄과의 일대일 대면으로 시작되었고, 그 후로 귀신, 재앙, 질병, 죽음 등 여러 형태의 악의 세력과 싸우셨다. 그분은 갈릴리에서 시작해 악인들이 주님의 성전을 장악하고 주님의 말씀을 변질시키고 있는 어둠의 심장부인 예루살렘으로 점점 더 가까이 가셨다. 악의 통치는 "하나님의 그리스도"(9:20)를 파괴할 거라고 생각했지만 사탄이 도모한 악으로 하나님은 선을 이루셨다. 구세주가 십자가에 달리셨을 때 하나님은 그분께 분노를 쏟아내셨다.

"제육시" 또는 우리 시간으로 하면 정오에, 예수님이 아담이 최초로 범죄한 이래로 헤아릴 수 없이 많은 세대의 무수한 사람들이 지은 죄에 대한 형벌을 받고 계실 때 그 지역에 어둠이 내렸다. 세 시간 동안 하나님의 노여움을 예시하기 위해 구약에서 사용되었던 비유가 물리적 현실이 되었다. 무언가가 태양빛이 지상에 닿지 못하게 가렸다(암 8:9, 욜 2:10, 30-31, 습 1:15). "해가 빛을 잃고"라는 구절은 직역하면 '해가 사라지다, 이울다'이다. 무시무시하고 농밀한 어둠이었다.

예수님이 세상의 죄에 대한 속죄제로 드려지고 있을 때 "성소의 휘장"이 둘로 찢어졌다. 이 두터운 휘장은 하나님 임재의 빛이 증거궤 덮개 위 구름 가운데 나타났던 "지성소"를 가리고 있었다(출 25:21-22, 레 16:2). 명확하지는 않지만 하나님이 행하신 것으로 암시한 이 상징적인 사건으로 하나님과 인간 사이의 장벽이 영원히 제거되었다.

희생 제물로 드려지시고 그분의 과업이 성취되시자 예수님은 시편 31편에 나오는 하나님에 대한 믿음을 고백하는 기도를 외치셨다. 그 기도는 성부에 대한 성자의 신뢰를 표현하는 것이면서 사람들에게 그분의 본을 따르라는 권고이기도 했다.

> 내가 나의 영을 주의 손에 부탁하나이다 진리의 하나님 여호와여 나를 속량하셨나이다(시 31:5).

주님이 마지막 숨을 몰아쉬실 때 사탄의 운명은 결정되었다.

적용
당신의 유일한 응답

주님이 우리의 구원을 위해 그토록 비싼 대가를 치르셨기에 우리는 하나님께 감사하며 전적으로 순종해야 한다.

오늘날 어떤 사람들은 재미 삼아 계속 종교 생활을 한다. 어쩌면 당신도 그런 사람일 수 있다. 당신은 반평생 동안 교회를 다니는 시늉을 했다. 당신은 태어날 때부터 예수님이라는 이름을 들어왔다. 교회 주일학교에서 예수님의 사진을 보았다. 자라면서 그분에 대한 이야기들을 배웠다. 당신은 교회와 예수님과 십자가에 대한 몇 가지 사실들이 빠진 삶을 상상할 수 없다. 그 결과 당신의 믿음은 무뎌졌다. 과다 노출로 인한 무관심으로 당신의 믿음은 둔해졌다. 당신이 신교도이건 침례교이건 감리교이건 장로교이건 '초교파'이건, 이 장면에 도달하면 죄에 대한 속전으로 어떤 대가를 치렀는지를 깨닫게 된다.

그러나 이것은 물리적인 면에 불과하다. 우리는 하나님 아버지가 우리에게 등을 돌리신다는 것이 어떤 의미인지 다 헤아릴 수 없다. 여기까지 오면 당신은 우리의 구원을 위해 그토록 비싼 대가가 치러졌기 때문에 절대적인 순종이 요구된다는 사실을 깨닫게 된다. 우리에게는 좋은 것만 골라서 순종할 수 있는 선택권이 없다. 우리는 순종해야 한다. 그리스도를 따른다는 것은 삶을 다 바치는 것이다.

당부하건대, 영생이라는 선물을 과소평가하지 말라. 우리는 그것을 위해 아무 대가도 치르지 않았지만 그분은 모든 것을 희생하셨다. 세상의 죄가 그분에게 쏟아지던 그때 말로 표현할 수 없는 고통을 당하셨다.

주님이 당신을 위해 행하신 일을 진심으로 이해한다면 당신의 반응은 단 하나밖에 없다. 그것은 다름 아닌 순종이다.

아들이 다시 나타나신 날(누가복음 23:47-24:12)

47백부장이 그 된 일을 보고 하나님께 영광을 돌려 이르되 이 사람은 정녕 의인이었도다 하고
48이를 구경하러 모인 무리도 그 된 일을 보고 다 가슴을 치며 돌아가고 49예수를 아는 자들과 갈릴
리로부터 따라온 여자들도 다 멀리 서서 이 일을 보니라

50공회 의원으로 선하고 의로운 요셉이라 하는 사람이 있으니 51(그들의 결의와 행사에 찬성하지
아니한 자라)그는 유대인의 동네 아리마대 사람이요 하나님의 나라를 기다리는 자라 52그가 빌라도
에게 가서 예수의 시체를 달라 하여 53이를 내려 세마포로 싸고 아직 사람을 장사한 일이 없는 바위
에 판 무덤에 넣어 두니 54이 날은 준비일이요 안식일이 거의 되었더라 55갈릴리에서 예수와 함께 온
여자들이 뒤를 따라 그 무덤과 그의 시체를 어떻게 두었는지를 보고 56돌아가 향품과 향유를 준비하
더라 계명을 따라 안식일에 쉬더라

24:1안식 후 첫날 새벽에 이 여자들이 그 준비한 향품을 가지고 무덤에 가서 2돌이 무덤에서 굴려
옮겨진 것을 보고 3들어가니 주 예수의 시체가 보이지 아니하더라 4이로 인하여 근심할 때에 문득
찬란한 옷을 입은 두 사람이 곁에 섰는지라 5여자들이 두려워 얼굴을 땅에 대니 두 사람이 이르되

어찌하여 살아 있는 자를 죽은 자 가운데서 찾느냐 6여기 계시지 않고 살아나셨느니라 갈릴리에 계
실 때에 너희에게 어떻게 말씀하셨는지를 기억하라 7이르시기를 인자가 죄인의 손에 넘겨져 십자가
에 못 박히고 제삼일에 다시 살아나야 하리라 하셨느니라 한대 8그들이 예수의 말씀을 기억하고 9무
덤에서 돌아가 이 모든 것을 열한 사도와 다른 모든 이에게 알리니 10(이 여자들은 막달라 마리아와
요안나와 야고보의 모친 마리아라 또 그들과 함께 한 다른 여자들도 이것을 사도들에게 알리니라)
11사도들은 그들의 말이 허탄한 듯이 들려 믿지 아니하나 12베드로는 일어나 무덤에 달려가서 구부려
들여다 보니 세마포만 보이는지라 그 된 일을 놀랍게 여기며 집으로 돌아가니라.

사전에서 '죽음'이라는 단어를 찾아보았다. 거기에는 이렇게 쓰여 있었다.

> 죽음: 명사[ME *deeth*, fr. OE *dēath*, *dēath*는 고대 노르드어 *dauthi*와 동일 어원, *deyja*는 to die(12세기 이전)]
>
> 뜻: 모든 신체 기능이 영원히 중지되는 것, 목숨이 끊어지는 일[19]

예수님의 경우에 이 정의는 두 가지 면에서 맞지 않다. 첫째, 그분의 죽음에는 영원히 중지된 것이 없었다. 그분의 육신이 기능을 멈추기는 했지만 그 외에 다른 것은 중지되지 않았다. 둘째, 그분의 죽음은 목숨이 끊어지지 않았다. 절대 아니다! 그분의 옛 생명은 죽었지만 그분은 소멸하지 않으셨다. 예수님은 나중에 영혼만이 아니라 육신도 무덤에서 살아나실 것이다. 그분은 새로운 몸과 함께 새로운 생명으로 기적적인 부활을 하셨다.

하지만 나는 너무 앞서갔다.

예수님은 죽으셨다. 그분은 모든 면에서 인간이셨다. 따라서 잔혹한 십자가의 형벌을 받으셨을 때 그분은 여느 인간들과 똑같이 죽으셨다. 그러나 해가 빛을 잃고, 어둠이 지면을 덮고, 성전 휘장이 찢어졌을 때 "해골 언덕"에서 죽은 그 사람…이 사람은 더 이상 한낱 인간이 아니었다. 그분은 모든 인류의 죄를 짊어진 살아계신 하나님의 아들이셨다. 그분의 제자들은, 예수님이 여러 차례 언명셨음에도 불구하고 하나님의 아들이 악의 뿌리를 도끼로 찍으신 것을 보지 못했다(3:9).

여전히, 예수님을 아는 모든 이들의 제한된 관점에서 볼 때 죽음은 끝이었다. 그리고 아무도 아직 이해하지 못했다.

—23:47-49—

예수님이 마지막 숨을 거두신 직후 한 백부장—이방인—이 "하나님께 영광을 돌렸다." 헬라어 *doxazō*는 "다른 사람의 명성을 높이기 위해 그 사람에 대한 개인의 의견에 영향을 미치다"[20]라는 뜻이다. 그는 재판 용어인 *dikaios*를 사용해서 예수님을 "의인"이라고 단언했고, 다른 사람들도 그의 선언에 가세했다(23:4, 14-15, 22, 41). 세속적 헬라어에서 "의인"의 개념은 시민의 의무를 다한 사람, 도덕적인 시민을 뜻한다. 엄격한 법적인 의미로는 어떤 사람이 무죄여서 형벌을 받을 이유가 없는 상태를 말한다. 그 백부장은 분명 이런 뜻으로 말했을 것이다. 그는 자신이 방금 처형한 사람을 "무죄"라고 단언함으로써 죄를 뉘우쳤다.

누가는 그 백부장이 모든 사람의 생각을 입 밖에 내어 말했음을 시사한다. 모여 있던 군중은 구세주의 죽음을 둘러싼 초자연적인 현상들을 목격했기에 그 군인이 말을 꺼내자 애통해하기 시작했다. 주님을 따라온 자들이 "멀리 서서" 있었다는 진술은 슬퍼하며 가슴을 치고 있는 사람들이 그 전에는 믿지 않는 자들이었음을 나타낸다. 그렇다고 해서 모든 지켜보던 자들이 회개했다거나 슬퍼했다는 말은 아니다. 분명히 주님을 극도로 미워했던 적들은 그들의 원수가 죽은 것을 보고 기뻐하며 안도의 한숨을 내쉬었을 것이다.

—23:50-52—

산헤드린 위원 중에서 적어도 두 명은 예수님을 죽이기로 한 공모에 참여하지 않았다. 누가는 니고데모(요 19:39)는 빼고 아리마대 요셉만 언급한다. 산헤드린의 규율에 의하면 70명 중에서 23명만 있으면 사형 사건을 심리할 수 있었다. 따라서 두 사람 모두 주님이 십자가 처형을 당하신 후에 그 일을 알았을 공산이 크다. 어쩌면 그들이 아무것도 알기를 원하지 않았을 수도 있다. 요한복음에 기술된 대로 "관리 중에도 그를 믿는 자가 많되 바리새인들 때문에 드러나게 말하지 못하니 이는 출교를 당할까 두려워함이라 그들은 사람의 영광을 하나님의 영광보다 더 사랑"했을 수도 있다(요 12:42-43). 그럼에도 불구하고 누가는 요셉을 "선하고 의로운 자(*dikaios*), 하나님의 나라를 기다리는 자로 묘사한다(2:25, 38 참고).

만약 요셉이 주님의 죽음 앞에서 비겁했었다면 그는 그 이후에 용기를 냈을 것이다. 많은 사람들이 그렇듯 그는 그 일로 인해 마음이 변화되었다. 그는 빌라도에게 시신을 장사 지내게 해달라고 요청했다.

—23:53-54—

예수님은 금요일 오후에 숨을 거두셨다. 유대인들은 안식일 전날을 "준비일"이라고 불렀다. 안식일에는 아무 일도 할 수 없었기 때문에 금요일 해가 지기 전에 토요일을 대비해 만반의 준비를 해야 했다. 땅거미가 내리자 요셉과 그를 도우러 온 사람들은 구약의 두 가지 계명 사이에서 이러지도 저러지도 못하는 처지가 되었다. 신명기 21장 22-23절은 처형당한 시신을 그 날이 지나기 전에 매장하라고 했지만 안식일에는 아무 일도 해서는 안 된다는 규약도 있었다. 그들은 서둘러 주님의 시신을 아마포로 싸고, 최소한 몇 가지 향료를 발라 간신히 해가 지기 전에 동굴 무덤에 안치했다. 그리고 거대한 바위로 입구를 막아 도굴범들과 시신이 썩는 냄새를 차단했다.

누가는 요셉과 여자들만 언급하지만 분명 다른 사람들도 도왔을 것이다. 당시의 장례 관습에 익숙한 사람들이 일단의 남자들을 지휘해 거대하고 육중한 돌을 굴려서 제자리에 놓았을 것이다. 다른 복음서들을 보면 더 상세한 내용을 알 수 있다.

—23:55-56—

"여자들"은 예수님을 따라다니면서 그분과 열두 사도의 시중을 들었던 여인들을 가리킨다(8:2-3, 23:49). 관례대로 한다면 여러 가지 향료를 넣은 송진에 담갔던 긴 아마포로 예수님의 시신을 머리부터 발끝까지 싸서 정성스럽게 수습했을 것이다. 종 35-45킬로그램 정도의 강한 향료가 썩는 냄새를 상쇄하는 데 쓰였다. 하지만 시간이 얼마 없었던 터라 그들은 할 수 있는 만큼만 하고 안식일 이후에 다시 찾아올 심산이었다.

예루살렘의 모든 사람이 안식을 취하는 동안 예수님을 따랐던 사람들은 애도했다. 많은 이들이 홀로 애도했다. 그들은 모두 미몽에서 깨어났다. 그들은 분명 의아했을 것이다. 뭐가 잘못된 거지? 이제 우리는 어떻게 해야 하나?

—24:1—

예루살렘 인근의 묘지는 주일 이른 아침이면 사람들로 북적였다! 복음서들을 종합해보면 여인 몇 명이 장례 절차를 마무리하려고 그곳에 왔던 것을 알 수 있다. 그들은 분명 각자 와서 약속 시간에 만나기로 했을 것이다. 요한의 내러티브는 막달라 마리아를 따라가는 반면에 공관복음—마태복음, 마가복음, 누가복음—은 다른 여인들도 추적한다. 누가는 여인들 가운데 세 명의 이름을 밝힌다. 막달라 마리아, 요안나, 야고보의 모친 마리아(10절).

—24:2-3—

무덤 동굴은 안전하게 설계되었다. 사랑하는 사람의 유해가 무덤 도굴꾼들이나 들짐승들에게 유린당하는 것을 원하는 사람은 없었기 때문에 동굴 입구를 거대한 원형의 돌로 막았다. 그 돌은 무게가 1톤 또는 그 이상이 되기도 했다. 거대한 원반 모양의 돌을 땅바닥에 파인 홈에 굴려 넣으면 그 육중한 돌 바퀴가 저절로 무덤 입구까지 굴러갔다. 무덤 안에 들어가려면 장정 몇 사람이 지렛대를 이용해서 거대한 원형의 돌을 굴린 다음 고정시켰다.

여인들이 도착했을 때에는 이미 그 돌이 굴려진 채 무덤이 열려 있었다. 무덤 안으로 들어가자마자 여인들은 그 안에 시신이 없는 것을 발견했다. 요한복음에 의하면 막달라 마리아는 곧바로 사도들을 찾으러 나갔고, 다른 여인들은 뒤에 남았다.

—24:4-7—

누가는 여인들이 "근심"했다고 표현했는데, 이것은 그녀들이 그 불가사의한 일을 설명할 방법을 생각해낼 수 없었다는 뜻이다. 시신 위에 또는 주변에 놓아둔 귀중품을 도둑 맞는 일은 있어도 시신을 도둑 맞는 일은 없었다. 돌이 굴려진 것으로 보아 짐승들의 짓은 아니었다. 그들은 할 말을 잃은 채 두 천사 같은 존재가 나타날 때까지 망연히 빈 무덤을 바라보고 있었다(2:9 참고). 누가는 그들을 천사라고 말하지 않지만(23절 전까지는) 묘사한 것을 보면 분명히 알 수 있다. 그들은 "찬란한" 옷을 입고 있었다. 이 형용사는 17장 24절에서 번개를 묘사할 때에도 쓰였다. 더구나 누가가 설명한 천사의 모습과 여인들이 보인 반응은 내러티브 서두에서 천사가 목자들에게 소식을 전하던 광경을 떠올리게 한다(2:9 참고).

천사들의 반어적 질문은 여인들이 무덤에서 예수님을 찾지 않았어야 한다는 또는 최소한 그렇게 당혹스러워하지 않아야 한다는 뜻이다. "살아나셨느니라"는 선포에 쓰인 동사는 수동태다. 이것은 아마도 하나님이 살리셨다는 의미가 함축된 '신적 수동태'일 것이다. 그들은 이어서 여인들에게 주님이 여러 차례 그분의 고난, 죽음, 부활에 대해 하셨던 예언을 상기시켰다(9:22, 44, 17:25, 18:31-33, 22:15-16). 일어난 모든 일은 이미 예언되었을 뿐만 아니라 반드시 필요한 일이었다(7절의 "살아나야 하리라").

—24:8-11—

여인들은 눈앞의 광경을 보며 기억을 더듬었고, 마치 번개가 번쩍하듯이 깨달음이 왔다. 예수님은 살아나셨다! 그들은 당장 뛰쳐나가 사도들과 다른 제자들에게 말하고 싶어 견딜

Todd Bolen/www.BiblePlaces.com

돌을 굴려 입구를 막는 무덤

수가 없었다.

여인들은 아마도 그 소식을 조금이라도 빨리 전하려고 무리를 나누어 뿔뿔이 흩어진 제자들을 찾아 나섰을 것이다. 그들은 열한 사도와 다른 제자들에게 빈 무덤과 그들에게 나타난 천사들에 대해서 말했다. 그러나 아무도 여인들의 말을 진지하게 받아들이지 않았다. "허탄한"으로 번역된 헬라어는 고열로 의식이 희미해진 환자의 헛소리를 표현하는 의학 용어였다. 제자들은 여인들의 말을 부질없는 기대로 인해 이성을 잃고 정신이 이상해져서 지껄이는 소리로 일축했다.

—24:12—

요한복음에 의하면 베드로와 요한은 아직 천사들이나 부활하신 예수님을 보지 못한 막달라 마리아에게서 이 소식을 들었다. 그녀가 보기에는 누군가가 시신을 옮겼다. 두 사도가 그때 함께 있었는지 아닌지는 모르겠지만 누가의 진술을 보면 그들은 함께 있지 않았던 것으로 보이며, 베드로의 경험에 초점을 맞추고 있다.

소식을 듣자마자 베드로는 바로 무덤으로 달려갔다. 도착해서는 "구부려 들여다" 보았다. 코이네 헬라어는 이 행동을 한 단어로 표현했다. *Parakyptō*는 두 가지 뜻을 가지고 있다. 첫째는 '호기심에 들여다보기 위해 몸을 굽히다'이고, 둘째는 '지적으로 무언가를 알아내려고 하다'[21]이다. 베드로는 그 안을 살펴보면서 무슨 일이 일어났었는지를 알기 위한 단서를 찾았다.

메릴 테니(Merrill Tenney)는 사복음서와 1세기의 역사와 장례 관습 그리고 신약 성경의 증인들이 사용한 언어에 대한 연구를 토대로 이렇게 결론지었다. "시신을 쌌던 천은 시신이 눕혀 있던 곳에 있었고, 머리를 감쌌던 천은 머리가 놓여 있던 자리, 다시 말해 겨드랑이에서 목까지의 거리만큼 떨어진 곳에 놓여 있었다. 아직도 몸의 형태가 뚜렷이 남아 있었지만 육신은 사라진 뒤였다."[22] 그렇다면 아마포에 아직도 몸의 형태가 남아 있으면서 속이 비어 있는 기이한 모습은 시신이 아마포 안에서 사라지면서 누에고치 같은 형태로 남겨졌던 것으로 볼 수 있다.

베드로는 "놀랍게 여기며"(*thaumazō*) 무덤을 떠났지만 그렇다고 부활을 확신한 것은 아니었다. 요한의 기술도 누가와 일치한다. 요한은 믿었지만 베드로는 여전히 확신하지 못했다. 다른 제자들이 여인들의 보고를 그 자리에서 일축했던 반면에, 베드로는 최소한 그가 본 증거와 주님의 예언을 생각해볼 때 그들의 주장이 신빙성이 있다고 생각했다.

"집으로 돌아가니라"는 헬라어 구절에는 실제로는 구체적인 장소가 언급되어 있지 않다[문자적 해석은 '자기 곳으로 갔다(돌아갔다)' 또는 '자기에게로 갔다'이다.] 이 관용어는 전치사구가 앞에 나오는 "갔다"라는 동사와 연결되거나, 뒤에 나오는 "놀랍게 여기며"라는 동사와 연결될 수 있기 때문에 두 가지로 번역될 수 있다.

만약 "놀랍게 여기며"와 연결이 되면 번역은 "놀라워하며 갔다"가 될 것이다. 그러나 대부분의 번역가들은 앞의 동사와 연결시키는 것을 좋아한다. 이것과 똑같은 관용어가 셉튜아긴트에서 민수기 24장 25절에 나오는 "자기 곳으로 돌아가고"라는 히브리 구절을 번역하는 데 사용되었다. 다시 말해서 베드로는 무덤을 떠나 아마도 갈릴리에 있는 자기 집이 아니라 그가 머물고 있던 숙소로 돌아갔을 것이다. 그는 곧 갈릴리로 갈 참이었지만 당장은 아니었다. 그는 적어도 무교절 성회까지는 예루살렘에 남아 있었던 것이 분명하다.

유서 깊은 『메리엄-웹스터 대학사전』(*Merriam-Webster's Collegiate Dictionary*)에는 미안하지만, 죽음이 꼭 "모든 신체 기능이 영원히 중지되는 것"은 아니며 "목숨이 끊어지는 일"은 더더욱 아니다. 적어도, 더 이상은 아니다. 예수 그리스도의 부활은 지대한 영향을 미치는 역사적 사실이다. 그분은 그냥 무덤에서 나오신 것만도 아니고, 단지 몇 년을 더 생존하시기 위해 소생하신 것도 아니다. 그분은 새로운 종류의 생명, 우리가 현재 견디고 있는 연약하고 덧없는 실존을 초월하는 생명으로 부활하셨다. 우리의 육신은 병들고 상하지만 예수님은 두 번 다시 고통을 느끼지 않으실 것이다. 우리가 현재 경험하는 관계는 배신, 밀어짐, 죽음 등으로 끝날 수밖에 없지만, 그분은 두 번 다시 버림받거나 거부당하지 않으실 것이다. 기쁨의 계절은 결국에는 슬픔으로 변하기 마련이지만, 그분은 언제나 기쁨을 누리실 것이다.

예수님이 부활하셨기 때문에 우리에게는 이제 그분을 통해 그와 같은 생명을 가질 수 있다는 희망이 있다. 악의 통치는 무너졌고, 그것이 우리를 해할 수 있는 힘은 공간과 시간의 영역에 갇혀 있었다. 그분을 신뢰한다면 우리는 그분과 같이 될 것이다. 악이 육신을 죽일 수 있겠지만 우리는 부활해서 그분의 왕국에서 영생을 얻을 것이다.

적용
부활이 의미하는 것

그분이 다시 살아나셨다! 우리는 매년 부활절에 이것을 축하한다. 부활이야말로 그리스도인들의 희망의 초석이다. 그분이 부활하셨기에 우리도 부활할 것이다. 그분이 부활하셨기에 죄를 용서받을 수 있다. 그리스도가 부활하셨기에 죽음은 최후의 승자가 아니다. 그분이 부활하셨기에 사탄의 운명이 확실하게 봉인되었다.

이 사실은 누구보다도 사탄이 잘 알고 있다. 사탄은 지금 빌린 시간을 살면서 우리가 할 수 있는 것을 파괴하기 위해서 초과 근무를 하고 있다. 그 죽음의 신은 전 세계를 하루에도 수백 번씩 정기적으로 오가지만 최후의 승리는 절대 얻지 못한다. 부활은 악의 문제에 대한 주님의 궁극적 해답이다. 우리가 지금 가지고 있는 육신이, 죽어서 썩기 시작했을지라도, 무덤에서 나와 영혼과 결합하는 날이 올 것이다. 우리가 영원히 주님과 함께 거하며 다시는 아픔이나 슬픔, 질병이나 죽음으로 고통당하지 않는 날이 올 것이다. 얼마나 멋진 소망인가.

우리는 성경 속에서 한 노련한 군인의 반응을, 두 대법원 판사의 응답을, 십자가 밑에 모여 있던 다양한 사람들을, 작은 무리의 여인들을, 이전과 이후를, 처음에는 불신했지만 나중에는 그 메시지를 예루살렘의 거리거리에, 유대와 사마리아와 전 세계에 전한 열한 사도를 목격했다.

복음을 전할 때 부활의 실제를 빼놓는다면 당신이 전하는 이야기는 완성되지 않는다는 사실을 절대로, 결단코 잊어서는 안 된다. 예수님은 우리의 죄를 위해 죽으셨을 뿐 아니라 "우리를 의롭다 하시기 위하여"(롬 4:25) 살아나셨다. 내 멘토인 S. 루이스 존슨(Lewis Johnson)은 이렇게 말했다. "부활은 예수님의 '다 이루었다'는 말씀에 대한 하나님의 '아멘'이었다."

스승이 친구들에게 작별을 고하다(누가복음 24:13–53)

13그 날에 그들 중 둘이 예루살렘에서 이십오 리 되는 엠마오라 하는 마을로 가면서 14이 모든
된 일을 서로 이야기하더라 15그들이 서로 이야기하며 문의할 때에 예수께서 가까이 이르러 그들
과 동행하시나 16그들의 눈이 가리어져서 그인 줄 알아보지 못하거늘 17예수께서 이르시되 너희가
길 가면서 서로 주고받고 하는 이야기가 무엇이냐 하시니 두 사람이 슬픈 빛을 띠고 머물러 서더
라 18그 한 사람인 글로바라 하는 자가 대답하여 이르되 당신이 예루살렘에 체류하면서도 요즘 거
기서 된 일을 혼자만 알지 못하느냐 19이르시되 무슨 일이냐 이르되 나사렛 예수의 일이니 그는 하
나님과 모든 백성 앞에서 말과 일에 능하신 선지자이거늘 20우리 대제사장들과 관리들이 사형 판
결에 넘겨 주어 십자가에 못 박았느니라 21우리는 이 사람이 이스라엘을 속량할 자라고 바랐노라
이뿐 아니라 이 일이 일어난 지가 사흘째요 22또한 우리 중에 어떤 여자들이 우리로 놀라게 하였
으니 이는 그들이 새벽에 무덤에 갔다가 23그의 시체는 보지 못하고 와서 그가 살아나셨다 하는
천사들의 나타남을 보았다 함이라 24또 우리와 함께 한 자 중에 두어 사람이 무덤에 가 과연 여자
들이 말한 바와 같음을 보았으나 예수는 보지 못하였느니라 하거늘 25이르시되 미련하고 선지자들
이 말한 모든 것을 마음에 더디 믿는 자들이여 26그리스도가 이런 고난을 받고 자기의 영광에 들
어가야 할 것이 아니냐 하시고 27이에 모세와 모든 선지자의 글로 시작하여 모든 성경에 쓴 바 자
기에 관한 것을 자세히 설명하시니라

28그들이 가는 마을에 가까이 가매 예수는 더 가려 하는 것 같이 하시니 29그들이 강권하여 이
르되 우리와 함께 유하사이다 때가 저물어가고 날이 이미 기울었나이다 하니 이에 그들과 함께 유
하러 들어가시니라 30그들과 함께 음식 잡수실 때에 떡을 가지사 축사하시고 떼어 그들에게 주시
니 31그들의 눈이 밝아져 그인 줄 알아 보더니 예수는 그들에게 보이지 아니하시는지라 32그들이
서로 말하되 길에서 우리에게 말씀하시고 우리에게 성경을 풀어 주실 때에 우리 속에서 마음이 뜨
겁지 아니하더냐 하고 33곧 그 때로 일어나 예루살렘에 돌아가 보니 열한 제자 및 그들과 함께 한
자들이 모여 있어 34말하기를 주께서 과연 살아나시고 시몬에게 보이셨다 하는지라 35두 사람도
길에서 된 일과 예수께서 떡을 떼심으로 자기들에게 알려지신 것을 말하더라

36이 말을 할 때에 예수께서 친히 그들 가운데 서서 이르시되 너희에게 평강이 있을지어다 하시
니 37그들이 놀라고 무서워하여 그 보는 것을 영으로 생각하는지라 38예수께서 이르시되 어찌하여
두려워하며 어찌하여 마음에 의심이 일어나느냐 39내 손과 발을 보고 나인 줄 알라 또 나를 만져
보라 영은 살과 뼈가 없으되 너희 보는 바와 같이 나는 있느니라 40이 말씀을 하시고 손과 발을 보
이시나 41그들이 너무 기쁘므로 아직도 믿지 못하고 놀랍게 여길 때에 이르시되 여기 무슨 먹을 것
이 있느냐 하시니 42이에 구운 생선 한 토막을 드리니 43받으사 그 앞에서 잡수시더라

44또 이르시되 내가 너희와 함께 있을 때에 너희에게 말한 바 곧 모세의 율법과 선지자의 글과

시편에 나를 가리켜 기록된 모든 것이 이루어져야 하리라 한 말이 이것이라 하시고 [45]이에 그들의
마음을 열어 성경을 깨닫게 하시고 [46]또 이르시되 이같이 그리스도가 고난을 받고 제삼일에 죽은
자 가운데서 살아날 것과 [47]또 그의 이름으로 죄 사함을 받게 하는 회개가 예루살렘에서 시작하여
모든 족속에게 전파될 것이 기록되었으니 [48]너희는 이 모든 일의 증인이라 [49]볼지어다 내가 내 아
버지께서 약속하신 것을 너희에게 보내리니 너희는 위로부터 능력으로 입혀질 때까지 이 성에 머
물라 하시니라

[50]예수께서 그들을 데리고 베다니 앞까지 나가사 손을 들어 그들에게 축복하시더니 [51]축복하실
때에 그들을 떠나 [하늘로 올려지시니] [52]그들이 [그에게 경배하고] 큰 기쁨으로 예루살렘에 돌아
가 [53]늘 성전에서 하나님을 찬송하니라.

일주일 남짓 전에 메시아의 추종자들은 그들의 왕을 예루살렘으로 반가이 맞아들였다. 그들은 그분이 가시는 길에 겉옷을 깔고 종려나무 가지를 잘라 환호하며 하나님을 찬양했다. "우리를 구원하소서! 우리를 구원하소서!" 최소한 수만 명이 그분이 이스라엘을 구원하고 나라를 다시 부흥시키실 것이라는 기대—융성하고 자유롭고 강한—에 한껏 부풀어 그분의 행진에 참여했다(1:68, 2:25, 38, 23:51). 아, 맞다, 그리고 정의로운 나라…. 그분은 로마의 폭정을 떨쳐내고, 성전을 경건한 자들의 손에 넘기며, 하나님의 율법을 회복하고, 마침내 이스라엘을 세상의 빛으로 세우실 것이다(사 42:6, 49:6, 60:1-3).

예수님은 그들의 메시아셨다. 그분은 풍성한 삶을 약속하셨다. 그러나 왕이 죽으면 그의 왕국도 함께 사라진다. 안식일 전날 예루살렘의 하늘이 캄캄해졌을 때 그들의 왕은 두 명의 죄수 사이에서 로마인들이 세운 십자가에 차가운 시신으로 매달려 있었다. 그러는 사이에 그분의 적들은 돈벌이를 위해 마련된 성전 시장에서 다시 우쭐댔고, 정치가들은 진리를 권력과 맞바꾸는 일상적 거래를 재개했다. 성전에서는 모든 일이 '정상'으로 돌아왔다. 그러나 예수님의 추종자들에게 유월절 축제는 오랫동안 기다려온 꿈의 소멸을 상징했다.

주일 아침, 미몽에서 깨어난 하나님 나라의 백성들은 이제 무엇을 해야 할지 생각하고 있었다. 열두 사도는 사방으로 뿔뿔이 흩어졌다. 일부 제자들은 종교 지도자들이 두려워 도시의 모처에 있는 큰 집에 문을 닫아걸고 모여 있었다(24:33, 요 20:19). 마음이 어수선한 다른 두 제자는 함께 도시를 떠나기로 작정했다. 그러나 그 날이 가기 전에 그들이 맞이한 절망의 밤은 기쁨의 새벽으로 바뀔 것이다. 다음 날 비친 아침 햇살이 그들의 혼란을 기쁨

으로 바꾸었다. 누가는 흥미롭게 그들의 여정을 기록한다.

—24:13—

"그들 중 둘"은 예수님의 제자들을 가리킨다. 이들은 아마도 예루살렘에서 꾸었던 그들의 이상주의적인 꿈을 버리고 평범한 삶으로 돌아가겠다는 결심을 한 채 조용히 엠마오에 있는 각자의 집으로 출발했을 것이다. 지금은 엠마오의 정확한 위치를 알 수 없지만 누가는 예루살렘에서 60스타디아(*stadia*) 떨어져 있다고 기록하고 있다. 1스타디온(*stadion*)이 대략 183미터라면 엠마오는 반경 11킬로미터 안에 있었을 것이다.

누가는 훗날 글로바(Cleopas)라는 제자의 이름을 언급하는데, 그는 예수님을 따랐던 마리아의 남편 글로바(Clopas, 요 19:25)와 동일 인물일 수 있지만 가능성은 크지 않다. 이름이 비슷하기는 하지만 기원이 다르다. 두 이름의 차이는 철자만 다른 것이 아니다. 글로바(Cleopas)는 헬라어 이름 글레오파트로스(Cleopatros)의 축약형이고, 글로바(Clopas)의 어원은 히브리어다.

—24:14-16—

누가는 *homileō*라는 동사로 그들의 대화를 표현하는데, 이 단어는 가볍게 생각을 주고받는다는 의미를 가지고 있다. 두 사람은 분명 "도대체 어떻게 된 거지?" 또는 "어디서부터 잘못된 걸까?" 같은 질문의 답을 찾으면서 감회에 젖어 있었을 것이다. 그들은 길을 걸어가면서 이 대화를 나누었다. 여정의 어느 지점에선가 예수님이 그들에게 다가가 정체를 밝히지 않고 함께 걸으셨다. 성경에는 제자들의 눈이 "가리어져서 그인 줄 알아보지 못"했다고 쓰여 있다.

이 상황은 9장 45절과 비슷하지만(주해를 보라) 문법이 다르다. 여기서도 누가는 그들이 주님을 알아보지 못한 이유를 의도적으로 명시하지 않는다. '가리어지다'라는 동사는 수동태로, 동사의 행위가 하나님에 의해 이루어지는 '신적 수동태'임을 암시한다. 또 다른 의미로는, 이것 역시 타당성이 있는데, 이 수동태는 단순히 제자들이 개인적으로 알아보지 못했음을 표현하는 것일 수 있다. 만약 하나님이 그들의 시야를 가리지 않으셨다면 그들과 관련된 무언가가 예수님을 알아보지 못하게 만들었을 수도 있다.

—24:17-18—

예수님은 정중한 질문으로 대화에 참여하셨다. "너희가…서로 주고받고 하는 이야기가 무엇이냐?" 이 구절에서 누가가 사용한 *antiballō*라는 동사는 '주거니 받거니 하다'라는 뜻이다. 혼란에 빠진 제자들은 메시아에 대한 그들의 기대가 무슨 이유로 그렇게 환멸스러운 결말을 맞이했는지를 놓고 논쟁하고 있었다.

누가는 등장인물들은 모르는 이야기를 독자는 알고 있는 '문학적 아이러니'라는 서술 기법을 사용한다. 엠마오로 향하던 제자들 중 하나가 예수님을 꾸짖는 것에서부터 아이러니는 시작된다. "당신이…혼자만 알지 못하느냐?" 만약 이 이야기가 훗날 1세기의 교회들에서 큰 소리로 낭독되었다면 청중들은 웃음을 터트렸을 것이다. 일어난 일의 전모를 아는 사람이 있다면 그건 예수님이었다. 그러나 두 제자는 꿈에도 몰랐다!

—24:19-24—

지혜로운 상담자가 그렇듯 예수님은 글로바가 자기의 문제를 끄집어내도록 그가 한 말의 의미가 무엇인지 설명하게 하셨다. 슬픔에 잠겨 있던 그 제자는 주님의 사역을 정확히 요약했지만(19-20절) 주님의 사명은 이해하지 못했다. 그의 관점에서 '이스라엘을 속량하는 것'은 예수님이 전형적인 세상의 왕—다만 그분 앞에 왔던 왕들보다 의로우면서 세속적이고, 실제적이고 현세적인 축복을 가져다주는—처럼 행동하시는 것이었다. 십자가 처형을 당하지 않은 왕이라야 이런 왕국을 세울 수 있었다. 그래서 그는 미몽에서 깨어났다. 사회적, 정치적, 경제적 메시아에 대한 글로바의 숭고한 기대는 실현되지 못했다.

희망은 유리창과 같다. 그것은 투명하지만 초점이 맞지 않으면 당신 뒤에 있는 것만 비친다. 엉뚱한 곳을 보느라 그는 바로 자기 앞에 있는 것—말 그대로 그리고 비유적으로—을 보지 못했다. 그는 예수님의 얼굴을 알아보지 못했듯이 부활의 실제를 깨닫지 못하고 있었다. 그래서 어이없게도 단서들을 조합해 불을 보듯 명확한 결론에 도달하지 못한 것이다.

글로바는 그날 있었던 중요한 사건을 이야기했다. 그는 사실상 이렇게 말한 것이다. "여인들이 빈 무덤을 보았고 천사들이 예수님이 부활하셔서 무덤이 비었다고 말했다. 그리고 다른 사람들도 무덤이 비었다는 걸 확인했다…그런데 나는 무슨 영문인지 모르겠다."

—24:25-27—

예수님께 주어진 과제가 분명해졌다. 글로바가 진정한 메시아와 그 메시아의 사명, 그리고 진짜 하나님의 나라를 볼 수 있도록 관점을 바꾸어주어야 했다. 주님은 질책과 반어문으로 시작하셨다. 두 가지 다 예언에 암시된 단서-모든 것이 그리스도가 자기 백성들을 구원하기 위해 고난을 받고 죽을 수밖에 없다는 사실을 가리키고 있는-를 보지 못하는 것에 대한 꾸지람이었다. 예수님은 그동안 사역을 하시면서 여러 차례 이 필연에 주의를 환기시키셨었다(9:22, 13:33, 17:25, 22:37).

예수님 시대의 유대인들은 메시아에 관한 예언이 그리스도의 이미지를 두 가지로 제시하는 것처럼 보여서 당혹스러워했다. 이 미래의 왕은 자기 백성을 구원하기 위해서 고난을 받고 죽을 운명이면서 영원히 존재할 세계적인 왕국을 통치하는 것으로 되어 있었다. 어떻게 죽은 왕이 왕국을 다스릴 수 있을까? 많은 신학자들이 메시아는 사실상 두 명이어서 한 사람은 '고난받는 종'으로 죽고, 다른 하나는 왕 중의 왕으로 다스린다는 주장으로 이 논리적인 문제를 해결하려고 했다.

예수님은 히브리 성경을 처음부터 선지서까지 다시 살피셨다. "모세"의 글이란 성경의 첫 다섯 권인 모세오경을 말한다. 주님은 자신을 유일한 메시아라고 말씀하신 후에 글로바가 섬기기를 바라는 그런 왕이 되시기 위해 자신이 희생 제물로 드려지셔야 한다는 것을 예를 들며 조목조목 설명하셨다. 만일 '고난받는 종'이 죽었다가 다시 살아나 왕으로 다스린다면 이 예언은 한 사람에 의해 성취될 수 있었다.

—24:28-31—

고대 근동 지역의 손님 접대 풍습에 따라 제자들은 하룻밤을 묵고 가라고 그 '낯선 사람'을 초대했다. 예수님은 그들의 제의를 받아들이셨지만 아직 가르치실 것이 남아 있어서 계속 정체를 숨기셨다.

누가는 예수님이 떡을 떼신 행위가 어떻게 제자들의 눈을 뜨게 했는지 설명하지 않는다. 주님의 손에서 못 자국을 보았을 수도 있다. 어쩌면 광야에서 큰 무리를 먹이시는 것을 보았던 이들이어서 주님이 무교병을 떼시는 모습에서 친숙함을 느꼈을지도 모른다. 확실한 것은 두 제자의 눈이 밝아져 처음으로 모든 것을 분명하게 볼 수 있었다–문자적으로 그리고 비유적으로–는 것이다.

"*Diēnoichthēsan hoi ophthalmoi kai epegnōsan auton*", 이 구절은 "그들의 눈이 밝아져 그인 줄 알아 보더니"라고 번역되어 있는데, 전후 상황을 고려해볼 때 이렇게 옮길 수 있다. '그들의 눈이 제대로 뜨였다' 그리고 '그분을 온전히 이해하게 되었다.' 이것은 단지 그분의 외모를 알아본 것 이상을 의미한다. 그들에게 돌연 모든 것이 하나로 연결되었다. 그들은 예수님이 메시아, 고난받는 종, 하나님의 아들 그리고 부활하신 주님이라는 의미를 이해하게 되었다! 그다음에 나온 "예수는 그들에게 보이지 아니하시는지라"는 구절은 그들의 눈이 밝아지고나자 주님이 갑자기 사라지셨다는 뜻이다.

이 아이러니에 주목할 필요가 있다. 제자들은 부활하신 예수님의 얼굴을 몇 시간 동안이나 보았지만 그릇된 기대를 버린 후에야 비로소 그분을 알아보았다. 성경을 상세히 살펴보고나자 그들이 암울하게 느꼈던 상황을 하나님의 관점에서 보게 되었다. 그들이 하나님의 관점으로 볼 수 있는 눈이 떠지자 예수님은 그들의 육안에 보이지 않게 되셨다.

—24:32-35—

다소 비유적인 의미에서 이런 일은 오늘날에도 여전히 일어난다. 주님은 이따금 우리가 기대하지 않을 때 우리를 찾아오신다. 우리가 가장 낙심해 있을 때 예컨대 배우자가 떠났을 때, 사랑하는 사람이 죽었을 때, 해직당했을 때, 인생이 주는 교훈을 이해할 수 없을 때, 갑자기 뜻밖의 상황이 전개되면서 인생이 엉뚱한 방향으로 흘러갈 때, 친구가 멀리 떠났을 때 우리에게 오신다. 하나님도 멀리 계신 것처럼 느껴지는 그런 때 사실 그분은 가장 가까이에 계신다. 그리고 그런 때에 우리는 그분에 대해 중요한 것을 한 차원 더 깊게 깨우친다.

이야기의 서두에서 제자들은 예수님의 재판, 십자가 처형, 매장으로 희망이 사라졌다고 생각했다. 그래서 그들은 예루살렘을 떠났다. 그러나 예수님과 시간을 보낸 후에는 동일한 사건을 하나님이 예언하신 약속의 성취로 보았다. 그리고 그들은 부활하신 그리스도를 보기 위해 예루살렘으로 돌아갔다. 그뿐 아니라 두 사람은 부활을 직접 목격한 사람의 이야기를 믿지 않고 예루살렘을 떠났었다. 그러나 이제 그들은 들려줄 이야기를 가지고 예루살렘으로 돌아왔다.

그들이 돌아왔을 때 예수님은 이미 베드로와 다른 여러 증인들 앞에 모습을 보이셨다.

—24:36-43—

도시 전체가 무교절을 축하하고, 그렇지 않은 사람들은 일상의 삶을 이어가고 있을 때 예루살렘의 어딘가-아마도 부유한 신자의 집이었을 것이다-에서 예수님의 수제자들이 비밀리에 모이기 시작했다. 훗날 누가의 두 번째 내러티브(사도행전)에 기록되어 있듯이 주님의 제자들은 집에 모여서 찬양하고, 성찬식을 하고, 성경을 읽고, 서로를 격려했다.

주님의 사람들이 안전을 도모하고 서로 용기를 북돋아주기 위해 모임을 가지면서 두려움이 점차 희망으로 바뀌기 시작했다. 사람들이 저마다 자신이 경험한 것을 나누면서 공동체는 점점 더 공고해졌다. 그러다 갑자기 그들은 예수님이 그들 사이에 계신 것을 알게 되었다. 31절과는 역순으로 주님은 초자연적 방법으로 제자들이 있는 방에 들어와 "평강이 있을지어다"라는 인사로 그들을 위로하셨다.

그들이 깜짝 놀라 두려워했다는 게 예수님이 초자연적인 방법으로 그 방에 나타나셨다는 사실을 뒷받침해준다. 사도들은 최소한 세 사람의 부활을 목격했지만(7:14-16, 8:54-56, 요 11:43-45), 그것은 단순히 죽었다가 살아난 것이었다. 예수님이 다시 소생시키신 사람들은 순간 이동을 하지 않았다. 유대인들의 설화에서 영혼은 나쁜 의도가 있을 때만 산 자를 찾아왔다. 주님의 존재를 '영'- 아마도 악한 영-으로 본 그들의 두려움을 누그러뜨리기 위해서 예수님은 육신으로 부활하셨다는 물질적인 증거를 제시하셨다. 그분의 육신은 30여 년을 세상에서 보낸 가시적인 증거를 지니고 있었다. 그분은 만질 수 있는 뼈와 살-가상이나 공기 같은 것이 아니라 실제로 만질 수 있는-을 가지고 계셨다. 그리고 조금이라도 남아 있는 의심을 종식시키기 위해 음식을 드셨다!

주님의 육신은 세상에 사시는 동안 가지셨던 파괴될 수 있는 육신과는 달랐지만 어쨌든 육신을 가지고 계셨다.

—24:44-49—

예수님은 누가의 내러티브에서 마지막으로 나타나신 장면에서 구약 성경-율법서, 선지서, 성문서-을 지침으로 삼아 당신의 지상 사역을 요약하셨다. 여기에 기술된 강론이 1분이 채 안 되는 분량인 것으로 보아 누가가 주님의 메시지를 요약한 것이 분명하다. 예수님은 분명히 제자들의 두려움을 진정시키시고, 질문에 답하시고, 슬픔을 위로하시고, 그들의 죄를 용서하시고, 믿음을 공고히 하시고, 그분이 육신으로 함께하시지 않은 상태에서 왕국을 건설하는 일을 준비시키시면서 제자들과 몇 시간을 보내셨을 것이다.

주님의 사명 위임은 제자들이 따라야 할 설교의 모본이 되었다. 주님은 성경을 예로 드시며 하나님은 늘 자기 아들을 보내실 것과 그 아들이 자기 백성들을 위해 고난을 받고 삼일째에 죽음을 이기실 계획을 가지고 계셨음을 보여주셨다. 하나님은 늘 죄를 회개하고, 그분의 죄사함을 받고, 그분의 은혜가 구원받기에 모자람이 없다는 사실을 믿을 것을 요구하셨다. 예루살렘은 늘 주님이 뜻하신 "산 위의 빛"(시 43:3, 마 5:14)이었고, 마침내 세상에 복음이 전파될 진원지가 될 것이다(사 43:10, 44:8, 행 1:8). 이제야 비로소 세상은, 타락한 사람들이 더럽힐 수 있는 성전 대신 왕을 갖게 되었다!

예수님은 제자들에게 그들이 세상이 들어야 하는 메시지를 가지고 있지만 아직 그 횃불을 들고 뛸 수 있는 힘은 없다고 말씀하셨다. 주님의 이 선포에는 의미 깊은 단어와 표현이 짙게 농축되어 있다. "증인"이라는 단어는 *martys*로 여기서 영어의 'martyr'(순교자)가 나왔다. "보내다"라는 동사는 영어의 'apostle'(사도)의 어원인 *apostellō*이다. "아버지께서 약속하신 것"은 곧 와서 '그들을 능력으로 입히실' 성령을 가리키는데, 이 표현은 관직에 임명하는 의식을 묘사한 것이다. "위로부터"는 두 말할 필요 없이 그들에게 사명과 능력을 위임하시는 분, 하나님을 말한다.

이 놀라운 구절은 사도행전에 나오는 많은 핵심 주제와 사건들을 예시한다. 누가복음에서 예수님은 갈릴리에서 예루살렘으로 가셔서 어둠의 심장부인 성전으로 들어가셨다. 주님의 고난, 죽음, 매장, 부활은 세상 만물을 근본적으로 변화시켰는데, 그 중에서도 가장 중요한 것은 성전 자체의 변화였다. 누가의 두 번째 책에서는 성령의 능력이 성전에 있는 믿는 자들에게 임해서 그곳에서부터 복음의 메시지가 세상으로 퍼져나갔다.

존 맥아더(John MacArthur)는 간단명료하게 이 마지막 강론에서 누가의 첫 번째와 두 번째 책–누가복음과 사도행전–이 중복되는 부분을 보여준다.

- 그리스도의 고난과 부활(46절, 행 1:3)
- 회개와 죄사함에 관한 메시지(47절, 행 2:38)
- 주님의 증인이 된 제자들(48절, 행 1:8)
- 하나님 아버지의 약속(49절, 행 1:4)
- 예루살렘 체류(49절, 행 1:4)
- 예루살렘에서부터 복음 전파가 시작됨(47절, 행 1:8)
- 높은 곳에서 내려온 능력(49절, 행 1:8)
- 그리스도의 승천(51절, 행 1:9-11)
- 제자들의 예루살렘 귀환(52절, 행 1:12)
- 성전에서 제자들이 모임(53절, 행 2:46)[23]

—24:50-53—

제자들을 위로하고 사명을 위임하신 후에 예수님은 제자들을 숨어 있던 곳에서 대낮의 빛 속으로 데리고 나오셨다. 그들은 예루살렘의 혼잡한 거리를 지나 기드론 골짜기를 건너 감람산 서쪽 경사면을 올라가 동쪽 능선으로 넘어갔다. 이곳은 이스라엘 역사와 묵시록에서 아주 의미 깊은 장소였다. 하나님의 임재의 빛이 버림받은 성전을 떠나 다시는 그곳으로 돌아오지 않게 되었을 때 "여호와의 영광이 성읍 가운데에서부터 올라가 성읍 동쪽 산에 머" 물렀다(겔 11:23). 스가랴 선지자는 메시아가 권능 가운데 이곳으로 오시는 것을 보았다.

> 그 날에 그의 발이 예루살렘 앞 곧 동쪽 감람 산에 서실 것이요 감람 산은 그 한 가운데가 동서로 갈라져 매우 큰 골짜기가 되어서 산 절반은 북으로, 절반은 남으로 옮기고(슥 14:4).

중요한 예언적 의미를 갖는 이 장소에서 예수님은 제자들을 바라보시며 두 손을 들어 축복하신 후 그들이 바라보는 가운데 하늘로 올라가셨다. 예수님의 제자들은 경배하고, 주님이 악의 통치를 이기신 것을 함께 기뻐하며, 주님이 지시하신 대로 예루살렘으로 돌아갔다.

누가가 결론으로 요약한 진술은 불완전 시제가 사용되어 계속 진행되는 행위를 나타낸다. 예수님의 제자들은 "늘 성전에서 하나님을 찬송"했다. 어둠의 중심은 물러났다. 곧 성령이 번개처럼 그리스도의 제자들에게 임할 것이다. 그리고 복음의 빛이 하나님의 성산에서 퍼져나갈 것이다.

주

1. Josephus, *The Wars of the Jews* 5.11.4(466–70), in *The Works of Josephus: Complete and Unabridged*(trans. William Whiston, Peabody, MA: Hendrickson, repr. 1996).
2. 같은 책, 7.1.1(3).
3. "대제사장," "서기관," "장로"는 역할이 달랐지만 중복되기도 했다. 예를 들어 대제사장은 서기관이 될 수 있었고, 직업에 상관없이 "장로"라는 직함을 가질 수 있었다.
4. Walter Bauer and Frederick W. Danker, *A Greek-English Lexicon of the New Testament and Other Early Christian Literature*(3rd ed., Chicago:Univ. of Chicago Press, 2000), 341.
5. 시편 90편 "하나님의 사람 모세의 기도"는 신명기 33장에서 나왔다.
6. Josephus, *The Wars of the Jews* 2.8.14(164–66).
7. Josephus, *Antiquities* 18.1.4(16).
8. 찰스 스윈돌, 『예수, 가장 위대한 생애』(*Jesus: The Greatest Life of All*, 디모데)의 내용을 인용해서 다듬었다.
9. Bauer and Danker, *A Greek-English Lexicon of the New Testament*, 795.
10. Josephus, *The Wars of the Jews* 5.5.6(224).
11. Roland H. Bainton, *Here I stand: A Life of Martin Luther*(New York: Penquin, 1995), 146에 인용된

마르틴 루터의 글.

12. Josephus, *The Wars of the Jews* 2.13.3(254-55).
13. Bauer and Danker, *A Greek-English Lexicon of the New Testament*, 321.
14. *The Mishnah: A New Translation*(trans. Jacob Neusner, New Haven, CT: Yale Univ. Press, 1988)에서 Mishnah, Sanhedrin 4:1E, 4:1H
15. F. B. Meyer, *Christ in Isaiah*[Fort Washington, PA: Chrsitian Literature Crusade, (n.d.)], 9.
16. 사실, 헤롯 대왕의 아들 안디바는 이두메인이었다. 이두메인들은 야곱의 자손이 아니라 장자권을 팔았던 에서의 자손들이었다(창 25:29-34). 에돔 왕국은 이스라엘이 출애굽 직후 아말렉 사람들과 싸운 후(출 17:8-16, 참고 창 36:9-12), 에돔 사람들의 땅을 지나가게 해달라는 청을 거절한 이후로 이스라엘의 숙적이었다(민 20:14-21).
17. Johannes P. Louw and Eugene Albert Nida, *Greek-English Lexicon of the New Testament: Based on Semantic Domains*(2nd ed.; New York: United Bible Societies, 1996), 1:489.
18. 키케로, *The Verrine Orations*(trans. L. H. G. Greenwood; Cambridge: Harvard Univ. Press, 1976), 2:655.
19. *Merriam-Webster's Collegiate Dictionary*(11th ed.; Springfield, MA: Merriam-Webster, 2003), s.v. "death."
20. Bauer and Danker, *A Greek-English Lexicon of the New Testament*, 258.
21. 같은 책, 767.
22. Merrill C. Tenney, *The Reality of the Resurrection*(New York: Harper & Row, 1963), 119.
23. John MacArthur Jr., *The MacArthur Study Bible*(Nashville: Word, 1997)에서 누가복음 24장 46절의 주해를 보라.

찰스 스윈돌의 신약 인사이트 시리즈
누가복음

1쇄 인쇄 2012년 11월 26일
1쇄 발행 2012년 12월 10일

지은이 찰스 스윈돌
옮긴이 김희수
펴낸곳 주) 도서출판 디모데 〈파이디온 선교회 출판 사역 기관〉

등록 2005년 6월 16일 제 319 – 2005 – 24호
주소 서울 강남구 개포동 1164–21
전화 마케팅실 070) 4018–4141
팩스 마케팅실 02) 574–2631
홈페이지 www.timothybook.com

값 55,000원
ISBN 978–89–388–1505–7 04230
ISBN 978–89–388–1499–9 (세트)